Allegria

Der Autor

Der 1990 verstorbene Osho stammte aus Indien und war eine der bekanntesten spirituellen Persönlichkeiten des vergangenen Jahrhunderts. Er hinterließ eine radikale und unkonventionelle Vision des Menschseins, die heute mehr und mehr Interesse und Anerkennung findet. Das von ihm begründete Meditationszentrum in Poona zieht auch heute noch zehntausende von Besuchern aus aller Welt an. Aus seinen Vorträgen werden immer noch neue Bücher zusammengestellt, die weltweit inzwischen in 47 Sprachen übersetzt wurden.

Von Osho sind in unserem Hause erschienen:

Der Gott, den es nicht gibt (Allegria)
Jetzt oder nie (Allegria, mit DVD)

Autobiographie
Mitgefühl
Intelligenz
Mut
Freiheit
Intimität
Intuition
Bewusstsein
Kreativität
Freude
Reife
Vom Leben und vom Sterben
Das Buch der Frauen
Das Buch der Männer
Das Buch der Kinder
Das Buch der Heilung
Das Buch vom Ego

Mut – Die Freude, gefährlich zu Leben (CD)
Mut – Der Mut der Liebe (CD)

Osho

Das Buch der Männer

Krisen als Chance nutzen

Aus dem Englischen übertragen
von Ma Prem Rajmani

Ullstein

Besuchen Sie uns im Internet:
www.ullstein-taschenbuch.de

Allegria im Ullstein Taschenbuch
Herausgegeben von Michael Görden

Aus dem Englischen übersetzt von Ma Prem Rajmani (Hannelore Müller)
Fast alle verwendeten Vorträge sind in Büchern in Englisch, einige auch in Deutsch erschienen. Die Ziffern am Textende verweisen auf den Quellennachweis am Ende des Buches.
Sämtliche Texte von Osho stammen aus spontan gehaltenen Vorträgen, die überwiegend in Englisch, aber auch in Hindi gehalten, auf Tonband aufgezeichnet und in Schriftform übertragen wurden.

Umwelthinweis:
Dieses Buch wurde auf chlor- und säurefreiem Papier gedruckt.

Ullstein ist ein Verlag der Ullstein Buchverlage GmbH, Berlin.
Neuausgabe
1. Auflage November 2004
2. Auflage 2007

Umschlaggestaltung: FranklDesign, München
Titelabbildung: Shivananda Ackermann
Lektorat: Renate Schilling
Druck und Bindearbeiten: GGP Media GmbH, Pößneck
Printed in Germany
ISBN 978-3-548-74212-0

Es ist schon seltsam: Während die Frauen für ihre Emanzipation kämpfen, stehen die Männer nur daneben und schauen betreten drein. Tut etwas! Auch ihr müßt frei werden! Die Emanzipation des Mannes ist eine ebenso notwendige Sache wie die Emanzipation der Frau. Die Emanzipationsbewegung von Mann und Frau sollte in der Tat wie die zwei Flügel einer einzigen Bewegung für die Freiheit sein.

Osho

Wenn der hölzerne Mann zu singen beginnt,
erhebt sich die Steinfrau und tanzt.

Tosan

Inhalt

Einführung

Der heutige Mann ist in der Krise. An der Person eines der mächtigsten Männer unserer Tage wird diese Krise deutlich erkennbar: Der Sexskandal um den amerikanischen Präsidenten läßt die ganze Scheinheiligkeit und Fragwürdigkeit der herrschenden religiösen und moralischen Werte offen zutage treten und zeigt, wie wenig in unserer heutigen Mediengesellschaft die Freiheit, Würde und Privatsphäre des einzelnen geachtet werden. Die alten Ideale und Selbstbilder von »Männlichkeit« sind ins Wanken geraten, und verunsichert sucht der Mann nach neuen Rollenbildern, nach einem neuen Selbstverständnis.

Angesichts der drohenden globalen Zerstörung unseres Planeten stellt sich an der Wende zum dritten Jahrtausend die Frage: »Was nun, Adam?« Die Grenzen des Wachstums sind längst überschritten, der Glaube an den wissenschaftlichen und gesellschaftlichen Fortschritt ist grundsätzlich in Frage gestellt. Alle äußeren Revolutionen sind gescheitert. Die Zeit für eine innere Revolution ist gekommen.

Nicht nur die Frauen, auch die Männer müssen sich emanzipieren. Auch sie brauchen eine große Befreiungsbewegung – eine radikale Befreiung von der Vergangenheit, von der Versklavung durch die lebensfeindlichen Werte und Konditionierungen, die der Menschheit jahrtausendelang von den Religionen aufgezwungen wurden. Priester und Politiker haben eine tiefgreifende Spaltung im Menschen erzeugt und ihn zu einem sich selbst entfremdeten, schuldbeladenen Wesen gemacht, das in einem ständigen, sämtliche Lebensbereiche durchziehenden Konflikt zwischen Körper und Seele, Materie und Geist, Materialismus und Spiritualismus, Wissenschaft und Religion, Mann und Frau, West und Ost, steht.

Man kann das Leben auf zweierlei Art leben: als Kalkulation – in Wissenschaft, Technik, Mathematik, Wirtschaft – oder als Poesie – in Kunst, Musik, Schönheit, Liebe.

Jeder Mann wird von frühester Kindheit an darauf programmiert, in dieser leistungs- und konkurrenzorientierten Welt zu überleben und zu funktionieren, indem er sich dem ehrgeizigen Streben und Kämpfen um Geld, Macht, Erfolg, Ansehen und sozialen Status anschließt. Schon als kleines Kind wird ihm beigebracht, die Ziele und Werte seiner Eltern und Erzieher, der Priester, Politiker und anderer Machthaber ungefragt zu übernehmen und zu verinnerlichen.

So wird er von seiner wahren Natur und seinem ursprünglichen Wesen entfremdet und verliert die Fähigkeit zu unmotivierter Freude, kindlicher Unschuld und verspielter Kreativität. Er wird von seinem schöpferischen Potential und seiner Liebesfähigkeit, von Lachen und Lebensfreude abgeschnitten. Die Erziehung des Mannes in unserer Gesellschaft bewirkt, daß sein Körper und seine Sinne abgetötet werden; sie macht ihn unsensibel und unlebendig. Er verliert den Zugang zu seinen eigenen weiblichen Qualitäten des Fühlens, der Sanftheit, Liebe und Intuition und wird zu einem kopflastigen, effizienten, gefühllosen Roboter.

Die Gesellschaft lehrt den Mann, ein »starker Mann« zu sein, was gleichbedeutend ist mit der Unterdrückung der weiblichen Qualitäten von Weichheit und Empfänglichkeit, Liebe und Mitgefühl. Doch jeder Mann trägt auch eine »innere Frau« in sich – seinen unbewußten oder halb bewußten weiblichen Anteil, der seit Jahrtausenden verdrängt und unterdrückt wurde.

»Der Mann braucht zu seinem Selbstverständnis eine neue Psychologie«, sagt Osho, und für den Mann gilt es vor allem zu verstehen und an sich selbst zu erfahren: *»Kein Mann ist nur Mann, und keine Frau ist nur Frau. Jeder Mann ist beides – Mann und Frau. Und ebenso ist jede Frau beides – Frau und Mann. Jeder Adam trägt eine Eva in sich, und jede Eva trägt einen Adam in sich. Tatsache ist, daß niemand nur Adam und niemand nur Eva ist – wir sind Adam und Eva zugleich. Dies ist eine der bedeutsamsten Erkenntnisse aller Zeiten.«*

Dieses Buch ist eine Zusammenstellung von Texten aus spontanen Antworten, die der weltbekannte erleuchtete Meister und spirituelle Lehrer Osho zu vielen Aspekten des Themas »Mannsein« gegeben hat. Die Auswahl wurde nicht von Osho selbst getroffen, sondern von einer Frau, und zwar ganz bewußt unter »weiblich« gefärbten, subjektiven Gesichtspunkten und mit dem Verständnis, daß Mann und Frau den Weg der Befreiung jeder für sich allein und doch gemeinsam gehen können – nicht in Konkurrenz und Feindschaft, sondern in partnerschaftlicher, gegenseitiger Unterstützung und in dem Vertrauen, daß wir die Dualität von Mann und Frau letztlich hinter uns lassen und einfach »Mensch« werden müssen.

So sind auch die vierzig archetypischen Bilder, die als Kapitelüberschriften dienen – wie zum Beispiel Adam, Eva, der Roboter, der Bettler, der Liebende, der Politiker, der Spieler, der Rebell usw. – nur als mentale Hilfskonstruktionen zu verstehen, die von der Herausgeberin gewählt wurden, um die Fülle des Materials, das Osho zum Thema »Befreiung des Mannes« geäußert hat, strukturell zu gliedern und in eine geeignete Form zu bringen. Es handelt sich also nicht um eine Einteilung in Persönlichkeits- oder Charaktertypen, sondern um den Versuch, gewisse Verhaltensmuster, Konditionierungen und Tendenzen, die jeder Mann in seiner Persönlichkeit wiederfinden kann, verallgemeinernd zu beschreiben.

Insbesondere möchte ich den Leser darauf hinweisen, daß Osho uns einen Weg zeigt, alle verstandesmäßigen Kategorien und Theorien hinter uns zu lassen und zur Wirklichkeit jenseits des Denkens vorzudringen. Osho verwendet diese archetypischen Bezeichnungen nur, um über den Verstand und seine Konditionierungen hinauszuweisen und uns zu zeigen, wie wir über unsere Persönlichkeit hinausgehen und unsere wahre Natur, das »ursprüngliche Gesicht«, entdecken können – den Buddha in uns.

Osho weist auf eine dritte Möglichkeit hin, wie das Leben gelebt werden kann: als Meditation. Der erste Schritt besteht darin, die transformierende Kraft von Meditation und Bewußtheit für die Selbstfindung und Ganzwerdung zu erkennen. Meditation ist der Katalysator, der den Prozeß des inneren Wachstums und der Selbsterkenntnis in Bewegung setzt und beschleunigt.

Meditation macht uns zu einem integrierten Ganzen, bringt unsere männlichen und weiblichen Anteile ins Gleichgewicht und lehrt uns, das Leben in seiner Multidimensionalität zu leben und zu genießen – in der Balance zwischen Körper, Geist und Seele, zwischen der materiellen und der spirituellen, der äußeren wie der inneren Welt.

»Meditation wird dich absolut reich machen, indem sie dir die Welt deines innersten Seins erschließt, aber auch relativ reich, denn sie wird deine geistigen Fähigkeiten für bestimmte Begabungen, die du hast, freisetzen. Meine Erfahrung ist, daß jeder mit einem bestimmten Talent geboren wird, und solange er nicht dieses Talent voll ausschöpft, wird ihm immer etwas fehlen. Er wird immer das Gefühl haben, daß ihm etwas abgeht, das ihm eigentlich zusteht.«

Nur wenn der einzelne Mann anfängt, aus seiner Unbewußtheit herauszukommen, all seine roboterhaften, mechanischen Funktionsweisen zu erkennen und aufzugeben, und wenn er sämtliche Bereiche seines Lebens mit Bewußtsein, Selbstliebe und tiefer Achtung vor seinem einzigartigen Potential erfüllt – nur dann haben wir eine Chance, daß die Welt dem globalen Selbstmord entgeht.

»Meine Vision des neuen Menschen ist die eines Rebellen: eines Menschen auf der Suche nach seinem ursprünglichen Selbst, seinem wahren Gesicht ... ein Mensch, der bereit ist, alle falschen Masken der Persönlichkeit und Heuchelei fallenzulassen und sich der Welt so zu zeigen, wie er in Wirklichkeit ist. Dabei spielt es keine Rolle, ob er geliebt oder verdammt, gerühmt oder geächtet, gekrönt oder gekreuzigt wird – denn du selbst zu sein ist der größte Segen in dieser Existenz.«

Ma Prem Rajmani
München, Oktober 1998

1. TEIL

Adam

Liebe dich selbst und sei gewahr –
heute, morgen, immerdar.

Gautama Buddha

Adam

Adam war der erste Mensch, nicht weil er der erste war – es mag schon viele andere vor ihm gegeben haben, aber keiner sagte »nein«. Darum weiß die Geschichte nichts von ihnen; sie hatten kein Ego. Mein Gefühl sagt mir: Wie kann Adam der erste gewesen sein? Es wird schon Millionen vor ihm gegeben haben – aber keiner sagte »nein«. Sie konnten nicht Mensch werden, sie konnten nicht Ego werden.

Adam sagte »nein«. Natürlich mußte er dafür leiden – er wurde aus dem Garten der Glückseligkeit vertrieben. *(1)*

Adam ist Mensch, und jeder Mensch gleicht Adam. Jede Kindheit vollzieht sich im Garten Eden. Jedes Kind ist glücklich wie die Tiere, glücklich wie die Primitiven, glücklich wie die Bäume. Hast du schon mal ein Kind beobachtet, wenn es unter den Bäumen läuft oder am Strand? Es ist noch nicht Mensch geworden; seine Augen sind noch klar, aber unbewußt. Es muß erst aus dem Garten Eden vertrieben werden.

Das ist die Bedeutung von Adams Vertreibung aus dem Paradies: Er hat nicht mehr teil an der unbewußten Glückseligkeit. Als er die Frucht vom Baum des Wissens aß, wurde er bewußt – er wurde Mensch.

Aber nicht nur Adam wurde einmal vertrieben – *jeder* Adam muß vertrieben werden, immer wieder. Jedes Kind wird aus dem Garten Gottes vertrieben; das gehört zu seinem Wachstum. Der Schmerz gehört zum Wachsen. Man muß das Paradies verlieren, um es wiederzugewinnen, um es bewußt zu erlangen. Das ist Bürde und Schicksal des Menschen, seine Qual und seine Freiheit, seine Problematik und seine Größe. *(2)*

Das Leben ist von allen Religionen auf jede erdenkliche Weise schlechtgemacht worden. Doch wenn alle das Leben schlechtmachen – und die ganze Welt ist voll von solchen Lebensverächtern –, was kann ein kleines Kind dagegen ausrichten? Es kann sich dieser ganzen Lebensverachtung nicht entziehen.

Man braucht sich nur die Geschichte vom Anfang der Welt anzusehen. Gott sagte zu Adam und Eva: »Ihr dürft nicht vom Baum der Erkenntnis essen, und auch nicht vom Baum des Lebens!« Diese zwei Bäume verbot er ihnen. Aber das sind die wichtigsten Dinge im Leben: Weisheit und Leben. Und Gott verwehrte ihnen beides! Demnach könnt ihr hingehen und alles mögliche essen – Gras und was ihr sonst noch wollt. Er sagt nicht etwa: »Ihr dürft kein Marihuana zu euch nehmen! Ihr dürft keinen Alkohol trinken!« Nein, das interessiert ihn nicht die Bohne. Adam und Eva dürfen Gras rauchen; das ist erlaubt. Sie dürfen aus Trauben Wein machen; das ist erlaubt.

Nur zwei Dinge sind nicht erlaubt: Sie dürfen nicht Wissende werden; sie müssen unwissend bleiben. Und sie dürfen nicht leben; sie müssen das Leben weiterhin aufschieben. Aber sie waren ungehorsam und aßen die Frucht vom Baum der Erkenntnis ... Zu dem zweiten Baum sind sie nicht mehr gekommen. Man hat sie vorher geschnappt. Nachdem sie die Frucht der Erkenntnis gegessen hatten, liefen sie so schnell wie möglich zum Baum des Lebens, aber man hat sie sofort gestoppt.

Es ist verständlich: Wer Bewußtheit und Gewahrsein besitzt – die Attribute der Weisheit –, wird als erstes das Leben tiefer kennenlernen wollen, um davon so viel wie möglich zu kosten, sich mit dem Zentrum zu verbinden und im Mysterium des Lebens aufzugehen.

Davon erzählt die Geschichte nichts, aber sie ist nicht vollständig. Ich sage euch: Sie sind gleich als nächstes dorthin gelaufen, denn es ist absolut logisch: Nachdem sie die Frucht der Erkenntnis gegessen hatten, rannten sie zum Baum des Lebens. Deshalb konnte Gott sie so leicht schnappen. Denn im Garten Eden gab es Millionen von Bäumen – wie hätte er sie sonst finden können? Er hätte bis in alle Ewigkeit nach ihnen gesucht! Statt daß der Mensch auf der Suche nach Gott wäre, würde Gott bis heute auf der Suche nach dem Menschen sein, um ihn zu finden.

Aber ich weiß, wie es wirklich war! Doch davon schweigt die Geschichte. Als Gott mitbekommen hatte, daß sie die Frucht der Erkenntnis gegessen hatten, begab er sich unverzüglich zum Baum des Lebens und wartete dort, weil er wußte, daß sie kommen würden. Es ist so logisch, daß man dazu keinen Aristoteles braucht!

Natürlich wurden sie dort geschnappt. Die beiden eilten herbei, nackt und jauchzend, weil ihnen zum ersten Mal die Augen geöffnet waren. Zum ersten Mal waren sie Menschen. Bis dahin waren sie nur Tiere unter Tieren gewesen. Und Gott vertrieb sie aus dem Garten Eden. Seither sehnt der Mensch sich nach dem Leben, nach mehr Leben.

Und die Priester, sie sind die Vertreter dieses Gottes, der euch aus dem Garten Eden vertrieben hat. Die Päpste, Imams, Shankaracharyas und Rabbiner – sie alle repräsentieren diesen Kerl.

Und komischerweise sagt keiner: Dieser Kerl war euer erster Feind! Im Gegenteil, man sagt, es sei die arme Schlange gewesen, die Eva überredete: »Ihr seid doch dumm, wenn ihr nicht vom Baum der Erkenntnis eßt! Gott ist eifersüchtig. Er hat Angst, daß ihr Wissende werdet, wenn ihr vom Baum der Erkenntnis eßt. Und er hat Angst, daß ihr werden könntet wie er, wenn ihr vom Baum des Lebens eßt! Wer wird ihn dann anbeten? Er ist eifersüchtig und hat Angst. Darum hat er es verboten.«

Die Schlange war des Menschen erster Freund – doch sie wird verdammt. Den Freund nennt man »Teufel«, und den Feind nennt man »Gott«. So sind die Irrwege des menschlichen Geistes!

Ihr solltet der Schlange danken! Nur ihretwegen seid ihr zu dem geworden, was ihr seid. Nur durch euren Ungehorsam gegen Gott habt ihr eine gewisse Würde erlangt, den Stolz auf euer Menschsein, eine gewisse Integrität, eine gewisse Individualität.

Statt Gott zu danken, ändert lieber diesen Satz. Statt zu sagen: »Gott sei Dank!« sagt lieber: »Schlange sei Dank!« Ihrer Zuvorkommenheit verdankt ihr alles! Weshalb hätte sie sich um euch kümmern sollen? Sie muß eine sehr mitfühlende Seele gewesen sein! *(3)*

Wie hat diese ganze Konditionierung überhaupt angefangen?

Deine Frage, wie diese ganze Konditionierung überhaupt angefangen hat, erübrigt sich. Du kannst an ihren Ursprung in dir selbst gehen und herausfinden, wie es geschieht. Man muß dazu nicht in die Vergangenheit zurückgehen, bis zu Adam und Eva.

Du brauchst nur nach innen zu gehen, denn dort geschieht es in jedem Augenblick. Du selbst bist an der Quelle, am Ursprung des Ganzen, und du wirst ständig neu konditioniert. Wenn du den Vorgang in deinem eigenen Innern beobachtest, erfährst du die ganze Menschheitsgeschichte.

Dann wirst du auch diese Geschichte, die biblische Geschichte, verstehen, die sehr schön und bedeutsam ist – die Geschichte der Konditionierung von Adam und Eva.

Der ganze Unfug begann mit Gottvater ... Er war es, der sie unter den Millionen von Bäumen im Garten Eden speziell auf zwei Bäume hinwies, deren Früchte sie nicht essen durften. Das eine war der Baum des Wissens, der Erkenntnis, das andere der Baum des ewigen Lebens.

Mein Gefühl sagt mir: Hätte Gott es ihnen nicht verboten, dann hätten Adam und Eva diese beiden Bäume in dem riesigen Garten niemals finden können. Doch weil er sie eigens darauf hinwies: »Die Früchte dieser beiden Bäume dürft ihr nicht essen«, wurde es für sie zu einer fixen Idee. Es hat sie überhaupt erst auf die Idee gebracht! Sie haben wohl angefangen, von diesen beiden Bäumen zu träumen. Sie haben wohl angefangen, sich darüber Gedanken zu machen:

»Warum hat Gott es uns verboten? Da muß doch etwas dran sein!«

Als ich ein kleiner Junge war, sagte mein Vater zu mir: »Hör mal! Du triffst dich mit Leuten, die Zigaretten rauchen. Fang bloß nicht an zu rauchen!«

Ich sagte: »Du bringst mich glatt auf eine Idee! Daran hab ich noch gar nicht gedacht. Eigentlich hab ich immer gedacht: Wie dumm diese Leute sind! Statt reine Luft zu atmen, verschwenden sie ihr Geld und atmen diesen Rauch! Es kommt mir so dumm vor, diesen Rauch zu atmen!«

Solche Dinge kamen mir schon immer dumm vor. Von frühester Kindheit habe ich mich nie am Volleyball- oder Fußballspiel beteiligt, weil ich den Sinn nicht einsehe! Da wirft jemand einen Ball von der einen auf die andere Seite, und die anderen werfen den Ball wieder zurück. Warum nehmen sie nicht gleich zwei Bälle? Dann könnten sie alle nach Hause gehen! Was soll das Ganze? Und dabei rinnt ihnen der Schweiß herunter – nicht nur den Spielern, sondern auch den versammelten Zuschauern ...!

Also sagte ich zu meinem Vater: »Eigentlich hat es mich nie interessiert, aber jetzt, wo du mir sagst, daß ich nicht rauchen soll, werde ich es tun! Warum versuchst du mich daran zu hindern? Wenn es Unsinn ist, warum vertraust du nicht meiner Intelligenz? Und wenn du meiner Intelligenz nicht vertraust, warum sollte ich *deiner* Intelligenz vertrauen? Es muß gegenseitig sein. Du vertraust meiner Intelligenz nicht. Du sagst mir, ich soll nicht rauchen. Wenn es Unsinn ist, werde ich es von selbst sein lassen, und wenn es kein Unsinn ist, wird mich niemand daran hindern. Und wie lange, meinst du, kannst du mich davon abhalten? Und wie, denkst du, kannst du mich davon abhalten?«

Das kapierte er. Er war in vielfacher Hinsicht ein außergewöhnlicher Mann. Er brachte ein Päckchen Zigaretten mit nach Hause, überreichte es mir und sagte: »Probier es selbst und bring es hinter dich! Ich hab dich verstanden.«

Also probierte ich es und war gleich damit fertig. Die

Tränen traten mir in die Augen, und ich fing an zu husten. Ich konnte nicht begreifen, wie man sich so etwas Dummes, so eine Tortur, antun kann! Seit damals denke ich jedesmal, wenn ich jemanden rauchen sehe: »Das muß ein großer Asket sein, ein großer Heiliger, der sich eine Buße auferlegt hat!«

Adam und Eva wurden von Gottvater genauso behandelt, wie jeder Vater sein Kind behandelt. Kein Vater vertraut in die Intelligenz seines Kindes. Dabei hat das Kind mehr Intelligenz als der Vater, weil der Vater so vieles erlebt und erfahren hat. Der Spiegel seines Bewußtseins ist von all seinen Erfahrungen und all seinem Wissen getrübt. Er besitzt nicht mehr die Klarheit des Kindes. Das Kind ist total aufmerksam und sieht unmittelbar; seine Sicht ist unverstellt. Die Intelligenz des Vaters hingegen ist mit viel Staub zugedeckt.

Doch der Vater handelt aus Angst. Er befürchtet, daß das Kind nicht weiß, was man tut und was nicht. Es könnte einen Fehler begehen. Aus Sorge spricht er ein Verbot aus – und damit nimmt die Konditionierung ihren Anfang.

Die biblische Erzählung ist bedeutsam. Sie ist nicht historisch, weil die Welt in diesem Sinne keinen Anfang hat; sie ist immer schon dagewesen, ohne Anfang und Ende. Die ganze Vorstellung von Anfang und Ende ist absurd. Diese Welt ist ewig. Aber die Geschichte ist bedeutsam, und sie wiederholt sich im Leben eines jeden Kindes. Es ist eine psychologische und keine historische Geschichte, und sie ist von weitreichender Bedeutung: Jeder Vater, jede Mutter macht das gleiche.

Unter den Tausenden von Gleichnissen, die mir untergekommen sind, kenne ich nichts Vergleichbares.

Gottvater befürchtete, Adam und Eva könnten sich für zwei Dinge interessieren: Das eine war der Baum des Wissens – denn wer Wissen erwirbt, verliert seine Intelligenz.

Daher mein ganzes Reden: Befreit euch vom Wissen, damit ihr die Reinheit eurer Intelligenz wiederfinden könnt. Weisheit ist Freiheit vom Wissen.

Gott wollte, daß Adam weise sei, und nicht, daß er vielwissend sei. Er wollte, daß er intelligent sei, und nicht, daß er intellektuell sei. Darum verbot er ihm, vom Baum des Wissens zu essen.

Das ist bedeutsam. Es zeigt die Sorge des Vaters, seine Liebe, aber es zeigt auch, daß er dem Wahrnehmungsvermögen seines Kindes nicht vertraut. Und dem vertraut kein Vater, keine Mutter – wie alt ihr Sohn auch sein mag.

Gottvater sorgte sich um Adam und Eva, und seine Sorge ist bedeutsam: »Werdet nicht vielwissend.« Es ist eine sehr bedeutungsträchtige Geschichte, denn wer vielwissend wird, verliert seine Intelligenz.

Intellektuelle sind völlig unintelligent. Ich habe Tausende von Intellektuellen getroffen – die sogenannte Intelligentsia –, aber das sind die dümmsten Leute, die es gibt. Man findet viel intelligentere Leute unter den Bauern, Gärtnern und Schreinern als unter den Professoren, Theologen und Gelehrten. Sie sind voller Schrott! Natürlich sind sie sehr belesen und können das alles auch wiedergeben. Sie wissen viele Informationen, aber Informationen sind nicht Weisheit. Informationen sammeln kann jeder Computer, und zwar viel effizienter, doch kein Computer wird je weise.

Ich halte es für ausgeschlossen, daß je eine Zeit kommen wird, da ein Computer zu einem Buddha wird! Das wird nie geschehen. Gewiß, ein Computer kann zu einem Albert Einstein werden, kein Zweifel, und der Computer wird viel besser funktionieren als Albert Einstein, weil er eine mechanische Vorrichtung ist. Mathematik ist etwas Mechanisches, aber Liebe ist nicht mechanisch.

Kein Computer wird sich je verlieben können, kein Computer wird je Schönheit wahrnehmen können, kein Computer wird je die Wahrheit verstehen. Nur Fakten sammeln, das kann er …

Gott wollte verhindern, daß Adam und Eva zu Computern würden. Darum sagte er ihnen: »Bleibt weg von diesem Baum!« Doch als er ihnen verbot, vom Baum des Wissens zu essen, da führte er sie in Versuchung.

So beginnt die ganze Konditionierung: mit einem Verbot. In allerbester Absicht, doch im Endergebnis schadet es. Selbst Gott war vor diesem Fehler nicht gefeit. Als Vater mußte auch er ihn begehen. Und weil er der allergrößte Vater ist, beging er den allergrößten Fehler! *(4)*

Das Opfer

Wie kommt es, daß du dich selbst nicht kennst? Es sollte die einfachste Sache von der Welt sein, doch es ist schwierig geworden, äußerst schwierig, ja geradezu unmöglich, sich selbst zu kennen. Was ist da schiefgelaufen? Schließlich besitzt du doch die Fähigkeit, zu erkennen. Hier bist du, und hier ist deine Erkenntnisfähigkeit. Was ist schiefgelaufen? Warum kannst du deine Erkenntnisfähigkeit nicht auf dich selbst anwenden?

Nur eines ist schiefgelaufen – doch solange du das nicht in Ordnung bringst, bleibst du über dich selbst in Unwissenheit. Was schiefgelaufen ist: Man hat in dir eine Spaltung erzeugt. Du hast deine Ganzheit verloren. Die Gesellschaft hat ein geteiltes Haus aus dir gemacht – sie hat dich gespalten. Es ist eine einfache Strategie, und wenn du sie durchschaust, kannst du sie rückgängig machen.

Die Strategie ist: Die Gesellschaft hat dir Ideale gegeben, wie du sein solltest. Diese Ideale wurden dir so tief eingeimpft, daß du dich ständig an einem Ideal orientierst, wie du sein solltest. Und darüber vergißt du ganz, wer du wirklich *bist.* Du bist von einem Ideal in der Zukunft besessen und hast die Realität der Gegenwart vergessen.

Deine Augen sind auf die ferne Zukunft gerichtet, und darum können sie sich nicht nach innen wenden. Du bist ständig mit dem beschäftigt, was du tun solltest, wie du es tun solltest, wie du sein solltest. Deine Sprache wimmelt nur so von »sollte« und »müßte«, aber in Wirklichkeit gibt es nur das, was *ist*. Die Wirklichkeit kennt kein »Sollte« und »Müßte«.

Eine Rose ist eine Rose, und etwas anderes steht überhaupt nicht zur Debatte. Ein Lotos ist ein Lotos, und es fiele ihm nicht im Traum ein, eine Rose werden zu wollen, noch käme die Rose auf die Idee, ein Lotos sein zu wollen. Sie haben nicht diese Neurose; sie brauchen keinen Psychiater und keine Psychoanalyse. Die Rose ist gesund, einfach weil sie ihre Wirklichkeit lebt.

Und das gilt für die ganze Schöpfung – mit Ausnahme des Menschen. Nur der Mensch kennt Ideale und dieses »Sollte«. Wenn du dieses oder jenes sein sollst, bist du gespalten gegenüber dem, was *ist*. »Sollte« und »ist« sind Gegner.

Du kannst aber nichts anderes sein als das, was du bist. Nimm dir das zu Herzen: Du kannst nur das sein, was du bist, aber niemals etwas anderes. Wenn diese Wahrheit – »Ich kann nur ich selbst sein« – dich tief genug durchdringt, verschwinden sämtliche Ideale; sie fallen automatisch von dir ab.

Und wenn kein Ideal mehr da ist, begegnest du der Wirklichkeit. Dann sind deine Augen im Hier und Jetzt, und du bist für das, was du bist, gegenwärtig. Die Teilung, die Spaltung ist verschwunden. Du bist eins.

Dies ist der erste Schritt: Werde eins mit dir selbst.

Aber das erste ist schwierig geworden durch die massive Konditionierung, die massive Erziehung und all die Dressurversuche.

Wenn du diesen ersten Schritt tun kannst – dich selbst zu akzeptieren und zu lieben, so wie du bist, von einem Augenblick zum nächsten ... Zum Beispiel, wenn du traurig bist: In diesem Augenblick bist du traurig. Deine ganze Konditionierung sagt: »Du darfst nicht traurig sein! Das ist nicht gut. Sei nicht traurig, sei fröhlich!« Jetzt bist du gespalten, jetzt hast du ein Problem. Daß du traurig bist, ist deine augenblickliche Wahrheit, aber dein konditioniertes Denken sagt: »Das darf nicht sein; du mußt fröhlich sein. Lächle! Was sollen denn die Leute von dir denken?« Deine Frau könnte dich verlassen, wenn du so schlecht drauf bist. Deine Freunde könnten dich im Stich lassen, wenn du so schlecht drauf bist. Deine Firma könnte bankrott machen, wenn du noch lange so schlecht drauf bist!

Du mußt lachen, du mußt lächeln – oder zumindest so tun,

als wärest du glücklich. Wie sollen sich denn deine Patienten wohl fühlen, wenn du als Arzt so schlecht drauf bist? Sie wollen einen Doktor, der gut gelaunt, glücklich und gesund ist, und keinen Miesepeter. Lächle – und wenn du ein echtes Lächeln nicht zustande bringst, dann zeig halt ein falsches, aber lächle! Tu zumindest so, als ob! Spiele Theater!

Und darin besteht das Problem: Du tust so, als ob; du spielst Theater. Du täuschst ein Lächeln vor, aber nun bist du gespalten. Du hast die Wahrheit unterdrückt, du bist unecht geworden.

Doch das Unechte wird von der Gesellschaft honoriert. Der Heuchler wird zum Heiligen, der Heuchler wird zum großen Führer, und alle machen es ihm nach. Der Heuchler ist das Ideal.

Aus diesem Grund bist du nicht in der Lage, dich selbst zu kennen. Wie kannst du dich kennen, wenn du dich selbst nicht akzeptierst? Du unterdrückst ja ständig dein wahres Wesen.

Was ist also zu tun? Wenn du traurig bist, akzeptiere die Traurigkeit, denn das bist du. Sag nicht: »Ich bin traurig«, so als ob die Traurigkeit etwas von dir Getrenntes wäre. Sag einfach: »Ich *bin* Traurigkeit. In diesem Moment bin ich Traurigkeit.« Und lebe deine Traurigkeit ganz authentisch und total.

Du wirst dich wundern: Eine geheimnisvolle Tür öffnet sich in deinem Sein! Wenn du deine Traurigkeit lebst, ohne jeden Anspruch, glücklich sein zu wollen, dann stellt sich sofort ein Glücksgefühl ein, weil die Spaltung aufgehoben ist. Die Spaltung ist nicht mehr da. »Ich bin Traurigkeit« – und das Ideal, anders sein zu wollen, hat sich erübrigt. Da ist keine Anstrengung, kein Konflikt. »So bin ich eben!« – das bringt Entspannung. Und diese Entspannung hat eine Anmut, diese Entspannung bringt Freude.

Aller psychische Schmerz existiert nur, weil du gespalten bist. Schmerz bedeutet Gespaltensein, und Seligkeit bedeutet ungeteiltes Sein.

Vielleicht erscheint es dir paradox: Wie kann jemand, der

traurig ist, Freude finden, indem er seine Traurigkeit akzeptiert? Es erscheint paradox, aber es ist so. Probiere es aus!

Und ich sage nicht: »Versuche, glücklich zu sein«, ich sage nicht: »Akzeptiere die Traurigkeit, um glücklich zu werden« – keineswegs. Wenn du diesen Hintergedanken hast, geschieht gar nichts, denn dann kämpfst du immer noch. Dann schielst du aus dem Augenwinkel und sagst: »Jetzt ist schon so viel Zeit vergangen, und ich habe meine Traurigkeit akzeptiert und habe gesagt: ›Ich bin Traurigkeit, aber wo bleibt die Freude?‹« Auf diese Weise stellt sie sich nicht ein.

Freude ist nicht das Ziel, sondern bloß eine Begleiterscheinung. Sie ist eine natürliche Folge des Einsseins, der Einheit. Werde einfach eins mit der Traurigkeit, ohne Hintergedanken, ohne bestimmte Absicht. Es darf keine Absicht im Spiel sein. So wie du in diesem Augenblick bist, das ist deine augenblickliche Wahrheit. Vielleicht bist du im nächsten Augenblick wütend, dann akzeptiere auch das. Und im darauffolgenden Augenblick bist du vielleicht wieder ganz anders; akzeptiere auch das.

Lebe von Augenblick zu Augenblick und akzeptiere alles, ohne eine Spaltung zu erzeugen, dann bist du auf dem besten Weg zur Selbsterkenntnis.

Gib dein Gespaltensein auf. Das ganze Problem besteht im Gespaltensein. Du bist dein eigener Gegner. Laß alle Ideale fallen, die diese Gegnerschaft in dir erzeugen.

Du bist, wie du bist. Akzeptiere das voller Freude und Dankbarkeit. Mit einem Mal wirst du eine Harmonie spüren, und die zwei Selbste in dir – dein ideales und dein wahres Selbst – können nicht mehr gegeneinander kämpfen. Sie haben sich vereinigt, sind eins geworden.

Nicht die Traurigkeit bringt den Schmerz, sondern deine Bewertung, daß Traurigkeit verkehrt sei – sie bringt den Schmerz; und daraus entsteht das psychische Problem. Nicht die Wut ist schmerzhaft, sondern der Gedanke, daß Wut verkehrt sei, erzeugt psychische Spannung. Deine Bewertung macht das, nicht die Tatsache selbst. Die Tatsache selbst wirkt immer befreiend.

Jesus sagt: »Wahrheit befreit«, und das ist von immenser

Bedeutung. Es stimmt, daß die Wahrheit befreit, aber nicht das *Wissen über* die Wahrheit. *Sei* die Wahrheit, dann ist sie befreiend. *Sei* die Wahrheit; darin besteht die Befreiung. Du brauchst sie nicht herbeizuführen, brauchst nicht auf sie zu warten. Sie stellt sich unmittelbar ein.

Wie *ist* man die Wahrheit? – Du *bist* bereits die Wahrheit. Du trägst nur all diese falschen Ideale mit dir herum, und das erzeugt die Probleme. Laß die Ideale fallen. Sei mal für ein paar Tage natürlich – wie die Bäume, die Tiere, die Vögel: Akzeptiere deine Natur, so wie du bist. Dann tritt eine große Ruhe ein. Wie könnte es anders sein? – Kein Bewerten mehr! Dann wird Traurigkeit schön; sie hat Tiefe. Dann wird Wut schön; sie hat Leben und Vitalität. Dann wird Sex schön, denn er ist kreativ. Wenn keine Bewertung da ist, wird alles schön.

Wenn alles schön ist, entspannst du dich. Und in diesem Entspanntsein findest du zurück zu deinem Ursprung, und das bringt Selbsterkenntnis. Zu seinem Ursprung zurückzufinden, das ist die Bedeutung der Worte: »*Erkenne dich selbst.*« Es ist keine Frage von Wissen, sondern eine Frage von innerer Transformation.

Was meine ich mit Transformation? Ich gebe dir keine Ideale, denen du entsprechen sollst. Ich sage nicht, du sollst aus dem, was du bist, zu etwas anderem werden. Du brauchst dich nur zu entspannen und genau das zu sein, was du bist. Und dann sieh!

Hast du gehört, was ich sage? Erkenne, worum es geht. Darin besteht Befreiung! Dann wirst du eine wunderbare Harmonie, eine wunderbare Melodie vernehmen – die Melodie der Selbsterkenntnis. Und dein Leben wird sich verändern. Dann hast du den Zauberschlüssel, der alle Türen öffnet. *(5)*

Wie kommt es, daß jeder etwas vorzutäuschen versucht, was er gar nicht ist? Welche Psychologie steckt dahinter?

Jeder wird von frühester Kindheit an schlechtgemacht. Alles, was er aus eigenem Antrieb, aus seinem eigenen Gefühl heraus macht, wird kritisiert. Die Leute in der Umgebung eines heranwachsenden Kindes haben ihre eigenen Vorstellungen und Ideale, und das Kind muß diesen Vorstellungen und Idealen entsprechen. Dagegen ist es machtlos.

Hast du je darüber nachgedacht? Im ganzen Tierreich ist das Menschenjunge am hilflosesten. Alle anderen Tiere können ohne Unterstützung der Eltern und der Herde überleben, nur das Menschenkind kann das nicht; es würde sofort sterben. Es ist das hilfloseste Geschöpf auf der Welt – total verletzlich und dem Tod ausgeliefert.

Dadurch können diejenigen, die die Macht haben, das Kind natürlich ganz nach ihrem Belieben formen.

So ist jeder zu dem geworden, was er ist – gegen seinen eigenen Willen.

Diese Psychologie steckt hinter der Tatsache, daß alle etwas vortäuschen, was sie gar nicht sind. So befinden sich alle in einem schizophrenen Zustand. Man hat ihnen nie erlaubt, sie selbst zu sein. Man hat sie gezwungen, jemand anderer zu sein – und damit ist ihr natürliches Wesen nicht glücklich.

Während ein Mensch heranwächst und lernt, auf eigenen Füßen zu stehen, fängt er an, vieles vorzutäuschen, was er gern wäre. Doch in dieser irrsinnigen Welt wird der Mensch sich selbst entfremdet. Er ist jemand anderer geworden – jemand, der er gar nicht ist! Und er weiß es. Jeder weiß es. Man hat ihn gezwungen, Arzt zu werden, Ingenieur zu werden, hat ihn gezwungen, Politiker zu werden oder ein Krimineller oder Bettler. Wir sind umgeben von allen möglichen Kräften.

In Bombay gibt es Leute, deren Beruf es ist, Kinder zu stehlen und zu verkrüppeln; sie machen sie blind oder lahm und zwingen sie, zu betteln und jeden Abend das ganze Geld, das sie eingenommen haben, abzuliefern. Man gibt ihnen Essen und ein Dach über dem Kopf, aber man behandelt sie wie eine Ware, nicht wie Menschen. Das ist ein Extrem, doch das gleiche hat man mehr oder weniger mit jedem gemacht. Kein Mensch fühlt sich wohl in seiner Haut.

Es gibt nur ein einziges Glück auf dieser Welt, und das besteht darin, du selbst zu sein.

Doch weil keiner er selbst ist, versuchen alle, sich zu verstecken – hinter Masken, Vorspiegelungen und Heuchelei. Die Menschen schämen sich für das, was sie sind.

Wir haben aus dieser Welt einen Marktplatz gemacht statt einen schönen Garten, in dem jede Blume ihre eigenen Blüten trägt. Wir zwingen Margeriten dazu, Rosenblüten zu tragen – doch woher sollen die Margeriten denn Rosen nehmen? Ihre Rosen werden nur Plastikrosen sein, und im tiefsten Herzen werden die Margeriten weinen und sich ihrer Tränen schämen – und dafür, daß sie nicht protestiert haben: »Wir waren nicht mutig genug, um gegen die Herde zu rebellieren. Man hat uns Plastikblüten aufgezwungen, dabei haben wir doch unsere eigenen, echten Blüten, in die unsere Säfte strömen! Aber unsere echten Blüten können wir nicht zeigen.«

Alles mögliche bringt man dir bei – nur nicht, du selbst zu sein.

Dies ist die denkbar häßlichste Form von Gesellschaft, weil sie alle unglücklich macht.

Etwas zu sein, was du gar nicht sein willst, mit Leuten zusammenzusein, mit denen du gar nicht sein willst, etwas zu tun, was du gar nicht tun willst – das ist die Wurzel deines ganzen Unglücks.

Einerseits hat die Gesellschaft es geschafft, alle unglücklich zu machen, andererseits erwartet sie aber, daß niemand sein Unglück zeigt – zumindest nicht offen, nicht in der Öffentlichkeit. Es ist eine Privatangelegenheit. Und dabei geht es auf ihr Konto! Es ist also eine öffentliche und keine private Angelegenheit.

Dieselbe Herde, die sämtliche Ursachen für dein Unglück erzeugt hat, sagt letztendlich zu dir: »Behalte dein Unglück für dich! Wenn du dich zeigst, dann zeige dich lächelnd. Verschone uns mit deiner Leidensmiene.«

Das nennt man gute Manieren, ein höfliches Benehmen, kultivierte Umgangsformen. Aber im Grunde ist es Heuchelei.

Erst wenn du beschließt: »Egal, zu welchem Preis: Ich will

nur noch ich selbst sein! Und selbst wenn ich geächtet und verurteilt werde und mein ganzes Ansehen verliere – ich nehme es in Kauf, aber ich kann mich nicht mehr für jemand anderen ausgeben!« Dieser Entschluß, diese Erklärung – eine Freiheitserklärung, die dich vom Herdenzwang befreit – ist die Geburt deines ursprünglichen Wesens und deiner Individualität. Dann brauchst du überhaupt keine Maske mehr.

Dann kannst du einfach du selbst sein – so, wie du bist. *(6)*

Die Gesellschaft will nicht, daß du allzu lebendig bist, denn lebendige Menschen sind rebellisch.

Schau dir ein kleines Kind an: Wenn es wirklich lebendig ist, dann ist es rebellisch; es versucht, seinen Willen durchzusetzen. Wenn es aber ein Dummkopf ist, ein blockierter, in seiner Entwicklung stehengebliebener Einfaltspinsel, dann wird es fügsam in der Ecke sitzen. Wenn man ihm sagt, es soll gehen, dann geht es. Wenn man ihm sagt, es soll herkommen, dann kommt es. Wenn man ihm sagt, es soll sich hinsetzen, dann setzt es sich. Wenn man ihm sagt, es soll aufstehen, dann steht es auf. Es wird brav gehorchen, weil es keine eigene Persönlichkeit hat. Ein solches Kind wird der Gesellschaft, der Familie, den Eltern sehr genehm sein. Sie werden sagen: »Seht, was für ein braves Kind!«

Mulla Nasruddin hat eine Unterredung mit seinem Sohn, der mit dem Zeugnis nach Hause gekommen ist. Mulla hatte eine Eins erwartet, doch statt dessen bringt der Sohn eine Sechs. Er ist tatsächlich der Letzte in der Klasse.

Da sagt Nasruddin: »Das kommt davon, weil du mir nie folgst! Du tust nie, was ich sage. Das hast du nun davon! Schau dir den Sohn des Nachbarn an! Er hat immer eine Eins und ist Klassenbester.«

Der Junge schaut Nasruddin an und sagt: »Aber das ist ja auch was anderes: Er hat intelligente Eltern!«

Ein lebendiger Junge, aber auf seine eigene Art!

Gehorsam geht immer mit einer gewissen Beschränktheit einher, Ungehorsam mit scharfer Intelligenz. Doch Gehorsam wird mehr geschätzt, denn er ist nicht so unbequem. Das hat natürlich etwas für sich. Ungehorsam bringt Ärger. Lieber ein totes Kind, aber dafür keinen Ärger! Ein lebendiges Kind hat man nicht so gern, denn je lebendiger es ist, desto mehr Ärger gibt es.

Eltern, Schule, Gesellschaft – sie alle erzwingen Gehorsam, und sie machen euch unintelligent. Solchen Leuten zollt man Respekt. Warum wohl hört man im Leben nie wieder etwas von jenen, die in der Schule und an der Universität die Besten waren? Im Leben gehen sie völlig unter; man findet sie nie wieder. Wohin verschwinden sie eigentlich? In der Schule erweisen sie sich als sehr begabt, aber im Leben gehen sie irgendwie unter. Die Wege der Schule scheinen anders zu sein als die Wege des Lebens.

Das Leben liebt lebendige Leute – je lebendiger, desto rebellischer: Leute mit Selbstbewußtsein, einer gewissen Eigenart und Persönlichkeit, Leute, die ihren eigenen Weg gehen, Leute, die nicht tot sind. Aber in der Schule ist genau das Gegenteil gefragt. Diese Gesellschaft unterstützt alles, was dich dumm, taub, blind und tot macht. *(7)*

Was bedeutet Unterdrückung?

Unterdrückung bedeutet, ein Leben zu leben, für das du nicht vorgesehen warst. Unterdrückung bedeutet, Dinge zu tun, die du niemals tun wolltest. Unterdrückung bedeutet, jemand zu sein, der du überhaupt nicht bist.

Unterdrückung ist eine Methode der Selbstzerstörung. Unterdrückung bedeutet Selbstmord – ein langsames, aber absolut sicheres, schleichendes Gift. Ausdruck ist Leben; Unterdrückung ist Selbstmord.

Die Botschaft des Tantra lautet: Lebe kein Leben der Unterdrückung, sonst lebst du überhaupt nicht. Lebe ein Leben des freien Ausdrucks, der Kreativität und Freude. Lebe so, wie die Schöpfung es mit dir vorhatte – auf natürliche Art und Weise. Und habe keine Angst vor den Priestern!

Höre auf deine Instinkte, höre auf deinen Körper, höre auf dein Herz, höre auf deine Intelligenz!

Vertraue dir und folge deiner Spontaneität, wo immer sie dich hinführt, dann wirst du nie das Nachsehen haben. Und wenn du spontan und natürlich dein Leben lebst, stößt du eines Tages unweigerlich auf die Tür zum Göttlichen.

Unterdrückung ist eine Methode, um Risiko zu vermeiden. Zum Beispiel hat man dir beigebracht, niemals wütend zu werden, und du glaubst, daß jemand, der nie wütend wird, besonders liebevoll sein muß. Da irrst du dich aber. Wer nie wütend wird, kann auch nicht lieben. Beides geht Hand in Hand; es gehört zusammen.

Ein Mensch, der wirklich liebt, wird manchmal auch wirklich wütend werden. Aber seine Wut hat eine Schönheit; sie kommt aus der Liebe. Seine Energie ist heiß, aber seine Wut wird dich nicht verletzen. Im Gegenteil, du wirst ihm sogar dankbar sein, daß er wütend wurde. Hast du das schon mal erlebt? Wenn du jemanden liebst und etwas tust, das den anderen richtig wütend macht, echt wütend, dann bist du ihm dankbar, weil er dich so sehr liebt, daß er es sich leisten kann, Wut zu zeigen. Warum sollte er es sonst tun? Wenn man sich Wut nicht leisten kann, bleibt man höflich. Wenn man es sich nicht leisten kann, wenn man kein Risiko eingehen will, dann wird man weiter lächeln. Es spielt ja keine Rolle!

Wirst du etwa ungerührt bleiben, wenn dein Kind Anstalten macht, in einen Abgrund zu springen? Wirst du nicht brüllen? Wird deine Energie nicht überkochen? Wirst du da weiter lächeln? Unmöglich!

Wenn du liebst, kannst du auch wütend werden. Wenn du liebst, kannst du es dir leisten.

Wenn du dich selbst liebst – und das ist eine absolute Notwendigkeit, wenn du dein Leben nicht verpassen willst –, dann wirst du nichts unterdrücken, sondern wirst alles ausdrücken, was das Leben dir bringt. Du wirst allem Ausdruck geben – Freude und Leid, den Gipfeln und den Tälern, den Tagen und den Nächten.

Aber man hat dich zur Scheinheiligkeit erzogen, man hat dich zum Heuchler erzogen. Wenn du Wut fühlst, lächelst du weiter, ein aufgesetztes Lächeln. Wenn du in Rage gerätst, unterdrückst du sie. Wenn du dich sexuell fühlst, unterdrückst du es. Nie zeigst du ehrlich, was in dir vorgeht.

Otto unternimmt mit seiner kleinen Tochter Susi einen Ausflug in den Freizeitpark. Auf dem Weg dorthin machen sie Halt und verdrücken ein riesiges Mittagessen. Im Freizeitpark kommen sie als erstes an einer Pommesbude vorbei, und Susi sagt: »Papa, ich will ...«, doch er schneidet ihr das Wort ab und stopft ihr Popcorn in den Mund.

Vor einer Eisbude sagt Susi wieder: »Papa, ich will ...«, aber er fällt ihr erneut ins Wort: »Du willst, du willst! Ich weiß schon, was du willst – ein Eis willst du!«

»Nein, Papa«, plärrt die Kleine. »Ich will kotzen!«

Das wollte sie von Anfang an! Aber wer hört schon zu?

Unterdrückung bedeutet, nicht auf deine Natur zu hören. Unterdrückung ist ein Trick, um dich zu zerstören.

Zwölf Skinheads in Lederjacken und ihrem ganzen Klimbim stolzieren in eine Kneipe. Sie marschieren auf den Wirt am Tresen zu und bestellen: »Dreizehn Helle!«

»Ihr seid doch nur zwölf!«

»Mann, rück schon dreizehn Helle raus!«

Er gibt ihnen das Bier, und alle setzen sich. In der Ecke sitzt ein kleiner alter Mann. Der Anführer der Skinheads geht zu ihm rüber und sagt: »Hier, Opa! Ein Bier für dich!«

Der kleine alte Mann sagt: »Danke, danke, sehr großzügig von dir, mein Junge!«

»Schon gut! Wir helfen schon mal 'nem Krüppel!«

»He, ich bin doch kein Krüppel!«

»Aber gleich wirst du's sein, wenn du nicht die nächste Runde ausgibst!«

Das ist Unterdrückung: ein Trick, um dich zu verkrüppeln, ein Trick, um dich zu zerstören, ein Trick, um dich zu schwächen, ein Trick, um dich mit dir selbst zu verfeinden. Es ist eine Methode, einen Zwiespalt in dir zu erzeugen, und immer wenn man mit sich selbst im Zwiespalt ist, ist man schwach.

Ein tolles Spiel hat die Gesellschaft da eingefädelt: Sie hat jeden mit sich selbst verfeindet. Darum kämpfst du ständig innerlich mit dir selbst. So hast du keine Energie für irgend etwas anderes. Merkst du nicht, was in dir abgeht? Ein ständiger Kampf. Die Gesellschaft hat dich zu einer gespaltenen Persönlichkeit gemacht, sie hat eine Schizophrenie in dir erzeugt und dich in Verwirrung gestürzt. Du bist wie ein Stück Treibholz.

Du weißt nicht, wer du bist. Du weißt nicht, wohin du gehst. Du weißt nicht, was du hier machst. Du weißt überhaupt nicht, wozu du eigentlich hier bist.

Man hat dich total verwirrt. Und aus dieser Verwirrung entstehen die großen Führer: Adolf Hitler, Mao Tse-tung, Josef Stalin. Aus dieser Verwirrung entsteht der Vatikan-Papst. Aus dieser Verwirrung entstehen tausenderlei Dinge. Doch was dabei kaputtgeht, bist *du*.

Tantra sagt: Sei expressiv! Doch wohlgemerkt: Expressiv zu sein und sich auszudrücken heißt nicht, verantwortungslos zu sein. Tantra sagt: Wenn du dich ausdrückst, dann auf intelligente Weise, damit niemand anderer durch dich zu Schaden kommt.

Wer sich selbst keinen Schaden zufügen kann, wird auch niemand anderem Schaden zufügen. Ein Mensch, der sich selbst Schaden zufügt, ist gefährlich. Wer sich selbst nicht liebt, ist eine Gefahr; er könnte auch jedem anderen Schaden zufügen. In der Tat, er *wird* Schaden anrichten.

Wenn du traurig und deprimiert bist, wirst du auch andere um dich herum traurig und deprimiert machen. Wenn du glücklich bist, willst du, daß alle glücklich sind. Zu deinem eigenen Glück brauchst du eine glückliche Welt. Wer freudig lebt, will, daß alle Freude haben – das ist wahre Religiosität. Aus eigener Freude segnest du die ganze Existenz. *(8)*

Ich habe eine so starke katholische Konditionierung, daß ich keine Hoffnung für mich sehe. Kannst du mir trotzdem helfen?

Ob Katholik oder Kommunist, Mohammedaner oder Maoist, Dschaina oder Jude – es macht keinen Unterschied; es ist alles das gleiche. Allerdings gehen die Katholiken dabei systematischer vor als die Hindus, wissenschaftlicher. Sie haben großes Geschick im Konditionieren der Menschen entwickelt. Aber das tun im Grunde alle Religionen mehr oder weniger; jede Gesellschaft tut es auf ihre Weise. Wir alle sind konditioniert worden.

Die Konditionierung beginnt in dem Moment, in dem du geboren wirst, mit dem allerersten Atemzug; das ist unvermeidlich. Du wirst konditioniert von den Eltern, den Spielkameraden, den Nachbarn, von Schule, Kirche und Staat. Das alles geschieht nicht bewußt, aber unbewußt sammelt jeder immer mehr davon an. Die Kinder lernen durch Nachahmung.

Aber mach dir nichts draus. Es ist der Normalzustand in dieser Welt. Jeder ist konditioniert. Und jeder muß sich von dieser Konditionierung befreien. Das ist nicht einfach. Es ist nicht wie das Ablegen von Kleidern, es ist mehr wie eine Häutung. Es ist schwierig und mühsam, weil wir mit unserer Konditionierung so sehr identifiziert sind. Wir kennen uns selbst nur als Katholiken, Kommunisten, Hindus, Mohammedaner, Christen. Und die größte Angst davor, die Konditionierung aufzugeben, besteht in der Befürchtung, dann in eine Identitätskrise zu geraten.

Es ist schwer, die Konditionierung aufzugeben, denn es ist deine ganze Vergangenheit, dein Denken, dein Ego – alles, was du bist. Aber wenn du bereit bist, wenn du Mut hast und couragiert genug bist, um dich mir anzuschließen, ist es möglich. Es ist nicht unmöglich. Viele haben diese Erfahrung schon gemacht. Schließe dich an und bleibe nicht nur Zuschauer. Schließe dich unserem Tanz an! Meine Einladung gilt für alle. Meine Einladung stellt keinerlei Bedingungen.

Ganz egal, welche Konditionierung du mitbekommen hast

– du kannst sie loswerden, weil sie dir von außen aufgezwungen wurde. Und weil man sie dir von außen aufgezwungen hat, kann man sie dir auch von außen wieder wegnehmen.

Gott kann ich dir nicht geben, die Wahrheit kann ich dir nicht geben, deine Essenz kann ich dir nicht geben, aber ich kann dir all den Schrott wegnehmen, den man dir aufgebürdet hat. Und wenn dieser Schrott erst einmal beiseite geräumt ist, kann das Göttliche in dir lebendig werden. Sobald alle Hindernisse weggeräumt sind, kann die Quelle deines Lebens wieder zu fließen beginnen. Dann erlangst du deine Unschuld wieder.

Und die Unschuld wiederzuerlangen bedeutet, das Paradies wiederzuerlangen. Dann kehrst du zurück in den Garten Eden. *(9)*

Der heutige Mensch leidet an der Vergangenheit, nicht an seinen eigenen Sünden, wie es die sogenannten Religionsprediger euch immer wieder weismachen wollen. Ihr leidet an den Sünden von Jahrhunderten.

Doch jetzt hat sich die Situation dermaßen zugespitzt, daß die Menschen zerbrechen. Bisher ist es uns irgendwie gelungen, uns aufrechtzuerhalten, doch jetzt haben wir den Punkt erreicht, da der Mensch entweder sich und seine Vision vom Leben total verändern oder aber Selbstmord begehen muß.

Wenn ihr weiterhin der Vergangenheit folgt, seid ihr am Rande eines globalen Selbstmordes. Genau das streben eure politischen Führer an – sie produzieren weiterhin ihre Atombomben, Wasserstoffbomben, Megabomben; sie häufen Bomben über Bomben an. Dabei haben sie schon viel zu viele! Sie können diese Erde siebenhundertmal zerstören – jeder einzelne Mensch kann siebenhundertmal getötet werden. Und der Wettlauf geht weiter. Selbst arme Länder beteiligen sich am Wettrüsten oder möchten gern mitmachen. Sie sind am Verhungern, aber sie wollen Atombomben; sie sind am Verhungern, aber sie wollen mehr Macht, um zu töten und zu zerstören.

Aus der Vogelperspektive könnt ihr leicht sehen, daß die Erde auf einen globalen Selbstmord zusteuert, auf eine völlige Zerstörung, auf einen totalen Krieg. Und nochmals: Denkt daran, daß dies nichts mit dem heutigen Menschen als solchem zu tun hat.

Der heutige Mensch ist nur ein Opfer der ganzen Vergangenheit. Die Priester behaupten immer wieder, daß an den heutigen Menschen etwas verkehrt sei, und sie glorifizieren die Vergangenheit.

Der heutige Mensch ist ein Produkt der gesamten Vergangenheit. Christen, Mohammedaner, Hindus, Buddhisten – alle Kulturen haben zu dieser Situation beigetragen. Sie sind verantwortlich dafür. Wenn sie nicht völlig verschwinden, wenn wir diese pathologische Vergangenheit nicht loslassen und ganz neu anfangen, völlig in der Gegenwart leben, ohne perfektionistische Ideen und Ideale, ohne »sollte« und ohne Gebote ... wenn das nicht geschieht, ist die Menschheit dem Untergang geweiht. *(10)*

Ein neuer Mensch ist nötig, der das Leben bejaht, der das Leben liebt, der die Liebe liebt, der diese Schöpfung so liebt, wie sie ist, der nicht fordert, sie müsse zuerst perfekt sein, der das Leben mit all seinen Begrenzungen zu feiern weiß.

Ich will keine Heuchler; ich will echte, authentische Menschen. Liebt euren Körper, lebt total in eurem Körper. Liebt eure Instinkte, eure Begierden, und lebt sie in ihrer Ganzheit.

Und ihr werdet überrascht sein: Wenn ihr euer Leben liebt, beginnt das Leben euch seine Türen zu öffnen. Wenn ihr liebt, werden euch Mysterien enthüllt, werden euch Geheimnisse offenbart. Wenn ihr euren Körper liebt, werdet ihr früher oder später der Seele gewahr werden, die in ihm wohnt. Wenn ihr die Bäume und die Berge und die Flüsse liebt, werdet ihr früher oder später die unsichtbare Hand Gottes hinter allem erkennen. Seine Signatur ist auf jedem Blatt. Ihr braucht bloß Augen, um zu sehen. *(11)*

Der Sklave

Eines der Probleme, mit denen sich jeder Mensch konfrontiert sieht, ist die Welt, in die er hineingeboren wird. Sein Wesen und die Absichten der Welt passen nicht zusammen.

Die Welt will, daß er dient, daß er ein Sklave ist und denjenigen, die an der Macht sind, zur Verfügung steht. Natürlich wehrt er sich dagegen. Er will er selbst sein.

Die Welt läßt niemanden das sein, wozu er von Natur aus bestimmt ist. Die Welt versucht, aus jedem Menschen eine Ware zu machen: nützlich, effizient, gehorsam – auf keinen Fall einen Rebellen, der sich selbst behauptet und seine Individualität verteidigt, sondern einen stets dienstbaren Roboter.

Die Welt will keine Menschen, sondern effiziente Maschinen. Je effizienter ihr seid, um so respektabler, um so angesehener seid ihr. Und darin besteht das Problem.

Kein Mensch wird in diese Welt geboren, um eine Maschine zu sein. Das ist eine Erniedrigung, eine Degradierung. Es nimmt ihm seinen Stolz und seine Würde, vernichtet ihn als spirituelles Wesen und reduziert ihn zu einem mechanischen Ding.

So kommt es, daß sich jedes Kind von Anfang an verschließt, sobald es die Absichten der Gesellschaft, der Eltern, der Familie, des Schulsystems, der Nation, der Religion erkennt.

Aus reiner Angst geht es in die Defensive, denn es muß sich gegen eine große Übermacht behaupten. Das Kind ist so klein und zart, so hilflos und verwundbar, und gleichzeitig so abhängig von denselben Leuten, vor denen es sich schützen muß.

Und das Problem kompliziert sich noch dadurch, daß

diejenigen, vor denen das Kind sich schützen muß, identisch sind mit jenen, die behaupten, es zu lieben. Und wahrscheinlich ist das nicht einmal gelogen. Sie haben die besten Absichten, aber es fehlt ihnen die Bewußtheit. Sie schlafen tief und fest. Sie sind sich nicht bewußt, daß sie Marionetten in den Händen einer blinden Macht sind, die sich Gesellschaft oder Establishment nennt, in der alle Machtinteressen an einem Strang ziehen.

Das Kind sieht sich einem Dilemma gegenüber: Es muß gerade gegen diejenigen ankämpfen, die es liebt – und es denkt, daß auch sie es lieben.

Doch seltsamerweise lieben diese Menschen das Kind nicht so, wie es ist. Sie sagen ihm: »Wir werden dich lieben, gewiß, wir lieben dich doch! Aber nur, wenn du denselben Weg wie wir beschreitest, wenn du dieselbe Religion wie wir befolgst und denselben Gehorsam leistest wie wir!«

Wenn du zu einem Teil dieses gigantischen Mechanismus wirst, dem du dann dein ganzes Leben lang angehörst ... Dagegen anzugehen wäre völlig sinnlos; es würde dich zermalmen. Es ist klüger, nachzugeben und einfach ja sagen zu lernen, ob du nun willst oder nicht. Unterdrücke dein Nein. Man erwartet von dir unter allen Bedingungen und in allen Situationen, daß du ein Ja-Sager bist. Nein ist nicht erlaubt.

Das Nein ist die Erbsünde. Ungehorsam ist die Erbsünde – und dafür übt die Gesellschaft rachsüchtige Vergeltung.

Das erzeugt große Angst in dem Kind. Sein ganzes Wesen drängt nach Verwirklichung seines Potentials. Es will es selbst sein; einen anderen Sinn sieht es nicht für sein Leben. Mit nichts anderem kann es jemals glücklich und froh, erfüllt und zufrieden sein, und es wird sich in seiner Haut nie wohl fühlen können, es wird immer gespalten sein. Ein Teil seines Wesens, der innerste Teil, wird immer hungrig, durstig, unerfüllt, unvollständig bleiben.

Doch die Kräfte sind übermächtig, und dagegen anzugehen ist zu riskant.

So lernt natürlich jedes Kind allmählich, sich zu verteidigen, sich zu schützen. Es verschließt alle Türen zu seinem Sein und öffnet sich niemandem mehr. Es fängt an, Theater zu spielen; es wird zum Schauspieler. Es handelt nach den Befehlen, die man ihm gibt. Wenn Zweifel in ihm auftauchen, unterdrückt es sie. Wenn seine Natur sich äußert, unterdrückt es sie. Wenn seine Intelligenz ihm sagt: »Das ist nicht richtig. Was machst du da?«, hört es lieber auf, intelligent zu sein. Es ist sicherer, beschränkt zu sein; es ist sicherer, unintelligent zu sein.

Alles, was dich mit den etablierten Machtinteressen in Konflikt bringen könnte, ist gefährlich. Und dich zu öffnen, selbst den Menschen, die dir nahestehen, ist riskant. Darum ist jeder verschlossen. Keiner öffnet sich wie eine Blume, die arglos ihre Blütenblätter öffnet und im Wind, im Regen und in der Sonne tanzt ... sehr zerbrechlich, aber furchtlos.

Wir alle leben wie verschlossene Blüten und haben Angst, verletzbar zu sein, sobald wir uns öffnen. Jeder benutzt alles mögliche, um sich zu schützen – selbst Freundlichkeit benutzt ihr als Schutz. Das wirkt widersprüchlich, denn Freundlichkeit bedeutet, offen zu sein für andere, seine Geheimnisse auszutauschen und andere teilhaben zu lassen am eigenen Herzen.

Wir leben in solchen Widersprüchen! Die Menschen benutzen Freundlichkeit als Schutz, Liebe als Schutz, Gebet als Schutz. Wenn sie weinen wollen, können sie es nicht. Statt dessen lächeln sie, denn Lächeln dient als Schutz. Und wenn sie eigentlich nicht weinen wollen, weinen sie, denn Tränen dienen in bestimmten Situationen als Schutz. Unser Lachen ist nur Lippengymnastik, und dahinter verbergen wir die Wahrheit unserer Tränen.

Unsere ganze Gesellschaft beruht auf einer bestimmten Idee, die im Grunde Heuchelei ist: Du mußt das sein, was die anderen von dir erwarten, und nicht, was du wirklich bist.

Darum ist alles so unecht geworden, so verlogen. Selbst in deinen Freundschaften hältst du auf Abstand. Du läßt andere nicht zu nahe herankommen. Wenn jemand dir zu nahe kommt, könnte er hinter deine Maske schauen! Er könnte erkennen, daß es gar nicht dein Gesicht ist, sondern eine

Maske, hinter der sich dein Gesicht versteckt. In dieser Welt, in der wir leben, sind alle unecht und unauthentisch.

Meine Vision des neuen Menschen ist die eines Rebellen – eines Menschen auf der Suche nach seinem ursprünglichen Selbst, seinem wahren Gesicht, eines Menschen, der bereit ist, alle falschen Masken der Persönlichkeit und der Heuchelei fallenzulassen und sich der Welt so zu zeigen, wie er in Wirklichkeit ist. Dabei spielt es keine Rolle, ob er geliebt oder verdammt, gerühmt oder geächtet, gekrönt oder gekreuzigt wird – denn du selbst zu sein ist der größte Segen in dieser Existenz. Selbst wenn man ihn kreuzigte, wäre er erfüllt und ungeheuer befriedigt.

Er ist ein Mensch der Wahrheit, ein Mensch der Aufrichtigkeit, ein Mensch, der Liebe und Mitgefühl kennt, der versteht, daß die Menschen blind und unbewußt sind und daß sie schlafen – einen spirituellen Schlaf. Alles, was sie tun, tun sie fast wie im Schlaf.

Man hat dich so lange, so viele Jahre konditioniert – dein ganzes Leben lang –, daß es etwas dauern wird, dich zu entkonditionieren. Man hat dir alle möglichen falschen, trügerischen Ideen aufgebürdet. Es wird ein wenig dauern, bis du sie fallenlassen kannst, ja, bis du überhaupt erkennen kannst, wie falsch und trügerisch sie sind!

In der Tat, sobald du erkennst, daß etwas falsch ist, ist es nicht mehr schwer, es fallenzulassen. In dem Moment, in dem du etwas Falsches als falsch erkennst, fällt es von selbst ab.

Das Erkennen allein genügt schon, um deine Verbindung zu kappen, deine Identifikation zu brechen. Und sobald das Falsche verschwunden ist, taucht das Echte auf, in seiner ganzen Frische, seiner ganzen Schönheit. Denn Echtheit ist schön, Ehrlichkeit ist schön, Aufrichtigkeit ist schön. Ganz du selbst zu sein bedeutet, schön zu sein.

Deine Bewußtheit, dein Verständnis und deine Entschlossenheit, mutig und engagiert dich selbst zu finden, wird alle falschen Gesichter, die andere dir gegeben haben, zum Verschwinden bringen.

Deine Eltern, deine Lehrer – auch sie sind unbewußt. Sei

ihnen nicht böse! Auch sie sind Opfer, genau wie du. Ihre Väter, Lehrer, Priester haben ihr Denken korrumpiert, und das gleiche hast du von deinen Eltern und Lehrern übernommen.

Du hättest es nie für möglich gehalten, daß es falsch sein könnte, was deine Eltern, die dich doch lieben, dir beigebracht haben, deine Lehrer, deine Priester. Aber es *ist* falsch. Es hat eine völlig verkehrte Welt geschaffen. Es ist durch und durch falsch. Und die Beweise lassen sich an der ganzen Geschichte ablesen: all diese Kriege, all diese Verbrechen, all diese Vergewaltigungen ...!

Millionen von Menschen hat man ermordet, hingeschlachtet, bei lebendigem Leib verbrannt – im Namen der Religion, im Namen Gottes, im Namen der Freiheit, im Namen der Demokratie, im Namen des Kommunismus ... alles wunderschöne Namen! Aber was sich hinter diesen schönen Namen verbarg, ist so häßlich, daß die Menschen eines Tages auf die Geschichte zurückblicken werden als auf eine Geschichte des Wahnsinns und nicht die Geschichte einer gesunden Menschheit. *(12)*

Ungehorsam ist das Fundament eines wahrhaft religiösen Menschen – Ungehorsam gegen alle Priester, alle Politiker, alle Machthaber.

Nur so kannst du deine Konditionierung über Bord werfen. Und wenn du deine Konditionierung losgeworden bist, wirst du nicht mehr fragen, worin das Ziel des Lebens besteht. Deine ganze Frage erfährt eine Revolution.

Dann wirst du fragen: »Wie kann ich totaler leben? Wie kann ich mich völlig an das Leben hingeben?« Denn das Leben ist das Ziel von allem; darum kann das Leben kein Ziel haben. Aber du bist ausgehungert, und außer dem Tod scheint es nichts mehr zu geben. Das Leben rinnt dir durch die Finger, und jeden Augenblick kommt der Tod näher.

Dein Leben ist nichts anderes als ein schleichender Tod. Und auf wessen Konto geht das? – Auf das Konto all eurer

Wohltäter und barmherzigen Helfer, eurer Propheten und Heilande, all dieser Inkarnationen Gottes. Diese Leute sind es, die euer Leben in einen schleichenden Tod verwandelt haben, und sie sind dabei sehr schlau vorgegangen. Sie haben eine ganz einfache Strategie angewandt; sie sagen: Dein Leben ist eine Strafe.

Die Christen sagen: Du bist in der Erbsünde geboren. Wie könntest du da das Leben verdienen? Du bist ja nur ein Sünder. Und der einzige Weg, zum wahren Leben zu gelangen, besteht darin, dieses Leben zu überwinden, das nichts als Sünde ist. Wer sind eure Heiligen? Die Leute, die auf dem Minimum leben, das sind eure Heiligen. Je weniger sie leben, um so größere Heilige sind sie.

Alle diese Asketen leben in einem Alptraum, und sie predigen euch, es ihnen gleichzutun. Sie versuchen, euer Leben, wo es nur geht, zu reduzieren.

Das Leben wird verdammt, die Sexualität wird verdammt, der Wunsch nach einem behaglichen Leben wird verdammt. Etwas zu genießen – Essen, Kleider – wird verdammt. So reduzieren sie euer Leben und nehmen es euch Stück für Stück weg.

Wenn man sich die Geschichte der christlichen Klöster, der dschainistischen, buddhistischen, hinduistischen Klöster ansieht, kann man sich nur wundern: Unfaßbar, wie unmenschlich die Menschen im Namen von Religion behandelt wurden! Jeder mögliche Schwachsinn …!

Doch es dient den Politikern, wenn ihr weniger lebendig seid, denn dann seid ihr auch weniger rebellisch. Dann seid ihr gehorsam, konventionell, traditionell. Dann seid ihr keine Gefahr. Es dient den Priestern, wenn ihr weniger lebendig seid, aus den gleichen Gründen.

Wenn du wirklich lebendig bist, dann bist du eine Gefahr für alle – für jeden, der versucht, dich auszubeuten, für jeden dieser Schmarotzer. Denn dann wirst du dich auf Teufel komm raus widersetzen. Dann würdest du lieber sterben, als wie ein Sklave zu leben. Denn für einen wahrhaft lebendigen Menschen ist selbst der Tod kein Tod, sondern der Höhepunkt des

Lebens. Selbst im Sterben wird sein Leben intensiv und total sein. Er hat keine Angst vor dem Tod. Er hat vor gar nichts Angst.

Darum fürchten alle Machthaber den wirklich lebendigen Menschen. Sie haben eine sehr subtile Strategie entwickelt, die darin besteht, deinem Leben ein Ziel zu geben: Du mußt etwas werden!

Du bist aber schon das, was die Schöpfung aus dir machen wollte. Du brauchst nichts anderes mehr zu werden.

Doch man sagt dir ständig, du sollst wie Jesus Christus werden. Wozu denn? Wenn Jesus nicht wie ich geworden ist, warum soll ich dann wie Jesus werden? Jesus ist Jesus, und ich bin ich. Aber was tun alle Christen? Sie versuchen, Jesus nachzuahmen und in gewisser Weise wie Jesus zu werden. Die Hindus versuchen, wie Krishna zu werden. Die Buddhisten versuchen, wie Buddha zu werden. Sonderbar! Keiner bleibt bei sich. Alle versuchen, jemand anderer zu werden. Das trennt dich völlig von deinem Leben ab. Darum laß dir gesagt sein: Das Leben hat kein Ziel. Das Ziel des Lebens ist das Leben selbst.

Gib alle Ziele auf. Gib den ganzen Gedanken an die Zukunft auf. Vergiß völlig, daß es ein Morgen geben wird. Sammle dich aus jeder Dimension und jeder Richtung und konzentriere dich ganz auf das Hier und Jetzt.

In einem einzigen Augenblick kannst du das Leben in seiner Zeitlosigkeit erfahren. *(13)*

Warum fällt es mir so schwer, mich selbst zu lieben?

Jedes Kind kommt mit einer immensen Selbstliebe in diese Welt. Es ist die Gesellschaft, die diese Liebe zerstört; es ist die Religion, die diese Liebe zerstört. Denn wenn das Kind in seiner Selbstliebe aufblüht – wer wird dann Jesus Christus lieben? Wer wird dann den Präsidenten Ronald Reagan lieben? Wer wird dann die Eltern lieben?

Die Liebe des Kindes zu sich selbst muß umgelenkt werden.

Es muß dazu konditioniert werden, seine Liebe immer auf ein Objekt außerhalb von sich selbst zu richten. Das macht die Menschen sehr arm, denn wenn du jemanden außerhalb von dir selbst liebst – sei es Gott oder der Papst, der Vater, die Ehefrau, der Ehemann oder die Kinder ... wer auch immer zum Objekt deiner Liebe wird – du wirst von diesem Objekt abhängig. Du wirst in deinen eigenen Augen zweitrangig; du wirst zum Bettler.

Dabei bist du als König geboren, völlig zufrieden mit dir selbst. Doch der Vater will, daß du ihn liebst, die Mutter will, daß du sie liebst. Jeder in deinem Umkreis will zum Objekt deiner Liebe werden, und keiner kümmert sich darum, daß jemand, der sich selbst nicht lieben kann, auch niemand anderen lieben kann.

So entsteht eine völlig irrsinnige Gesellschaft, in der jeder versucht, den anderen zu lieben, doch keiner hat etwas zu geben. Und auch der andere hat nichts zu geben. Wie kommt es, daß Liebende ständig zanken und streiten und sich gegenseitig das Leben schwermachen? Das liegt einfach daran, daß sie nicht das bekommen, was sie sich erhofft hatten. Beide sind Bettler; beide sind leer.

Ein Kind, das auf die rechte Weise aufwächst, darf seine Selbstliebe entfalten, und dann wird es so voller Liebe sein, daß es sie unbedingt teilen möchte. Es ist so überfließend von Liebe, daß es jemanden braucht, mit dem es sie teilen kann. Dann wird die Liebe dich nie von jemand anderem abhängig machen; dann bist du der Gebende. Wer gibt, ist niemals ein Bettler. Und auch der andere ist ein Gebender.

Und wenn zwei Könige, zwei Meister ihres eigenen Herzens zusammenkommen, herrscht große Freude. Keiner ist vom anderen abhängig. Jeder ist ein unabhängiges Individuum, das in seiner eigenen Mitte ruht und in sich selbst verankert ist – mit Wurzeln, die in die Tiefe seines Wesens hinabreichen, von wo der Saft, den wir Liebe nennen, an die Oberfläche kommt und zu Tausenden von Rosen erblüht.

Diese Art Mensch war bisher nicht möglich – wegen all eurer Propheten und Erlöser, eurer Inkarnationen Gottes und allen möglichen anderen Idioten. Sie haben euch sabotiert, um ihrer eigenen Glorie willen. Um ihres eigenen Egos willen haben sie euch völlig unterdrückt.

Erkennt die Logik: Entweder wird ein Messias, ein Erlöser, zum Objekt eurer Liebe, und ihr seid nur wie Schatten, die ihm blind nachfolgen – oder aber ihr seid völlig glücklich und überfließend vor Liebe, die zu Tausenden von Rosen aufblüht – doch wer will dann noch erlöst werden? Ihr seid schon erlöst. Wer will dann noch ins Paradies? Ihr seid ja schon dort.

Wenn ihr lernt, euch selbst zu lieben, muß der Priester sterben, verliert der Politiker seine Gefolgschaft. All die Machthaber der Gesellschaft gehen bankrott, denn sie gedeihen nur dadurch, daß sie euch auf höchst raffinierte Weise psychologisch ausbeuten.

Aber zu lernen, dich selbst zu lieben, ist nicht schwer; es ist natürlich. Wenn du etwas so Unnatürliches tun konntest, wenn du lernen konntest, andere zu lieben, ohne dich selbst zu lieben, dann ist das andere dagegen ganz einfach. Du hast etwas nahezu Unmögliches vollbracht.

Es ist bloß eine Frage des Verstehens, die einfache Erkenntnis: »Ich muß mich selbst lieben, sonst verpasse ich den Sinn des Lebens. Sonst werde ich nie erwachsen, sondern nur immer älter und erlange nie meine Individualität. Ich werde nie zu einem richtigen Menschen, in seiner ganzen Würde und Vollständigkeit.«

Und außerdem, wenn du dich selbst nicht lieben kannst, wirst du niemand anderen auf der Welt lieben können. So viele psychologische Probleme rühren daher, daß man dich dir selbst entfremdet und dir eingeredet hat, du seiest nichtswürdig, du seiest nicht das, was du sein solltest. Dann müssen deine Handlungen korrigiert werden; du mußt zu einer bestimmten Persönlichkeit geformt werden.

In Japan gibt es vierhundert Jahre alte Bäume, die bloß zwanzig Zentimeter groß sind. Man hält es für eine Kunstform. Es ist Mord, der reinste Mord! Ein solcher Baum sieht uralt aus, aber er ist nur zwanzig Zentimeter hoch. Er hätte dreißig Meter hoch werden und sich nach den Sternen strekken können, doch was hat man getan? Welche Strategie hat man angewandt?

Die gleiche Strategie, die man auch beim Menschen, gegen die Menschheit, angewandt hat: Man stellt den Baum in einen Topf ohne Boden, und sobald er Wurzeln schlägt, werden sie abgeschnitten, denn der Topf hat ja keinen Boden. So werden die Wurzeln ständig beschnitten, und wenn die Wurzeln nicht in die Tiefe wachsen können, kann der Baum auch nicht in die Höhe wachsen. Er wird alt, aber nie ein ausgewachsener Baum. Genau das gleiche hat man mit dem Menschen gemacht.

Deine Liebe zu dir selbst ist eine wesentliche Voraussetzung für dein Wachstum.

Darum lehre ich euch, selbstsüchtig zu sein – und das ist natürlich!

Alle eure Religionen haben euch gelehrt, altruistisch zu sein. Opfert euch für irgendeine idiotische Idee: die Fahne – irgend so ein morsches Stück Stoff. Opfert euch für die Nation – ein reines Hirngespinst, denn nirgendwo ist die Erde in Nationen aufgeteilt. Es waren die schlauen Politiker, die auf der Landkarte die Erde geteilt haben. Aber ihr opfert euch für diese Linien, die es nur auf der Landkarte gibt! Ihr sterbt für eure Religionen – Christentum, Hinduismus, Buddhismus, Islam. Und sie haben alles so eingerichtet, daß das Individuum darin gefangen ist.

Wenn du für deine Nation stirbst, wird man dich zum Märtyrer erklären, obwohl du im Grunde nur Selbstmord begehst – und zwar aus einem törichten Grund! Wenn du für deine Religion stirbst, wirst du das Paradies erlangen und ewigen Segen genießen. Man hat dich manipuliert. Und eines ist grundlegend an dieser ganzen Manipulation: Du darfst dich selbst nicht lieben! Hasse dich, denn du bist nichtswürdig. Jeder ist voller Selbsthaß.

Aber meinst du, wenn du dich selbst haßt, wirst du jemanden finden, der dich lieben wird? Wenn nicht einmal du selbst bereit bist, dich zu lieben, wird ein anderer dich unmöglich lieben können. Du hast die Idee übernommen, daß du selbst keinen Wert hast – es sei denn, du befolgst bestimmte Regeln, religiöse Dogmen, politische Ideologien.

Doch als du zur Welt kamst, wurdest du nicht als Christ oder als Katholik geboren, wurdest du nicht als Kommunist geboren. Jedes Kind kommt als *Tabula rasa* in diese Welt – ein völlig leeres Blatt, auf dem nichts geschrieben steht: weder die Bibel noch der Koran, die *(Bhagavad) Gita* oder *Das Kapital.* Nein, nichts steht darauf geschrieben. Das Kind kommt nicht mit einem heiligen Buch zur Welt. Es kommt in vollkommener Unschuld. Doch seine Unschuld wird ihm zum größten Problem, denn überall lauern Wölfe – in Gestalt von Politikern, Priestern, Eltern, Lehrern. Sie alle stürzen sich auf deine Unschuld und fangen an, Dinge in dich hineinzuschreiben, die du später für dein Erbe halten wirst.

Sie haben dein wahres Erbe zerstört. Jetzt können sie dich zum Sklaven machen, können dich zu allem bringen, was sie wollen. Und sei es, unschuldige Menschen zu ermorden ...

Es gibt eine religiöse Mafia wie auch eine politische Mafia, und sie beuten dich ständig aus. Sie mögen untereinander verfeindet sein, doch in einem Punkt sind sie sich alle einig: Man darf nicht zulassen, daß der Mensch sich selbst liebt.

Dadurch kappt man ihm die Wurzeln zum eigenen Sein, und er wird hilflos, wurzellos, ein Stück Treibholz, mit dem man machen kann, was man will.

Die Menschen in diesem Land (den Vereinigten Staaten) haben in Vietnam viele arme Unschuldige getötet. Was hatten sie mit ihnen zu schaffen? Aber es war nicht nur einseitig. Amerika schickte seine eigenen Söhne, die noch kaum vom Leben gekostet hatten, zum Töten und Getötetwerden – im Namen der Demokratie, im Namen Amerikas.

Aber warum sollte man sich im Namen von irgend etwas selbst opfern? Mohammedaner und Christen haben gekämpft und sich gegenseitig umgebracht im Namen Gottes. Beide kämpfen und töten für denselben Namen: Gott. Eine seltsame Welt haben wir geschaffen!

Doch die Strategie ist einfach: Man muß die natürliche Selbstliebe des Menschen zunichte machen. Dann ist er in seinen eigenen Augen nichts wert und bereit, für eine Goldmedaille alles zu tun, nur um einen gewissen Wert zu erlangen und zu spüren, daß er auch jemand ist. Seht bloß eure Generäle mit ihren vielen bunten Streifen an! Welche Stupidität! Die Streifen nehmen zu, je mehr der General sich selbst kaputtmacht, je mehr er sich selbst abtötet.

Du könntest dein Hemd mit all diesen farbigen Streifen schmücken – ich glaube nicht, daß das Gesetz es dir verbieten kann –, aber du würdest dich bloß lächerlich machen. Doch diese Generäle machen sich nicht lächerlich; man zollt ihnen Respekt. Sie sind große Helden. Und was haben sie geleistet? Sie haben viele Menschen auf dem Gewissen – in eurem Land und in anderen Ländern. Solche Mörder werden belohnt.

Hat man je gesehen, daß eine Gesellschaft ihre Liebenden belohnte? Im Gegenteil, die Liebenden werden verdammt. Keine Gesellschaft zollt den Liebenden Respekt. Liebe ist Anathema für die Gesellschaft.

Das erste, was die Machthaber also tun müssen, ist, euch von der Liebe fernzuhalten – und bislang ist ihnen das gelungen.

Nach Millionen von Jahren ist der Mensch immer noch ein Sklave, mit einem tief verwurzelten Minderwertigkeitskomplex und dem Gefühl der Wertlosigkeit, weil er nicht alles erfüllen kann, was man von ihm verlangt. Dabei ist das, was von ihm verlangt wird, so unnatürlich, daß es unmöglich zu erfüllen ist! Und auf dem Boden eurer Wertlosigkeit gedeihen die Propheten und erzählen euch, sie seien die Erlöser, und sie versprechen, euch zu retten. Denn ihr könnt euch selbst nicht retten. Sie haben nie zugelassen, daß ihr schwimmen lernt, und allein könnt ihr nur ertrinken.

Die Politiker nähren immerzu die Hoffnung in euch, daß die Armut bald verschwinden wird – statt dessen nimmt sie ständig zu. Sie wird nicht weniger, sondern mehr.

In Äthiopien starben tagtäglich Tausende. Und groteskerweise gibt es in Amerika eine halbe Million Übergewichtiger, die an Überernährung leiden und immer fetter werden, während in Äthiopien die Menschen unterernährt sind und verhungern. In Amerika sterben die Menschen, weil sie sich überessen, und in Äthiopien sterben sie, weil sie nichts zu essen haben.

Haltet ihr diese Welt, die wir geschaffen haben, für normal?

Halb Indien steht demnächst das gleiche Schicksal bevor wie Äthiopien – doch die indische Regierung verkauft Weizen; sie exportiert Weizen an die übrige Welt. Das eigene Volk wird sterben – und nicht wenige! Fünfzig Prozent der Inder leben ständig an der Hungergrenze. Jeden Moment kann Indien zu einem neuen, größeren Äthiopien werden. Doch die politischen Führer verkaufen Weizen an andere Länder, weil sie Atomkraftwerke und Kernenergie wollen, damit sie ebenfalls an dem idiotischen Wettrüsten teilnehmen können. Und das alles geschieht im Namen von Altruismus.

Ich will, daß ihr absolut selbstsüchtig werdet.

Liebe dich selbst, sei du selbst. Laß dich nicht irremachen von irgendwelchen Leuten – ob religiösen, politischen, sozial- oder bildungspolitischen Leuten. Du bist in erster Linie weder der Religion noch dem Staat verpflichtet. In erster Linie bist du nur dir selbst verpflichtet.

Und sieh mal: Wenn jeder sich selbst liebt und liebevoll mit sich umgeht, wird er den Gipfel seiner Intelligenz erreichen, und er wird überfließen vor Liebe.

Nur eine Philosophie der Selbstsucht kann meiner Ansicht nach den Menschen wirklich altruistisch machen: Dann hat er so viel zu teilen, so viel zu geben, daß er aus reiner Freude gibt und das Teilen für ihn zu einem Fest wird.

Altruismus kann nur ein Nebenprodukt der Selbstliebe sein.

Weil du dich selbst nicht liebst, fühlst du dich schwach – denn Liebe ist Nahrung, sie gibt dir Kraft. Wie könntest du da die volle Verantwortung übernehmen? Du gibst ständig deine Verantwortung an andere ab: Gott ist verantwortlich, das Schicksal, Adam und Eva. Es war die Schlange, die Eva zum Ungehorsam gegen Gott verführte – sie ist verantwortlich.

Kannst du sehen, wie idiotisch es ist, deine Verantwortung

auf andere abzuwälzen? – Eine Schlange, und vor vielleicht Millionen von Jahren …

Ich habe mich wirklich angestrengt, um eine Schlange in ein kleines Gespräch zu verwickeln – aber sie reden nicht, ja, sie können nicht einmal hören. Ich habe herausgefunden, daß Schlangen gar keine Ohren haben; Ohren fehlen in ihrer Physiologie. Aber wenn sie nichts hören können, wie sollten sie dann sprechen können? Und wie hätte die Schlange Eva überreden können?

Aber wir müssen immer unsere Verantwortung jemand anderem in die Schuhe schieben. Adam schiebt es Eva in die Schuhe, Eva schiebt es der Schlange in die Schuhe. Und wenn die Schlange reden könnte, würde sie es Gott in die Schuhe schieben. Auf diese Weise entziehen wir uns ständig unserer Verantwortung, ohne zu verstehen, daß man erst dann ein richtiges Individuum wird, wenn man für sich selbst die Verantwortung übernimmt.

Sich vor der Verantwortung zu drücken ist schädlich für deine Individualität. Aber du kannst nur dann die Verantwortung übernehmen, wenn du immense Selbstliebe besitzt.

Ich akzeptiere meine Verantwortung und genieße sie. Ich habe nie meine Verantwortung auf andere abgeschoben, denn das würde bedeuten, die Freiheit zu verlieren und zum Sklaven zu werden; es würde bedeuten, sich anderen auszuliefern. Was immer ich auch bin: Ich bin ganz und gar dafür verantwortlich. Das gibt mir eine große Stärke. Es gibt mir Wurzeln und Zentriertheit. Aber die Quelle dieser Verantwortung ist meine Selbstliebe.

Natürlich habe ich die gleiche Art von Massenausbeutung durchgemacht, aber ich habe von Anfang an eines klargestellt: Selbst wenn man mich in den Himmel zwingen wollte, würde ich es ablehnen. Ich bin bereit, freiwillig zur Hölle zu gehen. Zumindest würde ich dann meine Unabhängigkeit und meine Wahlfreiheit behalten.

Meine Eltern, meine Lehrer, meine Professoren haben mit mir gerungen, aber ich sagte ihnen: »Eines ist klar: Ich kann keine Bestechung akzeptieren und zu einem Sklaven werden.

Lieber würde ich im ewigen Höllenfeuer braten, aber ich werde ich selbst bleiben. Zumindest diese Freude will ich haben: daß es meine eigene Wahl ist und niemand mich dazu gezwungen hat.«

Wenn man dich als Gefangenen ins Paradies brächte, denkst du, du könntest es genießen? Wenn du ins Paradies kommst, indem du Jesus Christus oder Moses oder Buddha oder Krishna folgst – was wäre das für ein Paradies, wo von dir erwartet wird, daß du alles blind befolgst? Du kannst keine Fragen stellen, kannst nichts hinterfragen. Ein solches Paradies ist schlimmer als die Hölle!

Doch man hat die Menschen von ihrem eigenen Ursprung abgelenkt.

Ich möchte, daß du nach Hause zurückkommst. Respektiere dich selbst. Freue dich und sei stolz darauf, daß die Schöpfung dich braucht, sonst wärest du nicht hier. Freue dich, daß die Schöpfung nicht auf dich verzichten kann. Schließlich ist das der Grund, weshalb du hier bist. Die Schöpfung hat dir eine Gelegenheit geschenkt – ein Leben mit unermeßlichen, in dir verborgenen Schätzen von Schönheit, Ekstase und Freiheit.

Aber du bist nicht existentiell! Du bist Christ oder Buddhist oder Hindu. Und ich will, daß du nur an eines glaubst: an die Existenz. Unnötig, in die Synagoge oder in die Kirche zu gehen! Wenn du diese Erfahrung nicht mit dem Himmel, den Sternen, dem Sonnenuntergang, dem Sonnenaufgang, den blühenden Blumen, den singenden Vögeln machen kannst ... Die ganze Schöpfung ist eine einzige Predigt! Nicht erdacht von irgend so einem dummen Priester – sie ist allgegenwärtig.

Du mußt nur dir selbst vertrauen. Das ist ein anderes Wort für Selbstliebe. Und wenn du dir selbst vertraust und dich selbst liebst, nimmst du die ganze Verantwortung auf die eigenen Schultern – was immer und wer immer du auch bist. Dadurch machst du eine so ungeheure Daseinserfahrung, daß niemand dich je wieder zum Sklaven machen kann.

Meine *Sannyasins* sind nicht meine Gefolgsleute. Das wäre

sehr respektlos ihnen gegenüber. Und respektlos mit Menschen umzugehen, die dich lieben, ist das Häßlichste, was du tun kannst.

Siehst du die Schönheit eines Individuums, das auf eigenen Füßen steht? Was auch immer geschieht – ob Freude oder Leid, ob Leben oder Tod: Ein Mensch, der sich selbst liebt, hat eine solche Integrität, daß er sich nicht nur am Leben, sondern sogar am Tod erfreuen kann. *(14)*

Der Sohn

Du fragst mich: *»Wie hat diese ganze Konditionierung überhaupt angefangen?«*

Es fängt bei jedem Kind an, weil es den Eltern am liebsten wäre, wenn ihr Kind eine Kopie von ihnen ist. Ihrem Ego wäre es am liebsten, wenn das Kind ihr Aushängeschild ist – für ihre eigene Philosophie, Religion, politische Ideologie, Weltanschauung, Nationalität, Rasse – für alles.

Das Kind wird zum Träger, zum Vehikel, zum Medium all ihrer Ambitionen und Wünsche, all ihrer Frustrationen und Fehlschläge. Ihre Hoffnung ist: »Wenn wir sterben, wird ein Teil von uns in unserem Kind weiterleben!« Darum muß man das Kind entsprechend programmieren: »Was wir nicht erreicht haben, wird unser Kind erreichen.« So zwingen sie dem Kind ihre Ambitionen auf.

Auf diese Weise nimmt die Konditionierung ihren Anfang. Man läßt das Kind nicht es selbst sein. Die Eltern lassen ihre Kinder nie sie selbst sein. Das ist noch nicht vorgekommen.

Deshalb lebt die Menschheit in solchem Elend: weil kein Kind es selbst sein darf. Wie soll es da jemals glücklich werden?

Glück kann sich nur ereignen, wenn du authentisch du selbst bist.

Und frag mich nicht, wie alles seinen Anfang nahm, denn es gab keinen Anfang. Jedes Kind, das geboren wird, ist ein Anfang. Ansonsten hat diese Welt schon immer und ewig existiert.

So bringt man dir also bei, zu kämpfen, zu konkurrieren, zu wetteifern und ehrgeizig zu sein, um Erfolg zu haben, um dies oder jenes zu sein, um Präsident oder Premierminister zu werden! Von Anfang an und bis zur Universität trichtert man dir ein, du müßtest etwas Besonderes werden – und was, das entscheiden die anderen. Keiner kümmert sich um dein ureigenstes Wesen.

Es ist so, als würde man Margeriten studieren lassen, damit sie Rosen werden. Sie würden durchdrehen! Sie können keine Rosen werden, unmöglich. Sie können höchstens so tun, als ob. Sie können sich benehmen, als wären sie Rosen, können eine Maske aufsetzen. Aber dann sind sie Heuchler und Betrüger, und im tiefsten Innern wissen sie: »Wir sind Margeriten.« Und sie werden sich dafür hassen, daß sie Margeriten sind, aber das sind sie nun mal. Sie können keine Rosen werden, weil das nicht ihrer Natur entspricht, sie können aber auch nicht als Margeriten in der Sonne tanzen, weil ihre ganze Erziehung das verhindert.

Damit erzeugt man ein reales Problem. Jetzt wird dieser Mensch immer gespalten sein. Versucht er, eine Rose zu sein, wird er wissen, daß er ein Heuchler ist. Versucht er, eine Margerite zu sein, wird er wissen, daß er die ehrgeizigen Pläne seiner Eltern, Lehrer, Professoren, Priester und Politiker nicht erfüllt, und er wird sich schuldig fühlen. Sie haben es geschafft, daß es ihm keine Ruhe läßt. Entweder fühlt er sich schuldig, oder er fühlt sich unnatürlich. In jedem Fall steht er unter Druck, getrieben von Sorgen und Ängsten. Die Energie, aus der ein Tanz, ein Lied, Ekstase hätte werden können, wurde vergiftet. Jetzt ist sie nur noch Seelenangst und Verzweiflung.

Erleuchtung hat überhaupt nichts mit Ehrgeiz zu tun. Wenn sie zu Ehrgeiz wird, fängst du wieder an zu kämpfen. Erleuchtung bedeutet einfach, in einem Zustand des Loslassens zu sein. Erleuchtung bedeutet, den Schaden, den die Gesellschaft in dir angerichtet hat, zu beseitigen. Was deine Eltern dir aufgezwungen haben – wirf es ab! Wozu die Gesellschaft dich konditioniert hat – leg es beiseite! Erhebe Anspruch auf dein Wesen!

Liebe und respektiere dich selbst und versuche, nur du selbst zu sein.

Sokrates sagte: »*Erkenne dich selbst.*« Das ist nicht möglich. Zuerst *sei* du selbst; wie kannst du dich sonst erkennen? Wenn du gleich darangehst, dich selbst erkennen zu wollen, wird es dir nicht gelingen. Du wirst jemand in dir erkennen, der du gar nicht bist, zu dem man dich aber machen wollte. Du wirst nur das erkennen, was du zu sein versucht hast, doch dein wahres Selbst wirst du nicht erkennen können.

Darum sage ich dir: Zuerst *sei* du selbst. Und das Wunderbare ist: Wenn du du selbst bist, ist das Erkennen nicht mehr schwer; es ist ganz einfach. Wenn du du selbst bist, erkennst du automatisch, wer du bist.

Erleuchtung ist kein Begehren, kein Ziel, keine Ambition. Erleuchtung ist das Aufgeben sämtlicher Ziele, das Aufgeben sämtlichen Begehrens, das Aufgeben sämtlicher Ambitionen.

Erleuchtung bedeutet, ganz natürlich zu sein. Es bedeutet, im Fluß zu sein. Aber die Menschen sind nicht natürlich; man hat sie nicht natürlich sein lassen.

Deine Eltern sitzen dir auf den Schultern und steuern dich. Sie mögen längst tot sein, aber ihre Stimmen sind immer noch in dir lebendig. Wenn du etwas zu tun versuchst, was dein Vater mißbilligt hätte, hörst du gleich seine Stimme: »Laß das! Du beleidigst mich!« Wenn du etwas tust, was gegen deine Mutter geht, wirst du unverzüglich Mamas Stimme hören! Egal, ob sie noch lebt oder nicht, es ist in dir verankert. Wie eine Schallplatte, die sofort zu spielen anfängt, wird sie gleich sagen: »Hör auf damit! Denk an deine tote Mutter! Sie hätte nie gewollt, daß du das tust. Sei wenigstens zu deiner toten Mutter respektvoll! Wenn du sie schon nicht respektvoll behandelt hast, als sie noch lebte, sei zumindest jetzt der Toten gegenüber respektvoll.«

Das ist Abhängigkeit. Aber alle stehen in dieser Abhängigkeit, weil diejenigen, die euch erzogen haben, Macht über euch haben und euch beherrschen wollten.

Kinder sind die hilflosesten Wesen auf dieser Welt, die am meisten ausgebeutete Klasse. Nicht das Proletariat ist die am meisten ausgebeutete Klasse, und auch nicht die Frauen, sondern die Kinder.

Sie sind die am meisten ausgebeutete Klasse und die hilfloseste. Das Proletariat kann sich wehren, kann revoltieren – wie es in Rußland, China und anderen kommunistischen Ländern revoltiert hat. Die Frauen auf der ganzen Welt unternehmen jetzt Anstrengungen, um zu revoltieren. Aber es ist undenkbar, daß die Kinder je revoltieren werden. Sie sind ihren Eltern völlig hilflos ausgeliefert. An Revolte ist nicht zu denken! Und solange es keine Revolution der Kinder gibt, bleiben alle anderen Revolutionen nur an der Oberfläche.

Der Grundstein für diese Konditionierung und Abhängigkeit wird in der Kindheit gelegt, wenn das Kind so hilflos ist, daß es alle Bedingungen akzeptieren muß, die man ihm auferlegt, nur damit es überlebt.

Erleuchtung bedeutet, alles beiseite zu räumen, was dir unter Zwang auferlegt wurde. Erleuchtung bedeutet, zu deinem natürlichen Wesen zurückzukehren. Erleuchtung ist eine zweite Geburt.

Das meint Jesus, wenn er sagt: »Wenn ihr nicht wiedergeboren werdet, könnt ihr nicht in das Himmelreich Gottes kommen.«

Im Osten, und speziell in Indien, wird jemand, der zur Erkenntnis des Lebens gelangt ist, *dwij* genannt. *Dwij* bedeutet »zweimal geboren« – einer, der die zweite Geburt erlangt hat.

Die erste Geburt wurde dir von anderen verdorben, aber du kannst eine zweite Geburt haben, die kein anderer dir zunichte machen kann. Erst dann stehst du wirklich auf eigenen Beinen – stark genug, um allein zu überleben. *(15)*

Der Vater fordert: »Liebe mich! Ich bin dein Vater!«, und das Kind muß Liebe zeigen. Dabei besteht noch nicht einmal die Notwendigkeit, daß es die Mutter liebt. Nach den Naturgesetzen hat die Mutter einen natürlichen Liebesinstinkt für ihr Kind, aber umgekehrt ist es nicht so. Das Kind hat keinen natürlichen Instinkt, die Mutter zu lieben. Es *braucht* die Mutter, das ist etwas anderes. Es ist auf die Mutter angewiesen, das ist etwas anderes. Aber kein Naturgesetz verlangt, daß es die Mutter *lieben* muß. Es hat die Mutter gern, weil sie ihm hilft und es unterstützt; ohne sie kann es nicht überleben. Dafür ist es dankbar und respektvoll, und das ist auch in Ordnung so – doch Liebe ist ein völlig anderes Phänomen.

Liebe fließt abwärts – von der Mutter zum Kind –, aber nicht rückwärts. Und das ist einfach so, weil die Liebe des Kindes wiederum zum eigenen Kind nach unten fließen wird. Sie kann nicht zurückfließen. Es ist wie beim Ganges, der nach unten zum Meer fließt und nicht rückwärts zur Quelle. Die Mutter ist die Quelle, und die Liebe fließt weiter zur nächsten Generation. Den Fluß umzukehren wäre ein erzwungener Akt, unnatürlich und unbiologisch.

Aber das Kind muß Liebe vortäuschen, denn die Mutter sagt: »Ich bin deine Mutter. Du *mußt* mich lieben!« Was bleibt dem Kind anderes übrig? Es wird sich verstellen, und so wird es zum Politiker. Von der Wiege an wird jedes Kind zum Politiker. Es lächelt, sobald die Mutter ins Zimmer kommt – ein Jimmy-Carter-Lächeln! Nicht, daß es sich freut, aber es *muß* lächeln. Es muß den Mund aufmachen und die Lippen bewegen – das hilft, um zu überleben. Aber auf diese Weise wird die Liebe falsch.

Und wenn man erst einmal diese Billigausgabe, diese Plastikversion von Liebe kennengelernt hat, wird es äußerst schwierig, sie vom Original, von der echten, authentischen Liebe, zu unterscheiden.

Und dann soll das Kind seine Geschwister lieben, und dafür besteht eigentlich gar kein Grund. Wer liebt schon die eigene Schwester, und wozu auch? Das sind alles Ideen, die man dir eingepflanzt hat, um den Zusammenhalt der Familie zu sichern. Aber dieser ganze verlogene Prozeß führt dazu, daß du, wenn du dich verliebst, nur unecht lieben kannst.

Du hast vergessen, was wahre Liebe ist.

Du verliebst dich in eine Haarfarbe. Was hat denn das mit Liebe zu tun? Schon nach zwei Tagen wirst du die Haarfarbe überhaupt nicht mehr wahrnehmen. Oder du verliebst dich in eine bestimmte Krümmung der Nase, bestimmte Augen, aber sobald die Flitterwochen vorbei sind, ist das nur langweilig! Und dann mußt du es irgendwie hinkriegen und dich verstellen und dem anderen etwas vormachen.

Man hat dir deine Spontaneität genommen und dich vergiftet, sonst könntest du dich nicht in Bruchstücke verlieben. Du verliebst dich tatsächlich in Teile. Wenn man dich fragt: »Warum liebst du diese Frau, diesen Mann?« dann antwortest du: »Weil sie so schön ist« oder: »Weil ich ihre Nase liebe, oder ihre Augen, ihre Kurven, dieses und jenes ...« Das ist alles Unsinn!

Eine solche Liebe kann nicht sehr tief gehen und hat überhaupt keinen Wert. Sie kann nie zu Intimität werden. Sie kann nicht ein Leben lang fließen; bald wird sie versiegen, weil sie so oberflächlich ist. Sie erblüht nicht aus dem Herzen, sie ist nur ein Kopf-Phänomen. Vielleicht sieht die Frau wie ein Filmstar aus, und darum findest du sie toll, aber Tollfinden ist nicht Liebe.

Liebe ist ein völlig anderes Phänomen, ein undefinierbares Mysterium. Sie ist ein solches Mysterium, daß Jesus sagt: »Gott ist Liebe.« Gott und Liebe werden synonym, undefinierbar. Aber diese natürliche Liebe ist verlorengegangen.

Du hast mich gefragt, ob es nicht gut wäre, soviel zu lieben, wie man nur kann. Glaubst du wirklich, es ginge darum, soviel zu *tun*, wie man nur kann?

Liebe ist keine Frage des Tuns. Sie ist eine Herzensangelegenheit, etwas, das über Körper und Verstand weit hinausgeht. Liebe ist nicht Prosa, sondern Poesie, nicht Mathematik, sondern Musik. Etwas, das man nicht *tun* kann, etwas, das man nur *sein* kann.

Liebe ist nicht etwas, was du *tust*, Liebe ist etwas, was du *bist*.

All diese Gebote lasten schwer auf deiner Spontaneität. Liebe kann niemals ein Gebot sein; man kann sie nicht befehlen. Du kannst dich nicht zwingen, soviel zu lieben, wie du nur kannst.

Aber das tun die Menschen, und darum fehlt Liebe in unserer Welt. *(16)*

Wie kann ich meine Mutter lieben?

Eine Mutter muß man völlig anders lieben als eine Geliebte, denn das ist sie nicht und kann es niemals sein. Wenn du zu sehr an deiner Mutter hängst, wirst du nicht in der Lage sein, eine Liebste zu finden. Und dann wirst du es deiner Mutter insgeheim vorwerfen, daß du ihretwegen nicht zu einer anderen Frau weitergehen kannst.

Es gehört zum Wachstum, daß man von seinen Eltern weggeht, ebenso, wie man aus dem Mutterleib herauskommen muß. Das ist der erste Schritt, die Mutter zu verlassen – in gewisser Weise ein Verrat an ihr. Doch wenn das Kind im Mutterleib dies für einen Verrat hielte – »Wie kann ich die Mutter verlassen, die mich ins Leben gerufen hat?« –, dann würde es sich selbst und die Mutter umbringen. Es muß aus dem Bauch herauskommen.

Zuerst ist es völlig eins mit der Mutter, doch dann wird die Nabelschnur durchtrennt. Das Kind fängt an, allein zu atmen, und damit beginnt sein Wachstum. Dadurch wird es zum Individuum, das für sich allein funktioniert. Aber noch bleibt es viele Jahre lang abhängig: Milch, Nahrung, Schutz, Liebe – darin ist es von der Mutter abhängig. Es ist hilflos.

Doch wenn es kräftiger wird, fängt es an, sich weiter und weiter von der Mutter zu entfernen. Statt Milch braucht es nun andere Nahrung, und es wird noch weiter weggehen. Dann kommt es eines Tages in die Schule, und es muß Freunde finden. Wenn der junge Mann heranwächst, verliebt er sich schließlich in eine Frau und vergißt darüber völlig seine Mutter, denn diese andere Frau ist überwältigend und zieht ihn in ihren Bann.

Wenn das nicht geschieht, ist etwas falsch gelaufen. Wenn die Mutter versucht, dich festzuhalten, erfüllt sie nicht ihre Mutterpflicht. Das ist eine sehr heikle Pflicht.

Eine Mutter muß dich darin unterstützen, von ihr wegzugehen – das ist das heikle daran. Eine Mutter muß dich stark machen, damit du von ihr weggehen kannst. Darin besteht ihre Liebe. Dann erfüllt sie ihre Pflicht. Wenn du an deiner

Mutter festhältst, machst auch du etwas falsch, denn das ist gegen die Natur. Es ist, als würde der Fluß stromaufwärts fließen. Dann gerät alles durcheinander.

Die Mutter ist deine Quelle. Wenn du anfängst, zur Quelle hinzufließen, gehst du gegen den Strom. Du mußt von ihr weggehen. Der Fluß muß von der Quelle zum Meer hin fließen. Das bedeutet aber nicht, daß du deine Mutter nicht liebst.

Merke dir also: Die Liebe zu deiner Mutter sollte mehr Respekt als Liebe sein. Die Liebe zu deiner Mutter sollte mehr die Qualität von Dankbarkeit und Achtung, einer tiefen Hochachtung, haben. Sie hat dir das Leben geschenkt, sie hat dich in diese Welt gebracht. Deine Liebe zu ihr sollte sehr ehrfürchtig sein.

Tue alles, was du tun kannst, um ihr zu dienen, aber laß deine Liebe nicht wie die Liebe zu einer Geliebten sein, sonst verwechselst du etwas. Und wenn du das Objekt verwechselst, wird es dich nur verwirren. Beachte also, daß dein Schicksal darin besteht, eine Geliebte zu finden – eine andere Frau als deine Mutter. Erst dann kannst du richtig reif werden, denn eine andere Frau zu finden bedeutet, daß du dich völlig von der Mutter gelöst hast. Die Nabelschnur ist endgültig durchtrennt.

Darum findet man auch auf der ganzen Welt eine subtile Feindschaft zwischen der Mutter und der Ehefrau des Sohnes, eine ganz subtile Gegnerschaft. Und das muß so sein, weil die Mutter irgendwie fühlt, daß diese Frau ihr den Sohn weggenommen hat. Und das ist in gewisser Weise natürlich. Natürlich, aber unwissend. Die Mutter sollte froh sein, daß ihr Sohn eine andere Frau gefunden hat. Jetzt ist ihr Kind kein Kind mehr. Er ist ein reifer, erwachsener Mensch geworden. Sie sollte sich freuen, nicht wahr?

Du kannst also nur auf diese eine Weise reif werden: wenn du von deiner Mutter weggehst. Und das gilt auch für viele andere Ebenen des Lebens. Der Sohn muß eines Tages gegen den Vater revoltieren – nicht respektlos, sondern mit tiefem Respekt. Aber man muß revoltieren. Das ist das Heikle daran:

Es ist eine Revolution, eine Rebellion, aber mit tiefem Respekt. Wenn der Respekt fehlt, ist es häßlich. Dann ist es keine schöne Rebellion. Dann fehlt etwas.

Rebelliere und mache dich frei, aber tue es voller Ehrerbietung, denn dein Vater und deine Mutter sind deine Quelle.

Man muß also weggehen von seinen Eltern, aber nicht nur räumlich. Auch in vieler anderer Hinsicht muß man sich von ihnen entfernen. Doch das sollte nicht im Zorn geschehen. Es sollte nicht häßlich werden, sondern Schönheit und Respekt aufweisen. Wenn du gehen willst, dann gehe, aber berühre die Füße deiner Mutter und deines Vaters. Sag ihnen, daß du gehen mußt – unter Tränen. Aber sag ihnen, daß du nicht anders kannst – du *mußt* fort. Die Herausforderung ruft dich, und du mußt gehen. Unter Tränen verläßt man sein Zuhause; man blickt immer wieder zurück, mit sehnsüchtigen Augen, voller Heimweh. Die vergangenen Tage waren schön. Aber was kann man tun?

Wenn du dich an deinem Zuhause festklammerst, wirst du verkrüppelt bleiben, wirst du zurückgeblieben sein. Aus dir wird nie ein richtiger Mann werden.

Darum sage ich dir, daß du voller Achtung weggehen sollst. Wann immer deine Eltern dich brauchen, solltest du für sie da sein und ihnen dienen. Aber verwechsle nicht deine Mutter mit einer Geliebten. Sie ist deine Mutter. *(17)*

Alle Eltern projizieren ihre Hoffnungen auf die Kinder, und durch ihre Hoffnungen zerstören sie die Kinder. Du mußt dich von deinen Eltern freimachen – genauso, wie ein Kind eines Tages aus dem Mutterleib herauskommen muß, weil der Mutterleib sonst seinen Tod bedeutet. Nach neun Monaten muß das Kind aus dem Bauch heraus. Es muß die Mutter verlassen. So schmerzhaft es auch sein mag, und so sehr die Mutter es auch als Leere empfindet – das Kind muß herauskommen.

Und eines Tages muß das Kind auch aus den Erwartungen

der Eltern herauskommen. Erst dann wird es zum ersten Mal ein selbständiges, unabhängiges Wesen sein. Erst dann steht es auf eigenen Füßen. Erst dann wird es wirklich frei sein.

Und wenn die Eltern bewußt und verständnisvoll sind, werden sie ihren Kindern helfen, sich so früh wie möglich zu befreien. Sie werden ihre Kinder nicht zur Nützlichkeit konditionieren, sondern ihnen helfen, Liebende zu werden.

Eine völlig neue Welt wartet darauf, geboren zu werden, in der die Menschen anders arbeiten werden: Der Schreiner wird seine Arbeit tun, weil er das Holz liebt, der Lehrer wird in der Schule unterrichten, weil er das Unterrichten liebt, der Schuster wird Schuhe machen, weil er am liebsten Schuhe macht.

Heute ist alles durcheinander: Der Schuster ist Chirurg geworden und der Chirurg Schuster, und beide sind frustriert. Der Schreiner ist Politiker geworden und der Politiker Schreiner, und beide sind frustriert.

Das ganze Leben scheint eine einzige Frustration zu sein. Seht euch die Menschen an: Jeder scheint wütend zu sein, und keiner scheint an dem Platz zu sein, der für ihn bestimmt war. Jeder ist fehl am Platz. Keiner scheint zufrieden zu sein – und das alles nur wegen diesem Nützlichkeitsdenken! Es verfolgt euch.

Ich habe eine sehr schöne Geschichte gehört:

Frau Grün kommt in den Himmel und nähert sich schüchtern dem Engel am Empfang. »Sagen Sie, bitte«, fragt sie, »wäre es möglich, mit jemandem zu sprechen, der hier im Himmel ist?«

Der Engel sagt: »Aber sicher, vorausgesetzt, daß diese Person sich auch hier bei uns im Himmel befindet.«

»O ja, das ist sie ganz bestimmt! Da bin ich mir ganz sicher«, sagt Frau Grün. »Ich möchte nämlich die Jungfrau Maria treffen.«

Der Empfangsengel räuspert sich und sagt: »Aha! Nun, sie ist eigentlich in einer anderen Abteilung, aber wenn Sie darauf bestehen, werde ich Ihre Bitte weiterleiten. Sie ist eine sehr liebenswürdige Dame, und vielleicht hat sie ja Lust, mal hier vorbeizukommen!«

Die Bitte wurde entsprechend weitergeleitet, und die Jungfrau war tatsächlich so liebenswürdig, der Bitte nachzukommen und Frau Grün zu treffen.

Frau Grün blickte lange auf die strahlende Gestalt vor ihr und sagte schließlich: »Bitte, verzeihen Sie meine Neugier, aber ich wollte Sie immer schon etwas fragen. Sagen Sie mir, wie fühlt man sich eigentlich, wenn man einen so wunderbaren Sohn hatte, den heute Millionen von Menschen als Gott verehren?«

Die Jungfrau antwortete: »Also, um ganz ehrlich zu sein, Frau Grün, wir hatten eigentlich gehofft, daß er Arzt wird!«

Die Eltern hoffen immer ... und ihre Hoffnung wird zum Gift. Laßt euch gesagt sein: Liebt eure Kinder, aber baut nicht eure Hoffnungen auf sie.

Liebt eure Kinder, so gut ihr nur könnt, und gebt ihnen das Gefühl, daß sie um ihrer selbst willen geliebt werden und nicht für irgendeinen Zweck.

Liebt eure Kinder ohne Einschränkung und gebt ihnen das Gefühl, daß sie akzeptiert werden, so, wie sie sind. Sie brauchen keine Forderungen zu erfüllen. Ob sie die eine oder die andere Sache tun, macht keinen Unterschied für die Liebe, die sie bekommen. Diese Liebe ist bedingungslos.

Auf diese Weise kann eine völlig neue Welt erschaffen werden. Die Menschen werden sich auf natürliche Weise zu jenen Dingen hingezogen fühlen, die sie gern tun. Die Menschen werden auf natürliche Weise in jene Richtung gezogen, in der sie instinktiv im Fluß sein können.

Solange du nicht deine Erfüllung gefunden hast, solange du nicht etwas gefunden hast, was nicht bloß dein Broterwerb ist, sondern deine Berufung, dein Auftrag, solange wirst du nicht mit deinen Eltern Frieden schließen können – sie sind der Grund, warum du in dieser unglücklichen Welt bist. Dann wirst du keine Dankbarkeit fühlen können, denn es gibt nichts, wofür du dankbar sein könntest. Sobald du deine Erfüllung findest, wirst du ungeheure Dankbarkeit spüren.

Und diese Befriedigung ist auch nur möglich, wenn du

nicht zu einem Ding wirst. Deine Bestimmung ist, ein Mensch zu sein, der als solcher einen inneren Wert besitzt. Deine Bestimmung ist, dein Ziel in dir selbst zu finden. *(18)*

Seit meiner Kindheit ist in mir ein Rebell, aber aus Ohnmacht habe ich mich unterworfen, statt ein rebellisches Leben zu leben. Wenn ich dir so zuhöre, kommt mir der Gedanke, dieser Rebell in mir könnte vielleicht zu dem neuen Menschen werden, von dem du redest.

Jeder Mensch ist von Geburt unschuldig, friedlich und liebevoll – völlig ahnungslos von dem halsabschneiderischen Wettkampf, der auf dieser Welt vorherrscht, ahnungslos von den Atomwaffen, die zu seinem Empfang bereitstehen, ahnungslos von der schmutzigen Politik, unter deren Joch sich die Menschheit seit Jahrtausenden befindet.

Aber noch bevor die Friedlichkeit, die Liebe und das Vertrauen des Kindes zu einer rebellischen Kraft werden können, beginnen wir, alles Schöne in ihm zu zerstören und ihm statt dessen all unser Häßliches zu geben. So haben unsere Eltern es mit uns gemacht, und wir wiederholen nur die gleiche Inszenierung. Von Generation zu Generation wird die gleiche Krankheit stets von einer Hand zur nächsten weitergereicht.

Mit den allerbesten Absichten setzen Eltern und Lehrer, Führer und Priester alles daran, in jedem Kind Konkurrenzdenken, Vergleichen und Ehrgeiz zu verankern, um es auf den harten Lebenskampf vorzubereiten, der ihm bevorsteht – mit anderen Worten, auf Gewalt und Aggression. Es herrscht die Auffassung, daß du, wenn du nicht aggressiv vorgehst, den kürzeren ziehst. Du mußt dich behaupten, und zwar massiv. Du mußt kämpfen, als ginge es um Leben und Tod.

Das ist der Hintergrund unseres ganzen Erziehungssystems.

Ich war immer der Beste in meiner Klasse – aber nicht, weil ich so fleißig gewesen wäre und den Unterricht regelmäßig besuchte! Ich kam einfach dahinter, daß der Lehrstoff gerade für zwei Monate reichte, während wir ein ganzes Jahr damit vergeudeten. Also gab ich zwei Monate vor Schulschluß meine ganze Aufmerksamkeit, und die übrige Zeit machte ich mir ein schönes Leben mit allen möglichen Dingen, nur nicht der Schule. Die Lehrer wunderten sich. Immer wenn ich mit dem Zeugnis nach Hause kam und meinem Vater erzählte, daß ich wieder der Beste war, sagte er: »Das bedeutet doch nur, daß deine Klasse aus lauter Dummköpfen besteht!«

Dann sagte ich: »Seltsam! Wenn andere Klassenbeste werden, sind ihre Eltern stolz auf sie, aber du beklagst dich nur, daß ich mit lauter Dummköpfen zusammen bin. Als wäre ich nur deshalb Erster geworden und sonst ein hoffnungsloser Fall!«

Von ihm kam nie eine Bestätigung: »Du hast gute Arbeit geleistet. Dafür sollst du belohnt werden.« Er hat mich nie belohnt. Das einzige, was er sagte, war: »Komisch, wie du es immer wieder schaffst, in einer Klasse voller Dummköpfe zu landen, so daß du Erster wirst!«

Aber das ist eher die Ausnahme. Normalerweise geben die Eltern jeden nur möglichen Anreiz: »Wenn du Erster wirst, kriegst du eine Belohnung.« Wenn du Erster wirst, machst du deinen Eltern, deiner Familie Ehre.

Jeder bringt dir bei, die anderen zu übertreffen – um jeden Preis. So übernehmen die Kinder früher oder später dieses hektische Wettrennen. Und selbst wenn sie jemanden anrempeln müssen, um ihn zu überholen, werden sie es tun. Gewalt ist ein fester Bestandteil dieser Konkurrenzgesellschaft.

In einer konkurrierenden Gesellschaft hat man keine Freunde. Jeder tut so, als wäre er dein Freund, aber jeder ist dein Feind, weil sich alle auf derselben Leiter nach oben kämpfen. Jeder ist dein Feind, weil sein Erfolg deinen Mißerfolg bedeutet. So lernt man allmählich die Kunst, sich gegenseitig ans Bein zu pinkeln und sich mit unlauteren Mitteln einen Vorsprung zu sichern.

Diese Gesellschaft ist durch und durch gewalttätig. Und wenn du ehrgeizig bist, mußt du noch gewalttätiger sein.

Der Mensch, der mir vorschwebt, ist ein Rebell – aber ohne Ehrgeiz, ohne Konkurrenzdenken, ohne Machtstreben.

Ein jedes Kind könnte zu einem solchen Rebellen werden. Aber dazu darf es nicht von seiner Unschuld abgelenkt werden.

Dein Gefühl ist richtig: In dir ist ein Rebell. Jeder trägt diesen Rebellen in sich – aber die Gesellschaft ist zu mächtig. Sie macht euch feige und berechnend. Sie führt euch nicht zu eurem wahren Selbst. Sie hat kein Interesse, daß die Menschen wahrhaftig sie selbst sind, denn sonst gäbe es überall Rebellen. *(19)*

Der Roboter

Warum sagen die Sufis, daß der Mensch eine Maschine ist?

Weil der Mensch eine Maschine *ist*. Der Mensch, so wie er ist, ist völlig unbewußt. Er ist nichts als seine Gewohnheiten, die Summe all seiner Gewohnheiten.

Der Mensch ist ein Roboter. Der Mensch ist noch nicht Mensch! Solange keine Bewußtheit in dein Leben kommt, wirst du immer eine Maschine sein.

Deshalb sagen die Sufis, daß der Mensch eine Maschine ist. Diesen Gedanken hat Gurdjieff* von den Sufis übernommen und in den Westen gebracht: Der Mensch ist eine Maschine. Als Gurdjieff zum ersten Mal sagte, daß der Mensch eine Maschine ist, waren viele schockiert. Aber er sprach die Wahrheit.

Du bist nur ganz selten bewußt.

In deinem ganzen siebzigjährigen Leben – so, wie man sein sogenanntes Leben normalerweise lebt – erfährst du nicht einmal sieben Augenblicke der Bewußtheit – im ganzen Leben! Und selbst wenn du sieben solcher Augenblicke – oder auch weniger – erlebst, ist es reiner Zufall! Zum Beispiel kannst du für einen Augenblick bewußt werden, wenn plötzlich jemand mit einem Revolver auf dein Herz zielt. In diesem Moment hört dein Denken, dein gewohnheitsmäßiges Denken, auf. Für einen kurzen Moment wirst du bewußt. Angesichts der großen Gefahr tauchst du aus deinem üblichen Schlaf auf.

In einer gefährlichen Situation wirst du bewußt. Aber sonst

---

* George Gurdjieff, erleuchteter Meister des 20. Jahrhunderts

schläfst du tief und fest. Und du hast großes Geschick darin entwickelt, deine Angelegenheiten mechanisch zu erledigen.

Stell dich mal an den Straßenrand und beobachte die Leute, dann wirst du sehen, daß sich alle wie im Schlaf bewegen. Alle sind Schlafwandler! Und du auch.

Zwei Landstreicher landen im Knast und werden eines Mordes angeklagt, der in der Nachbarschaft passiert ist. Die Geschworenen sprechen sie schuldig, der Richter verurteilt sie zum Tod durch den Strang – Gott sei ihren Seelen gnädig!

Die beiden nehmen es ziemlich gefaßt, bis zum Morgen der Hinrichtung. Während sie auf den Galgen warten, sagt der eine zum anderen: »Verdammt, ich dreh' gleich durch! Ich kann keinen klaren Gedanken mehr fassen. Mensch, ich weiß nicht mal, was für 'n Wochentag heute ist.«

»Heut' ist Montag«, sagt der andere.

»Montag? Scheiße! Was für 'n mieser Start in die Woche!«

Beobachte dich nur selbst. Sogar im Angesicht des Todes spulen die Menschen ihre alten Routinegewohnheiten ab. Es wird keine Woche mehr geben. Heute morgen werden sie gehenkt! Doch die alte Gewohnheit ... Jemand sagt, es ist Montag, und du sagst darauf: »Montag? Scheiße! Was für 'n mieser Start in die Woche!« Die Menschen reagieren blind. Darum sagen die Sufis, daß der Mensch eine Maschine ist.

Solange du nicht bewußt reagierst, mit einer bewußten Antwort, einem spontanen Eingehen auf die Situation ... Eine Reaktion stammt immer aus der Vergangenheit, aber eine bewußte Antwort kommt aus der Gegenwart. Eine Antwort ist spontan, eine Reaktion nur alte Gewohnheit.

Beobachte dich selbst. Deine Frau sagt etwas zu dir ... nun beobachte, was du dazu sagst. Schau, wie du damit umgehst. Ist es nur eine Reaktion? Du wirst dich wundern! Neunundneunzig Prozent deiner Aktionen sind keine wirklichen Aktionen, es sind keine Antworten. Es sind nur mechanische Re-aktionen, völlig automatisch.

Und alles wiederholt sich ständig: Du sagst immer wieder

das gleiche, und deine Frau reagiert darauf immer gleich. Und dann reagierst du auf sie, und immer endet es am gleichen Punkt. Du weißt es, sie weiß es – alles ist vorhersehbar.

»Papa«, fragt der Zehnjährige, »wie fangen eigentlich die Kriege an?«

»Also, mein Sohn«, erklärt der Vater, »sagen wir mal, Amerika hat einen Streit mit England ...«

»Amerika hat doch gar nicht Streit mit England«, unterbricht ihn die Mutter.

»Aber davon ist doch nicht die Rede!« sagt der Vater, sichtlich irritiert. »Ich gebe dem Jungen doch nur ein theoretisches Beispiel.«

»Lächerlich!« platzt die Mutter heraus. »Du pflanzt dem Kind nur alle möglichen falschen Ideen ins Hirn!«

»Lächerlich! Keine Spur!« entgegnet der Vater. »Und wenn er auf dich hören würde, hätte er gar nichts im Hirn!«

Bevor die ersten Teller fliegen, meldet sich der Sohn zu Wort: »Danke, Mama! Danke, Papa! Ich glaub', jetzt weiß ich, wie die Kriege anfangen.«

Beobachte dich selbst. Die Dinge, die du tust ... du hast das alles schon so oft getan! Die Art und Weise, wie du reagierst ... so hast du schon immer reagiert. In der gleichen Situation tust du immer wieder das gleiche.

Wenn du nervös wirst, holst du eine Zigarette heraus und fängst an zu rauchen. Es ist eine Reaktion. Du machst es immer, wenn du nervös wirst.

Du bist eine Maschine. Und die Software ist fest installiert: Du bist nervös, deine Hand greift in die Tasche und holt das Päckchen hervor – wie ein Automat. Du nimmst die Zigarette heraus, steckst sie dir in den Mund, zündest sie an – und das alles passiert vollautomatisch. Du hast es schon millionenfach getan, du wiederholst es nur.

Und jedesmal, wenn du es tust, verstärkt es sich. Die Maschine wird immer mechanischer, immer effizienter. Je öfter du es machst, desto weniger Bewußtheit ist dazu nötig.

Das ist der Grund, warum die Sufis sagen, daß der Mensch wie eine Maschine funktioniert!

Es sei denn, du fängst an, diese mechanischen Gewohnheiten zu durchbrechen …

Zum Beispiel könntest du genau das Gegenteil von dem tun, was du sonst tust. Versuche es einmal.

Du kommst nach Hause, und es ist dir nicht ganz geheuer, weil es schon wieder so spät geworden ist und deine Frau sich gleich auf dich stürzen wird … Du überlegst dir eine Antwort, denkst nach, was du sagen könntest: Hattest im Büro zuviel zu tun oder so was Ähnliches … Aber sie kennt deine Gedanken, und sie weiß genau, was du sagen wirst, wenn sie dich fragt, warum du so spät kommst. Und du weißt es genau: Wenn du sagst, daß es zuviel zu tun gab, wird sie dir nicht glauben. Sie hat es dir nie geglaubt. Vielleicht hat sie dir sogar schon nachspioniert, hat im Büro angerufen und sich nach dir erkundigt. Aber immer läuft es nach diesem Schema ab.

Wenn du heute nach Hause kommst, versuch mal was ganz anderes. Wenn sie dich fragt: »Wo warst du?«, dann sag: »Ich hab mit einer Frau geschlafen«, und schau, was dann passiert. Sie wird schockiert sein! Sie wird nicht wissen, was sie sagen soll. Sie wird keine Worte finden. Einen Augenblick lang wird sie völlig blockiert sein, weil ihr keine passende Reaktion, keine geeignete Routine dazu einfällt.

Oder, falls sie schon sehr mechanisch geworden ist, wird sie vielleicht sagen: »Ich glaub' dir kein Wort!«, weil sie dir ohnehin nie etwas glaubt. Oder: »Das soll wohl ein Witz sein!« Schließlich kommst du jeden Tag nach Hause …

Einmal gab ein Psychoanalytiker seinem Patienten einen Rat: »Wenn Sie heute abend heimkommen …« – denn der Patient jammerte ständig: »Ich hab' immer Angst, heimzukommen. Meine Frau wirkt so unglücklich, so deprimiert. Sie ist immer so schlecht drauf, daß mir ganz anders wird. Am liebsten würde ich weglaufen.«

Der Psychologe sagte: »Vielleicht sind Sie selbst der Anlaß! Probieren Sie doch heute mal folgendes: Bringen Sie Ihrer

Frau ein paar Blumen, Eis und ein bißchen Konfekt, und wenn sie die Tür aufmacht, nehmen Sie sie in den Arm und geben ihr einen zarten Kuß. Und dann helfen Sie ihr – räumen den Tisch ab, spülen das Geschirr und machen den Fußboden sauber. Tun Sie mal was ganz anderes, was Sie noch nie getan haben.«

Die Idee klang gut, und der Mann wollte es probieren. Er ging nach Hause, und in dem Moment, als seine Frau die Tür öffnete, sah sie die Blumen, das Eis und das Konfekt ... Und ihr Mann, der sonst nie lachte, umarmte sie strahlend – es war nicht zu fassen! Wie gelähmt stand sie da und traute ihren Augen nicht. War das jemand anderer? Sie mußte zweimal hinschauen. Und als er sie küßte und anfing, den Tisch abzuräumen und das Geschirr zu spülen, brach die Frau in Tränen aus. Da kam er zu ihr und fragte: »Warum weinst du denn?«

Und sie sagte: »Ich glaube, du bist übergeschnappt! Ich habe schon immer befürchtet, daß du mal überschnappst, und jetzt ist es passiert! Du solltest zum Psychiater gehen.«

Solche Methoden verwenden die Sufis. Sie sagen: Mach es mal ganz anders! Dann werden sich nicht nur die anderen wundern; auch du selbst wirst dich wundern. Und versuche es mit kleinen Dingen. Zum Beispiel, wenn du nervös bist, rennst du immer. Geh mal nicht so schnell, sondern ganz langsam und schau, was passiert. Du wirst dich wundern! Es paßt nicht zusammen! Dein mechanischer Verstand wird sagen: »Was tust du da? Das hast du noch nie getan!« Aber wenn du ganz langsam gehst, wirst du dich wundern: Die Nervosität verschwindet. Du hast ein neues Element eingebracht.

Zum Beispiel gibt es die Methoden von *Vipassana* und *Zazen*.* Wenn du dich darauf einläßt, findest du die gleichen Grundprinzipien. Beim *Vipassana*-Gehen muß man ganz langsam gehen – so langsam, wie man noch nie gegangen ist; es

---

* Meditationstechniken aus dem Buddhismus

ist absolut ungewohnt, eine ganz neue Erfahrung, und unser reaktiver Verstand kann dabei nicht funktionieren. Er funktioniert nicht mehr, weil er darauf nicht programmiert ist. Er gibt auf.

Darum wird man bei Vipassana ganz still, wenn man den Atem beobachtet. Du hast immer geatmet, aber du hast dir noch nie dabei zugeschaut; das ist neu. Wenn du einfach still dasitzt und nur den Atem beobachtest – ein, aus, ein, aus –, ist der Verstand verwirrt. Was tust du da? Das hast du noch nie getan! Es ist so neu, daß der Verstand keine unmittelbare Reaktion darauf liefern kann. Er wird still.

Das Prinzip ist das gleiche. Ob die Methode von den Sufis oder aus dem Buddhismus, Hinduismus oder Islam stammt, spielt keine Rolle. Wenn man sich tiefer mit den Grundprinzipien der Meditation beschäftigt, findet man eine gemeinsame Grundlage: Wie kann man den Menschen entautomatisieren?

Gurdjieff stellte mit seinen Schülern ziemlich ungewöhnliche Dinge an. Wenn jemand zu ihm kam, der immer schon Vegetarier war, dann sagte er zu ihm: »Iß Fleisch.« Nun, das ist das gleiche Prinzip. Dieser Mann ist ein bißchen zu sehr mit sich selbst beschäftigt, ein bißchen exzentrisch. Zu ihm sagt er: »Iß Fleisch.« Nun schaut mal einem Vegetarier zu, wenn er Fleisch ißt. Sein ganzer Körper wehrt sich dagegen, er muß sich übergeben, und sein Verstand ist völlig verwirrt und durcheinander. Er fängt an zu schwitzen, weil sein Verstand damit nicht klarkommt.

Und genau darauf hatte Gurdjieff es angelegt: Er wollte sehen, wie jemand auf eine neue Situation reagierte. Zu jemandem, der noch nie Alkohol getrunken hatte, sagte er: »Trink! Trink, soviel du kannst.« Und zu jemandem, der Alkohol gewohnt war: »Hör für einen Monat auf. Hör ganz damit auf!«

Er versuchte Situationen zu kreieren, die für den Verstand so neu sind, daß er verstummt, weil er keine Antwort, keine vorgefertigte Lösung hat. Der Verstand funktioniert wie ein Papagei.

Aus demselben Grund haben Zen-Meister ihren Schülern gelegentlich Hiebe versetzt. Auch dort findet sich das gleiche Prinzip. Wer zu einem Meister geht, erwartet doch von einem Buddha keine Hiebe, oder? Wer zu einem Buddha, einem Erleuchteten, geht, kommt mit der Erwartung, dieser werde voller Mitgefühl und Liebe sein, er werde seine Liebe verströmen und ihm die Hand auf den Kopf legen. Und da ist nun ein Buddha, der dich schlägt! Nimmt seinen Stab und drischt ihn dir auf den Kopf! Das ist ein solcher Schock – ein Buddha, und er schlägt dich?! Für einen Moment bleibt der Verstand stehen. Er hat keine Ahnung, was er tun soll. Er hat Sendepause. Und diese Pause ist der Anfang. Manchmal ist jemand erleuchtet worden, nur weil der Meister etwas Absurdes tat.

Die Leute haben Erwartungen, sie leben mit Erwartungen. Sie wissen nicht, daß ein Meister sämtliche Erwartungen durchkreuzt.

Indien war an Leute wie Krishna, Rama und andere gewöhnt. Doch dann kam Mahavira, und er stellte sich nackt hin. Man kann sich Krishna nicht als nackten Asketen vorstellen; er trug immer schöne Gewänder, die allerschönsten. Er war überhaupt einer der schönsten Menschen und trug Schmuck aus Gold und mit Diamanten. Und dann tauchte plötzlich Mahavira auf. Was dachte er sich wohl dabei, so nackt aufzutreten? Damit schockierte er das ganze Land. Durch diesen Schock konnte er bei vielen Menschen etwas bewirken.

Jeder Meister muß sich entscheiden, auf welche Weise er schockieren will.

Indien hat seit Jahrhunderten keinen Mann mehr wie mich erlebt. Darum ist alles, was ich tue, alles, was ich sage, ein Schock. Das ganze Land verfällt in einen Schock; ein großes Zittern geht durchs ganze Land. Ich habe großen Spaß daran, denn das erwarten sie nicht ...

Ich bin nicht hier, um eure Erwartungen zu erfüllen. Wenn ich eure Erwartungen erfüllen würde, könnte ich euch nicht transformieren. Ich bin hier, um alle eure Erwartungen zu zerstören. Ich bin hier, um euch zu schockieren. In solchen schockierenden Erfahrungen bleibt euer Verstand stehen. Er kann damit nicht umgehen, und das ist der Moment, in dem etwas Neues in euch eindringen kann.

Darum sage ich hier und da etwas, was man nach Meinung der Leute nicht sagen darf. Aber wer seid ihr denn, daß ihr entscheidet, was ich sagen darf und was nicht? Wenn etwas gegen die Erwartungen der Leute geht, reagieren sie natürlich gleich nach ihrer alten Konditionierung.

Wer entsprechend seiner alten Konditionierung reagiert, dem entgeht etwas. Wer aber nicht nach der alten Konditionierung reagiert, kann still werden und in einen neuen Seinszustand kommen.

Ich rede zu meinen Schülern, und dabei teile ich auf die eine oder andere Weise Schläge aus. Das ist alles beabsichtigt. Wenn ich beispielsweise Morarji Desai (einen indischen Politiker) kritisiere, geht es nicht so sehr um den realen Morarji Desai wie um den Morarji Desai in euch, denn in jedem von euch ist ein Politiker. Indem ich Morarji Desai einen Hieb verpasse, treffe ich den Morarji Desai in euch, den Politiker in euch.

In jedem ist ein Politiker. Dieser Politiker steht für den Wunsch zu dominieren, den Wunsch, die Nummer eins zu sein. Der Politiker steht für Ehrgeiz, für den ambitionierten Verstand. Wenn ich Morarji Desai eins verpasse und ihr euch getroffen fühlt und nun denkt: »Wie kann jemand erleuchtet sein, der so hart mit Morarji Desai umgeht?« – wenn ihr das denkt, dann ist das nur eine Rationalisierung, denn was kümmert euch Morarji Desai? Dann versucht ihr nur, den Morarji Desai in euch zu retten, ihr versucht, den eigenen inneren Politiker in Schutz zu nehmen.

Ich habe nichts mit Morarji Desai zu schaffen. Was soll ich mit dem armen Morarji Desai? Aber mit dem Politiker in euch habe ich ganz viel zu schaffen.

Die Sufis sagen, daß der Mensch eine Maschine ist, weil er bloß nach den Programmen reagiert, die man ihm eingegeben hat.

Fang an, dich in allen Situationen bewußt zu verhalten,

dann hörst du auf, eine Maschine zu sein. Und erst wenn du keine Maschine mehr bist, wirst du zum Menschen. Erst dann wird der Mensch in dir geboren. *(20)*

Wenn du morgens aufwachst, ist es kein richtiges Erwachen. Du öffnest zwar die Augen und bist imstande, die oberflächlichsten Dinge zu erledigen: das Frühstück vorzubereiten, deiner Frau den Tee zu servieren und die Kinder für die Schule fertigzumachen – aber all diese Dinge tust du sehr mechanisch. Du bist dir nicht wirklich bewußt, was du tust, weil du es schon an so vielen Tagen, seit so vielen Jahren, in so vielen Leben getan hast. Du kannst wie ein Roboter funktionieren. *(21)*

Wir denken alle, wir seien bewußt, doch darin besteht gerade unsere Unbewußtheit. Wir sind nur funktional bewußt. Wir haben gelernt, bestimmte Dinge zu tun – zu Bett zu gehen, am frühen Morgen aufzustehen, zur Arbeit zu gehen. Das alles muß man lernen.

Aber das alles kann auch ein Roboter. Du bist dazu nicht nötig. Und so wurde aus der Menschheit eine Masse von Robotern. Du hast alles gelernt, was du brauchst, und hast es an dein Robotergehirn weitergegeben, das die Dinge für dich erledigt. Und als du deinem Gehirn die Steuerung überlassen hast, bist du selbst eingeschlafen. *(22)*

Die Menschen sind so unbewußt, daß sie sich nicht einmal bewußt sind, wie unbewußt sie sind.

Mulla Nasruddin erzählte mir unlängst folgende wahre Begebenheit:

»In meinem Keller hatte ich achtzehn Flaschen Whisky. Kürzlich sagte meine Frau zu mir: ›Du kippst jetzt eine Flasche nach der anderen in den Ausguß, sonst kannst du was erleben!‹ – ›Okay, okay!‹ sagte ich und machte mich an diese unangenehme Aufgabe.

Ich zog also den Korken aus der ersten Flasche und kippte den Inhalt in den Ausguß – bis auf ein Glas, das ich trank. Dann zog ich den Korken aus der zweiten Flasche und machte damit dasselbe – bis auf ein Glas, das ich trank. Dann zog ich den Korken aus der dritten Flasche und kippte den Whisky in den Ausguß, den ich trank. Dann zog ich die vierte Flasche aus dem Ausguß und kippte die Flasche von einem Korken in den nächsten, trank einen Ausguß und warf den Rest ins Glas. Dann zog ich den Korken aus dem nächsten Glas und kippte den Ausguß in die Flasche. Dann zog ich den Korken aus dem Ausguß mit dem Glas, trank die Flasche und kippte den Trank.

Als alles leer war, hielt ich mit der einen Hand das Haus, und mit der anderen zählte ich, wie viele Gläser, Korken, Flaschen und Ausgüsse ich noch hatte. Es waren neunundzwanzig, und als das Haus wieder vorbeikam, hab ich es noch mal gezählt. Endlich hatte ich alle Häuser in einer Flasche, und die trank ich aus.

Ich steh' überhaupt nich' unter Ausfluß von Einkohol, das könn' se nich' behaupten. Nee, ich bin nich' halb so bedunkt, wie Sie trinken. Ick dühl' mir nur so fumm, weil ick nich' mehr weeß, wer ick bumm, und je nüchterner ick hier steh', desto länger wird es. Hoppla!«

Das beschreibt ziemlich genau die Situation, in der sich die Menschen befinden. Keiner weiß, wer er ist. Keiner weiß, woher er kommt. Keiner weiß, wohin er geht. Keiner weiß, wozu er hier ist und was dieses ganze Leben überhaupt soll. Man macht einfach immer weiter – wie ein Roboter, der seine Sache macht und damit irgendwie über die Runden kommt.

Von der Geburt bis zum Tod sind die Menschen Dauerschläfer. Sie dösen vor sich hin – mal mit geschlossenen, mal mit offenen Augen –, aber sie träumen ununterbrochen. *(23)*

Und so ist die ganze Menschheit. Die Menschen leben und sterben, ohne zu wissen, wofür sie leben, ohne zu wissen, wofür sie sterben. Die Menschen kämpfen ums Überleben, ohne zu wissen, wofür. Sie eilen in rasendem Tempo, ohne zu wissen, wohin. Sie haben keine Ahnung, wer sie eigentlich sind. Und das nennt ihr Bewußtheit?!

Das ist der sogenannte Wachzustand. Aber in diesem sogenannten Wachzustand erschafft ihr eine ganze Welt. Diesen Wachzustand nennt Carl Gustav Jung »Extraversion«. Der Extravertierte lebt völlig außerhalb von sich selbst, aber weil er ganz im Außen lebt, ist er sehr aktiv. Er ist so aktiv, daß es ihm schwerfällt, einzuschlafen, daß es ihm schwerfällt, zur Ruhe zu kommen. Sein Leben ist mehr oder weniger nichts als Ruhelosigkeit.

Ich habe gehört: »Ein ausgeglichener Mensch ist jemand, dessen Einnahme von Wachmachern die Einnahme von Beruhigungsmitteln gerade soviel übersteigt, daß ihm noch genug Energie übrig bleibt, um einmal in der Woche zum Psychiater zu gehen.«

Auf diese Art lebt der Extravertierte, und er erreicht sehr viel: Geld, Macht, Status, Berühmtheit. Die großen Macher – Alexander der Große, Napoleon, Nadir, Dschingis-Khan, Tamerlan, Josef Stalin – diese Sorte von Leuten erreicht sehr viel, aber all ihre Erfolge sind wie Sandburgen am Meer. Sie werden hinweggeschwemmt. Der Tod spült sie hinweg in einem einzigen Augenblick.

Josef Stalin liegt im Kreml, dem Moskauer Hauptquartier der Kommunistischen Partei, im Sterben. Er läßt seinen Stellvertreter Nikita Chruschtschow an sein Bett rufen. »Ich will dir was hinterlassen, Nikita«, flüstert er. »Falls du als Parteichef einmal in eine kritische Lage kommst, öffne den ersten dieser beiden Briefumschläge.«

Einige Jahre später macht ihm der Kalte Krieg Probleme: die Kubakrise mit Präsident Kennedy. Chruschtschow beschließt, den ersten Umschlag zu öffnen. Darin steht: »Du kannst ruhig alles mir in die Schuhe schieben! In Liebe, Dein Josef.«

Chruschtschow zögert nicht lange und schiebt die ganze Schuld für die politische Krise Stalin in die Schuhe, woraufhin sich seine Position wieder verbessert. Aber einige Jahre später kommt die Regierung Chruschtschow erneut in Bedrängnis: eine schlechte Getreideernte, der erste Amerikaner auf dem Mond, Inflation im ganzen Land ... Chruschtschow beschließt, daß es Zeit ist, den zweiten Umschlag zu öffnen. Darin steht: »Bereite zwei Umschläge vor!«

So sind alle Erfolge in der äußeren Welt. Es ist, wie wenn du deinen Namen auf Wasser schreibst: Noch bevor du ihn zu Ende geschrieben hast, ist er bereits verschwunden. Es ist, wie wenn du ein Kartenhaus baust: Beim geringsten Windhauch stürzt der ganze Palast in sich zusammen.

Aber der Extravertierte hat Erfolg, ohne Zweifel! Er baut viele Paläste – wenn auch nur aus Spielkarten; er läßt viele Schiffe vom Stapel – wenn auch nur Papierschiffchen. Doch er ist imstande, etwas zu erreichen, und er hat Erfolg. Er gewinnt den Nobelpreis, er wird Präsident oder Premierminister. Sein ganzes Denken trachtet nach mehr und immer mehr.

In diesem Zustand lebt der Westen. Darin besteht der Erfolg des Westens: Technik, Industrie, Reichtum. In jeder möglichen Hinsicht hat der Westen viel erreicht.

Die Wissenschaft entstand im Westen und nicht im Osten, denn die Wissenschaft gehört zum extravertierten Verstand, zum objektiven Herangehen an die Wirklichkeit.

Die Armut des Ostens und der Reichtum des Westens werden dadurch leichter verständlich: Der Westen ist extravertiert, der Osten introvertiert. Dazu braucht man nicht ins Detail zu gehen. Es ist offensichtlich.

Der Westen kennt die Freiheit, doch er weiß damit nichts anzufangen. Der Osten weiß, was er mit der Freiheit anfangen könnte, doch er weiß nicht, wie er sie erlangen kann. Der Westen weiß, wie man Reichtum kreiert, doch er weiß nicht, was man damit anfängt und wie man ihn genießt. Er hat enorme Macht kreiert, doch er geht an der eigenen Macht zugrunde.

Zwei Kühe stehen auf der Weide neben der Autobahn und schauen einem vorüberfahrenden Tankwagen nach, der die Aufschrift trägt: »Pasteurisiert, homogenisiert, standardisiert, mit Vitamin-D-Zusatz.«

Sagt die eine Kuh zur anderen: »Da fühlt man sich ein bißchen minderwertig, nicht wahr?«

Der Westen hat sich zu weit von der Natur entfernt, und die Ursache dafür ist ganz einfach ...

Der Ehemann kommt spätabends betrunken nach Hause und fällt die Treppe runter. Dabei zerbricht er eine Flasche Schnaps, die er in der Hand hatte, und verletzt sich. Weil er es vor seiner Frau verheimlichen will, versucht er im Badezimmer die Sache wieder in Ordnung zu bringen.

Als er am nächsten Morgen aufwacht, fragt ihn seine Frau: »Bist du gestern wieder besoffen heimgekommen?«

»Nein«, antwortet er. »Wie kommst du denn darauf?«

»Also, wenn du nicht besoffen warst«, sagt sie, »was soll dann das ganze Heftpflaster auf dem Badezimmerspiegel?«

Schau dich um, und du wirst entschlüsseln können, wo die Ursachen liegen. Die Ursachen sind immer ganz einfach.

Ein Psychologe machte eine Umfrage, um herauszufinden, wie sich die Leute verhalten, wenn sie in ihrer Badewanne sitzen. Er stellte fest, daß neunundneunzig der hundert Befragten mit dem Gesicht zu den Wasserhähnen sitzen, während nur ein einziger angab, mit dem Rücken zu den Armaturen zu sitzen.

Auf die Frage, warum er das tue, antwortete der Mann: »Ganz einfach: Meine Wanne hat keinen Stöpsel!« *(24)*

Die Menschen sind alles andere als wach. Sie schlafen. Eine gewisse Schläfrigkeit, eine Art Nebel hüllt sie ein. Ihr Leben ist nebulös und verwirrt. Nur in äußerst seltenen Augenblicken werden sie wach, in ganz, ganz seltenen Momenten.

Wenn du in großer Gefahr bist, wirst du manchmal wach. Wenn dir jemand einen Revolver unter die Nase hält, lichtet sich der Nebel für einen kurzen Moment. Der Tod ist präsent. Oder wenn du mit zweihundert Sachen dahinjagst, und in einer Kurve siehst du plötzlich gar nichts mehr und ein Unfall scheint unvermeidlich – dann verschwindet plötzlich der Nebel. Darum hat Gefahr eine solche Attraktion, denn nur in großer Gefahr fühlst du dich manchmal lebendig. Darum hat der Krieg eine solche Anziehungskraft. Im Krieg, wenn die Menschen dem Tod ins Auge schauen, erleben sie manchmal solche klaren Momente.

Aber sonst, in ihrem normalen, behaglichen, abgesicherten Leben schnarchen die Leute vor sich hin.

Ein Tourist fragt einen Betrunkenen nach dem nächsten Postamt. Der Betrunkene, der schon lange in dieser Stadt wohnt, sagt: »Okay, geh'n se zwei Blocks geradeaus und dann rechts ... nee, zwei Blocks geradeaus und dann links ... nee, was sag ich! Geh'n se einen Block und dann rechts, und dann wieder 'nen Block ... Hmm, also ehrlich gesagt glaub' ich nicht, daß Sie von hier zum Postamt kommen!«

Die Menschen leben in dieser Art von Nebel. Und nicht nur, wenn ihr trinkt, seid ihr benebelt. Ihr berauscht euch ständig an tausenderlei Sorten Alkohol. Der eine ist verrückt nach Geld – Geld ist sein Alkohol. Ein anderer ist verrückt nach Macht – er berauscht sich an der Macht und wird süchtig danach. Es gibt die verschiedensten Arten von Verrückten, und jeder hat seine eigene Sorte Alkohol, an der er sich berauscht.

Nehmt einen Politiker – er ist verrückt nach Macht, er ist machttrunken. Er braucht keine anderen alkoholischen Getränke, keine anderen Drogen. Seine Droge ist die Macht. Möglicherweise ist er sogar ein Gegner von Alkohol und Drogen, möglicherweise kämpft er sogar für ein Alkoholverbot im Land, aber er selbst ist wie betrunken.

Und mit Sicherheit ist der Alkohol, mit dem der Machthungrige sich berauscht, gefährlicher als jeder Alkohol, der aus Trauben erzeugt wird. Die Machtlüsternen sind die gefährlichsten Leute auf der Welt.

Doch jeder ist betrunken. Ihre Rauschmittel mögen verschieden sein, aber betrunken sind sie alle. *(25)*

Die Menschen leben im Leiden, und es gibt nur zwei Auswege. Entweder wird man zu einem Meditierenden – wach, aufmerksam und bewußt ... Doch das ist mühsam; es erfordert Mut. Der einfachere Weg besteht darin, etwas zu finden, das einen noch unbewußter macht, damit man sein Unglück nicht spürt. Man muß etwas finden, was einen völlig unsensibel macht – irgendein Rauschmittel, ein Schmerzmittel, das einen so unbewußt macht, daß man sich in Bewußtlosigkeit flüchten und die ganze Seelenqual, Angst und Sinnlosigkeit vergessen kann.

Leiden ist ein Zustand von Unbewußtheit. Wir sind unglücklich, weil uns nicht bewußt ist, was wir tun, was wir denken, was wir fühlen. Darum widersprechen wir uns andauernd selbst. Unser Tun geht in die eine, das Denken in eine andere Richtung, und das Fühlen in noch eine andere. Wir fallen immer mehr auseinander, werden immer gespaltener. Unglück bedeutet: Wir verlieren unsere Ganzheit, verlieren unsere Einheit. Wir leben zentrumslos, nur noch an der Peripherie.

Natürlich wird ein Leben, dem die Harmonie fehlt, leidvoll und tragisch sein, eine Last, die man irgendwie dahinschleppt, ein Leiden. Man kann höchstens diesem Leiden etwas von seinem Schmerz nehmen, und dafür gibt es tausenderlei Schmerzmittel.

Dabei geht es nicht nur um Drogen und Alkohol. Auch die sogenannten Religionen haben als Opium gedient; sie benebeln den Menschen. Und natürlich sind alle Religionen gegen Drogen, weil sie selbst den gleichen Markt beliefern und Konkurrenz fürchten. Wenn die Leute Opium nehmen, hören sie vielleicht auf, religiös zu sein. Dann kommen sie vielleicht ohne Religion aus. Sie haben ja ihr Opium! Was könnte Religion ihnen dann noch geben? Opium ist billiger und erfordert weniger Einsatz. Wenn die Menschen Marihuana, LSD und andere, noch mehr verfeinerte Drogen nehmen, können sie auf Religion verzichten, denn Religion ist eine ziemlich primitive Droge. Und darum sind alle Religionen gegen Drogen.

Aber in Wahrheit sind sie nicht wirklich gegen Drogen. In Wahrheit sehen sie in den Drogen nur eine Konkurrenz. Wenn man den Drogenkonsum verbietet, gehen die Menschen zwangsläufig den Priestern in die Falle, weil sie keinen anderen Ausweg wissen. Es ist der Versuch einer Monopolisierung, damit nur ihr eigenes Opium auf dem Markt bleibt und alles andere illegal wird.

Dieser zweite Weg ist nicht das Wahre. Der zweite Weg macht euch euer Leiden nur etwas erträglicher, etwas angenehmer, etwas bequemer, aber er ist keine Hilfe; er transformiert euch nicht. Transformation ist nur möglich durch Meditation, denn Meditation ist die einzige Methode, die dich bewußt machen kann.

Für mich ist Meditation die einzig wahre Religion. Alles andere ist Hokuspokus.

Es gibt die verschiedensten Sorten von Opium – Christentum, Hinduismus, Islam, Dschainismus, Buddhismus –, aber das sind nur verschiedene Sorten, verschiedene Behälter mit dem gleichen Inhalt: Sie alle helfen euch irgendwie, euch mit eurem Leiden abzufinden.

Mein Bemühen besteht hier darin, euch aus dem Leiden herauszuführen. Es ist unnötig, sich mit dem Leiden abzufinden. Es gibt einen Weg, sich vom Leiden völlig zu befreien – doch dieser Weg ist ein bißchen mühsam, dieser Weg ist eine Herausforderung.

Du mußt dir deines Körpers bewußt werden und dir bewußt machen, was du damit machst.

Einmal, als Buddha seinen Morgenvortrag hielt, war der König unter den Zuhörern. Er saß direkt vor Buddha und bewegte ständig seine große Zehe. Buddha unterbrach seine Rede und schaute auf die Zehe des Königs. Als Buddha die Zehe ansah, hörte der König natürlich auf, sie zu bewegen, doch als Buddha wieder zu reden anfing, bewegte er wieder ständig seine Zehe.

Schließlich fragte ihn Buddha: »Warum tust du das?«

Der König sagte: »Erst als du aufhörtest zu reden und meine Zehe anschautest, wurde mir bewußt, was ich da tue. Sonst war es mir gar nicht bewußt.«

Buddha sagte: »Es ist *deine* Zehe, und es ist dir nicht bewußt ... Dann könntest du auch einen Menschen ermorden, ohne daß es dir bewußt wird!«

Und so sind auch schon Menschen ermordet worden, ohne daß der Mörder sich dessen bewußt war. In vielen Fällen haben die Mörder vor Gericht absolut abgestritten, einen Mord begangen zu haben. Zunächst würde man denken, daß sie lügen, doch inzwischen weiß man, daß es nicht bloß eine Lüge ist: Die Täter waren in einem völlig unbewußten Zustand. Sie waren so wütend gewesen in diesem Augenblick, so sehr in Rage, daß ihre Wut sie völlig übermannte. Wenn man so rasend vor Wut ist, setzt der Körper bestimmte körpereigene Rauschgifte frei, die das Blut in einen Rausch versetzen. Rasend vor Wut zu sein ist eine Art vorübergehender Wahnsinn. Die Person weiß davon nachher gar nichts mehr, weil sie nicht bewußt war.

Und auf diese Weise verlieben sich die Menschen, so töten sie einander, begehen Selbstmord und tun alle möglichen anderen Dinge. *(26)*

Der erste Schritt zur Bewußtheit besteht darin, den *Körper* sehr genau zu beobachten. Nach und nach wird man sich jeder Geste, jeder Bewegung bewußt. Und in dem Maße, in dem du bewußter wirst, beginnt ein Wunder zu wirken: Vieles, was du bisher immer getan hast, verschwindet von selbst. Dein Körper wird entspannter, harmonischer. Ein tiefer Frieden breitet sich in deinem Körper aus, eine subtile Harmonie pulsiert in deinem Körper.

Als nächstes werde dir deiner *Gedanken* bewußt, mache dasselbe mit den Gedanken. Sie sind subtiler als der Körper, und natürlich auch tückischer. Sobald du Aufmerksamkeit auf deine Gedanken lenkst, wirst du dich wundern, was alles in dir vorgeht. Wenn du aufschreibst, was in einem bestimmten Augenblick in dir abläuft, wirst du eine große Überraschung erleben. Du wirst es nicht glauben können: »Das geht in meinem Innern vor sich?!« Schreibe zehn Minuten lang alles auf. Mach die Tür hinter dir zu, verschließe Türen und Fenster, damit dich keiner stört und du ganz ehrlich sein kannst. Oder zünde ein Feuer an, um das Geschriebene verbrennen zu können, damit niemand außer dir es erfährt. Und dann sei total ehrlich und schreib alles auf, was dir durch den Kopf geht. Interpretiere es nicht, korrigiere es nicht, zensiere es nicht. Bring einfach alles genauso ungeschönt zu Papier, wie es kommt.

Und dann lies es nach zehn Minuten. Du wirst sehen, was für einen irrsinnigen Verstand du in dir hast! Wir haben keine Ahnung, daß dieser ganze Irrsinn pausenlos unterschwellig in uns abläuft. Er beeinflußt alles, was wichtig ist in deinem Leben. Er beeinflußt alles, was du tust, und er beeinflußt alles, was du nicht tust – er beeinflußt einfach alles. Und die Gesamtsumme von allem ist dein Leben!

Mit diesem Irren muß etwas geschehen! Und das Wunder der Bewußtheit besteht darin, daß man überhaupt nichts tun muß – außer bewußt zu werden.

Allein das Phänomen des Beobachtens verändert alles. Nach und nach verschwindet der Irre, allmählich ordnen sich die Gedanken, das Chaos läßt nach und wird mehr zum Kosmos. Dann stellt sich ein immer tieferer Frieden ein. Wenn dein Körper und dein Verstand sich beruhigt haben, wirst du sehen, daß zwischen ihnen eine Harmonie entstanden ist, eine Brücke. Jetzt galoppieren sie nicht mehr in alle Richtungen, reiten nicht mehr auf verschiedenen Pferden. Zum ersten Mal herrscht Einklang, und das ist eine enorme Hilfe, um den dritten Schritt zu tun.

Die nächste Arbeit besteht darin, dir deiner *Gefühle*, Emotionen und Stimmungen bewußt zu werden. Das ist die subtilste und schwierigste Ebene, doch wenn du bereits Bewußtheit über deine Gedanken erlangt hast, ist es nur ein weiterer Schritt. Ein etwas intensiveres Gewahrsein ist nötig, um deine Stimmungen, Emotionen und Gefühle wahrzunehmen.

Sobald du Bewußtheit über alle drei Ebenen erlangt hast, vereinigen sie sich zu einem einzigen Phänomen. Und wenn alle drei sich verbinden und als Einheit funktionieren, in völliger Harmonie, dann kannst du ihre Musik in dir spüren. Sie sind zu einem Orchester geworden. Dann stellt sich das vierte ein, aber das kannst du nicht tun; das passiert von allein. Es ist ein Geschenk der Existenz, eine Belohnung für jene, die alle drei Ebenen verwirklicht haben.

Die vierte Ebene ist die höchste Stufe der Bewußtheit, und sie macht dich zu einem Erwachten. Du erlangst Bewußtheit über dein eigenes *Bewußtsein* – das nennt man »das Vierte«, *Turiya*. Dann wirst du zu einem Buddha, einem Erwachten. Und erst in diesem Erwachen erfährt man den Zustand der Glückseligkeit.

Der Körper erfährt Genuß, der Verstand erfährt Glück, das Herz erfährt Freude, und das Vierte erfährt Ekstase. Ekstase ist das Ziel, und Bewußtheit ist der Weg dorthin. *(27)*

Wie vorhersehbar ist der Mensch?

Der Mensch ist nicht vorhersehbar – wenn er wirklich ein Mensch ist. Aber nur wenige Menschen sind wirklich Menschen. Die meisten sind Maschinen, und Maschinen sind vorhersehbar. Der Mensch ist frei.

Ein Buddha ist nicht vorhersehbar, aber die sogenannten normalen Sterblichen schon. Sie sind kalkulierbar, denn sie tun immer wieder dieselben Dinge. Man weiß, wie sie sich bisher verhalten haben, und daraus kann man schließen, wie sie sich morgen verhalten werden.

Ein Psychologe sollte einen kleinen Jungen testen, welcher Beruf für ihn geeignet wäre, und er gab Anweisung an seine Sprechstundenhilfe, eine Heugabel, einen Schraubenschlüssel und einen Hammer auf den Tisch zu legen.

»Wenn er sich die Heugabel nimmt, dann wird er ein Bauer, wenn er sich den Schraubenschlüssel nimmt, dann wird er ein Mechaniker, und wenn er sich den Hammer nimmt, dann wird er ein Schreiner«, erklärte der Psychologe.

Doch der Junge wischte ihm eins aus. Er nahm sich die Sprechstundenhilfe.

Die Menschen sind so mechanisch geworden, daß sogar Tiere manchmal weniger vorhersehbar reagieren.

Unter Experimentalpsychologen kursiert die Geschichte von einem Professor, der die Problemlösungsfähigkeiten von Schimpansen untersuchte. Er hängte eine Banane in der Mitte des Zimmers an der Decke auf, und zwar so hoch, daß der Affe sie durch Springen nicht erreichen konnte. Das Zimmer war völlig leer, mit Ausnahme einiger Verpackungskisten, die im Raum verteilt waren. Der Test sollte zeigen, ob der Schimpanse auf die Idee kommen würde, zuerst die Kisten in der Mitte des Zimmers aufeinanderzustapeln und dann an ihnen hochzuklettern, um sich die Banane zu holen.

Der Schimpanse saß ganz still in einer Ecke und schaute dem Psychologen zu, wie er die Kisten aufstellte. Er wartete geduldig, bis der Professor quer durchs Zimmers ging. Als er direkt unterhalb der Banane war, sprang ihm der Affe mit einem Satz auf die Schulter, streckte sich nach oben und schnappte sich die Banane.

Der Mensch, ein wirklicher Mensch, ist nicht vorhersehbar, denn er lebt von Augenblick zu Augenblick. Er lebt nicht in der Vergangenheit, und er lebt auch nicht nach einer Ideologie für die Zukunft. Er lebt einfach *diesen* Augenblick. Er antwortet auf die gegenwärtige Situation; er ist ver-antwort-lich – und deshalb ist er nicht vorhersehbar.

Je weniger vorhersehbar du bist, um so menschlicher bist du. *(28)*

In dir gibt es drei Zentren, aus denen alle deine Handlungen entspringen: Kopf, Herz und Sein. Der Kopf ist am oberflächlichsten; er muß immer über alles nachdenken. Selbst wenn du dich verliebst, muß der Kopf erst überlegen: »Bin ich wirklich verliebt?« Und wenn er zu dem Schluß gekommen ist: »Ja, mir scheint, ich bin wirklich verliebt!« – erst dann wird er der Frau einen Antrag machen: »Ich glaube, ich bin verliebt in dich.« Seine Grundlage ist das Denken.

Der Mann funktioniert vom Kopf her. Der Kopf hat eine gewisse Nützlichkeit: Er brachte die ganze Wissenschaft und Technik hervor – und die ganzen Atombomben. Und möglicherweise schafft er demnächst sogar den globalen Selbstmord!

Die Frau funktioniert vom Herzen her. Sie kann nicht sagen: »Ich glaube, ich liebe dich.« Davon hat man in der ganzen Menschheitsgeschichte noch nicht gehört. Sie sagt einfach: »Ich liebe dich.« Das Denken spielt dabei keine Rolle. Das Herz genügt sich selbst; es muß nicht den Kopf zu Hilfe nehmen.

Wenn man zwischen Kopf und Herz zu wählen hätte, dann sollte man das Herz wählen, denn alle schönen Werte des Lebens gehören zum Herzen.

Der Kopf ist ein guter Mechaniker und Techniker, aber du kannst keine Freude im Leben haben, wenn du ausschließlich Mechaniker, Techniker oder Wissenschaftler bist. Dem Kopf fehlt die Fähigkeit zur Freude, zur Ekstase, zu Stille, Unschuld, Schönheit, Liebe – zu allem, was das Leben reich macht. Diese Qualitäten hat nur das Herz.

Als erstes mußt du vom Kopf ins Herz rutschen. Aber du darfst dort nicht stehenbleiben; es ist nur eine Zwischenstation, ein Ort, wo du dich vorübergehend ein wenig ausruhen kannst, doch das Ziel ist damit noch nicht erreicht. Dann laß dich vom Herzen ins Sein fallen.

Darin besteht das Geheimnis der Meditation. Wo auch immer du dich befindest – im Kopf oder im Herzen –, spielt keine Rolle.

Meditation bringt dich aus dem Kopf und aus dem Herzen zum Sein.

Meditation ist der Weg zum Zentrum des Daseins in dir, wo dir nichts mehr im Wege stehen kann. Du bist es selbst. Was könnte dir dort im Wege stehen? Dort gibt es nicht mehr zwei, nur noch eins: dich selbst in deiner absoluten Herrlichkeit.

Wenn die Meditation in dir tiefer geht, werden deine Gedanken und deine Gefühle allmählich verschwinden. Meditation macht dich zu einem stillen See ohne Wellengekräusel – so still, so spiegelgleich, daß du darin dein ursprüngliches Gesicht sehen kannst.

Das wird deiner Intelligenz und deinen Gefühlen keinen Abbruch tun, im Gegenteil: Es wird alles nur noch authentischer machen, noch echter, totaler und reiner. Deine Intelligenz wird ihren Höhepunkt erreichen, und auch deine Liebe wird ihren Höhepunkt erreichen.

Wenn du dein wahres Sein erkennst und in deinem Sein zentriert bist, hast du den Sinn des Lebens gefunden. Dann hast du den Zweck erfüllt, für den du hier auf diesen Planeten gekommen bist. Dann offenbart sich dir die Absicht der Schöpfung.

Sokrates sagte: *»Erkenne dich selbst.«* Diese drei Wörter enthalten alle Schriften der Welt. *(29)*

Bringe also etwas mehr Bewußtheit in dein Leben. Jede deiner Handlungen muß weniger automatisch werden als bisher, dann besitzt du den Schlüssel.

Wenn du gehst, geh nicht wie ein Roboter. Geh nicht, wie du immer gegangen bist; tu es nicht mechanisch. Bringe ein wenig Bewußtheit hinein. Werde langsamer. Mache jeden Schritt in vollem Bewußtsein.

Buddha sagte zu seinen Schülern: »Wenn ihr den linken Fuß hebt, dann sagt euch innerlich: ›Links‹, wenn ihr den rechten Fuß hebt, sagt: ›Rechts.‹ Am Anfang sagt es, bis ihr mit diesem neuen Vorgang vertraut seid. Dann laßt die Worte allmählich weg und seid nur noch gewahr: ›Links, rechts, links, rechts.‹«

Versuche es mit kleinen Tätigkeiten. Es sollen keine großen Dinge sein. Beim Essen, Duschen, Schwimmen, Gehen, Sprechen, Zuhören, wenn du dein Essen kochst oder deine Wäsche wäschst ... Entautomatisiere diese Vorgänge. Merke dir das Wort Entautomatisierung. Darin besteht das ganze Geheimnis des Bewußtwerdens.

Der Verstand ist ein Roboter, und er hat seinen Nutzen. So funktioniert der Verstand. Du lernst etwas Neues. Solange du noch lernst, bist du sehr bewußt dabei. Zum Beispiel, wenn du schwimmen lernst; dann bist du sehr aufmerksam, weil dein Leben auf dem Spiel steht. Oder wenn du Autofahren lernst – dann bist du sehr wach. Du mußt aufmerksam sein, mußt auf viele Dinge achten: Lenkrad, Straße, Fußgänger, Gaspedal, Bremse, Kupplung. Du mußt alles im Auge behalten. Da ist so viel, was du dir merken mußt, und du bist nervös, und es wäre gefährlich, einen Fehler zu machen. Weil es gefährlich ist, mußt du gut aufpassen. Doch sobald du Autofahren gelernt hast, brauchst du diese Aufmerksamkeit nicht mehr. Dann übernimmt der Roboterteil deines Verstandes die ganze Arbeit. Das nennen wir Lernen.

Etwas zu lernen bedeutet, es vom Bewußtsein an den Roboter zu delegieren; darum geht es beim Lernen. Sobald du eine Sache gelernt hast, gehört sie nicht mehr zum bewußten Verstand; sie ist an das Unterbewußtsein abgegeben worden. Jetzt kann der unbewußte Verstand es tun, und der bewußte Verstand ist wieder frei, um etwas Neues zu lernen. Diese Tatsache ist von immenser Bedeutung, sonst würde man sein ganzes Leben lang nur eine einzige Sache lernen können.

Der Verstand ist ein großartiger Diener, ein großartiger Computer. Benutze ihn, aber denke daran, dich von ihm nicht überwältigen zu lassen. Denke daran: Du solltest Herr der Lage bleiben, und der Verstand sollte nicht von dir Besitz ergreifen, er sollte nicht dein ein und alles werden, sondern es sollte eine Tür offenbleiben, durch die du aus dem Roboter herauskommen kannst.

Diese Türöffnung nennt man Meditation. Doch vergiß nicht, daß der Roboter so geschickt ist, daß er sogar Meditation in seinen Griff bekommen kann. Sobald du das Meditieren gelernt hast, sagt der Verstand: »Jetzt mach dir keine Sorgen mehr; ich kann das jetzt. Ich werde es für dich tun – überlaß es ruhig mir!«

Und der Verstand ist sehr geschickt; er ist eine großartige Maschine, die gut funktioniert. Tatsächlich ist unsere ganze Wissenschaft, mit all ihrem sogenannten Fortschritt an Wissen, bislang nicht in der Lage gewesen, etwas so Ausgeklügeltes wie unseren menschlichen Verstand hervorzubringen. Die größten Computer, die es gibt, sind primitiv im Vergleich zu unserem Verstand. Der Verstand ist einfach ein Wunder.

Aber wenn etwas so mächtig ist, liegt auch eine Gefahr darin. Du kannst von ihm und von seiner Macht so sehr hypnotisiert werden, daß du deine Seele verlierst. Wenn du völlig vergißt, was Bewußtheit ist, entsteht das Ego.

Ego ist der Zustand völliger Unbewußtheit. Der Verstand hat von deinem ganzen Wesen Besitz ergriffen, hat sich wie ein Krebs überall in dir ausgebreitet, hat nichts ausgelassen.

Das Ego ist der Krebs des Inneren, der Krebs der Seele. Und das einzige Mittel dagegen, die einzige Medizin, sage ich, ist Meditation.

Dann beginnst du allmählich, einige Bereiche vom Verstand zurückzugewinnen. Dieser Prozeß ist schwierig, aber anregend, dieser Prozeß ist schwierig, aber beglückend, dieser

Prozeß ist schwierig, aber ein aufregendes Abenteuer, eine Herausforderung. Er bringt dir neue Lebensfreude. Wenn du deinem Roboter wieder Terrain abgewinnst, wirst du dich wundern: Du wirst zu einem völlig neuen Menschen, dein Wesen verjüngt sich. Du erlebst eine neue Geburt.

Und du wirst dich wundern, denn deine Augen werden mehr sehen, deine Ohren mehr hören, deine Hände mehr fühlen, dein Körper mehr spüren, dein Herz mehr lieben – alles wird mehr. Und nicht nur im Sinne von Quantität, sondern auch im Sinne von Qualität. Du wirst nicht nur mehr Bäume sehen, du wirst die Bäume auch intensiver sehen. Das Grün der Bäume wird grüner – und nicht nur das, es wird leuchtend. Nicht nur das, der Baum bekommt seine eigene Individualität. Nicht nur das, nun kannst du in tiefer Kommunion mit der Schöpfung sein.

Und je mehr Terrain zurückgewonnen wird, um so psychedelischer und farbiger wird dein Leben. Du selbst wirst zu einem Regenbogen – mit dem ganzen Farbspektrum. Alle Töne der Tonleiter – die ganze Oktave. Dein Leben wird reicher, multidimensional; es bekommt Tiefe und Höhe, wunderbare Täler und wunderbare, sonnenerleuchtete Gipfel. Du dehnst dich aus.

Und in dem Maße, in dem du dem Roboter Terrain abgewinnst, wirst du lebendiger werden. Zum ersten Mal wird das Leben zur reinen Lust.

Das ist das Wunder der Meditation. Es ist etwas, das man nicht versäumen darf. Die Menschen, die das versäumen, haben nicht gelebt. *(30)*

Das Tier

Ich liebe meinen Ehemann, aber ich hasse Sex, und das bringt Konflikte. Ist Sex nicht animalisch?

Das stimmt. Aber der Mensch ist nun mal ein Tier – nicht weniger animalisch als andere Tiere. Doch wenn ich sage, daß der Mensch ein Tier ist, meine ich nicht, daß er dabei stehenbleiben sollte. Er kann mehr sein als ein Tier, und er kann auch weniger sein. Darin besteht die Größe des Menschen, seine Freiheit und seine Gefährlichkeit, seine Agonie und seine Ekstase. Der Mensch kann weit unter den Tieren stehen, aber er kann auch weit über die Götter hinauswachsen. Der Mensch hat ein unendliches Potential.

Ein Hund ist ein Hund und bleibt immer ein Hund. Er wird als Hund geboren und stirbt auch als Hund. Ein Mensch kann zu einem Buddha werden, aber er kann auch zu einem Adolf Hitler werden. Der Mensch ist nach beiden Seiten hin offen; er kann auch zurückfallen.

Gibt es ein Tier, das gefährlicher wäre als der Mensch, verrückter als der Mensch? Stell dir einmal folgende Szene vor: Fünfzigtausend Affen sitzen in einem Stadion, und sie töten kleine Kinder, werfen sie ins Feuer. Wie findest du das? Tausende Kinder werden ins Feuer geworfen, ein großes Feuer, das in der Mitte des Stadions brennt ... Und die fünfzigtausend Affen jubeln und vollführen Freudentänze, während sie die Kinder ins Feuer werfen – ihre eigenen Jungen! Was hältst du von solchen Affen? Würdest du nicht denken, daß sie verrückt geworden sind? Doch so geschah es einmal in der Menschheitsgeschichte: In Karthago verbrannten fünfzigtausend Menschen all diese Kinder, dreihundert Kinder, als Menschenopfer für ihren Gott. Ihre eigenen Kinder!

Doch vergiß Karthago; es ist schon zu lange her. Wie war das in diesem Jahrhundert, mit Adolf Hitler? Ein Jahrhundert des großen Fortschritts, und Adolf vollbrachte noch viel größere Taten als Karthago: Er tötete Millionen von Juden, trieb sie zu Tausenden in die Gaskammern. Und Hunderte sahen von außen zu, beobachteten das ganze Spektakel durch Spiegelglas. Was hältst du von solchen Menschen? Was sind das für Menschen, die zusehen können, während man andere vergast, verbrennt, vernichtet? Kannst du dir vorstellen, daß Tiere jemals so etwas tun würden?

In dreitausend Jahren haben die Menschen fünftausend Kriege geführt – immer nur Töten und Töten und Töten. Und du findest Sex animalisch? So »animalisch« wie die Menschen haben sich die Tiere niemals verhalten! Findest du nicht, daß die Menschen Tiere sind?

Der Mensch *ist* ein Tier. Und wenn du glaubst, daß der Mensch kein Tier sei, verhinderst du dein Wachstum. Dann nimmst du es als gegeben hin, daß du kein Tier bist, und hörst auf zu wachsen.

Als erstes mußt du dir eingestehen: »Ich bin ein Tier. Ich muß mir dessen bewußt sein, um darüber hinauszugehen.«

Ein Mann schrieb einen Brief an ein Landhotel in Irland, um anzufragen, ob er seinen Hund mitbringen könne. Er erhielt folgende Antwort:

Sehr geehrter Herr,

Während meiner dreißigjährigen Tätigkeit in der Hotelbranche habe ich noch nie die Polizei rufen müssen, um mitten in der Nacht einen randalierenden Hund hinauszuwerfen. Noch nie hat ein Hund versucht, mir einen ungedeckten Scheck anzudrehen, nicht ein einziges Mal hat ein Hund durch eine Zigarette das Bett in Brand gesteckt und noch nie habe ich im Koffer eines Hundes ein Hotelhandtuch gefunden. Ihr Hund ist uns willkommen.

PS: Falls er dasselbe auch für Sie garantieren kann, können Sie gern mitkommen!

Tiere sind schön, so wie sie sind; sie sind völlig unschuldig. Der Mensch ist so gerissen, so berechnend, so häßlich. Der Mensch kann tiefer fallen als die Tiere, weil er auch höher steigen kann als die Menschen, höher als die Götter. Der Mensch hat ein unendliches Potential – vom Niedrigsten bis zum Höchsten. Sein Wesen umfaßt die ganze Stufenleiter, von der untersten bis zur höchsten Sprosse.

Darum möchte ich dir als erstes sagen: Nenne Sex nicht einfach animalisch. Er kann es, muß es aber nicht sein. Er kann auch höher steigen. Er kann zu Liebe werden, er kann zu Hingabe werden. Das hängt ganz von dir ab.

Die Sexualität an sich ist keine starre Größe; sie ist nur eine Möglichkeit. Man kann daraus machen, was man will und was einem gefällt. Darin besteht im wesentlichen die Botschaft von Tantra: Sex kann zu *Samadhi* werden, zum kosmischen Bewußtsein. Die tantrische Vision besagt: Aus Sex kann *Samadhi* werden, durch Sex kannst du zur höchsten Ekstase gelangen. Sex kann zu einer Brücke zwischen dir und dem Göttlichen werden.

Du sagst: *»Ich liebe meinen Ehemann, aber ich hasse Sex, und das bringt Konflikte.«*

Wie kannst du deinen Ehemann lieben und gleichzeitig Sex hassen? Mir scheint, du spielst nur mit Worten. Wie kannst du deinen Ehemann lieben und Sex hassen?

Versuche es nur zu verstehen. Wenn du einen Mann liebst, möchtest du auch seine Hand halten. Wenn du einen Mann liebst, möchtest du ihn auch manchmal umarmen. Wenn du einen Mann liebst, möchtest du nicht nur seine Stimme hören, sondern auch sein Gesicht sehen. Wenn du nur die Stimme des Geliebten hören kannst und der Geliebte weit weg ist, genügt dir die Stimme nicht. Wenn du ihn auch sehen kannst, wird es dich mehr befriedigen. Wenn du ihn berühren kannst, wird es dich noch mehr befriedigen. Wenn du ihn auch schmecken kannst, wird es dich zweifellos noch mehr befriedigen. Was ist denn Sex? Eine tiefe Begegnung zweier Energiekörper.

Du scheinst einige Tabus im Kopf zu haben, einige Verklemmtheiten.

Was ist Sex? Zwei Menschen, die sich auf dem Höhepunkt begegnen. Sie halten sich nicht nur an der Hand, umarmen nicht nur den Körper des anderen, sondern durchdringen sich gegenseitig mit ihren Energiekörpern.

Warum haßt du Sex? Dein Verstand muß von den sogenannten religiösen Leuten, von den *Mahatmas,* konditioniert worden sein. Sie haben die ganze Menschheit vergiftet, sie haben deine tiefste Quelle des Wachstums vergiftet.

Weshalb solltest du Sex hassen? Wenn du deinen Mann liebst, willst du dein ganzes Wesen mit ihm teilen. Du brauchst Sex nicht zu hassen. Wenn du Sex haßt – was sagst du damit? Im Grunde sagst du damit nur, daß du willst, der Mann soll finanziell für dich sorgen, er soll für das Haus sorgen, für das Auto und den Pelzmantel. Du willst deinen Mann nur benutzen. Und das nennst du Liebe? Du willst gar nichts mit ihm teilen.

Wenn man liebt, teilt man alles. Wenn man liebt, hat man keine Geheimnisse.

Wenn du liebst, ist dein Herz völlig offen und du bist verfügbar. Wenn du liebst, bist du sogar bereit, mit ihm bis in die Hölle zu gehen.

Aber so läuft es. Wir sind Experten im Umgang mit Worten. Wir wollen nicht zugeben, daß wir nicht lieben. Darum lassen wir es lieber so aussehen, als würden wir lieben und nur den Sex hassen. Sex ist nicht Liebe, das ist wahr. Liebe ist mehr als Sex, das ist wahr. Aber Sex ist die Basis. Gewiß, eines Tages wird der Sex verschwinden, aber durch Haß kann man ihn nicht zum Verschwinden bringen. Wenn man ihn haßt, unterdrückt man ihn nur. Und alles, was unterdrückt wird, muß früher oder später an die Oberfläche kommen. Bitte werdet nicht zum Mönch oder zur Nonne!

Vergiß nicht: Die Sexualität ist etwas Natürliches. Man kann über sie hinausgehen, aber nicht, indem man sie unterdrückt. Wenn du sie unterdrückst, zeigt sie sich früher oder später auf andere Weise. Sie äußert sich zwangsläufig als Perversion. Du wirst einen Ersatz finden müssen, aber ein Ersatz ist keine Hilfe. Ein Ersatz wird dir nicht helfen, kann dir nicht helfen.

Und wenn etwas Natürliches erst einmal so verdreht wurde, daß man es vergißt und es an anderer Stelle als Ersatz wieder auftaucht, kann man dagegen ankämpfen, soviel man will, aber das wird nicht helfen.

Ersatz hilft nie; er erzeugt nur Perversion und Besessenheit.

Sei natürlich, wenn du eines Tages über die Natur hinausgehen willst. Sei natürlich – das ist die erste Voraussetzung. Nicht, daß es nicht noch etwas Höheres gäbe. Die ganze Botschaft des Tantra besagt: Es gibt eine höhere Natur. Aber wenn du hoch in den Himmel aufsteigen willst, mußt du fest auf der Erde stehen.

Siehst du nicht die Bäume? Sie sind in der Erde verwurzelt, und je tiefer sie verwurzelt sind, desto höher können sie wachsen. Je höher sie wachsen wollen, desto tiefer müssen sie in der Erde verankert sein. Wenn ein Baum nach den Sternen greifen will, muß er tief hinabreichen, bis in die Hölle. Anders geht es nicht.

Wenn du zu einer Seele werden willst, schlage Wurzeln in deinem Körper. Wenn du zu einem wahrhaftig Liebenden werden willst, schlage Wurzeln in deiner Sexualität. Gewiß, je mehr Energie sich in Liebe umwandelt, um so weniger wird das Bedürfnis nach Sex in dir auftreten – aber hassen wirst du ihn deswegen nicht.

Haß ist niemals die richtige Beziehung zu einer Sache. Haß zeigt bloß, daß du Angst hast. Haß zeigt bloß, daß in dir viel Angst ist. Haß zeigt bloß, daß du im Grunde immer noch davon fasziniert bist. Wenn du Sex haßt, wird deine Energie sich einen anderen Ausweg suchen, denn Energie muß immer in Bewegung bleiben. *(31)*

Wenn Gott dir sexuelle Energie gegeben hat, dann ist sie heilig. Alles, was von Gott kommt, ist heilig – und alles ist von Gott. Und mit »Gott« meine ich keine Person, sondern die gesamte Schöpfung.

Wenn der Kuckuck singt – hast du je darüber nachgedacht,

wozu sein Gesang gut ist? Er soll einen Geschlechtspartner anlocken! Aber niemandem würde es einfallen, den Kuckuck deswegen obszön zu nennen. Wenn die Blumen sich öffnen und ihren Duft verströmen – wozu, meinst du, tun sie das? Sie werben für sich: »Ich bin zu einer Blüte geworden! Hallo, ihr Schmetterlinge und Bienen – ihr seid eingeladen und herzlich willkommen!« Aber zu was? Die Blüte enthält kleine Samen, die von den Schmetterlingen und Bienen mitgenommen werden. Denn in der ganzen Schöpfung gibt es diese Teilung in männlich und weiblich – auch bei den Pflanzen. Der männliche Teil der Pflanze muß seinen Samen an den weiblichen Teil schicken – an die Geliebte.

Hast du den Tanz des Pfaus gesehen? Glaubst du, er tanzt für dich? Dieser prachtvolle Schwanz mit seinen Regenbogenfarben gehört zum männlichen Pfau, der ein Weibchen anlocken will.

Nur die Menschen sind so verrückt, daß die Weibchen die Männchen anlocken. In der ganzen Natur sind es die Männchen, die die Weibchen anlocken. Darum sind in der Natur die Männchen attraktiver. Die Weibchen brauchen nicht so schön zu sein; es genügt, daß sie Weibchen sind. Eigenartig, wie beim Menschen alles auf dem Kopf steht! Die Männer sollten die Schöneren sein, damit sie die Frauen anlocken.

Doch die Religionen haben einen großen Wirrwarr erzeugt. Das geht soweit, daß ein reicher Mann, der neben seiner Ehefrau hergeht, wie ein Diener aussieht, während die Frau der reinste Werbespot für seinen Reichtum ist. Die ganzen Diamanten, Smaragde und Rubine und all das Gold dienen dem Mann als Reklame. Er ist nur Geschäftsmann, und die schöne Ehefrau gehört zu seinen Geschäftsstrategien. Er lädt die Kunden zum Abendessen zu sich nach Hause ein, und die Ehefrau becirct sie dann mit ihrer Schönheit, damit der Mann ihnen das Geld besser aus der Tasche ziehen kann. Der Mann selbst sieht nur wie ein Diener aus; er ist Geschäftsmann. Die Frau trägt seinen Wohlstand zur Schau, doch sein eigener Reichtum, seine Schönheit, sein Genie bleiben im verborgenen.

Merkt euch: Immer wenn der Mensch die Natur durcheinanderbringt und seine eigenen Regeln aufstellt, begeht er ein unverzeihliches Verbrechen. *(32)*

Warum sind alle Religionen gegen Sex? Und warum bist du nicht gegen Sex?

Alle Religionen sind gegen Sex, weil es der einzige Weg ist, euch unglücklich zu machen, der einzige Weg, euch Schuldgefühle einzuimpfen, der einzige Weg, euch zu Sündern zu degradieren.

Die Sexualität ist eine der Grundwahrheiten des Lebens – so grundlegend, daß die Menschen in eine Zwickmühle geraten, wenn die Sexualität als etwas Unrechtes verurteilt wird. Man kann sie nicht einfach loswerden. Solange man nicht erleuchtet ist, kann man sie nicht loswerden. Aber um erleuchtet zu werden, ist es nicht nötig, die Sexualität loszuwerden. Im Gegenteil, wer Sex tief erfahren hat, gelangt leichter zur Erleuchtung, weil jemand, der die Liebe tief erfahren hat, auch tiefer in Meditation gehen kann. In den tiefsten Augenblicken der Liebe bekommt man einen Vorgeschmack von Meditation.

So wurde Meditation entdeckt, so wurde *Samadhi, Satori** entdeckt. In tiefer Liebe geschieht es manchmal, daß der Verstand plötzlich stillsteht – kein Gedanke, keine Zeit, kein Raum. Man wird eins mit dem Ganzen. Solche Lichtblicke prägen sich dem Gedächtnis ein, und man möchte sie auf natürliche Weise für sich allein wieder erleben, damit man von niemandem abhängig ist und die Erfahrung nicht nur einen kurzen Augenblick währt. Aber wie kann man erreichen, daß dieser Zustand anhält, daß er zum Dauerzustand wird?

Die Religionen sind gegen Sex, weil sie im Laufe der Jahrhunderte herausgefunden haben, daß Sex für den Menschen die Quelle der größten Freude ist. Diese Freude mußte

---

* Gedankenstille, Nicht-Denken

man ihm vergiften! Und wenn man ihm erst einmal die Freude vergiftet und ihm den Gedanken eingepflanzt hat, daß Sex etwas Sündhaftes und Schlechtes sei, dann wird er seine Sexualität nie genießen können. Und wenn er sie nicht genießen kann, wird seine Energie in andere Bahnen fließen. Er verlegt sich auf den Ehrgeiz.

Ein wirklich sexueller Mensch ist nicht ehrgeizig. Wozu? Es drängt ihn nicht danach, Premierminister oder Präsident zu werden. Wozu denn? Energie, die zu Ehrgeiz wird, ist unterdrückte Sexualität. Ein sexuell freier Mensch wird nicht versuchen, jemand Besonderer zu werden. So wie er ist, ist er vollkommen glücklich. Weshalb sollte er danach trachten, Geld zu horten?

Wenn man nicht lieben kann, hortet man Geld. Geld ist eine Ersatzbefriedigung. Es ist schwierig, einen Geldhorter zu finden, der ein liebevoller Mensch ist – oder einen liebevollen Menschen, der Geld hortet. Geld ist eine Ersatzbefriedigung, eine Pseudo-Liebesbeziehung. Wenn man Angst hat, mit einer Frau oder einem Mann Liebe zu machen, liebt man eben Dollars oder Rupien oder Pfunde.

Hast du schon mal beobachtet, wenn ein Geizhals Geld in die Hand bekommt? Hast du gesehen, wie seine Augen zu leuchten anfangen, wie sein Gesicht zu strahlen beginnt, als würde er eine schöne Frau oder einen schönen Mann ansehen? Gib ihm einen Hundert-Dollar-Schein und schau, wie er ihn anfaßt, wie er ihn befingert, wie ihm der Speichel im Mund zusammenläuft. Es ist eine Liebesbeziehung. Oder beobachte ihn, wenn er seinen Safe öffnet und hineinschaut: Er steht Gott gegenüber! Geld ist sein Gott, seine Geliebte.

Oder ein ehrgeiziger Mensch, der nach dem Amt des Premierministers oder Präsidenten trachtet ... Ehrgeiz ist fehlgeleitete Sexenergie; die Gesellschaft hat euch fehlgeleitet.

Du fragst: »*Warum sind alle Religionen gegen Sex?*« Sie sind gegen Sex, weil das die einzige Möglichkeit ist, wie sie euch unglücklich, schuldbeladen und ängstlich machen können. Und wenn ihr erst einmal voller Angst seid, werdet ihr manipulierbar.

Merke dir eine Grundregel: Willst du jemanden beherrschen, dann erzeuge Angst in ihm. Zuerst mußt du ihm angst machen. Wenn er Angst hat, kannst du ihn beherrschen. Wenn er keine Angst hat – wie und weshalb solltest du ihn beherrschen können? Warum sollte er zulassen, daß du ihn beherrschst? Er wird sagen: »Laß mich in Ruhe! Wer bist du eigentlich, daß du mich beherrschen willst?« Darum muß man ihm zuerst Angst einjagen.

Und es gibt zwei Dinge, mit denen man den Menschen große Angst einjagen kann. Das eine ist der Tod – und das haben die Religionen ausgenutzt: »Jeder muß sterben, jeder muß sterben, jeder muß sterben ...« – so trichtern sie euch ein und bringen euch zum Zittern. Dann sagt ihr: »Was kann ich denn machen? Wie soll ich mich verhalten? Wie soll ich denn leben?« Und dann erzählen sie euch von Himmel und Hölle, Gewinn und Habgier, Strafe und Belohnung.

Das eine ist also der Tod. Aber der Tod ist noch nicht da; du kannst es aufschieben. Es ist kein so großes Problem. Du sagst: »Na schön! Wenn es soweit ist, werden wir sehen ... Ich sterbe ja noch nicht sofort! Ich lebe noch mindestens fünfzig Jahre! Wozu soll ich mir jetzt schon Sorgen machen?« Und der Mensch ist nicht sehr vorausschauend; er hat keinen Radar, mit dem er fünfzig Jahre in die Zukunft schauen könnte. Gewiß, wenn man ihm sagt, daß er morgen sterben wird, bekommt er es mit der Angst zu tun, aber fünfzig Jahre ...? Er wird sagen: »Warte! Es eilt ja nicht. Laß mich erst noch ein paar Dinge erledigen!« Und dann stürzt er sich vielleicht noch intensiver hinein. »Nur fünfzig Jahre? Ich muß ganz schnell noch alles tun, was ich tun wollte: essen, trinken, fröhlich sein!«

Das zweite ist die Sexualität – und sie erzeugt noch viel mehr Angst. Sex ist schon *jetzt* ein Problem, während der Tod erst in der Zukunft ein Problem sein wird. Sex ist schon jetzt, in der Gegenwart, ein Problem.

Darum vergiften die Religionen eure Sexenergie und geben euch das Gefühl, daß Sex schlecht ist, daß er häßlich ist, daß er Sünde ist, daß er euch in die Hölle bringt. Sie wollen euch beherrschen, und darum sind sie gegen Sex.

Ich habe kein Interesse, euch zu beherrschen. Ich bin hier, um euch absolut frei zu machen. Und um euch zu befreien, dazu bedarf es nur zweier Dinge: Sex ist keine Sünde, sondern ein Gottesgeschenk, eine Gnade – das ist das eine. Und das zweite: Es gibt keinen Tod. Du bist ewig, denn alles, was existiert, bleibt bestehen. Nichts kann je verschwinden. Die Formen wechseln, die Namen wechseln, aber die Wirklichkeit bleibt bestehen.

Ich nehme euch alle Angst. Ich will euch in keiner Weise Schuldgefühle und angst machen. Ich will euch alle Ängste nehmen, damit ihr natürlich leben könnt, ohne beherrschbar zu sein, damit ihr eurer eigenen Spontaneität folgen könnt. Eure Spontaneität wird euch zur Erleuchtung führen. Dann verschwindet die Sexualität, und auch der Tod.

Beides ist für mich verschwunden, darum weiß ich, daß es auch für euch verschwinden wird. Macht also kein Problem daraus. Und es wird leichter verschwinden, wenn ihr es zuerst richtig kennengelernt habt. Alles, was man richtig kennengelernt hat, kann man hinter sich lassen; man ist fertig damit.

Wenn du nicht richtig gelebt hast, wird es dir genauso ergehen wie all den religiösen Leuten, die nie richtig gelebt haben: Sie begehren, sie wünschen, sie träumen – aber sie unterdrücken es, und darum bleiben sie auf das Unterdrückte fixiert. Auf diese Weise werden sie nie frei vom Sex. *(33)*

Wer seine Sexualität unterdrückt, wird ehrgeizig. Wenn du großen Ehrgeiz entwickeln willst, mußt du deine Sexualität unterdrücken. Nur dann bekommt der Ehrgeiz genügend Energie; ansonsten mangelt es ihm an Energie. Ein Politiker muß seine Sexualität unterdrücken; Sexenergie ist dazu nötig. Wenn du deine Sexualität unterdrückst, wirst du wütend auf die ganze Welt; dann kannst du ein großer Revoluzzer werden. Alle Revolutionäre sind zwangsläufig sexuell unterdrückt.

In einer besseren Welt, in der Sex etwas Einfaches, ganz

Natürliches ist, das man ohne Tabus und Einschränkungen akzeptiert, wird die Politik verschwinden, und es wird keine Revolutionäre mehr geben, weil es unnötig geworden ist.

Wenn der Mensch seine Sexualität unterdrückt, hängt er zu sehr am Geld. Irgendwo muß er seine sexuelle Energie ja hinlenken – es ist eine Ersatzbefriedigung.

Ein Mann ging mit seinem Sohn in den Zoo, um ihm die Affen zu zeigen. Der Junge war sehr gespannt; er hatte noch nie einen Affen gesehen. Sie kamen in den Zoo, aber weit und breit kein Affe! Der Vater fragte den Wärter: »Was ist los? Wo sind denn die ganzen Affen?«

Der Wärter sagte: »Es ist Paarungszeit. Sie sind drinnen im Haus.«

Der Mann war sehr frustriert. Seit Monaten hatte er den Zoobesuch geplant, sie waren eine weite Strecke gefahren – und nun war Paarungszeit! Er fragte den Wärter: »Werden sie rauskommen, wenn wir ihnen Nüsse hinwerfen?«

»Würden Sie's denn?« sagte der Wärter.

Tiere sind nicht so blöd. Aber ein Mensch würde, glaube ich, rauskommen. Wenn man ihm Nüsse hinwirft, *muß* er rauskommen. Der Wärter hat nicht durchgeblickt. Daß die Affen nicht rauskommen, ist klar! Selbst für Geld würden sie nicht rauskommen. Sie würden sagen: »Wir pfeifen auf euer Geld! Wir haben Paarungszeit! Behaltet euer Geld!« Selbst wenn man ihnen sagt: »Wir machen euch zum Präsidenten!«, werden sie sagen: »Steckt euch euren Präsidenten an den Hut! Wir haben Paarungszeit!« Wenn man aber einen Menschen zum Präsidenten macht, könnte er dafür sogar seine Liebste opfern. Für diesen Preis ist er dazu imstande. Das sind Ersatzbefriedigungen. Doch die Tiere kann man nicht zum Narren halten.

Ich habe gehört:

Eine alte Jungfer hatte einen Papagei, der pausenlos krächzte: »Ich will vögeln! Ich will vögeln!« Sie fand das etwas störend, bis eine verheiratete Freundin ihr schließlich klarmachte, was es bedeutet. Da war sie äußerst irritiert und sagte: »Ich liebe diesen Vogel, aber wenn das so ist, muß ich ihn hergeben, sonst kommt mich der Vikar nicht mehr besuchen.«

Ihre lebenserfahrene Freundin sagte: »Wenn du deinen Vogel wirklich liebst, dann gib ihm doch, was er sich wünscht. Besorg ihm ein Weibchen, damit er Ruhe gibt.«

Also ging die Jungfer in eine Tierhandlung, aber der Besitzer sagte: »Tut mir leid. Zur Zeit sind keine weiblichen Papageien zu bekommen! Aber ein Eulenweibchen könnten Sie günstig haben!«

»Besser als gar nichts«, dachte sich die alte Jungfer, und sie steckte die Eule zu ihrem Papagei in den Käfig und wartete gespannt ...

»Ich will vögeln! Ich will vögeln!« schrie der Papagei.

»Uuhuu«, heulte das Eulenweibchen.

»Aber nicht mit dir, du Brillenschlange!« krächzte der Papagei. »Ich kann Frauen mit Brille nicht ausstehen!«

Ein Ersatz ist nicht das gleiche. Aber die Menschen leben mit dem Ersatz. Sex ist natürlich, doch Geld ist unnatürlich. Sex ist natürlich, doch Macht, Status, Ansehen sind unnatürlich. Wenn ihr schon unbedingt gegen etwas sein müßt, dann seid doch lieber gegen das Geld, seid gegen die Macht, gegen den Ruhm. Warum seid ihr gegen die Liebe?

Sex ist eine der schönsten Erfahrungen auf dieser Welt. Zugegeben, auf der niedrigsten Stufe, aber das Höhere entsteht aus dem Niedrigeren – der Lotos entsteht aus dem Schlamm.

Lehnt den Schlamm nicht ab, sonst könnt ihr dem Schlamm nicht helfen, den Lotos hervorzubringen. Helft dem Schlamm, kümmert euch um ihn, damit er den Lotos hervorbringen kann. Gewiß, der Lotos ist so weit weg vom Schlamm, daß man den Bezug nicht herstellt. Wenn man eine Lotosblüte sieht, kann man gar nicht glauben, daß sie aus dem schmutzigen Schlamm kommt. Und dennoch ist es so: Der Lotos erhebt sich aus dem schmutzigen Schlamm.

Die Seele erhebt sich aus dem Körper. Die Liebe erhebt sich aus der Sexualität. Sex ist körperlich, Liebe ist spirituell. Sex ist wie der Schlamm, Liebe ist wie der Lotos. Und ohne Schlamm ist der Lotos nicht möglich. Darum darf man den Schlamm nicht ablehnen.

Die ganze Botschaft des Tantra ist einfach; sie ist sehr wissenschaftlich, sehr natürlich. Die Botschaft lautet: Wenn du über diese Welt hinausgelangen willst, mußt du tief in sie hineingehen – mit vollkommener Aufmerksamkeit und ganz bewußt. *(34)*

Ein Mann ist verrückt – verrückt nach Frauen –, solange er nicht meditiert. Meditation ist aber für den Mann schwieriger als für die Frau.

Erfahrene Mütter, die schon mehrere Kinder auf die Welt gebracht haben, können oft schon vor der Geburt sagen, ob ein Mädchen oder ein Junge in ihrem Bauch ist, denn die Mädchen halten still, während die Jungen schon früh mit dem Fußballspielen anfangen und den großen Kicker spielen. Mädchen können leichter in tiefe Meditation gehen. Einerseits können Mädchen tiefer in Meditation gehen, und andererseits haben sie eine mehr passive Sexualität; sie stehen nicht so unter Druck.

Meine Erfahrung mit Mönchen und Nonnen der verschiedensten Richtungen hat mir gezeigt, daß die Nonnen wirklich keusch sind, während die Mönche selten wirklich enthaltsam leben. Nonnen können leichter enthaltsam sein, weil ihre Sexualität nicht so aggressiv ist und die Natur dafür gesorgt hat, daß ihre Sexenergie jeden Monat automatisch freigesetzt wird – eine monatliche Reinigung.

Für den Mann ist es schwieriger. Seine Sexenergie läßt sich nur durch tiefe Meditation besänftigen. Nur dann wird er nicht verrückt. Nur wenn du tief in Meditation gehst, kannst du deine sexuelle Verrücktheit transzendieren.

Eine Studentendemonstration war in einen wüsten Tumult ausgeartet. Plötzlich wankte ein Mann aus der Menge, eine schlaffe Mädchengestalt im Arm.

»Hierher!« rief ein Polizist und rannte dem Mann entgegen. »Gib sie mir! Ich bring sie in Sicherheit!«

»Hau ab!« antwortete der Mann. »Such dir selber eine!«

Sogar bei Ausschreitungen ... Menschen werden getötet, erschossen – aber der Mann hat nichts anderes im Kopf als Sex!

Sex ist die größte Versklavung des Mannes.

Du solltest alles unternehmen, um meditativer zu werden. Dann wird deine ganze sexuelle Energie, statt nach unten zu fließen, anfangen, sich nach oben zu bewegen. Statt dir außen eine schöne Frau zu suchen, fang an, einen schönen Mann in deinem Innern zu kreieren. Statt außen eine sanfte Frau zu suchen, sieh zu, daß deine eigene Energie sanfter wird.

Aber der Mann ist dümmer als die Frau. Unsere ganze Geschichte ist von den Männern gemacht, und daran kann man seinen Wahnsinn ablesen: Es ist keine Geschichte der Menschlichkeit, sondern des Wahnsinns – eine Geschichte der Kriege, Vergewaltigungen, Hexenverbrennungen, eine Geschichte der Zerstörung.

Ein Ehepaar geht mit dem kleinen Sohn in den Zirkus. Während der Gorillanummer muß der Mann zur Toilette, und während er fort ist, stößt der kleine Junge seine Mutter an und fragt: »Was ist denn das lange Ding, das dem Gorilla zwischen den Beinen runterhängt?«

Der Mutter ist das peinlich, und sie sagt schnell: »Ach, das ist gar nichts, Liebling!«

Als der Mann wieder zurück ist, geht die Frau Popcorn holen, und während sie fort ist, stößt der kleine Junge den Vater an und fragt: »Papa, was ist denn das große Ding, das dem Gorilla zwischen den Beinen runterhängt?«

Der Vater sagt lächelnd: »Mein Sohn, das ist sein Penis.«

Der Junge schaut einen Moment verwirrt drein und sagt dann: »Mama hat aber gesagt, das ist gar nichts!«

»Ja, weißt du, mein Sohn«, sagt der stolze Vater, »ich habe diese Frau verwöhnt.« *(35)*

Wenn ich dir so zuhöre, scheinen Erleuchtung, Glückseligkeit und Buddhaschaft nur einen Schritt entfernt zu sein. Warum benehme ich mich dann bei meiner Freundin wie ein mürrischer Gorilla?

Bei der Freundin wird jeder Mann zum Gorilla. Sonst ist die Freundin nämlich total frustriert. Je mehr sich der Mann wie ein Gorilla aufführt, um so zufriedener ist sie. Du kannst es beobachten: Wenn du dich wie ein Gorilla aufführst, macht es ihr am meisten Spaß! Und welche Freundin ließe sich das entgehen? Wenn du dich wie ein Gentleman benimmst, ist die Freundin nur frustriert.

Doch auch vom Gorilla zur Erleuchtung ist nur ein Schritt. Egal, wo du stehst: Die Erleuchtung bleibt immer im gleichen Abstand – einen Schritt entfernt. Schlüpf aus dem Gorilla raus, dann bist du erleuchtet.

Manchmal ist es leichter, aus dem Gorilla rauszuschlüpfen, denn wer ist schon gern ein Gorilla? Es ist viel schwieriger, Präsident Reagan oder der Kanzler oder der reichste Mann der Welt zu sein! Aus einer solchen Rolle herauszuschlüpfen würde dir viel schwerer fallen. Aber das sind alles nur Rollen, die auf der Bühne des Lebens gespielt werden.

Die Erleuchtung ist erheblich einfacher, wenn du eine Rolle spielst, die du nicht besonders magst. Eigentlich ist es dir ja total zuwider, aber wegen deiner Freundin bist du gezwungen, diese Rolle zu spielen. Und die Freundin bemüht sich ebenfalls, ihre Rolle zu spielen.

Doch zwei Gorillas im Bett – das wäre ja nicht zum Aushalten! Darum hat der Mann es so hingedreht, daß das Mädchen sich wie eine Dame benehmen muß – Augen zu, Mumienstellung –, dann kann er wie ein Gorilla auf dem ganzen Bett herumhopsen!

Aber im Grunde stehst du gar nicht besonders auf diese Rolle. Es wäre gut, dich mal selbst mit der Kamera zu filmen, während du den Gorillaakt aufführst. Wenn du dir das später anschauen könntest, würdest du dich schämen: Was machst du da? Warum machst du dich zu einem Idioten? Gut, daß das Licht abgedreht ist! – Und bisher war noch jede Gesellschaft dagegen, daß die Leute sich in aller Öffentlichkeit, am Strand oder im Park, lieben. Bisher war jede Gesellschaft dagegen, allein schon deshalb, weil ein Mann, der sich am Strand wie ein Gorilla aufführt, alle anderen Männer daran erinnern würde: »Ich mache das genauso, nur im Dunkeln!«

Der Weg vom Gorilla zur Erleuchtung besteht aus einem einzigen Schritt: Werde dir bewußt, was du da machst, und schlüpfe aus der Rolle wie eine Schlange aus ihrer alten Haut.

Hopse aus dem Bett – und sei ein Buddha! Versuche es gleich heute nacht! Spring mitten in deinem Gorillaakt mit einem Satz aus dem Bett, setz dich in den Lotossitz und werde zum Buddha! Ich verspreche dir, deine Freundin wird selig sein: »Endlich ist ihm ein Licht aufgegangen!«

Und du wirst dich wundern, wie nahe das alles beieinander liegt. In deinem Tiefschlaf kannst du den Gorilla spielen oder den Präsidenten oder den reichsten Mann der Welt – aber das sind alles nur Träume.

In der Tat, wenn du im Schlaf zum Gorilla wirst, wird es schnell zu einem Alptraum. Alle Liebesaffären werden zu einem Alptraum! Und oft erweist es sich als sehr schwierig, aus diesem Alptraum aufzuwachen, aber die Leute versuchen immer erst dann aufzuwachen, wenn ihr Traum zu einem Alptraum geworden ist. Solange der Traum noch süß und schön ist – wer will da schon aufwachen?

Wie gut, daß dir klargeworden ist, daß du dich wie ein Gorilla aufführst! Eine großartige Erkenntnis! Nun mach den ersten Schritt zur Erleuchtung, noch heute nacht, dann kann es morgen früh jeder sehen: Dieser Mann, der ein Gorilla war, ist erleuchtet worden! Es geschehen noch Wunder! *(36)*

Der Sexbesessene

Du hast schon öfter die psychologische Tatsache erwähnt, daß der Mann alle drei Minuten an Frauen denkt, während die Frau nur alle sieben Minuten an Männer denkt. Handelt es sich dabei um einen rein psychologischen Unterschied, oder hat das tiefere Ursachen?
Um meine Frage zu präzisieren: Bitte sprich über die zwei Seiten des mitternächtlichen Schlafzimmerdilemmas: »Ich habe Kopfweh.«

Ein paar Dinge vorweg: Bei der psychologischen Tatsache, daß der Mann alle drei Minuten an Frauen denkt – länger hält er es nicht aus –, handelt es sich nur um den Durchschnitt, denn die Wissenschaft redet immer nur vom Durchschnitt. Du mußt aber nicht glauben, daß du der Durchschnitt bist, denn der Durchschnitt existiert nicht. Es kann nämlich auch Leute geben, die pausenlos an Frauen denken!

Ein Psychologe testete einen Patienten. Er zeichnete eine gerade Linie auf das Papier und fragte den Patienten: »Woran erinnert Sie das?«

Der Patient sagte: »An Frauen.«

Der Psychologe sagte: »Seltsam. Eine gerade Linie?« Aber er probierte noch etwas anderes. Als nächstes zeichnete er ein Dreieck und fragte den Mann: »Woran erinnert Sie das?«

Der Mann sagte: »Sie sind vielleicht komisch! An Frauen natürlich!«

Dann zeichnete der Psychologe einen Kreis. Da wurde der Mann wütend und sagte: »Treten Sie mir nicht zu nahe! Ich leide unter den Frauen, und Sie erinnern mich noch ständig daran. Sind sie ein Sexoholiker oder was?«

Der Psychologe sagte: »Sie sind ein erstaunlicher Fall. Wieso erinnert Sie das an Frauen?«

Der Mann sagt: »Weil mich *alles* an Frauen erinnert! Schauen Sie mal aus dem Fenster!« – Draußen ging gerade ein Kamel vorüber. »Auch dieses Kamel erinnert mich an Frauen. Und Sie, auch Sie erinnern mich an Frauen! Ich kann an nichts anderes mehr denken. Mein ganzer Lebensinhalt sind Frauen!«

Diese drei Minuten sind also nur der Durchschnitt – aber den Durchschnitt gibt es gar nicht. Er ist nur eine mathematische Größe. Darin sind auch die Kinder enthalten – die nie an Frauen denken – und auch die wirklich reifen, erwachsenen Leute, die nie an Frauen denken – aber natürlich auch die Sexbesessenen, die an gar nichts anderes denken können.

Tröste dich also nicht mit dem Durchschnitt! Schau bei dir selbst und finde heraus, wie viele Minuten du ohne einen Gedanken an Frauen sein kannst.

Nach meiner Erfahrung mit Tausenden von Männern beträgt die Lücke höchstens eine Minute. Du kannst eine Uhr vor dich hinlegen und dich selbst testen, ob dir im Laufe einer Minute der Gedanken an Frauen kommt oder nicht. Du wirst dich wundern: »Mein Gott! Ich denke ja jede Minute an Frauen!«

Bei Frauen liegt die Sache ganz anders. Sieben Minuten ist ebenfalls der Durchschnitt, aber normalerweise denkt keine Frau alle sieben Minuten an Männer. Der Durchschnitt ist nur vorhanden, weil es auch sexbesessene Frauen gibt. Aber es gibt auch Frauen, die überhaupt nicht an Männer denken, stundenlang – und darüber sind sie sehr erleichtert.

Und du fragst mich über das mitternächtliche Schlafzimmerdilemma von: »Ich habe Kopfweh.« Das ist eine weibliche und keine männliche Sache. Es ist eine weibliche Strategie. Höchstens wenn du die Körperchemie einer Frau hast, wirst du sagen: »Ich habe Kopfweh«, sonst nicht.

Der Mann benutzt die Frau wie Schlaftabletten. Sex verschafft ihm einen guten Schlaf. Danach ist seine Energie völlig erschlafft. Jetzt kann er nur noch einschlafen und hoffen, daß er am Morgen aus dem Bett kommt.

Die Psyche des Mannes ist ganz anders als die Psyche der Frau. Sie funktionieren völlig verschieden.

Die Ärzte – überwiegend Männer – haben herausgefunden, daß noch kein Mann beim Sex gestorben ist. Das ist wohl wahr. In der ganzen Geschichte von Milliarden von Menschen ist noch kein Mann beim Sex, beim Geschlechtsverkehr, gestorben. Niemand hat beim Liebemachen einen Herzinfarkt.

Für den Mann ist die Frau also praktisch ein Mittel für einen guten Schlaf, ein Mittel, um den Herzinfarkt zu vermeiden und den Tod hinauszuschieben, so gut es geht.

Für die Frau war das ganze immer eine ziemliche Tortur. Erstens einmal hat man ihr die Freude des Orgasmus genommen, denn der Mann ist viel zu schnell fertig – noch bevor die Frau überhaupt erst warm wird. Es besteht ein immenser Unterschied in der Orgasmusfähigkeit des Mannes und der Frau. Das ist eine neuere Entdeckung, die erst in diesem Jahrhundert gemacht wurde. In der Vergangenheit hat die ganze Menschheit darüber in Unwissenheit gelebt.

Der Mann hat eine örtliche, genitale Sexualität, während die Sexualität der Frau über den gesamten Körper verteilt ist. Um zur Erfahrung des Orgasmus zu kommen, muß ihr ganzer Körper vor Freude beben, vor Ekstase zittern – doch dazu braucht sie Zeit. Bis ihr ganzer Körper bereit und ihr ganzes Sein vom Tanz der pulsierenden Energie durchdrungen ist, hat den Mann längst der Schlaf geholt. Er ist fix und fertig und hinüber.

Der Mann hat die Frauen in vieler Hinsicht grausam, primitiv und barbarisch behandelt. Es war ihm egal, was sie fühlten; er hat sich nur um sich selbst gekümmert. Er hat die Frauen nur benutzt. Und denke daran: Benutzt zu werden ist das erniedrigendste auf der Welt – es entwürdigt dich und macht dich zu einer Ware.

Eine Ware kann man benutzen, aber ein Mensch ist nicht dazu da, benutzt zu werden. Und doch hat man seit Jahrtausenden die Frauen benutzt. Ja, sie hatten völlig vergessen, daß sie einen Orgasmus haben können. Und so ist es nur verständlich, daß sie diese häßliche Szene vermieden haben, wo sie nur konnten – daher die weibliche Strategie: »Ich habe Kopfweh.«

Du unterliegst einem gravierenden Mißverständnis. Sieh es mal richtig! Wenn du nicht willst, daß die Frau Kopfweh bekommt, dann mußt du spielerisch mit ihr umgehen: Singe und tanze mit ihr, mache aus deinem Schlafzimmer einen Tempel, zünde Räucherstäbchen an, nimm ein gutes Bad nach dem langen Tag ... und die Liebe sollte der Höhepunkt sein. Doch laß dir Zeit! Erst wenn die Frau zu zittern und zu beben anfängt und ganz ekstatisch wird ... erst dann kannst du eine wirklich orgasmische Erfahrung haben, und auch sie wird im Liebesakt zum Orgasmus kommen. Und wenn beide gemeinsam zum Orgasmus kommen, passiert ein ungeheures Phänomen – eine religiöse Erfahrung, die euch den ersten Vorgeschmack von Meditation gibt.

Nach meinem Verständnis haben die Menschen durch diese Quelle die Meditation entdeckt; eine andere Quelle gibt es nicht. Wie sind die Menschen überhaupt auf den Gedanken von Meditation gekommen? Du weißt ja, der Verstand ist etwas Natürliches, aber Meditation ist etwas, um das man sich bemühen muß. Irgendwie müssen die Menschen auf diesen Zustand jenseits des Verstandes gestoßen sein.

Der Orgasmus bringt dich in einen Zustand, in dem die Zeit stillsteht, das Denken stillsteht und du reine Ekstase bist.

Nach meiner Auffassung war das der Ursprung der Idee, daß es möglich sein müsse, den Verstand hinter sich zu lassen. Und weil diese Erfahrung beim sexuellen Orgasmus möglich ist, haben ein paar Pioniere und Abenteurer versucht, auch allein dorthin zu gelangen. Sie hatten zwei Dinge absolut richtig begriffen: Die Zeit bleibt stehen, und das Denken bleibt stehen.

Natürlich kann man die Zeit nicht direkt anhalten. Daraus folgt der Schluß, daß man das Denken anhalten muß. Und in dem Moment, in dem der Verstand stehenbleibt und das Denken schweigt, steht auch die Zeit still, und plötzlich ist man, ganz ohne Sex, in einer noch viel intensiveren orgasmischen Ekstase als beim Sex. Im Sex bist du vom anderen abhängig, doch nun bist du absolut frei.

Wenn Leute wie Gautama Buddha oder Mahavira zölibatär wurden, war es nicht so, daß sexuelle Enthaltsamkeit sie zu Gautama Buddha oder Mahavira gemacht hätte – nein, es war genau umgekehrt: Zu Gautama Buddha und Mahavira wurden sie durch Meditation, und weil sie dadurch eine viel größere Freiheit und Ekstase fanden, verschwand der Sex aus ihrem Leben.

Man hat das falsch interpretiert. Von außen kann man die orgasmische Freude nicht sehen. Man sieht nur: Dieser Mann lebt zölibatär. Vielleicht kann ich ebenfalls zu dieser orgasmischen Freude gelangen, indem ich zölibatär lebe! – Aber so funktioniert es nicht.

Zuerst muß der Verstand stillstehen, dann steht auch die Zeit still. Und wenn beide, Zeit und Verstand, stillstehen, erlebst du diese Ekstase, diese ungeheure Ekstase ... Es ist nicht bloß ein quantitativer Unterschied zwischen dem sexuellen und dem spirituellen Orgasmus, sondern ein qualitativer Unterschied; er hat seine besondere Schönheit, seine besondere Seligkeit, seine besondere Erfüllung.

Doch aufgrund dieses logischen Trugschlusses ist die ganze Menschheit irregeführt worden. Als die Leute sahen, daß Erleuchtete wie Bodhidharma, Sanai oder Ta Hui zölibatär lebten, dachten sie: »Vielleicht kann man erleuchtet werden, indem man enthaltsam lebt?« Durch das Zölibat kann man aber höchstens pervers werden.

Neulich brachte mir meine Sekretärin die Nachricht, daß in Europa viele katholische Bischöfe und Priester die Kirche verlassen, um zu heiraten. Sie sind auf dem richtigen Weg. Sie haben lange genug unnötig gelitten und fassen nun Mut und wollen heiraten. Ich halte das für ein gutes Zeichen.

Du mußt versuchen, bewußter zu werden und niemanden nachzuahmen, dann wird deine Ernsthaftigkeit verschwinden und dann wird auch dein Kopfweh verschwinden. Das Leben ist so komisch – und du hast Kopfweh!

Otto und Lotte leben in einem alten Haus in der Nähe einer Bahnstation, und jedesmal, wenn ein Zug vorbeifährt, geht die Schranktür im Schlafzimmer von allein auf. Eines Tages platzt Lotte der Kragen, und sie bestellt den Schreiner, um die Tür reparieren zu lassen. Er kann aber das Problem nicht gleich finden und beschließt deshalb, in den Schrank zu steigen, die Tür zuzumachen und zu schauen, was passiert.

Just in diesem Moment kommt Otto nach Hause. Er sieht ein Paar Männerschuhe im Schlafzimmer und beginnt nach deren Besitzer zu suchen, doch bevor ihm Lotte irgend etwas erklären kann, fährt ein Zug vorbei, die Schranktür geht auf und der Schreiner im Innern wird sichtbar.

Otto bekommt einen Wutanfall und brüllt: »Was zum Teufel machen Sie hier?«

»Sie werden es nicht glauben«, sagt der Mann, »aber ich warte auf einen Zug!«

Genieße das Leben, dann wirst du nicht nur dein Kopfweh vergessen, sondern auch den Kopf. Man denkt nur an den Kopf, wenn man Kopfweh hat – ist dir das schon aufgefallen? Meine Definition eines gesunden Menschen ist die, daß er seinen Körper überhaupt nicht spürt. Erst wenn man Herzschmerzen hat, fühlt man sein Herz, erst wenn man Magenschmerzen hat, spürt man seinen Magen, wenn man Kopfschmerzen hat, spürt man seinen Kopf. Wenn man ganz gesund ist, spürt man gar nicht, daß man einen Körper hat.

Aber solche Mißverständnisse passieren, weil wir keine klare, meditative Wahrnehmung vom Leben haben. Unser Verstand erzeugt ständig Probleme und Dilemmas, die völlig unnötig sind. *(37)*

Sex ist ein so heikles und delikates Thema, weil mit dem Wort »Sex« eine jahrhundertelange Ausbeutung und Korruption, jahrhundertealte Perversionen und Konditionierungen verbunden sind. Es ist ein so belastetes Wort, eines der am meisten belasteten Wörter, die es gibt. Das Wort »Gott« ist harmlos dagegen. Das Wort »Sex« erscheint allzu befrachtet. Tausenderlei Dinge tauchen in der Vorstellung auf: Angst, Perversion, Faszination, extreme Sehnsucht ebenso wie extreme Abwehr. Das kommt alles zusammen.

Sex – das Wort allein erzeugt schon Verwirrung und Chaos. Es ist, als würde man einen Felsbrocken in einen stillen Teich werfen: Millionen von Wellen beginnen sich zu kräuseln bei der bloßen Erwähnung des Wortes »Sex«!

Die Menschheit hat bisher mit völlig falschen Vorstellungen gelebt.

Sicher ist dir aufgefallen, daß die Sexualität ab einem bestimmten Alter wichtig wird. Nicht, daß du es zu etwas Wichtigem machst. Es ist nicht etwas, das man machen kann; es passiert von allein. Im Alter von etwa vierzehn Jahren wirst du mit einem Mal von sexueller Energie überschwemmt. Es ist, als würden sich Schleusentore in dir öffnen. Subtile Energiequellen, die bisher verschlossen waren, öffnen sich, und die ganze Energie wird sexuell oder sexuell gefärbt. Du denkst Sex, du singst Sex, du gehst Sex – alles wird sexuell. Alles bekommt einen sexuellen Anstrich. Das geschieht ganz von selbst; du hast nichts dazu getan. Und es ist ganz natürlich.

Genauso natürlich ist das Transzendieren des Sex. Wenn die Sexualität total gelebt wird – ohne Verurteilung und ohne Vorstellung, sie überwinden zu wollen –, dann passiert es mit ungefähr zweiundvierzig Jahren ... Genauso, wie sich mit vierzehn die Sexualität entfaltet und die ganze Energie sexuell wird, genauso werden sich im Alter von ungefähr zweiundvierzig die Schleusentore wieder schließen. Genauso natürlich, wie die Sexualität erwacht, verschwindet sie wieder.

Man transzendiert den Sex, ohne sich darum bemühen zu müssen. Wenn du dich aber darum bemühst, wirst du ihn nur unterdrücken, denn du hast es nicht in der Hand. Die Sexualität ist ein eingebautes Programm in deinem Körper, in deiner Biologie. Du bist als sexuelles Wesen geboren, und daran ist nichts verkehrt. Nur so kann man geboren werden. Mensch zu sein bedeutet, sexuell zu sein. Als deine Mutter und dein

Vater dich zeugten, haben sie nicht gebetet; sie waren nicht in der Kirche und haben einem Priester beim Predigen zugehört, sondern sie hatten Geschlechtsverkehr. Dir vorzustellen, daß Mutter und Vater Geschlechtsverkehr hatten, als du empfangen wurdest, mag schwierig für dich sein, doch sie haben sich geliebt, und ihre sexuellen Energien haben sich getroffen und vereinigt.

So wurdest du gezeugt; in einem tiefen Geschlechtsakt wurdest du empfangen. Die erste Zelle war eine Geschlechtszelle, und aus dieser Zelle sind alle anderen Zellen hervorgegangen. Doch jede Zelle bleibt im Grunde eine Geschlechtszelle. Dein ganzer Körper ist sexuell – aus Millionen von Geschlechtszellen aufgebaut. Vergiß nicht: Du bist ein geschlechtliches Wesen.

Sobald du das akzeptierst, löst sich der ganze jahrhundertealte Konflikt auf. Sobald du es ganz und gar ohne Vorbehalte akzeptierst, wirst du die Sexualität als etwas vollkommen Natürliches annehmen und leben.

Du fragst ja auch nicht, wie du das Essen transzendieren kannst, wie du das Atmen transzendieren kannst – denn keine Religion hat je gepredigt, daß man das Atmen transzendieren soll. Sonst würdest du fragen: »Wie kann man das Atmen transzendieren?« Du atmest! Du bist ein atmendes Tier, und du bist auch ein sexuelles Tier. Aber es gibt da einen Unterschied.

Die ersten vierzehn Jahre des Lebens sind fast geschlechtslos – es gibt höchstens ein rudimentäres Sexspiel, das nicht wirklich sexuell ist, nur eine Art Vorbereitung, ein Ausprobieren, das ist alles. Doch mit vierzehn wird diese Energie plötzlich reif.

Sieh mal: Ein Kind wird geboren ... und sofort muß es atmen, innerhalb von drei Sekunden, sonst stirbt es. Dann geht der Atem das ganze Leben lang weiter; er ist an das Leben gekoppelt. Er kann nicht transzendiert werden. Erst wenn man stirbt, etwa drei Sekunden vorher, hört der Atem auf, aber nicht früher. Vergiß nicht: Die beiden Endpunkte des Lebens, Anfang und Ende, sind genau gleich, symmetrisch. Das Kind wird geboren, und innerhalb von drei Sekunden fängt es zu atmen an. Und wenn ein Mensch stirbt, wird er drei Sekunden, nachdem er zu atmen aufgehört hat, tot sein.

Die Sexualität kommt in einem relativ späten Alter hinzu. Vierzehn Jahre lang hat das Kind ohne Sexualität gelebt. Und wenn die Gesellschaft nicht so repressiv – und infolgedessen nicht so sexbesessen – wäre, könnte das Kind in völliger Unwissenheit darüber aufwachsen, daß Sex eine Tatsache ist, daß es so etwas wie Sex überhaupt gibt. Das Kind könnte völlig unschuldig bleiben. Doch diese Unschuld ist unmöglich, weil die Menschen so unterdrückt sind. Und wo Unterdrückung herrscht, dort gibt es gleichzeitig auch Besessenheit.

Während die Priester die Sexualität unterdrücken, gibt es daneben die Anti-Priester – Hugh Hefner und Co. –, die immer mehr Pornographie produzieren. Auf der einen Seite propagieren die Priester die Unterdrückung, und auf der anderen Seite machen die Anti-Priester den Sex immer attraktiver.

Diese beiden Seiten gehören zusammen wie die beiden Seiten einer Münze. Erst wenn die Kirche verschwindet, wird auch der *Playboy* verschwinden, nicht vorher. Sie sind Geschäftspartner, obwohl sie wie Feinde aussehen – aber laßt euch davon nicht täuschen. Sie reden gegeneinander, aber so läuft das ganze Spiel.

Ich habe von zwei Männern gehört, die mit ihrem Geschäft Pleite gemacht hatten. So beschlossen sie, eine neue Firma zu gründen, eine einfache Sache: Sie machten ein Wandergewerbe auf und zogen von Stadt zu Stadt. Zuerst kam der eine bei Nacht und Nebel und beschmierte die Türen und Fenster der Häuser mit Teer. Zwei, drei Tage später kam dann der andere, um alles wieder sauberzumachen. Er warb damit, daß er den Teer wieder wegmachen könne, oder was sonst noch schmutzig geworden war, und daß er die Fenster putzen würde. In der Zwischenzeit erledigte der andere seinen Teil der Arbeit in der nächsten Stadt. Und so verdienten sie ein Schweinegeld.

Das gleiche läuft zwischen der Kirche und den Leuten vom Schlage Hugh Hefners, den Pornographieproduzenten.

Die fesche Mitzi sitzt im Beichtstuhl. »Ehrwürdiger Vater«, sagt sie, »ich muß Ihnen etwas beichten: Ich habe mich von meinem Freund küssen lassen!«

»Ist das alles?« sagt der Priester mit einem interessierten Unterton.

»Hm, nein. Ich habe ihm erlaubt, seine Hand auf meinen Oberschenkel zu legen.«

»Und dann?« – »Dann hat er mir den Slip runtergezogen.«

»Und dann, und dann ...?« – »Dann kam meine Mutter ins Zimmer.«

»Zu dumm!« seufzt der Priester.

Es gehört zusammen. Sie sind Partner in dieser Verschwörung. Immer wenn die Unterdrückung zu stark wird, beginnt sich ein pervertiertes Interesse zu zeigen. Nicht Sex ist das Problem, sondern das pervertierte Interesse. Dieser Priester ist neurotisch. Sex ist nicht das Problem, aber dieser Mann sitzt in der Klemme.

Schwester Margarete und Schwester Franziska müssen auf dem Heimweg durch eine unbelebte Gegend. Plötzlich werden sie von zwei Männern überfallen, in eine dunkle Seitengasse gezogen und vergewaltigt.

»Vater, vergib ihnen«, sagt Schwester Margarete, »denn sie wissen nicht, was sie tun.«

»Ach, sei doch still!« ruft Schwester Franziska. »Dieser hier weiß es!«

Das ist dann die Folge. Darum solltest du keine Vorurteile gegen die Sexualität haben, sonst kommst du nie davon los. Den Sex transzendieren kann man nur, wenn man ihn als etwas Natürliches akzeptiert hat. Ich weiß, daß das schwierig ist, weil du in eine Gesellschaft hineingeboren wurdest, die neurotisch mit Sex umgeht – nach der einen oder nach der anderen Seite, aber auf jeden Fall neurotisch. Aus dieser Neurose herauszukommen ist sehr schwierig, aber wenn du ein bißchen bewußter wirst, ist es möglich. Eigentlich geht es also nicht darum, wie man Sex transzendiert, sondern wie man diese ganze pervertierte Ideologie der Gesellschaft transzendiert: die Angst vor Sex, die Unterdrückung des Sex und die Sexbesessenheit.

Sex ist etwas Schönes. Sex an sich ist ein natürliches, zyklisches Phänomen, das sich ereignet, wenn ein Kind empfangen werden kann. Und es ist gut, daß es passiert – sonst würde das Leben nicht existieren. Leben beruht auf Sexualität. Die Sexualität ist der Träger. Wenn du das Leben verstehst, wenn du das Leben liebst, wirst du Sex als etwas Heiliges, Sakrales ansehen. Dann wirst du ihn leben, wirst ihn genießen – und genauso natürlich, wie er gekommen ist, wird er von selbst wieder verschwinden. Etwa mit zweiundvierzig Jahren verschwindet der Sex auf so natürliche Weise, wie er in dein Leben getreten ist.

Aber dazu kommt es nicht. Vielleicht wunderst du dich, wenn ich sage: »etwa mit zweiundvierzig«, denn du kennst Leute mit siebzig, achtzig Jahren, die noch nicht darüber hinaus sind. Du kennst diese sogenannten »alten Schmutzfinken«. Sie sind Opfer der Gesellschaft. Weil sie nicht natürlich sein konnten, hängt es ihnen nach – weil sie es unterdrückt haben, als sie es hätten erleben und genießen sollen. Und in den Momenten des Genießens waren sie nicht total genug. Sie waren nicht orgasmisch, sie waren nur halbherzig bei der Sache. Und immer wenn man etwas halbherzig betreibt, hängt es einem nach.

Ich verstehe das so: Wenn jemand richtig gelebt und geliebt hat, auf natürliche Weise, dann fängt er mit etwa zweiundvierzig an, den Sex hinter sich zu lassen. Wenn er aber nicht natürlich gelebt und gegen seine Sexualität angekämpft hat, dann wird zweiundvierzig sein gefährlichstes Alter, weil dann die Energie bereits auf dem absteigenden Ast ist. Solange man jung ist, kann man die Dinge leichter unterdrücken, weil man noch viel Energie hat.

Sieh die Ironie: Ein junger Mann kann seine Sexualität leichter unterdrücken, weil er dafür genug Energie hat. Er kann sie einfach wegstecken und darauf sitzenbleiben. Wenn die Energie jedoch nachläßt, wenn sie schwindet, wird die Sexualität sich stärker bemerkbar machen, und dann kann man sie nicht mehr kontrollieren. Ich habe eine Anekdote gehört:

Herr Stein senior, 65, kommt in die Praxis seines Sohnes, Dr. Stein junior, und fragt ihn nach einem Mittel zur Potenzsteigerung. Der Doktor gibt seinem Vater eine Spritze, will aber kein Honorar dafür haben. Trotzdem besteht der Vater darauf, seinem Sohn zehn Mark dafür zu bezahlen.

Eine Woche später kommt Stein senior wieder für eine Spritze, und diesmal gibt er dem Sohn zwanzig Mark.

»Ach Paps, eine Spritze kostet doch nur zehn Mark!«

»Nimm es, Junge!« sagt Stein. »Die extra zehn sind von Mutti!«

Und so wird es weitergehen ... Bevor du ein Paps oder eine Mutti wirst, bring es hinter dich! Warte nicht, bis du alt bist, denn dann wird es häßlich. Dann ist es nicht mehr zeitgemäß. *(38)*

Warum bin ich so fasziniert von Pornographie?

Muß wohl an deiner religiösen Erziehung liegen! Sonst besteht nämlich gar keine Notwendigkeit, sich für Pornographie zu interessieren. Wer die Wirklichkeit ablehnt, flüchtet sich in die Phantasie. An dem Tag, an dem die religiöse Erziehung von der Erde verschwindet, wird auch die Pornographie verschwinden, aber nicht eher.

Das erscheint paradox. Zeitschriften wie der *Playboy* können nur mit Unterstützung des Vatikans existieren. Ohne Papst gäbe es keinen *Playboy*, könnte es ihn nicht geben. Es bestünde kein Grund für seine Existenz. Dahinter stehen die Priester.

Warum solltest du an Pornographie interessiert sein, wenn es lebendige Menschen gibt? Und sie sind ein so schöner

Anblick! Du interessierst dich doch auch nicht für Fotos von nackten Bäumen, oder? Weil alle Bäume schon nackt sind! Jemand müßte nur auf die Idee kommen, den Bäumen Kleider anzuziehen, dann würden früher oder später Zeitschriften unter dem Ladentisch gehandelt – mit nackten Bäumen! Die Leute würden sie verschlingen! Sie würden sie in der Bibel verstecken und heimlich betrachten und ihren Spaß daran haben. Probier's mal, dann wirst du schon sehen!

Pornographie kann nur verschwinden, wenn die Menschen ihre Nacktheit als etwas Natürliches akzeptieren. Du hast doch auch kein Interesse, Nacktfotos von Katzen, Hunden, Löwen und Tigern zu sehen – sie sind ja immer nackt! Und wenn ein Hund an dir vorbeiläuft, merkst du nicht mal, daß er nackt ist; es fällt dir nicht auf. Aber ich habe gehört, es gibt ein paar englische Ladys, die ihren Hunden Kleider anziehen, weil sie befürchten, die Nacktheit des Hundes könnte einer frommen, spirituellen Seele schaden. Und Bertrand Russell, so habe ich gehört, soll in seiner Autobiographie davon berichtet haben, daß in seiner Kindheit im viktorianischen England sogar die Stuhlbeine bedeckt wurden – weil es *Beine* sind!

Laßt die Menschen natürlich sein – dann wird die Pornographie verschwinden. Laßt die Menschen nackt sein – nicht, daß sie nackt im Büro sitzen sollen; soweit braucht es nicht zu gehen. Aber am Strand, am Fluß, wenn sie sich entspannen und erholen, zu Hause oder im eigenen Garten in der Sonne sollten sie nackt sein dürfen! Laßt die Kinder nackt herumspielen, gemeinsam mit ihren nackten Müttern und Vätern.

Dann wird die Pornographie verschwinden. Wer würde sich dann noch den *Playboy* anschauen? Wozu? Nur weil den Menschen etwas verwehrt wird, nur weil man ihnen ihre natürliche Neugier verwehrt, darum gibt es Pornographie.

Verabschiede dich von dem Priester in dir. Sag ihm adieu! Dann wirst du sehen, wie die Pornographie verschwindet. Töte den Priester in deinem Unterbewußtsein, dann wirst du erleben, wie eine große Veränderung in dein Sein tritt: Du wirst mehr bei dir sein. *(39)*

Ein Vertreter auf Geschäftsreise fand im Hotelzimmer neben seinem Bett eine Bibel. Auf das Deckblatt hatte jemand geschrieben: »Wenn Sie krank sind, lesen Sie Seite 42. Wenn Sie sich Sorgen um Ihre Familie machen, lesen Sie Seite 68. Wenn Sie einsam sind, lesen Sie Seite 92.«

Weil er einsam war, schlug er Seite 92 auf und las. Als er ans Ende der Seite kam, fand er eine handgeschriebene Notiz: »Wenn Sie immer noch einsam sind, wählen Sie 6 24 85 und fragen Sie nach Gloria.« *(40)*

Wie lange wird dieser dumme Sex mich noch verfolgen? Ich bin bald sechzig, aber er ist immer noch da.

Sex hat nichts mit dem Alter zu tun. Du kannst sechshundert Jahre alt sein, und er wird immer noch da sein. Es hat etwas mit Bewußtheit zu tun, nicht mit dem Alter.

Vergiß eines nicht: Älter zu werden bedeutet nicht unbedingt, erwachsen zu werden. Physiologisch bist du vielleicht sechzig, aber psychologisch gerade erst zwölf, dreizehn, allerhöchstens vierzehn. Kein Wunder, daß es dir nachhängt! Ein Mensch im psychologischen Alter von vierzehn Jahren wird zwangsläufig vom Sex verfolgt sein, und die meisten stecken irgendwo zwischen dreizehn und vierzehn fest.

Das geistige Durchschnittsalter der Menschheit ist zwölf Jahre. Es ist kaum zu glauben, daß die Menschen auf einer so frühen Stufe stehenbleiben. Wie kommt das, und warum gerade mit zwölf, dreizehn, vierzehn Jahren? – Weil das die Zeit der Geschlechtsreife ist. Und weil die Gesellschaft nicht will, daß man über diesen Punkt hinauswächst.

Die Gesellschaft will, daß ihr sexuell ausgehungert seid, denn sexuell Unterernährte sind für die Gesellschaft, für diese kranke Gesellschaft, von Nutzen. Ein sexuell ausgehungerter Mensch läßt sich ganz leicht in jede Richtung steuern, weil er innerlich kocht. Man kann ihn auf Geld scharf machen, dann wird Geld zum Ersatz für Sex. Die ganze unterdrückte Sexenergie geht dann zum Geld hin. Geld wird zur Geliebten, wird zum Gott, und dann läuft der Mensch sein ganzes Leben lang hinter dem Geld her. Und natürlich wird der Sex ihn verfolgen, weil das Geld ihm keine Befriedigung bringt. Du kannst so viel Geld anhäufen, wie du willst, aber wie soll das deinen Grundtrieb befriedigen? Die Gesellschaft hat den Trieb umfunktioniert; sie hat dir eine Ablenkung, ein Spielzeug gegeben.

Und so machen wir's von Anfang an: Das Kind weint, es will Milch, und wir geben ihm den Schnuller! Und das arme Baby saugt am Schnuller und hält ihn für die Brust der Mutter. Ist das nicht gemein? So eine Hinterhältigkeit! So wird das arme Kind manipuliert, mit Politik und diplomatischer Schlauheit. Das Kind kann noch nicht zwischen Schnuller und Brust unterscheiden; man hat es betrogen. Wenn dieses Kind eines Tages seine Mutter verachtet und Haß für sie empfindet, ist es kein Wunder!

Du kannst jeden Psychoanalytiker fragen: »Was ist das Grundproblem der Leute?«, und du wirst dich wundern. Er wird dir nicht mit Begriffen wie Neurose, Psychose, Schizophrenie, Hysterie etc. etc. kommen. Auf die Frage: »Was ist das Grundproblem jedes psychisch gestörten Menschen?« wird er antworten: »Die Mutter.« Doch weshalb die Mutter? – Weil sie es ist, die als erste anfängt, das Kind zu betrügen. Sie ist der erste Kontakt des Kindes mit der Welt, und danach kann es keinem Menschen mehr vertrauen. Wenn es nicht einmal der Mutter vertrauen kann, wie kann es irgend jemand anderem vertrauen? Es hat geschrien und wollte in den Arm genommen werden ... denn ein Kind braucht Wärme so notwendig wie Milch; es ist ein tiefes physiologisches Bedürfnis des Kindes.

Heute ist wissenschaftlich nachgewiesen, daß ein Kind, dem man zwar jegliche Nahrung, aber keine Körperwärme gibt, verkümmert und stirbt. Und selbst wenn es überlebt, wird es sein Leben lang zurückgeblieben und nicht gesund sein; ihm wird etwas fehlen. Es braucht nicht nur die Muttermilch, es braucht auch die Wärme der Mutter – ihre Brust, ihren Körper. Heute weiß man, daß diese Wärme absolut grundlegend, absolut notwendig ist.

Wenn das Kind schreit, kann es ja nicht sagen: »Mama, ich will, daß du mich in den Arm nimmst«, denn es hat noch keine Sprache. Aber sein Schreien sagt: »Umarme mich, küsse mich, streichle mich! Laß mich in deiner Nähe sein!« Und dann gibt man ihm einen Teddybär oder irgendein Spielzeug, damit es Ruhe gibt. So wird es von Anfang an betrogen: Es will etwas haben und bekommt etwas ganz anderes. So verkrüppeln wir es.

Und bevor das Kind geschlechtsreif wird, haben wir ihm schon Ehrgeiz beigebracht. Wir sagen ihm: »Du mußt Erster werden – in der Schule, an der Uni! Werde Erster! Egal, wo du bist und was du tust, du mußt der Erste sein!« Wir pflanzen ihm den starken Wunsch ein, in allem der Erste zu sein. Damit wird seine sexuelle Energie in eine neue Richtung gelenkt.

Die Gesellschaft ist bestrebt, die natürlichen Energien umzulenken. Man bringt dir schon als Kind bei: »Wenn du kein großes Auto, kein großes Haus und nicht viel Geld auf der Bank hast, bist du ein Versager«, und dann fängst du an, großen Dingen nachzulaufen. Vielleicht brauchst du gar kein großes Haus, vielleicht wäre ein kleineres Haus viel schöner, und es wäre leichter sauber zu halten. Vielleicht hast du gar nicht das Bedürfnis, ein so großes Haus mit vielen Zimmern zu bewohnen. Aber schon als Kind wird dir der Gedanke in den Kopf gepflanzt: »Wenn du nicht ein großes, imposantes Haus hast, bist du ein Versager.« Nun wird das große Haus zu einem Symbol für Erfüllung, das Geld auf der Bank wird zum Symbol für Erfüllung – aber es sind bloß leere Symbole. Tief im Innern bleibt der Mensch unerfüllt, tief im Innern bleibt die Sehnsucht bestehen. Das Tiefenbewußtsein erinnert ihn ständig daran: »Sei natürlich, laß deine natürlichen Energien auf natürliche, spontane Weise fließen.«

Du fragst mich: *»Wie lange wird mich dieser dumme Sex noch verfolgen?«* Weshalb nennst du ihn dumm? Du bist wütend auf ihn. Sex ist nicht dumm – aber vielleicht bist *du* dumm! Sex ist einfach Sex. Du kannst dumm oder intelligent damit umgehen, aber das liegt an *dir*, nicht am Sex. Und wenn du ihn schlechtmachst, wenn du ihn verurteilst, wird er dableiben, ob du nun sechzig bist oder siebzig oder achtzig, das macht keinen Unterschied. Im Gegenteil, je schwächer dein Körper wird, um so mehr wird die unterdrückte Sexualität sich in deinem Bewußtsein breitmachen; sie wird weiterbestehen. Nenne ihn nicht dumm. Du gehst nur dumm damit um.

Akzeptiere ihn. Sex ist ein natürliches Verlangen, eine natürliche Energie, die Ursprungsquelle allen Lebens. Gewiß, es gibt noch mehr – schöne Erfahrungen, die weit darüber hinausgehen.

Sex bringt Freude und auch Leid. In der Sexualität ist beides gemischt, denn Sex ist eine Mischung von Himmel und Erde, Körper und Seele; darum bringt er beides. In einem Augenblick gibt er dir Flügel, und im nächsten Augenblick schneidet er sie dir ab. In einem Augenblick bringt er große Ekstase und im nächsten Augenblick tiefe Agonie. In einem Augenblick ist man auf dem Gipfel, dem sonnenerleuchteten Gipfel, und im nächsten Augenblick im dunkelsten Jammertal. Sex ist beides.

Doch man muß die Täler ebenso wie die Gipfel kennenlernen. Und man muß durch eigene Erfahrung lernen, und nicht durch das, was andere sagen oder was ich sage.

Die eigene Erfahrung deiner Sexualität wird dich davon befreien. Ich sage nicht, daß du dich davon befreien sollst. Versuche nicht, dich davon zu befreien, sonst wirst du nie davon frei werden.

Was ich sage, ist einfach dies: Die Freiheit vom Sex ist eine Folge, eine Begleiterscheinung, und nicht etwas, das man direkt ansteuern kann; sie stellt sich indirekt ein. Wenn du Sex spielerisch und mit meditativer Bewußtheit lebst, als ein Geschenk Gottes, dann wird nach und nach mitten zwischen allen Gipfeln und Tälern ein dritter Punkt in deinem Sein auftauchen: der Beobachter, der innere Zeuge, der all diese Gipfel und Täler wahrnimmt. Und allmählich werden die Gipfel und Täler immer unwichtiger werden.

Dann erfährt dein Bewußtsein eine Revolution. Du wirst mehr und mehr in dem Beobachter, in deiner Seele, verankert sein. Dieses Zeugesein bedeutet wahre Keuschheit, *Brahma-*

charya (Enthaltsamkeit, Zölibat). Dann bist du nicht gegen Sex, sondern du bist darüber hinausgegangen.

Ansonsten wird er dich weiter verfolgen, bis zum letzten Moment. Dann wirst du beim Sterben nicht an Gott, sondern an Sex denken. Dann wirst du im selben Augenblick, in dem du stirbst, sofort wiedergeboren. Nicht eine Minute wird vergehen, weil du mit dem Gedanken an Sex im Kopf stirbst. Du verläßt hier deinen Körper, doch der Wunsch, in einen neuen Körper einzugehen, taucht sofort auf, weil Sex sich nur im Körper erfüllen kann.

Es hat also nichts mit dem Alter zu tun. Es hat nur etwas damit zu tun, zu einem höheren Bewußtsein zu gelangen, einer tieferen Bewußtheit.

Werde zum Beobachter und nenne Sex nicht dumm. Werde intelligenter und sieh selbst. Beobachte, sei Zeuge! Was auch immer dir gegeben wird, muß seinen Grund haben, seinen Sinn. Was auch immer du hast, enthält etwas vom Jenseits. Auch wenn du nur den unteren Teil der Leiter sehen kannst, weil deine Augen nicht offen sind und dein Sein nicht bewußt ist ... Du siehst nur den unteren Teil der Leiter – Sex. Der obere Teil der Leiter ist *Samadhi* (kosmisches Bewußtsein). Wenn du die ganze Leiter sehen könntest, sämtliche Sprossen, würdest du dich wundern.

Sex ist das Tor zu *Samadhi*.

Die Idee von *Samadhi* geht auf jene wenigen, seltenen Menschen zurück, die imstande waren, durch Sex zum totalen Orgasmus zu gelangen. Ihnen wurde bewußt, daß es im Sex etwas gibt, das überhaupt nicht sexuell ist. In einer tiefen orgasmischen Erfahrung verschwindet die Zeit, verschwindet das Denken, verschwindet das Ego. Diese Dinge haben überhaupt nichts mit Sex zu tun. Und weil diese drei Dinge verschwinden, entsteht große Freude. Das Auftreten der Freude hat ebenfalls nichts mit Sex zu tun. Sex war nur der Anlaß, der Hintergrund für das Verschwinden von Ego, Denken und Zeit.

Diese ersten Tantriker – ihre Namen sind verlorengegangen, aber es muß Tausende von Jahren her sein –, diese ersten Experimentierer, die durch Sex zu *Samadhi* gelangten, haben beobachtet und meditiert, und sie haben eines erkannt: Sex ist nur der physiologische Auslöser für einen Vorgang, der auch ohne Sex ausgelöst werden kann – und zwar durch Meditation allein. Dann ist Sex nicht mehr nötig.

Sie erkannten, daß dieser Vorgang auch durch andere Methoden ausgelöst werden kann – durch Methoden des Yoga, Taoismus, Tantra, Sufismus. Und indem sie dies erkannten – daß auch ohne Sex der gleiche Zustand von Egolosigkeit, Gedankenlosigkeit und Zeitlosigkeit zu erreichen war –, hatten sie den Schlüssel gefunden. Dieser Schlüssel wurde aber nur durch Experimente mit Sex gefunden.

Sex ist die ursprünglichste Quelle von Religion, und die sexuelle Erfahrung ist die erste Erfahrung von *Samadhi*. Bitte nenne es nicht dumm. Geh hinein – liebevoll, spielerisch, meditativ. Versuche es zu verstehen, denn die Befreiung kommt durch Verstehen – und auf keinem anderen Weg. *(41)*

Ich bin siebenundvierzig, und mein Kopf ist immer noch voll mit Sex. Sind das nur Hirnwichsereien, oder ist meine sexuelle Energie einfach Lebensenergie? Muß ich das alles ausleben? Habe ich eine Chance, nicht als »alter Schmutzfink« zu enden?

Also, braucht ihr noch einen anderen Beweis? Er ist siebenundvierzig – Zeit, nicht mehr so töricht zu sein! Doch die Torheit scheint mit dem Alter ebenfalls zuzunehmen. Alte Narren sind die wahren Narren. Junge Narren haben noch die Möglichkeit, zu transzendieren, aber alte Narren – wohin wollen sie transzendieren? Welche Alternative haben sie?

Der Seniorchef hatte ein Rendezvous mit seiner Sekretärin eingefädelt und machte sich nun Sorgen um seine abnehmende Potenz. Er ging zu seinem Hausarzt und fragte ihn nach einem Mittel, das ihn stark machen könnte.

Der Doktor gab ihm zwei Tabletten und sagte: »Nehmen Sie die heute abend zum Essen, dann sollten Sie nachher keine Probleme haben.«

Der alte Herr ging mit seiner Begleiterin in ein schönes Restaurant, und nachdem sie die Suppe bestellt hatten, nahm er den Kellner beiseite und bat ihn, die beiden Tabletten vor dem Servieren in die Suppe zu tun.

Nachdem sie schon zwanzig Minuten gewartet hatten und die Suppe immer noch nicht da war, winkte der Chef ärgerlich den Kellner herbei und sagte: »Wo zum Teufel bleibt denn die Suppe?«

»Verzeihen sie bitte, mein Herr«, sagte der Kellner. »Ich habe Ihren Auftrag ausgeführt und die Tabletten in die Suppe getan, aber jetzt warte ich, daß die Nudeln sich wieder hinlegen.«

Es ist Zeit, daß die Nudeln sich hinlegen! Aber ich weiß: Der unterdrückte Sex wird dir weiter im Kopf herumgeistern. Jetzt gibt es nur noch eine Möglichkeit: Geh tiefer in die Stille, in die Meditation. Werde mehr und mehr zum Beobachter! *(42)*

Der Psychiater plagte sich schon monatelang mit einem sexbesessenen Patienten herum. Nun waren sie an einen Punkt gekommen, wo der Doktor dachte, daß nur noch Hypnose seinem unglücklichen Patienten helfen könne. Er ließ ein Pendel vor den Augen des Mannes hin- und herschwingen und sagte, so wie die Hypnotiseure es tun: »Und nun stellen Sie sich vor, daß es eine große alte Pendeluhr ist, und sie tickt und tickt, und bald werden Sie einschlafen. Ding-Dong, schlafen! Ding-Dong, schlafen!«

Der Patient lag einen Augenblick ganz still, und dann sprang er plötzlich auf und rief ganz aufgeregt: »Herr Doktor, es funktioniert! Es funktioniert! Mein Ding-Dong ist eingeschlafen!« *(43)*

Der Westen scheint wie besessen zu sein vom Sex. Die Leute werden endlos mit Techniken und Pornographie überschwemmt.

Wie kommt es, daß die meisten Leute nach all dieser Zeit immer noch darin feststecken und mit der tantrischen Vision von Sexualität, Liebe und Leben so wenig anfangen können?

Es ist keine Frage von Ost oder West. Beide sind besessen vom Sex, wenn auch auf unterschiedliche Weise. Während der Westen sich ausschweifend und freizügig gibt, ist der Osten unterdrückt, aber es ist die gleiche Besessenheit. Es stellt sich die bedeutsame Frage: Warum ist der Westen so ausschweifend? – Zweitausend Jahre christliche Religion und deren repressive Methoden haben zur Ausschweifung geführt.

Der Osten hingegen ist unterdrückt, doch früher oder später wird auch er ausschweifend werden. Der menschliche Verstand bewegt sich stets wie ein Pendel – von rechts nach links, von links nach rechts. Und wohlgemerkt, während das Pendel nach rechts ausschlägt, sammelt es bereits Schwung, um nach links auszuschlagen, und umgekehrt. Es scheint sich nur nach links zu bewegen, doch währenddessen sammelt es Energie, um nach rechts auszuschwingen. Wenn eine Gesellschaft repressiv ist, sammelt sie Energie, um ausschweifend zu werden, und wenn sie ausschweifend ist, sammelt sie Energie, um wieder repressiv zu werden.

Etwas Seltsames wird daher passieren – und tatsächlich passiert es bereits: Der Westen lebt nun seit ein paar Jahrzehnten die Freizügigkeit, doch der repressive Trend nimmt bereits wieder zu. Es gibt viele religiöse Gruppen, die Enthaltsamkeit predigen. Die Hare-Krishna-Bewegung predigt Enthaltsamkeit, *Brahmacharya,* und Tausende interessieren sich dafür. Und ständig tauchen neue Sekten auf, die sich alle in einem Punkt einig sind: daß man den Sex unterdrücken muß. Im Namen von Yoga, im Namen von Zen, im Namen des Christentums entstehen wieder viele repressive Sekten. Bald wird der Westen wieder repressiv sein.

Und im Osten nimmt die Zahl der Pornozeitschriften täglich zu, und es gibt mehr und mehr Pornofilme. Der Osten ist in allem etwas langsamer, etwas behäbiger, darum braucht er immer etwas länger. Im Westen passiert alles sehr schnell.

Doch nun wird der Osten zum Westen, und der Westen wird zum Osten, und das ist eines der größten Probleme. Wenn das geschieht, wird sich an der ganzen Misere überhaupt nichts ändern. Das Pendel wird einfach nur in die andere Richtung ausschlagen, und ihr werdet weiterhin die gleichen Dinge tun.

So ist es viele Male in der Vergangenheit passiert. Eine repressive Gesellschaft wird früher oder später ausschweifend. Wenn die Unterdrückung ins Extrem geht und sich nicht weiter steigern läßt, kommt es zur Explosion: Die Menschen drehen durch. Oder, wenn die Gesellschaft sehr ausschweifend gewesen ist, fängt sie an, die Sinnlosigkeit des Ganzen zu sehen: Es ist reine Energieverschwendung, es bringt keine Befriedigung, sondern immer mehr Frustration. Dann beginnen die Leute, an Enthaltsamkeit, *Brahmacharya,* zu denken.

Deine Frage ist: »*Der Westen scheint wie besessen zu sein vom Sex.*« Das gilt nicht nur für den Westen.

Die ganze Menschheit war bisher besessen vom Sex, und so wird es auch weiterhin bleiben, wenn wir nicht das ganze Gestaltmuster ändern. Dieses Muster bestand bisher in einem ständigen Wechsel zwischen Unterdrückung und Freizügigkeit, Freizügigkeit und Unterdrückung. Wir müssen genau in der Mitte stehenbleiben. Habt ihr je versucht, das Pendel einer Uhr in der Mitte anzuhalten? Was passiert? Die Uhr bleibt stehen. Die Zeit bleibt stehen.

Das versuche ich hier. Ich will, daß ihr weder ausschweifend noch repressiv seid. Ich will, daß ihr im Gleichgewicht seid, genau in der Mitte. In der Mitte ist Transzendenz möglich. In der Mitte können wir eine Menschheit hervorbringen, die weder östlich noch westlich ist. Und dafür besteht eine große Notwendigkeit, eine dringende Notwendigkeit: daß ein Mensch auf die Erde kommt, der weder östlich noch westlich ist, ein neuer Menschentyp mit einer neuen Vision, der frei ist von der ganzen Sklaverei der Vergangenheit.

Du fragst: »*Wie kommt es, daß die meisten Leute nach all dieser Zeit immer noch darin feststecken und mit der tantrischen Vision von Sexualität, Liebe und Leben so wenig anfangen können?*«

Die tantrische Vision beinhaltet, daß man weder repressiv noch ausschweifend ist. Eine tantrische Erfahrung wird erst möglich, wenn du tief in die Meditation hineingehst, sonst nicht. Wenn du ganz still und ruhig, bewußt und aufmerksam geworden bist – erst dann wird es möglich, eine Erfahrung von Tantra zu bekommen. Ansonsten kann auch Tantra bloß ein Vorwand für Ausschweifung sein – ein neuer Name, ein religiöser Begriff –, und dahinter kann man weiter der Ausschweifung frönen, im Namen von Tantra. Ein neuer Name bedeutet noch keine Veränderung. Was sich verändern muß, ist das Sein.

Ein Zirkus hatte seine letzte Vorstellung in einer Kleinstadt gegeben, als eines der Zebras krank wurde. Auf Anraten des Tierarztes brachte der Zirkusbesitzer das Tier zur Erholung auf eine nahegelegene Farm.

Das Zebra war begeistert von seinem neuen Leben und wollte sämtliche Tiere auf dem Bauernhof kennenlernen.

Zuerst traf es ein Huhn. Es sagte zu ihm: »Ich bin ein Zebra, und wer bist du?«

»Ich bin ein Huhn«, sagte das Huhn.

»Und was machst du?« fragte das Zebra.

»Ich scharre herum und lege Eier«, sagte das Huhn.

Dann ging das Zebra zu einer Kuh: »Ich bin ein Zebra, und wer bist du?«

»Ich bin eine Kuh«, sagte die Kuh.

»Und was machst du?« fragte das Zebra.

»Ich grase auf der Weide und gebe Milch«, sagte die Kuh.

Als nächstes traf das Zebra einen Stier: »Ich bin ein Zebra«, sagte es, »und wer bist du?«

»Ich bin ein Stier.«

»Und was machst du?« fragte das Zebra.

»Was ich mache?!« schnaubte der Stier. »Ach, du dummer Esel! Zieh dir den Pyjama aus, dann werd' ich's dir zeigen!«

Die ganze Menschheit leidet an Besessenheit – entweder durch Ausschweifung oder durch Unterdrückung. Die ganze

Menschheit beschäftigt sich vierundzwanzig Stunden am Tag mit Sex.

Tantrischer Sex ist überhaupt kein Sex; es ist Meditation.

Meditation sollte dein ganzes Leben durchziehen. Was immer du auch tust, tue es auf meditative Weise. Gehe meditativ, iß meditativ. Wenn du Liebe machst, tue es auf meditative Weise. Meditation sollte dein ganzes Leben durchziehen, vierundzwanzig Stunden am Tag. Nur dann passiert Transformation.

Dann gehst du über den Sex, über den Körper, über den Verstand hinaus. Dann wird dir zum ersten Mal die Göttlichkeit bewußt, die Ekstase, die Seligkeit, die Wahrheit, die Befreiung. *(44)*

Der Mönch

Alle Religionen haben euch Entsagung gepredigt: Entsagt der Frau, entsagt den Kindern, entsagt der Welt, entsagt dem Luxus – entsagt allem, was das Leben lebenswert macht. Nur dann könnt ihr gerettet werden!

Das sind selbstmörderische Lehren, die nichts mit Religion zu tun haben, doch so hat man Millionen von Menschen zu Selbstmordkandidaten gemacht.

Wenn deine Liebe stirbt, stirbt auch vieles andere in dir.

Ein Mensch, dessen Liebe tot ist, kann unmöglich die Schönheit eines Gemäldes wahrnehmen. Wenn er nicht einmal die Schönheit eines menschlichen Gesichtes wahrnehmen kann, die Schönheit der höchsten Ausdrucksform dieser Schöpfung, was wird er dann auf der Leinwand sehen? – Nur ein paar Farben. Er wird keine Schönheit darin entdecken können.

Ein Mensch, dessen Liebe tot ist, kann keine Poesie hervorbringen, denn ohne Liebe ist Poesie saftlos und unlebendig – reine Wortgymnastik, ohne ein Fünkchen Leben. Ein Leichnam, aber keine Poesie.

Ein Mensch, der nicht lieben kann, wird in keiner Hinsicht schöpferisch sein.

Eure sogenannten keuschen Heiligen und Mönche haben nicht das geringste zur menschlichen Weisheit und Intelligenz beigetragen, zu Schönheit und Fülle, Musik und Tanz. In keiner dieser Dimensionen haben eure enthaltsam lebenden Mönche und Nonnen einen Beitrag geleistet. Sie waren für die Erde nur eine Last. Der einzige Beitrag, den sie geleistet haben, ist Aids.

Das ist nur die natürliche Folge, denn Leben entsteht aus Sexualität, Leben besteht aus Sexualität.

Man kann seine Sexualität so sehr verfeinern, daß daraus Liebe wird, daß daraus Mitgefühl wird. Wenn man aber seine sexuelle Energie durch Enthaltsamkeit blockiert, dann macht man sämtliche Chancen für sein Wachstum zunichte. Dann steuert man auf den Tod zu. Wenn Sex Leben ist, dann bedeutet Enthaltsamkeit den Tod. Das ist eine simple Logik. All diese Verfechter des Zölibats haben euch nur eines beschert: Aids.

Sexuelle Enthaltsamkeit ist widernatürlich; sie widerspricht der Biologie, der Physiologie, dem ganzen Hormonhaushalt.

Ihr müßt euch darüber im klaren sein, daß euer Körper autonom ist. Er funktioniert nicht auf euer Geheiß. Er hat sein eigenes Programm und arbeitet entsprechend. Ihr eßt etwas ... und was ihr eßt, ist euch überlassen, aber sobald es eure Kehle passiert hat, liegt es außerhalb eurer Kontrolle. Dann ist es völlig dem Körper überlassen, wie er das Essen verdaut, in die einzelnen Bestandteile aufspaltet und an die verschiedenen Körperteile verteilt. Das Gehirn bekommt alles, was es braucht; die Genitalien bekommen alles, was sie brauchen.

Dein Körper hält sich nicht daran, ob du ein christlicher Mönch bist, der dem Zölibat folgt. Er produziert weiterhin seinen männlichen Samen. Was machst du damit? Du kannst ihn nicht in dir behalten, weil dafür nicht genug Platz ist. Sobald genug produziert worden ist, muß es freigesetzt werden. Und die Spermien haben es furchtbar eilig freizukommen, denn sie wollen in die Welt hinaus – schauen, was da draußen los ist! Auf diese Weise bist du schließlich und endlich auf die Welt gekommen, und so sind auch alle anderen Menschen auf die Welt gekommen.

Wie gut, daß Gautama Buddhas Vater kein Mönch war! Gautama Buddhas Vater oder der Vater von Laotse, Tschuangtse oder Moses – wenn diese Leute Mönche gewesen wären, hätte es außer dem Christentum keine andere Religion gegeben! Denn der arme Papa von Jesus hatte ja mit dessen Geburt gar nichts zu tun – er war ein Mönch!

Hast du je über die Dreifaltigkeit des christlichen Gottes nachgedacht und über den Heiligen Geist? Hat der sich etwa an das Zölibat gehalten? Er ist ein Sexualtäter! Eine großartige heilige Handlung ... der jungfräulichen Ehefrau eines armen Zimmermanns Gewalt anzutun! Und trotzdem heißt dieses Monster weiterhin »Heiliger Geist«! Was wäre denn dann, bitte schön, ein unheiliger Geist? Und das soll ein wesentlicher Teil Gottes sein? Das bedeutet doch, daß nicht einmal Gott sich an das Zölibat hält!

Aber eure Mönche und Nonnen, all eure Religionen haben der Menschheit Tod und Destruktivität aufgezwungen. Und die letzte Konsequenz davon ist Aids.

Aids verbreitet sich rasend schnell, wie ein Buschfeuer. Es kann die ganze Menschheit vernichten. *(45)*

Mahavira, der Begründer der Dschaina-Religion, ließ keine Frau in seine Nähe kommen. Frauen mußten drei Meter Abstand von ihm halten. Was für eine Angst ...! Die Dschaina-Mönche dürfen nicht an einem Platz sitzen, wo vorher eine Frau gesessen hat, weil diese Stelle noch die weiblichen Schwingungen enthält. Diese Leute spinnen!

Neun Monate waren sie im Bauch der Mutter, neun Monate waren sie ununterbrochen den weiblichen Schwingungen ausgesetzt! Und zu einer Hälfte stammen sie von der Mutter – Fleisch, Blut, Haut, Knochen –, zu allem hat die Mutter beigetragen; alles enthält die weiblichen Schwingungen! Und dann sagen diese Dummköpfe: »Man darf nicht an einem Platz sitzen, wo vorher eine Frau gesessen hat!«

Deswegen trägt jeder Dschaina-Mönch eine kleine Matte aufgerollt bei sich, und immer, wenn er sich hinsetzen will, legt er zuerst die Matte als Schutz aus und setzt sich dann darauf. Ich meine, wenn die weiblichen Schwingungen wirklich so machtvoll wären, könnte auch die Matte ihn nicht davor schützen! Und überhaupt, die Matte selbst ist ja auch weiblich. Oder habt ihr schon mal eine männliche Matte gesehen?

Buddha sagte zu seinen Jüngern: »Ihr müßt beim Gehen die Augen gesenkt halten und eineinhalb Meter vor euch auf den Boden schauen, damit ihr niemals ein weibliches Gesicht seht. Höchstens die Füße einer Frau dürft ihr sehen, aber ihr müßt gleich weggehen.«

Was für eine Angst ...! Und das sollen meditative Leute sein? Die reinste Paranoia! Sie müssen ungeheuer verklemmt gewesen sein. Solche Leute sind doch psychisch krank – Sexpsychopathen!

Buddha sagte: »Berührt niemals eine Frau, sprecht niemals mit einer Frau.« Dabei machen die Frauen die halbe Menschheit aus! Solch eine männlich-chauvinistische Einstellung! Was für ein Macho!

Das hat nichts mit Transformation durch Meditation zu tun; das ist reine Unterdrückung der Sexualität. Darum sind diese Leute so überängstlich. Keine Frau anzurühren! Ich kann keinen Sinn darin sehen. Wenn man meine Leute hier sieht... sie umarmen und berühren die Frauen, und ich kann nicht sehen, daß es ihre Spiritualität beeinträchtigte oder ihre Meditation störte. Ganz im Gegenteil!

Kürzlich fragte mich ein Mann: »Es ist seltsam, aber wenn ich mit einer Frau Liebe mache, kann ich dich am nächsten Tag viel besser verstehen und viel tiefer meditieren.« Er findet das seltsam. Das ist überhaupt nicht seltsam. Genauso muß es sein. Eine Frau zu lieben entspannt dich. Es nimmt dir deine Spannungen und macht dich wieder zum Kind. Natürlich kannst du mich dann besser verstehen, und natürlich kannst du auch besser meditieren!

Mann und Frau können einander auf dem Weg zur Meditation und höchsten Transformation des Seins eine ungeheure Hilfe sein. *(46)*

Jahrhundertelang sind die Menschen zur Körperfeindlichkeit konditioniert worden. Sämtliche Religionen haben euch erzählt, daß ihr gegen den Körper sein müßt, wenn ihr spirituell sein wollt. Wenn ihr das Jenseits gewinnen wollt, müßt ihr der diesseitigen Welt entsagen.

All diese religiösen Programme, die man euch gegeben hat, sind einfach unmenschlich. Und wenn ihr aus diesen Religionen einfach aussteigen könntet, wenn ihr die ganze Vergangenheit einfach vergessen könntet, würdet ihr eine ungeheure Explosion von Wärme und Liebe, Umarmen und Berühren erleben. Zum ersten Male wäret ihr wirklich lebendig.

In der Vergangenheit war man bestrebt, daß die Menschen sich so wenig lebendig wie möglich fühlten – mehr tot als lebendig, gerade noch am Leben, gerade noch am Atmen, ein Dahinschleppen bis zum Grab. Ein bloßes Warten auf den Tod, auf die Erlösung.

Und dabei ist der Körper solch ein wunderbares Phänomen! Dein Körper, das bist du! Er ist deine Peripherie, doch wenn du die Peripherie leugnest, kannst du niemals zum Zentrum finden. Das Zentrum ist dein Sein, und es ist nicht körperfeindlich. Es kann ohne den Körper keinen einzigen Augenblick überleben. Der Körper ist seine Lebensgrundlage.

Man sieht überall auf der Welt Leute, die wie tot sind, Schlafwandler, die sich wie im Schlaf bewegen, unglücklich und leidend aus tausenderlei Gründen. Aber das hat eine simple Ursache: Man hat euch zum Feind eures eigenen Körpers gemacht.

Ein lebendiger Mensch ist sinnlich. Das heißt, daß alle seine Sinne optimal funktionieren. Er sieht besser. Seine Berührung fühlt sich nicht an, als würde man den abgestorbenen Ast eines Baumes in der Hand halten. Seine Berührung ist lebendig; sie ist eine Sprache, sie hat eine Botschaft. Es findet ein Austausch von Energien statt. *(47)*

Man hat euch beigebracht, den Körper zu bekämpfen. Darin besteht die Hauptstrategie, um eine Spaltung, eine Teilung in dir zu erzeugen: »Kämpfe gegen den Körper; der Körper ist dein Feind. Der Körper zieht dich in die Hölle. Kämpfe mit gezücktem Dolch! Kämpfe bei Tag und bei Nacht! Kämpfe dein Leben lang! Nur dann kannst du eines Tages den Sieg über den Körper davontragen. Und solange du deinen Körper nicht besiegt hast, wirst du das Himmelreich Gottes nie betreten können!«

Seit Jahrhunderten wird den Menschen dieser Schwachsinn gepredigt. Und das Ergebnis ist, daß jeder in sich gespalten ist: Jeder lehnt seinen Körper ab. Doch wenn man gegen seinen Körper ist, sind die Probleme vorprogrammiert. Dann wirst du gegen deinen Körper angehen, aber du und dein Körper, ihr seid ein und dieselbe Energie.

Der Körper ist sichtbare Seele, und die Seele ist unsichtbarer Körper. Körper und Seele sind nirgendwo geteilt; sie sind jeweils Teile vom anderen, Teile ein und desselben Ganzen.

Du solltest deinen Körper akzeptieren, solltest ihn lieben, solltest ihn respektieren, solltest ihm dankbar sein.

Nur so kannst du eine gewisse Ganzheit erlangen, und es kristallisiert sich etwas in dir; andernfalls bleiben dir die Probleme erhalten. Dein Körper läßt dich nicht so schnell in Ruhe. Selbst noch nach Hunderten von Leben geht der Kampf weiter. Du kannst über den Körper keinen Sieg erringen.

Ich sage nicht, daß du den Körper nicht für dich gewinnen kannst – das nicht, aber du kannst ihn nicht besiegen. Du kannst nicht gegen ihn gewinnen, wenn du ihm feindlich gegenübertrittst. Du kannst ihn nur für dich gewinnen, wenn du freundlich, liebevoll, respektvoll mit ihm umgehst und auf ihn vertraust. Genau das ist meine Methode: Der Körper ist dein Tempel, und du bist die Gottheit, die in diesem Tempel wohnt. Der Tempel beschützt dich; er schützt dich vor Regen, Wind und Hitze. Er steht dir zu Diensten. Warum solltest du gegen ihn kämpfen? Das ist genauso dumm, wie wenn ein Autofahrer gegen sein Auto kämpft. Was wird passieren, wenn der Fahrer gegen sein Auto kämpft? Er wird höchstens das Auto kaputtmachen, und in diesem Kampf wird er auch sich selbst kaputtmachen. Das Auto ist ein wunderbares Fahrzeug; es ermöglicht dir weite Reisen.

Der Körper ist der komplizierteste Mechanismus dieser ganzen Schöpfung. Er ist einfach erstaunlich! Gesegnet sind jene, die staunen können. Fang an, über deinen eigenen Körper zu staunen, denn er ist dir selbst am nächsten.

Der Körper ist das, wo dir die Natur am nächsten ist, wo dir Gott am nächsten ist! Dein Körper ist das Wasser der Ozeane; dein Körper ist das Feuer der Sterne und der Sonnen; dein Körper ist Luft; dein Körper ist Erde. Dein Körper repräsentiert die ganze Schöpfung mit all ihren Elementen. Und welch eine Transformation! Welch eine Metamorphose! Sieh dir die Erde an, und dann sieh dir deinen Körper an – welch eine Transformation, und du hast noch nie darüber gestaunt!

Göttlich gewordener Staub – gibt es ein größeres Mysterium? Auf welches größere Wunder wartest du noch? Und dieses Wunder vollzieht sich jeden Tag vor deinen eigenen Augen. Der Lotos kommt aus dem Schlamm ... und aus dem Staub ist unser wunderbarer Körper entstanden. Ein so komplexer Mechanismus, der so reibungslos, so lautlos funktioniert. Und er ist wirklich höchst kompliziert!

Die Wissenschaftler haben hochkomplizierte Apparate gebaut, aber keinen, der dem Körper vergleichbar wäre. Selbst der ausgeklügeltste Computer ist nur ein Spielzeug im Vergleich zum inneren Mechanismus des Körpers.

Doch man hat dich gelehrt, gegen ihn zu kämpfen. Das erzeugt eine Spaltung, das erzeugt eine Unruhe in dir; es hält dich in einem ständigen Bürgerkrieg.

Diese Spaltung zu überwinden und eins zu werden, ist grundlegend. *(48)*

Alle Religionen der Vergangenheit bejahten den Tod und nicht das Leben.

Ich bin der Vorbote einer lebensbejahenden Vision: Liebe das Leben in seiner ganzen Multidimensionalität, denn das ist die einzige Möglichkeit, um der höchsten Wahrheit näherzukommen. Die höchste Wahrheit ist nicht irgendwo in der Ferne; sie verbirgt sich im Unmittelbaren. Das Unmittelbare ist das Höchste; das Immanente ist Transzendenz. Gott ist nicht dort, sondern hier. Gott ist nicht jenes, sondern dies! Und du bist nicht unwürdig, du bist kein Sünder.

Ich bin hier, um euch zu helfen, all eure Schuldgefühle abzulegen. Ich bin hier, um euch zu helfen, euch selbst wieder zu vertrauen. Sobald ihr anfangt, eurem eigenen Wesen zu vertrauen, kann kein Politiker und kein Priester euch ausbeuten. Immer ist es Angst, die den Menschen ausbeutbar macht.

Ich habe gehört:

Einmal hatte Mulla Nasruddin sich im Dschungel verirrt. Den ganzen Tag versuchte er, wieder herauszufinden, doch vergeblich! Müde, hungrig, erschöpft, blutend, mit zerrissenen Kleidern, denn der Dschungel war dicht und voller Dornen ... Es wurde langsam dunkel, die Sonne ging unter, und gleich würde die Nacht hereinbrechen.

Als Nichtgläubiger und überzeugter Atheist hatte Mulla nie gebetet, aber in dieser Situation – in Panik vor der Nacht und den wilden Tieren – dachte er zum ersten Mal in seinem Leben an Gott. Er vergaß sämtliche Argumente, die er sonst gegen Gott vorzubringen pflegte, kniete sich auf den Boden und sagte: »Lieber Vater ...« Er sah sich etwas verlegen um, obwohl er sicher war, daß keiner da war, aber es wäre ja peinlich ... Seine ganze atheistische Lebensphilosophie! Doch wenn die Angst an die Tür klopft und der Tod so nahe ist, wen kümmern da Logik, Philosophie und alle Ismen? Wen kümmern da Vernunftgründe?

»Lieber Vater«, sagte er, »bitte hilf mir, aus diesem Wald herauszufinden, dann will ich immer zu dir beten! Ich werde sogar anfangen, in die Moschee zu gehen, ich werde alle Rituale des Islam befolgen, das verspreche ich dir! Aber bitte rette mich. Verzeih mir! Ich bitte dich um Verzeihung für alles, was ich je gegen dich gesagt habe. Ich war ein Narr, ein kompletter Narr. Jetzt weiß ich, daß es dich gibt!«

Just in diesem Moment flog ein Vogel über ihn hinweg und ließ etwas in seine ausgebreiteten Hände fallen. »Herrgott noch mal! Bitte verschone mich mit dieser Scheiße! Ich bin wirklich in Not!«

Ein Mensch, der Angst hat, wird zum Gläubigen – selbst wenn er sein Leben lang Atheist war. Das fanden die Priester heraus und nutzten es zu allen Zeiten für sich aus. Die ganze menschliche Vergangenheit ist von Angst beherrscht.

Und die sicherste Methode, Angst zu erzeugen, besteht darin, dem Menschen in natürlichen Dingen Schuldgefühle zu machen – in Dingen, die er nicht lassen kann, die er aber auch nicht genießen kann, weil er die Hölle fürchtet. Dann steckt er in einem Dilemma. Dieses Dilemma ist die Grundlage für die Ausbeutung des Menschen.

Du kannst nicht einfach von deiner Sexualität lassen, nur weil irgendein dummer Priester behauptet, sie sei schlecht. Die Sexualität hält sich nicht an deine Vorstellungen von richtig und falsch; sie ist etwas Natürliches, sie gehört zu deinem Wesen. Du bist aus ihr hervorgegangen; jede deiner Zellen ist sexuell. Bloß weil es jemand sagt, kannst du sie nicht aufgeben. Zweifellos kannst du aber anfangen, sie zu unterdrücken. Durch Unterdrückung staut sie sich im Unterbewußtsein an, und daraus entsteht eine Wunde. Je mehr du sie unterdrückst, um so besessener wirst du davon. Und je mehr du davon besessen bist, um so schuldiger fühlst du dich. Es ist ein Teufelskreis. Nun bist du in der Falle des Priesters gefangen.

Dabei haben die Priester selbst nie daran geglaubt, und auch nicht die Politiker. Diese Dinge waren für das Volk gedacht, für die Masse. So hat man die Masse getäuscht.

Es wird erzählt, daß die Könige Hunderte von Frauen hatten, und auch die Priester. Es ist ein Wunder, daß die Leute ihren Glauben an diese Scharlatane behielten! Die Priester und die Politiker taten selbst alles das, was sie den Leuten verboten – mal offen, mal durch die Hintertür.

Die Priester haben einen ungeheuren Schaden im Herzen und im Bewußtsein der Menschen angerichtet. Sie haben den Menschen diese vergiftende Idee eingetrichtert, daß das Leben etwas Häßliches sei, und sie haben ihnen beigebracht, das Leben abzuwürgen.

Ich lehre meine Leute, wie man sich tiefer auf das Leben einläßt. Die Priester haben gelehrt, wie man sich vom Leben befreit. Ich lehre, wie ihr euer Leben frei leben könnt.

Die Priester haben gelehrt, wie man das Leben beendet, und ich lehre euch, wie ihr durch das Leben die Ewigkeit erfahren könnt, immer tiefer. Ich lehre euch, wie ihr das Leben in seiner Fülle leben könnt.

Deshalb bin ich so umstritten. Das ist unvermeidlich. Denn meine Vision ist das genaue Gegenteil von dem, was im Namen von Religion bisher gelehrt worden ist.

Ich bringe der Welt eine völlig neue Vision von Religion.

Dies ist der kühnste Versuch, der je unternommen wurde: Genießt das Leben in seiner Multidimensionalität. Feiert es und erfreut euch daran!

Nicht Entsagung ist mein Weg, sondern Freude. Nicht Fasten ist mein Weg, sondern Feiern. Und in Feierstimmung zu sein bedeutet, religiös zu sein. Nach meiner Definition ist Religion die Dimension des Feierns.

Kein anderes Tier kann feiern wie der Mensch; kein anderes Tier versteht zu feiern. Spielen ja – Delphine, Schimpansen, sie können spielen. Aber nur der Mensch versteht zu feiern. Aus dem Leben ein Freudenfest zu machen – darin besteht die höchste Evolution des Bewußtseins.

Ich lehre euch das Feiern! Mein Schlüssel ist das Feiern. *(49)*

Der Homosexuelle

Ich bin homosexuell. Ich fühle mich entsetzlich bedrückt und gebrandmarkt vom Stigma der Homosexualität. Es kommt mir unehrlich vor, hierher zu kommen, um einen Weg zu finden, mir selbst näherzukommen, und dabei gleichzeitig nicht den Mut zu haben, mich zu zeigen, wie ich bin. Dann möchte ich aufgeben und wieder nach Hause fahren, damit ich nicht mehr darüber nachdenken muß. Was kann ich tun?

Es ist völlig in Ordnung, homosexuell zu sein. Du brauchst dich deshalb nicht schuldig zu fühlen. Natürlich muß man über die Sexualität hinausgehen, aber das gilt genauso für Heterosexuelle wie für Homosexuelle. Heterosexualität und Homosexualität sind nur verschiedene Spielarten derselben Dummheit.

Du brauchst kein schlechtes Gewissen zu haben. Wenn man sich die Überbevölkerung auf der Erde ansieht, sollte man die Homosexualität sogar unterstützen. Zumindest trägst du nicht dazu bei, die Bevölkerung noch weiter zu vermehren, du belastest die Erde nicht noch zusätzlich! Sie ist schon voll genug.

Man sollte Homosexualität respektieren und anerkennen. Sie ist ein reines Vergnügen – nicht so gefährlich wie Heterosexualität! Und was ist denn falsch an der Homosexualität? Wenn zwei Leute Spaß haben an ihren Körpern, ist das völlig in Ordnung! Es ist ihre Sache und geht niemanden etwas an.

Aber die Gesellschaft mischt sich ständig in alles ein. Sie läßt niemandem seine Privatsphäre. Sie kommt bis in eure Schlafzimmer.

Eure Gesellschaft ist keine freie Gesellschaft. Sie redet von »Freiheit« und »Demokratie« und all dem Krampf, aber es ist die reine Sklaverei. Es ist ein großes Gefängnis. Und eure Priester und euer sogenannter Gott sind nichts als Voyeure, die in eurem Privatleben herumschnüffeln, um zu sehen, was ihr treibt. Aber das geht niemanden etwas an.

Was ist verkehrt daran, einen Mann oder eine Frau zu lieben? Zwei Männer können einander lieben, zwei Frauen können einander lieben. Liebe ist an sich ist etwas Wertvolles. Und Spaß sollte man nicht verurteilen. Das Leben ist ohnehin schon so bedrückend, so öde, so langweilig – laßt doch wenigstens etwas im Leben übrig, daß die Leute sich nicht ganz so sehr langweilen!

Hier brauchst du keine Angst zu haben, dich so zu zeigen, wie du bist. Mein ganzes Bestreben ist, euch zu helfen, so zu sein, wie ihr seid, denn das ist der einzige Weg, euch darüber hinauszuführen. Wenn du dich schuldig fühlst, bleibst du der gleiche. Ein schlechtes Gewissen hat noch niemanden transformiert.

Und Homosexualität ist etwas so Unschuldiges! Warum wird sie so sehr verurteilt? Der Grund ist, daß ohne Verurteilung die Angst besteht, fast jeder könnte homosexuell werden, denn jedes Kind neigt dazu. Jedes Kind geht durch eine Phase der Homosexualität. Jeder Junge, jedes Mädchen geht durch ein Stadium, in dem die Jungen andere Jungen und die Mädchen andere Mädchen mögen. Die Angst ist, was passiert, wenn zu viele Leute homosexuell würden ... Besonders in früheren Zeiten, als die Erde noch nicht überbevölkert war und jede Gesellschaft die Zahl ihrer Mitglieder vergrößern wollte, weil zahlenmäßige Überlegenheit Macht bedeutet – da war es gefährlich, Homosexualität zu gestatten. Man mußte sie verurteilen, absolut verdammen, und zwar so sehr, daß sie in einigen Ländern zum größten Verbrechen erklärt wurde.

Im Iran beispielsweise, dem Land des Ayatollah Khomeini, ist Homosexualität eines der größten Verbrechen. Man kann lebenslänglich ins Gefängnis kommen oder sogar zum Tode verurteilt werden – bloß weil man homosexuell ist. Es scheint völlig absurd, lächerlich, aber früher gab es einen Grund dafür. Jede Gesellschaft wollte der anderen überlegen sein.

Es war ein ständiger Kampf – ein Kampf zwischen verschiedenen Gruppen, ein Kampf zwischen Stämmen, ein Kampf zwischen Klans: Wer gewinnt? Und der einzig entscheidende Faktor war die Anzahl von Leuten, die man auf seiner Seite hatte. Wenn die Menschen homosexuell werden, sinkt die Bevölkerungsrate. Also mußte es zur größten Sünde erklärt werden.

In der Vergangenheit hatte das einen gewissen Sinn, aber heutzutage ist diese Verdammung sinnlos. Tatsache ist, daß sich die ganze Situation genau ins Gegenteil verkehrt hat: Jetzt ist Heterosexualität die Gefahr; wir müssen uns zahlenmäßig reduzieren. Wenn die Menschheit weiter in diesem Maße zunimmt, können wir sie nicht mehr am Leben erhalten, können wir nicht länger existieren. Am Ende dieses Jahrhunderts wird die Bevölkerung dermaßen zugenommen haben und die Armut so groß sein, daß es scheinbar keinen anderen Ausweg als einen Dritten Weltkrieg gibt, bei dem fast alle umgebracht werden – und dann können einige wenige das ganze noch einmal von vorne anfangen.

Dazu habe ich eine Geschichte gehört ... eine Story aus dem einundzwanzigsten Jahrhundert:

Der Dritte Weltkrieg hat stattgefunden, und ein Affe sitzt auf einem Felsen und nimmt ein Sonnenbad. Eine Affenfrau kommt mit einem Apfel und reicht dem Männchen den Apfel.

Der Affe sagt: »Ach du großer Gott, geht das ganze jetzt wieder von vorne los?«

Die Homosexualität wird verdammt, weil die Wahrscheinlichkeit groß ist, daß immer mehr Leute homosexuell würden, wenn man es nicht verurteilte. Jeder Mensch hat die Tendenz in sich. Tatsache ist, daß die Tendenz dazu bei jemandem um so stärker ist, je mehr er sich dagegen ausspricht. Tief innen, unbewußt, fühlt er, daß er die Neigung hat, und um sie zu unterdrücken, muß er ausdrücklich dagegen sein. Die bloße Vorstellung widert ihn an – dabei sagt ja gar keiner, daß er homosexuell werden soll! Aber wenn andere sich dazu hingezogen fühlen, soll man sich nicht einmischen oder sie verurteilen. Das ist jedermanns Freiheit, und Homosexuelle tun schließlich niemandem weh. Es ist ein harmloses Spiel – dumm, gewiß –, aber keine Sünde.

Aber was Dummheit angeht, so ist aller Sex töricht, aus dem einfachen Grund, daß Sex ein biologischer Trieb ist, über den ihr nicht Herr seid. Ihr seid nur Opfer.

Und außerdem brauchst du dir wirklich keine Sorgen zu machen, denn die Homosexualität hat einen wunderschönen Ursprung: Sie wurde in den Klöstern entwickelt, ist also etwas Religiöses! Die ersten Homosexuellen waren Mönche und Nonnen. Die Christen, die Buddhisten, die Dschainas – alle großen Religionen haben ihren Beitrag dazu geleistet. Und das mußte so kommen, denn es gibt auch heute noch Klöster, die nie von einer Frau betreten wurden.

In Europa, auf dem Berge Athos, gibt es ein Kloster, das seit tausend Jahren von keiner Frau betreten wurde. Selbst einem Mädchen im Alter von sechs Monaten wurde der Zutritt verwehrt. Was für Leute leben da? Sie haben Angst vor einem sechs Monate alten Baby? Was kann passieren? Aber unterdrückte Sexualität schafft Ängste. Das Kloster ist voll von Männern, und Homosexualität ist ein natürliches Nebenprodukt, wenn Männer nur mit Männern oder Frauen nur mit Frauen zusammen sind.

Die frommen Leute haben viel dazu beigetragen, die Erzieher haben dazu beigetragen, denn in den Schulen werden die Knaben getrennt von den Mädchen erzogen. Die Jungen werden in getrennten Heimen untergebracht, und die Mädchen müssen sich fernhalten und haben ihre eigenen Heime und Schulen. Wenn man die Mädchen lange genug zusammen einsperrt, ist es unvermeidlich, daß sie lesbisch werden, denn wenn ihr Sexualtrieb von ihnen Besitz ergreift und kein Junge zu finden ist, dann ist alles besser als gar nichts.

In den Zoos werden selbst die Tiere homosexuell. Aber nur im Zoo, vergeßt das nicht. In freier Wildbahn werden sie nicht homosexuell – wozu auch, es gibt genügend Weibchen –, nur im Zoo, wenn sie nicht zu ihren Weibchen gelassen werden.

Zoologische Gärten sind einer Untersuchung wert. Ich bin früher oft hingegangen und habe Tiergärten studiert, denn das gibt einem eine Menge Aufschlüsse über unsere Gesellschaft. Die menschliche Gesellschaft ist ein einziger großer Zoo, weil alles vollkommen unnatürlich geworden ist.

Geht einmal in den Zoo und beobachtet die Tiere, dann werden euch eine Menge Dinge klar. Sie werden homosexuell, was sie in der Wildnis nie werden. Man zwingt sie dazu, homosexuell zu werden. Sie drehen durch, sie werden verrückt, geistesgestört. In der Wildnis werden sie nie abartig. Kein Tier, das wild in Freiheit lebt, dreht durch; es bleibt einfach normal. Aber um normal zu bleiben, braucht es eine gewisse Freiheit.

Ein Löwe in der Wildnis beherrscht ein riesiges Territorium, ein meilenweites Revier, und er ist der König des ganzen Gebietes. Im Zoo sitzt er in einem kleinen Käfig. Geht in den Zoo und schaut ihn euch an, wie er in seinem Käfig hin- und herläuft – hin und her, hin und her, den ganzen Tag! Dabei würde jeder verrückt werden. Ein Löwe braucht Freiheit, er braucht ein bestimmtes Territorium. Auf so engem Raum eingepfercht fühlt er sich bedrängt. Er wird wütend, bösartig, gewalttätig.

In der Wildnis kommen viele Krankheiten überhaupt nicht vor. Zum Beispiel leidet kein Tier an Krebs oder Tuberkulose, aber im Zoo leiden sie daran. Seltsam! Denn in der Wildnis gibt es keine medizinischen Einrichtungen, und im Zoo steht ein großer medizinischer Apparat zur Verfügung: Ärzte, die sich um die Tiere kümmern, große Kapazitäten, die große Leistungen vollbringen! Was die Tiere allein nicht fertigbringen, nämlich Krebs und Tuberkulose zu bekommen, erledigen die Ärzte für sie. Und so fallen die Tiere Krankheiten zum Opfer, die sie nie gekannt haben.

Die menschliche Gesellschaft wurde gezwungen, in völlig unnatürlichen Umständen zu leben – und ein Kloster ist eines der unnatürlichsten Dinge, die es gibt. Es ist ein Zoo, ein religiöser Zoo, und daraus ist die Homosexualität hervorgegangen. Du brauchst dir also nicht so schlecht vorzukommen.

Du bist ein religiöser Mensch, und du hast eine lange Ahnenreihe ...!

Wenn man schaut, wo Homosexuelle zu finden sind, kann man nur staunen: Viele Dichter, viele Schriftsteller, viele Maler, Musiker und Tänzer – viele berühmte und kreative Leute waren homosexuell. Viele Nobelpreisträger waren homosexuell.

Und wegen der Erleuchtung brauchst du dir auch keine Sorgen zu machen – mindestens ein Homosexueller, von dem ich weiß, ist erleuchtet worden: Sokrates. Der war homosexuell. Und dann gibt es Vermutungen über Jesus ... Ich kann es nicht beweisen, es handelt sich nur um einen Verdacht, weil er immer mit den Jungs unterwegs war. Diese zwölf Apostel ... wer weiß? Aber selbst wenn er es war, ist nichts verkehrt daran. Sokrates war auf jeden Fall homosexuell, auch Plato, und Aristoteles ebenfalls. Die Griechen haben eine jahrhundertealte homosexuelle Tradition. Alle großen Männer Griechenlands waren homosexuell. Mach dir also keine Gedanken – eine große Geschichte steht hinter dir! Walt Whitman war homosexuell – einer der größten Dichter aller Zeiten.

Es scheint etwas an der Homosexualität zu sein, das die Leute kreativ macht – oder Kreative homosexuell. Da ist etwas dran, und ich sehe auch, was es ist. Wenn man aufhört, Kinder in die Welt zu setzen, sucht sich die Kreativität neue Bahnen, neue Dimensionen. Man fängt an, Poesie in die Welt zu setzen, man fängt an zu malen ...

Und es gibt noch einen weiteren Grund, warum die Homosexualität seit Jahrhunderten verdammt wird: Was eine Mann-Frau-Beziehung angeht, so ist sie ständigen Zerreißproben ausgesetzt, denn der Mann kann das Denken der Frau nicht verstehen, und die Frau nicht die Psyche des Mannes. Sie befinden sich an entgegengesetzten Polen, und darin liegt die Anziehung, aber auch der Konflikt – der ständige Konflikt. Die Angst ist, daß noch viel mehr Leute homosexuell werden, wenn man es erlaubt und respektiert, denn ein Mann kann einen anderen Mann leichter verstehen kann; sie haben die gleiche Denkungsart. Und die Frauen können einander leichter verstehen. Sie haben die gleiche Denkungsart.

Deshalb werden Homosexuelle ja auch »gay people« genannt – die Vergnügten. Sie sind wirklich vergnügt. Die Heterosexuellen sehen so traurig aus. Man sieht es einem Paar sofort an, ob es verheiratet ist oder nicht: Wenn sie traurig wirken, sind sie verheiratet; wenn sie abgestumpft und tot aussehen, sind sie verheiratet. Die Ehe tötet alles Vergnügen, aus dem einfachen Grunde, weil dadurch so viele Konflikte entstehen.

Also wurde die Homosexualität von allen Gesellschaften verurteilt, und das liegt daran, daß man sich gefragt hat, was aus der Fortpflanzung wird, wenn man sie nicht verbietet.

Früher hatte es also einen Sinn, aber heute nicht mehr. Jetzt ist die Zeit gekommen, wo Homosexualität anerkannt werden kann, anerkannt werden *muß*, als natürliches Ventil für sexuelle Energie.

Ich bin nicht dagegen – ich bin allerdings auch nicht dafür. Ich sage ganz einfach, daß du dir die Art deines Sexuallebens aussuchen kannst, wenn du schon Sex haben mußt. Du kannst dich für irgendeine Art entscheiden. Wenn du schon dumm sein willst, dann sollte man dir wenigstens die Freiheit einräumen, auf deine Art dumm zu sein. Ich gebe dir die totale Freiheit.

Ich bemühe mich hier, euch darüber hinauszuführen ... Als Homosexueller mußt du über die Homosexualität hinausgehen, und wenn du heterosexuell bist, mußt du über die Heterosexualität hinausgehen. Und dann gibt es Leute, die weder das eine noch das andere sind, sondern autoerotisch, autosexuell. Sie müssen über ihre Autoerotik hinausgehen.

Der Mensch muß den Sex transzendieren, ganz gleich, welche Art von Sex es ist, denn solange man nicht über seine Biologie hinausgegangen ist, wird man sich seiner Seele nie bewußt. Aber bis dahin – bis ihr darüber hinausgegangen seid, steht es euch frei, zu sein, was auch immer ihr wollt.

Du sagst: *»Ich bin homosexuell. Ich fühle mich entsetzlich bedrückt und gebrandmarkt vom Stigma der Homosexualität.«*

Es ist nicht nötig, sich »entsetzlich bedrückt« zu fühlen. Du mußt dir die Urteile der anderen zu eigen gemacht haben. Irgendwo tief innen bist du ebenfalls dagegen; warum solltest du dich sonst bedrückt fühlen? Wenn die Leute dagegen sind, laß sie dagegen sein! Du brauchst es ja nicht jedem auf die Nase zu binden, daß du homosexuell bist! Du brauchst ja nicht mit einem Transparent durch die Gegend zu laufen, auf dem steht, daß du homosexuell bist. Du kannst einfach homosexuell bleiben. Natürlich kannst du es nicht geheimhalten, denn die sexuelle Neigung verändert deine Körpersprache. Ein Homosexueller hat einen völlig anderen Gang als ein Heterosexueller, eine völlig andere Sprechweise ... Und er sieht immer so vergnügt aus, so froh! Also mußt du ein bißchen weniger froh aussehen, das ist alles. Schau nicht so glücklich drein und achte mehr auf deinen Gang, das ist alles. Fühle dich nicht bedrückt und »gebrandmarkt vom Stigma der Homosexualität«. Das ist doch Unsinn!

Und dann sagst du: »*Es kommt mir unehrlich vor, hierher zu kommen, um einen Weg zu finden, mir selbst näherzukommen, und dabei gleichzeitig nicht den Mut zu haben, mich zu zeigen, wie ich bin.*«

Von was für einem Mut redest du? Hier kann von Mut keine Rede sein. Wenn du homosexuell bist, dann bist du eben homosexuell! Hier erfordert es doch keinen Mut, das zuzugeben. Du kannst es dir aufs Hemd schreiben: »Ich bin homosexuell«, und kein Mensch wird Notiz nehmen. Die Leute werden sagen: »Na und?«

Hier bist du in einer völlig anderen Welt. Hier werden alle möglichen Menschen akzeptiert: normale, anormale, verrückte – wir haben keine Einwände. Solange du niemand anderem Schaden zufügst, haben wir nichts dagegen. Und Homosexualität ist eine harmlose Spielerei, völlig harmlos. Aber du meinst, es gehöre Mut dazu, dich zu deiner Homosexualität zu bekennen? Hier nicht. Überall sonst ja, und ich rate dir nicht, es irgendwo anders zu verkünden; das ist nicht notwendig. Warum es an die große Glocke hängen? Akzeptiere die Tatsache still für dich und entspanne dich damit.

Aber du wolltest es aussprechen, weil es in dir brodelt. Kümmere dich nicht um das, was andere sagen. Schau in dich selbst hinein und sieh, wie du zu deiner eigenen Homosexualität stehst. Du fühlst dich nicht wohl damit. Die Gesellschaft hat dich korrumpiert, die Gesellschaft hat dich mit ihren Ideen angesteckt. Sie hat dir ein schlechtes Gewissen gemacht, und dieses Gewissen zwickt dich und fühlt sich ständig angegriffen.

Und jetzt sagst du: *»Dann möchte ich aufgeben und wieder nach Hause fahren, damit ich nicht mehr darüber nachdenken muß.«*

Indem du einfach nur zurück nach Hause fährst, wirst du das Problem aber nicht los. Weder wirst du deine Homosexualität los noch das »Stigma« oder das Gefühl der Bedrückung. Was du loswerden mußt, ist das schlechte Gewissen, das die Gesellschaft dir eingeflößt hat. Du wirst dich selbst verstehen und dich von sämtlichen Ideen befreien müssen, die andere dir eingegeben haben. Nur dann wird es dir gelingen, dich zu entspannen.

Du fragst mich: *»Was kann ich tun?«* Mach kein Problem daraus. Da muß überhaupt nichts getan werden.

Ich beschäftige mich nicht mit individuellen Problemen. Mein ganzer Ansatz besteht darin, daß es Millionen von Krankheiten gibt, aber nur eine Medizin – und diese Medizin ist Meditation.

Meditiere! – ob homosexuell, heterosexuell, bisexuell ... Meditiere! Werde ruhiger, werde stiller. Lerne, eine innere Leere herzustellen, werde durchlässiger. Und dann fängt alles von selbst an, sich zu verändern. Dann wirst du sehen können, was du machst, und wenn es richtig ist, machst du dasselbe mit mehr Freude, mit größerer Totalität, mit gesteigerter Intensität, mit mehr Leidenschaft. Und wenn es falsch ist, wird es einfach von selbst abfallen, wie tote Blätter von einem Baum.

Ich kann dir also keine spezielle Methode vorschlagen, denn für mich entstehen alle Probleme dadurch, daß wir zu Kopfmenschen geworden sind. Wir haben vergessen, daß es tief in unserem Innern einen Raum gibt, der jenseits des

Verstandes, des Denkens liegt. Begib dich in diesen Raum, in dieses Nicht-Denken, und du bekommst eine neue Perspektive, eine Fähigkeit zu sehen, eine Klarheit.

Meditiere. Setz dich ruhig hin und beobachte deine Gedanken – homosexuell, heterosexuell –, was auch immer die Gedanken sagen, spielt keine Rolle. Du beobachtest sie einfach. Du wirst zu ihrem Zeugen. Dann entsteht ganz allmählich ein Zwischenraum zwischen dir und deinen Gedanken, und eines Tages wirst du plötzlich die Erkenntnis haben, daß du nicht dein Denkapparat bist. Das ist der Tag der inneren Revolution; danach wirst du nie mehr derselbe sein. Eine Transzendenz hat sich ereignet, und danach ist alles, was du tust, richtig. Danach kannst du nichts mehr verkehrt machen; und davor ist alles, was du machst, verkehrt.

Also vergiß nicht, daß ich kein Befürworter der Homosexualität bin, auch wenn ich sage, daß ich nichts dagegen habe. Ich sage nicht: »Seid homosexuell.« Genausowenig habe ich etwas gegen Heterosexualität, aber ich unterstütze sie auch nicht. Ich unterstütze überhaupt nichts. Das sind alles Gedankenspiele, und ihr müßt über alle Verstandesspielereien hinausgehen.

Euer Verstand wird von der Gesellschaft geschaffen ...

Der fünfzehnjährige Bobby kommt aus dem Kino gerannt, in dem er sich gerade einen Pornofilm angesehen hat.

Der Mann am Eingang hält ihn auf: »Was rennst du denn so?«

»Meine Mutter hat gesagt«, antwortet Bobby, »wenn ich jemals etwas Böses anschaue, dann werde ich versteinert – und eben hat es gerade angefangen!«

Zwei Mitglieder eines exklusiven Forscher-Clubs in London sprachen bei einigen Brandys mit Soda über einen gemeinsamen Freund.

»Hol mich der Teufel«, sagte einer der alten Knaben. »Sagten Sie, Parkhurst sei nach Afrika gegangen und habe einen Affen geheiratet?«

»So ist es, mein Lieber«, sagte der andere.

Es entstand eine kurze Pause. Dann fragte der erste in diskretem Tonfall: »Einen weiblichen Affen, nehme ich doch an?«

»Aber gewiß doch!« kam die Antwort. »Der alte Parkhurst ist doch nicht pervers!«

Der Verstand arbeitet als Mittelsmann der Gesellschaft in deinem Innern. Über den Denkapparat hinauszugehen, bedeutet, über die Gesellschaft, über die gesamte Geschichte der Menschheit hinauszugehen. Über den Verstand hinauszugehen bedeutet, die Vergangenheit hinter sich zu lassen. Über den Verstand hinauszugehen, bedeutet, göttlich zu werden. Und danach ist alles, was geschieht, gut, und alles, was geschieht, ist tugendhaft. *(50)*

In einer Primärgruppe, an der ich kürzlich teilnahm, war ich mit meiner Homosexualität konfrontiert. Der Therapeut sagte, ich sei emotional noch immer wie ein kleiner Junge. Was meinst du dazu?

Erstens mach kein Problem daraus! Wenn du wirklich eine Lösung suchst, mach kein Problem daraus. Wenn du es zu einem Problem machst, gibt es keine Lösung. Es sieht zwar paradox aus, aber ich sage dir: Akzeptiere es! Es ist völlig in Ordnung. Es ist nur eine gesellschaftlich akzeptierte Meinung, daß daran etwas verkehrt sei – aber es ist nichts verkehrt daran. Es ist gut – wenigstens fühlst du dich zu jemandem hingezogen!

Als erstes mußt du es also akzeptieren. Lehne es nicht ab, sonst wirst du nie eine Lösung finden. Durch Akzeptieren besteht die Möglichkeit, daß es verschwindet. Je mehr du es ablehnst, um so mehr wirst du dich zu Männern hingezogen fühlen, denn alles, was man ablehnt, erzeugt eine Faszination. Wenn du es aber auslebst, kann es verschwinden.

Die Homosexualität ist ein notwendiges Stadium in der Entwicklung von Mann und Frau.

(An anderer Stelle hat Osho die vier Stadien der sexuellen Entwicklung beschrieben: von der kindlichen Autosexualität über die Homosexualität, die der Heterosexualität auf natürliche Weise vorausgeht, bis zur Transzendierung des Sex im Brahmacharya.)

Dieser Primärtherapeut scheint es richtig gesehen zu haben: Du bist in der zweiten Phase stehengeblieben. Daran ist nichts verkehrt. Du kannst darüber hinausgehen, aber nur, wenn du hindurchgehst. Deshalb laß alle Meinungen zur Homosexualität fallen – sie sind nichts als die Propaganda vergangener Zeiten. Nichts ist daran verkehrt; es ist keine Sünde. Und wenn du es akzeptieren kannst, wirst du auf ganz natürliche Weise darüber hinauswachsen und anfangen, dich für Frauen zu interessieren. Aber du mußt hindurchgehen!

Es kann sein, daß deine Mutter sehr dominant war – wie alle Mütter. Es ist sehr selten, daß man einen Mann findet, der nicht unter dem Pantoffel steht, äußerst selten. Es kommt praktisch nicht vor, und wenn man gelegentlich eine Ausnahme findet, beweist es nur die Regel und sonst nichts. Und dafür gibt es Gründe, psychologische Gründe.

Der Mann kämpft ständig in der Welt, und dadurch erschöpft sich seine männliche Energie. Wenn er schließlich nach Hause kommt, will er in seine weibliche Seite gehen, will er sich von seiner männlichen Aggressivität ausruhen. Im Büro, in der Fabrik, auf dem Marktplatz, in der Politik – überall muß er ständig kämpfen. Zu Hause mag er nicht kämpfen; er will sich erholen, denn morgen geht es wieder los in der Welt. Sobald er das Haus betritt, wird er feminin. Die Frau hingegen war den ganzen Tag feminin; sie hat überhaupt nicht gekämpft, denn sie hatte niemanden zum Kämpfen. Sie ist das Frausein leid ... und die Küche, die Kinder und das alles. Zur Abwechslung will sie ein bißchen Aggression und Zank und Herummäkeln, und der arme Ehemann bietet sich dafür an. Sie wird männlich und der Mann weiblich, und das schafft die geeigneten Voraussetzungen für den Pantoffelhelden.

Aber für die Kinder ist das ein Problem. Wenn sie sehen, daß die Mutter zickig wird, haben sie Mitleid mit dem Vater, und aus Sympathie wollen sie ihm ihre Liebe zeigen, doch das können sie nicht, weil sie sich nicht gegen die Mutter stellen können. Wenn nicht mal der Vater gegen die Mutter ankommt, wie könnten sie es? So leisten sie der Mutter innerlich Widerstand. Die dominierende Mutter ist ihnen zuwider – und das ist ihre erste Erfahrung mit Frauen! Später bekommen sie in Gegenwart von Frauen jedesmal Angst, die Frau könnte sich wieder als Mutter herausstellen – dominant sein, herummäkeln, Macht ausüben.

Das macht dir angst. Und du sympathisierst noch immer mit deinem Vater. Der arme alte Mann hatte nie was zu sagen. Und weil du mit dem Vater sympathisierst, fühlst du dich mehr zu Männern hingezogen. Aber das muß man nicht als Problem sehen. Du kannst es hinter dich bringen, wenn du anfängst, es zu genießen und dein schlechtes Gewissen aufzugeben. Du wirst dich wundern: Bald wirst du eine große Sehnsucht nach Frauen in dir spüren.

Es ist etwas völlig anderes, sich zu einem Mann hingezogen zu fühlen oder mit einem Mann Erfüllung zu finden. Das ist nicht möglich. Zur Erfüllung bedarf es des Gegenpols, denn der Gegenpol ist die Ergänzung. Bei einem Mann kannst du dich zwar wohl fühlen, aber Wohlgefühl ist etwas anderes, als eine tiefe, intime Liebe zu erleben. Du kannst glücklich sein, aber Glücklichsein ist etwas völlig anderes, als ekstatisch zu sein.

Ekstase ist nur möglich, wenn sich die männlichen und weiblichen Energien finden. Aber Ekstase bringt immer auch die Schattenseite – Agonie –, und davor hast du Angst. Du hast zuviel von der Agonie mitbekommen, und davor hast du Angst. Doch die Ekstase ist etwas so Wunderbares, daß es sich lohnt, dafür die Agonie in Kauf zu nehmen – all das Kämpfen, all die Konflikte.

Männer sind die besseren Freunde, wohlgemerkt; doch Mann und Frau sind nie Freunde. Liebende sind Feinde, aber nie Freunde. Männer sind großartige Freunde, doch Frauen wissen nicht, wie man Freund ist. Frauen fällt es sehr schwer, andere Frauen zu lieben. Dazu kennen sie sich gegenseitig zu gut; sie wissen zu viel voneinander. Doch Männer sind gute Kumpel, und Homosexuelle sind wirklich vergnügte Leute, weil die Agonie fehlt – aber es fehlt auch die Ekstase. Man muß das Risiko auf sich nehmen und den Preis dafür bezahlen.

Mein Vorschlag ist: Akzeptiere es, dann wirst du bald darüber hinausgelangen. Dann wirst du anfangen, den entgegengesetzten Pol erforschen zu wollen: die Frau. Man muß es erforschen, denn es gehört zum Wachstum.

Der Mann muß die Frau entdecken, die Frau muß den Mann entdecken. Und je tiefer du dich auf diese Entdeckungsreise einläßt, um so mehr Ekstase ist möglich, aber auch um so mehr Agonie. Sie gehören zusammen, halten sich die Waage.

Eine Beziehung von Mann zu Mann ist bequemer, geruhsamer, verständnisvoller. Eine Mann-Frau-Beziehung ist immer turbulent und voller Mißverständnisse, weil sie durch Welten getrennt sind. Wie sollen sie sich da verstehen können? Kein Mann versteht die Frau, keine Frau versteht den Mann, aber darin liegt auch die Schönheit ihres Zusammenseins. Darin liegt das Geheimnis – und auch das Mißverständnis.

Doch zuerst akzeptiere das alles. Laß deine Widerstände fallen, dann wirst du bald darüber hinausgehen können. *(51)*

Immer wenn zwei gleichartige Körper und Psychen sich zusammentun, ist es Perversion. Darum sage ich, daß Homosexualität eine Perversion ist. Sie ist im Westen heute mehr und mehr verbreitet. Die Homosexuellen halten sich jetzt für progressiv: Sie haben ihre eigenen Clubs, Partys, Vereine, Zeitschriften, Propaganda, alles mögliche. Und ihre Zahl nimmt ständig zu. In manchen Ländern ist sie schon auf nahezu vierzig Prozent gestiegen. Früher oder später wird die Homosexualität zu einem allgemein üblichen Muster werden, einem normalen Muster. Jetzt ist sogar schon in manchen Staaten Amerikas die Ehe zwischen Homosexuellen erlaubt.

Wenn die Leute es unbedingt wollen, muß man es erlauben, denn die Regierung hat dem Volk zu dienen. Wenn zwei Männer in einer Ehe zusammenleben wollen, hat niemand das Recht, ihnen Hindernisse in den Weg zu legen. Es ist völlig in Ordnung.

Wenn zwei Frauen verheiratet zusammenleben wollen, geht das niemanden etwas an. Es ist ihre Privatsache. Aber grundsätzlich ist es unwissenschaftlich. Es ist ihre Privatsache, aber es ist unwissenschaftlich. Es ist ihre Privatsache, und niemand hat sich einzumischen, aber sie sind sich nicht bewußt über das Grundmuster der menschlichen Energie und deren Bewegung.

Homosexuelle können sich spirituell nicht weiterentwickeln. Es ist sehr schwierig. Ihr ganzes Energiemuster ist gestört. Der ganze Energiefluß ist pervertiert, wie in einem Schockzustand. Und wenn die Zahl der Homosexuellen auf der Welt weiter so zunimmt, dann wird man ganz andere, bisher noch unbekannte Techniken entwickeln müssen, um ihnen in Richtung Meditation zu helfen. *(52)*

Nach zehn Jahren Militärdienst werden die Soldaten zu einer medizinischen Untersuchung geschickt. Die Männer ziehen sich aus und gehen einer nach dem anderen in den Untersuchungsraum.

Der Arzt setzt dem ersten Mann das Stethoskop an die Brust und sagt: »Sophia Loren.« Da fängt das Herz des Mannes schneller zu schlagen an: »Bum! Bum! Bum!«

»Raquel Welch«, sagt der Doktor. – »Bum! Bum! Bum!«

»Ihre Ehefrau«, sagt der Doktor. – »Bum.«

»Vollkommen normal«, sagt der Doktor. »Stellen Sie sich dort drüben hin.«

Den nächsten untersucht er genauso: »Marilyn Monroe«, sagt der Doktor. – »Bum! Bum! Bum!«

»Ihre Frau« – völlige Stille. »Na gut«, sagt der Doktor. »Stellen Sie sich dort zu den anderen.«

Der nächste Mann kommt zur Untersuchung. »Sophia Loren«, sagt der Doktor. – »Bum ... bum ... bum ...«

»Brigitte Bardot«, probiert der Doktor – »Bum ... bum ... bum ...«

»Ihre Frau«, sagt der Doktor – »... Bum.«

»Merkwürdig!«, sagt der Doktor. »Aber eigentlich ist es noch ziemlich normal. Stellen Sie sich dort zu den anderen Männern.« – »Bum! Bum! Bum! Bum!« *(53)*

Aids ist die letzte Konsequenz der Homosexualität, und es gibt keine Heilung dafür. Ihr habt euch zu weit von der Natur entfernt, so daß es keinen Weg mehr zurück gibt; ihr habt alle Brücken hinter euch abgebrochen. Das bedeutet die Krankheit Aids.

Und die Medizin kann nichts tun. Sie kann höchstens bestätigen, daß jemand die Krankheit hat und daß er vielleicht noch zwei Jahre zu leben hat, maximal. Aids ist eine vollkommen neue Art von Krankheit; man kann sie nicht zu den anderen Krankheiten zählen. Selbst Krebs läßt sich heilen, man kann ihn operieren, doch Aids entzieht sich jeder Behandlung.

Man muß verstehen, was Aids ist. Es bedeutet, daß ein Mensch im tiefsten Innern seinen Lebenswillen aufgegeben hat. Und sobald jemand an dem Punkt ist, wo er den Lebenswillen verliert, wird er für alle möglichen Infektionen anfällig. Er erzeugt keine Antikörper mehr, um Krankheiten abzuwehren. Er hat sich aus dem Spiel des Lebens verabschiedet, und keine Medizin kann ihm den Lebenswillen wiedergeben.

Wenn man total anfällig für alle Arten von Infektionen ist, hat man, nach Schätzung der Mediziner, nur noch eine Lebenserwartung von höchstens zwei Jahren, und es ist sogar sehr wahrscheinlich, daß man innerhalb von sechs Monaten stirbt.

Die Gefahr ist, daß jemand, der weiß, daß er in sechs Monaten oder in einem Jahr sterben wird, noch gern mit möglichst vielen Männern und möglichst vielen Frauen Sex haben möchte. Jetzt kann er nichts mehr aufschieben, weil er vielleicht morgen schon stirbt. Das Morgen war noch nie so ungewiß. Alles, was er je machen wollte, muß er jetzt tun – heute, so schnell wie möglich. Wenn jemand weiß, daß er in sechs Monaten tot sein kann, wird er möglicherweise unverantwortlich und rücksichtslos. Er wird viele sexuelle Kontakte haben, weil er sein ganzes Sexleben in sechs Monaten unterbringen will. Wenn du weißt, daß du nur noch kurze Zeit zu leben hast – warum nicht aus dem Vollen schöpfen? Und die Biologie unterstützt dich darin: »Bevor du deinen Körper verläßt, setze alle Lebewesen frei, die in dir schlummern. Tu den Ungeborenen zumindest noch diesen Gefallen!«

Und es besteht die Gefahr, daß diejenigen, die Aids haben, Ärzte bestechen, um zu verhindern, daß ihre Krankheit publik wird. Denn wenn es bekannt wird, daß jemand Aids hat, ist er der Ächtung durch die Gesellschaft ausgesetzt – derselben Gesellschaft, die Aids hervorgebracht hat, derselben Gesellschaft, die die Homosexualität hervorgebracht hat.

In der Welt da draußen wird also jeder, der Aids hat, diese Tatsache zu verbergen trachten, denn er wird von den Priestern geächtet werden – die eigentlich dafür verantwortlich sind –, er wird von der Gesellschaft geächtet werden. Die Aids-Infizierten werden zu Unberührbaren. Jeder wird sie meiden, und das ist schlimmer als der Tod. In der Welt da draußen wird also jeder, der Aids hat, diese Tatsache verbergen wollen, und das ist sehr gefährlich, denn er wird es weiter verbreiten. Man kann sich durch sexuelle Kontakte anstecken, aber möglicherweise auch durch Küssen. *(54)*

(Osho hat schon Anfang 1984 öffentliche Empfehlungen für konkrete Schutzmaßnahmen gegen Aids gegeben. Statt die Krankheit zu verteufeln oder zu bagatellisieren, gab er ein Beispiel, wie man mit den Fakten dieser Krankheit ganz pragmatisch umgehen kann – nämlich vorbeugend und angstfrei.

Seither sind Oshos Empfehlungen für »Safe Sex« *und die regelmäßige Durchführung von* Aids-Tests *weltweit von allen Osho-Meditationszentren und Kommunen, in denen Sannyasins zusammen leben, als verbindliche Regel mit großem Erfolg praktiziert worden.*

Diese Empfehlungen haben sich als ein großes Geschenk Oshos an seine Freunde erwiesen, weil sie jeden darin unterstützen, dieses heikle Thema mit erhöhter Bewußtheit und Verantwortlichkeit zu behandeln, ohne daß es die Lebensfreude beeinträchtigen muß.)

Warum hasse ich Homosexuelle?

Du mußt insgeheim homosexuell sein. Warum solltest du sie sonst hassen? Haß ist Liebe, die auf dem Kopf steht. Haß ist ein Trick: Man haßt, weil man etwas verdrängen will. Haß ist nicht gut – nicht, weil er dem anderen schadet, sondern weil er dir selbst schadet.

Millionen von Menschen hassen Homosexuelle. Das bedeutet einfach, daß Millionen dazu neigen, homosexuell zu werden, wenn sie die Gelegenheit erhalten. In ihnen ist eine tiefe Sehnsucht nach der verbotenen Frucht. Nur um die Kontrolle bewahren zu können, errichten sie eine dicke Mauer aus Haß.

Das kann also die Ursache sein. Oder vielleicht ist es das einfache, weitverbreitete Lebensphänomen, daß man Menschen, die anders sind als man selbst, nicht leiden kann. Wir hassen Menschen, die nicht so sind wie wir selbst. Warum? – Weil sie Mißtrauen in uns erwecken.

Die Hindus hassen die Mohammedaner – aber nicht, weil die Mohammedaner besonders hassenswert wären! Die Mohammedaner hassen die Hindus – aber nicht, weil die Hindus etwas speziell Hassenswertes an sich hätten! Jeder, der nicht so ist wie wir selbst, wird gehaßt, weil er ein Fremder, ein Außenseiter ist – und der Außenseiter macht angst. Wer weiß? Er könnte ja recht haben! Als Schutz vor diesem Zweifel greift man zu einem Sicherheitsventil. Haß ist ein Sicherheitsventil, eine Zuflucht.

Es geht nicht bloß um Homosexualität. Wenn du dich nicht wie andere Leute kleidest, dich so wie sie anziehst, werden sie dich hassen, dich nicht mögen.

Jeder, der sich anders benimmt, der anders lebt, wird gehaßt.

Homosexuelle haben einen ganz anderen Lebensstil, und du bist heterosexuell. Sie gehören einer anderen Religion an, einer anderen politischen Richtung. Ein Schwuler ist kein Mann wie du. Sobald sich jemand als Schwuler bekennt, tut sich eine Kluft auf, eine enorme Kluft. Wie kannst du da noch mit ihm kommunizieren?

Doch all diese Ängste muß man fallenlassen; es sind nur Verteidigungsmechanismen. Sie zeigen bloß, daß du noch nicht genug in deinem Wesen verankert bist und Angst hast, ein äußerer Einfluß könnte dich umwerfen und dir den Boden unter den Füßen wegziehen.

Aber nicht nur *du* haßt die Homosexuellen; auch die Homosexuellen hassen die Heterosexuellen und denken, sie gehörten nicht zu ihnen.

Wir haben unnötige Etiketten geschaffen. Für jeden Menschen haben wir einen Aufkleber, und nicht nur einen – Tausende! Entferne all diese Etiketten! Ein Mensch ist einfach ein Mensch – ob homo-, hetero-, autosexuell, ist gleichgültig: Mensch bleibt Mensch.

Achte die Menschen, liebe die Menschen. Respektiere ihre Individualität, respektiere ihre Unterschiede. Doch das ist nur dann möglich, wenn du deine eigene Individualität respektierst! Das ist nur dann möglich, wenn du in deinem eigenen Wesen verwurzelt bist und keine Angst hast.

Ich wünsche mir eine vollkommen angstfreie Welt, in der sämtliche Etiketten weggelassen werden können.

Einmal stieg ich in Bombay in ein klimatisiertes Zugabteil. Der einzige Mitreisende in meiner Kabine warf sich sofort zu Boden und berührte meine Füße. Ich sagte: »Warte doch, warte! Ich bin kein Hindu!« Doch er hatte meine Füße schon berührt.

Er war schockiert und sagte: »Was sind Sie denn dann?«

Ich sagte: »Sehen Sie denn nicht, daß ich einen Bart habe? Ich bin Mohammedaner!«

Er sagte: »Mein Gott! Und ich habe Ihre Füße berührt! Warum haben Sie mir das nicht gleich gesagt?«

Ich sagte: »Sie haben mir keine Zeit dazu gelassen. Gleich als ich eintrat, haben Sie sich auf mich gestürzt. Verzeihen Sie, ich bin Mohammedaner. Aber Sie können ja ein Bad im Ganges nehmen, um sich zu reinigen!«

Das Problem war nun, daß wir vierundzwanzig Stunden im selben Abteil verbringen mußten. Er war sehr beunruhigt über das, was er getan hatte – es war eine unerhörte Sünde. Er sagte: »Sie müssen wissen: Ich stamme aus der höchsten *Brahmanen*-Kaste und hielt Sie für einen *Mahatma!*«

Ich sagte: »Es ist kein großer Unterschied zwischen einem *Mahatma* und einem Mohammed. Ich heiße Mohammed.«

Er schaute mich immer wieder verstohlen an – tat so, als würde er die Zeitung lesen, aber er ließ mich nicht aus den Augen. Er wollte wohl sicher gehen, denn ich sah gar nicht aus wie ein Mohammedaner. Schließlich sagte er: »Sie haben einen Scherz gemacht! Sie sehen nicht aus wie ein Mohammedaner!«

Ich sagte: »Wie sind Sie denn dahintergekommen?«

Da warf er sich wieder hin, berührte meine Füße und sagte: »Ich habe Sie beobachtet. Sie sehen gar nicht aus wie ein Mohammedaner! Sie haben die Aura eines heiligen Mannes!«

Ich sagte: »Na meinetwegen, wenn Sie das zufriedenstellt! Aber wenn Sie meine Meinung hören wollen: Sie müssen jetzt zweimal baden! Ich bin nämlich doch ein Mohammedaner! Ich wollte Ihnen nur helfen und Sie trösten. Ich hatte nicht erwartet, daß Sie meine Füße noch einmal berühren würden!«

Der Mann tobte. Er rief den Schaffner und sagte: »Ich will in ein anderes Abteil! Ich kann hier unmöglich schlafen – vierundzwanzig Stunden mit diesem Mann ist die reinste Hölle, eine Tortur! Ich weiß nicht, was das für ein Mann ist!

Einmal sagt er, daß er ein Hindu ist, und dann wieder, ein Mohammedaner!«

Ich sagte zu ihm: »Tatsache ist, ich bin verrückt.«

Er sagte: »Das ist wohl wahr! Sie sind also kein Mohammedaner? Besser verrückt als ein Mohammedaner! Bloß verrückt, aber ein Hindu?«

Ich sagte: »Natürlich! Ich bin ein Hindu und stamme aus der höchsten *Brahmanen*-Kaste, aber ich bin ein bißchen verrückt. Manchmal glaube ich, daß ich Mohammed bin, aber ich bin es nicht!«

Da berührte er zum dritten Mal meine Füße.

Die Leute leben nach Etiketten ... Entferne alle Etiketten von deinem Wesen und laß auch andere ohne Etiketten sein. Sieh die Menschen so, wie sie sind, ohne jeden Aufkleber. Dann wird es eine bessere Menschheit geben, eine menschlichere Menschheit. *(55)*

Der Zorbas

Hast du das Buch *Alexis Zorbas (Zorba the Greek)* gelesen? ... Lies es! Zorbas sagt zu seinem Vorgesetzten: »Dir fehlt etwas, Chef! Ein Schuß Verrücktheit! Solange du nicht die Fesseln sprengst, wirst du nie richtig leben!«

Ein bißchen Verrücktheit gibt dir neue Dimensionen, gibt dir Poesie, gibt dir genügend Mut, um in dieser unglücklichen Welt glücklich zu sein. *(56)*

Dieser Zorbas hat seine eigene Schönheit. Kazantzakis, der Autor des Romans, ist einer der besten Romanschriftsteller dieses Jahrhunderts, und er hat durch die Kirche unsäglich gelitten.

Zorbas ist ein fiktiver Name, keine historische Persönlichkeit. Als Kazantzakis das Buch vom Griechen Zorbas geschrieben hatte, wurde er aus der Kirche ausgeschlossen. Weil er den Zorbas schrieb, zwang man ihn: »Entweder du ziehst das Buch zurück, oder du wirst exkommuniziert.« Und als er das Buch nicht zurückzog, wurde er aus der christlichen Kirche ausgeschlossen und zur Hölle verdammt.

Zorbas repräsentiert in Wirklichkeit die von der christlichen Religion unterdrückte Individualität des Autors Kazantzakis, die er nicht leben konnte, aber gern gelebt hätte. Diesem ungelebten Teil seines Lebens gab er in der Figur des Zorbas Ausdruck.

Zorbas ist ein wunderbarer Mensch. Er hat keine Angst vor der Hölle, keine Gier nach dem Himmel, und er lebt von Augenblick zu Augenblick und genießt die kleinen Dinge – das Essen, das Trinken, die Frauen. Nach einem langen Arbeitstag greift er sich sein Musikinstrument und tanzt stundenlang am Strand.

Aber auch seinen anderen Teil hat Kazantzakis in *Alexis Zorbas* ausgedrückt ... Zorbas ist der Diener, und der andere Teil ist der Herr, in dessen Diensten Zorbas steht. Er ist stets traurig und hockt nur in seinem Büro über den Akten. Er lacht nie und kann sich über nichts freuen; er geht nie aus und ist im Grunde eifersüchtig auf Zorbas, der so wenig verdient, so wenig hat, aber wie ein König lebt und nicht an morgen denkt oder an das, was passieren könnte. Zorbas ißt gut, er trinkt gut, er singt gut, er tanzt gut. Und sein Herr, der sehr reich ist, sitzt immer nur da und ist trübsinnig, angespannt, ängstlich, verzweifelt, leidend.

Zorbas ist der ungelebte Anteil eines jeden sogenannten religiösen Menschen.

Warum war die Kirche so sehr gegen die Veröffentlichung von *Alexis Zorbas?* Es war doch nur ein Roman. Die Kirche brauchte sich deswegen doch keine Sorgen zu machen. Aber es war eindeutig, daß Zorbas der ungelebte Mensch in jedem Christen war. Dieses Buch konnte gefährlich werden! Und es *ist* in der Tat ein gefährliches Buch.

Aber Zorbas ist wirklich großartig! Kazantzakis schickt ihn in die Stadt, um ein paar Dinge einzukaufen, aber er vergißt alles. Er trinkt und geht zu den Prostituierten und hat seinen Spaß. Hier und da fällt ihm ein, daß schon viele Tage vergangen sind, aber noch hat er Geld übrig. Wie kann er zurückkehren, solange er nicht alles ausgegeben hat? Der Herr wird zwar böse sein, aber das läßt sich nicht ändern. Das ist *sein* Problem!

Nach drei Wochen kommt er wieder – obwohl er nur für drei Tage weggefahren war –, und er bringt nichts von dem mit, weswegen er geschickt wurde. Aber er kommt mit all diesen Geschichten: »Was war das für eine tolle Reise! Du hättest dabei sein sollen! Ich habe so schöne Bubulinas getroffen ... und der gute Wein!«

Und sein Herr sagt: »Was ist mit den Sachen? Seit drei Wochen sitze ich hier und koche!«

Da sagt Zorbas: »Wen kümmern diese Kleinigkeiten, wenn es so viele schöne Dinge zu tun gibt? Du kannst meinen Wochenlohn kürzen und dir dein Geld mit der Zeit zurückholen. Tut mir leid, aber ich konnte nicht früher kommen. Und du solltest froh sein, daß ich überhaupt wiedergekommen bin! Als das Geld zu Ende war, mußte ich kommen. Aber nächstes Mal, wenn ich gehe, bringe ich alles mit!«

Der Herr sagt: »Es gibt kein nächstes Mal. Ich werde jemand anderen schicken.«

Zorbas lebt ein Leben der einfachen körperlichen Freuden – ohne Sorgen, ohne Schuldgefühle, ohne Tugend und Sünde. *(57)*

Nikos Kazantzakis repräsentiert *dich* – jedermann. Er war ein seltener Mensch, aber ein Opfer der ganzen Vergangenheit. Er war ein sehr empfindsamer Mensch – darum wurde die Spaltung für ihn so deutlich. Ein sehr intelligenter Mensch – er konnte sehen, wie gespalten er war. Das erzeugte in ihm ein große innere Qual.

In sich selbst gespalten zu sein ist die Hölle. Mit dir selbst zu kämpfen ist eine ständige Qual. Du willst etwas tun, weil es ein Teil von dir möchte, aber ein anderer Teil sagt: »Nein, das kannst du nicht tun! Das ist Sünde.« Wie kann man da in Frieden mit sich selbst leben? Und ein Mensch, der nicht im Frieden ist mit sich selbst, kann auch nicht im Frieden sein mit der Gesellschaft, mit der menschlichen Zivilisation und letztlich mit der ganzen Schöpfung. Das Individuum ist der Grundbaustein der ganzen Existenz.

Es ist sehr wichtig, Nikos Kazantzakis zu verstehen. Er war ein Grieche, und die Griechen waren schon immer sehr körperorientiert. Die ganze griechische Geschichte zeugt von ihrer Liebe zum eigenen Körper.

Nikos Kazantzakis repräsentiert beides: Die eine Seite von ihm ist dieser griechische Geist – der Materialist, der sich selbst liebt. Im Westen hat nur Griechenland eine materialistische

Philosophie hervorgebracht, und ihr Höhepunkt war Epikur. Dieser griechische Geist also, das ist Zorbas – und darum heißt sein Buch *Zorba the Greek.*

Doch das Christentum hat den ganzen griechischen Geist verdorben. Jesus hatte einen ungeheuer starken Einfluß auf den griechischen Geist, und zwar deshalb, weil die Griechen zu sehr nach der materiellen Seite tendierten – sie waren nicht im Gleichgewicht. Sie hielten sich nur für den Körper, und die Seele war für sie nur eine Erfindung. Doch der Mensch ist nicht nur sein Körper. Die Griechen besaßen keine Religion, und darum füllte das Christentum ein Vakuum. So spaltete sich die griechische Persönlichkeit.

Der Grieche ist materialistisch, ein Epikuräer – er liebt den Körper, liebt gutes Essen, guten Wein, schöne Frauen, schöne Männer und kümmert sich nicht im geringsten um das, was nach dem Tod passiert. Epikur zufolge stirbt man mit dem Tod, und danach passiert gar nichts mehr. Nach dem Tod gibt es nichts, und vor der Geburt gibt es auch nichts. Du bist rein zufällig hier, völlig ungeplant – eine kurze Lebensspanne von siebzig Jahren. Vergeude nicht die Zeit! Genieße!

Zorbas der Grieche ist kein Christ. Zorbas der Grieche hat nichts mit der Kirche am Hut. Zorbas der Grieche ist ein ganz praktischer, pragmatischer, natürlicher Mensch. Er liebt eine Frau, Bubulina. Sie ist nicht besonders schön, nicht mehr jung. Doch Zorbas und sein Herr arbeiten am selben Projekt in einem kleinen Dorf, und in diesem kleinen Dorf ist es schwierig, eine schöne Frau zu finden, die zu haben ist. Der Herr – Nikos – fragt ihn: »Was siehst du in dieser Frau?«

Zorbas sagt: »Wenn ich sie treffe, mache ich die Augen zu. Ich mache das Licht aus. Aber sie ist die einzige Frau, die zu haben ist – was soll ich machen? Ich muß das Beste aus dem machen, was zu haben ist! Wenn du eine bestimmte Speise nicht haben kannst, mußt du etwas anderes essen, selbst wenn es dir nicht besonders schmeckt, aber du kannst nicht hungrig bleiben.«

Zorbas tanzt, er spielt auf seinem Instrument. Nikos beobachtet ihn vom Haus aus. Er kann es nicht glauben: Was hat dieser Mann ihm voraus, daß er so glücklich ist? Ein armer Kerl, sein Diener, aber jeden Abend geht er an den nahen Strand und tanzt dort allein, singt allein.

Nikos fragt ihn: »Zorbas, was ist es, das dich tanzen und singen läßt?« Er hat keine Ahnung, was die Antwort sein wird.

Zorbas sagt: »Komisch! Tanzen ist an sich genug. Man braucht nichts anderes, um zu tanzen. Man braucht nicht erst etwas anderes zu haben, um singen oder Musik machen zu können. Wenn ich darauf warten würde, daß mir etwas Großartiges passiert, daß ich tanzen werde, wenn ich ins Weiße Haus komme ...«

Um ganz ehrlich zu sein: Ich habe noch nie gehört, daß je ein Präsident im Weißen Haus getanzt, Gitarre gespielt oder gesungen hätte! Habt ihr je von einem tanzenden Präsidenten oder Premierminister oder irgend jemand anderem in einer Spitzenposition gehört? Nein, so jemand wird todernst – der gekreuzigte Jesus Christus, gekreuzigt im Weißen Haus.

Zorbas sagt etwas sehr Bedeutsames zu seinem Herrn: »Chef, mit dir stimmt eines nicht: Du nimmst alles zu ernst! Das Leben ist ein Spiel, aber du bist zu ernst!« Und er schleift den Chef mit an den Strand. Der Chef sagt widerstrebend: »Was machst du denn?« Aber Zorbas ist ein starker Kerl. Und der Chef, der sich ständig nur quält und schuldig fühlt wegen dem, was er tun oder nicht tun soll, wegen Sein oder Nichtsein – der Chef hat keine Kraft. Zorbas zieht ihn mit und sagt: »Komm mit mir!« Und er spielt auf seinem Instrument, fängt an zu tanzen und sagt zum Chef: »Komm, los!« Der Chef sagt: »Aber ich weiß doch gar nicht, wie man tanzt!«

Zorbas sagt: »Tanzen hat nichts mit Wissen zu tun. Kannst du nicht springen? Tu, was dir Spaß macht. Das Tanzen kommt ganz von allein. Komm heraus aus deiner Ernsthaftigkeit!«

In jener Nacht, an dieser einsamen, abgelegenen Stelle, folgt Nikos dem Zorbas, und er kann es kaum glauben, wie dieser Mann tanzt! Er kann es kaum glauben, wie sein Tanz immer wilder wird; er kann es kaum glauben, wieviel Tanz in ihm steckt. Und dann fängt er auch noch zu singen an!

Und Zorbas sagt: »Hör mal, Chef, was ist denn los mit dir?

Warum tanzt du nicht? Warum singst du nicht? Das Leben ist zum Tanzen da! Das Leben ist zum Singen da! Das Leben ist zum Lieben da! Und all die ernsten Dinge, die kannst du auch noch in deinem Grab tun; dort bist du ungestört. Dort kannst du all diese großen Gedanken denken: Gott, Himmel, Hölle – alles, was du willst. Aber versäume doch nicht das Leben! Im Grab hast du noch genügend Zeit – bis in alle Ewigkeit!«

Zorbas ist eine fiktive Figur – aber nicht ganz. Nikos kannte jemanden, der ihn zu Zorbas inspirierte. Und als er diesem Mann das erste Exemplar des Buches sandte, erkannte sich dieser sofort darin und schrieb an Nikos: »Ihr Zorbas ist niemand anderer als ich!« Es gab also ein reales Vorbild. Aber Nikos projizierte diesen realen Menschen auf einen fiktiven Charakter. Und auch dieser ist nicht ganz fiktiv – es ist sein eigener verdrängter Anteil. Zorbas ist sein bester Teil – aber er verfehlte ihn. Darum litt er, fühlte sich schuldig, wurde besessen von Religion und Tod.

Ich hoffe, daß euch das nicht auch so passiert. Es passiert fast jedem Menschen auf der Welt. Fast jeder ist in sich gespalten – wegen so dummer, idiotischer Dinge, daß es unfaßbar ist.

Die Wurzeln der Schuld zu kappen bedeutet, all diese Hokuspokus-Religionen, die die Menschen in ihrem Griff haben, zu beseitigen. Nikos Kazantzakis hat einen unendlich wichtigen Beitrag geleistet, als er sich selbst in seinem Roman offenbarte.

Alexis Zorbas ist der unterdrückte Kazantzakis. Im Roman gibt er seinem unterdrückten Teil vollen Ausdruck.

Zorbas ist einfach großartig ... Ausdruck ist immer großartig, und Unterdrückung ist immer häßlich. *(58)*

Ich möchte, daß dieser Zorbas in jedem Menschen lebendig ist, denn er ist euer natürliches Erbe. Aber ihr solltet nicht bei Zorbas haltmachen. Zorbas ist erst der Anfang ... *(59)*

Ich möchte, daß du Zorbas der Grieche und Gautama der Buddha in einem bist – beides zusammen. Darunter geht es nicht. Zorbas symbolisiert die Erde mit all ihren Blumen und ihrem Grün und den Bergen und Flüssen und Meeren. Buddha symbolisiert den Himmel mit all seinen Sternen und Wolken und Regenbogen. Der Himmel ohne Erde ist leer. Der Himmel kann ohne die Erde nicht lachen. Die Erde ohne den Himmel ist tot. Aber beide zusammen – das bringt Tanz in dieses Leben. Erde und Himmel tanzen zusammen – das gibt Lachen, das gibt Freude, das gibt ein Fest! *(60)*

Wenn jemand ein echter Zorbas sein kann, ist er vom Buddha nicht mehr weit entfernt. Dann hat er schon eine Hälfte des Weges zurückgelegt. Und die erste Hälfte ist die schwierigere, weil sämtliche Religionen dagegen sind. Alle Religionen zerren euch in eine andere Richtung, weg von dieser ersten Hälfte, und wenn ihr erst einmal in eine andere Richtung gezerrt worden seid, könnt ihr nie zu einem Buddha werden, denn nur dieser Weg führt zum Buddha. Zorbas ist der Weg zum Buddha. *(61)*

Wir sind uns unseres Körpers kaum bewußt. Die Gesellschaft ist gegen Körperbewußtheit, weil sie Angst hat vor dem Körper. So erziehen wir jedes Kind dazu, seinen Körper zu mißachten, und machen es unempfindsam. Wir erzeugen eine Distanz zwischen Körper und Geist, so daß das Kind seinen Körpers kaum spürt – denn wenn die Menschen sich ihres Körpers mehr bewußt wären, hätte die Gesellschaft Probleme damit.

Das hat viele Implikationen. Wenn das Kind seinen Körper spürt, wird es früher oder später auch auf seine Sexualität stoßen. Aber wenn es sich seines Körpers allzusehr bewußt ist, könnte es sein, daß es allzu sinnlich, allzu sexuell wird.

Also muß man die Sache an der Wurzel abtöten. Das Kind muß abgestumpft werden, es muß unsensibel für seinen Körper gemacht werden, damit es nichts fühlt.

Du fühlst deinen Körper gar nicht. Du fühlst ihn nur, wenn ihm etwas fehlt, wenn etwas nicht in Ordnung ist. Erst wenn du Kopfweh hast, fühlst du deinen Kopf. Wenn du dir einen Dorn eingezogen hast, fühlst du dein Bein, deinen Fuß. Erst wenn dir in deinem Körper etwas weh tut, fühlst du, daß du ihn hast. Du spürst ihn erst, wenn etwas nicht in Ordnung ist – und auch dann nicht sofort. Du merkst nie sofort, wenn du krank wirst. Du merkst es erst, wenn schon einige Zeit vergangen ist und die Krankheit sich in dein Bewußtsein drängt und sagt: »Hier bin ich!« Erst dann wird es dir bewußt. Darum geht eigentlich nie jemand rechtzeitig zum Arzt. Man geht immer viel zu spät, wenn die Krankheit schon tiefer gegangen ist und Schaden angerichtet hat. Ein Mensch, der als Kind seine Empfindsamkeit entwickelt hat, bemerkt eine Krankheit, noch bevor sie in Erscheinung tritt.

Du bist ziemlich tot und empfindungslos, was deinen Körper angeht. Diese Abgestumpftheit, diese Totheit geht auf das Konto der Gesellschaft, auf das Konto der ganzen bisherigen Kultur mit ihrer ganzen Körperfeindlichkeit. Du darfst deinen Körper nicht spüren. Höchstens bei einem Unfall ist es akzeptabel, ist es verzeihlich, daß du dir deines Körpers bewußt wirst. Ansonsten darfst du deinem Körper nicht allzuviel Beachtung schenken.

Daraus entstehen viele Probleme. Du bist ständig in Bewegung, und dein Körper tut viele Dinge, aber du bist dabei unbewußt.

Heute wird viel mit der Körpersprache gearbeitet. Der Körper hat seine eigene Sprache, und die Psychiater, Psychologen und Psychoanalytiker werden speziell darin ausgebildet, diese Körpersprache zu deuten. Sie behaupten, daß man dem heutigen Menschen nicht glauben kann, was er sagt. Man kann seinen Worten keinen Glauben schenken. Statt dessen muß man auf seinen Körper achten: Was dieser sagt, gibt einen ehrlicheren Hinweis.

Wenn jemand zum Psychiater in die Praxis kommt, dann wird die alte psychiatrische Schule, die Freudsche Psychoanalyse, mit dem Patienten reden und reden, um ans Licht zu holen, was sich in seiner Psyche verbirgt. Die moderne Psychiatrie beobachtet seinen Körper, denn dieser gibt viele Aufschlüsse. Wenn der Betreffende ein Egoist ist und ein Problem mit dem Ego hat, dann wird er anders dastehen als ein bescheidener Mensch. Seine Kopfhaltung wird anders sein als die eines bescheidenen Menschen. Seine Wirbelsäule wird nicht flexibel sein, sondern starr und steif. Er wird hölzern und unlebendig wirken. Wenn man seinen Körper berührt, wird es sich anfühlen, als wäre er aus Holz; die Wärme des lebendigen Körpers fehlt. Er erinnert an einen Soldaten, der in den Krieg zieht. Schaut euch die Soldaten an, wenn sie an die Front gehen: Ihre Statur ist hölzern, ihr ganzes Gehabe ist hölzern – aber das erwartet man von einem Soldaten, denn für ihn heißt es: »Töte oder stirb!« Er darf seinen Körper nicht spüren; darum zielt die ganze militärische Ausbildung darauf ab, einen hölzernen Körper zu erzeugen. Marschierende Soldaten sehen aus wie Marionetten, wie marschierende Zinnsoldaten.

Wenn du ein bescheidener Mensch bist, wirst du einen völlig anderen Körper haben. Du wirst anders dasitzen, anders dastehen. Wenn du dich unterlegen fühlst, stehst du anders, als wenn du dich überlegen fühlst. Du wirst eine völlig andere Haltung haben. Wenn du ständig Angst hast, wirst du dastehen, als müßtest du dich vor einer unbekannten Gefahr schützen. Es wird immer da sein. Wenn du keine Angst hast, bist du wie ein Kind, das mit seiner Mutter spielt, völlig arglos. Dann wirst du überall, wo du hinkommst, angstfrei sein und dich im Universum, das dich umgibt, geborgen fühlen.

Ein Mensch, der Angst hat, ist gepanzert. Und wenn ich sage »gepanzert«, dann meine ich das nicht bloß symbolisch: Sein Körper hat einen physiologischen Panzer.

Wilhelm Reich, der viel mit der Körperstruktur gearbeitet hat, erkannte manchen tiefen Zusammenhang zwischen Denken und Körper. Wenn jemand Angst hat, ist sein Bauch nicht weich, sondern fühlt sich bei Berührung wie ein Stein an. Wenn er die Angst verliert, entspannt sich sofort der Bauch. Und umgekehrt, wenn er den Bauch entspannt, verschwindet seine Angst. Wenn man den Bauch durch Massage entspannt, fühlt man sich von Angst befreit, weniger ängstlich.

Ein liebevoller Mensch hat eine andere Qualität im Körper, eine andere Temperatur – sein Körper fühlt sich warm an. Ein liebloser Mensch ist kalt, auch physiologisch. Kälte und andere Charakterzüge werden im Körper zu Blockaden; sie erlauben dir nicht, deinen Körper zu erfahren. Der Körper funktioniert weiter auf seine eigene Weise, aber auch du funktionierst weiter auf deine eigene Weise – und so entsteht eine Spaltung. Diese Spaltung muß überbrückt werden.

Ich habe beobachtet, wenn jemand dazu neigt, Dinge zu unterdrücken – zum Beispiel, wenn du deine Wut unterdrückst, dann ist die unterdrückte Wut in den Fingern, in den Händen zu spüren. Wenn jemand feinfühlig ist, kann er spüren, ob du unterdrückte Wut in dir hast, indem er deine Hand berührt. Wieso die Hand? Weil Wut sich in den Händen ausdrückt. Wenn du Wut unterdrückst, wird sie auch in den Zähnen und im Kiefer sitzen, und man kann es durch Berührung fühlen. Die Schwingung sagt: »Hier habe ich etwas unterdrückt!«

Wenn du deine Sexualität unterdrückt hast, ist es in den erotischen Zonen zu spüren. Ob jemand unterdrückte Sexualität in sich hat, kann man spüren, wenn man ihn in einer erotischen Zone berührt. Berührt man irgendeine erotische Zone, dann macht sich dort die Sexualität bemerkbar, wenn sie unterdrückt wurde. Dieser Bereich wird ängstlich vor jeder Berührung zurückweichen; er wird nicht offen sein. Weil die Person sich innerlich verschließt, wird auch der betreffende Körperteil verschlossen sein und sich gegen eine Öffnung wehren.

Es heißt, daß fünfzig Prozent der Frauen frigide seien, und der Grund dafür ist, daß die Mädchen mehr zur Unterdrückung erzogen werden als die Jungen. Sie lernen, zu unterdrücken. Und wenn eine Frau ihre sexuellen Gefühle bis zwanzig unterdrückt hat, ist es eine lange Gewohnheit – zwanzig Jahre Unterdrückung! Wenn sie sich dann verliebt, wird sie zwar von Liebe reden, doch ihr Körper wird nicht offen sein; er wird verschlossen sein. Und dann ereignet sich ein sehr widersprüchliches Phänomen, zwei einander diametral entgegengesetzte Strömungen: Sie möchte lieben, aber ihr Körper unterdrückt es und zieht sich zurück; er ist nicht bereit, mehr Nähe zuzulassen.

Wenn eine Frau mit einem Mann zusammensitzt, den sie liebt, kann man sehen, wie sie sich zu ihm neigt; ihr Körper wendet sich ihm zu. Wenn sie auf einem Sofa sitzen, werden ihre Körper sich zueinander neigen, ob sie sich dessen bewußt sind oder nicht, aber man kann es sehen. Wenn die Frau Angst hat vor dem Mann, dann wird sich ihr Körper von ihm abwenden. Und eine Frau, die einen Mann liebt, wird in seiner Nähe nicht die Beine überkreuzen. Hat sie aber Angst vor ihm, dann wird sie ihre Beine überschlagen. Sie ist sich dessen nicht bewußt; es geschieht unbewußt. Das ist der Körperpanzer. Der Körper schützt sich und funktioniert auf seine Weise.

Tantra ist auf dieses Phänomen aufmerksam geworden. Tantra wurde als erstes auf diese tiefen Körpergefühle, auf diese Sensibilität aufmerksam. Tantra sagt: Wenn du deinen Körper bewußt einsetzen kannst, wird er zu einem Fahrzeug für die spirituelle Entwicklung. Tantra sagt: Es ist dumm, absolut idiotisch, gegen den Körper zu sein! Benutze ihn! Er ist ein Werkzeug. Benutze seine Energie so, daß du über ihn hinausgehen kannst. *(62)*

Wo liegen die Ursachen für unsere geringe Empfindsamkeit, und wie kann man sie beseitigen?

Wenn ein Kind zur Welt kommt, ist es hilflos. Und insbesondere das Menschenkind ist vollkommen hilflos. Es ist von anderen abhängig, um zu überleben und am Leben zu bleiben. Diese Abhängigkeit erweist sich als Kuhhandel. Bei diesem Kuhhandel muß das Kind viele Dinge opfern, und eines davon ist die Empfindsamkeit. Das Kind ist empfindsam, sein ganzer Körper ist empfindsam. Aber es ist hilflos, es kann nicht unabhängig sein. Es ist auf andere angewiesen – die Eltern, die Familie, die Gesellschaft; es muß von ihnen abhängig sein. Aufgrund dieser Abhängigkeit und Hilflosigkeit können die Eltern und die Gesellschaft dem Kind vieles aufzwingen, und es muß nachgeben, weil es sonst nicht überleben kann, weil es sonst sterben muß. Darum muß es vieles preisgeben bei diesem Tauschgeschäft.

Was es als erstes preisgeben muß – etwas sehr Tiefes und Bedeutsames –, ist seine Sensibilität. Und wieso? Je sensibler das Kind ist, desto mehr Schwierigkeiten hat es, desto verletzlicher ist es. Schon bei der leisesten Empfindung beginnt es zu weinen. Die Eltern versuchen, das Weinen abzustellen, aber sie können nichts tun. Wenn das Kind auf jede Kleinigkeit reagiert, ist es störend. Kinder können wahre Nervensägen sein, und darum versuchen die Eltern, diese Empfindsamkeit zu verringern. Das Kind muß eine gewisse Robustheit lernen, das Kind muß lernen, sich zu kontrollieren. Und so muß das Kind mit der Zeit seine Psyche aufspalten. Es wird viele Empfindungen einfach nicht mehr wahrnehmen, weil sie nicht »gut« sind und es dafür bestraft wird.

Der ganze Körper des Kindes ist sinnlich, erotisch. Es hat Spaß an seinen Fingern, Spaß an seinem Körper – der ganze Körper ist lustvoll. Es erforscht ständig seinen Körper – er ist für das Kind eine erstaunliche Sache! Und dann kommt unweigerlich der Moment, da das Kind seine Geschlechtsteile entdeckt. Das wird zum Problem, wenn Vater und Mutter viel unterdrückt haben. Dann wird es den Eltern unbehaglich, wenn das Kind – ob Junge oder Mädchen – seine Genitalien berührt. Das kann man gut beobachten. Plötzlich ändert sich ihr Verhalten, und das Kind merkt es natürlich. Etwas Verkehrtes ist passiert. Plötzlich sagen die Eltern heftig: »Faß da nicht hin!«, und dann glaubt das Kind, an den Geschlechtsteilen sei etwas verkehrt, und fängt an, es zu unterdrücken.

Dabei sind gerade die Geschlechtsorgane der empfindsamste Teil des Körpers – der sensibelste, lebendigste, zarteste Teil!

Wenn man dem Kind verbietet, seine Geschlechtsorgane zu berühren und zu genießen, tötet man die wichtigste Quelle seiner Sensitivität ab. Dann wird das Kind abgestumpft. Je älter es wird, um so empfindungsloser wird es.

Es beginnt also mit einem notwendigen, aber schändlichen Kuhhandel. Wenn du das erst einmal begriffen hast, mußt du diesen Tauschhandel von dir weisen und deine Empfindsamkeit zurückgewinnen.

Ein Grund für diesen Handel ist auch das Bedürfnis nach Sicherheit. So lernt früher oder später jeder, daß man, wenn man empfindsam ist, auch sehr verletzlich ist. Also ziehst du dich nach innen zurück und errichtest eine Barriere als Schutz, als Sicherheitsmaßnahme um dich herum. In dieser häßlichen Gesellschaft muß man eine Schutzbarriere errichten, eine Mauer, eine subtile, transparente Wand, hinter der man sich versteckt, sonst ist man zu verletzlich, und das Leben wäre zu schwierig.

Daher rührt die geringe Empfindsamkeit. Sie hilft dir, in dieser häßlichen Welt zu leben, ohne zu sehr gestört zu werden – aber das hat seinen Preis, und dieser Preis ist sehr hoch. *(63)*

Seit ich dich getroffen habe, habe ich Mut gefaßt und wieder angefangen, zu lieben, zu lachen und zu tanzen. Du hast meine Augen für die Schönheit und Poesie des Lebens geöffnet. Ich fühle mich jünger, fast wie ein Kind, und bin fasziniert von der Schönheit, die alles durchdringt – ein junger Heide, der den Lüsten frönt, den Lebenssaft trinkt und jeden einzelnen Tropfen davon genießt. Ist das nicht zutiefst unmoralisch?

Nein, es ist zutiefst moralisch. Es ist die einzige Moral, die es gibt – ein Heide zu sein und jeden Tropfen Lebenssaft aus jedem Augenblick des Lebens herauszupressen. Wieder ein unschuldiges Kind zu sein, das hinter den Schmetterlingen herläuft, Muscheln und bunte Steine am Strand sammelt ... Die Schönheit der Schöpfung zu sehen, die dich umgibt, und dir selbst zu erlauben, zu lieben und geliebt zu werden.

Liebe ist der Anfang von Religion. Und Liebe ist auch das Ziel von Religion. Ein religiöser Mensch ist immer jung. Selbst wenn er stirbt, ist er jung. Selbst im Sterben ist er voller Freude, voller Tanz, voller Gesang.

Ich lehre euch, Heiden zu sein, und ich lehre euch die Unschuld der Kinder. Ich lehre euch, das Wunder und das Mysterium dieser Schöpfung zu erfahren – nicht, indem ihr es analysiert, sondern indem ihr euch daran erfreut; nicht, indem ihr eine Theorie, sondern indem ihr einen Tanz daraus macht.

Die ganze Schöpfung tanzt – außer den Menschen. Sie sind ein großer Friedhof geworden. Ich rufe euch, damit ihr aus euren Gräbern herauskommt!

Nein, es ist nicht unmoralisch. Zwar werden alle Religionen das sagen, aber alle Religionen haben unrecht. Jeder, der sagt, es sei unmoralisch, ist gegen die Menschlichkeit, gegen die Schöpfung, gegen die Freude, gegen die Glückseligkeit – gegen alles, was zur Göttlichkeit hinführt. Ich bin ganz und gar dafür. *(64)*

2. TEIL

Eva et cetera

Mann und Frau
sind stets allein,
doch ein Liebender entsteht,
wenn die Seelen verschmelzen.

Baul Mystiker

Eva

Sind wirklich alle Frauen sanft, weiblich und liebevoll?

Das habe ich nicht gesagt – daß alle Frauen sanft, weiblich und liebevoll sind. Genausowenig, wie alle Männer aggressiv, gewalttätig, ehrgeizig und hart sind. Denn in deinem Tiefenbewußtsein bist du weder das eine noch das andere. Weiblich und männlich, *Anima* und *Animus,* existieren nur auf der Ebene der Körperchemie.

Du kannst körperlich ein Mann sein, aber innerlich deine weibliche Seite bevorzugen. Eine Frau kann körperlich eine Frau sein, aber innerlich ihre männliche Seite bevorzugen – denn beide Seiten sind vorhanden. Dann behält sie zwar ihren weiblichen Körper, aber sie wird eher männlich sein.

Das passiert mit vielen Frauen, die sich für den Feminismus engagieren: Sie verlieren ihre Weiblichkeit und werden genauso aggressiv wie die Männer. Sie konkurrieren mit allen möglichen Torheiten des Mannes, pochen auf die gleichen törichten Dinge, weil sie den Männern in nichts nachstehen wollen.

Die Idee der Gleichheit führt zu der irrigen Vorstellung, daß man ähnlich sein müßte. Gleich zu sein bedeutet aber nicht, daß man sich ähnlich sein muß. Gleichheit bezieht sich auf eine völlig andere Dimension. Ähnlichkeit ist etwas ganz anderes.

Gewiß, eine Frau kann ihre männliche Seite so stark betonen und sich damit so sehr identifizieren, daß sie ihre Sanftheit einbüßt. Und ein Mann kann seine weibliche Seite so sehr betonen, daß er all seine Härte verliert. Vom biologischen Geschlecht bleibt man Mann oder Frau, aber die Ausstrahlung drückt jene Qualität aus, die man innerlich bevorzugt.

Ein Mann kann es vorziehen, innerlich mehr Frau zu sein; eine Frau kann es vorziehen, innerlich mehr Mann zu sein.

Diese Entscheidung trifft man aber nicht ein für allemal, sondern sie kann sich in jedem Moment ändern. Es gibt Momente, in denen eine Frau sehr weich ist, und andere, in denen sie sehr hart und grausam sein kann. Es gibt Momente, in denen ein Mann sehr hart und aggressiv ist, aber es gibt auch Momente, in denen er ganz weich sein kann. Selbst ein Dschingis Khan wird weich bei seinen Kindern, bei seiner Frau.

Ich habe gehört ...

Ein kleingewachsener, zartgebauter, schüchterner, unscheinbarer Mann bewarb sich um eine Stelle als Nachtwächter.

»Tja, aber eigentlich«, sagte der Manager zweifelnd, »suchen wir jemanden, der vor allem in der Nacht ruhelos und aggressiv ist. Es muß jemand sein, der immer das Schlimmste befürchtet und nur mit einem Auge schläft. Und wenn er gestört wird, muß er sich wie der Teufel aufführen.«

»Na gut«, sagte der Softie im Gehen, »ich schicke Ihnen meine Frau!«

Es hängt davon ab, wofür du dich innerlich entscheidest. Du hast die Wahl. Den Körper kannst du dir nicht aussuchen, aber die körperliche Ausstrahlung bestimmst du selbst. Und wenn du diese Entscheidung ganz bewußt triffst, wirst du eine große Freiheit in deinem Sein besitzen. Du wirst wissen, wer du bist und was du mit deinem Körper machst.

Der Körper birgt ungeheure Möglichkeiten. Vieles ist durch ihn möglich, aber die Menschen nehmen ihn für selbstverständlich. Es ist, als hätte man dir eine schöne Gitarre geschenkt, und du behältst sie einfach, ohne zu wissen, was man damit machen kann. Du kannst auf der Gitarre spielen, kannst lernen, großartige Musik damit zu machen. Es hängt ganz von dir ab, welche Art von Musik es sein wird. Du kannst traurige Musik machen, kannst feierliche Musik machen, kannst aggressive Musik machen, kannst sanfte, liebevolle, ruhige Musik machen. Es gibt so viele Arten von Musik. Klassische Musik hat ihre besondere Qualität – sie beruhigt dich, macht dich still und entspannt. Moderne Popmusik macht dich erregt und sexuell, sie peitscht dich auf. Die Instrumente sind die gleichen – so wie die Körper die gleichen sind. Ein wirklich weiser Mensch entscheidet sich, welche Art von Musik er mit seinem Körper hervorbringen will.

Du kannst deinen Körper wie Buddha benutzen, aber du kannst auch wie Muhammad Ali werden. Es hängt ganz von dir ab. Sieh dir Buddhas Körper an – wie weich er ist! Wie feminin – obwohl er ein Mann ist. Er hat sich für die Anmut entschieden.

Es hängt ganz von dir ab. Du hast die Wahl. Du bist nicht auf deine Chemie festgelegt. Die Chemie legt dich nur fest, wenn du unbewußt bleibst. Ansonsten gibt dir deine Chemie unbegrenzte Möglichkeiten; du kannst sie für tausenderlei Zwecke einsetzen. Zu lernen, wie man seinen Körper einsetzt, wie man sich ihm gegenüber verhält und mit ihm in Beziehung steht, ist eine große Kunst. *(65)*

Der Mann braucht zu seinem Selbstverständnis eine neue Psychologie. Die alte Psychologie liefert ihm nicht viel Verständnis. Die neue Psychologie beruht auf den Erfahrungen einer uralten Schule – Tantra. Es gibt nur wenige große Entdeckungen auf dieser Welt. Tantra kann eine der größten Entdeckungen für sich in Anspruch nehmen. Und das, was Tantra entdeckt hat, ist eigentlich schon seit Tausenden von Jahren verfügbar – eine Erkenntnis von ungeheurer Bedeutung. *(66)*

Tantra sagt: Kein Mann ist nur Mann, und keine Frau ist nur Frau. Jeder Mann ist beides – Mann und Frau. Und ebenso ist jede Frau beides – Frau und Mann. Jeder Adam trägt eine Eva in sich, und jede Eva trägt einen Adam in sich.

Tatsache ist, daß niemand nur Adam und niemand nur Eva ist – wir sind Adam und Eva zugleich. Das ist eine der bedeutsamsten Erkenntnisse aller Zeiten.

Die moderne Tiefenpsychologie ist ebenfalls darauf gestoßen. Sie nennt es Bisexualität. Doch Tantra weiß und lehrt das schon seit mindestens fünftausend Jahren. Diese Entdeckung ist eine der bedeutsamsten auf der Welt, weil man nur auf der Grundlage dieses Verständnisses nach innen gehen kann. Sonst wäre es unmöglich, den Weg nach innen zu beschreiten.

Warum verliebt sich ein Mann in eine Frau? Weil er eine Frau in sich trägt – sonst würde er sich nicht verlieben. Und warum verliebst du dich in eine bestimmte Frau? Es gibt Tausende von Frauen. Warum wird plötzlich eine ganz bestimmte Frau am wichtigsten für dich, so als ob alle anderen Frauen verschwunden wären und es nur noch diese eine Frau auf der Welt gäbe? Warum? Warum fühlt sich eine Frau zu einem bestimmten Mann hingezogen? Warum passiert es, daß auf den ersten Blick plötzlich etwas »klickt«?

Tantra sagt: Du trägst das Bild einer Frau – eines Mannes – in dir. Jeder Mann trägt eine Frau in sich, und jede Frau trägt einen Mann in sich. Und wenn außen jemand diesem inneren Bild entspricht, verliebst du dich – das bedeutet Liebe. Du verstehst es nicht. Du zuckst nur die Achseln und sagst: »Es ist passiert.« Aber dahinter steht ein subtiler Mechanismus. Warum passierte es bei einer ganz bestimmten Frau? Wieso nicht bei anderen?

Sie paßt irgendwie zu deinem inneren Bild. Die äußere Frau ist irgendwie ähnlich. Etwas deckt sich mit deinem inneren Bild, und du fühlst: »Das ist meine Frau«, oder: »Das ist mein Mann.« Das ist das Gefühl der Liebe.

Doch die äußere Frau wird dich nicht befriedigen, weil keine äußere Frau mit dem inneren Bild völlig übereinstimmt. Die Wirklichkeit ist anders. Vielleicht gibt es eine gewisse Übereinstimmung – da ist eine Anziehung, ein Magnetismus, aber früher oder später wird sich das abnützen. Bald wirst du erkennen, daß es tausend Dinge gibt, die du an dieser Frau nicht magst. Es braucht ein bißchen Zeit, bis man diese Dinge erkennt.

Zuerst wirst du bezaubert sein. Die Ähnlichkeit wird zuerst so groß sein, daß es dich überwältigt. Aber nach und nach wirst du erkennen, daß tausenderlei Dinge, die kleinen Details im Leben, nicht passen. Ihr seid Fremde, Unbekannte.

Gewiß, du wirst sie noch lieben, aber die Liebe hat nichts mehr von dieser Betörung. Der romantische Blick verschwindet. Und auch sie wird erkennen, daß etwas an dir berauschend ist, aber deine Totalität ist gar nicht so berauschend. Darum versucht jeder Ehemann seine Ehefrau zu ändern, und jede Ehefrau versucht ihren Ehemann zu ändern. Wieso machen sie das? Warum?

Warum versucht eine Ehefrau ständig, ihren Ehemann zu ändern? Wozu? Sie hat sich in diesen Mann verliebt, und dann fängt sie sofort an, ihn ändern zu wollen. Kaum ist sie auf Unterschiede gestoßen, will sie diese auch schon beseitigen. Sie will dem Mann ein paar Ecken abhobeln, damit er ganz zu ihrem Bild von einem Mann paßt.

Und der Ehemann versucht das gleiche – nicht ganz so intensiv, nicht ganz so besessen wie die Frau, weil der Mann schneller aufgibt. Die Frau hofft länger. Sie denkt: »Wenn nicht heute, dann morgen oder übermorgen – irgendwann werde ich ihn ändern ...« Und so dauert es fast zwanzig, fünfundzwanzig Jahre, bis man erkennt, daß man den anderen nicht ändern kann. Wenn sie fünfzig geworden sind, wenn die Frau über ihre Wechseljahre hinaus ist und der Mann ebenfalls, wenn beide alt werden, dann kapieren sie allmählich, daß sich nichts geändert hat. Sie haben sich sehr bemüht, sie haben alles versucht, aber die Frau bleibt gleich, der Mann bleibt gleich. Niemand kann irgend jemanden ändern. Das ist eine bedeutsame Erfahrung, die man machen kann – eine große Erkenntnis.

Darum sind ältere Menschen toleranter – sie wissen, daß man nichts tun kann. Darum sind ältere Menschen sanftmütiger – sie wissen, daß die Dinge so sind, wie sie sind. Darum sind ältere Menschen duldsamer. Junge Leute sind sehr unduldsam und zornig. Sie wollen alles verändern. Sie wollen die Welt so verändern, wie sie selbst sie haben wollen. Sie kämpfen hart dafür, aber es passiert nie. Es kann nicht passieren – es liegt nicht in der Natur der Dinge.

Der äußere Mann kann nie mit dem inneren Mann übereinstimmen, und die äußere Frau kann nie absolut gleich sein wie die innere Frau.

Deshalb bringt die Liebe Freude ebenso wie Schmerz. Liebe bringt Glück ebenso wie Unglück. Doch das Unglück überwiegt bei weitem das Glück. *(67)*

Und das ist der wichtige Beitrag von Tantra: Solange der Mann und die Frau in deinem Innern nicht zu einer Einheit verschmelzen, wirst du unzufrieden bleiben; etwas wird immer fehlen. Und weil du immer außen suchst, hast du das Gefühl, daß dir die weiblichen Eigenschaften abgehen, und dir ist gar nicht bewußt, daß du auch eine Innenwelt hast. Du kennst nur diese eine Welt außerhalb von dir.

So fängst du an, außen nach einer Frau oder einem Mann zu suchen, die oder der dich zu einem organischen Ganzen und dein Leben zu einer Einheit machen kann, denn du möchtest diesen ständigen Mangel, diese Lücke, dieses Gefühl der belastenden Unvollständigkeit in deinem Dasein loswerden. So suchst du ständig außen nach Frauen, nach Männern. Doch kein Mensch hat je außen die Frau oder den Mann gefunden, der dieses Bedürfnis gestillt hätte – diese Sehnsucht, ein vollständiges Ganzes zu werden.

Grundsätzlich stimmt es natürlich, daß Mann und Frau ihre Energien zu einer Einheit verschmelzen müssen. Doch dieses Wunder kann nur in deinem Innern stattfinden, nicht außen. Dieses Phänomen ereignet sich, wenn du still und friedlich und voller Freude bist, wenn du in tiefere meditative Zustände kommst und deine Intelligenz geschärft wird. Dann wirst du sehen: Der andere, den du immer gesucht hast, ist in dir!

Und mit der inneren Frau, mit dem inneren Mann gibt es

kein Problem. Sobald du sie erkennst, fangen sie an, miteinander zu verschmelzen, ohne jede Anstrengung von deiner Seite. Dein bloßes Erkennen genügt, um den Prozeß der Verschmelzung zu aktivieren.

Möglicherweise bist du für dieses Experiment noch zu jung. Es bedarf eines gewissen Hintergrundes an Frustration mit dem äußeren Partner. Wenn du völlig frustriert bist, wenn du alle Hoffnung verloren hast – erst dann wirst du deine Türen zumachen und die Augen schließen und dich nach innen wenden.

Frustration spielt eine ungeheuer wertvolle Rolle für das spirituelle Wachstum des Menschen. *(68)*

Es ist kein sehr großer Unterschied zwischen Mann und Frau, und der Unterschied ist einfach: Was beim Mann bewußt ist, ist bei der Frau unbewußt, und was bei der Frau bewußt ist, ist beim Mann unbewußt. Der Mann ist nur in seinem bewußten Anteil Mann; in seinem unbewußten Anteil ist er weiblich, ist er eine Frau.

Darum kann man beobachten, daß ein Mann, der seinem unbewußten Teil näherkommt, weicher, weiblicher, liebevoller, sanfter wird.

Der ausgeglichene Mann ist weder Mann noch Frau; er ist eine Mischung von beidem oder vielmehr eine Synthese. Seine Männlichkeit hält seiner Weiblichkeit das Gleichgewicht. Sie stehen nicht auf Kriegsfuß miteinander; sie sind aufeinander eingestimmt, tanzen in Harmonie miteinander. Es herrscht großer Einklang.

Der Unterschied ist also nicht groß, der Unterschied ist eigentlich sehr klein. Aber er ist sehr groß geworden, weil der Mann seit mindestens zehntausend Jahren die Szene beherrscht.

Er hat die Frau in sich selbst unterdrückt, und infolgedessen hat er auch die Frau in der Außenwelt unterdrückt. Das war anders gar nicht möglich – es gehört logischerweise zusammen.

Wenn du zuläßt, daß die Frau in deinem Inneren dem Mann in dir frei begegnen kann, und es zu einer tiefen Verschmelzung kommt, zu einer orgasmischen Vereinigung, dann wird in deinem Bewußtsein keine Spaltung in männlich und weiblich mehr sein. Es ist eins, es ist menschlich, es ist ganz. Da ist kein Konflikt mehr, sondern Harmonie. Die höchstmögliche Synthese ist erreicht.

Wenn das geschieht, ist man ganz geworden – egal, ob man Mann oder Frau ist. *(69)*

Gibt es so etwas wie angeborene weibliche oder männliche Eigenschaften?

Jedes Individuum ist beides, weil jedes Individuum aus beidem entsteht – Mutter und Vater. Ein Teil von dir kommt von deinem Vater, ein Teil von dir kommt von deiner Mutter. Darum kannst du nicht ausschließlich Mann oder ausschließlich Frau sein. Eigentlich ist jeder zweigeschlechtlich; es ist nur ein gradueller, quantitativer Unterschied.

Ein Mann ist mehr Mann als Frau, das ist alles. Eine Frau ist mehr Frau als Mann, das ist alles. Der Unterschied ist graduell.

Daher besteht auch die Möglichkeit der Geschlechtsumwandlung. Dadurch, daß man durch Hormonspritzen das innere Gleichgewicht verschieben kann, ist es möglich geworden, daß ein Mann zur Frau und eine Frau zum Mann werden kann. Gegen Ende dieses Jahrhunderts werden immer mehr Menschen das Geschlecht wechseln, und es wird etwas ganz Natürliches sein. Man wird es müde, ein Mann zu sein, immer nur ein Mann, immer nur ein Mann. Man wird es müde, eine Frau zu sein, und man will mal die Positionen vertauschen. Gegen Ende dieses Jahrhunderts wird die Geschlechtsumwandlung eine allgemein übliche Sache sein. Und das ist gut so.

Dann kann ein Mensch drei oder vier Leben in einem Leben leben: Ein paar Jahre bist du Frau, dann wirst du zum Mann, und danach wieder zur Frau. Das ist jetzt möglich geworden. Es ist wissenschaftlich machbar, und die Techniken dafür werden immer mehr verbessert werden. Und es ist möglich, weil in jedem Menschen beides vorhanden ist.

Wenn du ein Mann bist, dann ist der bewußte Teil deines Gehirns der eines Mannes, und der unbewußte Teil ist der einer Frau. Wenn du eine Frau bist, dann ist der bewußte Teil der einer Frau, und der unbewußte Teil ist der eines Mannes. Und häufig kommt es zu Umkehrungen.

Zum Beispiel, wenn ein Mann älter wird, fängt er an, weiblicher zu werden, und wenn Frauen älter werden, fangen sie an, männlicher zu werden. Alte Frauen bekommen einen Schnurrbart, ihre Stimme wird männlicher, sie werden streitsüchtiger, kämpferischer, zorniger, gereizter. Wenn ein Mann alt wird, wird er fügsamer, gehorsamer, nachgiebiger, mehr zu einem Pantoffelhelden.

Mulla Nasruddins Frau sagte zu ihren fünfzehn Kindern: »Ab sofort gibt es jeden Monat eine Belohnung für das bravste Kind!«

Da sagten alle: »Das ist ungerecht!«

Sie sagte: »Wieso denn?«

Und sie antworteten: »Weil Papa die Belohnung kriegt!«

Der Mann wird allmählich fügsamer, und die Frau wird immer dominierender. Aber es gibt auch tägliche Veränderungen. Wenn eine Frau in große Wut gerät, tritt ihre bewußte Seite zurück, und das Unbewußte wird vorherrschend. Eine wütende Frau ist gefährlicher als ein wütender Mann. Eine vor Wut rasende Frau ist viel gefährlicher als ein tobender Mann, denn die unbewußte Seite der Frau ist noch unverbraucht, weil sie selten benutzt wird. Und wenn sie einmal benutzt wird, kann es sehr gefährlich werden. Wenn eine Frau dich liebt, liebt sie dich intensiv; wenn sie dich haßt, dann haßt sie dich intensiv.

Wenn ein Mann liebt, ist seine Liebe tiefer als die der Frau, weil sein unbewußter Teil unverbraucht ist. In der Liebe geht der Mann sehr tief, viel tiefer als die Frau – denn für die Frau ist es vollkommen normal, zu lieben. Es ist ihre Art – sie ist liebevoll. Für einen Mann hingegen ist es schwierig, sich zu verlieben. Es ist nicht seine Art; es geschieht selten. Aber wenn es geschieht, dann ist seine Liebe so tief, daß er jede Frau darin übertrifft.

Das ist meine Beobachtung: Wenn eine Frau liebt – und das tun alle Frauen –, dann ist ihre Liebe einfach etwas Natürliches. Sie gehört zur weiblichen Psyche. In der Regel liebt ein Mann nicht so sehr. In der Regel ist die Liebe für ihn nur eine von vielen Angelegenheiten, die er tut, eines von vielen Dingen – und wahrscheinlich nicht einmal das wichtigste. Oft ist der Beruf viel wichtiger, und die Liebe dient nur zur Erholung, zur Entspannung vom Geschäft und rangiert dahinter an zweiter Stelle. Und wenn er sich entscheiden muß, wird er sich für das Geschäft entscheiden.

Ein Mann wurde in flagranti mit einem Revolver in der Hand erwischt. Er war drauf und dran gewesen, einen Mann zu töten, der mit seiner Frau im Bett war.

Der Richter fragte ihn: »Ihr Revolver war geladen. Warum haben sie den Mann nicht getötet? Wollten sie ihn nur erschrecken oder was?«

Da sagte der Mann: »Als ich meinen Revolver nahm und ihn erschießen wollte, fragte der andere: ›Wieviel wollen Sie für den Revolver haben?‹ Wie kann ich jemanden erschießen, der mir ein Geschäft vorschlägt?«

Wie kann man einen Mann erschießen, wenn er vom Geschäft redet? Wenn es ums Geschäft geht, dann vergißt man sogar seine Frau und daß der andere mit ihr geschlafen hat.

Es gibt Leute, für die ist die Politik wichtiger als die Liebe. Geld, Ruhm, Moral – tausend andere Dinge sind wichtig für einen Mann. Aber eine Frau liebt. Sie liebt total – das ist für sie das einzige. Es ist keine Sache unter vielen. Wenn ein Mann liebt, dann liebt er ein paar Minuten am Tag. Wenn eine Frau liebt, liebt sie vierundzwanzig Stunden am Tag. Das ist natürlich.

Aber wenn hier und da ein Mann wirklich liebt, kann keine Frau sich mit ihm messen, denn dann kommt seine innere Frau zum Blühen. Dann wird ein großer Liebender geboren. Dann explodiert sein inneres Unbewußtes und ergreift völlig Besitz von ihm.

Wenn eine Frau wütend und aggressiv wird, kann sie sehr gefährlich werden. Provoziere nie eine Frau! Wenn du einen Mann provozierst, wird er sich an bestimmte Spielregeln und Richtlinien des Kämpfens und Kriegführens halten. Eine Frau befolgt diese Regeln nicht. Sie wird sich einfach auf dich stürzen und dich zerfleischen, dich beißen, dich töten – sie wird keine Regeln befolgen. Sie kennt die Regeln nicht. Ihre männliche Seite ist überhaupt nicht ausgebildet – und wenn ihr Mann explodiert, dann explodiert er einfach.

Diese beiden Seiten sind in dir.

Was hat nun ein Suchender zu tun? Er muß sich beider Seiten bewußt werden und aufhören, mit ihnen identifiziert zu sein. Ein wahrer Suchender muß alle Identifizierungen aufgeben. Er muß lernen, daß er weder Mann noch Frau ist; er ist der Zeuge. Dann geht man über die Biologie hinaus. Nur dann geht man über den Körper hinaus – denn Mann und Frau gibt es nur im Körper. Sie spiegeln sich höchstens im Verstand, in der Psyche wider. Doch die Seele ist weder Mann noch Frau.

Man muß über beides hinausgehen. Darum beobachte ... und bleibe distanziert und unbeteiligt. Bleibe bewußt.

Wenn deine weibliche Seite in Aktion tritt, beobachte es; wenn die männliche Seite in Aktion tritt, beobachte es – aber sei gewahr, daß du keines von beidem bist. *(70)*

An manchen Tagen fühle ich mich wie ein Mann und an anderen wie eine Frau. Kann ich beides sein? Oder bin ich dabei, schizophren zu werden?

Jeder ist beides. Du bist dir dessen bewußt geworden, und das ist gut. Das ist eine wichtige Einsicht in dein Wesen. Jeder ist beides.

Doch so, wie die Gesellschaft bislang konditioniert war und wie wir alle erzogen und belehrt worden sind, galt: Ein Mann ist ein Mann, eine Frau ist eine Frau. Das ist ein völlig falsches Arrangement, und es widerspricht der Natur.

Wenn ein Mann weint und Tränen vergießt, sagen die Leute: »Weine nicht wie eine Frau, flenne nicht wie eine Frau. Sei keine Heulsuse!« Das ist unsinnig, denn ein Mann hat genauso Tränendrüsen am Auge wie eine Frau. Wenn die Natur nicht gewollt hätte, daß er weinen und Tränen vergießen soll, hätte sie ihn nicht mit Tränendrüsen ausgestattet.

Es ist sehr repressiv. Wenn ein Mädchen anfängt, sich wie ein Mann zu benehmen, wenn es ehrgeizig oder aggressiv ist, dann denken die Leute gleich, daß mit ihr etwas nicht stimme und daß die Hormone durcheinandergeraten seien. Man sagt dann, sie sei ein Wildfang und kein richtiges Mädchen. Aber das ist Unsinn! Diese Trennung ist unnatürlich; das ist Politik, eine gesellschaftlich bedingte Trennung.

Man hat die Frauen gezwungen, vierundzwanzig Stunden lang die Frauenrolle zu spielen, und man hat die Männer gezwungen, vierundzwanzig Stunden lang die Männerrolle zu spielen – und das ist völlig unnatürlich und zweifellos die Ursache für viel Unglück auf dieser Welt.

Es gibt Momente, in denen der Mann weich ist, und dann sollte er weiblich sein dürfen. Es gibt Momente, in denen der Ehemann die Ehefrau sein sollte und die Frau der Mann, und das sollte ganz natürlich sein. Dann wird es einen ausgeglicheneren Rhythmus und mehr Harmonie zwischen ihnen geben. Wenn der Mann nicht vierundzwanzig Stunden lang Mann sein muß, wird er entspannter sein. Und wenn die Frau nicht vierundzwanzig Stunden lang Frau sein muß, wird sie natürlicher und spontaner sein.

Ja, in einem Wutanfall wird eine Frau manchmal gefährlicher als ein Mann, und in zarten Momenten wird ein Mann manchmal liebevoller als jede Frau – und diese Momente wechseln ständig. Beide Gefühlswelten gehören zu dir. Deshalb darfst du nicht denken, daß du schizophren wirst oder so was. Diese Dualität ist natürlich.

Deine Einsicht war sehr wertvoll. Verliere sie nicht und mach dir keine Sorgen über Schizophrenie. Es ist ein Wechselspiel: Ein paar Stunden bist du männlich, ein paar Stunden bist du weiblich. Wenn du es genau beobachtest, kannst du feststellen, für wie viele Minuten du Mann und für wie viele Minuten du Frau bist. Es ist ein periodischer Wechsel. Yoga hat sich intensiv mit diesen inneren Geheimnissen beschäftigt. Wenn du deinen Atem beobachtest, wird dir das Aufschluß über die genaue Zeit geben. Wenn du durch das eine Nasenloch, das linke, atmest, bist du weiblich, und wenn du durch das rechte Nasenloch atmest, bist du männlich. Und das ändert sich ungefähr alle achtundvierzig Minuten.

Dieser Wechsel passiert ständig – Tag und Nacht. Wenn du durch das linke Nasenloch atmest, ist die rechte Gehirnhälfte in Aktion – rechts ist die weibliche Seite. Wenn du durch das rechte Nasenloch atmest, ist die linke Gehirnhälfte in Aktion – das ist die männliche. Du kannst gelegentlich mal damit spielen.

Wenn du einmal sehr wütend bist, versuche eines: Halte dir das rechte Nasenloch zu und fang an, durch das linke zu atmen. Du wirst sehen, daß die Wut innerhalb von Sekunden verschwindet! Um wütend zu sein, mußt du nämlich im männlichen Teil deines Wesens sein. Probiere es aus, und du wirst überrascht sein! Einfach indem du den Atem von einem Nasenloch zum anderen verlagerst, passiert eine dramatische Veränderung. Wenn dich die Welt gerade sehr kalt läßt, dann atme mal durch das linke Nasenloch und laß deine Phantasie, deine Vorstellungskraft, deine Wärme einströmen – plötzlich wirst du dich voller Wärme fühlen.

Und es gibt Aktivitäten, die du leichter ausführen kannst, wenn du im männlichen Gefühlsklima bist. Wenn du einen Kraftakt vollbringen mußt – einen schweren Stein tragen oder versetzen –, dann prüfe erst das Nasenloch. Wenn du nicht in der männlichen Stimmung bist, dann wird es nicht gut sein. Es kann für den Körper sogar gefährlich sein, denn du wirst zu weich sein. Wenn du mit einem Kind spielst oder neben deinem Hund sitzt, spüre, ob du in der weiblichen Seite bist, denn dann wird mehr Übereinstimmung da sein. Wenn du ein Gedicht schreibst, malst oder musizierst, solltest du in der weiblichen Seite sein – außer, du willst Kampfmusik machen; dafür ist es gut, in der männlichen Seite zu sein – aggressiv.

Wenn du es beobachtest, wirst du dir allmählich dieser beiden Pole mehr bewußt werden. Und es ist gut, daß diese beiden Pole existieren. Auf diese Weise sorgt die Natur für Erholung. Wenn deine männliche Seite müde wird, wechselst du zur weiblichen Seite über. Es folgt einer inneren Ökonomie – man wechselt ständig.

Aber eure Gesellschaft bringt euch falsche Dinge bei. Ein Mann ist ein Mann und muß vierundzwanzig Stunden lang ein Mann sein – das ist zuviel des Guten. Und eine Frau muß vierundzwanzig Stunden Frau sein – weich, liebevoll, mitfühlend – das ist zuviel des Guten. Manchmal will sie auch kämpfen, wütend werden, mit Sachen schmeißen – und das ist völlig in Ordnung, wenn man das innere Wechselspiel versteht.

Diese zwei Pole stehen in einem ständigen inneren Wechselspiel. In diesem Spiel des Bewußtseins manifestiert sich Gott in zwei Seiten in dir; er spielt mit sich selbst Verstecken. Wenn das Spiel vorüber ist, wenn du alles gelernt hast, was es zu lernen gab, wenn du deine Lektion gelernt hast, kannst du darüber hinausgehen.

Der höchste Zustand ist weder männlich noch weiblich; er ist neutral. *(71)*

Der Mann ist sich im tiefsten Innersten bewußt, daß die Frau etwas hat, was ihm fehlt. Zuerst einmal ist die Frau für ihn anziehend, weil sie schön ist. Er verliebt sich in die Frau und wird fast süchtig nach ihr – und damit beginnt das Unglück.

Das Gefühl der Abhängigkeit von den Frauen, das jeder Mann verspürt, läßt ihn so reagieren, daß er versucht, die Frau als Sklavin unter Kontrolle zu halten – spirituell als Sklavin.

Und außerdem hat er Angst, weil sie schön ist – nicht nur für ihn, sondern für jeden, der sie sieht, für jeden, der mit ihr in Berührung kommt. In seinem egoistischen, männlichen Chauvinistenhirn regt sich große Eifersucht.

Der Mann hat mit den Frauen das gemacht, was Machiavelli den Politikern empfiehlt. Auch die Ehe ist Politik. Machiavelli empfiehlt, daß die beste Methode zur Verteidigung der Angriff sei, und diese Idee hat der Mann jahrhundertelang benutzt – schon lange, bevor Machiavelli dies als eine Grundtatsache für alle Bereiche der Politik erkannte. Überall, wo es in irgendeiner Form um Herrschaft geht, ist Angriff zweifellos die beste Verteidigung. Wer sich verteidigt, hat schon an Boden verloren; er hat sich bereits als Verlierer gezeigt und schützt sich nur noch.

In Indien gibt es religiöse Schriften, wie das fünftausend Jahre alte *Manusmriti*, in denen empfohlen wird, wenn du Frieden im eigenen Haus haben willst, mußt du deiner Frau gelegentlich ein paar gute Hiebe verpassen – das ist absolut notwendig. Man sollte sie praktisch wie eine Gefangene halten. Und so war ihr Leben – in unterschiedlichen Kulturen, unterschiedlichen Ländern hat man sie überall in der gleichen Gefangenschaft gehalten.

Nur weil der Mann seine Überlegenheit beweisen wollte ... Und wohlgemerkt, immer wenn man etwas zu beweisen versucht, zeigt das nur, daß man es nicht ist. Wahre Überlegenheit bedarf keiner Beweise, keiner Zeugen, keiner Nachweise, keiner Argumente. Wahre Überlegenheit ist unmittelbar erkennbar für jeden, der auch nur ein bißchen Intelligenz besitzt. Wahre Überlegenheit hat ihre eigene magnetische Kraft.

So haben die Männer die Frau verdammt – und das mußten sie tun, um die Kontrolle über sie zu haben – und sie praktisch wie eine Kategorie von Untermenschen behandelt. Was für eine Angst muß den Mann dazu veranlaßt haben? – Denn es ist reine Paranoia ... Der Mann vergleicht sich ständig und stellt fest, daß die Frau ihm überlegen ist.

Im Liebesakt mit einer Frau beispielsweise ist der Mann ihr

sehr unterlegen, weil er nur einen Orgasmus haben kann, während die Frau mindestens ein halbes Dutzend Orgasmen haben kann – eine ganze Serie, multiple Orgasmen. Da fühlt sich der Mann völlig hilflos. Er kann der Frau diese Orgasmen nicht geben. Und das hat zu einem der unglücklichsten Umstände auf der Welt geführt: Weil er ihr keinen multiplen Orgasmus geben kann, hat der Mann versucht, ihr sogar den ersten Orgasmus vorzuenthalten. Der Frau eine Kostprobe des Orgasmus zu geben, bedeutet für den Mann eine Gefahr. Wenn die Frau den Orgasmus kennengelernt hat, wird ihr bewußt, daß ein einziger Orgasmus sie nicht befriedigt; im Gegenteil, sie wird noch durstiger. Doch der Mann hat sich schon verausgabt. Darum ist es das schlaueste, die Frau gar nicht erst wissen zu lassen, daß es so etwas wie den Orgasmus überhaupt gibt.

Aber du mußt nicht glauben, daß der Mann in einer besseren Position ist, wenn die Frau den Orgasmus nicht kennt. Wenn er der Frau den Orgasmus vorenthält, verliert er auch selbst seinen Orgasmus.

Man muß nämlich etwas sehr Wichtiges verstehen: Die Sexualität des Mannes ist lokalisiert, sie ist auf die Genitalien und das Sexzentrum im Gehirn beschränkt. Bei der Frau ist es anders. Ihre Sexualität verteilt sich über den ganzen Körper. Ihr ganzer Körper ist empfindsam, erogen. Und weil die Sexualität des Mannes örtlich begrenzt ist, ist sie winzig im Vergleich zur immensen Sexualität der Frau. Der Mann ist innerhalb von Sekunden fertig, während die Frau noch nicht einmal warm geworden ist. Und der Mann ist immer in Eile, so als ob er eine Pflicht erfüllen müßte, für die er bezahlt wird, und er will es möglichst schnell hinter sich bringen – genauso macht er Liebe.

Ich frage mich, warum dem Mann überhaupt noch etwas am Liebesakt liegt. In zwei bis drei Sekunden ist er fertig damit. Die Frau wurde gerade erst warm, und der Mann ist schon fertig.

Und er hat nicht einmal einen Orgasmus gehabt – denn Ejakulation ist kein Orgasmus! Der Mann dreht sich auf die

Seite und schläft ein. Und die Frau – nicht *eine,* sondern Millionen von Frauen! – weint bittere Tränen, nachdem der Mann sie geliebt hat, weil sie mittendrin abgehängt wurde. Der Mann hat sie animiert, doch bevor sie zu einem Höhepunkt kommen konnte, hat der Mann sich aus dem Spiel gezogen.

Dieser Umstand, daß der Mann so schnell fertig ist, hat einen bedeutsamen Hintergrund – und genau darauf will ich hinaus: Der Mann hat der Frau ihren ersten Orgasmus vorenthalten, und darum mußte er lernen, es so schnell wie möglich durchzuziehen. Auf diese Weise hat die Frau etwas ungeheuer Schönes, etwas Heiliges auf dieser Erde eingebüßt – und nicht nur sie, sondern auch der Mann.

Der Orgasmus ist aber nicht das einzige, worin sich die Frau als stärker erweist. Überall auf der Welt leben die Frauen fünf Jahre länger als die Männer; ihr Durchschnittsalter liegt fünf Jahre über dem der Männer. Das zeigt, daß sie mehr Widerstandskraft, mehr Zähigkeit besitzen. Frauen sind weniger krank als Männer, und wenn sie krank sind, werden sie schneller wieder gesund als Männer. Das sind wissenschaftliche Tatsachen.

Auf hundertfünfzehn Knaben kommen bei der Geburt hundert Mädchen. Man fragt sich: Warum hundertfünfzehn? Aber die Natur weiß es besser. Weil bis zum heiratsfähigen Alter schon fünfzehn Knaben das Zeitliche gesegnet haben! Dann bleiben hundert Knaben und hundert Mädchen übrig. Die Mädchen sterben nicht so leicht.

Frauen begehen nicht so häufig Selbstmord wie Männer. Die Selbstmordrate liegt bei den Männern doppelt so hoch. Obwohl Frauen öfter von Selbstmord reden als Männer … Der Mann redet normalerweise nie davon. Die Frauen machen sehr viel Aufhebens um den Selbstmord, aber sie bleiben lieber am Leben, denn sie wenden keine so drastischen Methoden an, um sich zu töten. Sie entscheiden sich meist für die bequemste, wissenschaftlichste und modernste Methode: Schlaftabletten. Doch seltsamerweise nimmt keine Frau so viele Tabletten, daß man sie nicht wieder ins Leben zurückholen könnte. Ihr Selbstmord ist eigentlich kein Selbstmord, sondern eine Art Protest, eine Drohung, eine Erpressung, damit der Ehemann versteht, daß es eine Warnung für die Zukunft ist. Jeder verurteilt ihn – die Ärzte, die Nachbarn, die Verwandten, die Polizeibeamten. Er ist unnötigerweise zum Kriminellen gestempelt worden, und alle haben Mitleid mit der Frau – obwohl sie diejenige war, die Selbstmord begehen wollte.

Auch bei den Morden besteht ein enormer Unterschied. Männer begehen fast zwanzigmal mehr Morde – Frauen nur selten.

Frauen werden weniger verrückt als Männer. Auch hier ist das Verhältnis das gleiche: Doppelt so viele Männer wie Frauen werden geisteskrank.

Und dennoch, obwohl das alles wissenschaftlich erwiesene Tatsachen sind, hält sich der Aberglaube, der Mann sei das stärkere Geschlecht. Der Mann ist aber nur in einem stärker: Er hat einen muskulösen Körper. Er kann gut zupacken und schwere Arbeit leisten.

Ansonsten fühlt er sich in jeder Hinsicht unterlegen. Er hat seit Jahrhunderten einen tiefen Minderwertigkeitskomplex. Die einzige Möglichkeit, diesen Komplex zu umgehen, besteht darin, die Frau in eine unterlegene Position zu zwingen. Und das ist das einzige, worin der Mann stärker ist: Er kann die Frau zwingen. Er ist grausamer, er ist gewalttätiger, und er hat die Frau gezwungen, eine Idee zu akzeptieren, die absolut nicht stimmt: daß sie das schwächere Geschlecht sei.

Und um zu beweisen, daß die Frau schwach ist, muß er alle ihre weiblichen Eigenschaften schlechtmachen. Er muß ihre Eigenschaften als Schwäche bezeichnen und behaupten, daß sie alle zusammengenommen die Frau schwach machen.

Tatsächlich sind aber alle großartigen Eigenschaften weiblich. Und wenn ein Mann zur Erleuchtung gelangt, erwirbt er die gleichen Eigenschaften, die er an den Frauen so verurteilt hat. Alle Eigenschaften, die für Schwäche gehalten werden, sind im Grunde weibliche Eigenschaften. Und es ist eine merkwürdige Tatsache, daß alle wertvollen Eigenschaften in diese Kategorie gehören. Was übrigbleibt, sind nur die brutalen, animalischen Eigenschaften.

Die Frau ist liebevoller. Kein Mann hat größere Liebe gezeigt als die Frau. In Indien starben Millionen von Frauen, indem sie bei lebendigem Leibe zu ihrem toten Mann ins Feuer gesprungen sind, weil sie sich ein Leben ohne den Geliebten nicht vorstellen konnten. Aber findet ihr nicht auch, daß es seltsam ist, daß in zehntausend Jahren nicht ein einziger von euch Männern es wagte, zu seiner toten Frau auf den Scheiterhaufen zu springen? Ihr hattet genug Zeit und genug Gelegenheit dazu – und ihr seid die Stärkeren! Diese zarte, schwache Frau springt ins Feuer, und Muhammad Ali macht weiter seine Liegestützen! Und behauptet immer noch, er sei der Stärkere!

Stärke hat viele Dimensionen. Liebe hat ihre eigene Stärke. Ein Kind neun Monate lang im Bauch zu tragen, erfordert enorme Stärke, Kraft und Liebe. Kein Mann wäre dazu imstande! Man könnte ihm eine künstliche Gebärmutter einpflanzen – Technik und Wissenschaft sind heute so weit, daß man dem Mann eine künstliche Gebärmutter einpflanzen könnte –, aber ich glaube nicht, daß irgendein Mann diese neun Monate überleben würde. Er würde zusammen mit dem Kind ins Meer springen.

Es ist schwierig, einer anderen Seele Leben zu geben, einer anderen Seele einen Körper zu geben, einer anderen Seele ein Gehirn und einen Verstand zu geben. Die Frau gibt bereitwillig von ganzem Herzen, was immer sie dem Kind geben kann.

Und wenn das Kind geboren wurde, ist es alles andere als leicht, es aufzuziehen. Mir erscheint es die schwierigste Sache der Welt. Die Astronauten oder Edmund Hillary – solche Leute sollten erst mal versuchen, Kinder aufzuziehen! Erst dann kann man anerkennen, daß sie etwas geleistet haben, als sie den Everest bestiegen – sonst ist es witzlos. Und selbst wenn man auf dem Mond gelandet und darauf herumspaziert ist, bedeutet das noch gar nichts. Es beweist noch lange nicht, daß man stärker ist. Aber ein lebhaftes Kind – so quicklebendig, mit solch überbordender Energie, daß du innerhalb weniger Stunden total geschafft bist! Zuerst neun Monate im Bauch, und dann noch ein paar Jahre ...!

Versuch nur mal, eine Nacht mit einem Baby im selben Bett zu schlafen. In dieser Nacht wird etwas in deinem Haus passieren! Entweder bringt das Kind dich um oder du das Kind. Wahrscheinlich wirst du das Kind umbringen, denn Kinder können die größten Nervensägen auf der Welt sein. Sie sind so frisch und munter und wollen so viel unternehmen, und du bist todmüde. Du willst nur noch schlafen, aber das Kind ist hellwach und will alles mögliche anstellen, und es braucht deinen Rat und stellt viele Fragen. Und wenn gar nichts anderes hilft, dann muß es plötzlich aufs Klo! Es hat Durst, es hat Hunger – mitten in der Nacht! Den ganzen Tag über schläft es. Im Bauch der Mutter schläft es vierundzwanzig Stunden und dann immer weniger – dreiundzwanzig, zweiundzwanzig, zwanzig ... aber es schläft fast die ganze Zeit. Und in der Nacht wacht es auf. Den ganzen Tag schläft es, und in der Nacht ist es wach, um dich zu martern.

Ich glaube nicht, daß es irgendeinen Mann gibt, der einer Schwangerschaft gewachsen wäre oder Kinder aufziehen könnte. Darin besteht die Stärke der Frauen. Aber es ist eine Stärke anderer Art. Es gibt eine Stärke, die destruktiv ist, und es gibt eine ganz andere Stärke, die kreativ ist. Es gibt eine Stärke, die aus dem Haß kommt, und es gibt eine andere Stärke, die aus der Liebe kommt.

Liebe, Vertrauen, Schönheit, Offenheit, Aufrichtigkeit, Echtheit – all das sind weibliche Qualitäten, und es sind viel großartigere Eigenschaften, als der Mann sie besitzt. Doch die ganze Vergangenheit ist vom Mann und seinen männlichen Eigenschaften beherrscht worden.

Es ist klar: Im Krieg ist die Liebe nutzlos, die Wahrheit, die Schönheit, die Empfindsamkeit für das Schöne – das alles ist nutzlos. Für den Krieg braucht man ein Herz, das härter ist als Stein. Für den Krieg braucht man nur Haß, Wut und Zerstörungswahn.

In dreitausend Jahren hat der Mann fünftausend Kriege geführt. Gewiß, auch das ist Stärke – aber eine Stärke, die des Menschen unwürdig ist. Diese Stärke leitet sich von unserem animalischen Erbe ab. Sie gehört der Vergangenheit an, die hinter uns liegt, doch die weiblichen Eigenschaften gehören zur Zukunft, die noch vor uns liegt.

Das, was der Mann sich erst verdienen muß, ist den Frauen schon von Natur aus als Geschenk mitgegeben worden.

Der Mann muß lieben lernen. Der Mann muß lernen, wie er das Herz zum Herrn und den Verstand zu dessen gehorsamem Diener machen kann. Diese Dinge muß der Mann erst lernen. Die Frau bringt diese Dinge schon mit; doch wir verurteilen all diese Eigenschaften als Schwäche.

Frauen sind Frauen, und Männer sind Männer. Es ist keine Frage des Vergleichs. Gleichheit steht außer Frage. Sie sind weder ungleich noch können sie gleich sein. Sie sind einfach einzigartig.

Der Mann ist, was die religiöse Erfahrung angeht, überhaupt nicht besser dran als die Frau. Aber er hat *eine* Qualität: Er ist ein Krieger. Wenn man ihm eine Herausforderung gibt, kann er jede Eigenschaft entwickeln. Dann wird er sogar die weiblichen Eigenschaften besser entwickeln als jede Frau. Sein Kampfgeist macht alles wett. Die Frauen haben die weiblichen Eigenschaften von Geburt an, doch der Mann muß erst dazu provoziert werden; er muß eine Herausforderung bekommen: »Du hast diese weiblichen Qualitäten nicht mitbekommen – du mußt sie dir erwerben!«

Und wenn die Männer ebenso wie die Frauen ihre weiblichen Qualitäten ins Leben einbringen können, ist der Tag nicht mehr fern, da wir diese Erde in ein Paradies verwandeln können.

Ich befürworte die weiblichen Qualitäten. Ich sähe gern die ganze Welt voller weiblicher Qualitäten. Nur dann können die Kriege verschwinden. Nur dann kann die Ehe verschwinden. Nur dann können die Nationen verschwinden. Nur dann können wir eine geeinte Welt haben – eine liebevolle, friedliche, stille und schöne Welt.

Aber wenn ich sage, daß der Mann die weiblichen Eigenschaften entwickeln muß, meine ich nicht, daß er die Frauen imitieren soll. (72)

Warum sind Frauen so zickig?

Die Frau hat lange gelitten, weil die weibliche Psyche lange gelitten hat. Die Frau wird schon so lange unterdrückt, weil die weibliche Denkungsart schon so lange unterdrückt wird. Es ist eine jahrhundertelange Unterdrückung, Ausbeutung und Versklavung ... Man hat den Frauen so viel Gewalt angetan! Darum ist es nur verständlich, daß sie berechnend geworden sind. Es ist verständlich, daß sie sehr findig darin geworden sind, subtile Foltermethoden für den Mann zu entwickeln. Es ist natürlich. Das ist die Art der Schwächeren. Herumnörgeln und Zickigsein ist die Art der Schwächeren.

Warum mäkeln die Frauen ständig an den Männern herum, warum finden sie ständig Mittel und Wege, die Männer zu quälen? Es geschieht unbewußt. Schuld daran ist die jahrhundertelange Unterdrückung. Sie hat ihr Wesen vergiftet. Und sie können sich natürlich nicht direkt zur Wehr setzen. Das ist aus verschiedenen Gründen nicht möglich. Erstens sind die Frauen zarter gebaut als die Männer. Selbst wenn sie Karate, Aikido oder Judo lernen, macht es keinen allzu großen Unterschied. Sie sind einfach zerbrechlicher, und darin besteht ja auch ihre Schönheit. Wenn sie zuviel Karate oder Judo oder Jiu-jitsu oder Aikido betreiben, werden sie zwar muskulös und stark, aber dann geht ihnen etwas verloren, und sie haben damit gar nichts gewonnen. Sie verlieren ihre Weiblichkeit, ihre blütenhafte Zartheit, ihre Zerbrechlichkeit. Das ist den Preis nicht wert.

Die Frau ist zart, und so soll sie auch sein. Sie ist von einer tieferen Harmonie durchdrungen als der Mann. Sie ist Musik, sie ist Rhythmus – viel mehr als der Mann; sie ist irgendwie runder.

Zum einen: Aufgrund ihrer Zartheit war sie nie so aggressiv wie der Mann. Und zum anderen: Der Mann hat sie auf eine bestimmte Weise zurechtgestutzt; er hat sie zu einem bestimmten Denken erzogen, das es ihr unmöglich macht, aus ihrer Abhängigkeit herauszukommen. Und das geht schon so lange, daß es ihr bis ins Mark gegangen ist. Sie hat es verinnerlicht.

Aber mit der Freiheit ist es so eine Sache: Was auch immer geschieht – der Mensch orientiert sich an der Freiheit. Er verliert nie die Sehnsucht nach Freiheit, denn das ist die Sehnsucht nach Religiosität, die Sehnsucht nach Göttlichkeit. Freiheit bleibt immer das Ziel, was auch geschehen mag.

Was tut man also, wenn es keine Möglichkeit zu revoltieren gibt und die ganze Gesellschaft vom Mann beherrscht ist? Wie kann man dagegen kämpfen? Wie kann man sich ein bißchen Würde bewahren? Die Frau ist berechnend und diplomatisch geworden. Sie tut Dinge, die keine direkte, sondern eine indirekte Attacke sind. Sie bekämpft den Mann mit subtilen Mitteln. Dadurch ist sie fast wie ein Krokodil geworden: Sie lauert ständig auf eine Gelegenheit, um sich zu revanchieren.

Vielleicht kämpft sie nicht einmal bewußt gegen etwas Bestimmtes – sie kämpft einfach, weil sie eine Frau ist und das Frausein repräsentiert. Viele Jahrhunderte der Demütigung und Würdelosigkeit liegen hinter ihr. Der einzelne Mann hat ihr vielleicht gar nichts getan, aber er repräsentiert alle Männer. Das kann sie nicht vergessen. Sie liebt den Mann, diesen einen Mann, aber die Strukturen, die die Männer hervorgebracht haben, kann sie nicht lieben. Sie kann diesen einen Mann lieben, aber den Männern insgesamt kann sie nicht verzeihen. Und immer wenn sie diesen einen Mann sieht, begegnet ihr die ganze männliche Denkungsart – und dann legt sie los.

Das ist alles sehr unbewußt. Es hat bei den Frauen eine gewisse Neurose hervorgerufen. Die Frauen sind neurotischer als die Männer. Das ist nur natürlich, weil sie in einer Männergesellschaft leben müssen, die für den Mann maßgeschneidert ist, und sie müssen sich anpassen. Die Gesellschaft wurde von Männern für Männer gemacht, und die Frauen müssen darin leben, sie müssen sich fügen. Sie müssen sich viele Teile, viele Glieder – ihre lebendigen Glieder – abschneiden, um in die mechanische Rolle zu passen, die ihnen der Mann zugewiesen hat. Dagegen wehren sie sich, dagegen kämpfen sie, und dieses ständige Kämpfen erzeugt eine gewisse Neurose. Nichts anderes bedeutet Zickigkeit. *(73)*

Was hat die Frau so zickig gemacht? Es ist keine naturgegebene Eigenschaft. Was hat dazu geführt, daß die Frau ständig an ihrem Mann herummäkelt? Es ist unnatürlich.

Es ist eine Rache, eine weibliche Form der Rache. Ihr Männer habt sie zur Sklavin degradiert. Ihr habt ihr alle Freiheit genommen, habt sie zu eurem Besitz gemacht.

Eines ist grundlegend: Man kann niemanden zum Sklaven machen, ohne von ihm ebenfalls zum Sklaven gemacht zu werden. Sklaverei ist immer gegenseitig. Manchmal kommt es vor, daß der Herr ein noch größerer Sklave ist als der Sklave. Der Herr wird von seinem Sklaven in allem abhängig.

Und das zweite: Wenn man jemanden zum Sklaven macht, schafft man sich selbst Probleme, weil dieser Mensch einen immer hassen wird. Er mag Liebe vortäuschen, er mag Ehrfurcht vortäuschen, aber das ist nur an der Oberfläche. Tief im Innern kocht er im Feuer seines Hasses.

Der Mann hat die Frau zur Sklavin gemacht, aber du kannst sehen, was ich sage, du kannst die Wahrheit davon sehen. Hast du schon mal einen Ehemann gesehen, der nicht unter dem Pantoffel gestanden hätte?

Von Anfang an versuchen wir, die Frau im Leben zur Sklavin zu machen. Kein Wunder, daß sich in ihr die Wut staut! Millionen von Frauen leben im Hause ihres Ehegatten – und fast die Hälfte der Menschheit sind Frauen ... Die halbe Menschheit vergeudet ihr Leben in der Küche mit Routinearbeiten und Kinderhüten – ein öder Job! Und den ganzen

Tag warten sie darauf, daß der Ehemann mal was Nettes, irgend etwas Liebes zu ihnen sagt.

Doch der Ehemann hat seine eigenen Probleme: den Chef im Büro, Aktenberge auf seinem Schreibtisch – und alle sind hinter ihm her, daß er endlich fertig werden soll! Er arbeitet hart und bringt sogar noch Aktenstöße mit nach Hause. Und sobald die Frau ihn mit all den Akten heimkommen sieht, weiß sie, daß er das ganze Büro mit heimbringt. Da explodiert sie und macht ihm eine Szene ... Ihr Leben ist völlig ruiniert. Den ganzen Tag nichts anderes als kochen und sich um die Kinder kümmern! Und am Abend hofft sie, daß der Mann bald nach Hause kommt und sie wenigstens ein paar Augenblicke liebevoll miteinander kommunizieren können – aber er kommt mit dem ganzen Büro. Kein Wunder, daß sie ausflippt und ihm die Akten um die Ohren schmeißt. Und beim Essen nörgelt sie an ihm herum für dies oder das. Sie läßt ihn nicht mal in Ruhe essen.

Ein Mann sah ein Restaurantschild, auf dem stand: »Kommen Sie rein! Fühlen Sie sich bei uns wie zu Hause!«

Er trat ein und setzte sich an einen Tisch. Eine Kellnerin kam und fragte: »Was hätten Sie denn gern?«

Er sagte: »Zuerst bringen Sie mir einen kalten Tee.«

Und sie sagte: »Kalten Tee? Okay, bring' ich Ihnen, wenn Sie wollen.«

»Und dann bringen Sie mir ein verbranntes Steak mit versalzenen Kartoffeln und so viel Pfeffer, daß es mir die Tränen in die Augen treibt. Und dann müssen Sie sich zu mir setzen und an mir herumnörgeln.«

Die Frau sagte: »Aber wir sind hier in einem Restaurant!«

Er sagte: »Ich dachte, bei Ihnen kann man sich wie zu Hause fühlen?«

So sieht das »Zuhause« aus, in dem alle leben. Und das nennt ihr Leben? Der Mann wird im Büro schikaniert, die Frau wird den ganzen Tag von den Kindern und den Nachbarn schikaniert. Und dann kommt endlich der Ehemann ... Keiner von beiden ist in einem normalen Zustand. Sofort fangen sie an, über alles mögliche zu streiten und sich in die Haare zu geraten, und schon fliegen die Teller. Die Frau wirft mit Kissen nach ihm, und er schreit sie an und versucht, sie zu beruhigen, damit die Nachbarn nichts mitkriegen und die Kinder nicht aufwachen ... Aber wie lange kann man dabei ruhig bleiben?

Man kann den Frauen keinen Vorwurf machen. Und wenn du eine Erfahrung machen willst, solltest du ihren Job mal für vierundzwanzig Stunden übernehmen. Koche erst mal das Essen – dann wirst du schon sehen! Und dann kümmere dich um die Kinder, diese kleinen Teufel! Entweder wirst du sie umbringen, oder du bringst dich selber um. Nur vierundzwanzig Stunden!

Es ist kein Wunder, wenn die Frau nörgelig und zickig und streitsüchtig wird. Und man kann sehen, daß sie es nicht wirklich meint. Du kannst es sehen, wenn sie ein Kissen nach dir wirft – sie trifft immer daneben! Nicht, daß sie nicht richtig zielen könnte, aber sie will dich gar nicht treffen. Sie will bloß ihrem Ärger Luft machen. Sie wirft auch nie mit schweren Dingen – so daß du blind wirst oder deine Nase abfällt oder dein Kopf einen Sprung bekommt ... Das würde sie niemals tun. Und selbst wenn ein Kissen dich trifft, ist es nicht weiter schlimm.

Und wenn du genauer hinschaust, siehst du, daß sie immer nur mit den billigen Tellern herumwirft, die sie ohnehin loswerden wollte, weil sie einen Sprung hatten oder abgeschlagen oder sonstwie kaputt waren. Sie nimmt nie die wertvollen Teller, nur die nutzlosen. Sie achtet darauf, denn sie weiß – wem wird es weh tun? Aber der Ärger ist da und sucht sich ein Ventil. Solange man ihn nicht in eine kreative Dimension lenkt ... Und die einzige Chance ist, Mann und Frau voneinander zu befreien!

Die Befreiung des Mannes ist nur möglich durch die Befreiung der Frau. Die Frau sollte Schulbildung haben, sie sollte finanzielle Unabhängigkeit haben, sie sollte ein hinzuverdienendes Mitglied der Familie sein, sie sollte nicht vom Ehemann abhängig sein. Die Frau sollte in der Gesellschaft genausoviel Bewegungsfreiheit haben wie der Mann. Die Frau sollte Zeit haben, um kreativ zu sein – zu musizieren, zu malen, zu lesen, zu schreiben. Dann werdet ihr euch wundern: Diese ganze Nörgelei wird aufhören, diese ganze Zickigkeit wird verschwinden, weil die Energie in Kreativität umgesetzt wird.

Die Emanzipation ist nicht nur Frauensache. Es geht um die Befreiung von Frau *und* Mann, von beiden zusammen – denn beide befinden sich in Sklaverei. Es ist eine gegenseitige Abhängigkeit. Eine Seite allein kann nicht frei werden. Entweder werden beide frei, oder beide bleiben Sklaven. Das hat die feministische Bewegung noch nicht kapiert, und was nötig wäre, ist eine psychologische Klimaveränderung.

Die Befreiung des Mannes ist absolut notwendig – genauso notwendig wie die Befreiung der Frau. Und sie sollten gemeinsam überlegen, wie sie frei werden können. Es ist unnötig zu kämpfen, denn jeder Kampf hat etwas Häßliches an sich.

Die Befreiung sollte durch Verstehen kommen. Alle intelligenten Männer und Frauen sollten sich zusammentun und versuchen, die Probleme der ganzen Welt zu verstehen und Lösungen dafür zu finden.

Und ich sehe gar nicht so viele Probleme. Im Grunde sind es nur ein paar Probleme – und die lassen sich leicht lösen. *(74)*

Was ist die richtige Methode, eine Frau zu behandeln?

Es gibt nur eine einzige Methode, wie man eine Frau behandeln muß. Nur – keiner kennt sie! *(75)*

Der Macho

Meine Freundin benutzt oft den Ausdruck »männliches Ego« und meint mich damit, aber ich finde, das trifft auf mich gar nicht zu. Ich war schon immer sehr offen und empfänglich für weibliche Energie. Außerdem habe ich das Gefühl, daß sie in diesen Begriff einen gewissen Männerhaß hineinpackt. Kannst du bitte erläutern, was das »männliche Ego« ist und was es bedeutet, wenn eine Frau diesen Ausdruck bei einem Mann gebraucht?

Ego ist einfach Ego; es ist weder männlich noch weiblich. Aber der Mann geht seit vielen Jahrhunderten extrem unmenschlich mit den Frauen um, und zwar permanent! Und das seltsame ist, daß der Mann die Frauen deshalb so grausam und unmenschlich behandelt, weil er einen tiefen Minderwertigkeitskomplex fühlt, wenn er sich mit ihnen vergleicht.

Das größte Problem hat er damit, daß die Frau Mutter werden kann, daß sie Leben in die Welt setzen kann, und er nicht. An diesem Punkt setzt beim Mann das Unterlegenheitsgefühl ein: daß die Natur sich lieber auf die Frau verläßt als auf ihn!

Außerdem hat der Mann feststellen müssen, daß die Frau ihm in vielfacher Hinsicht überlegen ist: Frauen besitzen mehr Geduld und Toleranz als Männer. Männer sind äußerst ungeduldig und intolerant. Frauen sind weniger gewalttätig als Männer; sie morden nicht. Es sind die Männer, die morden, Kreuzzüge anzetteln, ständig für den Krieg rüsten und alle erdenklichen Todeswaffen erfinden – Atombomben, Nuklearsprengköpfe. Die Frau hält sich aus diesem ganzen Todesspiel heraus.

Darum war es kein Zufall, daß der Mann anfing, sich unterlegen zu fühlen. Wer will schon unterlegen sein? Die einzige Lösung bestand darin, die Frau künstlich zur Unterlegenheit zu zwingen. Zum Beispiel, indem der Mann ihr die Schulbildung verwehrte, indem er ihr die wirtschaftliche Freiheit verwehrte, indem er ihr verwehrte, das Haus zu verlassen, so daß sie in einer Art Gefangenschaft zu leben hatte.

Es erscheint unfaßbar, was die Männer den Frauen alles angetan haben, nur um ihre eigene Unterlegenheit nicht spüren zu müssen. Sie haben die Frau künstlich zur Unterlegenen gemacht.

In China herrschte fünftausend Jahre lang die Auffassung, eine Frau habe keine Seele. Alle Schriften waren natürlich von Männern verfaßt, und darin wurde die Idee verbreitet, die Frau sei höchstens eine Maschine, eine Gebärmaschine. Diese Auffassung wurde so vorherrschend, daß sie sogar in die chinesische Rechtsprechung Eingang fand. Ein Mann, der seine Frau ermordete, galt nicht als Verbrecher. Es war so, wie wenn er einen Stuhl oder Tisch kaputt machte – bestenfalls einen Fernseher … Sie war sein Eigentum, und er hatte das Recht, sie zu zerstören. So haben in China Tausende von Männern ihre Ehefrauen getötet. Aber die Ehemänner wurden vom Staat und von den Gerichten nicht bestraft, weil der Frau das Grundprinzip abgesprochen wurde, eine Seele zu haben.

In Indien redete man den Frauen zehntausend Jahre lang ein, es sei Sünde, von einem anderen Mann auch nur zu träumen. Diese Regel galt aber nicht für den Mann. Die Frau mußte ein äußerst tugendsames Leben führen, während der Mann sämtliche Freiheiten genoß. Der Mann erschuf die Prostituierten für seine Freiheit. Dieses Besitzdenken nahm in Indien wahnwitzige Proportionen an. Wenn ein Mann starb, mußte seine Frau mit ihm sterben, sie mußte bei lebendigem Leibe ins Feuer springen. Und das ging zehntausend Jahre lang so! Wenn eine Frau Angst hatte – und wer hätte keine Angst, lebendig auf den Scheiterhaufen zu springen! –, wurde sie als unmoralisch verdammt. Es war der Wunsch des Ehemannes, daß sie mit ihm sterben sollte, denn er konnte ihr nicht trauen. Wenn er nicht mehr da war, könnte sie mit einem anderen Mann eine Liebesaffäre haben, und das konnte er nicht dulden. Aber seltsamerweise hat diese Regel nie für die Männer gegolten: daß der Mann ins Feuer springen sollte, wenn seine Frau starb. O nein, der Mann galt als ein höheres Wesen!

Und die Art und Weise, wie das bewerkstelligt wurde, treibt einem die Tränen in die Augen ... Denn es ist keine leichte Sache, eine Frau bei lebendigem Leibe zu verbrennen. Zuerst wurde der Scheiterhaufen vorbereitet, der Leichnam des Ehemannes daraufgelegt, und dann zwang man die Frau, sich neben die Leiche zu legen. Danach legte man über beide noch mehr Holz und goß geklärte Butter über das Ganze, damit das Feuer stark angeheizt wurde. Und nicht nur deshalb, sondern auch, damit es so viel Rauch erzeugte, daß niemand sehen konnte, was geschah. Denn manchmal versuchte eine Frau, aus dem Feuer zu entkommen. Rund um den Scheiterhaufen standen Priester mit brennenden Fackeln, und wenn die Frau herauszuspringen versuchte, zwangen die Priester sie mit ihren brennenden Fackeln zurück ins Feuer. Darum brauchte man so viel Rauch – damit niemand sehen konnte, was die Priester taten.

Natürlich wehrte sich die Frau und schrie. Ihre Schreie sollten nicht gehört werden, und darum hatte man es so arrangiert, daß hinter den Priestern eine Reihe von Leuten stand, die Musik machten, tanzten, sangen und Lärm machten, um die Schreie der Frau auf dem Scheiterhaufen zu übertönen. Und alles feierte, daß eine Frau ihre Liebe und ihr Vertrauen bewies, indem sie den Freitod wählte. Sie wurde dazu gezwungen; sie tat es nicht freiwillig. Man brachte sie dazu.

Eine ähnliche Situation herrschte überall auf der Welt. Auf unterschiedliche Weise hat der Mann den Frauen die Flügel gestutzt und sie ihrer Talente, ihrer Begabungen, ihrer Genialität beraubt.

Bei deiner Frage geht es also nicht nur um dich. Wenn deine Freundin dir sagt, daß du ein männliches Ego hast, spricht sie im Grunde für alle Frauen und sieht dich stellvertretend für alle Männer. Deine Vorväter haben einen so großen Schaden angerichtet, daß es sich niemals wettmachen läßt.

Wenn also deine Freundin auf dein männliches Ego anspielt, versuche sie zu verstehen. Vielleicht hat sie ja recht! Höchstwahrscheinlich hat sie recht – denn der Mann ist schon so lange von seiner Überlegenheit überzeugt, daß es ihm gar nicht mehr in den Sinn kommt, sein Ego könnte im Spiel sein. Aber die Frau fühlt es.

Sprich ihr dieses Gefühl nicht ab. Du solltest ihr vielmehr dankbar sein und sie fragen, wie sie dein Ego wahrnimmt, damit du es fallenlassen kannst. Nimm ihre Hilfe an!

Doch du streitest es einfach ab. Du bist dir deines männlichen Egos gar nicht bewußt. Aber das ist einfach ein überliefertes Erbe.

Jeder kleine Junge hat schon ein männliches Ego – schon ein Knirps. Wenn er anfängt zu weinen, sagt man ihm gleich: »Was flennst du denn wie ein Mädchen? Mädchen dürfen flennen; sie sind ja im Grunde Untermenschen. Aber du – du sollst einmal ein großer männlicher Chauvinist werden. Du darfst nicht heulen und Tränen vergießen.« Und so lernt der Mann schon als kleiner Junge, seine Tränen zu stoppen. Man findet selten einen Mann, der genauso weinen und seine Tränen fließen lassen kann wie eine Frau.

Hör auf die Frau. Du hast die Frau und das Weibliche so sehr unterdrückt, daß es Zeit ist, auf sie zu hören und die Dinge ins Lot zu bringen. Zumindest in deinem persönlichen Leben solltest du alles tun, um der Frau so viel Freiheit wie möglich zu erlauben – die gleiche Freiheit, die du dir selbst zugestehst. Hilf ihr, auf eigenen Füßen zu stehen, damit sie zum Blühen kommen kann.

Wir werden eine viel schönere Welt haben, wenn alle Frauen – und sie sind die halbe Welt – ihre Talente und ihre genialen Begabungen entfalten dürfen. Es steht völlig außer Frage ... keiner ist höher, keiner ist niedriger. Frauen sind Frauen, Männer sind Männer. Sie haben ihre Unterschiede, aber diese Unterschiede machen niemanden höher oder niedriger. Gerade die Unterschiede machen die Anziehung aus.

Stell dir eine Welt vor, in der es nur Männer gibt. Wie häßlich wäre das! Das Leben ist reich, weil es Unterschiede gibt – unterschiedliche Meinungen, unterschiedliche Auffassungen. Niemand ist überlegen, niemand ist unterlegen. Die Menschen sind einfach verschieden.

Akzeptiere das und hilf deiner Frau, sich von zehntausend Jahren Unterdrückung zu befreien. Sei ihr Freund! Man hat der Frau so großen Schaden zugefügt. Sie ist so tief verwundet worden! Und wenn du ihr helfen kannst, sie mit deiner Liebe zu heilen, leistest du einen Beitrag für die ganze Welt, für das Bewußtsein der ganzen Erde.

Du brauchst dich nicht schlecht zu fühlen, wenn deine Freundin sagt: »Das ist das männliche Ego.« Es ist vorhanden, in subtiler Form, kaum wahrnehmbar, weil es schon so lange existiert. Du hast nur vergessen, daß es das Ego ist. Nimm ihre Hilfe an, damit du es erkennen und auflösen kannst. *(76)*

Warum haben die Männer Haare auf der Brust?

Na, sie können ja nicht alles haben! *(77)*

Ich höre dich immer so nette Dinge über die Frauen sagen. Kannst du nicht zum Ausgleich auch mal was Nettes über die Männer sagen?

Das ist eine schwierige Frage. Ich habe die ganze Nacht nicht schlafen können. Ich habe hin und her überlegt, um irgend etwas Nettes über die Männer zu finden, aber ich muß gestehen – es gibt nichts zu sagen. Und du kannst dich selbst davon überzeugen.

Eine Journalistin machte ein Interview für eine Frauenzeitschrift und befragte einen prominenten englischen General über sein Sexualleben. »Gestatten Sie mir bitte eine Frage«, begann sie. »Können Sie sich erinnern, wann Sie das letzte Mal Beziehungen mit Ihrer Frau hatten?«

Seine Oberlippe wurde einen Moment steif, und dann sagte er: »Gewiß kann ich das. Das war neunzehnfünfundvierzig.«

Nach einem kurzen Schweigen sagte die Frau: »Das ist aber lange her!«

Der General warf einen Blick auf seine Uhr und sagte dann: »Noch nicht sehr lange. Es ist ja erst einundzwanzigneunundvierzig.«

Männer sind komische Wesen. Wenn ihr irgend etwas Nettes über die Männer herausfindet, sagt mir bitte Bescheid. Aber ich muß zugeben, ich bin absolut gescheitert. *(78)*

Heute morgen hatte ich plötzlich die Erkenntnis, daß an den Frauen überhaupt nichts Interessantes ist. Stimmt das?

Diese Frage ist von einem Deutschen. Nach dem, was ich gestern sagte, hatte ich erwartet, daß mindestens ein Dutzend Deutsche auf mich böse sein würden – und nur die Deutschen.

Ich liebe die Deutschen! Die meisten meiner *Sannyasins* sind Deutsche. Und sogar die deutsche Regierung hat Angst vor mir, weil sie genau weiß, daß ich einen gewissen Einfluß auf die deutsche Jugend habe. Nicht ohne Grund hat man ein Gesetz im Parlament verabschiedet, daß ich nicht nach Deutschland einreisen darf – obwohl ich nie darum angesucht habe. Nicht nur das, ich darf nicht einmal mit meinem Flugzeug zum Auftanken auf einem deutschen Flughafen landen. Ein so tapferes Volk, und eine solche Angst ...!

Aber ich habe das erwartet, und ich hatte völlig recht. Nicht eine einzige Reaktion kam aus einem anderen Land – und hier sind Menschen aus fast allen Ländern der Erde anwesend. Nur die Deutschen waren furchtbar verärgert.

Ich hatte gesagt: »Ich kann nichts Nettes an den Männern finden.« Das habe ich natürlich nur gesagt, um die Deutschen zu provozieren, und sie sind prompt drauf reingefallen! Sie sind so geradlinige Kerle; sie konnten die Absicht dahinter nicht sehen.

Du bist ebenfalls Deutscher, und du fragst: *»Heute morgen hatte ich plötzlich die Erkenntnis, daß an den Frauen überhaupt nichts Interessantes ist. Stimmt das?«*

Das ist also seine Reaktion. Jetzt möchte ich am liebsten alle Frauen hier im *Ashram* auffordern, diesen Mann sieben Tage lang zu boykottieren. Sobald eine Frau ihn sieht, sollte sie nur: »Oh, là, là!« zu ihm sagen, sonst nichts. Und innerhalb von sieben Tagen wird er anfangen, selbst in der häßlichsten Frau nur noch Schönes zu sehen. Er braucht bestimmt sieben Tage dazu – bei anderen würde es schneller gehen.

Einer meiner *Sannyasins*, der Arzt ist, hat eine großartige Studie durchgeführt, als er die Lage erkannte, und hat sich bemüht, etwas Nettes an den Männern zu entdecken. Hier ist das Ergebnis. Er schreibt:

»Ich habe eine tiefgreifende Studie über das schwierige Problem durchgeführt, ob die Männer auch gute Seiten an sich haben. Es war nicht einfach, aber gewisse Attribute sind dabei ans Licht gekommen. Für folgende Dinge scheinen sich Männer am besten zu eignen:

um den Mülleimer zu leeren,
kleine Kinder zu erschrecken,
auf die Klobrille zu pinkeln,
einen Koffer zu tragen,
Haare im Badewannenabfluß zurückzulassen,
Babys zu machen,
Spaghetti zu kochen,
mit Taxifahrern zu streiten,
schmutzige Unterwäsche im Schlafzimmer rumliegen zu lassen,
im Bett zu schnarchen,
sich für jede andere Frau zu interessieren, nur nicht für die eigene,
andere Leute schon beim Frühstück zu schockieren,

schmutzige Fußabdrücke auf frischgewaschenen Laken zu hinterlassen,

mitten im Liebesakt einzuschlafen,

auf emotionale Situationen mit Distanziertheit zu reagieren,

das Hauptthema für Klatsch abzugeben,

ein Opfer für Frauen zu sein, das diese unter ihre Fuchtel nehmen können,

die Miete zu bezahlen,

Dinge zu reparieren, die danach noch mehr kaputt sind,

den Kühlschrank um Mitternacht leerzufuttern,

das beste Porzellan zu zerdeppern,

das Bett ungemacht zu hinterlassen,

die Küchenspüle mit Essensresten zu verstopfen.

Aber vor allem sind Männer die größten Schwänze der ganzen Menschheit.« *(79)*

Ich muß meine männliche Rasse in Schutz nehmen. Als Mann hat mich das Leben mit der Fähigkeit ausgestattet, gegen die Existenz zu kämpfen, gegen den Strom zu schwimmen, ein Macher zu sein und nein zu sagen. Mein Bemühen, auf dich und deine Therapeuten zu hören und das alles fallenzulassen, hat mir nichts als Probleme und Schwierigkeiten gebracht. Ich glaube einfach nicht daran, daß die Existenz mich zu einem Mann gemacht hat, damit ich jetzt weiblich werde, noch bevor ich das volle Potential meiner Männlichkeit und meines Verstandes verwirklicht habe.

Deutschland ist das einzige Land auf der ganzen Welt, das sich »Vaterland« nennt. Jedes andere Land nennt sich »Mutterland«. Wie gesagt, ich liebe die Deutschen – mit Ausnahme dieses kleinen Erbes, das sie seit Jahrhunderten mit sich herumschleppen: diese männlich-chauvinistische Idee, die sie von sich selbst haben. Sie hat schon zwei Weltkriege verursacht und könnte auch noch einen dritten verursachen.

Was der Fragesteller sagt, ist nichts Neues: »*Ich muß meine männliche Rasse in Schutz nehmen.*« Dieses ganze Inschutznehmen und die Idee, gegen die Existenz kämpfen zu müssen, ein Macher sein zu müssen, nein sagen zu müssen ... Und nun hat er sich hier wer weiß wie angestrengt, um sein Bemühen fallenzulassen, aber er hat es nicht geschafft, sondern wurde nur noch unglücklicher.

Was bist du bloß für ein Mann, daß du nicht einmal dein Bemühen fallenlassen kannst? Und du willst die männliche Rasse in Schutz nehmen? Viele Frauen haben hier schon ihr Bemühen losgelassen, aber du hast es nicht geschafft. Du bist schon besiegt!

Und warum hast du solche Angst davor, loszulassen und dich im Strom treiben zu lassen? Warum hast du solche Angst, ja zur Existenz zu sagen? Es ist ein reiner Ego-Trip ... Das ist eines der häßlichsten Dinge am Menschen. Es ist wie eine Wand, die dich hindert, über dich selbst hinauszublicken. Du bist umgeben von einem selbstgeschaffenen Gefängnis und vermagst nicht über seine Wände hinauszusehen. Du kennst nicht den Himmel, kennst nicht die Sterne, weißt nicht, daß diese ganze Existenz ein einziges Loslassen ist. Alles bewegt sich völlig mühelos.

Die Bäume wachsen. Denkst du, sie bemühten sich zu wachsen? Die Sterne bewegen sich mit ungeheurer Geschwindigkeit. Denkst du, sie bemühten sich? Du atmest – denkst du, das ist etwas, worum du dich bemühen müßtest? Dein Herz schlägt – liegt das an dir und deinem Machen? Wenn es von deinem Machen abhinge, würdest du vergessen, im Schlaf zu atmen. Du würdest vergessen, ob dein Herz noch schlägt oder nicht. Du hättest keine Chance. Du würdest dich am Morgen nicht einmal erinnern, daß du mitten in der Nacht zu atmen vergessen hast. Einmal vergessen – aus und vorbei!

Die ganze Existenz besteht nur aus Loslassen.

Nur wegen dieses männlich-chauvinistischen Denkens konnte Adolf Hitler die deutsche Rasse ausbeuten. Er selbst war ja nicht gerade ein intellektueller Gigant, sondern ein zurückgebliebener Schizophrener, ein psychisch kranker

Mensch, der auf die ganze deutsche Rasse mit allen möglichen schwachsinnigen Ideen Eindruck machte. Zum Beispiel, daß die Juden daran schuld seien, daß Deutschland die Welt noch nicht beherrsche. Das ist genauso absurd, als würde man sagen: Die Fahrräder sind schuld, daß Deutschland noch nicht die Weltherrschaft erlangt hat. Solange wir die Fahrräder nicht vernichten, hat Deutschland keine Chance, die Weltherrschaft anzutreten! Was hatten die armen Juden denn getan?

Aber er wirkte überzeugend, weil er so laut brüllte. Er hielt Massenkundgebungen ab, um den Leuten zu beweisen, daß sie unrecht hatten und er recht haben mußte. Er hat mehr Menschen auf dem Gewissen als irgendein anderer in der ganzen Geschichte der Menschheit.

Aber er ist dafür nicht allein verantwortlich. Jeder Deutsche ist dafür verantwortlich. Ihr habt ihn unterstützt. Ihr habt diesen Gedanken unterstützt, daß man gegen die Existenz kämpfen muß, um seine Männlichkeit unter Beweis zu stellen, daß man nein sagen muß. Aber merkt euch: Wer nicht ja sagen kann, ist ein Wahnsinniger. »Nein« bedeutet den Tod, »ja« bedeutet das Leben.

Leben ist Bejahung. Je tiefer dein Ja, je tiefer deine Hingabe an die Existenz, um so größer ist deine Seligkeit. Sonst bist du absolut mechanisch, wie ein Roboter. Und der bloße Gedanke, daß du etwas Besonderes bist und zu einer Rasse gehörst, die allen anderen überlegen ist, das ist einfach Unsinn.

Wenn es den Deutschen gelingt, diese männlich-chauvinistische Einstellung aufzugeben und die Frau als dem Mann gleichgestellt zu akzeptieren, werden sie nicht nur entspannter und friedlicher leben, sondern sie werden auch der ganzen Welt helfen können, im Frieden zu leben. Die Kriege könnten aufhören.

Und statt Krieg könnte mehr Liebe, mehr Freundschaft, mehr Freude zu eurer tagtäglichen Erfahrung werden.

Helmut hat gerade sein neues Auto geliefert bekommen und bietet einigen Freunden an, sie mitzunehmen. Leider hat er beim Kauf vergessen zu fragen, wie man das Auto startet.

Zuerst versucht er zu bluffen, aber schließlich gesteht er seine Unwissenheit ein.

Seine Freunde, ebenfalls Deutsche, sind auch nicht gerade die Schlauesten. Zum Glück kann aber wenigstens Hermann Englisch lesen. Er entziffert eine Aufschrift am Armaturenbrett: »Push to start.« Daraufhin steigen alle aus, um zu schieben.

Laß wenigstens hier dein Deutschtum sein; es ist deine Krankheit. Und das gilt nicht nur für dich. Die Inder müssen ihr Indertum aufgeben; es ist ihre Krankheit. Und die Italiener müssen ihr Italienertum aufgeben; es ist ihre Krankheit.

Die Nationen sind nur vom Menschen künstlich erzeugte Trennlinien, die Rassen sind dumme Unterscheidungen, die Religionen alle vom Menschen geschaffen. Das alles bringt die Menschen gegeneinander auf.

Sannyas ist der Versuch, eine neue Welt zu erschaffen, in der niemand ein Deutscher, Inder oder Japaner ist, in der niemand sich selbst für überlegen und die Frau für eine unterlegene Sklavin hält – eine Welt, in der Gleichheit und gleiche Wachstumschancen als selbstverständlich akzeptiert werden.

Ich sage nicht, daß der Mann nichts beizutragen hat. Er hat immens viel beizutragen. Zweifellos ist die ganze Wissenschaft, die ganze Technik ein Beitrag des Mannes zur Existenz, aber er darf eines nicht vergessen: Die Produkte seines Intellekts und seiner Vernunft sind nicht die höchsten menschlichen Schöpfungen. Die wertvollsten Schöpfungen kommen aus dem Herzen – Gesang, Musik, Poesie, Tanz. Wenn ihr nicht feiern könnt – welchen Nutzen hat dann all euer wissenschaftlicher Fortschritt? Und ohne die Frau gibt es kein Feiern.

Versammelt hundert Männer zu einem Haufen zusammen, und sie werden alle total ernsthaft sein. Doch bringt eine Frau hinzu, und sofort fangen alle Augen an zu funkeln. Das Interesse ist erwacht. Das Leben ist plötzlich aufregend. Jetzt kann was passieren!

Ohne die Frau ist der Mann nur halb, und ohne den Mann ist die Frau nur halb. Zusammen bilden sie ein Ganzes.

Ich habe nur deswegen nichts Nettes über die Männer gesagt, weil die Männer den Frauen so viel Schlimmes angetan haben, daß man jetzt besser kein Wort über die Talente und Genialität der Männer verliert. Sie sind reine Kompensation.

Ich weiß, es gibt ein paar Dinge, die nur Männer tun können, und es gibt ein paar Dinge, die nur Frauen tun können. Und das macht das Leben schöner und spannender. Zwischen diesen beiden Polen wird das Leben zu einer magnetischen Anziehung. Zwischen den beiden Polen von Mann und Frau ereignen sich viele Mysterien. Die ganze Romantik des Lebens, die ganze Poesie des Lebens beruht auf der Polarität von Mann und Frau.

Doch der Mann hat jahrtausendelang über die Frau geherrscht. Er hatte alle Möglichkeiten, alle Chancen, während die Frau ständig unterdrückt und verkrüppelt wurde. Sie durfte nicht Schulter an Schulter mit dem Mann im Leben konkurrieren. Darum wissen wir nicht, wie viele weibliche Gautama Buddhas nur keine Möglichkeit hatten, zum Blühen zu kommen. Wir wissen nicht, wie viele weibliche Albert Einsteins einfach nicht die Chance erhielten, sich zu entfalten.

Merkwürdigerweise dominieren sogar in Dimensionen wie Dichtung, Musik und Tanz die Männer. Die größten Tänzer der Welt waren Männer, nicht Frauen. Eigentlich müßten die Frauen vor allen männlichen Tänzern an der Spitze liegen. Doch dazu muß man eine Chance bekommen. Man braucht dazu Schulbildung, man braucht eine Ausbildung. Wenn dem ganzen weiblichen Teil der Menschheit alle Bildungschancen verwehrt werden, ist die ganze Gesellschaft, die ganze Welt ärmer. Man macht sie unnötigerweise arm.

Ich lege Wert darauf, daß den Frauen Achtung erwiesen wird. Und das Bestreben nach Gleichheit richtet sich nicht gegen die Männer. Diese Welt gehört euch allen, und gemeinsam müßt ihr sie so schön und so göttlich wie möglich machen.

Die Männer allein – das zeigt deine Frage – haben nichts als Kriege hervorgebracht. In dreitausend Jahren fünftausend

Kriege … Als ob das Leben nur zum Kämpfen da wäre! Als ob das Leben nur zum Töten, Massakrieren und Vergewaltigen da wäre! Eure ganze Geschichte strotzt von Mord und Totschlag, und all diese Mörder sind eure großen Männer. Alexander der Große …! Und seht: Die kleinen Mörder werden ins Gefängnis gesteckt und zum Tode verurteilt, aber die großen Mörder, die werden zu euren Helden!

Und nur, weil man die Frau völlig daran gehindert hat, ihren Beitrag zum Leben zu leisten; sonst hätte es nicht so viele Kriege gegeben. Keine Frau hat Interesse am Krieg; es ist gegen ihre weibliche Natur. Sie hat Interesse an der Liebe, an einem schönen Haus, einem schönen Garten rund um das Haus. Sie hat Interesse an kleinen Dingen, aber diese kleinen Dinge machen das Leben erst lebenswert. Sie hat kein Interesse an Atomwaffen und Nuklearraketen. Sie kann nicht verstehen, warum der Mann ständig damit weitermacht. Ist er denn völlig geistesgestört oder was?

Die halbe Menschheit verhungert, doch die Politiker – alles Männer – und die Generäle – alles Männer – stapeln weiterhin Kernwaffen. Sie haben schon viel zu viele davon – siebenhundertmal mehr, als sie brauchen würden, um die ganze Welt zu zerstören. Alles Leben auf dieser Erde – Bäume, Vögel, Tiere, Menschen, alles, was lebt … Wir haben bereits siebenhundertmal mehr Material, als nötig wäre, um es zu zerstören. Und trotzdem häufen wir mehr und mehr davon an.

Haltet ihr das für normal, wenn die halbe Menschheit am Verhungern ist? Und das geschieht nur, weil der Mann allein das Leben bestimmt. Er besitzt nicht das Mitgefühl der Frau, er hat nur die Härte des Mannes. Er läßt nicht zu, daß die Sanftmut der Frau in den Weltangelegenheiten zum Tragen kommt.

Wir brauchen ein Gleichgewicht im Leben, so daß beide, Mann und Frau, gleichermaßen ihren Beitrag leisten. Dann wird das Leben friedlicher, liebevoller, freudiger sein. Es wird zu einem großartigen Fest. *(80)*

Die Welt leidet deshalb so sehr unter Konflikten, weil die männliche Energie die Vorherrschaft hat. Es fehlt das Gleichgewicht. Ich sage nicht, daß die Energie des Mannes nicht gebraucht würde. Sie wird gebraucht, aber im richtigen Verhältnis. So wie es bisher war, hat die männliche Energie zu neunundneunzig Prozent die Szene beherrscht, und die Frau existierte nur am Rande. Sie hat am Hauptstrom des Lebens nicht teil, und darum gibt es so viel Kampf und Streit, Konflikt und Krieg. Die Energie der Männer hat die Menschheit an den Rand des globalen Selbstmordes gebracht. Er kann jeden Augenblick passieren, wenn nicht die weibliche Energie freigesetzt wird und das Gleichgewicht herstellt. Darin liegt unsere einzige Hoffnung.

Der Dritte Weltkrieg ist nur noch vermeidbar, wenn weibliche Energie in der Welt freigesetzt wird, um ein Gegengewicht zur männlichen Energie zu schaffen. Ansonsten gibt es keine Chance. Durch Friedensmärsche und Antikriegsdemonstrationen läßt er sich nicht vermeiden, denn das ist wiederum männliche Energie! Habt ihr Demonstrierende beobachtet? Sie sind so aggressiv, wie man nur sein kann, und meistens enden Friedensmärsche in gewaltsamen Ausschreitungen. Früher oder später zünden die Demonstranten Autobusse an und bewerfen die Polizei mit Steinen. In Sprechchören rufen sie nach Frieden, doch ihr Ruf ist Kampf.

Die männliche Energie redet immer nur vom Frieden, bereitet aber stets den Krieg vor. Ständig sagt sie, daß wir kämpfen müssen, um den Frieden zu bewahren. Seht, wie absurd das ist! Wir müssen in den Krieg ziehen, damit es auf der Welt Frieden gibt. Um Frieden zu haben, müssen wir Krieg führen. So sind die Menschen bislang immer in den Krieg gezogen, doch der Friede hat sich noch nicht eingestellt.

In dreitausend Jahren haben die Männer fünftausend Kriege geführt. Es vergeht kein einziger Tag, an dem nicht irgendwo ein Krieg stattfindet – mal in Vietnam, mal in Israel, mal in Kaschmir oder irgendwo anders ... aber der Krieg geht immer weiter.

Und es geht nicht bloß um eine Änderung der politischen

Ideologie auf der Welt. Das wird gar nichts helfen – denn sämtliche Ideologien sind männlich.

Die weibliche Energie muß freigesetzt werden. Nur dadurch läßt sich ein Gleichgewicht erreichen. Das Mondelement ist bisher viel zu sehr vernachlässigt worden, und das Sonnenelement ist allzu vorherrschend geworden. Die Mondenergie muß ins Leben zurückkehren. Und mit »Mond« ist nicht nur das Weibliche gemeint, sondern alle Poesie, alle Schönheit, alle Liebe, alles, was dem Herzen entspricht – das alles gehört zum Mondelement. Alles, was mit Intuition zu tun hat, wird vom Mondelement genährt.

Denkt daran, daß in jedem Menschen, ob Mann oder Frau, beide Energien vorhanden sind: Sonne und Mond. Die Betonung muß mehr auf den Mond gelegt werden. Wir haben uns zu stark nach der Sonne hin orientiert – nun droht uns die Zerstörung. Um das Gleichgewicht wieder herzustellen, müssen wir uns in die andere Richtung bewegen, damit nach und nach ein Gleichgewicht entsteht. Wir müssen genau in der Mitte sein – der Mond auf der einen, die Sonne auf der anderen Seite, beide gleich.

Ich erkläre die Gleichheit von Mann und Frau – nicht aus irgendeinem politischen Grund. Nein, aus einem existentiellen Grund erkläre ich, daß sie gleich sind. Sie *müssen* gleich sein, sonst kann das Leben nur in Zerstörung enden.

Darum suche die Frau in dir! Unterstütze sie, nähre sie, hilf ihr, zu wachsen. Schäme dich nicht, denke nicht: »Ich bin doch ein Mann!« Niemand ist ausschließlich ein Mann, und niemand ist ausschließlich eine Frau – jeder ist beides. Das muß so sein, denn eine Hälfte deines Wesens stammt von deinem Vater und die andere von deiner Mutter. Du bist die Vereinigung dieser beiden Energien. Du kannst nicht nur Mann sein, du kannst nicht nur Frau sein.

Absorbiere die Frau in dir, verstärke und unterstütze sie – werde weicher, empfänglicher, passiver, liebevoller.

Meditation wird einfach, wenn man empfänglich ist. Sie ist kein aktives Herangehen an das Leben; sie ist ein wartendes Offensein.

Meditation ist etwas, das zu dir kommt – du kannst es nicht machen, kannst es nicht erringen. Du mußt dich hingeben. Darin liegt die Bedeutung des Weiblichen … *(81)*

In einer Therapiegruppe, an der ich kürzlich teilnahm, entdeckte ich eine Menge Gewalt und Angst vor Frauen in mir. Ich habe das Gefühl, daß meine Angst vor Frauen mit meiner Geburt zusammenhängt, die ich in der Gruppe wiedererlebte, was sehr schmerzvoll für mich war.

Das ist alles miteinander verbunden und voneinander abhängig. Die Angst vor Frauen ist grundsätzlich die Angst vor der Mutter. Jeder muß mit der Mutter zur Versöhnung kommen. Solange du dich mit deiner Mutter noch nicht versöhnt hast, wirst du mit keiner Frau versöhnt sein können, weil jede Frau dich immer wieder an deine Mutter erinnern wird. Manchmal mag dir das gar nicht bewußt sein, aber es wird sich unbewußt auswirken.

Heutzutage ist jede Geburt schmerzvoll. Durch unsere Zivilisation ist die natürliche Geburt zum Verschwinden gebracht worden. Kein Kind wird mehr auf natürliche Weise geboren. Die Mutter ist so verkrampft, daß sie den Geburtsvorgang nicht unterstützt; im Gegenteil, sie behindert ihn. Sie läßt das Kind nicht herauskommen; ihr Bauch gibt das Kind nicht frei.

Das paßt zu diesem ganzen verkrampften Leben, das wir leben. Die heute übliche Einstellung, die Grundidee, auf der alle Spannung beruht, ist, daß man mit dem Leben und mit der Natur kämpfen muß. Das gilt nicht nur speziell für dich.

Jedes Kind muß seine Geburt mehr oder weniger durchleiden. Darum besteht die einzige Möglichkeit darin, sie noch einmal zu erleben, sie sich noch einmal ganz bewußt zu machen. Wenn du deine Geburt bewußt wiedererlebst, wirst du deine Mutter verstehen und ihr verzeihen können, denn die arme Frau hat selbst sehr gelitten. Sie hat dir nichts angetan. Sie war selbst ein Opfer. Niemand trägt irgendeine

Schuld, denn die ganze Situation war schuld. Deine Mutter war noch belastet von ihrer eigenen Geburt und hat mit dir nur das gleiche wiederholt, weil sie es nicht anders wußte.

Sobald dir das alles bewußt wird, kannst du ihr vergeben. Nicht nur das – du wirst für sie sogar Mitgefühl empfinden. Und wenn Mitgefühl für deine Mutter in dir aufsteigt, vollzieht sich die Versöhnung. Dann wirst du keinen Groll mehr gegen sie hegen. Und sobald du deinen Groll los bist, wirkt sich das sofort positiv bei den anderen Frauen aus. Du wirst keine Angst mehr vor ihnen haben. Du wirst sie lieben können.

Die Frau ist eines der wunderbarsten Dinge auf der Welt, mit nichts zu vergleichen. Die Frau ist ein Meisterwerk Gottes. Wenn du Angst hast vor der Frau, wirst du auch Angst haben vor dem Göttlichen, wirst du Angst haben vor der Liebe, wirst du Angst haben vor der Hingabe. Du wirst vor allem Schönen Angst haben, denn die Frau ist die personifizierte Schönheit und Anmut.

Wenn das geschieht, wenn du dich für die weibliche Energie in deinem Umfeld öffnen kannst, wird deine Aggressivität verschwinden. Gewaltsamkeit ist im Grunde eine Energie, die zu Liebe werden sollte, aber nicht zu Liebe werden konnte.

Gewaltsamkeit ist nichts anderes als ungelebte Liebe.

Ein gewalttätiger Mensch ist jemand, der zuviel Liebesenergie in sich hat und nicht weiß, wie er sie umsetzen kann.

Liebe ist kreativ, Gewalt ist destruktiv, und kreative Energie wird destruktiv, wenn man sie nicht umsetzt. *(82)*

Ich bin ein starker Mann, aber ich kann keine Frau finden, die mich wirklich liebt. Was fehlt mir dazu? Ich bin hergekommen, um eine Seelengefährtin zu finden. Kannst du mir helfen?

Vielleicht ... aber bevor ich dir helfen kann, eine Seelengefährtin zu finden, muß ich erst eine Seele in dir erschaffen, was noch schwieriger ist! Du magst körperlich sehr stark sein, aber das heißt noch nicht, daß du eine Seele hast.

Die Seele ist nur ein Same. Ihr habt noch keine verwirklichte Seele in euch, nur das Potential dafür. Und ohne eine Seele zu haben, fangen die Menschen an, nach einem Seelengefährten zu suchen! Nur eine *Seele* kann eine andere Seele anziehen. Wenn du eine Seele hast, wird mit Sicherheit eine andere Seele von dir angezogen werden; du wirst die Seelengefährtin finden.

Aber keiner denkt so. Und der Gedanke, ein starker Mann zu sein, kann zu einem Hindernis werden, weil ein starker Mann normalerweise jemand ist, der etwas Animalisches an sich hat. Unsere Vorstellung von Stärke bezieht sich auf einen Mann, der etwas von einem Tier an sich hat.

Immer wenn ich Bilder von einem Mister Universum sehe, wundere ich mich. Ich kann darin keine Schönheit sehen. Diese Männer sehen furchtbar häßlich aus – lauter Muskeln und nichts dahinter! Sie sehen eher aus wie Tiere als wie Menschen.

Und gesund ist es auch nicht; sie sterben alle früh, und alle sterben an gefährlichen Krankheiten, weil sie ihren Körper in eine bestimmte Form zwingen. Sie haben keine Liebe zu ihrem Körper; ihr Körper ist total verkrampft. Wenn so ein Mister Universum vierzig wird, ist er kurz vor dem Abkratzen und erliegt einer schweren, unheilbaren Krankheit, die er sich selbst kreiert hat. Er hat seinen Körper vergewaltigt, hat seinen Körper manipuliert. Das hat er geschafft – aber zu welchem Preis!

Stärke ist im normalen Denken gleichbedeutend mit Aggressivität. Aber eine Frau braucht ein bißchen mehr Zartheit und keine Aggressivität. Und wer weiß? Vielleicht existiert dieser Gedanke, daß du ein starker Mann bist, nur in deiner Vorstellung, und du bist es gar nicht. Vielleicht ist es nur eine Ego-Phantasie, eine Wunschvorstellung.

Karl und Marie sind seit zwölf Jahren verheiratet. Eines Nachts im Bett sagt Karl: »Heb das Nachthemd hoch!« Marie sagt nichts.

Karl versucht es noch einmal: »He, sei ein liebes Mädchen! Heb das Nachthemd hoch!« Marie sagt noch immer nichts.

Da stürmt Karl aus dem Zimmer und schlägt die Tür zu. Marie steht auf und schließt hinter ihm ab. Eine halbe Stunde lang tigert Karl im Wohnzimmer auf und ab. Dann stampft er zurück zum Schlafzimmer, stößt gegen die Tür und entdeckt, daß sie versperrt ist.

»Mach die Tür auf!« bettelt er. »Tut mir leid, daß ich so wütend war. Mach die Tür auf!« Marie sagt nichts.

»Wenn du jetzt nicht sofort die Tür aufmachst, schlag' ich sie ein!«

»Ach, guck mal, meinen Athleten!« ruft Marie von innen. »Ein Nachthemd kann er nicht hochheben, aber 'ne Tür schlägt er ein!«

Also, ich weiß nicht, wie stark du wirklich bist. Vielleicht kannst du Türen einschlagen – aber das wird nichts helfen. Du wirst eine andere Kunst erlernen müssen! Und ich weiß auch nicht, wie alt du bist. Du scheinst schon lange auf der Suche zu sein – sonst wärst du nicht hier gelandet! Und wenn du schon dein ganzes Leben damit gescheitert bist, hast du bestimmt einige kristallisierte Verhaltensmuster. Vielleicht bist du zu aggressiv, vielleicht bist du nur ein Angeber, vielleicht bist du weniger an der Liebe interessiert als daran, eine Frau zu erobern. Es gibt viele, die tun nichts anderes: Sie führen eine Liste und zählen ständig, wie viele Frauen sie schon erobert haben. Und es soll auch Frauen geben – bisher nur im Westen, aber sicher bald auch im Osten –, die darüber Buch führen, als ob Liebe eine Frage der Quantität wäre!

Ein Mann war mit einer Frau im Bett und fragte sie: »Bin ich der erste, mit dem du ins Bett gehst?«

Es folgte ein langes Schweigen. Der Mann fragte: »Hast du mich verstanden?«

Sie sagte: »Ich hab dich schon verstanden, aber ich muß erst zählen!«

Es gibt Leute, die Strichlisten darüber führen, wie viele Frauen, wie viele Männer sie schon erobert haben. Wenn du an

Eroberung interessiert bist, dann hast du kein Interesse an Liebe. Aber wenn dir allmählich das Leben durch die Finger gleitet und der Tod an deine Tür klopft, bekommst du es mit der Angst zu tun. Dann wird dir plötzlich bewußt, daß du etwas sehr Schönes verpaßt hast.

Die Liebe ist eine der großartigsten Erfahrungen im Leben – und viele gehen daran vorbei. Sie mögen Kinder gezeugt haben, sie mögen mehrmals verheiratet gewesen sein, aber Liebe ist etwas völlig anderes. Sie bedarf einer großen Empfindsamkeit, sie bedarf einer Seele. Und wenn die Zeit verrinnt, die Energie dahinschwindet und der Tod näherkommt, gerät man in Panik.

Das ist mein Gefühl, wenn ich deine Frage lese: daß du in Panik bist.

Zwei alte Ladys halten ein Schwätzchen am Gartenzaun. »Gestern abend war ich mit dem alten Mayer aus und mußte ihm zweimal eine Ohrfeige geben«, brüstet sich die erste.

»Um ihn zu stoppen?« fragt ihre Freundin.

»Nein«, kichert sie, »um ihn zu starten!«

Aber es ist gut, daß du hierher gekommen bist. Wenn du nicht starten kannst, werden wir dir eine Ohrfeige geben! Etwas ist immer möglich. Aber eines brauchst du sicher: Statt eine Seelengefährtin zu suchen, werde erst selbst zu einer Seele – werde bewußter!

Unbewußte Liebe ist nur Geilheit und sonst gar nichts – ein schöner Name für eine häßliche Sache. Nur wenn Liebe bewußt ist, ist es wirklich Liebe. Aber wie viele Menschen sind schon bewußt? Nur wenn Liebe meditativ ist, ist es tatsächlich Liebe.

Und eine meditative Liebe wird auch meditative Liebesenergie anziehen. Vergiß nicht: Man bekommt immer nur das, was man verdient – weder mehr noch weniger. Du bekommst immer genau das, was du verdienst. Das Leben ist sehr gerecht, sehr fair. Wenn du also bisher keine Seelengefährtin bekommen hast, wird es nichts helfen, verzweifelt danach zu suchen. Geh statt dessen nach innen. Etwas fehlt in dir.

Dir fehlen bestimmte Qualitäten der Liebe. Du bist weder zart noch empfindsam noch bewußt. Du weißt nicht, wie man gibt, ohne etwas zurückhaben zu wollen. Deine Liebe stellt Forderungen, sie stellt Bedingungen. Es ist eine Art Ausbeutung. Du willst nur den Körper des anderen benutzen, und keine Frau ist je darüber glücklich, benutzt zu werden – sie haßt es!

Millionen von Frauen hassen ihre Ehemänner, weil sie sich einfach benutzt fühlen – als wären sie nur ein Apparat zur Erleichterung des Sexualtriebes, damit der Mann seinen guten Schlaf haben kann. Keine Frau wird dich je respektieren können, wenn sie fühlt, daß sie nur benutzt wird. Jedes Wesen hat einen Wert an sich.

Benutze nie eine Frau, benutze nie einen Mann, benutze nie jemanden! Kein Mensch ist ein Mittel für deine Zwecke. Respektiere den anderen! Liebe bedeutet Teilen und nicht, den anderen zu benutzen, um von ihm etwas zu ergattern. Ganz im Gegenteil, Liebe bedeutet, aus ganzem Herzen und völlig grundlos zu geben, aus reiner Freude am Geben.

Dann wirst du plötzlich eines Tages entdecken, daß du jemanden gefunden hast, mit dem deine Energien in Harmonie, im Einklang sind. Und es ist eine wunderbare Erfahrung, auch nur einen einzigen Menschen zu finden, mit dem man im Einklang ist. Hier bei mir kannst du viele Menschen finden, mit denen du im Einklang sein kannst.

Du kannst dir meine Ekstase nicht vorstellen, denn ich bin im Einklang mit allen meinen *Sannyasins*, in tiefem Einklang, in einer immensen Harmonie. Dann erreicht die Liebe ihren höchsten Gipfel. Dann ist sie nicht mehr sexuell, sondern reines Gebet. Und wenn Liebe zum Gebet wird, hast du den Seelengefährten gefunden.

Wenn deine Liebe nur Lust ist, wirst du keine Seelengefährtin finden. Dann wirst du nur den Körper irgendeiner Frau finden. Doch der Körper allein kann deine Sehnsucht nicht stillen. Was du brauchst, ist die Harmonie mit der Seele, mit dem inneren Wesen, mit der Innerlichkeit einer Frau, eines Mannes. Wenn man es wenigstens mit einem Menschen erlebt hat, entsteht große Freude. Und wenn du diese Kunst kennst, kann es mit vielen Menschen geschehen. Und das bedeutet Freundschaft. *(83)*

Du hast heute gesagt: »Die Männer müssen männlicher werden.« Was ist dieses »Männliche«?

Die Männlichkeit kann zwei Richtungen einschlagen – ebenso wie die Weiblichkeit. Die männliche Einstellung kann aggressiv sein, brutal und zerstörerisch, aber das ist nur eine der beiden Möglichkeiten. Der Mann hat sie genügend ausprobiert, und die Menschheit hat sehr darunter gelitten. Und wenn der Mann diesen negativen Aspekt der Männlichkeit auslebt, werden die Frauen automatisch in die negative Weiblichkeit getrieben, nur um mit den Männern Schritt zu halten. Sonst würde die Kluft zu groß, unüberbrückbar.

Aber es gibt auch den positiven Aspekt. Nichts kann nur negativ sein; alles Negative hat auch seine positive Kehrseite. Jede dunkle Wolke hat einen Rand von Licht, und auf jede Nacht folgt ein neuer Morgen.

Positive Männlichkeit bedeutet Initiative, Kreativität, Wagemut. Es sind dieselben Eigenschaften, aber auf einer anderen Ebene. Der negativ eingestellte Mann wird zerstörerisch, der positiv eingestellte Mann wird schöpferisch. Destruktivität und Kreativität sind nicht zwei getrennte Dinge, sondern nur zwei Aspekte der gleichen Energie. Die gleiche Energie kann sich einmal als Aggression und ein andermal als Initiative auswirken.

Wenn Aggression zu Initiative wird, hat sie eine ganz eigene Schönheit. Wenn Brutalität zu Wagemut wird, wenn Gewaltsamkeit zum Forscherdrang wird, zur Erforschung neuer, unbekannter Bereiche, wirkt sie sich ungeheuer wohltätig aus.

Der Mann, wenn er wirklich männlich ist, muß Abenteuerlust besitzen, muß kreativ sein, muß fähig sein, so viele Initiativen im Leben zu ergreifen wie nur möglich. Die Frau, die wirklich eine Frau ist, ist wie ein Reservoir an Energie hinter dem Mann, so daß sein Abenteuer mit so viel Energie gespeist wird wie nur möglich. Es wird Energie gebraucht, damit das Abenteuer voller Inspiration ist, damit das Abenteuer voller Poesie ist, damit die abenteuerliche Seele des Mannes sich in der Frau entspannen, mit neuer Lebenskraft aufladen und verjüngen kann.

Mann und Frau zusammen, wenn sie positiv eingestellt sind, bilden ein Ganzes. Und das wahre Paar – und es gibt nur sehr wenige wahre Paare – ist dasjenige, in dem sich beide positiv zusammenfügen. Neunundneunzig Prozent aller Paare sind negativ miteinander verbunden. Darum gibt es so viel Unglück in der Welt.

Ich wiederhole es: Der Mann muß männlich sein, und die Frau muß weiblich sein, aber auf positive Weise. Dann ist ihr Zusammensein Meditation, dann ist ihr Zusammensein wirklich ein großartiges Abenteuer. Dann bringt ihr Zusammensein jeden Tag neue Überraschungen. Dann wird das Leben zu einem Tanz zwischen diesen beiden Polen, und sie ergänzen und nähren sich gegenseitig.

Der Mann wird, auf sich selbst gestellt, nicht sehr weit kommen. Die Frau ist, für sich allein gelassen, nichts als eine stagnierende Energie ohne Möglichkeit für eine dynamische Bewegung. Zusammengenommen ergänzen sie einander. Keiner steht höher als der andere. Wenn sich zwei Seiten ergänzen, steht keine höher oder tiefer; sie sind gleichwertig. Weder ist der Mann der Frau überlegen noch umgekehrt. Sie ergänzen sich. Zusammen bilden sie ein Ganzes, und zusammen sind sie heil, von einer Heiligkeit, die keinem von beiden möglich ist, wenn sie getrennt bleiben.

Und noch eines: Wenn es sich dabei nur um ein äußeres Zusammentreffen von Mann und Frau handeln würde, wäre es nicht von so entscheidender Bedeutung. Es handelt sich auch um ein Zusammentreffen tief im innersten Wesenskern von Mann und Frau, denn jeder Mann ist im Innern auch Frau, und jede Frau ist im Innern auch Mann. Das äußere Zusammentreffen, die äußere Verschmelzung ist nichts als eine Lektion, eine Vorbereitung, ein Experiment für das eigentliche innere Zusammentreffen.

Aber das innere Zusammentreffen zuwege zu bringen ist anfangs schwierig, denn das Innere ist unsichtbar. Du mußt deine Lektion erst mit dem Sichtbaren lernen. Begegne der äußeren Frau, dem äußeren Mann, damit du Erfahrungen sammeln kannst, was es mit diesem Zusammentreffen auf sich hat. Dann kannst du allmählich nach innen vordringen mit deiner Suche und die gleiche Polarität dort finden.

An dem Tag, an dem dein innerer Mann die innere Frau trifft, wirst du erleuchtet.

Doch die erste Lektion muß in der Außenwelt gelernt werden, vergiß das nicht. Bevor du nicht die Frau auf der äußeren Ebene kennengelernt hast, in ihrem ganzen Reichtum, in ihrer ganzen Süße und Bitterkeit, bevor du nicht den Mann im Außen kennengelernt hast, in seiner ganzen Schönheit und in seiner Häßlichkeit, wirst du nicht fähig sein, in die innere Dimension vorzudringen. Du wirst es nicht zulassen können, daß *Yin* und *Yang*, *Shiva* und *Shakti*, sich in dir treffen.

Und auf dieses Zusammentreffen kommt alles an, es ist das wichtigste überhaupt: Denn nur in diesem Zusammentreffen wirst du zu Gott – niemals zuvor. *(84)*

Der Bettler

Warum bin ich so ein Bettler um Aufmerksamkeit? Was kann ich dagegen tun?

Es ist eine der menschlichen Schwächen, eine tief verwurzelte Unzulänglichkeit des Menschen, daß er Aufmerksamkeit bekommen will. Und der Grund, warum man Aufmerksamkeit sucht, liegt darin, daß man sich selbst nicht kennt.

Erst in den Augen der anderen sieht man sein eigenes Gesicht, in ihren Meinungen findet man seine Persönlichkeit. Was andere sagen, spielt eine enorme Rolle. Wenn sie dich übersehen, wenn sie dich ignorieren, fühlst du dich verloren. Wenn du vorbeigehst und keiner beachtet dich, entgleitet dir das, was du dir zusammengebaut hast – deine Persönlichkeit. Du hast sie dir zusammengebastelt. Sie ist nicht etwas, das du entdeckt hast; sie ist nichts Natürliches. Sie ist etwas Künstliches und ganz Beliebiges.

Nicht nur du bist ein Bettler um Aufmerksamkeit. Fast jeder ist es.

Diese Situation kann sich nicht ändern, bevor du nicht dein authentisches Selbst entdeckt hast – das Selbst, das nicht von irgend jemand anderem abhängig ist: von seiner Meinung, seiner Aufmerksamkeit, seiner Kritik, seiner Gleichgültigkeit; das Selbst, das nichts mit irgend jemand anderem zu tun hat.

Nur sehr wenige Menschen haben ihre Wirklichkeit entdeckt, und darum ist die ganze Welt voller Bettler.

Tief im Innersten versucht jeder, Aufmerksamkeit zu bekommen. Sie ist Nahrung für die Persönlichkeit. Selbst wenn die Leute dich verurteilen, kritisieren und gegen dich sind, kannst du das akzeptieren – zumindest schenken sie dir Aufmerksamkeit! Wenn sie freundlich und respektvoll sind, ist das natürlich noch viel besser! Doch du kannst als Persönlichkeit nicht überleben, ohne in irgendeiner Form Aufmerksamkeit zu bekommen. Ob negativ oder positiv, spielt dabei keine Rolle. Die Leute müssen etwas über dich sagen; respektvoll oder respektlos – beides erfüllt seinen Zweck.

Denk mal über das Wort »Respekt« nach – es bedeutet nicht Achtung oder Ehrerbietung, wie es ausnahmslos in den Wörterbüchern steht. Respekt bedeutet wörtlich: »noch einmal hinschauen, zurückschauen« – *re-spectare.* Wenn du auf der Straße gehst und jemand sich nach dir umdreht, weil du ihm auffällst, dann bist du jemand. Respekt gibt dir das Gefühl, jemand Besonderer zu sein, und deshalb bist du zu allen möglichen Dummheiten bereit, nur um Aufmerksamkeit zu bekommen.

Die Menschen haben zu allen Zeiten auf tausenderlei Arten versucht, Aufsehen zu erregen. Das muß überhaupt nicht vernünftig sein – zum Beispiel die Punks. Was wollen sie eigentlich damit erreichen, daß sie sich die Haare so eigenartig und verrückt schneiden lassen und in grellen Farben färben? Was bezwecken sie damit?

Sie sind Bettler. Du solltest dich nicht über sie ärgern, denn genau das wollen sie. Du solltest sie nicht verurteilen, denn genau das wollen sie. Ihre Eltern sollten sie nicht kritisieren, denn genau das wollen sie. Ohne die Aufmerksamkeit der Leute können sie nicht existieren.

Die Menschen haben schon alle möglichen und unmöglichen Dinge getan – du würdest es nicht glauben! Manche liefen sogar nackt herum ... Welchen Sinn hatte es denn, daß ein Mahavira oder ein Diogenes nackt lebte? Es ist doch nicht mehr natürlich für den Menschen, zu allen Jahreszeiten nackt herumzulaufen. Diese Fähigkeit haben wir schon lange eingebüßt. Die Tiere sind alle nackt, aber sie besitzen ja auch eine natürliche Widerstandskraft. Im Winter wächst ihnen ein dicker Pelz, und im Sommer fallen die Haare wieder aus. Die Natur beschützt sie.

Denselben Schutz hatte früher auch der Mensch, aber weil er intelligent ist, kann er die Natur verbessern. Er fand

Möglichkeiten, wie er seinen Körper je nach Jahreszeit bedecken konnte, und so verlor sein Körper das natürliche Haarkleid. Wenn man nackt bleibt, kann sich der Körper nun nicht mehr schützen.

Gewiß, Mahavira und Diogenes waren einzigartige Individuen, aber ich kann mich des Gefühls nicht erwehren, daß sie sich ihrer Einzigartigkeit gar nicht so sicher waren. Diese Unsicherheit, diesen Mangel haben sie dadurch behoben, daß sie nackt herumliefen. Denn es ist unvermeidbar, daß man Aufmerksamkeit bekommt, wenn man in einer Umgebung, in der alle bekleidet sind, nackt herumläuft. Als Nackter steht man außerhalb, das ist unumgänglich. Wer könnte schon widerstehen, bei seinem Anblick zu fragen: »Was ist denn mit dir los?«

Doch ihre Nacktheit wurde zu einer spirituellen Sache. Die Leute fingen an, ihnen Respekt zu erweisen, bloß weil sie nackt waren. Nacktheit ist aber keine besondere Qualität; man braucht dazu keine Qualifikationen und keine Kreativität. Die Tiere, die Vögel, die Bäume, sie sind alle nackt.

In Indien gibt es bis zum heutigen Tag nackte Dschaina-Mönche, aber nicht mehr als zwanzig. Früher waren es Tausende, aber heute ist es schwieriger geworden, so viele Dumme zu finden. Jedesmal, wenn ein Dschaina-Mönche stirbt und nicht ersetzt wird, nimmt ihre Zahl ab. Nur noch zwanzig Mönche in ganz Indien gibt es, die nackt sind – und einige von ihnen habe ich getroffen. Sie zeigen nicht die Spur von Intelligenz, und jede Qualität von Stille und Freude geht ihnen ab. Ihre Gesichter wirken traurig, stumpf, verschlafen. Sie leiden und quälen sich selbst – und alles nur, weil es ihnen die Aufmerksamkeit der Leute einbringt. Die Menschen sind zu allem bereit – und sei es noch so schwachsinnig –, wenn es ihnen Aufmerksamkeit bringt.

In Rußland, vor der Revolution, gab es eine christliche Sekte, deren Mitglieder sich an einem bestimmten Tag im Jahr öffentlich die Geschlechtsteile abschnitten – und sie hatten Tausende von Anhängern. Ihre einzige Qualifikation dafür, als spirituell zu gelten, bestand darin, sich ihrer Geschlechtsteile zu entledigen. Wenn der Tag gekommen war, versammelten sie sich auf einem Platz bei der Kirche, schnitten sich die Genitalien ab und warfen sie auf einen Haufen. Und Tausende sahen bei diesem Schwachsinn zu.

Und die Frauen standen ihnen in nichts nach ... Sie hatten natürlich das Problem, daß ihre Geschlechtsorgane nicht außen runterhängen, sondern innen liegen. Also schnitten sie sich die Brüste ab – sie wollten nicht zurückstehen. Es war eine so unappetitliche und blutige Angelegenheit ... doch die Leute warfen sich ihnen zu Füßen und verehrten sie. Dabei hatten sie nichts anderes getan, als einen abscheulichen Akt gegen die Natur und gegen sich selbst zu vollbringen.

Und was ist so Besonderes am Fasten? Mahatma Gandhi hat diese Strategie sein ganzes Leben lang angewandt. Es war nichts anderes, als die Aufmerksamkeit des ganzen Landes auf sich zu ziehen. Wenn er einen Hungerstreik begann, der mit seinem Tode enden sollte, bekam er sofort die Aufmerksamkeit der ganzen Welt. Ansonsten ist überhaupt nichts Spirituelles am Fasten. Millionen von Menschen hungern, und in den nächsten zehn, zwanzig Jahren werden Millionen am Hunger sterben. Niemand wird ihnen dafür spezielle Ehre oder Respekt erweisen. Wozu auch? Ihr Hungertod ist unabwendbar. Sie fasten nicht freiwillig, sondern weil sie nichts zu essen haben; es sind die Ärmsten, die verhungern.

Doch Mahatma Gandhi hatte alles, was er brauchte, obwohl er wie ein Bettler lebte. Einer seiner intimsten Anhänger, Sarojini Naidu, ein hochintelligenter Mann, hat zu Protokoll gebracht, daß ein Vermögen dafür ausgegeben wurde, um Mahatma Gandhis Armut zu finanzieren. Es war keine gewöhnliche Armut; es war eine sündhaft teure Inszenierung.

Zum Beispiel trank Gandhi keine Büffelmilch, weil sie zu reichhaltig ist – reich an Vitamin A und anderen Vitaminen. Er trank auch keine Kuhmilch, weil sie zu reichhaltig ist und arme Leute sich das nicht leisten konnten. Darum trank er nur Ziegenmilch, weil dies das billigste Tier war, das sich auch arme Leute leisten konnten. Aber ihr werdet euch wundern, wenn ihr hört, daß seine Ziege zweimal täglich mit Toilettenseife gewaschen wurde! Und das Futter der Ziege bestand aus der wertvollsten Nahrung und hätte selbst einen reichen Mann neidisch machen können. Was für eine irrsinnige Welt! Man gab der Ziege Kuhmilch zu trinken, und zu fressen bekam sie Cashewnüsse, Äpfel und andere nahrhafte Früchte, aber kein Gras. Ihre Tagesration kostete in jenen Tagen zehn Rupien. Von diesem Geld konnte man damals einen ganzen Monat leben!

Und Gandhi reiste stets dritter Klasse. Natürlich hat er damit Aufsehen erregt – ein so bedeutender Mann, und reist nur dritter Klasse! Was aber keiner sah: In seinem Abteil dritter Klasse, das Platz für mindestens sechzig Leute bot, saß er als einziger Fahrgast! Das war viel kostspieliger als ein klimatisiertes Abteil – aber es erregte Aufsehen.

Gandhi fing an, die Kleidung der indischen Landarbeiter zu tragen; sie machen achtzig Prozent der Bevölkerung aus. Und weil er die Kleidung der Landbevölkerung trug – nackter Oberkörper, nur der Unterleib in ein kleines Stückchen Stoff gewickelt –, erwiesen ihm die Armen des Landes großen Respekt und fingen an, ihn *Mahatma*, die »große Seele«, zu nennen.

Doch ich habe sein Leben genau unter die Lupe genommen, und ich kann keine große Seele finden. Nicht einmal eine kleine Seele habe ich gefunden – bloß Politik im Namen von Religion. Wohlwissend, daß man in Indien nur mit Religion Eindruck schinden kann, sang Gandhi jeden Morgen und jeden Abend seine Andachtslieder. Aber das war alles nur Show, um Aufmerksamkeit zu bekommen.

Aufmerksamkeit gibt dem Ego immense Nahrung.

Jeder Politiker kann so tun, als wäre er religiös, wenn die Religion hoch im Kurs steht. Da er Aufmerksamkeit braucht, ist seine ganze Persönlichkeit verlogen. Er hängt davon ab, wie viele Anhänger er hat; er hängt von der Zahl der Leuten ab, die ihm Aufmerksamkeit geben. Es ist reine Zahlenpolitik.

Der katholische Papst ist gegen die Geburtenkontrolle, gegen die Abtreibung – aber nicht aus Mitgefühl, weil es grausam oder gewalttätig wäre. Nicht, weil er so lebensbejahend wäre! Die ganze katholische Haltung ist lebensverneinend und lebensfeindlich. Warum beharrt er dann so eisern darauf, daß es keine Geburtenkontrolle und keine Abtreibung geben darf? Weil es eine Strategie ist, um die Anzahl von Katholiken zu erhöhen. Und außerdem ist es die einzige Methode, um die Menschen so arm zu machen, daß sie sich in die Herde der katholischen Schäflein einreihen lassen.

Jetzt, wo es so viele Waisenkinder in Indien gibt, haben die Katholiken ihre große Chance! Man fragt sich ... eine Frau wie Mutter Teresa erhält den Nobelpreis, erhält unzählige Doktorate von indischen Universitäten, Preise der indischen Regierung – und alles nur, weil sie sich der Waisenkinder annimmt. Aber keiner hinterfragt ihre Nächstenliebe, die nichts anderes bewirkt, als daß sie die Waisen zu Katholiken konvertiert. Ist doch logisch, daß Mutter Teresa nicht für die Geburtenkontrolle eintreten kann! Woher würde sie dann ihre Waisenkinder nehmen?

Das Christentum kann niemals eine reiche Welt befürworten. Dabei behauptet die Wissenschaft ständig, wir seien heute an einem Punkt des technischen Fortschritts angelangt, der es unnötig macht, daß Menschen noch an Hunger leiden, daß sie wegen Nahrungsmittelknappheit hungern oder gar sterben. Das war bisher nie der Fall gewesen, doch heute, so sagen die Wissenschaftler, könnten wir mit Leichtigkeit fünf Milliarden Menschen oder mehr ernähren – aber diese Stimmen werden zum Schweigen gebracht. Kein Politiker hört darauf, denn auch die Politiker sind daran interessiert, eine große Gefolgschaft zu haben.

Eure sogenannten religiösen Führer, eure sogenannten politischen Führer – sie alle brauchen Aufmerksamkeit. Sie haben es nötig, daß ihr Name, ihr Foto ständig in den Zeitungen erscheint, denn wenn jemand ein paar Monate lang nicht in der Zeitung erwähnt wird, vergessen ihn die Leute. Was weiß man denn heute noch von Richard Nixon? Wo steckt denn der arme Kerl? Er war einmal der größte und mächtigste Mann der Welt, und nun wird man erst wieder an dem Tag von ihm hören, an dem er stirbt – und selbst das wird höchstens auf der dritten oder vierten Seite in einer kleinen Zeitungsnotiz zu lesen sein. Was passiert mit diesen Mächtigen? Wenn sie die Aufmerksamkeit der Leute verlieren, löst sich ihre Persönlichkeit auf.

Ich habe viele politische Führer Indiens kennengelernt. Dieses Land hat vielleicht mehr Ex-Minister, Chef-Minister und Gouverneure als jedes andere Land. Wenn sie erst einmal »Ex« sind, ist es vorbei mit ihnen. Dann schenkt ihnen keiner mehr Beachtung; dann bittet sie keiner mehr, Brücken einzuweihen oder Eisenbahnlinien, Krankenhäuser, Schulen. Keine Zeitung kräht mehr danach, wo sie geblieben sind, ob sie noch leben oder schon tot sind. Dabei gab es einmal eine Zeit, da man sie tagtäglich in der Zeitung, im Radio, im Fernsehen zu sehen bekam.

Es ist nicht bloß dein Problem, ein Bettler um Aufmerksamkeit zu sein. Es ist eine allgemeine menschliche Realität. Und der Grund ist, daß du von deiner Persönlichkeit abhängig bist – und diese ist falsch, von der Gesellschaft geschaffen, und sie kann dir auch von der Gesellschaft wieder weggenommen werden. Mach dich nicht davon abhängig. Es liegt nicht in deiner Hand.

Was aber in deiner Hand liegt, ist deine eigene Individualität. Suche sie zu entdecken! Und die Wissenschaft zur Entdeckung der Individualität trägt den Namen »Meditation«.

Wenn du dich erst einmal selber kennst, kümmerst du dich nicht mehr um alle anderen. Und selbst wenn die ganze Welt dich vergäße, macht es dir nichts aus; es macht für dich nicht den geringsten Unterschied. Und selbst wenn die ganze Welt von dir wüßte – auch das erzeugt in dir kein Ego. Du weißt, daß das Ego eine Illusion ist, und von einer Illusion abhängig zu sein, ist, als würde man Häuser auf Sand bauen, ohne Fundament.

Deine Persönlichkeit ist im Grunde nichts anderes als eine Signatur im Wasser. Noch bevor du den ganzen Namen hingeschrieben hast, ist er bereits verschwunden.

Ein Kreis von jüdisch-amerikanischen Müttern traf sich zum Kaffeeklatsch. Alle brüsteten sich voller Stolz mit ihren Kindern. Eine Mutter hatte einen Vierjährigen, der schon lesen konnte, und eine andere erzählte von ihrem Fünfjährigen, der im Fernsehen aufgetreten war.

Schließlich ergriff Becky Goldberg das Wort und sagte: »Aber das ist noch gar nichts! Ihr solltet meinen David sehen! Er ist erst fünf, aber vor kurzem war er schon ganz allein beim Psychiater!«

Eine Frau mittleren Alters beichtete ihrem Priester, sie sei in letzter Zeit eitel geworden.

»Wie kommen Sie denn darauf?« fragte der Priester.

»Weil ich jedesmal, wenn ich in den Spiegel schaue, von meiner Schönheit fasziniert bin.«

»Machen Sie sich keine Gedanken!« sagte der Priester. »Das ist keine Sünde. Das ist nur Kurzsichtigkeit!«

Die medizinische Gesellschaft hielt ein großes Treffen zu Ehren eines Ohrenspezialisten ab, der nach mehr als fünfzig Jahren Berufsleben in den Ruhestand ging. Als Abschiedsgeschenk überreichte man ihm ein goldenes Ohr.

Er stand auf, um eine Rede zu halten, und als der Beifall sich gelegt hatte, betrachtete er das Geschenk und sagte: »Was für ein Glück, daß ich kein Gynäkologe bin!«

Mach dich nicht von anderen abhängig! Sei in deinem Wesen unabhängig. Hör nur auf deine innere Stimme!

Du kannst sie vernehmen, sobald du anfängst, deinen Verstand zu beruhigen und zum Schweigen zu bringen – und es ist nicht schwierig. Und wenn ich sage, es ist nicht schwierig, dann sage ich das mit absoluter Autorität. Es ist nicht schwierig. Wenn es mir passiert ist, kann es auch dir passieren – da ist kein Unterschied.

Alle Menschen sind potentiell dazu fähig, sich selbst zu erkennen. Und sobald du dich selbst erkennst, kann niemand dich deiner Individualität berauben. Selbst wenn man dich töten würde, könnte man nur deinen Körper töten, aber nicht dich.

Nur das Individuum kann sich aus diesem Zustand des Bettlers befreien; ansonsten bleibt man sein ganzes Leben lang ein Bettler.

Aber wenn du dich von diesem Bettler befreien willst, mußt du dich vom Ego, von deiner Persönlichkeit, befreien. Du wirst lernen müssen, daß Respekt, Ruhm und Ansehen unwichtig sind. Das sind alles nur leere Worte ohne Bedeutung und Inhalt. Deine Wirklichkeit gehört dir, aber bevor du sie nicht entdeckt hast, wirst du immer von anderen abhängig sein.

Ihr alle seid Könige, aber ihr müßt euch selbst entdecken. Und diese Entdeckung ist nicht schwer: Euer Königreich liegt in eurem Innern.

Du brauchst nur zu lernen, deine Augen zu schließen und nach innen zu schauen. Ein bißchen Disziplin, ein bißchen Lernen, wie du aufhören kannst, ständig nach außen orientiert zu sein. Wende dich wenigstens ein- bis zweimal am Tag nach innen – sooft du Zeit dazu findest ... Und allmählich wirst du anfangen, dir deines ewigen Seins bewußt zu werden. Dann wird das Bedürfnis nach Aufmerksamkeit ganz einfach verschwinden.

Und das Wunder ist: An dem Tag, da du nicht mehr auf die Aufmerksamkeit anderer Leute angewiesen bist, werden sie anfangen, dein Charisma zu spüren, denn Charisma ist die Ausstrahlung deiner Individualität. Sie werden spüren, daß du etwas Besonderes, etwas Einzigartiges bist – obwohl sie nicht genau sagen können, worin deine Einzigartigkeit besteht und was es ist, das sie wie ein Magnet anzieht.

Wer zu sich selbst gefunden hat, macht die Erfahrung, daß Tausende sich zu ihm hingezogen fühlen, aber er hat kein Bedürfnis mehr danach. *(85)*

Du hast das tiefe Bedürfnis, gebraucht zu werden. Du brauchst es, daß jemand dich braucht, weil du sonst den Boden unter den Füßen verlierst. Du brauchst Gesellschaft. Und selbst wenn es jemand ist, der dich bekämpft – das ist immer noch besser, als allein zu sein. Wenigstens zollt er dir Aufmerksamkeit, wenn auch als Feind, und du kannst an ihn denken.

Wenn du verliebt bist, schau dir dieses Bedürfnis an. Beobachte die Liebenden, schau ihnen zu, denn wenn du selbst verliebt bist, ist es schwierig. Dich zu beobachten ist dann schwierig, weil du nahezu verrückt bist, nicht ganz bei Sinnen. Beobachte die Liebenden ... sie sagen einander: »Ich liebe dich«, aber im innersten Herzen wollen sie geliebt werden. Es geht ihnen nicht darum, zu lieben – es geht ihnen darum, geliebt zu werden. Sie lieben nur, um geliebt zu werden. Die eigentliche Sache ist nicht, zu lieben; die eigentliche Sache ist, geliebt zu werden.

Darum beklagen sich Liebende ständig beim anderen: »Du liebst mich nicht genug!« Nichts ist genug, nichts kann je genug sein, weil dieses Bedürfnis grenzenlos ist. Deshalb ist auch die Abhängigkeit grenzenlos; das Bedürfnis ist unerfüllbar. Was immer der Geliebte auch tut: Du hast immer das Gefühl, es wäre noch mehr möglich. Man kann sich immer noch mehr erhoffen, kann sich immer noch mehr vorstellen. Und weil immer etwas fehlt, fühlt man sich frustriert.

Und jeder Liebende denkt: »Ich liebe, aber der andere erwidert meine Liebe nicht genug.« Und der andere denkt genauso. Was ist los?

Keiner liebt wirklich. Und solange du kein Jesus oder Buddha geworden bist, kannst du gar nicht lieben, weil nur diejenigen lieben können, die es nicht mehr brauchen, gebraucht zu werden.

In dem Zustand, in dem du dich jetzt befindest, kannst du nicht lieben. In dem Zustand, in dem du dich befindest, ist deine Liebe unecht. Du demonstrierst nur, daß du liebst, damit du geliebt wirst. Und der andere tut das gleiche.

Deshalb sind Liebende immer in Schwierigkeiten. Beide

täuschen sich gegenseitig, und beide haben das Gefühl, getäuscht zu werden. Aber sie schauen nie bei sich selbst nach, und darum erkennen sie nie, daß sie selbst den anderen täuschen.

Hast du je eine Frau, einen Mann wirklich geliebt? Kannst du sagen, daß du von ganzem Herzen geliebt hast? Nein! Du hast es nie hinterfragt und hast ganz selbstverständlich angenommen, daß du liebst.

Liebe geschieht erst, wenn man eine kristallisierte Seele, ein Selbst erlangt hat. Mit dem Ego geschieht es niemals. Das Ego will immer nur geliebt werden, denn das ist die Nahrung, die es braucht.

Du liebst, damit du gebraucht wirst. Du bringst Kinder zur Welt, nicht weil du Kinder so sehr liebst, sondern weil du gebraucht werden willst, weil du dann herumgehen und überall sagen kannst: »Seht nur, wieviel Verantwortung ich trage, was für Pflichten ich erfülle! Ich bin Vater, ich bin Mutter ...« Damit willst du nur dein Ego glorifizieren. *(86)*

Du bist unfähig, mit dir selbst zu leben. Sobald du allein bist, wirst du unruhig. Sofort fühlst du ein Unbehagen, eine Unruhe, eine tiefe Angst. Was sollst du tun? Wohin sollst du gehen? Geh in den Club, geh in die Kirche, geh ins Theater, geh irgendwohin und triff jemanden. Oder geh wenigstens einkaufen! Für reiche Leute wird das Einkaufen zum einzigen Spiel, zum einzigen Sport. Sie gehen einkaufen. Und wenn du arm bist, brauchst du nicht mal in die Geschäfte hineinzugehen; du kannst einfach auf der Straße gehen und Schaufenster gucken! Aber geh!

Allein zu bleiben ist sehr schwierig, sehr ungewöhnlich, ja außergewöhnlich. Woher kommt diese Unrast? Weil deine ganze Bedeutung verlorengeht, wenn du allein bist. Darum geh und kauf dir was im Geschäft! Zumindest der Verkäufer gibt dir Bedeutung – nicht mal das Ding, denn du kaufst ohnehin stets nutzlose Dinge! Du kaufst nur, um zu kaufen.

Doch der Verkäufer, der Ladenbesitzer behandelt dich wie einen König. Sie benehmen sich, als würde ihr Leben von dir abhängen – dabei weißt du ganz genau, daß alles nur Fassade ist.

Auf diese Weise beutet der Ladenbesitzer dich aus, und dem Verkäufer bist du völlig egal. Mit seinem aufgesetzten Lächeln lächelt er jeden an, nicht speziell dich. Doch du achtest nie auf diese Dinge. Er lächelt und begrüßt dich und empfängt dich wie einen gerngesehenen Gast. Du fühlst dich wohl, denn du bist jemand. Hier sind Leute, die von dir abhängen. Der Ladenbesitzer hat auf dich gewartet!

Du suchst in allen Augen nach einer gewissen Bestätigung. Jedesmal, wenn eine Frau dich ansieht, gibt sie dir eine Bestätigung. Jetzt haben die Psychologen etwas herausgefunden: Beim Betreten eines Raumes – ein Wartesaal auf dem Flughafen, auf dem Bahnhof, im Hotel ... Wenn eine Frau zweimal zu dir hinschaut, ist sie bereit, sich verführen zu lassen. Schaut sie nur einmal, dann läßt du sie besser in Ruhe und vergißt es. Man hat es gefilmt und genau beobachtet, und Tatsache ist: Eine Frau schaut nur dann zweimal hin, wenn sie Bewunderung und Bestätigung bekommen möchte.

Ein Mann betritt ein Lokal: Die Frau mag einmal hinschauen, aber wenn er es nicht wert ist, wird sie kein zweites Mal schauen. Schürzenjäger kennen diesen Trick genau, seit Jahrhunderten. Die Psychologen haben ihn erst jetzt entdeckt – indem sie die Augen beobachtet haben. Wenn die Frau ein zweites Mal schaut, hat sie Interesse. Dann ist einiges möglich. Sie hat dir einen Hinweis gegeben. Sie ist bereit, mit dir zu gehen und das Spiel der Liebe zu spielen. Wenn sie dich aber kein zweites Mal anschaut, ist die Tür zu, und du klopfst besser woanders an, denn diese Tür ist dir verschlossen.

Wenn eine Frau dich anschaut, erlangst du Bedeutung und große Wichtigkeit; in diesem Moment bist du einzigartig. Darum verleiht die Liebe ein solches Strahlen; die Liebe verleiht dir so viel Lebendigkeit und Vitalität.

Aber das ist ein Problem, denn wenn dieselbe Frau dich jeden Tag anschaut, bringt es nicht mehr viel. Darum bekommen Ehemänner irgendwann genug von ihren Frauen, und Ehefrauen haben eines Tages genug von ihren Männern – denn wie lange kannst du aus denselben Augen immer wieder die gleiche Bestätigung gewinnen? Du gewöhnst dich daran. Sie ist ja deine Frau, und bei ihr gibt es nichts mehr zu erobern.

Deshalb muß man zu einem Don Juan werden und von einer Frau zur anderen gehen. Es ist kein sexuelles Bedürfnis, wohlgemerkt. Es hat überhaupt nichts mit Sex zu tun, denn mit einer einzigen Frau geht der Sex viel tiefer, durch die tiefe Intimität. Es hat weder mit Sex noch mit Liebe etwas zu tun – absolut nicht, denn Liebe möchte immer mehr und immer tiefer mit einem einzigen Menschen sein. Es ist weder Liebe noch Sex, sondern etwas ganz anderes: ein Bedürfnis des Ego.

Wenn du jeden Tag eine neue Frau erobern kannst, wirst du dir enorm wichtig vorkommen und dich als Eroberer fühlen. Wenn du aber mit einer Frau am Ende bist, in der Sackgasse, und keiner schaut dich mehr an, keine andere Frau, kein anderer Mann gibt dir Bestätigung, dann fühlst du dich unten durch.

Darum sehen verheiratete Frauen und Männer so unlebendig und lustlos aus. Man kann schon von weitem sehen, ob ein Paar miteinander verheiratet ist. Man fühlt den Unterschied, wenn sie es nicht sind: Sie sind glücklich und fröhlich, sie reden und haben Spaß miteinander. Wenn sie Mann und Frau sind, erdulden sie einander nur.

Mulla Nasruddins fünfundzwanzigster Hochzeitstag war gekommen, und er ging an diesem Tag außer Haus. Seine Frau war ein bißchen verärgert, denn sie hatte erwartet, daß er etwas mit ihr unternehmen würde, aber er verhielt sich ganz nach Routine. Schließlich fragte sie ihn: »Nasruddin, hast du vergessen, was für ein Tag heute ist?«

Nasruddin sagte: »Ja, ich weiß.«

Dann sagte sie: »Dann laß uns doch etwas Ungewöhnliches tun!«

Nasruddin überlegte einen Moment und sagte dann: »Wie wäre es mit zwei Schweigeminuten?«

Immer wenn du das Gefühl hast, daß dein Leben in einer Sackgasse ist, zeigt das nur, daß du wahrscheinlich gedacht hast, es sei Liebe ... Es war keine Liebe – es war ein Ego-Bedürfnis: ein Bedürfnis nach Eroberung, ein Bedürfnis, jeden Tag von einem neuen Mann, einer neuen Frau, neuen Leuten gebraucht zu werden. Wenn dir das gelungen war, fühltest du dich für eine Weile glücklich, denn nun warst du kein gewöhnlicher Mann. Das ist die Gier des Politikers: vom ganzen Land gebraucht zu werden! Was hat Hitler versucht? Von der ganzen Welt gebraucht zu werden!

Ego-Bedürfnisse können dich wahnsinnig machen, aber sie können dir nie die Erfüllung bringen. *(87)*

Der Verstand verlangt ständig nach mehr. Er ist ein Bettler. Ich will euch ein altes Gleichnis erzählen ...

Ein Bettler klopfte an das Tor des Palastes. Zufällig kam gerade der König heraus, um seinen Morgenspaziergang im Garten zu machen, und öffnete selbst das Tor. Der Bettler sagte: »Heute scheint ein guter Tag für dich zu sein.« Der König sagte: »Für mich oder für dich?«

Der Bettler sagte: »Das wird sich am Ende des Tages entscheiden. Ich bin ein Bettler, aber ich bitte dich nur um eines: Sieh diese Bettelschale. Kannst du sie mir anfüllen – mit was immer du willst?«

Der Bettler sah ein wenig sonderbar aus. Er hatte Augen wie ein Mystiker und redete gar nicht wie ein Bettler, sondern wie ein Herrscher. Seine ganze Aura strahlte große Autorität aus.

Der König befahl seinem Premierminister, die Schale des Bettlers mit Goldmünzen zu füllen, damit dieser sich erinnern würde, daß er bei einem König angeklopft und Glück gehabt habe.

Der Bettler lachte. Der König sagte: »Was ist?«

Der Bettler sagte: »Bis zum Abend wird sich alles entscheiden.« Sein Verhalten war sonderbar, aber auch anziehend. Er war ein schöner Mensch.

Und dann nahmen die Dinge ihren Lauf. Als der Premierminister einen Sack Goldmünzen brachte und die Schale damit füllen wollte, verschwand alles darin, doch die Schale blieb leer. Mehr und mehr Münzen … sämtliche Münzen aus der Schatzkammer wurden gebracht, und sie verschwanden alle. Allmählich lief die ganze Stadt zusammen, und die Neuigkeit verbreitete sich wie ein Lauffeuer.

Der König sagte: »Alles, was du findest – Diamanten, Rubine, Smaragde – bringe sie, aber fülle dem Bettler seine Schale!« Doch alles verschwand darin, und die Schale blieb genauso leer wie zuvor.

Schließlich hatte der König alles verloren. Es war Abend geworden. Den ganzen Tag über hatte es große Aufregung in der ganzen Hauptstadt gegeben. Der König war beharrlich geblieben, aber nun hatte es keinen Sinn mehr; er hatte nichts mehr zu geben. Er fiel dem Bettler zu Füßen und fragte ihn nach dem Geheimnis der Schale. »Ist das eine Zauberschale? Es ist nun Abend, und du hast gesagt: ›Bis zum Abend, bis zum Sonnenuntergang, wird sich alles entscheiden.‹ Nun ist die Zeit gekommen, und in gewisser Weise hat sich alles entschieden, denn ein Bettler hat mich besiegt. Aber du bist kein gewöhnlicher Bettler. Ich will nur noch eines wissen: Was ist das Geheimnis dieser Bettelschale?«

Der Bettler sagte: »Es ist kein Geheimnis. Jeder weiß das. Sieh dir die Bettelschale nur etwas genauer an. Sie ist aus dem Schädel eines Menschen gemacht.« Der König sagte: »Das verstehe ich nicht.«

Der Bettler sagte: »Niemand versteht es. Im Schädel des Menschen ist sein Verstand. Du schüttest ununterbrochen alles hinein, und alles verschwindet. Er verlangt ständig mehr, aber er bleibt immer leer. Er bleibt immer ein Bettler; daran kannst du nichts ändern. Du kannst es nur verstehen und ihn loswerden.«

Und das ist auch deine Situation. *(88)*

Es gibt zwei Arten von Freundschaft. Das eine ist die Freundschaft, in der du ein Bettler bist – du brauchst etwas vom anderen, um deiner Einsamkeit zu entgehen. Und auch der andere ist ein Bettler; er braucht das gleiche von dir. Aber zwei Bettler können einander natürlich nicht helfen. Bald werden sie erkennen, daß ihr Betteln von einem Bettler ihre Not nur verdoppelt oder vervielfacht hat. Statt eines Bettlers sind sie nun zwei Bettler. Und wenn sie unglücklicherweise auch noch Kinder haben, dann gibt es bald eine ganze Kompanie von Bettlern, die alle etwas haben wollen – und keiner hat etwas zu geben. Dann ist jeder frustriert und wütend, und jeder fühlt sich betrogen und getäuscht. Dabei hat keiner den anderen betrogen oder getäuscht – denn wer hätte schon etwas zu geben?

Die andere Art von Freundschaft, die andere Art von Liebe, hat eine völlig andere Qualität. Sie kommt nicht aus dem Mangel, sondern daher, daß du so viel hast, daß du es teilen möchtest. Eine neuartige Freude ist in dein Sein getreten – die Freude des Teilens, die du nie zuvor gekannt hast. Du warst immer ein Bettler gewesen.

Wenn du teilst, gibt es keine Frage von Festklammern. Du fließt mit der Existenz, du fließt mit dem Wandel des Lebens, denn es spielt keine Rolle, mit wem du teilst. Es kann morgen dieselbe Person sein, oder ein ganzes Leben lang, aber es können auch verschiedene Personen sein. Da ist kein Vertrag, keine Ehe. Du willst einfach aus deiner Fülle heraus geben. Und wer gerade in deiner Nähe ist, dem gibst du es. Und das Geben ist eine solche Freude!

Betteln ist ein solches Elend. Selbst wenn du durch dein Betteln etwas bekommst, wirst du unglücklich bleiben. Es tut weh. Es verletzt deinen Stolz, es verletzt deine Integrität.

Doch das Teilen macht dich zentrierter, integrierter, stolzer, aber nicht egoistischer – stolz, daß die Existenz so viel Mitgefühl mit dir hatte. Das ist nicht das Ego – es ist ein völlig anderes Phänomen... die Erkenntnis, daß die Existenz dir etwas gewährt hat, wonach Millionen von Menschen suchen, aber immer an der falschen Tür. Du bist durch Zufall an die richtige Tür geraten.

Du bist stolz auf deine Seligkeit und alles, was die Existenz dir gegeben hat. Die Angst verschwindet, die Dunkelheit verschwindet, der Schmerz verschwindet, die Sehnsucht nach dem Du verschwindet.

Dann kannst du jemand anderen lieben, und wenn dieser Mensch jemand anderen liebt, wirst du nicht eifersüchtig sein, denn deine Liebe kam aus reiner Freude. Es war kein Anklammern. Du hast den anderen nicht in ein Gefängnis gesteckt. Du hast dir keine Sorgen gemacht, ob der andere dir entgleiten könnte, ob er mit jemand anderem eine Liebesaffäre haben könnte …

Wenn du deine Freude teilst, schaffst du für niemanden ein Gefängnis. Du gibst einfach nur. Du erwartest keine Dankbarkeit, keinen Dank, denn du gibst nicht, um etwas zu bekommen – nicht einmal Dankbarkeit. Du gibst, weil du so reich bist, daß du einfach geben mußt.

Wenn jemand dankbar ist, dann du: Du bist dem anderen dankbar, daß er deine Liebe akzeptiert hat, daß er dein Geschenk angenommen hat. Er hat dir geholfen, dich einer Bürde zu entledigen, indem er zuließ, daß du zu ihm überfließen konntest.

Und je mehr du teilst, je mehr du gibst, um so mehr hast du. *(89)*

Der Träumer

Warum erlaube ich Frauen, Macht über mich auszuüben, indem sie mich akzeptieren oder ablehnen? Dieses alte Muster macht mich ganz krank. Ich will da raus!

Weißt du was? Die Frauen stehen auf Spinner! Sie halten ständig Ausschau nach einem Spinner, einem verrückten Irren, weil ein Verrückter viel attraktiver ist. Ein irrer Spinner hat eine gewisse magische Anziehung. Er steckt voller Möglichkeiten und Träume. Die Frauen lieben Träumer.

Und die Männer? Die Männer lieben Frauen, die normal sind, sonst würden sie nämlich endgültig durchdrehen. Sie brauchen jemanden, der sie auf der Erde hält. Die Frau repräsentiert die Erde. Der Mann braucht die Frau, weil er nicht in seinem Sein verwurzelt ist. Er braucht ihre Wärme, ihre Erdhaftigkeit, um Wurzeln zu schlagen, um sich in der Erde zu verwurzeln. Er hat Angst, weil er zwar Flügel hat, aber keine Wurzeln. Er hat Angst, daß er einfach abhebt, wenn er sich nicht an die Erde klammert. Er hat Angst, im grenzenlosen Himmel zu verschwinden und nie wieder zurückzufinden. Diese Angst läßt den Mann hinter den Frauen herrennen.

Und die Frau hat keine Flügel, aber sie hat Wurzeln, starke Wurzeln. Die Frau ist die Erde selbst. Und ihre Angst ist, daß sie allein nie imstande sein wird, ins Unbekannte zu fliegen. Die Frau kann kein Träumer sein wie der Mann. Es ist kein Zufall, daß die Frauen keine so großartige Dichtung und Musik hervorgebracht haben. Sie haben keine Flügel; sie sind erdgebunden, pragmatisch, real – so durch und durch normal. Sie sind zu vernünftig, um Gedichte zu schreiben. Man muß eine gewisse Geistesverwirrung in sich tragen, um Gedichte zu schreiben. Man muß Illusionen und einen gewissen Größenwahn in sich tragen, um Gedichte schreiben zu können.

Die Frau macht eine Wäscheliste, eine Einkaufsliste – und kein Gedicht. Ihr geht es mehr um das Naheliegende. Sie redet über die Nachbarn und macht sich keine Sorgen, was in Vietnam oder Israel passiert. Sie lacht einfach über diese Leute, diese Männer – worüber die sich ständig Gedanken machen! Und wie sie sich dabei aufregen! Was in Israel passiert, passiert in Israel – warum sollte sie sich darüber Gedanken machen? Aber die Frau des Nachbarn ist mit ihrem Liebhaber durchgebrannt – das ist real! Es ist das naheliegende.

Frauen interessieren sich weniger für Evangelien als für Klatsch, weniger für *gospels* als für *gossip*. Diese beiden Wörter stammen aus derselben Wurzel. Wenn es sich um weit entfernte Dinge handelt, nennt man es *gospel,* Evangelium, und wenn es sich um etwas Naheliegendes handelt, ist es *gossip,* Klatsch. Wenn es um das Unmittelbare geht, ist es Klatsch, wenn es um das Absolute geht, ist es ein Evangelium.

Der Mann kann nicht ohne Frau leben, weil er sonst seine Wurzeln verliert. Er wird zum Vagabunden. Er gehört nirgends hin. Seht euch einen Mann an, der keine Frau hat: Er ist heimatlos, ohne ein Zuhause; er wird zum Treibholz, das die Wellen überall hinspülen – es sei denn, er läßt sich mit einer Frau ein. Erst dann findet er ein Zuhause.

Die Forschung sagt, daß das Zuhause eine Erfindung der Frau ist. Wäre der Mann allein geblieben, dann hätte es nie ein Zuhause gegeben, und dann gäbe es auch keine Zivilisation. Der Mann wäre ein Wanderer geblieben, ein Jäger, der ständig von einer Gegend in die andere zieht. Ja, es zieht ihn sogar zu anderen Planeten, und jetzt ist er schon auf dem Mond gelandet. Die Frauen lachen nur über diese Mondsüchtigkeit. Die Männer müssen mondsüchtig sein, wenn ihnen so viel daran liegt, auf den Mond zu kommen. Wozu eigentlich? Man kann dort nichts einkaufen. Was soll das überhaupt? Dort gibt es keine anderen Leute, keinen Klatsch, nichts dergleichen – nur eine leere Wüste.

Ohne Frau ist der Mann ein Zigeuner, ein Vagabund.

Darum muß er früher oder später Wurzeln schlagen. Die Frau wird zu seiner Erde. Solange der Mann nicht in sich selbst etwas entdeckt, was ihm zur Erde werden kann, solange er nicht seine eigene innere Frau entdeckt, muß er die Frau außen suchen.

Gewiß, es gab auch Männer, die ohne Frauen ausgekommen sind – ein Buddha, ein Jesus. Aber auch sie haben nicht wirklich ohne Frau gelebt. In der Tiefe ihres eigenen Wesens haben sie die Frau gefunden. Denn ein Mann ist Mann und Frau zugleich, eine Frau ist Frau und Mann zugleich.

Solange du dich nicht nach innen wendest und deine Frau oder deinen Mann dort findest, wirst du immer außen danach suchen müssen. Der äußere Partner ist ein Ersatz.

Du fragst mich: »*Warum erlaube ich Frauen, Macht über mich auszuüben?*«

Weil du ohne sie verrückt werden würdest. Und das gleiche trifft auf die Frauen zu – ohne Männer wären sie zu normal. Und allzu normal zu sein, ist eine andere Form von Verrücktheit. Allzu normal zu sein, wird zu einer Last. Wenn man zu normal ist, kann man nicht singen, kann man nicht tanzen. Deshalb braucht die Frau einen Mann, der für sie träumt, und der Mann braucht eine Frau, die ihm ein Zuhause gibt.

Das ist eine Lebensnotwendigkeit – es sei denn, man hat den entgegengesetzten Pol in sich selbst gefunden. Ein Mensch, der den entgegengesetzten Pol in sich selbst gefunden hat, lebt in einem Zustand des totalen Orgasmus. Dann braucht er nicht mehr außen danach zu suchen. Er kann trotzdem weiter die Frauen lieben, aber es wird kein Anklammern mehr sein. Er wird weder besitzergreifend sein noch wird er sich in Besitz nehmen lassen. Wenn du deine Ganzheit in dir gefunden hast, wirst du auch weiterhin die Frauen lieben, aber dann ist es keine Besessenheit mehr, sondern ein Geben, ein Teilen.

Und dann ist die Liebe eine reine Freude. Dann hat die Liebe eine völlig andere Qualität. Ansonsten hat sie immer etwas Fieberhaftes an sich. Dieses Fieber ist unvermeidlich, aus bestimmten psychologischen Gründen.

Wenn du nicht allein sein kannst, fühlst du dich natürlich der Frau oder dem Mann gegenüber machtlos. Wenn du nicht allein sein kannst, dann brauchst du eine Frau, dann bist du von ihr abhängig. Und das ärgert dich – deine Unabhängigkeit geht verloren. Du nimmst es ihr übel, daß sie so viel Macht über dich hat; du kannst ihr das nicht verzeihen. Und die Frau kann dir genausowenig verzeihen, denn ohne dich ist sie nur Erde – der Himmel verschwindet, die Sterne verschwinden. Ohne dich ist sie nur dunkle Erde, die auf irgend jemanden wartet. Sie wartet auf jemanden, der ihr Wesen zum Blühen bringt, jemanden, der ihren Duft hervorlockt.

Hast du gesehen, wie eine Frau aussieht, wenn sie liebt, und wie sie ist, wenn ihr die Liebe fehlt? Sie riecht anders, sie riecht tatsächlich anders; sie strömt einen völlig anderen Geruch aus. Allein ist die Frau von Traurigkeit umgeben: deprimiert, einsam, verloren, verzweifelt, in Panik. Sobald sie sich verliebt, blüht sie auf; etwas öffnet sich sofort. Sie wird plötzlich schön.

Eine Frau ohne Liebe schrumpft zusammen, verschließt sich. Sie fängt an, sich zu verkapseln. Sie verriegelt alle Türen und Fenster. Sie hat ja niemanden, auf den sie warten kann – warum die Fenster und Türen offen lassen? Sie fängt an, in einer Art von Grab zu leben; sie ist nicht mehr lebendig. Sie fängt an abzusterben, sie wird lebensmüde. Mathematik allein, Arithmetik allein, Normalität allein sind nicht genug. Ein bißchen Poesie ist nötig, um das Gleichgewicht zu halten.

Und ein Mann allein ist ebenfalls verloren; er weiß nicht, wer er ist. Solange er sich nicht in den Augen einer liebenden Frau gesehen hat, wird er niemals wissen, wer er ist. Da kann er fragen, solange er will: »Wer bin ich? Wer bin ich?«, ohne je eine Antwort zu erhalten. Nur in den Augen der Liebe findet er sich reflektiert. Nur im Spiegel solcher Augen sieht er, wer er ist.

Die Frau gibt ihm Form und Substanz. Die Frau macht ihm bewußt, wer er ist. Durch ihre Liebe bringt sie den Mann erst hervor. Du wirst nicht nur einmal im Mutterleib geschaffen, sondern von jeder Frau, die du liebst. Mit jeder neuen Liebe gibt eine Frau dir Form, Farbe, einen neuen Anstrich; sie macht dich erst menschlich – ansonsten sind die Männer sehr, sehr barbarisch, gewalttätig, aggressiv, kalt und mitleidlos.

Aber das Problem ist, daß beide voneinander abhängig sind, und daß es beiden weh tut, weil niemand abhängig sein will. Einem Menschen, von dem du abhängig bist, wirst du nie verzeihen können. Irgendwann nimmst du Rache.

Darum streiten sich Liebespaare andauernd. Bei diesen Streitereien geht es nur darum, zu zeigen: »Ich bin noch immer unabhängig, was bildest du dir ein?« Der Kampf ist nur dazu da, um fühlen zu können: »Ich bin noch unabhängig. Wenn ich will, kann ich sie verlassen ...« Und die Frau denkt: »Ich bin nicht völlig von ihm abhängig. Ich kann mich auch allein entfalten, auch allein glücklich werden, ohne ihn – was glaubt er, wer er ist?«

Also kämpfen sie – nur, um sich ihre Unabhängigkeit zu beweisen. Doch innerhalb weniger Stunden ist der Krieg vorbei, und sie liegen sich wieder in den Armen. Denn in dem Moment, wo sie auseinandergehen, bekommen sie das Gefühl, zu ersticken, zu verhungern, zu verdursten. Sie haben das Gefühl, alles zu verlieren, was sie hatten. Sie vermissen die Wärme – der Mann wird ganz kalt, und die Frau fühlt sich absolut vereinsamt, wenn niemand da ist, der sie hält.

Ohne Liebe sind wir wirklich völlig allein. Wenn Liebe nicht möglich ist, dann ist Einsamkeit die Wahrheit und muß akzeptiert werden. Nur die Liebe gibt dir eine Ahnung davon, daß Einsamkeit nicht die letzte Wahrheit ist.

Du fragst mich: *»Warum erlaube ich Frauen, Macht über mich auszuüben?«*

Das ist keine persönliche Frage. Jeder Mann erlaubt diese Art der Machtausübung – und wehrt sich dagegen! Jeder Ehemann wird zum Pantoffelhelden – ohne Ausnahme jeder, sage ich. Es gibt nur diese eine Sorte von Ehemännern. Was auch immer sie nach außen hin vorgeben, die einzige Sorte Ehemann, die es tatsächlich gibt, ist der Pantoffelheld.

Ein Baum, der so viel Nahrung von der Erde bekommt, wird abhängig von ihr. Er kann nicht unabhängig bleiben. Das ist ein natürliches Phänomen. Und wenn die Erde erlebt, wie der Baum ihre eigene Freude, ihren Jubel, ihr eigenes Potential zum Ausdruck bringt – durch das grüne Laub, die roten Blüten und die Äste, die hoch in den Himmel ragen ... Das ist es, wovon die Erde immer geträumt hat: Flügel zu haben, und nun sind sie da ... Wie kann sie da unabhängig bleiben?

Mann und Frau existieren in einer Art von gegenseitiger Abhängigkeit. Als unabhängige Wesen sind sie nur halb – hungrig, ausgehungert nach dem anderen. Ihre Interdependenz ist eine Tatsache – aber damit geht alle Unabhängigkeit verloren. Es ist kein Zufall, daß alle Mönche der Welt seit Jahrhunderten versuchen, der Frau zu entrinnen. Die Frau repräsentiert das Weltliche – aber in Wirklichkeit entrinnen sie einfach dem Gefühl der Abhängigkeit. Sie wollen unabhängig sein, und das ist ein allgemeines menschliches Problem, überhaupt nichts Persönliches.

Ohne Mann ist die Frau unglücklich, denn ohne Mann kann sie nicht in Träumen abheben. Darum ist ein Spinner für sie attraktiver als ein normaler Mann. Darum verlieben sich Frauen oft in Leute, die sich große Illusionen über die eigene Person machen. Ein gewöhnlicher Mann macht sich keine Illusionen. Keine Frau fühlt sich zu einem normalen Mann hingezogen. Aber ein Spinner hat das gewisse Etwas, einen Zauber. In seinen Augen flackert etwas Unbekanntes, und danach sehnt sich die Frau. Er vermittelt ein Gefühl von Möglichkeit – und dieses Gefühl der Möglichkeit macht einen Mann magisch anziehend.

Seht die Natur: Der Vogel, der am besten tanzen kann und am schönsten singt, bekommt das beste Weibchen. Und so ist es auch bei den Menschen. Ist dir je aufgefallen, wie viele gutaussehende Frauen sich immer in der Nähe von Musikern, Sängern und Schauspielern aufhalten? Wieso? Da ist etwas Magisches, Unirdisches, ein Flair des Jenseitigen – und sofort fühlen sich die Frauen angezogen. Es ist eine natürliche Anziehung; beide Hälften ergänzen einander. Und so wird es auch bleiben.

Du sagst: *»Ich will da raus!«*

Zuerst wirst du da *rein* müssen. So leicht kommst du da nicht raus. Alles hat seinen Preis. Geh da rein, und zwar so tief wie möglich. Hab es nicht so eilig. Wenn du aussteigst, bevor du die Reife hast, wirst du wieder einsteigen müssen.

Geh durch alles hindurch, durch den ganzen Salat, bis zum äußersten Ende. Durchschaue es durch und durch, und währenddessen meditiere und beobachte das Ganze. Nimm es nicht persönlich, denn es ist nichts Persönliches. Wenn du die Sache persönlich nimmst, verstehst du das Ganze von Anfang an falsch. Es ist eine Angelegenheit zwischen Mann und Frau, nicht etwas zwischen *dir* und *deiner* Frau. Es ist etwas, das sich zwischen der männlichen und der weiblichen Energie abspielt, zwischen Maskulin und Feminin.

Du mußt es beobachten, als wärest du ein unbeteiligter Beobachter. Bringe nicht dein kleines Ego ins Spiel – es ist irrelevant. Es erzeugt nur Verwirrung und trägt nicht zum Verstehen bei. Beobachte nur, was sich auf der Energieebene abspielt. Und ganz allmählich findest du durch die Meditation die Frau in deinem Inneren – sie ist dort.

Und an dem Tag, an dem das geschieht – sobald du fähig bist, nach innen zu gehen –, kommst du raus aus dem Ganzen. Du mußt nur in dich gehen, bis hin zu der Tiefe, wo sich deine innere Frau befindet ... sie ist dort. Du mußt nur tief genug in dein Unbewußtes eintauchen. Darum geht es überhaupt bei der Meditation.

Mach also weiter mit der Liebe und erfahre all die Freuden und Leiden, die sie mit sich bringt. Du brauchst diese Erfahrungen, um reif zu werden. Und währenddessen mußt du meditieren. Wenn diese beiden Prozesse – Liebe und Meditation – gleichzeitig ablaufen, merkst du nach und nach, daß du alles, was du in der Außenwelt suchst, viel eher in deinem Innern findest.

Und sobald das geschieht, sobald dein Unbewußtes und dein Bewußtes sich in dir treffen, wirst du zu *Ardhanarishwar** – zu einem Wesen, das Mann und Frau in sich vereint. Das

---

* Statue des Gottes Shiva, halb Mann, halb Frau

bringt einen Unterschied, einen totalen Unterschied. Danach hat alles eine andere Qualität. Dann kannst du die Frauen zwar immer noch lieben, aber es besteht keine Abhängigkeit mehr. Jetzt kannst du geben. Dann kannst du die Männer noch immer lieben, aber es ist reine Freude, überfließende Energie. Du hast so viel, daß du es mit jemandem teilen mußt. Aber du kannst auch allein sein und bist genauso glücklich wie zu zweit.

Ein Mensch, der allein genauso glücklich sein kann wie zu zweit, wird nie wieder in eine Abhängigkeit von jemand anderem geraten. Man bekommt nie das Gefühl, daß andere Macht über ihn haben. Und dann brauchst du dich nicht mehr mit deiner Frau, mit deinem Mann zu streiten, denn dann erübrigen sich alle Auseinandersetzungen. Dann seid ihr beide unabhängig und gebt eure Liebe aus freien Stücken, aus eurer unermeßlichen Freiheit heraus, aber es besteht keine Notwendigkeit, dem anderen etwas zu geben. Du brauchst keinen Grund, du gibst einfach aus deinem Überfluß heraus.

Dann fühlt man sich nie verletzt, dann fühlt man nicht, daß man zum Sklaven geworden ist. Man bleibt sein eigener Herr, und die Frau bleibt ihr eigener Herr. Keiner besitzt den anderen. Jeder Besitzanspruch verschwindet.

Warum tauchen diese Besitzansprüche immer wieder im Bewußtsein auf? Warum bist du so eifersüchtig und so besitzergreifend? Der Grund ist der, daß du abhängig bist, und so hast du Angst, daß du den Boden unter den Füßen verlierst, wenn dich deine Frau morgen verläßt. Und was wird aus dir in den kalten, einsamen Nächten ohne sie? Du kannst dir nicht vorstellen, allein zu sein. Es macht dir angst. Darum befürchtest du alles mögliche, und wenn deine Frau mit jemandem redet und lacht, schöpfst du sofort Verdacht. Oder wenn dein Mann mit einer anderen Frau ins Kino geht, dann sitzt du da und kochst; du bist wie im Fieber, du sitzt wie auf einem Vulkan und könntest jeden Moment explodieren vor Widerwärtigkeit. Und warum? Warum diese Besitzgier, diese Eifersucht? Aus Angst – denn wer weiß? Er liebt dich, also kann er auch andere lieben. Er liebt dich als Frau; seine Liebe für das Weibliche ist also noch lebendig, er kann eine andere finden ... Und vielleicht ist die neue attraktiver als die alte – natürlich! Das Unbekannte ist immer attraktiver als das Bekannte. Er kennt dich in- und auswendig. Es ist eigentlich nur noch eine Wiederholung, und du spürst es. Er liebt dich zwar immer noch, aber es ist immer dasselbe. Eure Liebe hat ihren Glanz verloren. Der Zauber der Anfangszeit ist dahin, eure Flitterwochen sind vorbei. Alles hat sich in Routine verwandelt. Nun hast du Angst, er könnte sich in eine andere verlieben und neue Flitterwochen erleben. Und du bleibst allein zurück.

Die Furcht packt dich; es ist eine Art von Tod. Du mußt etwas dagegen unternehmen! Du mußt den Mann oder die Frau hinter Schloß und Riegel halten! Du kannst ihm oder ihr keine Beziehung mit irgend jemandem erlauben, keine Freundschaft, damit du sicher bist, daß er dir morgen noch zur Verfügung steht.

Aber je heftiger du vom anderen Besitz ergreifst, desto häßlicher wird die Beziehung; sie wird abstoßend. Je besitzergreifender du wirst, desto langweiliger wird alles. Und der Mann fängt zumindest an, von anderen Frauen zu träumen; die Frau fängt an, an andere Männer zu denken ... Innerlich sind sie nicht mehr zusammen; nur noch körperlich.

Und je mehr du es kommen siehst, desto größer wird die Panik, desto mehr ergreifst du Besitz. Besitzansprüche sind das Gift, das jede Liebe tötet. Aber es scheint, daß es so kommen muß; es ist fast unvermeidlich. In diesem Zustand der gegenseitigen Abhängigkeit ist es tatsächlich unvermeidlich.

Du kannst erst dann loslassen und nicht mehr eifersüchtig sein, wenn eine andere Art von Liebe in dir gewachsen ist. Eine Liebe, die nicht mehr abhängig ist, die niemanden mehr braucht, die einfach immer nur überfließt. Wenn jemand daran teilhaben will – gut; du bist ihm dankbar. Wenn niemand mitmacht – auch gut; du bist für dich allein absolut glücklich. *(90)*

Ich habe immer das Gefühl, die falsche Geliebte gefunden zu haben. Immer paßt irgend etwas nicht zusammen, und dann bin ich frustriert. Bitte gib mir einen Hinweis.

Das ist ein Problem, dem sich jeder früher oder später stellen muß. Irgend etwas fehlt immer, etwas scheint immer verkehrt zu sein, etwas paßt nie zusammen. Alle Liebenden der Geschichte haben dieses Problem. Man muß da wirklich tief hineinschauen, denn es ist nicht das Problem eines einzelnen Mannes oder einer einzelnen Frau.

Erstens leben wir alle unser Leben nach Romanen, Märchen und Filmgeschichten. Die Menschen haben sich ein völlig falsches Bild zurechtgelegt: Wenn Liebe da ist, so meinen sie, dann würde alles stimmen, und dann gäbe es keine Konflikte. Jahrhundertelang haben die Dichter den Gedanken verbreitet, daß Liebende füreinander geschaffen seien. Aber kein Mensch ist für irgendeinen anderen geschaffen. Jeder ist absolut einzigartig.

Du kannst jemanden lieben, ohne dir dessen bewußt zu sein, daß du diesen Menschen nur deshalb liebst, weil die Verschiedenheit, der Unterschied zwischen euch so groß ist. Der Unterschied ist eine Herausforderung, er macht das Abenteuer aus. Der Unterschied macht diese Frau oder diesen Mann für dich erst erstrebenswert. Doch aus der Entfernung sieht alles ganz anders aus, als wenn man sich näher kommt.

Solange du eine Frau oder einen Mann noch umwirbst, ist alles wunderbar, alles stimmt – denn beide wollen, daß alles stimmt. Alles, was nicht stimmt, wird von der Oberfläche verdrängt und ins Unterbewußtsein verlagert. Darum kennen sich Liebende, die auf einer Bank sitzen und in den Mond gucken, eigentlich überhaupt nicht. Die Ehe ist praktisch schon zu Ende, bevor die Flitterwochen vorüber sind.

Ich habe gehört …

Zwei Flitterwöchner fuhren ans Meer, um ein paar Tage im Hotel zu wohnen, doch es gab ein Problem. Als sie die Tür hinter sich zugemacht hatten, sagte der Ehemann: »Mach bitte das Licht aus, bevor du ins Bad gehst.«

Die Frau sagte: »Warum denn?«

Der Mann sagte: »Ich mag dieses grelle Licht nicht. Mach einfach dunkel, bevor du ins Bad gehst, und dann zieh dich aus und komm wieder rein.«

Aber sie sagte: »Ich kann nicht im Dunkeln reinkommen. In diesem fremden Zimmer würde ich im Dunkeln stolpern oder mich an den Möbeln stoßen. Das geht nicht.«

Der Mann sagte: »Es scheint dir Probleme zu machen, aber du wirst es müssen.«

Die Frau sagte: »Ich verstehe nicht, warum du so stur bist. Kannst du nicht noch fünf Minuten im Hellen bleiben? Mach doch die Augen zu!«

Der Mann sagte: »Also gut, es ist besser, ich sage dir die Wahrheit. Früher oder später wirst du es ohnehin erfahren. Ich habe ein künstliches Bein, und ich will nicht, daß du es siehst. Ich wollte es im Dunkeln abnehmen und neben das Bett legen.«

Die Frau sagte: »Gut, daß du mir das gesagt hast! Wenn du so ehrlich bist, will ich ebenfalls ehrlich sein. Dann brauche ich auch nicht ins Bad zu gehen. Ich wollte mir die Brust abnehmen – sie ist falsch.«

Nun, was meinst du? Bleibt da noch etwas übrig? Oder ist schon alles zu Ende? Wenn man zusammenlebt, muß man echt sein. Man kann nichts verstecken, kann keine Geheimnisse voreinander haben. Aber von frühester Kindheit an hat man uns die Vorstellung eingeimpft, daß zwischen Mann und Frau stets Harmonie herrschen muß, daß alles stimmen muß, daß sie alles gemeinsam machen und immer liebevoll und ohne Streit sein müssen. Diese ganze Ideologie ist das Problem.

Ich will dir die Wahrheit sagen. Die Wahrheit ist, daß die beiden – wer auch immer sie sein mögen – zwei einzigartige Individuen sind. Wenn du jemanden liebst, mußt du verstehen, daß die Person, die du liebst, nicht dein Schatten oder dein Spiegelbild ist, sondern ein eigenständiges Individuum.

Wenn dein Herz nicht weit genug ist, um jemanden aufzunehmen, der völlig anders ist als du, der völlig andere Ideen über alles hat, solltest du dich nicht unnötig in Schwierigkeiten bringen. Dann ist es besser, Mönch oder Nonne zu werden. Wozu sich Probleme aufhalsen? Wozu für sich und den anderen die Hölle kreieren? Aber ihr kreiert die Hölle nur, weil ihr den Himmel erwartet.

Ich sage dir das, damit du diese Situation akzeptieren kannst: Der andere *wird* anders sein. Weder bist du der Überlegene noch ist der andere der Überlegene. Ihr beide seid einfach Partner, die beschlossen haben, trotz all eurer Verschiedenheiten zusammen zu sein.

Tatsache ist, daß gerade diese Verschiedenheiten das Salz in der Liebe sind! Wenn du eine Frau findest, die genauso ist wie du, wirst du sie nicht besonders anziehend finden. Die Frau muß ganz anders sein, rätselhaft, ein Mysterium, das dich zur Erforschung einlädt. Und das gleiche gilt für den Mann.

Wenn ihr euch aber begegnet wie zwei mysteriöse Wesen und den Gedanken aufgebt, in allem übereinstimmen zu müssen, dann erübrigt sich jeder Streit. Streit entsteht nur, wenn man Übereinstimmung will.

Wenn ihr einfach wie zwei gute Freunde zusammenlebt ... sie hat ihre eigenen Vorstellungen und du die deinen; sie respektiert deine Vorstellungen und du die ihren; sie hat ihre Eigenart und du die deine, und keiner versucht, sich dem anderen aufzudrängen oder den anderen zu indoktrinieren – dann erübrigt sich jeder Streit. Und dann ist es auch kein Thema, wenn etwas nicht übereinstimmt – warum sollte es? – oder wenn etwas fehlt.

Nichts fehlt. Nur euer Ideal von Harmonie ist nicht mehr da. Harmonie ist nichts besonders Großartiges; sie ist langweilig. Und selbst wenn ihr gelegentlich streitet, selbst wenn ihr richtig hitzig werdet, bedeutet das nicht, daß eure Liebe verschwunden ist. Es bedeutet einfach, daß eure Liebe auch Mißverständnissen und Streit standhält und Hindernisse zu überwinden vermag. Aber diese alte Mann-Frau-Ideologie …

Das erinnert mich an diese alte biblische Geschichte, die man nicht so oft hört, weil sie gefährlich ist … Als erstes erschuf nämlich Gott einen Mann und eine Frau. Doch wie man sehen kann, wenn man sich die Welt so betrachtet, scheint Gott nicht besonders intelligent zu sein. Wie man sieht, stimmt hier gar nichts, von Anfang an! Er erschuf einen Mann und eine Frau, also zwei Personen – aber er machte nur ein kleines Bett für sie, kein Doppelbett.

Die erste Nacht, als die Welt gerade erst begann, endete in einem ungeheuren Streit, denn die Frau wollte in dem Bett schlafen. Der Mann wollte aber, daß er in dem Bett und sie auf dem Boden schlafen sollte. Die ganze Nacht zankten und prügelten sie sich und warfen mit Dingen … und am Morgen sagte der Mann zu Gott: »Ich habe dich um eine Gefährtin und nicht um eine Feindin gebeten. Nennst du das eine Gefährtin? Allein war ich viel besser dran. Diese Frau will ich nicht. Zwischen uns kann niemals Frieden herrschen!«

Das einfachste wäre gewesen, Gott um ein Doppelbett zu bitten. Ich verstehe nicht, was das für ein Gott war und warum diese beiden Dummköpfe nicht darauf kamen. Einfach ein Doppelbett oder zwei einzelne Betten – wenn es zu schlimm wurde, dann eben zwei Einzelbetten! Statt dessen sagte er: »Diese Frau will ich nicht. Sie will mir ebenbürtig sein.«

In dieser Nacht wurde der männliche Chauvinismus geboren.

Und dann hat Gott die Frau wieder zerlegt. Na klar, denn Gott ist ja auch so ein männlicher Chauvinist. Er zerlegte die Frau wieder, so wie man einen Apparat zerlegt. Er demolierte die erste Frau, Lilith, und sagte: »Jetzt mache ich dir eine andere Frau, die unterwürfig ist und nicht nach Gleichberechtigung verlangt.« Und dann erschuf er die zweite Frau, Eva, und nahm dazu eine Rippe von Adam. Aus der Rippe machte er die Frau – damit sie nie wieder auf den Gedanken käme, Gleichberechtigung zu verlangen, denn sie war ja nur eine Rippe.

Aber so lassen sich die Dinge nicht regeln! Ein bißchen Intelligenz hätte ausgereicht, aber auf diese Weise änderte sich gar nichts. Man sagt, daß Eva jeden Abend, wenn Adam nach Hause kam und sich schlafen legte, seine Rippen zählte – weil sie Angst hatte, es könnte ihm eine Rippe fehlen, und das würde bedeuten, daß irgendwo noch eine andere Frau existierte.

Mehr als Freundschaft ist nicht nötig. Die Liebe sollte eine freundschaftliche Angelegenheit sein: Keiner ist überlegen, keiner hat das Sagen, und beide sind sich völlig bewußt, daß sie verschieden sind und daß ihre Einstellung zum Leben verschieden ist. Sie denken verschieden, aber trotzdem – trotz all dieser Unterschiede – lieben sie einander. Dann wird es keine Probleme geben. Wir erzeugen unsere Probleme selbst.

Verlange nichts Übermenschliches. Bleibe menschlich und akzeptiere die Menschlichkeit des anderen, mit allen menschlichen Schwächen, zu denen man neigt. Die Frau wird Fehler machen, genauso wie du Fehler machst – und ihr müßt daraus lernen. Euer Zusammensein ist ein großer Lernprozeß – des Verzeihens, Vergessens und Verstehens, daß der andere genauso menschlich ist wie du. Nur ein bißchen Verständnis ...

Es gibt ein altes Sprichwort: »Irren ist menschlich, Verzeihen göttlich.« Dem kann ich nicht beipflichten. Irren ist menschlich, und Verzeihen ist genauso menschlich. Weshalb sollte Verzeihen göttlich sein? Damit stellt man es zu hoch – jenseits der Reichweite des Menschen. Bringt es in menschliche Reichweite und lernt zu verzeihen. Lernt die Freude des Verzeihens, lernt, um Entschuldigung zu bitten. Du vergibst dir gar nichts, wenn du zu deiner Frau sagst: »Es tut mir leid, ich hatte unrecht.«

Aber kein Mann ist bereit zu sagen: »Ich hatte unrecht.« Er will immer recht haben. Keine Frau ist bereit zu sagen, daß sie unrecht hatte; sie will immer recht haben. Der Mann versucht, durch Argumente zu beweisen, daß er recht hat. Die Frau versucht, durch Emotionen zu beweisen, daß sie recht hat – durch Toben, Schreien, Heulen, Tränen. Und sie *gewinnt*... Der Mann bekommt Angst wegen der Nachbarn, und nur um sie zu beruhigen, damit die Kinder nicht aufwachen, sagt er: »Beruhige dich doch. Vielleicht hast du ja recht.« Aber im Grunde ist er immer noch überzeugt, daß er im Recht ist.

Verständnisvoll zu sein bedeutet, daß du im Unrecht sein kannst und die Frau im Recht. Es gibt keine Garantie, daß du, bloß weil du ein Mann bist und die Macht und die Autorität besitzt, immer im Recht bist. Und genausowenig die Frau.

Wenn wir nur ein bißchen menschlicher, ein bißchen freundschaftlicher wären, könnten wir dem anderen sagen, daß es uns leid tut. Und was ist es denn, worum ihr euch streitet? – Solche Kleinigkeiten, solche Trivialitäten, daß es peinlich ist, darüber zu reden.

Gib einfach die Vorstellung auf, daß alles zusammenpassen muß; gib den Gedanken auf, daß totale Harmonie herrschen muß. Diese Gedanken sind nicht gut. Wenn alles passen würde, dann würdet ihr euch miteinander langweilen; wenn alles harmonisch wäre, dann würde eure Beziehung die ganze Spannung verlieren. Es ist gut, daß die Dinge nicht passen. Es ist gut, daß immer eine Diskrepanz bleibt, daß es immer etwas zu erforschen und zu überwinden gibt, daß man immer eine Brücke bauen muß.

Das ganze Leben kann zu einer großartigen gegenseitigen Entdeckungsreise werden, wenn wir die Unterschiede und die grundsätzliche Einzigartigkeit eines jeden Individuums akzeptieren. Und wenn wir aus der Liebe keine Form von Sklaverei machen, sondern eine Freundschaft.

Wenn ihr einfach Freunde seid und eure Freundschaft nicht in eine juristische Angelegenheit von Ehemann und Ehefrau verwandelt, wird alles viel besser laufen. Dann seid ihr für niemanden eine Belastung, dann seid ihr für niemanden ein Gefängnis. Dann erübrigt sich auch die Frage, ob ihr zueinander paßt. Jeder kann seine Individualität beibehalten und völlig frei vom anderen sein – und trotzdem lieben.

Und tatsächlich ist es die beste Voraussetzung für die Liebe, sehr verschieden zu sein und dabei seine Individualität zu bewahren. *(91)*

Der Playboy

Ich sitze in der Klemme: Ich liebe drei Frauen, und es ist die Hölle. Das geht nun schon drei Monate so. Was soll ich tun?

Du bist mir vielleicht ein Mann! Als wäre eine Frau nicht schon genug! Du brauchst juristischen Beistand! Aber wenn du schon die Geduld hattest, es drei Monate lang auszuhalten, warte noch ein klein wenig länger. Die Zeit bringt alles in Ordnung. Und Frauen sind ohnehin immer ein bißchen schneller von Begriff als Männer ... Wenn dir nichts einfällt, werden bestimmt sie etwas unternehmen!

Ein junger Mann und seine Freundin hatten angefangen, auf einer Bahnböschung Liebe zu machen. Ihre Leidenschaft steigerte sich immer mehr, und plötzlich kullerten sie die Böschung hinunter auf die Gleise, als gerade ein Zug herannahte.

Der Zugführer sah gerade noch rechtzeitig die beiden Körper auf der Strecke und konnte den Zug im letzten Moment zum Stillstand bringen. Einen Zug aufzuhalten ist ein schwerwiegendes Vergehen, und bei der Gerichtsverhandlung verlangte der Richter eine Erklärung.

»Alles, was recht ist«, sagte er zu dem jungen Mann. »Ich habe ja, weiß Gott, viel Verständnis für die Jugend, aber warum habt ihr euch denn nicht vor dem Zug in Sicherheit gebracht?«

»Also, es war so, Euer Ehren«, sagte der junge Liebhaber. »Ich war im Kommen, der Zug war im Kommen, meine Freundin war im Kommen – da dachte ich: Wer jetzt stoppen kann, der wird schon stoppen!« *(92)*

Ist das ein Segen? Nachdem ich so lange allein war, habe ich mich jetzt gleichzeitig in drei Frauen verliebt, was am Anfang ganz einfach war. Doch als die Beziehung mit einer von ihnen tiefer ging, war es so, daß entweder ich zur nächsten Frau rannte oder sie mit einem anderen Mann sein wollte. Und genau das gleiche passierte mir prompt wieder, als ich mich mit der nächsten tiefer einließ. Freude und Leid liegen also ziemlich eng beisammen, und ich frage mich, ob ich etwas vermeide?

Meinst du nicht, daß drei Frauen mehr als genug sind? Oder meinst du, daß du die vierte vermeidest? Eine einzige Frau würde schon ausreichen, um dir die Hölle zu kreieren, und da fragst du mich: »*Ist das ein Segen?*« Es muß ein versteckter Fluch sein.

»Was ist eigentlich mit Peter? Ich hab ihn schon ewig nicht mehr gesehen.«

»Ach, er hat das Mädchen geheiratet, das er vor dem Ertrinken gerettet hat.«

»Und – ist er glücklich?«

»Ja, schon! Aber dafür haßt er jetzt Wasser.«

Du mußt eine große Seele sein – entweder so unbewußt, daß dir nicht mal drei Frauen die Hölle heiß machen können, oder so erleuchtet, daß du sagst: »Was soll's!«

Auf der Heimfahrt von der Arbeit kamen drei Pendler eines Abends im Bistro-Abteil des Zugs ins Gespräch. Nach der dritten Runde begannen sie sich mit den Vorzügen ihrer ehelichen Beziehungen zu brüsten.

Der erste verkündete stolz: »Meine Frau holt mich jeden Abend vom Zug ab, dabei sind wir schon seit zehn Jahren miteinander verheiratet!«

»Das ist noch gar nichts!« prahlte der zweite. »Auch meine Frau holt mich jeden Abend ab, und wir sind schon siebzehn Jahre verheiratet!«

»Also, Jungs! Gebt euch geschlagen!« sagte der dritte, offensichtlich der Jüngste in der Gruppe.

»Wieso denn?« wollte der erste wissen.

»Wahrscheinlich holt dich deine Frau ebenfalls jeden Abend ab!« sagte der zweite spöttisch.

»Stimmt genau!« sagte der dritte, »und ich bin noch nicht mal verheiratet!«

Gleich drei Frauen – und du bist noch nicht mal verheiratet! Die werden einen Fußball aus dir machen! Und da fragst du: *»Ist das ein Segen?«* – mit Fragezeichen, natürlich. Sei ein bißchen vorsichtiger! Dieser Ort hier ist gefährlich für Leute wie dich. Es gibt so viele Frauen hier, und wenn du so weitermachst, ist bald nichts mehr von dir übrig, und ich verliere unnötig einen *Sannyasin*. Du solltest auch an mich dabei denken!

Weinstein, ein wohlhabender Geschäftsmann, hatte eine eher unansehnliche Tochter. Schließlich fand er doch noch einen jungen Mann, der sie zur Frau nahm, und nach zehn Jahren hatten sie endlich auch zwei Kinder.

Eines Tages rief Weinstein seinen Schwiegersohn zu sich ins Büro. »Hör mal zu«, sagte er, »du hast mir zwei wunderbare Enkelkinder geschenkt! Damit hast du mich sehr glücklich gemacht. Ich habe beschlossen, dir neunundvierzig Prozent der Anteile zu überlassen.«

»Danke, Papa!«

»Kann ich sonst noch was für dich tun?«

»Ja, kannst du mich nicht freikaufen?«

Ich bin bereit, dich freizukaufen – zu jedem Preis! Erkundige dich mal bei deinen drei Frauen!

Liebe ist wichtig, eine gute Lernsituation – aber nur eine Lernsituation. *Eine* Schule ist genug – aber drei Schulen sind zuviel! Und mit drei Frauen wirst du nicht viel lernen können; es wird zuviel Chaos in dir sein. Es ist besser, bei einer zu bleiben, damit du so total wie möglich mit ihr verschmelzen kannst, damit du ihre und deine eigenen Sehnsüchte besser verstehen lernst, damit du weniger vernebelt bist, weniger verwirrt – denn am Anfang ist die Liebe eine ziemlich unbewußte Angelegenheit, reine Biologie, nichts besonders Wertvolles. Erst wenn du deine Bewußtheit einbringst und meditativer wirst, fängt sie an, einen höheren Wert zu bekommen, Flügel zu bekommen. *(93)*

Intimität mit einer einzigen Frau, einem einzigen Mann ist besser, als viele oberflächliche Beziehungen einzugehen. Die Liebe ist keine Eintagsblume; sie braucht Jahre, um zu wachsen. Und nur wenn sie wächst, geht sie über die Biologie hinaus und bekommt allmählich eine spirituelle Qualität. Wenn du mit vielen Frauen, mit vielen Männern zusammen bist, bleibst du nur an der Oberfläche. Das mag eine nette Unterhaltung sein, aber oberflächlich; ein Zeitvertreib, gewiß, doch dieser Zeitvertreib hilft nicht deinem inneren Wachstum.

Eine Beziehung mit einem einzigen Partner, eine länger dauernde Beziehung, in der du dem anderen nahekommen und ihn verstehen lernen kannst, ist ungeheuer wertvoll. Und weshalb? Worin besteht die Notwendigkeit, die Frau oder den Mann zu verstehen?

Die Notwendigkeit besteht in der Tatsache, daß jeder Mann einen inneren weiblichen Anteil und jede Frau einen inneren männlichen Anteil hat, und die einzige Möglichkeit, dies zu verstehen, der einfachste und natürlichste Weg, es zu verstehen, ist eine tiefe, intime Partnerbeziehung.

Du als Mann solltest dich auf eine tiefe, intime Beziehung mit einer Frau einlassen. Sieh zu, daß das Vertrauen zwischen euch wächst, damit alle Barrieren sich auflösen können. Kommt euch so nahe, daß du tief in die Frau hineinschauen kannst – und die Frau tief in dich. Und seid aufrichtig miteinander.

Wenn du so viele Beziehungen hast, wirst du jedoch unaufrichtig sein, wirst du ständig lügen. Du wirst lügen müssen, wirst unecht sein und Dinge sagen müssen, die du gar nicht meinst – und alle Beteiligten werden mißtrauisch sein. Es ist sehr schwierig, Vertrauen mit einer Frau herzustellen, wenn du daneben noch andere Beziehungen hast.

Ein Mann ist leicht zu täuschen, weil er im Intellekt lebt. Aber es ist sehr schwierig, wenn nicht gar unmöglich, eine Frau zu täuschen, weil sie intuitiv lebt. Du wirst ihrem Blick nicht standhalten können, wirst Angst haben, daß sie in deiner Seele liest – und du verbirgst so viele unaufrichtige Dinge vor ihr, so viel Unehrlichkeit.

Wenn du viele Beziehungen hast, kannst du unmöglich tiefer in die Psyche einer Frau eintauchen. Aber das ist das einzige, worum es eigentlich geht: Du sollst deine eigene innere weibliche Seite kennenlernen. Eine Beziehung ist wie ein Spiegel. Die Frau schaut in dich hinein und entdeckt dort ihre eigene männliche Seite. Und je mehr du dir des anderen Pols, deiner weiblichen Seite, bewußt wirst, um so mehr wirst du ganz, um so mehr wirst du integriert sein.

Wenn sich dein innerer Mann und deine innere Frau ineinander auflösen und miteinander verschmelzen, wenn sie nicht länger getrennt sind, sondern zu einem untrennbaren, integrierten Ganzen geworden sind, dann wirst du zu einem wahren Individuum.

Carl Gustav Jung nennt dies den Prozeß der Individuation, und er hat recht; er hat das richtige Wort dafür gewählt. Und das gleiche passiert mit der Frau.

Das Herumspielen mit vielen Leuten ist oberflächlich – eine gute Unterhaltung, ein Zeitvertreib, aber keine Wachstumschance. Und das einzige, was letztlich zählt, ist Wachstum in Richtung Integration und Individualität, das Wachsen eines Zentrums in dir. Voraussetzung für dieses Wachstum ist, daß du deine zweite Seite kennenlernst. Und die einfachste Möglichkeit besteht darin, zuerst die Frau außen kennenzulernen, damit du deine Frau innen erkennen kannst.

So wie ein Spiegel dein Gesicht reflektiert, wie er dir dein Gesicht zeigt, so wird auch die Frau zu deinem Spiegel, wird der Mann zu deinem Spiegel. Im Partner spiegelt sich dein

Gesicht, doch wenn du zu viele verschiedene Spiegel um dich herum hast und von einem Spiegel zum anderen rennst und alle Spiegel darüber im unklaren läßt, wirst du nur im Chaos sein – du wirst verrückt. *(94)*

Du verliebst dich in eine Frau, weil alles an ihr neu ist – ihr Körper, ihre Proportionen, das Gesicht, die Augen, die Augenbrauen, die Haarfarbe, die Art, wie sie geht, wie sie sich umdreht, wie sie »Hallo!« sagt, wie sie schaut.

Alles ist neu; das ganze Terrain ist noch unbekannt, und du möchtest es gern erforschen. Es ist verführerisch, sehr verführerisch, und du bist gefangen, wie hypnotisiert. Doch sobald du näherkommst, weicht sie zurück; das gehört zum Spiel. Je mehr sie zurückweicht, um so faszinierender erscheint sie dir. Wenn sie einfach sagen würde: »Ja, hier bin ich!«, wäre die Begeisterung schon halb gestorben. Dann würdest du sogar anfangen zu überlegen, wie du weglaufen kannst. Sie gibt dir eine Chance, sie zu jagen, ihr nachzustellen. Nie wieder sind die Leute so glücklich wie in dieser Zeit der Werbung – da sind sie am glücklichsten, denn es ist ein Versteckspiel, eine Jagd.

Im Grunde ist der Mann ein Jäger, und wenn er hinter einer Frau her ist, und sie läuft weg und versteckt sich, geht ihm aus dem Weg und sagt nein zu ihm, dann wird er immer hitziger. Es wird zu einer intensiven Herausforderung – diese Frau muß er erobern! Dann ist er schon fast bereit, für sie zu sterben und alles zu tun, was nötig ist, aber diese Frau muß er erobern! Er muß beweisen, daß er kein gewöhnlicher Mann ist.

Aber wenn sie erst einmal verheiratet sind ... Sein ganzes Interesse galt dem Nachstellen, sein ganzes Interesse galt dem Unbekannten, sein ganzes Interesse galt der Tatsache, daß die Frau offenbar nicht zu erobern war. Doch jetzt, wo er sie erobert hat ... wie kann sein Interesse warm bleiben? Er kann höchstens noch so tun, als ob, doch das Interesse wird vergehen. Alles kühlt sich ab. Man fängt an, sich miteinander zu langweilen, denn nun gibt es andere Frauen, neue Territorien, die zur Eroberung einladen, anziehen, verführen.

So geht man von einer Frau zur nächsten, von einem Mann zum nächsten. Doch diese Art von Suchen wird dir nie genug Zeit lassen, um Vertrauen herzustellen. *(95)*

Ein Floh ruft in seinem Reisebüro an: »Hören Sie!« sagt er. »Mir reicht's! Ich hab genug von dieser Achselhöhle! Ich brauche Urlaub! Was haben Sie denn anzubieten?«

»Also«, sagt der Mann vom Reisebüro, »die Hauptsaison ist zwar fast vorbei, aber wenn Sie bereit sind, etwas Anspruchsvolleres zu nehmen: Ich hätte da eine Vakanz in einem berühmten Schnurrbart.«

Der Floh stürzt sich auf dieses Angebot und übersiedelt eine Woche später in den Schnurrbart von Robert Pickford. Dort steht jedoch nicht alles zum Besten, und so ruft er schon bald wieder seinen Reiseagenten an.

»Ich hab zwar eine tolle Zeit und lerne alle möglichen berühmten Leute und Orte kennen«, sagt der Floh, »aber es ist mir zu viel los, mit all dem Reden und Essen und Trinken. Hätten Sie nichts Ruhigeres für mich?«

»Mal sehen«, sagt der Agent und blättert in seinen Akten. »Hier hätte ich eine Last-Minute-Stornierung in den berühmtesten Schamhaaren der Welt.«

Der Floh hüpft vor Freude und quartiert sich noch am selben Abend im Schoß von Racquel Scotch ein.

Aber am nächsten Tag hängt er schon wieder am Telefon: »Einen schönen Urlaub haben Sie mir da vermittelt!« beklagt er sich bei dem Agenten. »Letzte Nacht bin ich schlafengegangen, und als ich heute morgen aufwache ... raten Sie mal, wo ich mich wiederfinde? – Im Schnurrbart von Robert Pickford!« *(96)*

Bitte sage noch mehr über die Angst vor Intimität.

Das Wort »Intimität« kommt aus der lateinischen Wurzel »*intimum*«. »*Intimum*« bedeutet das Innerste, dein innerster Wesenskern. Solange du dort nichts hast, kannst du mit keinem Menschen intim sein. Du kannst das *Intimum*, die Intimität, nicht zulassen, weil der andere sonst dein Loch sieht, deine Wunde, und den Eiter, der aus ihr herausfließt.

Er wird sehen, daß du nicht weißt, wer du bist; er wird sehen, daß du verrückt bist, daß du nicht weißt, wo du hingehst, daß du dein eigenes Lied noch nicht vernommen hast, daß dein Leben ein Chaos ist und kein Kosmos. Darum hast du Angst vor Intimität.

Selbst Liebende sind nur selten intim miteinander. Eine sexuelle Beziehung miteinander zu haben bedeutet noch nicht Intimität. Einen genitalen Orgasmus miteinander zu haben macht noch keine Intimität aus; er bleibt an der Peripherie. Intimität ist mit ihm, aber auch ohne ihn möglich.

Intimität ist eine völlig andere Dimension.

Intimität bedeutet, daß du einen anderen Menschen in dich hineinläßt und dich von ihm so sehen läßt, wie du selbst dich siehst. Es bedeutet, einem anderen zu erlauben, daß er dich von innen her sehen kann; es bedeutet, jemanden in deinen tiefsten Wesenskern einzuladen.

In unserer heutigen Welt ist die Intimität im Verschwinden begriffen. Selbst Liebende sind nicht mehr intim miteinander. Freundschaft ist heute nur noch ein Wort – es gibt sie nicht mehr. Und woran liegt das? Es liegt daran, daß die Menschen einander nichts mehr zu geben haben. Wer will schon seine innere Armut herzeigen? Lieber tut man so, als wäre man reich, als hätte man es geschafft, als wüßte man, was man tut und wohin man geht.

Keiner ist mehr bereit und hat den Mut, sich zu öffnen, sein inneres Chaos herzuzeigen und sich verletzlich zu machen. Du hast Angst, der andere könnte es ausnutzen, könnte versuchen, dich zu dominieren, wenn er sieht, in welch einem Chaos du dich befindest. Wenn er sieht, daß du nicht mal Herr über dich selbst bist, daß du einen Herrn brauchst, könnte er sich zu deinem Herrn aufspielen.

Deshalb versucht jeder, sich zu schützen, damit niemand seine innere Hilflosigkeit erkennt, weil man ihn sonst ausbeuten könnte. In dieser Welt ist Ausbeutung sehr verbreitet.

Wenn aber Liebe das Ziel ist und dir dieses Ziel ganz klar ist, dann fängst du an, inneren Reichtum zu erwerben.

Dann verschwindet allmählich die Wunde und wird zum Lotos; die Wunde transformiert sich zum Lotos. Darin besteht das Wunder der Liebe, die Magie der Liebe.

Liebe ist die größte Alchimie der Welt. Jene, die wissen, wie man richtig damit umgeht, können den höchsten Gipfel erreichen – was wir »Gott« nennen. Jene, die nicht wissen, wie man richtig damit umgeht, müssen weiter in den dunklen Niederungen des Lebens herumkriechen und können niemals die sonnenerleuchteten Gipfel des Lebens erreichen. *(97)*

Der Boyfriend

Meine Freundin hat gesagt, ich wäre ein bißchen langweilig, nicht besonders spritzig, ziemlich abhängig und ein Opfer. Als sie das sagte, da wurde ich sehr wütend und destruktiv, aber irgendwie habe ich das genossen! Wie kann ich mit dieser destruktiven Energie kreativ umgehen?

Deine Freundin war sehr mitfühlend, denn letztlich wird jeder Mann total langweilig, nicht nur ein bißchen. Ist dir überhaupt bewußt, daß das, was du Liebe nennst, nur eine ständige Wiederholung ist? Immer wieder die gleichen stupiden Turnübungen! Und bei diesem ganzen dummen Spiel ist der Mann der Verlierer. Schwitzend und ächzend und keuchend vergeudet er seine Energie, und das Mädchen behält dabei die Augen zu und denkt sich: »Höchstens zwei, drei Minuten – dann ist dieser Alptraum vorbei!«

Die Leute sind so einfallslos, aber sie nehmen selbstverständlich an, daß sie für den anderen ungeheuer interessant sind, obwohl sie immer dieselbe Routine abspulen. Darum sage ich dir: Deine Freundin war sehr mitfühlend, als sie dich nur »ein bißchen langweilig« genannt hat. Ich sage dir: Du bist total langweilig!

Als die christlichen Missionare nach Indien kamen, sprach es sich herum, daß sie beim Geschlechtsakt nur eine einzige Stellung kannten: die Frau unten, und das Untier oben auf der zarten Frau. Deshalb nennen wir das in Indien die »Missionarsstellung«. Indien ist ein sehr altes Land, Entstehungsort vieler Wissenschaften – so auch der Sexologie. Schon vor fünftausend Jahren hat Vatsyayana ein Buch von immenser Bedeutung verfaßt. Dieses Buch heißt *Kamasutra* – Anleitungen für den Liebesakt. Der Verfasser war ein Mann, der tief in die Meditation eingetaucht war, und er entwickelte vierundachtzig Stellungen für den Liebesakt! Natürlich sollte man beim Liebesakt die Stellungen wechseln, sonst wird es langweilig!

Vatsyayana trägt der Tatsache Rechnung, daß immer dieselbe Liebesstellung ein Gefühl von stupider Langeweile hervorruft, weil man immer nur das gleiche wiederholt. So erfand er vierundachtzig Positionen, um das Liebesleben der Paare interessanter zu machen. Kein Mensch auf der ganzen Welt hat je wieder ein Buch vom Kaliber dieser *Kamasutras* geschrieben. Aber so etwas konnte nur jemand schreiben, der eine große Klarheit besaß, wie sie aus tiefer Meditation kommt.

Wie ist euer Liebesakt? Wenn du dir deinen Liebesakt betrachtest, wirst du selber feststellen, daß er total langweilig ist. Und für die Frau ist es noch langweiliger, weil der Mann schon nach zwei bis drei Minuten damit fertig ist, und die Frau hat noch nicht einmal angefangen! Aber in allen Kulturen dieser Welt hat man die Frauen in ihrem Denken dahingehend programmiert, daß sie es auf keinen Fall genießen dürfen, daß sie sich nicht bewegen und nicht spielerisch damit umgehen dürfen, sonst gilt es als »schmutzig«. Das ist nur etwas für Prostituierte, aber nicht für Damen! Eine Dame muß sich wie tot hinlegen und diesen alten Bock alles machen lassen, wozu er Lust hat. Das ist nichts Neues, und es gibt dabei nie irgend etwas Neues zu sehen.

Du darfst diese Äußerung nicht als persönlichen Angriff nehmen. Deine Freundin versucht dir damit ganz ehrlich und aufrichtig etwas zu sagen. Schenkst du ihr denn orgasmische Freude? Oder benutzt du sie bloß dazu, deine sexuelle Energie loszuwerden? Reduzierst du sie zu einem Objekt? Man hat sie dazu konditioniert, es zu akzeptieren, doch selbst wenn sie das tut, kann es ihr keine Freude machen.

Und jeden Tag liebt ihr euch in demselben Bett, in dem ihr euch streitet. Das Streiten bildet sogar den Auftakt. Ihr bewerft euch mit Kissen, brüllt euch gegenseitig an und zankt über alles und jedes. Und wenn ihr dann müde geworden seid, ist eine Versöhnung nötig. Eure Liebe ist nichts anderes als die Versöhnung.

Wenn du ein Mann von ästhetischem Feingefühl bist, solltest du aus deiner Liebeskammer einen geheiligten Ort machen, denn in dieser Liebeskammer entsteht neues Leben! Du solltest sie mit schönen Blumen schmücken, Räucherwerk und schöne Düfte benutzen und diesen Raum mit tiefer Ehrfurcht betreten.

Und die Liebe sollte nicht bloß eine schnelle Nummer sein, für die du dir mal eben eine Frau schnappst. So eine Rucki-Zucki-Geschichte hat doch nichts mit Liebe zu tun! Liebe braucht einen Auftakt – schöne Musik, gemeinsames Tanzen und Meditieren. Und Liebe sollte auch kein Kopf-Trip sein, bei dem du pausenlos daran denkst, daß du nur ja alles richtig machst – und dann anschließend erschöpft einschläfst.

In der Liebe sollte dein ganzes Wesen zutiefst beteiligt sein. Es sollte keine Projektion des Denkens sein, sondern sich spontan ereignen.

Schöne Musik, ein schöner Duft, und ihr tanzt Hand in Hand und werdet wieder wie kleine Kinder, die mit Blumen spielen ... Wenn sich die Liebe in einer solchen geheiligten Atmosphäre spontan ereignet, hat sie eine völlig andere Qualität.

Du mußt eines verstehen: Die Frau ist zu mehrfachen Orgasmen fähig, weil sie keine Energie verliert. Der Mann kann nur *einen* Orgasmus haben, und er verliert dabei Energie und ist nachher depressiv. Am nächsten Morgen hat er einen Kater, und mit zunehmendem Alter wird es immer schwieriger für ihn.

Man muß diesen Unterschied verstehen. Die Frau ist die Empfangende – und das hat seinen Sinn, denn sie soll ja Mutter werden; dafür braucht sie mehr Energie. Doch ihr Orgasmus läuft auf völlig andere Weise ab. Die Sexualität des Mannes ist örtlich – ähnlich wie örtliche Betäubung. Hingegen ist der ganze Körper der Frau sexuell, und erst wenn ihr ganzer Körper vor Freude zu zittern beginnt und jede Körperzelle beteiligt ist, wird sie eine orgasmische Explosion erleben.

Es betrifft also nicht nur dich und deine Freundin, sondern

beinahe neunundneunzig Prozent aller Frauen auf der ganzen Welt. Diese ganze Situation muß sich ändern. Die Frau sollte nicht unter dem Mann liegen. Erstens ist es häßlich, denn der Mann hat einen viel kräftigeren Körper, und die Frau ist zerbrechlicher. Sie sollte oben auf dem Mann sein, und nicht der Mann oben auf der Frau.

Und zweitens sollte der Mann stillhalten und passiv sein, damit sein Orgasmus nicht in zwei Minuten vorüber ist. Wenn du stillhältst und die Frau auf deiner Brust ausflippen läßt, hat sie Gelegenheit für gute Gymnastik, und das wird ihre orgasmische Energie zum Explodieren bringen. Sie braucht Zeit, bis ihr ganzer Körper sich aufheizt, und wenn du aktiv bist, bleibt dafür nicht genug Zeit. Dann kommt es zwar zu einer sexuellen Begegnung, aber eurem Zusammensein fehlt die Schönheit, die Liebe; es ist bloß zweckorientiert.

Probiere mit deiner Freundin aus, was ich sage. Sei du mal der Passive und laß sie den aktiven Teil übernehmen. Erlaube ihr, alle Hemmungen fallenzulassen. Sie sollte sich nicht wie eine Dame benehmen. Sie sollte eine richtige Frau sein. Die Dame wurde vom Mann geschaffen, die Frau wurde von der Existenz geschaffen. Und du solltest zusehen, daß du die Zeit zwischen ihren Orgasmen überbrückst. Diese Lücke kannst du nur auf eine Art überbrücken: indem du passiv bleibst und stillhältst und es genießt, wie sie ausflippt. Dann kann sie mehrere Orgasmen hintereinander erleben. Das ganze Spiel sollte mit deinem Orgasmus enden, aber es darf nicht damit beginnen.

Dann wird deine Freundin nicht mehr sagen, daß du »ein bißchen langweilig« bist. Dann wirst du zu einem wahnsinnig interessanten, phantastischen Kerl, der sich wie eine Dame benimmt! Mach die Augen zu, damit sie sich durch deinen Blick nicht gehemmt fühlt. Jetzt kann sie alles machen – die Hände bewegen, den Körper bewegen, stöhnen, seufzen, schreien ... Erst wenn du sie rufen hörst: »*Hari Om Tat Sat!*« darfst du aktiv werden; vorher mußt du passiv bleiben. Das ist das Signal: »*Hari Om Tat Sat!*« – es bedeutet nichts anderes als: »Dieser Orgasmus – das ist die Wahrheit!«

Wenn das passiert, wird sie nach dir verrückt sein. Aber im Moment scheinst du dich noch ziemlich dumm anzustellen – wie die meisten Männer auf der Welt!

Als zweites sagst du: *»Meine Freundin hat gesagt, ich wäre nicht besonders spritzig.«* Na, dann sei halt ein bißchen spritziger! Spritzig zu sein ist nicht besonders schwer. Heutzutage gibt es alle möglichen Früchte zu kaufen. Trink mehr Säfte und iß weniger festes Zeug. Damit gibt sie dir einen wirklich guten Rat, und du bist so dumm zu glauben, daß sie dich kritisiert!

Wenn sie sagt: *»Du bist ziemlich abhängig und ein Opfer«*, kann ich schon an deiner Frage sehen, daß sie recht hat. Du *bist* ein Opfer, so wie jeder ein Opfer ist – ein Opfer all dieser idiotischen Ideologien, die Schuldgefühle in dir erzeugen und dir nicht erlauben, spielerisch zu sein. Selbst wenn du Liebe machst, hast du das Gefühl, daß du sündigst und dafür in die Hölle kommst.

Lotte sagt zu Otto: »Du bist ein phantastischer Liebhaber!«

Otto sagt: »Das hast du noch nie zu mir gesagt. Ich warte schon so lange darauf, daß mal jemand zu mir sagt, ich sei ein phantastischer Liebhaber. Ich hatte die Hoffnung fast aufgegeben, denn offenbar stimmt es gar nicht!«

Da sagt Lotte zu ihm: »Doch, doch, du bist ein phantastischer Liebhaber, und ich wollte es dir schon so oft sagen – aber du warst nie da!«

Er macht Liebe mit ihr, aber er ist nie da. Er zählt sein Geld, denkt an sein Bankkonto, und im Kopf ist er mit tausenderlei Dingen beschäftigt.

In jedem Bett, in dem sich zwei Menschen lieben, liegen mindestens vier Leute – und das ist das Minimum, meine ich. Die Phantasiebegabteren schlafen sogar mit einer ganzen Horde! Lotte schläft mit Otto, aber in Gedanken ist sie bei Muhammad Ali. Und Otto erfüllt sein Pflichtpensum und denkt dabei an all die attraktiven Filmstars. Im Kopf sind sie beide nicht anwesend. In Gedanken verweilen sie in ihren Träumen.

Ein Mann sagt zu seinem Freund: »Letzte Nacht hatte ich einen phantastischen Traum! Ich muß ihn dir unbedingt erzählen! Ich habe den ganzen Tag darauf gewartet, dir diesen Traum zu erzählen.«

Der Freund sagt: »Was war das für ein Traum?«

Er sagt: »Im Traum war ich fischen, und ich habe so große Fische gefangen, daß ich es beinahe nicht geschafft habe, sie einzuholen. Und dabei waren es so viele, die angebissen haben! Ich möchte bloß wissen, wohin all diese Fische bei Tag verschwinden!«

Der andere sagt: »Ach was, so 'n Quatsch! Wenn du wüßtest, was ich gestern geträumt habe! Im Traum lag plötzlich Sophia Loren neben mir – ganz nackt! Ich sagte: ›Mein Gott, bin ich im Himmel?‹ Und auf der anderen Seite lag noch so eine schöne Frau. Schwer zu sagen, welche schöner war!«

Da wird sein Freund ganz wütend und sagt: »Mensch, du Idiot! Und du willst mein bester Freund sein? Warum hast du mich denn nicht geholt?«

»Ich hab' dich ja angerufen, aber deine Frau sagte mir, du bist beim Fischen.«

Keiner ist da, wo man es vermutet. Keiner ist bei sich zu Hause. Wenn du Liebe machst, solltest du es zu einer meditativen Sache machen. Deine ganze Anwesenheit ist dazu nötig und sollte sich über die Frau ergießen, die du liebst. Und auch die Frau muß präsent sein und ihre ganze Schönheit und Anmut an ihren Geliebten verströmen. Dann wirst du nicht mehr ein Opfer sein.

Aber sonst bist du ein Opfer. Eure sogenannten Religionen, die völlig idiotisch sind, erkennen das Lieben nicht als eine natürliche, spielerische Erfahrung an, sondern verurteilen es. Sie haben eine Bedingung aufgestellt: Du kannst erst zur Erfahrung der Wahrheit gelangen, wenn du deine Frau aufgibst. Diese Konditionierung findet schon so lange statt, daß sie fast für die Wahrheit gehalten wird – und dabei ist es eine absolute Lüge.

Du bist ein Opfer der Traditionen, und zweifellos bist du abhängig.

Du sagst: »... *da wurde ich sehr wütend und destruktiv, aber irgendwie habe ich das genossen!*« Jeder hat diese destruktive Energie in sich, denn Energie, die sich selbst überlassen ist, kann nur destruktiv sein – es sei denn, sie wird mit Bewußtheit eingesetzt und dadurch kreativ.

Aber das Wichtigste, was du sagst: »*Irgendwie habe ich das genossen!*« Wie willst du es dann ändern? Wenn du etwas genießt, bleibst du auf derselben Stufe. Du kannst nichts daran verändern, denn das wirst du dann vielleicht nicht genießen.

Du hast Energie. Aber es ist selbstmörderisch, destruktive Energie zu genießen; destruktive Energie als solche zu genießen ist tödlich. Wenn du dir dessen bewußt wirst, mußt du sie transformieren. Nutze deine Energie auf kreative Weise. Vielleicht wird dich das weniger langweilig machen, spritziger, weniger abhängig, weniger ein Opfer.

Und das wichtigste Ergebnis wird sein, daß du dich dann nicht mehr schuldig und depressiv fühlen wirst. Ein kreativer Mensch fühlt sich nicht depressiv und schuldig. Durch seine Kreativität wird er zum Mitgestalter dieses Universums, und das gibt ihm eine ungeheure Befriedigung und Würde. Es ist das Geburtsrecht eines jeden Menschen, aber nur sehr wenige nehmen es für sich in Anspruch.

Und es ist gar nicht schwer ... es ist so einfach, seine Energie in kreative Bahnen zu lenken!

Du kannst malen, gärtnern, Blumen züchten, Gedichte schreiben, musizieren, tanzen. Lerne etwas, das deine destruktive Energie in Kreativität umwandelt. Dann wirst du nicht mehr wütend auf die Existenz sein. Du wirst Dankbarkeit fühlen. Du wirst das Leben nicht verneinen.

Wie könnte ein kreativer Mensch gegen das Leben sein, gegen die Liebe? Das ist unmöglich; es ist noch nie vorgekommen. Nur unkreative Leute verneinen alles ...

Deine Freundin hat einige sehr wichtige Fragen für dein Leben aufgeworfen. Das einfachste wäre natürlich, die Freundin zu wechseln, aber ich meine, daß deine Freundin mit

Sicherheit eine wahre Freundin ist – alles, was sie gesagt hat, war absolut ernst gemeint und authentisch! Du solltest ihr dankbar sein und anfangen, die Dinge zu ändern. Der Tag, an dem deine Freundin dich als spritzig und interessant akzeptiert, wird ein besonderer Tag in deinem Leben sein! Drum sei kein Feigling und wechsle nicht die Freundin, nur weil sie deinem Kopf Probleme macht und du eine andere finden willst.

Du hast Glück gehabt, eine so mitfühlende Freundin zu finden! Die nächste Wahl, die du triffst, wäre viel schwieriger. Bei der nächsten würdest du totale Schuldgefühle und Selbstwertprobleme haben. Was hast du denn getan, um deinen Selbstwert zu spüren? Was hast du getan, um nicht so langweilig zu sein? Was hast du getan, um unabhängig zu werden? Was hast du getan, um kein Opfer zu sein? Es ist höchste Zeit, daß du etwas unternimmst. Und dafür kannst du deiner Freundin immer dankbar sein.

Ich möchte deiner Freundin sagen: »Mach nur weiter so und hau diesem Kerl so lange eins auf die Rübe, bis du zufrieden bist – bis er nicht mehr so langweilig ist, sondern total spritzig und interessant, spielerisch und voller Lebensfreude. Kann gut sein, daß er dir irgendwann auf dem Pfad des Lebens abhanden kommt, aber dann wirst du ihn zumindest für irgendeine andere Frau präpariert haben. Sonst besteht die Gefahr, daß er so, wie er jetzt ist, noch vielen Frauen auf die Nerven geht und auch sich selber nervt.« *(98)*

Mir ist klar geworden, daß das, was ich für starken Saft gehalten habe, in Wirklichkeit starker Kleber ist. Wie kann man Kleber in Saft transformieren? Soviel ich weiß, kann man ihn ein bißchen verdünnen, damit er weniger klebrig wird, aber deswegen wird daraus doch noch kein richtiger Saft, oder?

Was dir da passiert ist, das passiert irgendwann fast jedem. Es ist eine der Prüfungen, die jeder bestehen muß. Ohne die Erfahrung dieser klebrigen Phase kannst du nie zur Freiheit gelangen. Das ist der erste Schritt: zu erkennen, daß du in einen Kleistertopf gefallen bist – und du dachtest, es sei »starker Saft«. Aber so geht jeder dieser Sache auf den Leim! Es ist eine Fata Morgana: Von weitem sieht der Kleber wie Saft aus, aber wenn man reingefallen ist, erkennt man: »Mein Gott! Wie soll ich da je wieder rauskommen?«

Man gerät ganz leicht hinein, aber um wieder rauszukommen, braucht es enorme Anstrengungen. Doch es gehört zum Reifwerden; es gehört zu dieser Lernerfahrung, daß man den Unterschied zwischen Wirklichkeit und Illusion erkennen lernt. Das ist unvermeidlich. Und man sollte es nicht vermeiden. Viele haben versucht, es zu vermeiden, indem sie der Welt entsagt haben und in die Berge geflüchtet sind. Sie sind vor dem Kleber geflüchtet. Aber auf diese Weise bleiben sie unreif.

Reife kommt nur durch Erfahrungen – gute und schlechte, Liebe und Haß. Freunde sind hilfreich, Feinde sind hilfreich. Das Leben bringt dir dunkle Nächte ebenso wie lichtvolle Tage, Augenblicke im Himmel und Ewigkeiten in der Hölle. Du wunderst dich, daß ich sage: »Augenblicke im Himmel und Ewigkeiten in der Hölle«? – Es scheint ungerechtfertigt. Aber das scheint nur so. Im Himmel erscheinen Ewigkeiten wie Augenblicke, und in der Hölle erscheinen Augenblicke wie Ewigkeiten.

Darin besteht die ganze Relativitätstheorie! Diese Theorie ist äußerst komplex und so schwierig, daß man zu Albert Einsteins Lebzeiten annahm, es gebe nur zwölf Personen auf der ganzen Welt, die verstehen konnten, wovon er redete. Bertrand Russell, einer der großen englischen Philosophen, hat ein Buch über die Relativitätstheorie geschrieben. Er nannte es *»Das ABC der Relativitätstheorie«*. Einer seiner Freunde und Kollegen, G. Moore, ebenfalls ein großer Philosoph, fragte ihn: »Warum nennst du es das ABC?« Bertrand Russell sagte: »Weil ich nicht mehr davon verstehe. Und ich kann nicht etwas behaupten, was ich nicht verstehe. Ich verstehe nur das ABC. Alles, was darüber hinausgeht, geht über mein Begriffsvermögen.«

Albert Einstein wurde tagtäglich gefragt – auf Partys, in Clubs, auf Hochzeiten, bei Picknicks – wo immer er auftauchte, fragten ihn die Leute: »Bitte erzählen Sie uns etwas über Ihre berühmte Relativitätstheorie.« Und er wußte, daß es ihnen praktisch unmöglich war, es zu verstehen, darum hatte er sich für solche Gelegenheiten eine Kurzversion zurechtgelegt.

Die Theorie ist ganz einfach: Wenn man auf einem heißen Ofen sitzt, fühlt sich eine Minute wie eine Stunde an. Es hängt davon ab, wie heiß der Ofen ist. Je heißer der Ofen, um so länger erscheint die Zeit. Und wenn man bei seiner Freundin sitzt, fühlt sich eine Stunde wie eine Minute an – je saftiger die Freundin, um so kürzer die Zeit. In Kürze besagt also die Relativitätstheorie: Zeit ist elastisch. Wenn du unglücklich bist, vergeht die Zeit sehr langsam. Wenn du fröhlich bist, vergeht die Zeit rasch.

Ich verstehe dein Problem. Aber es ist nicht möglich, Kleber in Saft zu verwandeln. Du hast recht: Man kann ihn höchstens ein wenig verdünnen, aber trotzdem bleibt es Kleber; es wird kein Saft daraus. Aber wenn du ihn ein bißchen verdünnen kannst, hast du eine Chance, herauszukommen. Darum mische ihn mit so viel Wasser, wie du nur kannst; das wird ihn zwar nicht in Saft verwandeln, aber es wird dir helfen, aus der Falle rauszukommen.

Das Problem ist aber, daß die Leute sogar an ihrem Kleber festhalten. Und dann ist es nicht so, daß der Kleber sie zurückhält, sondern sie selbst haben Angst davor, loszulassen, denn wer weiß? – Dieser Kleber ist ihnen zumindest vertraut. Man könnte ja in eine andere Falle geraten. Man kennt sich schließlich selbst und weiß, daß man nicht existieren kann, ohne in irgendeine Falle zu geraten. Und eine andere Falle könnte sich als noch gefährlicher erweisen – zum Beispiel deutscher Kleber! Wenn du in indischem Kleber festsitzt, mach dir keine Sorgen! Da kannst du ganz leicht wieder herauskommen. Der Kleber wird dir sogar noch dabei helfen. Denn nicht nur du sitzt in der Patsche – auch der Kleber sitzt in der Patsche!

Doch merke dir: Es ist eine wesentliche Erfahrung – dieses Festkleben, diese Lust, dieses Begehren, diese ganze sogenannte Liebe – und jeder muß durch sie hindurchgehen. Eines Tages wirst du dafür dankbar sein, denn diese Erfahrung hat dich wacher gemacht, bewußter, und sie hat dich gelehrt, besser zu unterscheiden zwischen Illusionen, Phantasien und wirklichen Erfahrungen. Niemand kommt schon mit Reife auf die Welt. Jeder muß in dieser Welt Reife erlangen, und natürlich muß er durch viel Unglück und Leiden, Mißerfolge und Fehler hindurchgehen. Aber das alles hilft, wenn man weiß, wie man es benutzen kann – wenn man nicht dumm ist.

Und was meine ich mit »nicht dumm«? Was ich meine, ist: nicht den gleichen Fehler immer wieder zu machen – das ist Intelligenz. Den gleichen Fehler immer wieder zu machen ist Dummheit. Einmal ist völlig in Ordnung; zweimal ist schon zuviel. Darum lerne aus dieser Erfahrung! *(99)*

Warum bekomme ich immer Angst, sobald mir jemand nahekommt?

Jeder bekommt Angst, mehr oder weniger. Deshalb lassen die Menschen niemanden allzu nahe an sich heran, und deshalb vermeiden sie auch die Liebe. Manchmal vermeiden sie die Liebe gerade im Namen der Liebe. Man hält sich gegenseitig auf Distanz und läßt den anderen nur bis zu einem gewissen Punkt an sich heran. Dann taucht die Angst auf.

Was ist diese Angst? Die Angst ist, daß der andere deine Leere sehen könnte, wenn er dir zu nahe kommt. Mit dem anderen hat es gar nichts zu tun. Du selbst hast deine innere Leere noch nicht akzeptiert – darum hast du Angst. Du hast dir eine schön dekorierte Fassade zugelegt: ein schönes Gesicht, ein nettes Lächeln, du redest gut und drückst dich gut aus, oder du singst gut und hast einen schönen Körper – eine gepflegte Persönlichkeit.

Aber das ist alles nur Oberfläche. Dahinter ist einfach Leere. Du hast Angst, wenn jemand dir zu nahe kommt, könnte er hinter deine Maske schauen, hinter dein Lächeln, hinter deine Worte. Und das macht dir angst. Du weißt, da ist nichts weiter. Du bist nur eine Fassade. Darin besteht die Angst: Du hast keine Tiefe.

Nicht, daß du keine Tiefe haben könntest – du kannst sie sehr wohl haben, aber du hast den ersten Schritt dazu noch nicht gemacht. Der erste Schritt besteht darin, deine innere Leere als etwas Positives anzunehmen und dich auf sie einzulassen. Darum vermeide nicht deine innere Leere.

Wer seine innere Leere vermeidet, vermeidet auch, daß andere ihm näherkommen können. Wenn du deine innere Leere genießen kannst, wirst du ganz offen sein und andere einladen, dir näherzukommen und einen Blick in dein Innerstes zu werfen. Wenn diese Leere akzeptiert wird, hat sie eine bestimmte Qualität. Wird sie abgelehnt, dann fühlt es sich anders an. Den Unterschied machst du in deinem Verstand. Wenn du sie ablehnst, fühlt sie sich an wie Sterben. Wenn du sie akzeptierst, wird sie zum Lebensquell.

Nur durch Meditation wirst du fähig, andere nahe an dich herankommen zu lassen.

Nur durch Meditation fängst du an, deine innere Leere als etwas Freudiges, als Grund zum Feiern, als ein Lied zu erleben. Dann läßt deine innere Leere dich nicht mehr ausflippen, dann macht sie dir nicht mehr angst, sondern wird zur Zuflucht, zur Herberge, zum Trost, zum Ruheplatz. Und immer wenn du müde bist, kannst du dich einfach in diese innere Leere fallenlassen und darin verschwinden. Wenn du erst einmal anfängst, deine innere Leere und die Freude, die sie bringt, zu lieben, werden Tausende von Lotosblüten aus ihr erblühen – sie schwimmen auf dem See der Leere.

Aber du hast eine solche Angst, daß du leer sein könntest, daß du lieber nicht hinschaust. Du unternimmst jede Anstrengung, es zu vermeiden. Du hörst Radio, gehst ins Kino, siehst fern, liest die Zeitung oder einen Krimi und tust ständig irgend etwas, nur um deiner inneren Leere zu entgehen. Und wenn du müde bist, schläfst du ein und träumst, aber nie konfrontierst du dich mit ihr, nie läßt du sie nahe an dich heran, nie nimmst du sie in den Arm. Das ist der Grund.

Du fragst: *»Warum bekomme ich immer Angst, sobald mir jemand nahekommt?«* Das war eine wichtige Erkenntnis. Alle bekommen Angst, wenn ihnen jemand anderer sehr nahekommt, aber nur wenige sind sich dessen bewußt. Nähe wird abgelehnt.

Nähe wird nur unter gewissen Bedingungen zugelassen. Was deine Frau angeht, so läßt du sie in deinem Bett schlafen und die Nacht mit dir verbringen. Aber du hältst eine unsichtbare Wand zwischen dir und deiner Frau aufrecht. Diese Wand ist unsichtbar, aber sie ist da. Wenn du sie sehen willst, beobachte dich nur selbst, dann wirst du sie entdecken – eine sehr transparente Wand, eine gläserne Wand, aber sie ist da.

Du behältst deine Privatheit, und deine Frau behält ihre Privatheit. Doch zwei Privatheiten können sich nicht begegnen. Du hast deine Geheimnisse, und sie hat die ihren. Ihr seid nicht wirklich offen und zugänglich füreinander.

Nicht einmal in der Liebe erlaubst du dem anderen, wirklich in dich einzudringen, du erlaubst ihm nicht, dich zu durchdringen. Aber du mußt eines wissen: Wenn du einem anderen Menschen erlaubst, in dich einzudringen, wirst du große Seligkeit erleben.

Wenn die Körper zweier Liebender sich gegenseitig durchdringen, kommt es zu einem physischen Orgasmus. Wenn die Psyche zweier Menschen sich gegenseitig durchdringt, kommt es zu einem psychischen Orgasmus, und wenn die Seelen zweier Menschen sich durchdringen, kommt es zu einem spirituellen Orgasmus.

Vielleicht hast du von den letzten beiden noch nie gehört. Sogar der erste Orgasmus ist eine Seltenheit. Ganz wenige Menschen kommen wirklich zu einem physischen Orgasmus – sie haben es völlig verlernt. Sie halten Ejakulation für Orgasmus.

Viele Männer glauben, daß sie einen Orgasmus haben. Und weil die Frauen nicht ejakulieren – zumindest nicht sichtbar –, glauben achtzig Prozent der Frauen, daß sie keinen Orgasmus

haben können. Ejakulation ist aber kein Orgasmu
ist eine lokalisierte Energieentladung, ein sexuelle
das ist kein Orgasmus. Eine solche Entladung is
Phänomen; man verliert nur Energie. Ein Orga
völlig anderes.

Orgasmus ist ein Tanz der Energie, keine Entladung. Es ist ein ekstatischer Zustand, in dem die Energie zu einem Strömen wird. Und das geschieht im ganzen Körper; es ist nicht bloß sexuell, sondern ganzkörperlich. Jede Zelle, jede Faser des Körpers pulsiert mit einer nie gekannten Freude. Der Körper verjüngt sich, und ein tiefer Friede stellt sich ein.

Aber die Menschen kennen nicht einmal den physischen Orgasmus, geschweige denn den psychischen Orgasmus. Wenn du jemanden ganz nahe an dich herankommen läßt – einen Freund, einen Geliebten, einen Sohn, einen Vater, einen Meister ... egal, welcher Art die Beziehung ist –, wenn du jemanden so nahe an dich herankommen läßt, daß ihr euch psychisch überschneidet und durchdringt, dann passiert etwas, das über den physischen Orgasmus hinausgeht, ein Sprung. Der physische Orgasmus ist schön, aber nichts im Vergleich zum psychischen Orgasmus. Und wenn du den psychischen Orgasmus erst einmal kennengelernt hast, verliert der physische Orgasmus allmählich seine Anziehung. Er ist nur ein schwacher Abglanz. Doch selbst der psychische Orgasmus ist nichts im Vergleich zum spirituellen Orgasmus: wenn zwei Seelen – und mit »Seelen« meine ich zwei Leeren, zwei Nullen – sich gegenseitig durchdringen.

Wohlgemerkt, zwei Körper können sich bestenfalls berühren; sie können sich niemals physisch durchdringen. Wie könnten zwei Körper sich räumlich durchdringen? Das ist unmöglich. Es kann höchstens zu einer engen Berührung kommen. Körper können sich bestenfalls berühren. In der sexuellen Liebe kommt es nur zur Berührung zweier Körper. Die Penetration ist nur eine sehr oberflächliche Berührung, denn zwei physische Objekte können nicht an ein und demselben Ort existieren.

Wenn ich hier in diesem Sessel sitze, kann kein anderer

esen Platz einnehmen. Wenn ein Stein an einer bestimmten Stelle liegt, kann nichts anderes dort liegen. Diese Stelle ist belegt. Physische Objekte benötigen Raum, darum können physische Objekte sich allerhöchstens berühren.

Darin besteht der Jammer der Liebe. Wer nur die körperliche Liebe kennt, bleibt immer unerfüllt, weil sie nur körperliche Berührung zuläßt, während die tiefste Sehnsucht darin besteht, mit dem anderen zu einer Einheit zu verschmelzen. Zwei physische Objekte können aber nicht miteinander verschmelzen; das ist unmöglich.

Tiefer ist die Kommunion zwischen zwei Psychen. Sie können näher zusammenkommen. Aber auch zwei Gedanken können nicht denselben Raum einnehmen, denn Gedanken sind immer noch Dinge, wenn auch sehr subtile. Sie können sich viel besser berühren, können sich viel besser miteinander vermischen als zwei physische Objekte. Physische Objekte sind etwas Festes, Gedanken etwas Flüssiges. Wenn die Körper zweier Liebenden zusammenkommen, ist es, als träfen sich zwei Steine. Wenn zwei Psychen zusammenkommen, ist es, als träfen sich Wasser und Öl. Sie kommen zwar näher zusammen, aber eine subtile Trennung bleibt dennoch bestehen.

Zwei Gedanken können nicht denselben Raum einnehmen. Wenn du einen Gedanken denkst, kannst du nicht gleichzeitig einen zweiten Gedanken denken. Der erste Gedanke muß gehen, damit du einem anderen Gedanken Aufmerksamkeit geben kannst. Nur ein Gedanke hat gleichzeitig in deinem Kopf Platz. Deshalb geht auch der Freundschaft, der psychischen Verbindung, etwas ab; etwas fehlt ihr. Sie ist besser als das erste, aber kein Vergleich zum dritten.

Die spirituelle Verschmelzung ist die einzige Möglichkeit, mit jemandem wirklich eins zu werden, denn das spirituelle Element, die Seele, ist Leere, und zwei Leeren können sich durchdringen. Und nicht nur zwei – sämtliche Leeren dieser Welt können sich durchdringen. Sie alle können gleichzeitig am selben Ort sein – kein Problem, weil sie weder konkret sind wie Objekte noch flüssig wie Wasser oder Gedanken. Sie sind einfach leer. Man kann so viele Leeren zusammenbı gen, wie man will.

Wenn du anfängst, deine Leere wahrzunehmen – auı positive Weise, wohlgemerkt –, dann kannst du andere nahe an dich herankommen lassen. Du kannst sie nicht nur näherkommen lassen, sondern du wirst ständig offen und einladend sein. Denn wenn jemand zu dir hereinkommt, geht das nur, wenn auch er dich hereinläßt; es gibt keinen anderen Weg. Wenn du in mich reinkommen willst, geht das nur, wenn du mich reinläßt. Nur so geht es.

Es ist eine gute Erkenntnis, daß du fragst: *»Warum bekomme ich immer Angst, sobald mir jemand nahekommt?«* Du bist dir deiner Leere ein wenig bewußt geworden. Nun laß dieses Bewußtsein zunehmen, laß dieses Bewußtsein zu einer wichtigen Erfahrung werden.

Geh in diese Leere, dann wirst du bald staunen, denn diese Leere ist Meditation. Diese Leere ist das, was ich »Göttlichkeit« oder »Gott« nenne. *(100)*

Der Ehemann

Kann eine Frau einen Mann wirklich zum Wahnsinn treiben?

Das hängt ganz von dem Mann ab. Wenn er klug ist, wird er ein Pantoffelheld. Wenn er nicht so klug ist, bleibt ihm gar nichts anderes übrig, als wahnsinnig zu werden. Deswegen entscheiden sich neunundneunzig Komma neun Prozent aller Männer dafür, Pantoffelhelden zu werden – fürs nackte Überleben.

Dabei ist mit der Frau gar nichts verkehrt. Nicht, daß sie absichtlich versuchte, dich zum Wahnsinn zu treiben. Ihr Verstand funktioniert bloß völlig anders. Aber das macht ja auch ihre Anziehung aus. Die Polarität wirkt wie ein Magnetfeld. Je mehr die Frau anders ist als du, um so mehr zieht sie dich an. Wenn sie genauso wäre wie du, genauso dächte wie du, würde die Faszination verlorengehen. Dann wäre keine Spannung mehr da, und die Beziehung würde auseinanderfallen.

Eine Beziehung ist wie ein Gewölbe. Bei einem Gewölbe werden Steine so aneinandergefügt, daß aus der Spannung zwischen ihnen eine Kraft entsteht, die das ganze Gebäude trägt. Diese Kraft beruht aber auf der Spannung, auf dem Gegensatz.

Eine lebendige Beziehung zwischen Mann und Frau muß unweigerlich immer ein bißchen verrückt sein. Doch ein Mann kann eine Frau nicht verrückt machen, weil seine Art zu argumentieren, seine ganze Art zu denken logisch ist. Die Denkweise der Frau ist unlogisch, aber das ist ihre Eigenart; so ist sie beschaffen. Auf der untersten Ebene funktioniert sie instinktiv, auf der höchsten intuitiv. Der Mann funktioniert auf der untersten Ebene intellektuell und auf der höchsten intelligent. Instinkt und

Intuition verfahren nach der Unlogik. Einen unlogischen Menschen kann Logik nicht verrückt machen. Wenn, dann geschieht das immer dem logischen Verstand.

Verrücktheit gehört zum logischen Verstand. Verrücktheit bedeutet einfach, daß deine Logik nicht mehr greift und du überhaupt nicht mehr weißt, was du tun sollst. Du liebst diese Frau und möchtest sie unter keinen Umständen verlieren. Du empfindest etwas für sie und versuchst um jeden Preis, sie zu verstehen. Doch so sehr du dich auch bemühst – du bist hilflos, weil du nur logisch funktionieren kannst. Aber für die Logik ist sie völlig unbegreiflich, sie ist rätselhaft, ein absolutes Rätsel. Man kann sein ganzes Leben damit verbringen, eine einzige Frau zu studieren und würde doch nie dahinterkommen, wie das alles zusammenhängt.

Die Frau versucht erst gar nicht, dich zu verstehen. Durch das unlogische Funktionieren ihrer Psyche ist sie am Verstehen nicht interessiert. Sie gelangt ohne Nachdenken zu ihren Schlußfolgerungen; sie zieht ihre Schlüsse sprungartig. Und das Erstaunliche ist, daß sie fast immer recht hat, und du hast fast immer unrecht! Das macht dich fast wahnsinnig! Dabei bist du doch ganz logisch, mathematisch, Schritt für Schritt vorgegangen – und trotzdem bist du zu einem falschen Ergebnis gekommen!

Eine Frau gewann in der Lotterie. Als ihr Ehemann nach Hause kam, war er völlig perplex und fragte, wie sie das zustande gebracht habe.

Sie sagte: »Ich habe im Traum dreimal die Zahl sieben gesehen. Also, dachte ich, dreimal sieben ist achtundzwanzig.«

Dem Ehemann blieb die Spucke weg. Er sagte: »Und was war dann?«

Sie sagte: »Dann habe ich mir das Los mit der Nummer achtundzwanzig gekauft – und es hat gewonnen!«

Der Ehemann sagte: »Aber dreimal sieben ist doch gar nicht achtundzwanzig, sondern einundzwanzig!«

Da sagte die Frau: »Du immer mit deiner Mathematik! Aber ich hab' die Lotterie gewonnen!«

…mmert die Mathematik? Was zählt, ist das Ergebnis. …rau versucht nie, den Mann zu verstehen – keine Frau versucht das –, denn sie versteht ihn schon von vornherein. In der Tat wundern sich die Frauen, warum die Männer immer versuchen, die Frauen zu verstehen. Seit Jahrhunderten versuchen die Männer das. Ich glaube, die Frau ist das älteste Studienobjekt des Mannes – und das ist nur natürlich. Noch bevor er über Gott nachsann, muß er sich schon über die Frau den Kopf zerbrochen haben. Und es war die Frau, die ihm die ganze Suppe eingebrockt hat, nicht Gott. Der hat zwar die Welt erschaffen, aber da gab es noch keine Probleme.

Eva war es, die versuchte, ihn zu überreden, die Frucht vom Baum der Erkenntnis zu essen, was ja verboten war. Der Mann versuchte noch einzuwenden: »Es ist verboten. Gott hat gesagt, daß wir von diesem Baum wegbleiben sollen und diese Frucht nicht essen dürfen.« Aber die Frau sagte: »Gott hat es verboten, weil er befürchtet, wenn wir die Frucht vom Baum der Erkenntnis essen, könnten wir genauso weise werden wie er. Er ist eifersüchtig. Laß uns gehen und sie essen!« Und so verführte sie ihn.

Gott mag zwar die Welt erschaffen haben, doch die Welt, wie wir sie kennen, ist von der Frau erschaffen worden.

Wenn du die Funktionsweise des weiblichen Verstandes beobachtest, kannst du es deutlich sehen. Es ist unmöglich, ihn zu verstehen. Allein schon die Bemühung, ihn zu verstehen, muß dich zum Wahnsinn treiben.

Zwei Frauen treffen sich auf der Straße. »Was hast du denn mit deinen Haaren gemacht?« fragt die eine. »Sieht ja aus wie 'ne Perücke!«

»Es *ist* eine Perücke!« sagt die andere.

»Na, so was! Wär' ich nie draufgekommen!«

Sagt die frischverheiratete Engländerin zu ihrem Ehemann: »Ich kann dich einfach nicht begreifen, George! Du hast Baked Beans am Montag gemocht, du hast Baked Beans am Dienstag gemocht, du hast Baked Beans am Mittwoch gemocht, du hast

Baked Beans am Donnerstag gemocht. Und jetzt plötzlich, am Freitag, magst du keine Baked Beans mehr!«

Nach drei Monaten intensivster Arbeit und Hunderten von Therapiestunden, in denen der Klient von sich geredet hatte, brachte die Psychoanalytikerin ihre Tiefenanalyse des mentalen und emotionalen Zustandes ihres Klienten zum Abschluß. Sie räusperte sich, sah von ihren Unterlagen auf und teilte ihm dann ihre Diagnose mit: »In meiner Gesamtanalyse bin ich zu folgendem Ergebnis gekommen: Nach meinem professionellen Dafürhalten sind Sie schlicht und einfach verrückt!«

Schockiert und wütend erwiderte der Klient: »Also, wenn das so ist, dann muß ich noch eine weitere Meinung einholen!«

»Na gut«, sagte die Analytikerin: »Häßlich sind Sie auch!«

Eine Frau kann einen Mann wirklich in den Wahnsinn treiben – aber dazu ist deine Mitwirkung nötig. Ohne deine Bereitschaft kann dich niemand in den Wahnsinn treiben, unmöglich. Wenn du aufhörst, die Frau verstehen zu wollen, und einfach anfängst, sie zu genießen, kann sie dich nicht mehr verrückt machen. Sobald du versuchst, sie zu verstehen, hörst du automatisch auf, sie zu genießen, und dann wird sie dich unweigerlich verrückt machen. Genieße sie! Genieße ihre Andersartigkeit, genieße ihre andere Vorgehensweise im Leben. Genieße es, daß sie kein Mann ist, sondern eine Frau! Sie denkt nicht wie du. Nicht nur ihr Körper, auch ihre Psyche ist anders. Und wenn du gar nicht mehr daran denkst, sie verstehen zu wollen, hat sie keine Chance mehr, dich in den Wahnsinn zu treiben.

Wenn du mit deiner Frau zusammen bist, tu deinen Kopf beiseite! Sei mehr existentiell, weniger intellektuell. Liebe sie, tanze mit ihr, singe mit ihr, aber versuche nicht, mit ihr zu argumentieren. Bei Meinungsverschiedenheiten gib ihr einfach recht, dann bist du nie der Verlierer! Wenn du dich auf das Argumentieren einläßt, mußt du ihr letztendlich sowieso recht geben. Je mehr du argumentierst, um so hartnäc wird sie auf ihrem Standpunkt beharren. Und ihre weibliche Art von Hartnäckigkeit macht es dir unmöglich, nicht auf sie zu hören. Sie argumentiert nicht, sonst könntest du es ausdiskutieren, und das würdest du doch so gern ...

Jeder Ehemann wünscht sich, daß seine Frau mit ihm ganz ruhig und gelassen am Tisch sitzt: »Laß uns über diese Sache diskutieren.« Doch statt dessen fängt sie an, mit Sachen zu schmeißen! Sie weiß genau, wenn sie ruhig und gelassen bleibt, hat sie schon verloren. Deshalb schlägt sie lieber die Türen zu, versalzt dir dein Gemüse und vergißt den Zucker in deinem Tee. Sie wird alle möglichen unlogischen Dinge tun; sie wird jammern und in Tränen ausbrechen, sich die Haare raufen und die armen Kinder verprügeln, die überhaupt nichts dafür können.

Und wenn du das alles mit ansiehst, mußt du ihr recht geben – und wenn es nur Kleinigkeiten sind. Vielleicht ging es nur darum, ins Kino zu gehen, und ihr konntet euch nicht über den Film einigen. Sie wird ihren Kopf durchsetzen. Warum willst du ihr unnötig unterliegen? Warum nicht siegreich bleiben? In dem Moment, wo sie etwas sagt, sagst du einfach: »Stimmt! Du hast ja so recht! Genauso denke ich auch!« Auf diese Weise wirst du dich gut fühlen, und du hast gewonnen! Dein Tee wird süß sein, dein Gemüse wird genau richtig gesalzen sein, und die Kinder bleiben verschont. Denn wegen Kleinigkeiten ist die Frau fähig, das ganze Haus anzuzünden! Aber letztlich hängt alles von dir ab.

Werde ein bißchen meditativer. Tatsächlich ist die Meditation zum Schutz des Mannes entdeckt worden. Es waren nicht die Frauen, die darauf gekommen sind, vergiß das nicht. Viele Leute haben mich schon gefragt: »Warum sind nicht die Frauen auf die Meditation gekommen?« Weshalb hätten sie das sollen? Sie hatten gar keine Veranlassung, darauf zu kommen. Es ist eine Entdeckung des Mannes. Wenn er sich mit meditativer Energie umgibt, ist er geschützt. Dann kann niemand, nicht einmal eine Frau, ihn in den Wahnsinn treiben. Darum ist es gut, meditativer zu werden. *(101)*

Warum habe ich solche Angst vor meiner Frau? Dabei ist an ihr eigentlich nichts auszusetzen. Sie ist eine der perfektesten Frauen, die man nur finden kann.

Unsere Liebe ist immer von Angst vergiftet. Die Ehefrau hat Angst vor dem Ehemann, der Ehemann hat Angst vor der Ehefrau. Die Kinder haben Angst vor den Eltern, die Eltern haben Angst vor den Kindern. Wir leben in Angst. Sogar in der Liebe sind unsere Beziehungen ständig von Angst vergiftet.

Du fragst: »*Warum habe ich solche Angst vor meiner Frau?*« Wer hat die denn nicht? Bist du schon einem Mann begegnet, der keine Angst vor seiner Frau hat? Jeder Mann hat Angst – weil wir nicht wissen, wie man liebt, ohne Angst zu haben. Liebe muß gelernt werden; sie ist eine Kunst, und sie erfordert große Intelligenz.

Weil du nicht liebst – darum hast du Angst. Wenn Liebe da ist, wird diese Liebe alle Angst vertreiben. Wenn Angst da ist, zeigt das einfach nur, daß deine Liebe nicht echt ist. Es muß etwas anderes sein, das sich als Liebe ausgibt. Vielleicht ist es Lüsternheit, die sich als Liebe ausgibt. Und natürlich ist Lüsternheit mit Angst verbunden, denn Lüsternheit bedeutet, daß du die Frau ausbeutest, daß du sie benutzt. Dann hast du ständig Angst, daß sie dich verlassen könnte, daß sie dich zurückweisen könnte, daß sie nein sagen könnte. Wenn es nur Geilheit ist, reiner Geschlechtstrieb, dann hast du natürlich Angst, daß sie nein sagen könnte und deine sexuellen Bedürfnisse dann nicht befriedigt werden.

Und die Frauen gehen damit sehr raffiniert um. In dem Moment, wo der Ehemann sexuelles Interesse an ihnen zeigt, ziehen sie sich zurück. Sie wollen nicht als Mittel zum Zweck benutzt werden; sie wollen nicht zur Ware reduziert werden. Und so leisten sie Widerstand, so kämpfen sie.

Einem Achtzigjährigen begegnete im Sommerurlaub eine gleichaltrige Frau, und sie verliebten sich ineinander. – So etwas könnte in Indien nicht passieren – es muß in Amerika gewesen sein! In Indien verlieben sich nicht einmal die jungen

Leute, und in Amerika verlieben sich sogar noch die Achtzigjährigen! Beide Situationen sind häßlich. Daß ein junger Mann sich nicht verliebt, ist häßlich, und daß ein Achtzigjähriger sich verliebt, ist auch häßlich. Daß ein junger Mann sich nicht verliebt, zeigt, daß er nicht richtig jung ist, und daß der Alte sich verliebt, mit seinen achtzig Jahren, das zeigt einfach nur, daß er noch immer nicht erwachsen geworden ist.

Die beiden verliebten sich also und heirateten. In der ersten Nacht nahm der alte Mann die Hand der alten Frau und drückte sie liebevoll. Ein paar Minuten hielten sie sich an der Hand und drückten sich, und dann schliefen sie ein. Das war ihre Hochzeitsnacht! Am nächsten Tag drückte der Mann wieder die Hand, aber nicht mehr so lange.

Und als er am dritten Tag wieder die Hand seiner Frau drücken wollte, da sagte sie: »Ach, weißt du, heute habe ich Kopfweh!«

Schon ein Händedruck ... Niemand will benutzt werden. Es ist die größte Erniedrigung im Leben, benutzt zu werden. Und weil ihr Männer eure Frauen benutzt, nur darum habt ihr Angst. Und sie halten euch in Angst. Solange ihr sie benutzt, werdet ihr vor ihnen Angst haben. Solange ihr sie benutzt, werden sie euch auf alle möglichen Arten quälen. Sie werden sich dafür revanchieren. So war es jedenfalls bisher.

Du wirst die Liebe besser verstehen lernen müssen. Liebe benutzt niemals den anderen. Liebe ist ein Teilen – aber sie benutzt den anderen nicht, niemals. Und dann verschwindet die Angst.

Liebe ist in Wirklichkeit kein Bedürfnis, sondern ein Überfließen. Wenn du jemanden brauchst, wirst du dich an ihn klammern. Wenn du dich klammerst, hast du Angst. Klammern geschieht immer aus Angst – und weil der andere spürt, daß du klammerst, nutzt er die Situation für sich aus. Aber er selbst klammert auch. Die Frau hat Angst, daß der Mann sie verlassen könnte, der Mann hat Angst, daß die Frau ihn verlassen könnte. Beide sind ständig in Angst und bewachen und bespitzeln sich gegenseitig voller Eifersucht. Aus Ehemännern und Ehefrauen werden Feinde statt Freunde.

Mulla Nasruddin redete mit seinem Arzt. Der Doktor sagte: »Nasruddin, Sie sagen, daß Sie oft schlecht aufgelegt sind. Aber was Sie vielleicht nicht wissen: Die Wissenschaft hat entdeckt, daß schlechte Laune von einer häßlichen kleinen Mikrobe verursacht wird!«

Mulla Nasruddin sagte: »Um Himmels willen, reden Sie nicht so laut! Sie sitzt nebenan.«

Ehemann und Ehefrau leben in Angst, und die ganze Beziehung ist vergiftet. Die Ehe ist eine der grundlegenden Beziehungen im Leben, und deshalb wirkt sich dieses Gift verheerend auf das ganze Leben aus. Aus deiner Ehe gehen Kinder hervor, und die Ehe ist schon verbittert, sie ist schon ganz sauer geworden. Die Kinder werden in sie hineingeboren, und von Anfang an werden sie diesen Schatten mit sich herumtragen.

Die Ehe ist die grundlegendste Einrichtung. Aus ihr entsteht alles andere. Sie ist der Grundbaustein dieser Gesellschaft, ihr zentraler Kern. Sie muß transformiert werden, sie ist häßlich. Die Menschen heiraten nicht aus Liebe, sondern aus anderen Gründen – aus finanziellen, sozialen, religiösen, aus tausenderlei Gründen.

Wenn du jemanden liebst, dann ist die Grundvoraussetzung, daß du dem anderen so viel Freiheit gibst wie nur möglich. Denn nur wenn du dem anderen alle Freiheit gibst, kannst du selbst in Freiheit leben. Und in Freiheit verschwindet jegliche Angst. Angst ist ein Bestandteil von Sklaverei.

Ein Mann kommt mit einem blauen Auge und verschiedenen kleineren Verletzungen in die Ambulanz. Die Schwester fragt ihn bei der Aufnahme: »Verheiratet?«

»Nein, Autounfall.«

Die Ehe, wie sie heute auf dieser Erde existiert, ist eher wie ein Autounfall. Es ist noch kein gemeinsames Aufblühen zweier Individuen. Es ist vielmehr eine Katastrophe. Wir müssen ihre ganze Basis verändern. Die Leute sollten nicht zu früh heiraten, und bevor sie sich zur Ehe entschließen, sollten sie so viele Liebesbeziehungen wie möglich gehabt haben.

Die erste Liebe ist wirklich phantastisch, weil es die erste ist – ansonsten aber ist sie ziemlich gefährlich. Weil es das erste Mal ist, ist diese Liebe sehr romantisch, aber die Romantik verschwindet bald. Sie bildet keine stabile Grundlage, sie kann nicht zu einer wahren Ehe werden.

Bevor ein Mann sich entschließt zu heiraten, sollte er viele verschiedene Frauen kennengelernt haben. Und die Frau sollte viele Männer kennengelernt haben. Erst dann kann man wählen, erst dann kann man spüren, zu wem man paßt. Erst dann kann man verstehen, mit wem man wachsen und Höhenflüge erleben kann. Doch jahrtausendelang haben wir das nicht erlaubt.

Bevor man sich festlegen kann, muß man viele Erfahrungen mit vielen Menschen gesammelt haben. Unsere ganze Ideologie stammt immer noch aus dem prätechnologischen Zeitalter. In der Vergangenheit bestand die Gefahr, daß die Frau schwanger wurde, und dann gab es für sie, für ihre Familie, für ihr ganzes Leben große Probleme. Darum war es für den Mann nie ein Thema, jungfräulich zu bleiben, bis er heiratet. Aber von der Frau hat man auf der ganzen Welt absolut verlangt, daß sie noch Jungfrau ist.

Warum diese doppelte Wertskala? Warum mußte die Frau noch Jungfrau sein, aber der Mann nicht? Man sagt: »Jungs sind Jungs ...«, warum nicht auch: »Mädchen sind Mädchen ...«?

Das lag ganz einfach daran, daß es für die Frau noch keinen technischen Schutz gab. Aber heute kann sie sich schützen. Die Pille ist seit der Erfindung des Feuers die größte Erfindung auf dieser Welt. Die größten Revolutionäre sind unbedeutend im Vergleich zur Revolution, die durch die Pille auf der Welt ausgelöst wurde. Vielleicht bist du dir dessen gar nicht bewußt, aber die Pille hat die ganze Welt verändert – sie hat die ganze Sexualmoral verändert.

Ihr lebt heute im posttechnologischen Zeitalter, und ihr

braucht keine prätechnologischen Ideologien mehr mit euch herumzuschleppen; sie sind total schädlich. Einst waren sie notwendig, aber heute nicht mehr. Sie behindern euer Wachstum, sie sind eine unnötige Belastung, sie beeinträchtigen euer Leben. Es gibt keinen Grund, sie weiter mit euch herumzutragen.

Mann und Frau sollten sich treffen, sie sollten sich kennenlernen, und es sollte keine Eile bestehen zu heiraten. Nur so könnt ihr allmählich die Kunst des Liebens lernen. Nur so könnt ihr lernen, wie man in Beziehung lebt. Nur so könnt ihr lernen, mit wem ihr eine spirituelle Verwandtschaft habt.

Die Ehe ist eine spirituelle Sache, und nicht bloß eine körperliche Angelegenheit – ganz und gar nicht. Sie ist ein spirituelles Einswerden. Wenn du fühlst, daß du mit einer bestimmten Frau, einem bestimmten Mann, einen wunderbaren Gleichklang erlebst und etwas Überirdisches in dein Leben tritt, dann laß dich mit diesem Menschen nieder. Ansonsten besteht keine Eile.

Du sagst: »*Dabei ist eigentlich an ihr nichts auszusetzen.*« An niemandem auf dieser Welt ist irgend etwas auszusetzen. Ich sehe einen schönen Mann, eine schöne Frau, und jeder für sich ist schön. Doch zusammen werden beide häßlich. Irgend etwas läuft schief; sie passen nicht zusammen. Der Mann ist schön, die Frau ist schön, aber ihre Ehe ist häßlich. Sie passen nicht zusammen; sie sind nicht füreinander bestimmt.

Und wenn die Ehe häßlich ist, werden nach und nach beide häßlich. Es gibt eigentlich keine häßlichen Menschen; alle Menschen sind schön. Aber man braucht eine schöne Beziehung, um seine Schönheit weiter entfalten zu können, um immer neue Blüten, neue Lieder hervorzubringen.

Du sagst: »*Sie ist eine der perfektesten Frauen, die man nur finden kann.*« Mag sein, und wenn du es sagst, glaube ich es dir sogar. Ansonsten gibt es nirgends perfekte Menschen. Einen perfekten Menschen kann man nicht finden. Unvollkommenheit gehört zum Leben; sie ist ein wesentlicher Bestandteil des Lebens. Sobald jemand perfekt wird, fängt er an, sich aus dem Leben zu verabschieden.

Darum sagen wir, daß Buddhas nicht wiedergeboren werden – sie haben sich vollendet und brauchen deshalb nicht wiederzukommen. Sie haben alles gelernt, was es hier auf Erden zu lernen gab; sie brauchen sich nicht wiederzuverkörpern.

Du sagst, deine Frau sei so perfekt, wie man es kaum irgendwo finden könne. Vielleicht ist sie ein Moralapostel, vielleicht ist sie eine Perfektionistin – aber ein Perfektionist ist etwas ganz anderes als ein vollendeter Mensch. Ein Perfektionist ist ein Neurotiker – und hinter Perfektionismus verbirgt sich leicht eine Neurose. Frauen haben einen Hang zum Perfektionismus, weil ihnen keine andere Form der Machtausübung zugestanden wurde.

Seit Jahrhunderten herrscht der Mann auf jede erdenkliche Weise – wirtschaftlich, gesellschaftlich, politisch, religiös. Überall hat er die Vorherrschaft. Er hat der Frau keinen Raum gelassen, um zu herrschen. So mußte sie ihre eigenen Methoden erfinden.

Jede Frau wird zum Moralapostel, zur Perfektionistin. Das ist ihre Strategie, ihre politische Taktik, um dich zu beherrschen. Sie wird dir nicht gestatten, Zigaretten zu rauchen – es ist falsch. Sie wird dir nicht gestatten zu trinken – es ist falsch. Sie wird dir nicht gestatten, das eine oder andere zu essen – es ist falsch. Sie wird dir überhaupt nichts gestatten. Das ist ihre Methode, um dich zu beherrschen.

Sobald man den Frauen gestattet, auf jede andere mögliche Weise mit den Männern in der Welt zu konkurrieren, hören sie auf, solche Perfektionisten zu sein. Das passiert gerade im Westen: Die Frauen haben selbst angefangen zu rauchen, was sie vorher nie getan haben. Sie waren immer dagegen, daß der Ehemann raucht; jetzt rauchen sie selber. Was ist passiert? Das war die einzige Möglichkeit, wie sie Kontrolle ausüben konnten.

Und vergiß nicht: Vielleicht hast du deshalb vor ihr Angst – weil sie so eine Perfektionistin ist! Vielleicht macht sie dir ein schlechtes Gewissen: Du bist ihrer nicht würdig. Das ist ihre Strategie. Hüte dich davor! Es ist ein sehr subtiler Trick, um dich zu beherrschen und Besitz von dir zu ergreifen.

Zwei junge Männer unterhalten sich über das übliche Thema – Mädchen. »Ich will eine Freundin«, sagt der eine, »die nicht trinkt, nicht raucht und keine schlechten Angewohnheiten hat.«

»Und wenn du so eine findest«, fragt der andere, »was zum Teufel willst du mit ihr machen?«

Wenn du eine perfekte Frau findest, kommst du in Teufels Küche. Sie wird nicht menschlich sein; in ihren Ansprüchen wird sie unmenschlich sein. Neben ihr wirst du dir wie ein häßliches Würmchen vorkommen. Darin besteht die ganze Freude des Puritaners, des Moralapostels.

Eure sogenannten Heiligen sind alle auf einem Egotrip. Sie sind zu jedem Opfer, zu jeder Selbstkasteiung bereit, nur um euch zu peinigen und euch zu zeigen, wie häßlich und unmoralisch ihr seid, was für Sünder ihr seid. Sie beziehen ihre ganze Freude nur aus einem: Sie wollen beweisen, daß sie Heilige sind. Und sie sind bereit, jeden Nachweis zu erbringen, den ihr verlangt. Ihr müßt nur eine einzige Bedingung erfüllen: Ihr müßt daran glauben, daß sie Heilige sind. Dann sind sie bereit, jeden Schwachsinn zu tun, den ihr verlangt.

Da war einmal ein christlicher Heiliger, und eine große Sekte entstand hinter ihm. Dieser Heilige geißelte sich selbst jeden Morgen für seine Sünden. Er wurde natürlich sehr verehrt, und viele Anhänger versammelten sich um ihn. Die Selbstgeißelung wurde zur wichtigsten Sache in dieser Sekte! Und am größten war derjenige, der sich selbst am meisten geißelte, der sich selbst die größten Wunden zufügte, der sich selbst am meisten quälte. Das war der größte Heilige. Seht nur diese Dummheit!

Aber die Leute sind zu allem bereit – zu fasten, zu hungern und nackt in der Kälte zu stehen –, wenn man ihnen Respekt erweist, wenn man ihr Ego befriedigt.

Das ist ein sehr gerissenes Machtspiel. Und wenn die Frauen keine andere Möglichkeit haben, um Macht auszuüben, dann tun sie es durch Perfektionismus.

Aber das wesentliche ist: Du hast diese Frau noch nicht geliebt, und du hast dich von ihr noch nicht lieben lassen! Eure Beziehung ist von Angst geprägt. Und auch du wirst von deiner Seite dazu beigetragen haben, daß sie Angst vor dir hat. Ich kenne ihre Seite der Geschichte ja nicht. Mit Sicherheit hast auch du ihr Angst gemacht und sie auf subtile Weise bedroht.

Gib alle diese Spielchen auf! Das Leben ist zu kurz und die Liebe zu kostbar dafür! Laß dir die Gelegenheit zu einer tiefen, intimen Liebe nicht entgehen – denn nur die Liebe öffnet die Türen zur Hingabe. *(102)*

Ich bin ein verheirateter Mann mit drei Kindern und sämtlichen Problemen eines Familienvaters. Meine Frau sitzt mir ständig im Nacken. Wir sind nur noch wegen der Kinder zusammen; ansonsten ist jeder Augenblick ein Alptraum. Habe ich eine Chance, dem Höllenfeuer zu entgehen?

Ich will dir eine Geschichte erzählen:

In Arkansas kam ein Mann vor den Richter, weil man ihn des Raubes einer hohen Summe Geldes anklagte. Der Richter schaute ihn nachdenklich an. »Sie heißen Jim Moore?«

»Ja, Euer Ehren.« – »Sie sind eines Verbrechens angeklagt, auf das eine lange Gefängnisstrafe steht?«

»Ja, Euer Ehren.« – »Bekennen Sie sich schuldig?«

»Ja, das tu ich«, sagte der Mann trotzig.

»Beantragen Sie ein mildes Urteil?«

»Nein, Euer Ehren.«

Der Richter lächelte grimmig. »Sie haben in den letzten zwei Jahren eine Menge Ärger gehabt?«

»Ja, das hab ich.« – »Sie haben sich oft gewünscht, tot zu sein?«

»Ja, das hab ich, Euer Ehren.« – »Sie wollten genug Geld erbeuten, um möglichst weit aus Arkansas weggehen zu können?«

»Ja, das stimmt, Herr Richter!« – »Und wenn jemand Sie

beim Betreten des Ladens gestellt und erschossen hä
wären Sie ihm dankbar gewesen?«

»Ja, das stimmt. Aber wieso wissen Sie das all
Gnaden?«

»Vor einiger Zeit«, sagte der Richter mit feierlichem Ernst, »habe ich mich von meiner Frau scheiden lassen. Kurz darauf haben Sie sie geheiratet. Die Folgen sprechen für sich selbst. Ich werde Sie freisprechen. Hier, nehmen Sie diesen Fünfzig-Dollar-Schein. Sie haben schon genug gelitten.«

Mach dir über die Hölle keine Gedanken. Du hast schon genug gelitten! Du bist ja schon dort. Jetzt kannst du nur noch in den Himmel kommen; eine Steigerung ist nicht mehr möglich. Junggesellen kommen vielleicht in die Hölle, aber nicht du – unmöglich! Du hast schon genug gelitten. Junggesellen brauchen vielleicht mal einen kleinen Vorgeschmack vom Leiden, aber du nicht.

Doch in Wirklichkeit gibt es nirgendwo eine Hölle oder einen Himmel. Die Hölle ist hier, der Himmel ist hier. Hölle und Himmel sind Seinszustände in dir; sie sind deine Lebensweise. Du könntest auch so leben, daß dein ganzes Leben ein einziger Segen ist.

Aber schiebe nicht die ganze Verantwortung auf deine Frau. Schließlich hast du sie dir selbst ausgesucht. Warum hast du denn eine solche Frau gewählt, die dir ständig im Nacken sitzt?

Und glaubst du, wenn du dich scheiden läßt, wirst du dir eine andere Art von Frau aussuchen? Wenn du einen Psychologen fragst, wird er dir sagen, daß du genau die gleiche Frau wählen wirst. Du brauchst das. Es war deine eigene Entscheidung, denn du kannst nicht leben, ohne zu leiden. Meinst du wirklich, deine Frau wäre die Ursache für dein Leiden? Du wolltest im Leiden leben, und darum hast du dir diese Frau ausgesucht. Und du wirst dir wieder genau die gleiche Art von Frau suchen. Du wirst dich nur zu dieser Art Frau hingezogen fühlen – es sei denn, du gibst deinen alten Verstand völlig auf.

Es gibt keinen anderen Weg, etwas zu verändern oder zu transformieren, als in unserem eigenen Denken. Vielleicht trägst du dich mit dem Gedanken, wenn du dich von dieser Frau scheiden ließest, dann würde alles gut. Da liegst du aber falsch, da liegst du völlig falsch. Du hast keine Ahnung von der menschlichen Psyche. Du würdest wieder in genau die gleiche Falle geraten. Du würdest dir wieder eine Frau suchen, denn deine Frau würde dir abgehen. Sie würde dir abgehen, und du würdest ihr abgehen. Und du würdest dir wieder einen ganz ähnlichen Menschen suchen; nur zu einem ähnlichen Menschen würdest du dich hingezogen fühlen. Beobachte deinen Verstand!

Und außerdem wird es nicht nur an ihr liegen. Es muß auch an dir liegen! Deine Frage enthält deine Version – ihre Version kenne ich nicht. Es wäre unredlich gegenüber der armen Frau, wenn ich deine Aussage über sie total akzeptieren würde. Vielleicht hast du zu fünfzig Prozent recht, aber was ist mit den anderen fünfzig Prozent? Du wirst wohl auch Öl ins Feuer gießen, oder?

Und wenn das Leben mit ihr so schrecklich war, warum hast du dann drei Kinder gezeugt? Wer ist denn dafür verantwortlich? Warum hast du drei Seelen in diese schreckliche Welt deiner Familie geholt, in diesen Alptraum, in dem du lebst? Wozu? Hast du denn gar keine Liebe zu deinen Kindern?

Die Leute pflanzen sich ständig weiter fort, ohne sich je darüber Gedanken zu machen, was sie tun. Wenn dein Leben eine solche Hölle ist, hättest du wenigstens deine Kinder davor bewahren können, in diese Leidensfalle zu geraten. Das hättest du ihnen ersparen können! Jetzt werden diese drei Kinder von zwei Leuten wie dir und deiner Frau aufgezogen. Sie werden eure ganze Art übernehmen und euch in der Welt fortsetzen. Wenn du mal nicht mehr da bist, wirst du immer noch deine Hölle in der Welt verbreiten. Deine Kinder werden es fortsetzen; sie werden dafür sorgen, daß die Kontinuität deiner idiotischen Art zu leben, deiner elenden Art zu leben, gewahrt bleibt.

Dein Sohn wird sich genauso eine Frau suchen wie deine Ehefrau – was sonst? Er kennt ja nichts anderes! Er wird seine Mutter lieben, und jedesmal, wenn er sich verliebt, dann wird es eine Frau sein, die ihn an seine Mutter erinnert. Dann wird er genau dasselbe Spiel spielen wie du. Wahrscheinlich hast auch du dir eine Frau wie deine Mutter ausgesucht. Und dein Vater und deine Mutter haben ebenfalls dasselbe Spiel gespielt wie du, und deine Kinder werden genau die gleichen Muster und die gleiche Situation fortsetzen. So bleibt das Unglück bestehen.

Wenigstens den drei Kindern hättest du dieses Leben ersparen können! Und der zukünftigen Menschheit hättest du es ersparen können, denn die Welle, die du in Gang gesetzt hast, wird sich nun immer weiter fortsetzen. Selbst wenn du längst nicht mehr da bist, wird sie noch weiterwirken. Alles, was du in Gang setzt, bleibt bestehen. Jede Welle, die du im Meer des Lebens erzeugst, setzt sich fort, auch wenn du verschwindest. Es ist, wie wenn man einen Stein in einen stillen See wirft. Der Stein fällt in die Tiefe des Sees; er verschwindet und sinkt zu Boden und bleibt dort liegen, aber die Wellen, die er erzeugt hat, pflanzen sich nach allen Richtungen, zu allen Ufern fort. Doch das Meer des Lebens ist uferlos, und darum setzen sich diese Wellen immer weiter fort, für immer und ewig. Du hättest wenigstens ein bißchen besser aufpassen können, daß du keine Kinder in die Welt setzt!

Doch es ist nie zu spät. Das Leben läßt sich immer noch ändern – aber hoffe nicht darauf, daß deine Frau sich ändert. Das ist die falsche Einstellung.

Ändere *du* dich! Ändere dich radikal. Hör auf, das zu tun, was du schon immer getan hast. Fang an, etwas zu tun, was du noch nie getan hast.

Ändere dich radikal, werde zu einem neuen Menschen, und du wirst dich wundern!

Wenn du zu einem neuen Menschen wirst, wird auch deine Frau zu einem neuen Menschen. Sie wird es müssen, um mit dir Schritt zu halten. Anfangs wird es ihr schwer fallen, denn es wird sich anfühlen, als würde sie mit einem anderen Mann leben, doch allmählich wird sie einsehen: Wenn du dich ändern kannst, warum nicht auch sie?

Du darfst nie darauf hoffen, daß der andere sich ändert. In jeder Beziehung muß die Veränderung von deiner Seite ausgehen.

Dein Leben kann noch immer zu einem Paradies werden. Es ist nie zu spät. Aber es ist viel Mut erforderlich, um sich zu ändern. Alles, was wirklich nötig ist, ist ein bißchen mehr Bewußtheit.

Fang an, dein Verhalten zu entautomatisieren. Beobachte einfach, wie du es bisher gemacht hast. Du machst immer das gleiche, und die Frau reagiert immer auf die gleiche Weise. Es ist ein festes Muster geworden.

Beobachte irgendwelche Eheleute: Sie sind praktisch vorhersehbar. Morgens verschanzt sich der Mann hinter seiner Zeitung und fängt an zu lesen, und gleich wird die Frau dasselbe sagen, was sie schon seit Jahr und Tag sagt, und der Mann wird darauf genauso reagieren wie immer. Es ist zu einem festen Programm, zu einer Routine geworden.

Kleine Veränderungen ... und du wirst überrascht sein! Setz dich morgen früh nicht in deinen Sessel und fang mit dem Zeitunglesen an. Fang statt dessen an, die Wohnung zu putzen, und schau, was passiert! Deine Frau wird große Augen machen. Sie wird es nicht glauben können. Was ist denn mit dir los? Und wenn du sie siehst, lächle und nimm sie in die Arme. Sie wird schockiert sein. Du hast sie schon ewig nicht mehr in die Arme genommen. Und es ist Jahre her, daß du der armen Frau in die Augen geschaut hast!

Setz dich heute abend vor sie hin und schau ihr einfach in die Augen. Am Anfang wird sie denken, du seist verrückt geworden. Aber mach dir keine Gedanken. Nimm sie einfach bei der Hand und sei ekstatisch. Und wenn dir das nicht gelingt, dann tu wenigstens so. Sei ekstatisch! Manchmal passiert es tatsächlich, wenn man einfach so tut, als ob! Lächle sie an, ohne Grund, und schau, was passiert. Hoffentlich kriegt die arme Frau keinen Herzanfall!

Wie lange hast du ihre Hand nicht mehr gehalten – kannst du dich noch erinnern? Hast du je einen Morgenspaziergang mit ihr gemacht? Oder hast du sie mal bei Vollmond zu einem Nachtspaziergang unter den Sternen mitgenommen? Sie ist auch ein Mensch; auch sie braucht Liebe. Aber für viele ist die Frau so etwas wie eine Haushälterin, eine Dienerin, besonders in Indien. Ihre ganze Arbeit besteht darin, sich um Kinder, Küche und Haus zu kümmern – als ob das ganze Leben darin bestünde! Respektierst du deine Frau als Mensch?

Kein Wunder, wenn in ihr Wut hochkommt, wenn sie sich frustriert fühlt ... Ihr Leben rinnt dahin, und sie hat keine Freude, keine Seligkeit kennengelernt; sie hat nichts kennengelernt, was ihrem Leben Sinn und Bedeutung geben könnte.

Sitzt du gelegentlich still neben ihr und nimmst ihre Hand, ohne ein Wort zu sagen, und spürst sie einfach und läßt sie dich spüren? Ehepaare kennen nur eine einzige Art der Kommunikation: Streiten.

Glaube ja nicht, daß nur deine Frau schuld sei. Vielleicht ist das der Fall, aber das ist nicht der Punkt, denn nicht sie hat die Frage gestellt, sondern du. Fang an, dein Leben zu ändern. Gib dieser Frau ein bißchen das Gefühl, daß sie wichtig ist. Gib dieser kleinen Frau ein bißchen das Gefühl, daß sie gebraucht wird!

Weißt du, daß es das größte Bedürfnis im Leben ist, gebraucht zu werden? Wenn ein Mensch nicht fühlt, daß er gebraucht wird, ist sein Leben sinnlos, wie eine Wüste.

Lach mit ihr, hör Musik mit ihr, mach mal Urlaub mit ihr! Streichle ihren Körper, denn ein Körper fängt an zu schrumpfen, wenn niemand ihn liebkost. Ein Körper wird häßlich, wenn niemand ihn bewundernd ansieht. Und dann denkst du: »Warum habe ich keine schöne Frau?« Dabei tust du gar nichts dazu, um ein Klima herzustellen, in dem ihre Schönheit aufblühen kann.

Wenn du einen Menschen liebst, wird er sofort schön! Liebe ist solch ein alchimistischer Vorgang. Schau jemanden mit liebevollen Augen an, dann wirst du plötzlich sehen, wie seine Aura sich verändert. Das Gesicht fängt an zu leuc

Wangen röten sich, die Augen beginnen zu glänzen; er wird strahlender, intelligenter – das reinste Wunder. Liebe ist ein Wunder, Liebe ist Magie. Es ist noch nicht zu spät. *(103)*

Was sind die wesentlichen Dinge, um eine Ehefrau glücklich zu machen?

Ich weiß nicht viel von Ehefrauen; ich bin Junggeselle. Du fragst den Falschen. Aber ich habe viele Ehefrauen und Ehemänner beobachtet. Es ist also nicht meine eigene Erfahrung – nur meine Meinung!

Zwei Dinge sind notwendig, um eine Ehefrau glücklich zu machen.

Erstens: Laß sie in dem Glauben, daß alles nach ihrem Kopf geht. Und zweitens: Laß alles nach ihrem Kopf gehen! *(104)*

Susi kommt in einem funkelnagelneuen Nerzmantel nach Hause. »Wo hast du denn den her?« fragt ihr Ehemann Wolf.

»Den hab ich in der Tombola gewonnen!« antwortet sie. Am nächsten Abend spaziert sie mit einem herrlichen Brillantarmband ins Zimmer.

»Wo kommt denn das her?« fragt Wolf.

»Das hab ich in der Tombola gewonnen«, sagt Susi. »Und heut' abend geh' ich wieder hin, und ich bin schon in Eile. Kannst du mir ein Bad einlaufen lassen?«

Wolf tut, wie geheißen, doch als Susi ins Badezimmer kommt, um ihr Bad zu nehmen, ist nur zwei Zentimeter hoch Wasser in der Wanne.

»Wolfi«, fragt sie, »warum hast du denn die Wanne nicht vollgemacht?«

»Ach, weißt du, Liebling«, antwortet er, »ich wollte nicht, daß dein Tombola-Ticket naß wird!« *(105)*

Ich bin wahnsinnig eifersüchtig, vor allem bei meiner Frau. Wenn sie jemanden nur anschaut, kriege ich schon einen Koller. Was soll ich machen?

Es hat nichts mit deiner Frau zu tun. Wenn deine Frau nicht da wäre, würdest du wegen etwas anderem eifersüchtig sein.

Merke dir eines: Kümmere dich nicht so sehr um äußere Ursachen, denn die Ursachen liegen nie außerhalb von dir. Das Äußere liefert nur einen Anlaß. Die eigentlichen Ursachen sind immer innen.

Du bist voller Eifersucht. Deine Frau liefert dir höchstens einen Anlaß. Mach dir keine großen Gedanken um den Anlaß, denn das ist reine Zeitverschwendung. Schau nach innen: Warum bist du eifersüchtig?

Eifersucht bedeutet Ego, Eifersucht bedeutet Unbewußtheit, Eifersucht bedeutet, daß du noch nicht einmal einen Augenblick von Freude und Glückseligkeit erlebt hast. Du lebst im Unglück. Eifersucht ist eine Begleiterscheinung von Unglück, Unbewußtheit, Ego.

Vergiß die Frau, laß sie völlig außer acht, sonst bist du zu sehr mit ihr beschäftigt, und das ist ein Trick, um der wahren Ursache aus dem Weg zu gehen. Die wahre Ursache liegt immer im Innern. Und wohlgemerkt – nicht nur, was die Eifersucht betrifft, sondern bei allen Problemen.

Als erstes mußt du dir also merken: Es hat gar nichts mit deiner Frau zu tun! Es hat nur etwas mit dir selbst zu tun. Vergiß die Frau; halte sie völlig aus dem Problem heraus! Sie ist nicht das Problem – *du* bist das Problem! Übernimm dafür die Verantwortung, dann können die Dinge anfangen, sich zu verändern.

Wenn du die Verantwortung übernimmst, wenn du denkst: »Ich selbst bin dafür verantwortlich, und sonst niemand«, dann wirst du nicht mehr auf deine Frau böse sein. Du wirst nicht mit ihr streiten und herumnörgeln, wirst nicht ekelhaft zu ihr sein. Du wirst anfangen, der Sache immer tiefer auf den Grund zu gehen. Und durch dein Hinschauen wirst du bewußter werden. So entsteht Bewußtheit; so wird man bewußt.

Und wenn du dir deine Eifersucht vollkommen bewußt gemacht hast, wirst du dich wundern; du wirst ein Wunder erleben: Wenn du dir der Eifersucht völlig bewußt bist, wird sie verschwinden. Sie löst sich einfach auf, ohne die geringste Spur zu hinterlassen. *(106)*

Ein Mann feierte seinen fünfzigsten Geburtstag, und seine Frau wollte ihm etwas ganz Besonderes schenken. Sie waren schon fünfundzwanzig Jahre verheiratet – eine perfekte Ehe.

»Gibt es etwas, das du noch nie zum Geburtstag geschenkt bekommen hast?« fragte sie ihn. Er guckte sie ein bißchen scheu an, und sie sagte: »Na komm, sag schon! Es ist in Ordnung – alles, was du willst!«

»Also weißt du«, sagte er, »ich habe noch nie eine Hure gehabt.«

»Na schön«, sagte sie. »Ich besorge dir die beste.« Und sie bestellte ihm eine erstklassige Hure für eine ganze Nacht.

Als er am nächsten Tag nach Hause kam, fragte sie: »Hat es dir Spaß gemacht?« – »Ja«, sagte er schüchtern.

»Und? Hat sie irgendwas gemacht, was ich nicht mache?« – »Ja«, sagte er vorsichtig.

»Was denn?« fragte sie. – »Sie hat gestöhnt«, sagte der Ehemann.

Als sie das nächste Mal Liebe machten, fragte die Frau immer wieder: »Soll ich stöhnen?« Und er sagte jedes Mal: »Jetzt noch nicht!« Kurz vor dem Höhepunkt sagte er: »Okay, jetzt! Fang an zu stöhnen! Stöhne!«

Und die Frau sagte: »Ach, du meine Güte! Ich hatte einen schrecklichen Tag! Deine Mutter kam zu Besuch, der Staubsauger hat den Geist aufgegeben, meine Haare sind eine Katastrophe …« *(107)*

Was für eine Liebe ist möglich zwischen Mann und Frau? Gibt es Hoffnung auf eine Mann-Frau-Beziehung, die nicht in den üblichen sadomasochistischen Mustern verfangen ist?

Das ist eine sehr bedeutsame Frage. In der Regel haben die Religionen es verhindert. Die ganze Schönheit in der Beziehung zwischen Mann und Frau haben sie kaputtgemacht. Und sie hatten ihren guten Grund, das zu tun.

Wenn die Menschen ein erfülltes Liebesleben hätten, würde man nicht mehr viele Leute in der Kirche beim Beten finden. Statt dessen würden sie am Sonntagmorgen Liebe machen. Sie würden auf diese Schwachköpfe pfeifen, die in der Kirche predigen! Wenn das Liebesleben der Menschen schön und befriedigend wäre, wäre es ihnen egal, ob Gott existiert oder nicht und ob die ganze Philosophie, die in der Bibel gepredigt wird, wahr ist oder nicht. Sie würden in sich selbst die Erfüllung finden.

Die Religionen haben eure Liebe kaputtgemacht, indem sie die Ehe geschaffen haben. Die Ehe ist das Ende der Liebe und nicht ihr Anfang. Mit der Ehe ist die Liebe erledigt. Dann wirst du zum Ehemann, und deine Liebste wird zur Ehefrau. Dann fangt ihr an, euch gegenseitig zu beherrschen. Es ist Politik und nicht mehr Liebe. Nun wird jede Kleinigkeit zu einer Streitfrage.

Und weil die Ehe gegen die menschliche Natur ist, wirst du früher oder später die Nase voll haben von der Frau, und die Frau wird die Nase voll haben von dir. Und das ist nur natürlich; daran ist nichts verkehrt.

Darum sage ich, daß die Ehe abgeschafft werden sollte, weil sie die ganze Welt unmoralisch macht. Der Mann schläft mit der Frau, ohne daß Liebe zwischen ihnen ist; sie schlafen nur miteinander, weil sie verheiratet sind ... Das ist häßlich, das ist abstoßend. Das ist für mich die eigentliche Prostitution.

Wenn ein Mann zu einer Prostituierten geht, ist er zumindest ehrlich. Er kauft sich eine bestimmte Ware. Er kauft nicht die Frau, er kauft eine bestimmte Ware. Doch in der Ehe hat er die ganze Frau gekauft – und für ihr ganzes Leben!

Sämtliche Ehemänner und Ehefrauen, ohne Ausnahme, leben in einem Käfig, und sie versuchen, daraus freizukommen. Aber selbst wenn es ihnen hier und da – in einem Land, wo die Scheidung erlaubt ist – gelingt, den Partner zu wechseln, erleben sie innerhalb weniger Tage eine Überraschung! Die neue Frau, der neue Mann, erweist sich als exakte Kopie des Partners, den man soeben verlassen hat!

Ich erinnere mich, daß ich einmal von einem Mann gehört habe, der achtmal verheiratet war – das war bestimmt in Kalifornien! Als er zum achten Mal geheiratet hatte, entdeckte er zwei Tage später, daß er schon mal mit derselben Frau verheiratet gewesen war! Das gab ihm zu denken. »Was hat es mir gebracht, immer wieder die Frau zu wechseln? Es läuft doch stets auf dieselbe alte Leier hinaus!«

Die Stabilität der Ehe ist etwas Unnatürliches. Die Monogamie ist etwas Unnatürliches. Der Mensch ist von Natur aus ein polygames Tier, und jeder intelligente Mensch ist polygam. Man kann doch nicht immer nur zum Italiener essen gehen! Gelegentlich zieht es einen doch auch mal zum Chinesen!

Ich möchte, daß die Menschen völlig befreit werden von der Ehe und dem ganzen Ehevertrag. Der einzige Grund, zusammenzubleiben, sollte die Liebe sein – und nicht das Gesetz. Liebe sollte das einzige Gesetz sein.

Dann kann das, worauf deine Frage hinzielt, möglich werden.

Sobald die Liebe verschwindet, sagt euch Lebewohl! Es gibt nichts zu kämpfen. Die Liebe war ein Geschenk der Existenz. Sie kam wie eine Brise und sie verschwand wie eine Brise. Ihr werdet einander dankbar sein. Auch wenn ihr auseinandergeht, werdet ihr all die schönen Augenblicke, die ihr zusammen hattet, in Erinnerung behalten. Auch wenn ihr keine Liebenden mehr seid, könnt ihr weiterhin Freunde bleiben. Normalerweise werden Liebende, die sich trennen, zu Feinden. Tatsächlich sind sie schon zu Feinden geworden, bevor sie sich trennen – darum trennen sie sich ja.

Aber letztlich, wenn beide nicht nur Liebende, sondern auch Meditierende sind, die sich bemühen, ihre Liebesenergie in einen meditativen Zustand umzuwandeln ... Und das ist mein ganzer Ansatz für die Beziehung des Mannes zur Frau. Die Liebe ist eine immense Energie. Sie ist Leben. Und wenn du beim Liebemachen mit deiner Frau in eine stille Phase gehen kannst, in der ihr beide völlig still seid und sich kein Gedanke in euren Köpfen regt – es ist, als ob die Zeit stillsteht –, dann werdet ihr zum ersten Mal den wahren Geschmack der Liebe erfahren.

Eine solche Beziehung kann ein ganzes Leben dauern, weil sie nicht bloß auf biologischer Anziehung beruht, die früher oder später dahinschwindet. Dann öffnet sich für euch eine andere Dimension.

Dann wird deine Frau zu deinem Tempel, wird dein Mann zu deinem Tempel. Deine Liebe wird zu deiner Meditation, und diese Meditation wächst immer weiter. Und aus dieser wachsenden Beziehung ziehst du immer mehr Freude, immer mehr Nahrung, immer mehr Kraft. Es ist keine Beziehungskiste, und es besteht keine Verpflichtung, mit dieser Frau zusammenzubleiben. Doch wer will denn auf Freude verzichten? Wer wird denn die Scheidung einreichen, wenn so viel Freude da ist? Die Leute wollen sich scheiden lassen, wenn keine Freude mehr da ist, sondern nur Verzweiflung und ein vierundzwanzigstündiger Alptraum ...

Meine Leute hier und überall auf der Welt lernen, daß die Liebe nur ein Sprungbrett ist. Sie ist erst der Anfang von etwas sehr viel Größerem – aber das ist nur möglich, wenn zwei Menschen über längere Zeit miteinander Intimität haben. Bei jedem neuen Partner mußt du wieder ganz von vorn anfangen. Aber nun besteht keine Notwendigkeit für einen anderen Partner, weil es nicht mehr um die Biologie, um den körperlichen Aspekt geht, sondern um eine spirituelle Kommunion.

Die Sexualität in Spiritualität umzuwandeln – das ist mein grundlegender Ansatz. Und wenn beide Liebende *und* Meditierende sind, wird es keine Rolle spielen, wenn gelegentlich einer ins chinesische Restaurant oder zum Italiener geht. Dann ist es kein Problem, denn du liebst diese Frau. Was ist daran falsch, wenn sie hier und da mit einem anderen glücklich ist? Du solltest dich freuen, daß sie glücklich ist, denn du liebst sie ja. Aber nur jemand, der meditiert, ist fähig, seine Eifersucht aufzugeben.

Sei ein Liebender – das ist ein guter Anfang, aber noch nicht alles. Versuche, immer meditativer zu werden. Und beeile dich, denn die Liebe kann schon an dem Tag vorbei sein, an dem die Flitterwochen vorbei sind.

Meditation und Liebe sollten also Hand in Hand gehen. Wenn wir eine Welt schaffen können, in der Liebende auch Meditierende sind, dann wird das ständige Problem des Zankens und Quälens, der Eifersucht und des gegenseitigen Wehtuns aufhören.

Liebe ohne Meditation kann sich unvermeidlich jederzeit in Haß verwandeln – hüte dich davor! Doch Liebe gepaart mit Meditation wird immer tiefer und tiefer, immer intensiver werden. Dann wird es möglich, daß zwei Menschen zusammen eine solche Harmonie, ein solches Einssein erleben, daß sie am liebsten für immer zusammensein möchten.

Aber das ist keine Bedingung. Jederzeit, wenn einer der Partner beschließt: »An dieser Kreuzung gehe ich in eine andere Richtung, ohne dich. Hab Dank für alles, was du für mich getan hast! Ich erinnere mich an all die schönen Augenblicke, aber es geht nicht weiter ...« – das genügt. Kein Gericht ist nötig, um für euch zu entscheiden, daß ihr verheiratet seid, um für euch zu entscheiden, daß ihr geschieden seid. Was für eine irrsinnige Welt ist das, in der wir leben! Nicht einmal in der Liebe sind wir frei!

Und nur weil ich sage, daß die Liebe frei sein sollte, verdammt mich alle Welt als »Guru des freien Sex«. Gewiß, ich bin für absolute Freiheit in der Liebe. In gewisser Weise haben sie sogar recht: Ich bin dagegen, daß Sex eine Ware auf dem Markt ist. Er muß frei erhältlich sein, und dazu braucht es nur zwei Leute, die es beide wollen und die eine Abmachung für den Augenblick treffen – ohne Versprechen für die Zukunft, weil daraus nur eine Kette um den Hals wird. Das ist tödlich. Keine Versprechen für die Zukunft, nur die Freude dieses Augenblicks! Und wenn ihr im nächsten

Augenblick auch noch zusammen seid, wird die Freude noch größer sein.

Darum verwende ich nicht gern das Wort »Beziehung«. Ich sage lieber: »Sich-Beziehen«. Ihr könnt euch beziehen, aber macht keine Beziehung daraus! Wenn euer Sich-Beziehen zu einem lebenslangen Prozeß wird, wunderbar! Wenn nicht, noch besser! Vielleicht war es nicht der richtige Partner, und es war gut, sich zu trennen. Dann findet einen anderen Partner. Es gibt bestimmt irgendwo jemanden, der auf euch wartet. Doch diese Gesellschaft erlaubt euch nicht, herauszufinden, wer es ist, der auf euch wartet; sie erlaubt euch nicht, den Partner zu finden, der zu euch paßt.

Man nennt mich unmoralisch, aber für mich ist das die wahre Moral, und was die anderen praktizieren, ist unmoralisch. *(108)*

Der Vater

Die Institution des Vaters wurde vom Menschen erfunden; sie ist etwas völlig Unnatürliches, sie ist institutionell. Möglicherweise wird sie eines Tages wieder verschwinden, denn es gab ja auch eine Zeit, als sie noch nicht da war. Die Menschheit hat jahrtausendelang ohne die Einrichtung der Vaterschaft existiert.

Vielleicht wunderst du dich, wenn du erfährst, daß das Wort »Onkel« älter ist als das Wort »Vater«, denn vor dem Patriarchat gab es das Matriarchat. Es gab die Mutter, doch der Vater war unbekannt, weil die Mutter mit vielen Männern zusammen war und sich mit ihnen vereinigte. Einer von ihnen mußte der Vater ihres Kindes sein, doch es gab keine Möglichkeit, um herauszufinden, welcher. Deshalb waren sie alle Onkel; alle potentiellen Väter waren Onkel.

Die Institution der Vaterschaft entstand mit der Erfindung des Privateigentums; das ist miteinander verbunden. Der Vater repräsentiert das Privateigentum, denn als das Privateigentum entstand, kam auch der Wunsch auf, daß es auf das eigene Kind vererbt werden sollte. »Wenn ich nicht mehr da bin, dann soll wenigstens ein Teil von mir mein Eigentum erben.« Das Privateigentum kam zuerst, und im Gefolge der Vater.

Um absolut sicherzugehen, daß das Kind »sein eigenes« war, setzte der Mann in fast allen Kulturen der Welt die Idee durch, daß die Frau vor der Ehe absolut jungfräulich zu sein habe – denn sonst war es schwer zu entscheiden. Sie konnte ja bei der Heirat bereits ein Kind in sich tragen, sie konnte ja bereits schwanger sein, und dann wäre dieses Kind von einem anderen, aber es würde das Eigentum erben. Um sicherzugehen, daß es sein eigenes Kind war, das sein Eigentum erbte, verlangte der Mann von der Frau die Jungfräulichkeit.

Durch diese ganze Idee des Privateigentums entstand der Vater, entstand die Familie, entstand der Besitz der Frau durch den Mann. Da es eine Zeit gab, als der Vater, als das Privateigentum noch nicht existierte, wird der Tag kommen, an dem das Privateigentum wieder verschwindet – und dann wird auch der Vater verschwinden. *(109)*

Die Hindus sagen, solange eine Frau nicht Mutter ist, ist sie nicht zu ihrer Erfüllung gelangt. Auf den Mann trifft das nicht zu. Man kann nicht sagen, solange ein Mann nicht Vater ist, ist er nicht zur Erfüllung gelangt.

Vater zu sein ist etwas rein Zufälliges. Es kann sein, muß aber nicht. Es ist nicht grundlegend, und ein Mann kann leben, ohne Vater zu sein und ohne dadurch etwas zu verlieren.

Doch eine Frau wird etwas verlieren, denn ihre ganze Kreativität, ihre ganze Funktionsweise kommt erst voll zur Entfaltung, wenn sie Mutter wird. Wenn ihre Brust zum Zentrum ihres Daseins wird, erlangt sie ihre Ganzheit. Doch ohne Kind werden die Brüste nicht aktiviert. Die Männer heiraten, um eine Ehefrau zu haben, und die Frauen heiraten, um Mutter zu werden – nicht, um einen Ehemann zu haben. Ihr Hauptinteresse besteht darin, ein Kind zu bekommen, das ihr Frausein aktiviert und sie zur Erfüllung bringt. Darum haben auch alle Ehemänner im Grunde Angst, daß ein Kind zur Welt kommt, denn dann werden sie an die Peripherie des weiblichen Interesses gedrängt, und das Kind wird zum Mittelpunkt.

Darum fühlen alle Väter Eifersucht, weil das Kind sich dazwischendrängt. Nun ist die Frau mehr an ihrem Kind interessiert als an dessen Vater. Er rückt an die Peripherie – notwendig für das Überleben, aber nicht essentiell. *(110)*

Das Christentum, so sagen meine christlichen Freunde, basiert auf der Familie. Die Familie ist der Grundstein. Doch die Familie ist auch der Grundstein für alle Neurosen, für alle Psychosen, für alle möglichen Geisteskrankheiten, für alle möglichen sozialen Probleme. Und sie ist auch die Grundlage für die Rassen, die Nationen, die Kriege.

Man muß verstehen, was die Familie bedeutet. Sie hat keine Zukunft; sie ist überholt. Ihre Nützlichkeit, ihre Notwendigkeit hat sich bereits überlebt. Aber wir sind konditioniert, zu denken – und nicht nur die Christen, sondern wir alle –, daß die Familie ein wichtiger Beitrag für die Welt sei. Doch die Wirklichkeit sieht ganz anders aus. Ich muß das Punkt für Punkt im Detail erörtern, denn das Problem der Familie ist eines der schwerwiegendsten Probleme überhaupt.

Erstens ... Die Familie ist ein Gefängnis. Sie will die Kinder und die Ehefrau unter Kontrolle haben. Sie ist eine sehr eingeengte Gruppe von Leuten, und dieses Gefängnis hat man zu etwas Heiligem erklärt. Aber das Ergebnis ist sehr häßlich.

Jede Art von Gefangenschaft verhindert das spirituelle Wachstum. Was denkt ihr, warum Buddha der Welt entsagte, warum Mahavira der Welt entsagte? Eigentlich haben sie nicht der Welt entsagt; im Grunde haben sie nur der Familie entsagt. Das hat noch keiner vor mir ausgesprochen. Wie kann man denn der Welt entsagen? Wo auch immer man hingeht, ist die Welt. Man kann nur der Familie entsagen.

Doch alle religiösen Schriften, einschließlich der christlichen, verbreiten ständig diese Lüge: Sie reden von Weltentsagung. Das lenkt völlig von der Tatsache ab, daß diese Menschen der Familie entsagten – denn so wie die Familie beschaffen war, konnte man darin nicht wachsen.

Die Familie programmiert jedes Kind nach ihren eigenen Vorurteilen. Wenn du in einer christlichen Familie geboren bist, wirst du ununterbrochen auf das Christentum hin programmiert, und du schöpfst nie Verdacht, daß deine Konditionierung falsch sein könnte, daß sie dich daran hindern könnte, darüber hinauszugehen.

Das Christentum und alle anderen Religionen haben eine große Verwirrung in den Köpfen der Menschen angerichtet. Sie machen nie einen Unterschied zwischen Glauben und Wissen. Ein Blinder kann an das Licht glauben, aber das wird ihm nichts nützen. Man muß Augen haben, um das Licht sehen zu können – doch dann braucht man nicht daran zu glauben. Wenn du etwas weißt, ist es dann nötig, daran zu glauben?

Glaubst du an das Licht? Glaubst du an den Mond? Glaubst du an die Sterne? Du *weißt* es einfach – es ist keine Frage des Glaubens. Glaube kommt nur bei Fiktionen, bei Lügen auf, nicht bei der Wahrheit.

Jedes Glaubenssystem ist ein Hindernis für die Spiritualität.

Nach christlicher Auffassung ist der Tod ein Tabu. Man darf nicht darüber reden. Der Tod ist ein Tabu, und das Leben ist ebenfalls ein Tabu. Man darf es nicht leben! Über den Tod darf man nicht reden, und das Leben darf man nicht leben! Man läßt dir keine Alternative: Du kannst weder leben noch kannst du sterben. So läßt man dich in der Mitte hängen: halb tot und halb lebendig.

Das erzeugt eine Schizophrenie. Man gestattet dir nicht, in irgend etwas total zu sein – im Leben, im Tod, in der Liebe –, immer läßt du dich nur teilweise ein, und jemand, der sich nur teilweise einläßt, ist auch nur teilweise lebendig. Je tiefer du dich auf das Dasein einläßt, um so mehr geht dein Leben in die Tiefe. Wenn du dich total einläßt – auf das Leben, auf den Tod, auf die Liebe, auf die Meditation, und das gilt für alles, was du anfängst – Malen, Musik, Dichtung, Tanz ... Nur wenn du dich total einläßt, wirst du die maximale Erfahrung damit machen, die höchste Befriedigung, die größte Seligkeit damit erleben.

Die Menschen leben minimal, so daß sie gerade noch überleben – um ganz ehrlich zu sein, vegetieren sie nur dahin. Sie warten ... und warten ... und nichts passiert in ihrem Leben. Es kommt nie zur Blüte; ihr Leben wird nie zu einem Fest. Und ebenso häßlich wie ihr Leben ist auch ihr Tod, denn der Tod ist der Höhepunkt, die Summe des Lebens.

Wenn du total gelebt hast, wird der Tod nicht das Ende sein. Der Tod ist nur eine Episode, ein kleines Zwischenspiel im ewigen Leben. Du bist schon viele Male gestorben, aber weil du nie total gelebt hast, darum wurdest du im Augenblick des Todes jedesmal bewußtlos; aus Furcht fällst du ins Koma, in die Bewußtlosigkeit.

Darum kannst du dich auch nicht an frühere Leben erinnern, denn das Koma steht als Barriere vor den früheren Leben und deiner Erinnerung. Und weil du nichts über deine früheren Leben weißt, verstehst du nicht, daß das Leben mit dem Tod nicht aufhört, daß das Leben ewig weitergeht. Geburt und Tod sind nur kurze Episoden, die du schon tausendmal erlebt hast. Aber weil du daran gehindert wirst, total zu leben, weil die Religion sich überall in dein Leben einmischt ...

Ein kleiner Junge in der Schule – ein christlicher Junge natürlich – wird von der Lehrerin am ersten Schultag gefragt: »Wie heißt du?«

Er sagt: »Laßdas.«

Die Lehrerin sagt: »Komisch, so einen Namen habe ich noch nie gehört!«

Er sagt: »Bei allem, was ich mache, sagen sie ›Laß das‹ zu mir – ich glaube, so heiße ich.«

Aber so macht es das Christentum mit jedem. Es ist eine lebensverneinende Religion. Sie erlaubt dir nicht, freudig zu leben. Und die Familie ist die Wurzel, denn die ganze Programmierung fängt natürlich in der Familie an. Die christliche Religion, so sagt sie selbst, beruht auf der Familie.

Und ich weiß genau: Solange die Familie nicht von der Bildfläche verschwindet, werden auch die Religionen, die Nationen, die Kriege nicht von der Bildfläche verschwinden, denn sie beruhen alle auf der Familie. Die Familie bringt dir bei, daß du ein Christ bist, und die christliche Religion ist die einzig wahre, und alle anderen Religionen kann man sowieso vergessen ...

Das Christentum setzt dann die Programmierung der Kinder fort: »Nur Jesus Christus kann dich erlösen und kein anderer! Die anderen Religionen sind bloß Sittenlehren, oberflächlich – sie können dir nicht wirklich helfen.«

Und wenn dem Kind schon mit der Muttermilch aller möglicher Aberglauben eingeflößt wird – Gott, Heiliger Geist und Jesus, der eingeborene Sohn Gottes, Himmel und Hölle ... Kinder sind sehr verletzlich; sie werden als *Tabula rasa* geboren, als unbeschriebenes Blatt. Nichts steht auf ihnen geschrieben; der Kopf ist noch leer. Man kann in das Kind alles hineinschreiben, was man will, und jede Familie begeht dieses Verbrechen: Sie zerstört das Individuum und bringt einen Sklaven hervor. Gehorsam ist eine Tugend, Ungehorsam die Erbsünde.

Wenn ein Kind von Geburt an, wenn es noch ganz verletzlich und zart ist, programmiert wird, kann man ihm alles eingeben. Es wird tief ins Unterbewußtsein dringen. Man kann ihm erzählen: »Unsere Nation ist die größte Nation der Welt!« – und das sagen alle Nationen. »Unsere Religion ist die größte! Unsere heilige Schrift hat Gott selbst geschrieben!« – Das sagen die Hindus, das sagen die Christen, das sagen die Juden. Alle begehen das gleiche Verbrechen.

Aber das Christentum macht es natürlich am schlauesten, am effizientesten, denn es ist die größte Religion auf der Welt. Es wendet ultramoderne Programmiertechniken an. Es läßt seine Missionare Psychoanalyse erlernen – und Techniken, wie man Menschen programmiert und deprogrammiert. Wenn sie einen Hindu zum Christentum bekehren wollen, müssen sie ihn erst vom Hinduismus deprogrammieren. Dann muß zuerst die *Tabula rasa* wiederhergestellt und das Geschriebene gelöscht werden. Erst dann kann man etwas Neues daraufschreiben, zum Beispiel: »Das Christentum ist die höchste Religion dieser Welt, und es gab nie und wird auch nie wieder einen Menschen wie Jesus Christus geben, denn er ist der einzige, der eingeborene Sohn Gottes!«

Alle Kriege beginnen mit der Familie. In der Vergangenheit war es bei vielen Völkern Tradition, daß die Familie mindestens einen ihrer Söhne in die Armee schicken mußte – zum

Schutz der Nation, zur Ehre und zum Stolz der Nation. Und in Tibet muß jede Familie ihren ältesten Sohn ins Kloster schicken. Das ist seit Jahrtausenden der Brauch – so als wären die Kinder nur eine Ware, die man beisteuert, als wären die Kinder ein Almosen, das man spendet.

Dadurch ist die Welt in viele Lager gespalten: durch Religion, Politik, Nationalität und Rasse. Und das alles beruht auf der Familie.

Die Familie ist die Wurzel für Tausende Wunden der Menschheit.

Die Familie erzeugt Ehrgeiz, erzeugt Begierden, erzeugt Erfolgsstreben in dir – und das alles erzeugt in dir Spannung, Streß, Nervosität. »Wie werde ich berühmt?« – denn die Familie will, daß du berühmt wirst. Die Familie will, daß du weltbekannt wirst. Die Familie will, daß du der reichste Mann der Welt wirst. Die Familie will, daß du Präsident deines Landes wirst ...

All diese Ambitionen gehen auf das Konto der Familie, ohne daß jemand sich bewußt wäre, daß all diese Ambitionen eine Psyche hervorbringen, die sich ständig quälen und abrackern wird. Nur einer kann Präsident des Landes werden! Und was ist mit den anderen neunhundert Millionen in einem Land wie Indien? – Sie sind alle Versager! Was für eine häßliche Situation das ist: den Menschen das Gefühl zu geben, sie wären alle Versager, minderwertige, erfolglose Versager!

Und die Familie ist die Ursache für diese pathologischen Übel.

Ich wünsche mir eine Welt, in der an die Stelle der Familie die Kommune tritt. Eine Kommune ist psychisch gesünder, weil die Kinder nicht den Eltern gehören, sondern Teil der ganzen Kommune sind. Sie sind nicht mehr nur von Mutter und Vater geprägt – sie haben viele Onkel und viele Tanten innerhalb der Kommune. Sie schlafen mal bei dieser, mal bei jener Familie.

Ich möchte, daß die Familie durch die Kommune ersetzt wird, und in der Kommune wird auch die Ehe hinfällig. *(111)*

Die Ehe muß abgeschafft werden. Die Menschen sollten nicht nach dem Gesetz, sondern nach der Liebe leben. Doch das einzige Problem waren bislang die Kinder. Meine Lösung besteht darin, daß jede kleinere Gemeinde eine Kommune bilden sollte. Größere Orte sollten zwei bis drei Kommunen bilden, und große Städte sollten sich in Dutzende von Kommunen aufteilen. Und die Kinder sollten ganz in die Verantwortung der Kommune fallen.

Jedes Mitglied der Kommune leistet einen finanziellen Beitrag zur Gesundheit der Kinder, zur Erziehung der Kinder, zur Betreuung der Kinder. Die Kinder können auf Besuch nach Hause kommen, um mit ihren Eltern zusammenzusein, aber grundsätzlich leben sie in Heimen der Kommune und gehören nicht zu Familien als Privatparteien. Dann ist das Problem gelöst. Wenn zwei Leute sich trennen wollen, weil keine Liebe mehr da ist, müssen sie nicht mehr zusammenbleiben, denn das ist häßlich, das ist abstoßend.

Wenn ihr seht, daß die Liebe verschwunden ist, könnt ihr euch voller Dankbarkeit Adieu sagen und als Freunde auseinandergehen, voller Dank für die Zeiten, die ihr zusammen erlebt habt. Ihr werdet euch an all die schönen Augenblicke immer gern erinnern. Denn was könnt ihr machen? Es liegt nicht in eurer Hand. Die Liebe kommt und geht, wie die Jahreszeiten. Solange sie da ist – wunderbar! Doch wenn sie gestorben ist und ihr euch an etwas Totem festklammert, dann wird es euch genauso tot machen.

Die alte Gesellschaft hat wegen der Kinder entschieden, daß ihr zusammenbleiben müßt – denn jemand muß sich ja um die Kinder kümmern. Was soll sonst aus ihnen werden?

Eine einfache Lösung wäre, daß jede Kommune von etwa ein- bis zweitausend Leuten die ganze Verantwortung für ihre Kinder übernimmt. Sie kann die Verantwortung für die Kinder viel besser tragen, kann viel besser für sie sorgen, denn es können gut ausgebildete Kräfte – Schwestern, Ärzte, Lehrer – zur Betreuung der Kinder zur Verfügung stehen. Und die Kinder werden nicht mehr so verwöhnt und verdorben, wie das heute der Fall ist.

In der Kommune bekommen sie eine viel breitere Perspektive, als unsere heutigen Kinder sie haben. Unsere heutigen Kinder haben eine sehr engstirnige Sicht, weil sie in der Familie aufwachsen. Drei bis fünf Personen – darin besteht ihre ganze Welt.

Kinder, die in einer Familie leben, sind gezwungen, der Familie gegenüber loyal zu sein – egal, ob es fair und gerecht ist: Sie kämpfen für ihre Familie. So kommt es vor, daß Leute sich seit Generationen bekämpfen.

Eine Familie, die meinem Haus gegenüber wohnte, war seit vielen Generationen mit meiner Familie verfeindet. Ich war der erste, der es wagte, ihr Haus zu betreten. Der Mann war schockiert. Er sagte: »Was willst du hier?«

Ich sagte: »Ich komme zu euch mit einer Freundschaftsbotschaft. Ich weiß nicht, wer es war, der diesen Krieg begonnen hat. Ich kenne nicht einmal die Namen dieser Leute. Ich kenne meinen Großvater, ich kenne den Namen meines Großvaters und den Namen seines Vaters, aber darüber hinaus weiß ich gar nichts. Und das geht nun schon seit zehn Generationen. Wie viele Generationen kannst du dich zurückerinnern? Kannst du mir die Namen sagen? Kannst du mir sagen, wer mit diesem ganzen Unsinn angefangen hat? Seit damals reden unsere Familien nicht mehr miteinander. Ich komme, um euch Freundschaft anzubieten. Ich möchte mich gern heute abend zum Essen in dein Haus einladen.«

Er sagte: »Das ist sonderbar, aber vielleicht hast du recht. Du bist uns willkommen, aber hast du deinen Vater gefragt?«

Ich sagte: »Das brauche ich nicht. Was ich tun will, das tue ich, und dann informiere ich ihn. Dann kann er seine Meinung dazu geben, aber das ändert nichts daran. Ich habe immer getan, was ich wollte. Ich weiß, daß er sagen wird: ›Warum hast du mich nicht gefragt?‹, aber das ist mein Problem. Mach du dir darüber keine Gedanken.«

Und sie waren sehr glücklich darüber. Die Kinder waren sehr glücklich, denn es war so sonderbar gewesen. Sie lebten genau vor unserem Haus, und wir sahen uns ständig, aber wir durften nicht miteinander reden. Wir gingen in dieselbe Schule, aber wir redeten nicht miteinander; wir waren Feinde. Und keiner hatte eine Ahnung, warum das so war. Die Kinder waren glücklich; es gab etwas zu feiern!

Als mein Vater nach Hause kam, erzählte man ihm, ich sei in jenes Haus gegangen und seit fast zwei Stunden nicht wieder herausgekommen. Er sagte: »Das ist unfaßbar! Wir reden seit zehn Generationen nicht mit diesen Leuten! Das geht zuweit! Laß ihn nur kommen!«

Als ich wiederkam, war er furchtbar böse und sagte: »Warum hast du mich nicht gefragt?«

Ich sagte: »Ganz einfach: weil ich es tun wollte. Und jetzt steht es dir frei, deine Meinung zu äußern. Ich wußte, daß du nein sagen würdest. Weshalb hätte ich dich fragen sollen? Und ich habe nichts Unrechtes getan. Ich habe eine schöne Freundschaft geschlossen, und ich habe auch für dich eine Tür geöffnet. Ich habe diesen Mann und seine Kinder für morgen zum Essen in unser Haus eingeladen.«

Er sagte: »Wie bitte?!« Ich sagte: »Ja. Ich habe auch dort gegessen – schließlich habe ich mich selbst in ihr Haus eingeladen! Und als Gegenleistung – was willst du denn? Zumindest soviel Höflichkeit sollte man aufbringen!«

Er sagte: »Mein Gott, dann muß ich morgen außer Haus gehen!«

Ich sagte: »Du wirst überhaupt nirgendwo hingehen! Du wirst hierbleiben und sie empfangen, denn es ist so idiotisch – seit zehn Generationen! Und wer kann sagen, wer im Recht war und wer im Unrecht. Diese Idioten sind alle tot! Warum sollten wir uns an diese Toten klammern, nur weil wir zu ihrer Familie gehören!«

Die Familie erzeugt enge Verpflichtungen für eine enge Gruppe von Leuten. Die Kommune befreit euch von solchen Verpflichtungen. Die Psychologen sagen, neunzig Prozent aller psychischen Krankheiten würden aufhören, wenn die Kinder von der Familie befreit würden. Vielleicht erstaunt es dich, daß diese beiden Dinge zusammenhängen?

Neunzig Prozent aller psychischen Krankheiten würden verschwinden, wenn die Kinder nicht mehr zu einer Familie gehörten, denn die Familie erzeugt alle möglichen Probleme. Sie macht die Kinder zu Christen, Hindus, Mohammedanern und Buddhisten. Sie macht die Kinder zu Kommunisten und Sozialisten. Sie vermittelt den Kindern alle möglichen Glaubenssysteme, die die Menschen nur entzweien.

Aber vor allem eines: Jeder Knabe trägt im Herzen das Bild seiner Mutter, und jedes Mädchen trägt das Bild seines Vaters. Und dann wird die Frau ihr ganzes Leben lang nach einem Ehemann suchen, der dem Bild ihres Vaters entspricht, was unmöglich ist. Und der Junge wird nach einer Ehefrau suchen, die dem Bild seiner Mutter entspricht.

Seine Mutter ist die perfekteste Frau, die er je kannte. Und nun muß seine Frau genauso perfekt sein. Aber die Frau ist nicht dazu da, deine Mutter zu sein, und du bist nicht dazu da, ihr Vater zu sein.

Doch all diese Ideen können erst dann beseitigt werden, wenn alle Kinder zusammenleben – nicht in der Familie, sondern unter der Obhut einer ganzen Kommune. Dann werden sie später kein bestimmtes Bild haben, und sie werden nicht erwarten, daß die Frau und der Mann einem bestimmten Bild entsprechen – und das wird das Ende von Tausenden von Konflikten sein!

Das Schicksal der Familie ist besiegelt. Die Zukunft gehört der Kommune, und nur die Kommune kann euch so viel Freiheit geben, daß die Ehe bedeutungslos wird. Wenn zwei Menschen beschließen, zusammenzuleben, dann werden sie zusammenleben, und wenn sie beschließen, sich zu trennen, dann werden sie sich trennen.

Das Gesetz hat sich da nicht einzumischen. Der Staat hält sich da heraus, die Gesellschaft hält sich da heraus. Es ist eine Privatangelegenheit von zwei Leuten. Und sie zahlen der Kommune einen Beitrag für die Betreuung ihrer Kinder. Auch wer keine Kinder hat, gibt der Kommune einen Beitrag, denn die Kinder gehören allen. Das schafft einen weiten Horizont. Jedes Kind bekommt Liebe von der ganzen Kommune. Jeder

Mann im Alter des Vaters wird zum Onkel, und jede Frau im Alter der Mutter wird zur Tante. Eine viel größere, reichere Lebenserfahrung wird möglich für das Kind, und dadurch wächst es zu einem Menschen mit multidimensionalen Fähigkeiten heran. *(112)*

Ich wünsche mir für die Welt einen neuen Menschen, der nicht mehr vorgeprägt ist. Wenn ein Mann als Kind viele Frauen gekannt hat, wird er nicht von einer bestimmten Frau geprägt sein. Er wird so viele verschiedene Prägungen in sich haben, daß sie ein sehr verschwommenes Bild ergeben und er nicht auf eine bestimmte Art von Frau fixiert ist. Dann wird er mit jeder Frau glücklich sein können, und eine Liebesbeziehung kann viel länger dauern als die Flitterwochen. Ansonsten ist das Ende der Flitterwochen zumeist auch das Ende der Liebe.

Seht nur die Leute, wenn sie in die Flitterwochen fahren, auf ihren Koffern die Aufschrift: »*Just married!*« Wie eilig sie es haben! Und wenn sie wiederkommen ... seht ihre Gesichter: Sie sind am Boden zerstört. Sieben Tage, und die ganze Luft ist raus!

Ich bin gegen die Familie, ich bin für die Kommune. Wenn die Familie verschwindet, stirbt automatisch die Kirche, verschwinden ganz automatisch die Nationen, verschwinden ganz automatisch die Rassen. Die Welt kann erst dann eins werden, wenn statt der Familie die Kommune kommt. *(113)*

Der Freund

Das Drama meines derzeitigen Liebeslebens spiegelt sich in einem alten Ausspruch von Humphrey Bogart wider: »Frauen ... mit ihnen zusammenzuleben ist die Hölle, und ohne sie zu leben auch.« Was soll ich tun?

Durch diese Hölle mußt du durch. Man muß beides erfahren haben – die Hölle, mit einer Frau zusammenzuleben, ebenso wie die Hölle, ohne Frau zu leben. Und das betrifft nicht nur die Männer; es betrifft genauso gut die Frauen. Darum sei kein männlicher Chauvinist! Es gilt für beide Seiten; es beruht auf Gegenseitigkeit. Auch die Frauen haben die Nase voll, mit den Männern zusammenzuleben, doch sie sind genauso frustriert, allein zu leben. Es ist ein grundlegendes menschliches Dilemma.

Man muß es verstehen: Du kannst nicht ohne Frau leben, weil du nicht weißt, was du mit dir allein anfangen sollst. Du bist nicht meditativ genug.

Meditation ist die Kunst, mit dir selbst zu leben. Nichts anderes als das: einfach die Kunst, allein glücklich zu sein. Ein Meditierender kann glücklich allein dasitzen – und das über Monate und Jahre. Er lechzt nicht nach Gesellschaft, weil er selbst im Innern eine solche Ekstase, eine so überwältigende Ekstase erlebt, daß er sonst niemanden braucht. Und wenn doch jemand in sein Leben tritt, dann ist es kein Bedürfnis, keine Notwendigkeit, sondern ein Luxus. Ich bin ganz und gar für Luxus.

Luxus bedeutet: Man kann etwas genießen, wenn es da ist, aber man genießt es auch, wenn es nicht da ist. Bei einem Bedürfnis ist die Sache etwas schwieriger.

Etwas zu essen zu haben, zum Beispiel, ist eine Notwendigkeit, doch die Blumen im Garten sind ein Luxus. Man kann ohne Blumen leben; man wird nicht sterben ohne sie, aber ohne etwas zum Essen kann man nicht leben.

Für jemanden, der nicht mit sich allein leben kann, ist der andere eine Notwendigkeit, eine absolute Notwendigkeit, denn sooft er allein ist, beginnt er sich so sehr mit sich selbst zu langweilen, daß er jemand anderen braucht, um sich zu beschäftigen. Und weil es ein Bedürfnis ist, wird es zu einer Abhängigkeit. Man wird vom anderen abhängig. Und wenn es zur Abhängigkeit wird, fängt man an, den anderen zu hassen, gegen ihn zu rebellieren und ihm Widerstand zu leisten, denn es ist eine Versklavung. Abhängigkeit ist eine Art Sklaverei, und niemand will Sklave sein.

Du begegnest einer Frau. Du bist unfähig, allein zu leben, und auch die Frau ist unfähig, allein zu leben. Und darum trefft ihr euch, denn sonst wäre es nicht nötig. Beide langweilen sich mit sich selbst und beide denken, der andere würde ihnen helfen, die Langeweile zu vertreiben. Gewiß, am Anfang sieht es so aus, aber nur am Anfang. Sobald sie zusammenziehen, erkennen sie schnell, daß ihre Langeweile nicht verschwunden ist, im Gegenteil: Sie hat sich nicht nur verdoppelt, sondern sogar vervielfacht. Zuerst hat sich jeder nur mit sich selbst gelangweilt, aber jetzt langweilt er sich auch noch mit dem anderen. Je näher du dem anderen kommst, um so besser lernst du ihn kennen und um so mehr wird er praktisch zu einem Teil von dir.

Wenn man irgendwo ein gelangweiltes Paar sieht, kann man sicher sein, daß sie miteinander verheiratet sind. Wenn sie nicht gelangweilt sind, kann man sicher sein, daß sie nicht verheiratet sind. Dieser Mann geht bestimmt mit der Frau eines anderen! Darum haben sie so viel Spaß miteinander!

Solange du noch verliebt bist, solange du die Frau noch nicht überredet hast oder solange sie dich noch nicht überredet hat, für immer zusammenzubleiben, sieht es aus, als hättet ihr beide einen Riesenspaß miteinander. Und zum Teil stimmt das auch, denn du hoffst: »Wer weiß, vielleicht überwinde ich so meine Langeweile, meine Qual, meine Verzweiflung, meine

Einsamkeit. Vielleicht kann diese Frau mir dabei helfen.« Und die Frau hofft das gleiche. Doch sobald ihr zusammen seid, schwindet diese Hoffnung schnell dahin, und die Verzweiflung kehrt zurück. Dann langweilst du dich wieder, und jetzt hat das Problem sich noch vervielfacht. Wie kannst du die Frau jetzt wieder loswerden?

Weil du nicht meditativ bist, brauchst du den anderen, um dich abzulenken. Und weil du nicht meditativ bist, kannst du auch nicht lieben, denn Liebe bedeutet überfließende Lebensfreude. Du ödest dich selber an. Was hättest du denn mit dem anderen zu teilen? Darum wird das Zusammensein mit dem anderen auch wieder nur zur Hölle.

In diesem Sinne hat Jean-Paul Sartre recht, wenn er sagt: »Der andere ist die Hölle.« In Wirklichkeit ist aber nicht der andere die Hölle; das scheint nur so. Die Hölle existiert in *dir*, in deiner unmeditativen Lebenshaltung, in deiner Unfähigkeit, allein ekstatisch zu sein.

Beide sind unfähig, allein ekstatisch zu sein. Darum hängen sie wie die Kletten aneinander. Darum versuchen sie ständig, durch den anderen ein bißchen Glück für sich zu ergattern. Beide tun das, und beide sind Bettler.

Ich habe gehört:

Ein Psychoanalytiker trifft einen Kollegen auf der Straße.

Sagt der eine zum anderen: »Du siehst gut aus. Und wie geht es mir?«

Keiner weiß, wie es ihm selbst geht; keiner hat mit sich selbst Bekanntschaft geschlossen. Wir sehen immer nur die Gesichter der anderen. Eine Frau sieht schön aus, ein Mann sieht schön aus – er lächelt, grinst übers ganze Gesicht. Aber wir kennen nicht seine Verzweiflung. Vielleicht ist sein Lächeln nur eine Fassade, um anderen und sich selbst etwas vorzumachen. Vielleicht verbergen sich hinter diesem Lächeln dicke Tränen. Vielleicht hat er nur Angst, er könnte zu weinen anfangen und Tränen vergießen, wenn er nicht lächelt.

Wenn du jemand anderen siehst, siehst du nur seine

Oberfläche. Du verliebst dich in die Oberfläche. Doch wenn du dem anderen näherkommst, zeigt es sich bald, daß seine inneren Tiefen genauso dunkel sind wie deine eigenen. Er ist ein ebensolcher Bettler wie du. Da seid ihr nun – zwei Bettler, die sich gegenseitig anbetteln. Dann wird es zur Hölle.

Ja, du hast recht: »*Frauen ... mit ihnen zusammenzuleben ist die Hölle, und ohne sie zu leben auch.*«

Es ist weder eine Frage von Frauen, noch ist es eine Frage von Männern. Es ist eine Frage von Meditation und Liebe.

Meditation ist die Quelle, aus der Freude in dir emporquillt und überfließt. Nur wenn du genügend Freude in dir hast, um sie zu teilen, kann die Liebe dir Befriedigung geben. Wenn du nicht genug Freude zu teilen hast, wird deine Liebe dich ermüden, erschöpfen und langweilen.

Immer wenn du dann mit einer Frau zusammen bist, wird es dich langweilen, und dann willst du sie wieder loswerden. Und sobald du allein bist, langweilst du dich mit dir selber und willst deine Einsamkeit loswerden – und dann suchst du wieder die Frau. Es ist ein Teufelskreis!

So kannst du dein ganzes Leben damit verbringen, ständig wie ein Pendel von einem Extrem ins andere zu gehen.

Sieh das eigentliche Problem! Das eigentliche Problem hat gar nichts mit Mann und Frau zu tun. Das eigentliche Problem hat etwas mit Meditation zu tun – mit dem Aufblühen der Meditation in Liebe, Freude und Seligkeit.

Zuerst meditiere und sei selig, dann wird sich viel Liebe ganz von selbst einstellen. Dann ist es schön, mit jemandem zusammenzusein, aber genauso schön ist es, allein zu sein. Und alles wird einfach. Du hängst nicht mehr vom anderen ab und machst auch ihn nicht von dir abhängig. Dann bleibt es immer Freundschaft, Freundlichkeit, und wird nie zur Beziehungskiste. Es bleibt ein Sich-Beziehen. Du bist in Beziehung, aber du gehst keine Ehe ein.

Ehe geschieht aus Angst, Sich-Beziehen aus Liebe. Du beziehst dich, und solange die Dinge sich harmonisch entwickeln, läßt du den anderen daran teilhaben. Und wenn du siehst, daß der Augenblick gekommen ist, sich zu trennen, weil ihr an einen Kreuzweg gekommen seid, wo eure Pfade auseinandergehen, dann sagst du ihm Adieu – mit großer Dankbarkeit für alles, was er für dich gewesen ist, für all die Freuden und die Lust, für all die schönen Augenblicke, die du mit ihm geteilt hast. Ohne Leiden, ohne Schmerz trennst du dich einfach.

Niemand kann garantieren, daß zwei Menschen immer miteinander glücklich sein werden, denn die Menschen ändern sich. Wenn du einer Frau begegnest, ist sie ein anderer Mensch als du. Aber du selbst wirst in zehn Jahren ein ganz anderer sein, und auch sie wird eine andere sein. Alles ist im Fluß; das Wasser fließt immer weiter. Die beiden, die sich damals ineinander verliebt hatten, gibt es nicht mehr; beide haben sich verändert. Wie kannst du da an einem bestimmten Versprechen festhalten, das du jemandem gegeben hast – du bist nicht mehr derselbe Mensch, der es gegeben hat.

Ein Mensch von echtem Verständnis wird nie etwas für die Zukunft versprechen; er kann höchstens sagen: »Für den Augenblick.« Ein wirklich aufrichtiger Mensch kann überhaupt nichts versprechen. Wie könnte er etwas versprechen? Wer weiß denn, was morgen sein wird? Morgen kommt vielleicht, kommt vielleicht nicht.

Das Morgen kommt vielleicht, aber: »Ich werde nicht mehr der gleiche sein, du wirst nicht die gleiche sein.« Das Morgen kommt vielleicht, aber: »Du wirst vielleicht jemand anderen finden, mit dem du besser zusammenpaßt. Ich werde vielleicht jemanden finden, mit dem ich mehr Harmonie erleben kann.« Die Welt ist so riesengroß! Wozu willst du sie heute beschränken? Halte dir die Türen offen, halte dir andere Möglichkeiten offen.

Ich bin gegen die Ehe. Die Ehe ist schuld, daß es so viele Probleme gibt. Es liegt an der Ehe, wenn alles häßlich wird. Die häßlichste Einrichtung auf der Welt ist die Ehe, denn sie zwingt die Menschen zur Unaufrichtigkeit. Man hat sich verändert, aber man muß weiter so tun, als wäre man gleichgeblieben.

Ein Achtzigjähriger feiert mit seiner fünfundsiebzigjährigen Frau den fünfzigsten Hochzeitstag. Sie fahren in dasselbe Hotel, in denselben Ferienort, wo sie vor Jahren ihre Flitterwochen verbracht haben. – Das ist Nostalgie! Mit achtzig und fünfundsiebzig! – Sie mieten sich im selben Hotel ein und nehmen dasselbe Zimmer. Sie wollen jene schönen Tage wiedererleben, die sie vor fünfzig Jahren gehabt haben.

Als sie am Abend zu Bett gehen, sagt die Frau: »Hast du vergessen? Willst du mich nicht genauso küssen, wie du mich damals in der Hochzeitsnacht geküßt hast?«

»Na gut«, sagt der alte Mann und steht auf.

Die Frau fragt: »Wo gehst du hin?«

Er sagt: »Ich hol' nur meine Zähne aus dem Bad.«

Alles hat sich geändert. Dieser Kuß ohne Zähne oder mit falschem Gebiß kann nicht der gleiche Kuß sein! Aber der alte Mann sagt: »Na gut.« Die Fahrt muß anstrengend gewesen sein, und erst recht für einen Achtzigjährigen … Aber die Leute benehmen sich ständig so, als wären sie noch die alten. Sehr wenige werden erwachsen. Selbst wenn sie schon uralt sind, sind sie immer noch nicht erwachsen geworden.

Alt zu werden bedeutet nicht unbedingt, erwachsen zu werden. Wahre Reife kommt durch Meditation.

Lerne die Stille; lerne, friedlich und still zu werden. Lerne das Nicht-Denken. Das steht am Anfang. Vorher ist gar nichts möglich, und danach wird alles einfach.

Wenn du dahin kommst, daß du allein vollkommen glücklich und selig bist … dann kann sogar der Dritte Weltkrieg ausbrechen und die ganze Welt kann untergehen und du bleibst allein übrig, aber es wird dir nichts ausmachen. Du wirst weiterhin unter deinem Baum sitzen und *Vipassana** machen!

Von dem Tag an, wo das Nicht-Denken in dein Leben tritt,

---

* Buddhas Meditation der Atembeobachtung

kannst du deine Freude teilen; erst dann kannst du Liebe geben. Bis dahin gibt es nur Leiden, Hoffnung und Frustration, Wünsche und Scheitern und Träume ... und letztendlich Staub in deiner Hand, in deinem Mund.

Gib acht! Vergeude nicht die Zeit! Je früher du zum Nicht-Denken findest, um so besser. Dann können viele Dinge in dir zum Blühen kommen: Liebe, Kreativität, Spontaneität, Freude, Hingabe, Dankbarkeit, Göttlichkeit. *(114)*

Mann und Frau sind Intimfeinde – Feinde, und doch intim. Da ist eine große Anziehung, eine starke Faszination durch das Unbekannte, Unvertraute, Unerforschte, Geheimnisvolle. Aber aus dem gleichen Grund gibt es auch Konflikte.

Wenn deine Frau bei dir ist, fängst du an zu denken: »Wie kann ich allein sein?« Wenn du allein bist, fühlst du schon nach wenigen Tagen einen großen Durst, einen Hunger nach der Frau: »Wie kann ich bei ihr sein?« Wenn du allein bist, entsteht Appetit nach Liebe. Wenn du mit jemand zusammen bist, verschwindet der Appetit, und du beginnst zu überlegen: »Warum gehe ich nicht lieber in den Himalaja und setze mich still in eine Höhle? Warum gebe ich mich weiter mit diesem Quatsch ab?«

Man muß verstehen lernen – ob Mann oder Frau –, wie man selbst funktioniert und wie der andere funktioniert. Und nimm es nicht allzu persönlich. Es hat nichts mit dir zu tun! Es geht um den Unterschied zwischen der männlichen Psyche und der weiblichen Psyche. Im Grunde ist es biologisch. Du mußt es ganz unpersönlich nehmen, um es zu verstehen – nur dann kannst du darüber hinausgehen, kannst du es transzendieren.

Beobachte jeden Schritt, den du machst, und beobachte jeden Schritt, den die Frau macht. Lausche auf deine tiefsten Instinkte und schau, was passiert. Schiebe nicht die Verantwortung auf den anderen, aber fühle dich auch nicht schuldig, als hättest du etwas falsch gemacht. Keiner macht etwas falsch. Es ist etwas ganz Natürliches.

Man kann jedoch über die Natur hinausgehen, denn es gibt noch etwas Höheres, eine Übernatur. Ich sage nicht, daß man dazu verurteilt ist, natürlich zu sein, und daß man immer an die Natur gebunden bleibt. Durch Erkenntnis wird man weiser – weiser als die Natur. Man wird meditativer – meditativer, als die Natur erlaubt. Durch Erkenntnis erlangt man Befreiung.

Aber diese Befreiung ist eine solche Alchimie, daß sie dich total transformiert, radikal. Dann bist du nicht mehr Mann, und die Frau ist nicht mehr Frau. Dann seid ihr beide zwei Seelen. »Mann« und »Frau« wird irrelevant.

Wenn der Mann nicht mehr Mann ist und die Frau nicht mehr Frau, bedeutet das: Sie sind nicht mehr an die Biologie, an den Körper gebunden. Der Unterschied beschränkt sich nur auf die körperliche Ebene. Jenseits des Körperlichen gibt es keinen Unterschied. Dahinter seid ihr gleich. Der Unterschied ist nur im Körper, eurem Vehikel. Wenn ihr lernt, über das Vehikel hinauszugehen, über Biologie und Physiologie hinauszugehen, seid ihr nur noch zwei Seelen. Und nur zwei Seelen können immer in Kommunion leben. Dann tritt eine neue Art von Liebe ins Spiel, die ich »Freundschaft« nenne.

Freundschaft ist etwas Höheres als eure sogenannte Liebe. Eure sogenannte Liebe ist voller Haß. Freundschaft hingegen ist reine Liebe. Der ganze Haß ist verschwunden. Der ganze Konflikt, das ganze Nörgeln und Streiten ist verschwunden. Jeder Wunsch nach Beherrschen und Besitzen, alle Eifersucht ist verschwunden.

Freundschaft ist reine Liebe. Alles Überflüssige ist nicht mehr da. Alles Unwesentliche wurde zurückgelassen, und nur das Wesentliche ist übriggeblieben.

Freundschaft ist die Essenz der Liebe. Und vergiß nicht: Solange du und deine Frau nicht zu Freunden werdet, werdet ihr niemals Frieden haben. *(115)*

Im Leben eines Menschen gibt es drei Arten von Beziehungen. Es gibt intellektuelle Beziehungen, aber sie gehen nicht sehr tief. Die Beziehung zwischen einem Lehrer und seinem Schüler ist von dieser Art. Es gibt Liebesbeziehungen, und sie gehen tiefer als die intellektuellen. Die Beziehung zwischen einer Mutter und ihrem Kind, zwischen Brüdern, zwischen Ehemann und Ehefrau sind von dieser Art. Sie kommen aus dem Herzen. Und dann gibt es noch tiefere Beziehungen, die aus dem Nabel kommen. Ich nenne jene Beziehungen, die im Nabel entstehen, »Freundschaften«. Sie gehen noch tiefer als Liebe.

Liebe kann enden; Freundschaft endet nie. Diejenigen, die wir heute lieben, können wir morgen hassen – aber ein Freund kann nie zum Feind werden. Und wenn er zum Feind wird, zeigt das nur, daß es von Anfang an keine Freundschaft war.

Freundschaftsbeziehungen gehören zum Nabel; es sind Beziehungen aus tiefen, unbekannten Bereichen. Das ist der Grund, warum Buddha nie gesagt hat, die Menschen sollten einander lieben. Er nannte Beziehung »Freundschaft« und hatte seine Gründe dafür. Er sagte, daß es in eurem Leben Freunde geben solle. Jemand fragte Buddha: »Warum nennst du es nicht Liebe?« Buddha antwortete: »Freundschaft ist etwas viel Tieferes als Liebe. Liebe kann enden, aber Freundschaft endet nie.«

Liebe bindet, aber Freundschaft gibt Freiheit. Liebe kann jemanden versklaven; sie kann besitzen, sie kann über jemanden herrschen. Freundschaft herrscht nie; sie behindert niemanden, erzeugt kein Gefängnis, sondern sie befreit.

Liebe wird zur Sklaverei, weil die Liebenden verlangen, daß der andere außer ihnen keinen anderen Menschen lieben soll. Freundschaft kennt keine solche Forderung. Man kann Tausende von Freunden, Millionen von Freunden haben, denn Freundschaft ist eine grenzenlose, überaus tiefe Erfahrung. Sie taucht aus den Tiefen des Lebenszentrums auf.

Darum ist Freundschaft letztendlich der großartigste Weg, uns zum Göttlichen hinzuführen. Jemand, der mit allen Freund ist, wird früher oder später das Göttliche erlangen, weil alle seine Beziehungen vom Nabelzentrum ausgehen. Und eines Tages kann er gar nicht anders, als mit dem Nabel des Universums in Beziehung zu treten.

Eure Beziehungen im Leben sollten nicht bloß intellektueller Art sein, sie sollten auch nicht nur im Herzen stattfinden – sie sollten viel tiefer gehen, sie sollten aus dem Nabel kommen. *(116)*

Es ist mir ein tiefes Anliegen, Liebe und Meditation so eng miteinander zu verbinden, daß jede Liebesbeziehung automatisch zu einer Meditationspartnerschaft wird. Und Meditation wird euch so bewußt machen, daß ihr euch nicht mehr zu ver-lieben, »in Liebe zu fallen«, braucht, sondern daß ihr »in Liebe aufsteigen«, daß ihr gemeinsam wachsen könnt. Dann werdet ihr ganz bewußt und in voller Absicht zu Freunden werden.

Deine Liebe wird sich in dem Maße vertiefen, wie deine Meditation tiefer geht, und so wie deine Meditation aufblüht, wird auch deine Liebe aufblühen. Aber dann hat sie eine völlig andere Dimension.

Du bist mit deiner Ehefrau nicht in Meditation verbunden. Nie sitzt ihr still für eine Stunde zusammen, um einfach die Präsenz, das Bewußtsein des anderen zu spüren. Entweder streitet ihr oder ihr macht Liebe, doch bei beidem bezieht ihr euch nur auf den Körper, auf die physische Ebene – auf die Biologie, die Hormone –, und nie auf den innersten Kern des anderen. Eure Seelen bleiben getrennt.

Wenn du eine harmonische Beziehung mit deiner Partnerin, deinem Partner suchst, mußt du lernen, meditativer zu sein.

Liebe allein ist nicht genug. Liebe allein ist blind. Erst Meditation gibt ihr Augen. Meditation gibt ihr Verständnis.

Und wenn eure Liebe beides ist – Liebe und Meditation –, dann werdet ihr zu Weggefährten. Dann ist es nicht mehr eine gewöhnliche Beziehung zwischen Ehemann und Ehefrau.

Dann wird es zu einer Freundschaft auf dem Pfad zur Entdeckung der Geheimnisse des Lebens.

Der Mann allein, die Frau allein, wird die Reise sehr mühsam und langwierig finden ... zumindest war das in der Vergangenheit so. Weil sie diesen ständigen Konflikt sahen, entschieden alle Religionen, daß ein Sucher dem anderen Geschlecht entsagen müsse. Alle Mönche und Nonnen mußten enthaltsam leben.

Aber wie viele Mönche, wie viele Nonnen sind denn in fünftausend Jahren Geschichte zur Erkenntnis ihrer selbst gelangt? Man findet nicht einmal genügend Namen, um sie an zehn Fingern abzuzählen. Und all die vielen Millionen von Mönchen und Nonnen aller Religionen – Buddhisten, Hindus, Christen, Mohammedaner – was ist aus ihnen geworden?

Der Pfad ist gar nicht so lang! Das Ziel ist gar nicht so weit entfernt! Aber selbst wenn du nur bis zum Haus deines Nachbarn gehen willst, brauchst du dazu beide Beine. Wie weit wirst du wohl kommen, wenn du nur auf einem Bein herumhüpfst?

Ich bringe eine völlig neue Vision:

Mann und Frau können gemeinsam, in tiefer Freundschaft, in einer liebevollen, meditativen Beziehung als organische Einheit ans Ziel kommen – und zwar in jedem Moment, sobald ihr dazu bereit seid. Denn das Ziel liegt nicht außerhalb von euch. Es liegt im Zentrum des Zyklons; es ist der innerste Kern eures Seins. Doch ihr könnt ihn erst finden, wenn ihr ganz geworden seid, und ohne den anderen Pol könnt ihr nicht ganz werden. Mann und Frau sind die beiden Hälften dieses Ganzen.

Statt eure Zeit mit Streit zu vergeuden, versucht lieber, einander zu verstehen. Versucht, euch in den anderen hineinzuversetzen. Versuche zu sehen, wie eine Frau sieht; versuche zu sehen, wie ein Mann sieht. Und vier Augen sind immer besser als zwei. Dann habt ihr das ganze Panorama vor Augen; dann sind euch alle vier Himmelsrichtungen zugänglich.

Aber eines muß man sich klar vor Augen halten: Ohne Meditation ist die Liebe zum Scheitern verurteilt. Sie hat keine

Chance auf Erfolg. Ihr könnt zwar so tun, und ihr könnt andere täuschen, aber euch selbst könnt ihr nicht täuschen. Tief im Innern wißt ihr, daß sämtliche Versprechungen, die euch die Liebe gemacht hat, unerfüllt geblieben sind.

Nur durch Meditation fängt die Liebe an, neue Farben anzunehmen, eine neue Musik, neue Lieder, einen neuen Tanz – denn Meditation gibt euch Einsicht und Verständnis für euer polares Gegenüber, und durch dieses Verständnis löst sich der ganze Konflikt auf.

All die Konflikte beruhen nur auf einem Mißverständnis. Du sagst etwas, und deine Frau versteht etwas ganz anderes. Deine Frau sagt etwas, und du verstehst etwas ganz anderes. Ich habe Paare getroffen, die seit dreißig, vierzig Jahren zusammenleben, aber noch genauso unreif scheinen wie am ersten Tag. Immer noch die gleiche Klage: »Sie versteht nicht, was ich sage.« Vierzig Jahre seid ihr schon zusammen, aber du hast es nicht geschafft, einen Weg zu finden, daß deine Frau genau versteht, was du sagst, und daß du genau verstehst, was sie sagt!

Ich sehe allerdings keine andere Möglichkeit, daß das geschehen kann, außer durch Meditation. Meditation verleiht euch Qualitäten wie Stille, Aufmerksamkeit, geduldiges Zuhören, die Fähigkeit, euch in den anderen hineinzuversetzen.

Es ist nicht unmöglich; wir haben nur noch nicht die richtige Medizin ausprobiert.

Ich möchte euch daran erinnern, daß das Wort »Medizin« aus derselben Wurzel stammt wie »Meditation«. Medizin heilt den Körper, und Meditation heilt die Seele. Medizin heilt den materiellen Teil von dir, Meditation heilt den spirituellen Teil von dir.

Die Menschen leben zusammen, und ihre Seele trägt viele Wunden; darum werden Kleinigkeiten für sie sehr schmerzhaft. Die Menschen leben ohne jede Einsicht. Darum endet alles, was sie tun, in einer Katastrophe.

Wenn du jemanden liebst, ist Meditation das größte Geschenk, das du ihm machen kannst. Wenn du eine Frau liebst, ist der Kohinoor-Diamant nichts dagegen. Meditation ist ein viel kostbareres Geschenk. Und sie macht aus deinem Leben die reinste Freude!

Wir tragen in uns das Potential zu reinster Freude, aber wir wissen nicht, wie wir dahin gelangen können. Allein sind wir höchstens traurig, und gemeinsam wird es zur wahren Hölle.

Darum mußte selbst ein Mann wie Jean-Paul Sartre, ein so intelligenter Mensch, eingestehen, daß der andere die Hölle ist, daß es besser ist, allein zu bleiben, daß man es gemeinsam nicht schaffen kann. Er wurde so pessimistisch, daß er meinte, es sei unmöglich, es mit dem anderen zusammen zu schaffen. »Der andere ist die Hölle.« Normalerweise hätte er recht, aber mit Meditation wird der andere zu deinem Himmel.

Doch Jean-Paul Sartre hatte keine Ahnung von Meditation. Das ist das Unglück des westlichen Menschen. Dem westlichen Menschen entgeht das Aufblühen des Lebens, weil er keine Ahnung hat von Meditation. Und dem östlichen Menschen entgeht es, weil er nichts von Liebe weiß.

Und so, wie Mann und Frau die beiden Hälften eines Ganzen sind, so sind es für mich Liebe und Meditation: Meditation ist der Mann, Liebe ist die Frau.

Im Zusammentreffen von Meditation und Liebe spiegelt sich das Zusammentreffen von Mann und Frau. Und in diesem Zusammentreffen können wir den transzendenten Menschen kreieren – den Menschen, der über Mannsein oder Frausein hinausgeht.

Solange wir nicht den transzendenten Menschen auf dieser Erde hervorbringen, besteht nicht viel Hoffnung. *(117)*

Der Tantriker

Liebe ist eine geheiligte Kunst. In Liebe zu sein bedeutet, in einer geheiligten Beziehung zu sein. Doch die Momente, in denen ihr »wir« seid, sind selten. Dann ist Abgrenzung kein Thema mehr, denn ihr seid nicht mehr getrennt. Dann ist es wunderbar, in deiner Frau aufzugehen, und sie geht in dir auf. Eure Zentren fallen zusammen. Dann fragt keiner mehr nach Abgrenzung, nach Privatheit, nach Eigenständigkeit. Doch diese Momente lassen sich nicht erzwingen.

In der Liebe muß man sehr achtsam, behutsam und sorgfältig vorgehen; sie ist ein sehr empfindliches Phänomen. Sie braucht Jahre, um zu entstehen, und innerhalb von Minuten kann sie zerstört werden. Die Liebe ist wirklich die zerbrechlichste Sache auf der Welt. Sie braucht eine lange Zeit, eine lange Intimität, um zu wachsen.

Darum kann jemand, der ständig die Partner wechselt, in seinen Beziehungen nur Sex erleben, aber keine Liebe. Er *macht* Liebe, aber er liebt nicht – und Liebe zu *machen* ist häßlich. Allein das Wort »machen« ist schon häßlich. Liebe zu machen bedeutet, etwas zu veranstalten, als wäre es eine Aktion, ein Tun. Dahinter steht ein gesteuertes, willentliches Vorgehen – du hast die Kontrolle. Aber das ist nicht Liebe.

Liebe ist kein wie immer geartetes Tun, sondern ein Geschehen. Doch damit sie geschehen kann, muß man warten können. Ein Geschehen braucht Zeit; es kommt, wenn es kommt. Du kannst es nicht einfordern, kannst es nicht zubereiten wie Fertigkaffee. Du kannst nicht sagen: »Ich will jetzt sofort Liebe machen.« Du kannst zwar Liebe machen, aber das hat mit Liebe nichts zu tun; es ist reiner Sex. Daran ist nichts falsch, doch in der Sexualität steckt noch sehr viel mehr, was du auf diese Weise verpaßt und immer verpassen wirst.

Wenn zwei Menschen sich sehr nahe sind – in Traurigkeit und Glück, Freude und Leid, in allen möglichen Stimmungen und Situationen: Mal ist es bewölkt, mal scheint die Sonne und alles erstrahlt im Licht ... wenn ihr all diese Stimmungen und Witterungen miteinander lebt und euch in den verschiedensten Situationen, unter den verschiedensten Gesichtspunkten kennengelernt habt, dann entsteht ganz allmählich Intimität. Das ist etwas ganz anderes als Sex. Sex kann ein Teil davon sein, aber es ist nicht gleichbedeutend mit Sex. Er ist nur ein sehr geringer Teil davon, und manchmal spielt er überhaupt keine Rolle. Auf dem höchsten Gipfel der Liebe verschwindet Sex vollständig. Dann ist es fast wie ein Gebet: Zwei Menschen sind zusammen in Andacht. Dann genügt es ihnen, einfach zusammenzusein; es ist orgasmisch, einfach zusammenzusein. Die bloße Gegenwart des anderen zu spüren ist genug. Du brauchst gar nichts zu tun. Wenn du einfach still dasitzt und die Gegenwart des anderen fühlst, erklingt in dir ein noch nie gehörtes Lied, eine nie gespielte Musik. Du wirst in eine andere Welt versetzt.

Doch das braucht Zeit, und es braucht ein behutsames Hegen und Pflegen. *(118)*

Was ist tantrischer Sex? Handelt es sich beim tantrischen Liebesakt um eine Meditation, die auf einer bestimmten Technik beruht?

Sex ist wie ein kleiner Tod. Und gerade weil Sex ein kleiner Tod ist, bringt er dir so viel Freude. Für einen kurzen Augenblick löst du dich völlig auf – auf dem Höhepunkt des Orgasmus verschwindest du. In diesem Moment weißt du nicht mehr, wer du bist. In diesem kurzen Moment bist du reine Energie – eine pulsierende, vibrierende Energie ohne Zentrum, ohne Ego.

In diesem Augenblick des Orgasmus geht jedes Gefühl von Trennung verloren. Du wirst grenzenlos, unendlich. Der andere ist nicht mehr von dir getrennt. Darum erlebst du so viel Freude dabei, auch wenn dieser Moment nur ganz kurz ist.

Und wenn es vorüber ist, bist du sehr frustriert,
kurz war, so flüchtig. Dann fängst du an, dich vo
danach zu sehnen. Und sooft du diesen Momen
erreichst du die Spitze, und danach stürzt du in ein
dunklen Abgrund.

Darum bringt Sex große Freude, aber auch großen Schmerz. Er trägt dich zu den sonnenerhellten Gipfeln empor, und dann läßt er dich in die finstersten Täler fallen. Nach jedem sexuellen Akt ist man frustriert. Etwas ist passiert, aber kaum, daß es passierte, war es schon wieder vorüber ... Du konntest es nicht festhalten, und schon war es vorbei. Darum liegt im Sex die größte Faszination, aber auch die größte Frustration.

Und weil der sexuelle Akt beide Aspekte enthält, gibt es zwei Arten von Menschen: die einen, die von Sex so sehr fasziniert sind, daß sie danach süchtig werden ... Das sind die Leute, die allen möglichen sexuellen Praktiken huldigen und ihr ganzes Leben lang ständig nach mehr Sex, nach besserem Sex suchen. Und die anderen sind süchtig nach der Frustration des Sex. Das sind die Leute, die der Welt entsagen, die der Frau oder dem Mann entsagen und sich in den Himalaja oder ins Kloster zurückziehen. Aber beides ist nur eine Reaktion auf die sexuelle Erfahrung, und es macht keinen Unterschied, ob man sich für die weltliche oder die überweltliche Seite entscheidet. Beides beruht auf der Erfahrung des Sex und greift nur jeweils einen anderen Aspekt auf. Man kann sich für entgegengesetzte Aspekte entscheiden, aber in jedem Fall beruht die Entscheidung auf der Erfahrung des sexuellen Aktes. Darum sind eure sogenannten Religionen so sexfeindlich eingestellt: Sie haben sich für den Aspekt der Frustration entschieden.

Doch Ausschweifung und Entsagung sind nur zwei Seiten ein und derselben Münze, und im Grunde unterscheiden sich die Leute, die ausschweifend leben, überhaupt nicht von jenen, die dem Sex entsagen. Sie sind genau gleich, denn sie haben ihre Entscheidung als Reaktion auf den Sex getroffen.

Tantra hat dazu eine völlig andere Einstellung. Tantra sagt: Der sexuelle Akt vermittelt Freude, aber auch Frustration, weil ie Erfahrung des Orgasmus so kurz ist. Doch diese Erfahrung läßt sich vertiefen, ja, sie läßt sich stundenlang aufrechterhalten. Sie kann zu einer vierundzwanzig Stunden andauernden Erfahrung werden, wenn man die Kunst lernt, darin zu verweilen.

Tantra transformiert den Sex. Tantra ist wahre Religion. Es wählt nicht mehr zwischen Faszination und Frustration, sondern läßt beides hinter sich. Tantra benutzt die sexuelle Energie als Schlüssel. Und sie ist ein Schlüssel – denn aus ihr kommt alles Leben, durch sie erblühen alle Blumen, durch sie singen alle Vögel. Alles, was du um dich herum siehst – das Grün, das Rot, das Gold – das kommt alles aus der Sexualität. Alles ist Sexenergie. Alle Dichtung, alle Lieder, alle Musik wurzeln in der sexuellen Energie. Alle Kunst, alle Kreativität ist nichts anderes als ein Ausdruck von Sexualität.

Man muß die tantrische Sexualität verstehen. Ein paar Hinweise: Die tantrische Definition von Sexualität widerspricht der heute gängigen Definition. Das heutige Denken betrachtet Sex als Grundbedürfnis – genau wie Hunger nach Nahrung –, und nebenbei dient er auch als Befriedigung für Sinne und Ego. So denkt zumindest Freud über den Sex: daß er Egobestätigung, Befriedigung, Entspannung verschafft, daß er Spannungen wegnimmt. Sex ist eine Notwendigkeit.

Tantra hingegen betrachtet den sexuellen Akt als ein machtvolles, instinktives Instrument, um zu unserer höchsten Wahrheit zurückzufinden; er ist eine der höchsten Formen von Meditation.

Man muß sich als erstes darüber im klaren sein, daß Freud die Sexualität nicht in ihrer vollen Tragweite verstanden hat. Freud hatte nur mit Menschen zu tun, deren Sexualität unterdrückt war. Der Schaden, den das Christentum im Westen angerichtet hatte – den versuchte Freud wieder in Ordnung zu bringen. Aber das Christentum hat nur an der Oberfläche gekratzt, und Freud hat auch nur an der Oberfläche gekratzt. Wieso? Weil eine Behandlung nicht tiefer gehen kann als die Krankheit selbst. Und die Krankheit war nur an der Oberfläche, darum konnte auch die Behandlung nicht tiefer gehen.

Tantra definiert Sex nicht als Bedürfnis; er ist es nicht. Ein Mensch kann ohne Sex leben; Sex ist nicht lebensnotwendig, nicht wie Nahrung – ohne Nahrung kann man nicht überleben. Sex ist nicht wie Durst – ohne Wasser kann man nicht überleben. Aber man kann leicht ohne Sex überleben; vielleicht lebt man sogar länger.

Sex ist keine Notwendigkeit wie Essen, Durst, Hunger. Sex hat eine ganzheitliche, völlig andere Dimension. Sex ist ein Mittel, um in Kontakt mit der höchsten Wirklichkeit zu kommen. Er ist der innere Drang, zum Ursprung zu gelangen.

Beim normalen Sex geschieht das nur für kurze Augenblicke. Und selbst das ist selten, denn es gibt nur noch sehr wenige orgasmische Menschen auf der Welt. Man hat die Menschen so sehr zivilisiert, daß es fast unmöglich geworden ist, orgasmisch zu sein. Ein zivilisierter Mensch kann nicht orgasmisch sein, weil er nicht zulassen kann, wild zu werden. Aber nur ein wilder Mensch kann orgasmisch sein, denn Orgasmus ist Wildheit.

Je zivilisierter du bist, je mehr du wohlerzogen, kultiviert und gebildet bist, um so weniger kannst du orgasmisch sein. Dann ist Sex bloß ein Ventil – ein Niesen, nicht mehr! Reine Energieverschwendung. Du sammelst Energie an und weißt nicht, was du damit anfangen sollst. Die Energie erzeugt einen Druck, den du irgendwie loswerden mußt. Und auf diese Weise entlädst du immer wieder die Energie. Aber du hast die Sprache des Orgasmus verlernt.

Was ist die Sprache des Orgasmus? Wenn du wirklich orgasmisch bist, wirst du stöhnen und seufzen und schreien und singen und beten ... Tausenderlei Dinge werden passieren, wenn du Liebe machst mit deiner Frau, mit deinem Mann. Es wird der reine Wahnsinn sein! Und das ist in dieser zivilisierten Welt schwer zu leben, nicht wahr? Die ganze Nachbarschaft wird wissen, daß du Liebe machst. Die Leute werden bei der Polizei anrufen, weil sie denken, es sei gefährlich: Jemand hat einen Orgasmus!

Ja, du wirst tanzen, du wirst singen, du wirst sinnlose Laute von dir geben und Kauderwelsch reden. Orgasmisch zu sein bedeutet die Fähigkeit, die Kontrolle zu verlieren. Aber du kontrollierst ständig; du sitzt auf deinen Energien und zensierst sie: »Das darf sein, das nicht. Das ist richtig, das ist falsch.« Ununterbrochen tust du das – du blockierst dich, du unterdrückst. Du gehst nur bis zu einer bestimmten Grenze – weiter ist es gefährlich! Weiter ist es nicht erlaubt! Wie willst du da orgasmisch sein?

Wenn du in anderen Dingen nicht orgasmisch sein kannst, kannst du es auch nicht beim Sex. Wenn du dich in deiner Wut kontrollierst, kannst du auch beim Sex nicht orgasmisch sein. Nur wenn du in deiner Wut orgasmisch sein kannst, kannst du auch im Sex orgasmisch sein. Der Mensch ist eine Ganzheit. Wenn du nicht in Rage geraten kannst, wie kannst du da in Liebe geraten? Unmöglich!

Vielleicht ist dir eines aufgefallen: Wissentlich oder unwissentlich stolpert jedes Paar über die Tatsache, daß es, wenn es Liebe machen will, zuerst einen Streit anfangen muß. Darum haben Paare jeden Abend erst Streit miteinander, um richtig wütend zu werden. Das hilft ein bißchen; eine Kissenschlacht hilft. Die Energie kommt in Schwung, die Säfte fangen an zu fließen. Und wenn du dich in deiner Wut ein bißchen töricht und dumm verhalten hast, kannst du dich auch in der Liebe töricht und dumm verhalten. Dann spielt es keine Rolle. Ein natürlicher Mensch ist in all seinen Emotionen orgasmisch.

Die tantrische Einstellung zum Sex besagt, daß Sex kein Bedürfnis ist. Er ist eine kosmische Erfahrung, eine Erfahrung der Meditation. Er ist eine instinktive Rückkehr zu unserer höchsten Wirklichkeit, eine der höchsten Formen von Meditation. Tantra strebt durch eine auf fünfzehn Minuten bis zu einer Stunde oder noch länger ausgedehnte sexuelle Vereinigung die Erfahrung des vollständigen Egoverlustes an. Kannst du den Unterschied sehen? Freud sagt, es ist Egobefriedigung, und dazu ist es auch geworden; er hat nicht ganz unrecht damit. Wenn man sich den heutigen Menschen ansieht, hat er recht.

Die Leute machen Liebe, nur um sich zu beweisen, daß sie

Männlein und Weiblein sind oder wie berauschend schön sie sind. Die Männer suchen sich ständig neue Frauen, und die Frauen neue Männer, nur um sich zu beweisen: »Ich bin noch attraktiv.« Meine Beobachtung ist, daß die Leute sich gar nicht verlieben. Ihre Freude liegt nicht in der Liebe, ihre Freude liegt in der Eroberung. Sobald sie eine Frau errungen haben, verlieren sie das Interesse an ihr. Das ist keine Liebe. Dann suchen sie neue Weidegründe, dann wollen sie eine neue Frau. Dann wollen sie sich erneut beweisen, daß sie noch jung sind, daß man sie noch beachtet, daß sie noch Charisma, eine magnetische Anziehung, besitzen. Und je mehr Frauen man im Bett gehabt hat, um so mehr befriedigt es das Ego. Das ist nicht Liebe. Insofern hat Freud völlig recht, wenn er sagt, daß Sex der Egobefriedigung dient.

Aber wenn man sich näher mit Tantra beschäftigt, erkennt man, daß Tantra eine ganz andere Einstellung hat. Tantra sagt: Die wahre Anziehung des Sex besteht darin, daß er euch eine Erfahrung von Egolosigkeit, von Zeitlosigkeit, von Meditation gibt.

Dadurch, daß Sex zur Egobefriedigung wurde, ist er sehr oberflächlich geworden; er kratzt nur an der Oberfläche. Er geht nicht tief, er hat keine Tiefe.

So viele Männer machen sich Gedanken über vorzeitige Ejakulation. Und was ist der Grund? Sie lieben nicht! Würden sie lieben, dann könnten sie auf natürliche Weise über längere Zeit Liebe machen. Und je mehr man liebt, um so länger kann man es ausdehnen. Dann kann man stundenlang Liebe machen, denn es besteht keine Eile. Das Ego hat die Kontrolle abgegeben.

Im Tantra kann man stundenlang in der Vereinigung verweilen. Es ist eine Art von Verschmelzen mit der Frau, mit dem Mann; es ist eine Art von Hineinentspannen in das Wesen des anderen. Und es ist meditativ, weil das Ego nicht mehr da ist und kein Gedanke sich regt. Und die Zeit bleibt stehen. Das gibt dir einen Vorgeschmack von Gott.

Tantra ist der natürliche Weg zu Gott, der normale Weg zur Göttlichkeit. Das Ziel besteht darin, so vollkommen instinkthaft und so leer im Kopf zu werden, daß man mit der höchsten

Natur verschmilzt: Die Frau verschwindet und wird zu einer Tür für das Göttliche; der Mann verschwindet und wird zu einer Tür für das Göttliche.

Tantra definiert unsere Sexualität als Rückkehr zu absoluter Unschuld, absolutem Einssein. Die allergrößte sexuelle Ekstase ist kein Suchen nach Ekstase, sondern ein stilles Warten, völlig entspannt, völlig ohne Gedanken. Man ist bewußt, doch es ist eine Bewußtheit, die sich ihrer selbst bewußt ist. Man *ist* Bewußtheit. Man ist erfüllt und gleichzeitig leer. Und das hat eine große Schönheit, eine große Seligkeit.

Die Frage war: *»Was ist tantrischer Sex? ... eine Meditation, die auf einer bestimmten Technik beruht?«*

Wenn du dich zu sehr an Techniken orientierst, wirst du das ganze Geheimnis von Tantra verpassen. Wenn es auf Technik beruht, dann ist es Pseudo-Tantra. Wenn Technik da ist, wird auch das Ego da sein und die Kontrolle ausüben. Dann wirst du es *machen*. Aber dein Tun und Machen ist ja gerade das Problem! Das Machen bringt den Macher.

Tantra muß ein Nicht-Tun sein. Es kann keine Technik sein. Man kann zwar gewisse Techniken erlernen – zum Beispiel kannst du eine bestimmte Atmung lernen, die den Geschlechtsverkehr verlängert. Wenn du ganz langsam atmest, ohne jede Eile, dann wird die Ejakulation hinausgezögert. Aber dann übst du schon wieder Kontrolle aus. Dann wird es nicht wild sein, und es wird nicht unbefangen sein. Und es wird auch keine Meditation sein. Es wird ja vom *Kopf* gesteuert – wie könnte es da Meditation sein? Der Kopf wird die Kontrolle ausüben. Du darfst nicht einmal schnell atmen, du mußt langsam atmen, denn das zögert die Ejakulation hinaus, die sonst durch schnelles und chaotisches Atmen eintreten würde. Wohlgemerkt, das ist eine Technik, aber das ist nicht Tantra!

Das wahre Tantra ist keine Technik, sondern Liebe. Es ist keine Technik, sondern Andacht. Es ist nicht kopfgesteuert, sondern eine Entspannung ins Herz. Bitte, vergiß das nicht.

Über Tantra sind viele Bücher geschrieben worden; sie reden alle nur von Technik. Aber das wahre Tantra hat nichts mit Technik zu tun. Das wahre Tantra kann man nicht beschreiben, das wahre Tantra kann man nur intuitiv aufnehmen. Aber wie macht man das? Dazu mußt du deine ganze Einstellung, deine ganze Vorgehensweise ändern.

Bete, singe, spiele, tanze mit deiner Frau – ohne an Sex zu denken. Denke nicht ständig: »Wann gehen wir endlich ins Bett?« Vergiß es völlig. Tu etwas ganz anderes und verliere dich darin. Und in diesem Verlorensein wird eines Tages Liebe aufsteigen. Plötzlich wirst du sehen, daß du Liebe machst, aber du »machst« es nicht. Es passiert von allein; es ergreift von dir Besitz. Dann hast du deine erste Tantra-Erfahrung: Etwas, das größer ist als du, ergreift von dir Besitz.

Ihr habt getanzt oder zusammen Lieder gesungen oder Töne gemacht oder zusammen gebetet oder meditiert, und plötzlich merkt ihr beide, daß ein anderer Zustand eingetreten ist. Und ihr wißt nicht mehr, wann ihr angefangen habt, euch zu lieben; ihr könnt euch nicht erinnern. Dann hat die tantrische Energie von euch Besitz ergriffen. Und dann werdet ihr zum ersten Mal eine Erfahrung machen, die nichts mit Technik zu tun hat.

Wenn du Liebe machst, hör auf zu kontrollieren. Gib die Kontrolle auf und laß dich auf das Chaos ein. Es wird furchterregend sein und dir angst machen, denn es wird eine Art Tod sein. Und der Verstand wird sagen: »Behalte die Kontrolle!« Und dein Kopf wird sagen: »Komm und steuere das Ganze, sonst verlierst du dich in diesem Abgrund!« Hör nicht auf den Kopf. Verliere dich! Gib dich vollkommen hin! Dann wirst du ohne Technik eine Erfahrung der Zeitlosigkeit machen, in der es keine Zweiheit, sondern nur noch Einheit gibt. Bewußtsein wird da sein – eine leuchtende, klare, passive Bewußtheit – und du wirst wissen, was geschieht, weil dein Bewußtsein glasklar ist. Aber *du* wirst nicht da sein. Nur reines Gewahrsein.

Du mußt den Geist des Tantra intuitiv aufnehmen – es ist keine Technik, die du lernen kannst. *(119)*

Wie kann ich die Hilfe der äußeren Frau benutzen, um mit meiner inneren Frau zu verschmelzen?

Denke nicht über das »Wie« nach. Wenn Liebe da ist, wird es passieren. Und Liebe ist kein »Wie«, Liebe ist kein »Gewußt-wie«. Liebe einfach – völlig grundlos. Liebe einfach – voller Ehrfurcht, voller Staunen. Liebe einfach und sieh im anderen nicht den Körper, sondern die Seele. Sieh im anderen nicht sein Denken, sondern das Nicht-Denken. Wenn du das Nicht-Denken, die Leere, in deiner Frau sehen kannst, wirst du ganz leicht imstande sein, deine innere Frau zu finden. Dann wird die äußere Frau zum Medium. Durch die äußere Frau, durch ihre Vermittlung, wirst du auf deine innere Frau zurückgeworfen.

Doch wenn du die äußere Frau nur als Körper nimmst, dann blockierst du dich. Wenn die äußere Frau nur eine Seele, nur Leere, ein Nichts, nur ein Kanal ist, dann kann dich nichts blockieren. Dann wird deine Energie zu dir zurückkehren; sie wird nach innen gehen und deine eigene innere Frau finden.

Jede Frau, jeder Mann außen kann eine Hilfe sein, um die innere Frau, den inneren Mann zu finden. Doch dafür gibt es kein »Wie«. Ehrfurcht ist nötig. Denke und meditiere über den anderen als etwas Göttliches. Der andere *ist* göttlich. Laß diese Einstellung vorherrschen; umgib dich mit diesem Klima. Dann wird es geschehen; es kündigt sich bereits an. *(120)*

Was ist der Unterschied zwischen gewöhnlichem Sex und tantrischem Sex?

Dein Geschlechtsakt und der tantrische Liebesakt sind zwei grundverschiedene Dinge. Du benutzt den Geschlechtsakt, um dich zu erleichtern – es ist mehr oder minder so, als ob du einen Niesreiz spürst und einmal kräftig niest. Dadurch wird die Energie ausgestoßen, und du fühlst dich erleichtert, aber das ist nicht kreativ – es ist ein Akt der Vernichtung. Es tut zwar gut, es ist eine Art Entspannungstherapie, aber nicht mehr.

Der Liebesakt der Tantriker ist etwas grundsätzlich anderes, diametral entgegengesetzt. Er dient nicht der Erleichterung, er gibt dir keine Gelegenheit, deine Energie loszuwerden, sondern es geht darum, in der Vereinigung zu bleiben, ohne zu ejakulieren, ohne die Energie auszustoßen. Man verweilt in der Vereinigung und verschmilzt miteinander, bleibt aber immer in der Anfangsphase, ohne zum Höhepunkt zu kommen. Dadurch verändert sich die ganze Qualität des Zusammenseins. Der Liebesakt bekommt eine völlig andere Qualität, eine andere Dimension.

Versuche zwei Dinge zu verstehen: Es gibt zwei Arten von Orgasmen. Die eine Art kennst du: Du gelangst zu einem Höhepunkt der Erregung, an dem es nicht mehr weitergeht – das ist das Ende. Die Erregung wird auf eine derartige Spitze getrieben, daß die Energie dich überrollt und sich unwillkürlich entlädt. Du bist sie los, bist erleichtert. Der ganze Druck ist von dir abgefallen, du kannst dich entspannen und schläfst ein.

Du benutzt es wie ein Beruhigungsmittel; es ist ein natürliches Schlafmittel. Anschließend wirst du gut schlafen – sofern dein Denken von keinem religiösen Dogma belastet ist. Falls doch, dann ist dir selbst dieses Schlafmittel genommen. Nur wenn dein Denken von keiner Religion vergiftet worden ist, kann Sex dir eine tiefe Entspannung bringen. Wenn du dich schuldig fühlst und Gewissensbisse hast, wirst du nicht einmal in Ruhe schlafen können. Du wirst deprimiert sein, wirst dir Vorwürfe machen und dir schwören, nie wieder schwach zu werden. Und wenn du dann einschläfst, hast du Alpträume. Nur wenn du noch einigermaßen natürlich geblieben und nicht zu sehr von den Moralaposteln und Religionspredigern belastet bist, kannst du Sex als Schlafmittel benutzen.

Das ist die eine Art von Orgasmus: Man kommt zu einem Höhepunkt der Erregung.

Im Tantra liegt aber das Schwergewicht auf der anderen

Art. Man könnte die erste Art einen »Gipfelorgasmus« nennen und die tantrische Art einen »Talorgasmus«. Dabei gelangt man nicht zu einem Gipfel der Erregung, sondern in das tiefste Tal der Entspannung. Bei beiden Arten wird die sexuelle Erregung der Anfangsphase benutzt – deshalb sagte ich, daß beide Arten sich am Anfang genau gleichen – aber das Ende ist völlig verschieden.

Die anfängliche Erregung wird auf zwei völlig verschiedene Arten benutzt: Das eine Mal erklimmt man damit den Gipfel seiner Leidenschaft, das andere Mal gleitet man in das tiefe Tal der Entspannung. Im ersten Fall muß die Erregung immer mehr gesteigert werden; man muß dazu beitragen, daß sie immer intensiver dem Höhepunkt entgegenstrebt. Im zweiten Fall ist man nur am Anfang erregt, und sobald der Mann in die Frau eingedrungen ist, können sich beide entspannen. Dann ist keine Bewegung mehr nötig. Sie können sich einfach in liebevoller Umarmung entspannen. Und nur, wenn einer von beiden spürt, daß die Erektion nachläßt, bewegen sie sich ein wenig, um das Feuer wieder zu entfachen. Aber danach entspannen sich beide wieder. Man kann diese tiefe, zärtliche Vereinigung über Stunden ausdehnen, ohne daß es zum Samenerguß kommt. Danach fallen beide in einen tiefen Schlaf. Das nennt man einen Talorgasmus. Beide Partner sind völlig gelöst und begegnen einander als entspannte Wesen.

Bei einem normalen Orgasmus begegnen sich zwei aufgeregte, angespannte Leute, die sich von einer Last befreien wollen. Ein gewöhnlicher Orgasmus ist wie ein Anfall von Wahnsinn, während der tantrische Orgasmus eine tiefe, entspannende Meditation ist.

Dann erübrigt sich die Frage, wie oft man Geschlechtsverkehr haben soll. So oft ihr wollt, weil dadurch keine Energie verlorengeht, sondern ihr neue Energie bekommt.

Es mag dir nicht aus eigener Erfahrung bewußt sein, aber es ist eine biologische, eine bioenergetische Tatsache, daß die männliche und die weibliche Energie einander entgegengesetzt sind, wie ein positiver und ein negativer Pol – *Yang* und

Yin, oder wie ihr es auch nennen wollt. Diese beiden Pole stimulieren einander, und wenn sie in tiefer Entspannung zusammenkommen, revitalisieren sie sich. Es sind Generatoren, die sich gegenseitig mit neuer Lebenskraft füllen, sich neu aufladen. Danach fühlt ihr euch beide lebendiger, wie frisch aufgeladen, und ihr verliert keine Energie. Allein durch die entspannte Begegnung mit dem entgegengesetzten Pol erneuert sich die Energie.

Der tantrische Liebesakt kann so oft wiederholt werden, wie du willst – im Gegensatz zum gewöhnlichen Sexualakt, bei dem man seine Energie verliert und warten muß, bis der Körper sich wieder erholt hat. Und kaum hat er neue Energie gesammelt, schleuderst du sie auch schon wieder heraus – das muß dir doch irgendwann absurd vorkommen! Damit verbringst du dein Leben – es ist wie eine Sucht.

Noch etwas, was man bedenken muß: Vielleicht ist dir schon einmal aufgefallen, daß die Tiere den Sexualakt nie genießen, daß sie keinen Spaß daran haben. Schau mal Pavianen, Affen, Hunden oder irgendwelchen anderen Tieren zu – keine Spur von Seligkeit. Es sieht wie eine zutiefst mechanische Handlung aus, zu der die Natur sie zwingt. Affen gehen nach einem Geschlechtsakt mit völlig ausdruckslosen Gesichtern auseinander, als wäre überhaupt nichts gewesen. Wenn die Energie über sie kommt und ihnen zuviel wird, stoßen sie sie einfach im Geschlechtsakt aus.

Genauso ist es beim gewöhnlichen Geschlechtsakt unter Menschen, auch wenn die Moralisten immer das Gegenteil behaupten. Sie warnen davor, daß man sich wie die Tiere benimmt, wenn man sich der Fleischeslust mit Genuß hingibt. Das ist absolut unrichtig. Die Tiere empfinden keinerlei Genuß dabei; nur der Mensch kann Sex genießen. Und je tiefer du es genießen kannst, um so menschlicher bist du. Und wenn der Sexualakt zur Meditation werden kann, zur Ekstase, dann werden die höchsten Gipfel des menschlichen Bewußtseins berührt.

Aber vergiß nicht, daß der tantrische Orgasmus kein Gipfelerlebnis ist, sondern ein Talerlebnis.

Dieser Begriff »Gipfelerlebnis« wurde im Westen durch

Abraham Maslow berühmt gemacht. Man steigert seine Erregung bis zu einem Gipfelpunkt, und dann fällt man. Nach jedem Orgasmus fühlt man einen Fall, und das ist nur natürlich, denn man stürzt von einem Gipfel ins Tal. Dieses Gefühl hat man nie nach einem tantrischen Liebesakt; man kann nicht tiefer fallen, weil man die ganze Zeit schon im Tal war. Im Gegenteil – man steigt auf.

Nach einem tantrischen Liebesakt stürzt man nicht ab, sondern fühlt sich emporgehoben. Man fühlt sich aufgeladen, vollgetankt mit frischer Energie, vitaler, lebendiger, strahlender. Und dieser ekstatische Zustand kann stundenlang, ja sogar tagelang anhalten. Das hängt davon ab, wie sehr man darin aufgegangen ist.

Wenn du tief in diese Art von Sex hineingehen kannst, wird dir früher oder später klar, daß ein Samenerguß reine Energieverschwendung ist. Man braucht nicht zu ejakulieren – es sei denn, man will ein Kind zeugen. Nach dem tantrischen Liebesakt fühlt man sich den ganzen nächsten Tag zutiefst entspannt. Nach einer einzigen tantrischen Liebeserfahrung kann die Entspannung sogar viele Tage anhalten – du fühlst dich ruhig und gelassen, in dir selbst zentriert. Alle Aggressivität, alle Depression fällt von dir ab. In diesem Zustand ist man nie eine Gefahr für andere. Wenn möglich, macht man andere genauso glücklich, wie man selbst ist, und wenn nicht, dann richtet man wenigstens kein Unheil an.

Nur durch Tantra kann ein neuer Mensch geboren werden. Ein Mensch, der das Stillstehen der Zeit, die Auflösung des Egos und die tiefe Einheit mit der Existenz aus eigener Erfahrung kennt, lebt in einer völlig anderen Dimension. *(121)*

Nur wer mutig genug ist, nur wer ein Spieler und bereit ist, sein Leben aufs Spiel zu setzen und eine unbekannte Energie von sich Besitz nehmen zu lassen, kann erfahren, was Liebe ist.

Liebe ist der erste Schritt in Richtung Gott. Darum erscheint sie all jenen, die im Kopf festhängen, verrückt. Und weil die Leute das ganze Geheimnis der Liebe nicht verstehen können und weil sie versuchen, es mit dem Verstand zu begreifen ... man kann es aber nur mit dem Herzen begreifen! Vergiß nicht, alles Große ist nur dem Herzen zugänglich. Das Herz ist die Tür zu allen großen Werten, allen absoluten Werten im Leben, und der Kopf ist nur ein nützlicher Mechanismus, ein Denkapparat – gut für den Marktplatz, aber im Tempel völlig nutzlos. Doch die Liebe ist ein Tempel und kein Marktplatz. Wenn man die Liebe auf den Marktplatz holt, reduziert man sie zu häßlicher Sexualität.

Doch das haben die Menschen getan: Statt die Liebe zur Göttlichkeit zu erheben, haben sie sie zu häßlicher, triebhafter Sexualität reduziert. Und genau die gleichen Leute – die Priester, Politiker und Moralprediger, die aus der Liebe etwas Häßliches gemacht haben – sind merkwürdigerweise auch die Gegner des Sex, seine Feinde. Diese Leute haben ein ungeheures Kraftpotential zerstört!

Liebe ist wie ein Lotos, der im Schlamm verborgen ist. Der Lotos wächst aus dem Schlamm, aber man verurteilt ihn nicht dafür, daß er aus dem Schlamm herauswächst. Man nennt ihn deshalb nicht schlammig, man nennt ihn nicht schmutzig. Aus Sex erwächst Liebe, aus Liebe erwächst Andacht, und aus der Andacht erwächst Gott. Man steigt immer höher und höher und höher.

Doch die Priester und all die Moralprediger haben das ganze auf den niedrigeren Nenner der Sexualität reduziert. Sobald Liebe nur Sex ist, wird sie häßlich, und man fühlt sich deswegen schuldig. Und das schlechte Gewissen hat zu dem Ausspruch geführt: »Liebe gewonnen, Weisheit zerronnen.« Wenn ihr mich fragt, würde ich das ein wenig umändern. Ich würde sagen: »Liebe gewonnen, Weisheit gewonnen.«

Aber es hängt davon ab, wie man es betrachtet. Wenn man das Potential betrachtet, die höchste Stufe, die sich erreichen läßt, dann wird Liebe zu einer Leiter. Wenn man nur den Schlamm sieht und völlig blind ist für die Zukunft des Schlammes, dann wird Liebe zweifellos zu etwas Häßlichem, und man fühlt nur noch Widerwillen. Doch Widerwillen gegenüber der Liebe bedeutet Widerwillen gegenüber Gott.

Sobald die Liebe zur Sexualität reduziert wird, stimmt natürlich der Satz: »Liebe gewonnen, Weisheit zerronnen.« Aber es hängt von dir ab: Willst du die Liebe zum Sex reduzieren? Warum versuchst du nicht, das unreine Metall in Gold umzuwandeln? Willst du nicht die Alchimie der Liebe lernen? Genau die lehre ich hier.

Und all diese Priester, die überhaupt nichts von der Liebe verstehen, weil sie selbst nie geliebt haben, sondern vor der Welt der Liebe geflüchtet sind ... sie errichten großartige Gedankengebäude gegen die Liebe! Sie selbst spielen das Spiel nicht mit, aber sie stellen die Regeln auf. Seit Jahrhunderten machen die Priester die Regeln. Es ist die Priesterschaft auf der ganzen Welt, die ein großes Energiepotential verdammt hat, ja, *die* Energiequelle schlechthin.

Und wenn der Sex verdammt wird, bist auch du verdammt. Dein ganzes Leben wird sinnlos. Wenn die sexuelle Energie sich nicht zu ihrer natürlichen, wahren Höhe entwickeln darf, wirst du im Leben unglücklich sein.

Liebe ist das größte Geschenk Gottes. Lerne sie als eine Kunst. Lerne sie als einen Gesang, als ein Fest. Sie ist eine absolute Notwendigkeit. Genausowenig, wie der Körper ohne Nahrung überleben kann, kann die Seele ohne Liebe überleben. Liebe ist die Nahrung der Seele. Sie ist der Anfang von allem Großartigen; sie ist das Tor zur Göttlichkeit. *(122)*

Mein ganzes Leben habe ich nur einem einzigen Thema gewidmet: wie man Liebe und Meditation verbinden kann. Denn nur durch ihre Verbindung kann eine neue Menschheit entstehen. Und nur durch die Verbindung von Liebe und Meditation kann die Dualität von Mann und Frau – und damit die Ungleichheit von Mann und Frau – aufgehoben werden.

Nur in der Meditation, in der Stille, dort, wo die Liebe

erblüht, gibt es eine natürliche Harmonie ohne Kampf, ohne Streit, gibt es Gleichheit, gibt es ein natürliches Gleichgewicht. Und wenn es auf natürliche Weise zustande kommt, hat es seine ganz besondere Schönheit.

Liebe ohne Meditation zu leben bedeutet, in einem aufgewühlten, angstvollen Zustand zu leben – in Sorge und Unruhe, unter ständiger Spannung. Da sind Augenblicke der Stille, aber diese Stille ist nur wie ein kalter Krieg – die Vorbereitung auf einen neuen Krieg, nichts anderes. Um sich auf den nächsten Krieg vorzubereiten, muß man natürlich ein paar Tage, ein paar Augenblicke stillhalten.

Bisher war beides zusammen nicht möglich, weil alle Religionen sich für den falschen Weg entschieden haben. Sie alle haben Mann und Frau voneinander ferngehalten, haben sie zu Feinden gemacht. Und alle Religionen sind gegen mich, weil ich diese eine Sache vertrete: Meditation ist das Monopol von keinem – weder Mann noch Frau. Sie ist der einzige Berührungspunkt, wo der Mann nicht mehr Mann, wo die Frau nicht mehr Frau ist, wo beide nur noch Mensch sind – potentielle Götter, Samen der Göttlichkeit.

Weder vermag die Liebe es allein, weil sie zu viel Unruhe bringt, noch vermag Meditation es allein, weil Meditation ohne Liebe mehr der Stille eines Friedhofs, der Grabesstille, gleicht. Sie tanzt nicht, sie trägt keine Blüten. Sie bringt zwar einen gewissen Frieden mit sich, doch ein solcher Friede ist totengleich – er ist nicht lebendig. Ein solcher Friede atmet nicht, ein solcher Friede hat kein Herzklopfen.

Nur an einem Punkt, an einer Stelle kommen Mann und Frau zusammen, und diesen Raum nenne ich Meditation – wo Mann und Frau wirklich gleich sind, weil beide sich selbst gebären können. Sie können neu geboren werden; beide können mit Erleuchtung schwanger gehen.

Mann und Frau sind zwei verschiedene Spezies – außer im Zustand der Meditation. Nur in tiefer Meditation kommen sie zusammen. Und solange nicht die ganze Menschheit meditativ wird, werden Männer und Frauen sich weiterhin bekämpfen. Ihre Liebe ist ein ständiges Auf und Ab. Es gibt schöne

Momente, und es gibt häßliche Momente; es gibt freudvolle Momente, und es gibt leidvolle Momente.

Nur durch Meditation – wenn zwei Meditierende ihre Energien miteinander teilen – wird Liebe zu einem beständigen Phänomen; sie wird unwandelbar. Und dann hat sie die Qualität von Ewigkeit – sie wird göttlich.

Die Verbindung von Liebe und Meditation ist die großartigste Erfahrung im Leben. *(123)*

3. TEIL

Gott und die Welt

Ich bin nutzlos.
Singen nur kann ich,
und meine Lieder sind ohne Zweck.

Rabindranath Tagore

Gott und die Welt

Hat Gott wirklich die Welt erschaffen, urd in nur sechs Tagen?

Wenn man sich die Welt so ansieht, ist eines sicher: Sie wurde in großer Eile gemacht. Wer auch immer es war, hat ein solches Chaos fabriziert, wie es nur in sechs Tagen möglich ist. Ob Gott die Welt erschaffen hat oder nicht, kann ich nicht sagen, denn wenn man sich die Welt so ansieht, scheint sie eher eine Schöpfung des Teufels zu sein als eine Schöpfung Gottes!

Die Menschen sind so zerstörerisch, so brutal, so wahnsinnig, daß es höchst unwahrscheinlich ist, daß der menschliche Geist von Gott erschaffen wurde. Entweder hat der Teufel ihn erschaffen, oder es war Gottes Erstlingswerk, und er hat deshalb so gestümpert. Und dann bekam er eine solche Angst vor seiner eigenen Schöpfung, daß er es nie wieder versucht hat. Ich glaube, er hat sich aus dem Staub gemacht! Als er sah, was er da angestellt hatte, muß er in Panik geraten sein.

In der Geschichte steht, daß er die Bäume und die Berge und die Flüsse und die Tiere erschuf, und am sechsten Tag erschuf er den Menschen. Aber seither hat er gar nichts mehr erschaffen. Beim Menschen scheint es ihm gedämmert zu haben: »Was machst du da eigentlich?« Und er gab das Ganze auf.

Aber weshalb beschäftigst *du* dich mit solchen Fragen? Das ist doch nicht dein Bier! Sicher ist, daß *du* es nicht warst, der sie erschaffen hat. Warum machst du dir also Gedanken? Du bist doch nicht dafür verantwortlich, und ich auch nicht. Ich habe sie nicht erschaffen. Also warum sollten wir unsere Zeit damit verschwenden? Es gibt so viele Verrückte, die nichts anderes zu tun haben – überlassen wir es doch ihnen, sich den Kopf darüber zu zerbrechen!

Das sind großartige Themen. Man kann ewig darüber

nachsinnen und kommt nie an ein Ende. Da fängt die Philosophie an, aber sie kommt nie an ein Ende. Da fängt die Theologie an, aber sie kommt nie an ein Ende. Sie gehen im Kreis. Jede Antwort wirft mehr Fragen auf, als sie beantwortet.

Wenn ich sage: »Ja, Gott hat sie erschaffen«, dann tauchen sofort viele weitere Fragen auf: Wozu hat er sie überhaupt erschaffen? Und warum hat er uns nicht gefragt, ob wir erschaffen werden wollten? Was für eine diktatorische Entscheidung – keine Spur von demokratisch! Die Leute werden nicht einmal gefragt, ob sie erschaffen werden wollen!

Und warum hat Gott eine solche Welt erschaffen, wo er doch allmächtig, allgegenwärtig und allwissend ist? Er muß doch vorausgesehen haben, was passieren würde; er muß doch in die Zukunft gesehen haben. Er muß doch gesehen haben, daß Dschingis Khan und Tamerlan, Adolf Hitler und Mussolini kommen würden; er muß doch all diese Leute vorausgesehen haben! Er muß doch gesehen haben, daß die Menschen Tausende von Kriegen führen würden! Er muß doch gesehen haben, daß die Menschen früher oder später Atombomben, Wasserstoffbomben, Todesstrahlen und all solches Zeug entwickeln würden. Warum hat er dann diese Welt erschaffen? Ist er etwa ein Sadist? Hat er Spaß an diesem ganzen Elend? Millionen von Menschen leben in einem solchen Elend! Und was macht er eigentlich die ganze Zeit? Kann er nicht kommen, um zu helfen?

So heißt es in den Schriften ... Krishna erklärt in der *Srimad Bhagavadgita:* »Ich werde kommen, wenn das Elend zu groß wird.« Ist es denn noch nicht groß genug, dieses Elend, in dem die Menschen jetzt leben? Wann kommt er denn endlich? Und was tat er, als er damals hier war? Geholfen hat er niemandem. Im Gegenteil, Indien hat damals den größten Krieg geführt, den es je erlebte. Wenn wir den Schriften Glauben schenken dürfen, starben unzählige Menschen in diesem Krieg ... Was soll das für eine Hilfe gewesen sein?

Und Gott kam auch durch Jesus. Er schickte seinen eingeborenen Sohn, um die Menschheit zu retten, aber gerettet wurde offenbar niemand. Jesus konnte nicht einmal sich selbst retten – er wurde gekreuzigt! Der Retter wurde von jenen gekreuzigt, um deretwillen er gekommen war – denn er war ja gekommen, um sie zu retten.

Tausende von Fragen werden aufgeworfen. Überlasse diese Fragen den Verrückten.

Zwei Insassen in einem Irrenhaus unterhalten sich im Freizeitraum. Der eine Irre sagt: »Du darfst nicht mit mir reden! Ich bin Napoleon!«

»Was soll das heißen, du bist Napoleon?« fragt der andere.

»Ich hab doch gesagt, du sollst nicht mit mir reden. Ich bin Napoleon!«

»Woher willst du denn wissen, daß du Napoleon bist?«

»Gott hat es mir gesagt. Ich bin Napoleon!«

Da piepst aus der Ecke ein Stimmchen: »Hab ich doch gar nicht!«

Überlasse solche theologischen Probleme den Verrückten! Das sind alles keine echten religiösen Fragen, obwohl sich die Religionen seit Jahrhunderten mit solchen Fragen herumschlagen – weil nämlich die Religion seit Jahrhunderten von Verrückten beherrscht wird.

Die echten religiösen Fragen haben etwas mit *dir* zu tun – mit deiner Unbewußtheit und damit, wie du deine Unbewußtheit in Bewußtheit umwandeln kannst.

Wahre Religion ist keine Metaphysik. Sie wurzelt in der Psychologie, sie ist psychologisch, denn wahre Religion zeigt einen Weg, wie man die Psyche, den Verstand transzendieren kann. Und nur wer den Verstand versteht, kann über ihn hinausgehen. *(124)*

Ihr sagt, Gott habe die Welt erschaffen. Was ihr sagt, ist ganz falsch. Ich sage: Gott *ist* die Welt. Gott hat die Welt nicht erschaffen, denn er war nie von ihr getrennt. Er ist nicht wie ein Maler, der ein Bild malt, und dieses Bild existiert dann unabhängig von ihm, und er ist frei davon. Der Maler kann sterben, aber sein Bild wird weiterleben. Nein, mit Gott verhält es sich anders. Gott ist eher wie ein Tänzer. Darum hege ich eine so große Liebe für den Tanz.

Gott ist ein Tänzer, und einen Tänzer kann man nicht von seinem Tanz trennen. Gott ist *Nataraj* – der Tänzer aller Tänzer, der Meistertänzer. Er tanzt in jedem Blatt, in jeder Blüte, in jedem Regentropfen, in jedem Fluß, in jedem Pfau. Sein Tanz ist überall.

Gott hat diese Welt nicht erschaffen – er *ist* diese Welt. Die Welt ist sein Tanz, und es gibt keine Trennung. Ohne diese Welt könnte der Tänzer nicht existieren, und ohne den Tänzer könnte die Welt nicht existieren. Sie sind nicht getrennt; sie gehören untrennbar zusammen. Eigentlich ist es nicht richtig, »zusammen« zu sagen, weil sie gar nicht zwei sind. Wie könnten sie getrennt sein? Sie sind eins.

Ich möchte, daß ihr euch diese Einheit immer wieder in Erinnerung ruft, weil ihr leicht dazu neigt, sie zu vergessen. Denn man hat euren Verstand zur Dualität konditioniert: Materie und Geist, Körper und Seele, Gott und die Welt. *(125)*

Was ist dein Konzept von Gott?

Es gibt keinen Gott. Die Frage eines Konzeptes stellt sich nicht. Gott ist eine Fiktion, die geschaffen wurde, um die Menschheit auszubeuten; sie hat überhaupt keinen Wahrheitsgehalt. Es ist die größte Lüge überhaupt. Das sollte man jedem Menschen klarmachen, denn ohne die Entlarvung dieser Lüge bleibt der Mensch eine Marionette.

Gesetzt den Fall, daß Gott existierte, dann wäre unser Leben absolut sinnlos – ohne jede Würde, ohne Freiheit. Wir sind ja nur aus Lehm gemacht! Und wenn Gott uns erschaffen hätte, dann könnte er uns – so launisch, wie er ist – auch jederzeit töten. Er hat uns weder gefragt, ob wir erschaffen werden wollen, noch wird er uns fragen, ob wir zerstört werden wollen.

Du zählst überhaupt nicht. Wenn Gott existiert, ist der Mensch bedeutungslos.

Gott ist eine der häßlichsten Ideen, und sie hat die ganze Menschheit unterjocht. Aber für die Priester, die Politiker, die Prediger, die Philosophen hat sie ihren Zweck erfüllt.

Ich habe kein Konzept von Gott. Ich kann es nicht haben, allein aufgrund der Tatsache, daß es keinen Gott gibt.

Sobald du erkennst, daß es keinen Gott gibt, erlangst du eine ungeheure Würde, Freiheit und Verantwortung: Du bist deine eigene Schöpfung. Diese ganze Existenz ist autonom und nicht der Sklaverei irgendeines launischen Gottes ausgeliefert. Die Existenz selbst ist schöpferisch; sie hat keinen Schöpfer nötig.

Ich lehre Kreativität, und ich will diese ganze Idee eines Schöpfers zerstören, weil der Gedanke eines Schöpfergottes dir die Freiheit deiner Schöpferkraft nimmt.

Die Welt ist in allen Dimensionen so arm geblieben, einfach weil wir so hilflos sind und Gott alle unsere Fäden in der Hand hat. Alles, was er will, geschieht. Ohne seinen Willen bewegt sich nicht einmal ein Blatt im Wind. Siehst du, was das für Auswirkungen hat? Es bedeutet, daß wir in einem Gefängnis leben und Sklaven eines Gottes sind, dessen Absichten wir nicht kennen und der noch nicht einmal den Mut hatte, auf dem Marktplatz zu erscheinen und zu erklären: »Hier bin ich! Habt ihr noch irgendwelche Fragen?«

Die Christen glauben, daß er die Welt vor sechstausend Jahren erschaffen hat. Ich frage mich: Was hat denn dieser Typ vorher gemacht? Die ganze Ewigkeit? Gar nichts? Ich habe mich selbst immer für den Faulsten gehalten, aber dieser Gott scheint das Nonplusultra an Faulheit zu sein! Und worin bestand denn die Notwendigkeit, diese Welt zu erschaffen – mit all den Wünschen, die nie in Erfüllung gehen und nur Frustration bringen, mit all der Liebe, die so unrein und vergiftet ist von Eifersucht, daß sie nie zum Erblühen kommt, mit all den Ambitionen, die, falls sie jemals in Erfüllung gehen, dich dennoch völlig leer und frustriert zurücklassen?

Ihr wißt doch: Je zivilisierter die Menschheit wird, um so

mehr Leute begehen Selbstmord, um so mehr Leute werden verrückt. Kein Büffel begeht Selbstmord – zumindest habe ich noch nie gehört, daß ein Büffel das in Jahrmillionen je getan hätte. Sie sind völlig zufrieden, fressen jeden Tag das gleiche Gras – ganz und gar zufrieden, und so heilig! Keine Eile, keine Konkurrenz, kein Streß, ganz entspannt und friedlich.

Aber je mehr das Bewußtsein sich entwickelt hat, je mehr der Mensch sich vom Tierreich fortentwickelt hat, um so mehr lebt er in der Hölle: Tausende von Wünschen und keine Chance für Zufriedenheit! Das ist doch keine Welt, wie ein Gott sie erschaffen würde, der angeblich Liebe ist! Es ist eine Welt, die das Universum ganz zufällig und unbeabsichtigt erschaffen hat. Und sie ist auch nicht vor sechstausend Jahren erschaffen worden; sie war schon immer da. Die Formen ändern sich ständig, aber das, was den inneren Gehalt der Existenz ausmacht, bleibt auf ewig gleich; es kennt keinen Tod.

Es ist eine Respektlosigkeit, eine Frage über Gott zu stellen, nachdem Friedrich Nietzsche ihn für tot erklärte. Ich respektiere Friedrich Nietzsche mehr als euren Gott. Doch mein Respekt macht mich nicht blind. Nur in einem hatte Friedrich Nietzsche unrecht: Er dachte, Gott wäre einmal lebendig gewesen und sei nun gestorben. Gott ist aber nie dagewesen. Es war eine Fiktion, und sie wurde entlarvt. Die Seifenblase ist geplatzt. *(126)*

Warum gibt es so viele Religionen auf der Welt?

Weil es so viele Menschen und so viele Ausdrucksmöglichkeiten gibt. Und das ist weder gut noch schlecht, aber die Welt ist dadurch reicher. So viele verschiedene Sprachen machen die Welt ungeheuer reich. Das gibt ihr eine Vielfalt – denke nur an die vielen verschiedenen Blumen im Garten, die vielen verschiedenen Vögel.

Überlege mal: Wenn es auf der ganzen Welt nur eine einzige Blume, das Gänseblümchen, gäbe, wie häßlich wäre die Welt! Oder nur die Rose – eine einzige Blume überall auf der Welt!

Und was würde man mit diesen Rosen machen? Kein Mensch würde mehr Gedichte über Rosen schreiben. Wolltest du das Antlitz deiner Frau mit einer Rosenblüte vergleichen, dann wäre sie empört und würde die Scheidung einreichen. Die Rosen würden ihre ganze Bedeutung verlieren. Sie sind nur deshalb so schön, weil es noch Millionen von anderen Blumen gibt.

Ich bin nicht der Meinung, daß die Welt nur eine einzige Religion haben sollte. Was die Welt braucht, ist religiöses Bewußtsein, und dieses Bewußtsein kann dann in so viele Kanäle fließen wie nur möglich.

Das ist meine persönliche Meinung über Religion: Es sollte so viele Religionen geben wie es Menschen gibt. Jeder Mensch sollte seine eigene Religion haben!

Man kann schwer seine eigene Sprache haben. Nicht jeder kann eine eigene Sprache haben, sonst würde ihn niemand verstehen.

Mulla Nasruddin bewirbt sich um einen Job. Der Geschäftsführer schaut ihn an, aber er hat nicht das Gefühl, daß Nasruddin für diese Stelle qualifiziert ist. Er fragt ihn: »Können Sie lesen und schreiben?«

Mulla Nasruddin sagt: »Lesen nicht, aber schreiben!«

Der Geschäftsführer wundert sich. Das findet man selten! Er hätte nie gedacht, daß es jemanden geben könnte, der schreiben, aber nicht lesen kann.

Er sagt: »Schreiben Sie etwas!« und schiebt ihm ein paar Blätter hin. Mulla fängt sofort an zu schreiben und er schreibt schnell – eine Seite, zwei Seiten, drei Seiten.

Der Geschäftsführer sagt: »Das genügt schon! Lesen Sie mir jetzt bitte vor, was Sie geschrieben haben. Ich kann nämlich nicht lesen.«

Da sagt Nasruddin: »Aber ich hab's Ihnen doch gesagt! Ich kann nur schreiben! Ich kann nicht lesen.«

Wenn du eine Sprache sprichst, die außer dir keiner versteht, kannst du unmöglich mit anderen kommunizieren. Anders ist es mit der Religion. Du kannst deine eigene Religion haben, weil Religion nicht kommuniziert zu werden braucht. Religion ist kein Dialog zwischen dir und anderen; Religion ist ein Dialog zwischen dir und der Existenz. Dafür eignet sich jede Sprache – oder gar keine Sprache oder irgendeine künstlich erfundene Sprache wie Esperanto oder irgend etwas anderes.

Man sollte die Religionen einfach als verschiedene Sprachen verstehen. Dann wäre die Gefahr des Fanatismus gebannt. Das wäre schön. Es gibt all diese Kirchen und Tempel und Moscheen und Gurudwaras ... wenn wir uns vorstellen, daß das alles nur verschiedene Sprachen sind, ist es kein Problem mehr. Man sieht doch auch keine Menschen sich darum streiten, welche Sprache die richtige sei – ob Hindi oder Marathi, Englisch oder Deutsch oder Französisch ... »Welche Sprache ist die wahre Sprache?« Keinem Menschen würde das je einfallen, denn alle Sprachen sind willkürlich, künstlich geschaffen. Sie sind weder wahr noch falsch; sie sind nützlich.

Ein Engländer, ein Franzose und ein Deutscher unterhalten sich über die Vorzüge ihrer jeweiligen Sprache. Der Franzose sagt: »Französisch ist die Sprache der Liebe, die Sprache der Romantik. Sie ist die schönste und reinste Sprache der Welt.«

Der Deutsche verkündet: »Deutsch ist die mächtigste Sprache, die Sprache der Philosophen, die Sprache Goethes. Es ist die Sprache, die sich in der modernen Welt der Naturwissenschaft und Technik als anpassungsfähigste erwiesen hat.«

Dann ist der Engländer an der Reihe und er sagt: »Ich weiß gar nicht, wovon ihr Gentlemen eigentlich redet. Nehmt zum Beispiel das hier« – und er hält ein Messer in die Höhe. »Ihr Franzosen nennt es *›un couteau‹*, ihr Deutschen nennt es *›ein Messer‹*. Aber wir Engländer nennen es ganz einfach *›a Knife‹*, was es schließlich und endlich ja ist!«

So haben die Religionen sich immer gestritten. Genauso verläuft der Streit zwischen den Religionen: Wer hat recht?

Die Christen, die Hindus, die Mohammedaner, die Buddhisten, die Dschainas? – Das sind aber alles nur verschiedene Sprachen, die das gleiche Phänomen ausdrücken. Wenn das einmal verstanden wird, gibt es kein Problem mehr.

Ich würde es begrüßen, wenn noch viel mehr Religionen entstehen würden. Tatsächlich hätte in einer besseren Welt jeder Mensch seine eigene Religion, denn diese Religion wäre seine Art, das Unausdrückbare auszudrücken.

Es ist wie mit der Ästhetik: Wenn du Rosen liebst und ich nicht, ist es kein Problem. Wir geraten uns darüber nicht in die Haare. Wir greifen nicht zum Schwert und beginnen keinen Kreuzzug: »Wer hat recht? Derjenige, der sagt, Lotosblumen seien schöner, oder ich, der ich sage, Rosen sind schöner? Das muß auf dem Schlachtfeld entschieden werden!«

Wie will man das entscheiden? Selbst wenn du mich umbringst, macht es keinen Unterschied. Selbst wenn ich sterbe, werde ich weiterhin sagen, daß Lotosblumen die schönsten Blumen sind. Mein Tod wird an meiner Ansicht nichts ändern.

Wenn man einen Hindu umbringt oder einen Mohammedaner, verändert das gar nichts. Doch so haben es die Menschen seit ewigen Zeiten miteinander gemacht: Sie tragen einen lächerlichen Kampf aus.

Jemand sagt zu Gott »Allah« – er hat unrecht! Ja, wieso denn? Ein anderer sagt zu Gott »Ram« – er hat unrecht! Ja, wieso denn? Nur, weil du selbst ihn »Gott« nennst? Gott, Ram, Allah – das sind alles nur Namen, frei erfundene Namen für etwas, das keinen eigenen Namen hat, sondern eine Erfahrung des Namenlosen ist.

Es gibt so viele Religionen, weil es so viele Menschen, so viele verschiedene Arten von Menschen gibt. Verschiedene Menschen haben unterschiedliche Vorlieben, verschiedene Menschen haben unterschiedliche Herangehensweisen an die Wirklichkeit; die Wirklichkeit ist multidimensional.

Darum betone ich: Wir brauchen ein religiöses Bewußtsein, einen universellen Aufschwung des religiösen Bewußtseins.

Natürlich wird es viele Formen annehmen, doch die Form spielt keine Rolle. Solange der Geist lebendig ist, spielt die Form keine Rolle. Jede Form ist schön. Es gibt so viele Menschen, und jeder hat ein anderes Gesicht, eine andere Schönheit. Die Fingerabdrücke eines jeden Menschen unterscheiden sich von denen aller anderen Menschen auf der Welt, ohne daß daraus ein Problem entstünde. Und so sind auch die Fußabdrücke auf dem Weg zu Gott bei jedem Menschen verschieden.

Wenn wir das einmal verstehen, wird wahre Brüderlichkeit möglich. Ansonsten hat sich diese schwachsinnige Einstellung von: »Nur ich habe recht«, dieser ganze religiöse Fanatismus, immer als äußerst destruktiv erwiesen. Er hat der Religion an sich sehr geschadet, er hat die ganze Religion und die Religiosität des Menschen in Verruf gebracht. Darum gibt es heute so viele unreligiöse, religionsfeindliche Menschen.

All die Verbrechen, die von den Religionen an der Menschheit begangen wurden, haben nur bewirkt, daß viele Menschen sich gänzlich von der Religion abgewandt haben – die Atheisten, die Gottlosen, die Gottesleugner. Und Schuld daran haben die Priester, Rabbiner, Päpste, Pandits, Shankaracharyas – sie sind dafür verantwortlich. Sie haben aus der Religion etwas so Häßliches, Unmenschliches, Gewalttätiges und Stupides gemacht, daß jeder intelligente Mensch sich schämen muß, einer organisierten Religion anzugehören.

Wir müssen dieses ganze häßliche Erbe der Vergangenheit zerstören. Wir müssen den Boden bereiten für eine Zukunft, in der alles akzeptiert wird: Die Bibel hat ihre eigene Schönheit, ebenso wie der Koran oder die Gita. Und wer religiös ist, wird die Bibel genauso zu schätzen wissen wie den Koran oder die Gita, denn er weiß: Es sind nur verschiedene Sprachen. Und die sprachlichen Unterschiede bringen eine wunderbare Vielfalt.

Wenn du den Koran rezitierst, wirst du den Unterschied sehen. Die Bibel hat nicht diese Art von Schönheit, diese singende Qualität, wie der Koran sie hat. Man kann den Koran singen, und selbst wenn man den Sinn nicht versteht, wird man durch den Klang transformiert.

Wer Gedankentiefe sucht, findet in der Gita mehr Tiefsinn, aber nicht so viel Poesie, findet in der Bibel mehr Tiefsinn, aber nicht so viel Poesie. Auch die Bibel hat ihre eigene Schönheit. Sie ist so einfach, die einfachste heilige Schrift der Welt, und weil sie so einfach ist, hat sie eine gewisse Unschuld, eine Reinheit. Jesus redete in der Sprache der Dorfbewohner. Alle seine Gleichnisse und Bilder sind sehr einfach, aber gerade weil sie so einfach sind, haben sie eine Reinheit, sind sie so unverdorben – nicht verfälscht vom modernen Verstand. Unverblümt gehen sie wie ein Pfeil mitten ins Herz.

Und wenn man absoluten Tiefsinn sucht, sollte man die Veden lesen, denn sie sind voller Philosophie. Sie haben wieder eine ganz andere Schönheit – die Schönheit der Intellektualität.

Jede Schrift hat der Welt etwas zu geben, doch keine Schrift deckt alles ab. Das Problem entsteht dadurch, daß ihr nicht mehrere Sprachen versteht! Es wäre gut, auch die Begegnung mit anderen Religionen zu suchen.

Darum rede ich manchmal über den Buddhismus, manchmal über den Hinduismus, manchmal über das Christentum, manchmal über das Judentum, über die Chassidim, über Zen, über die Sufis – aus einem ganz bestimmten Grund: Ich will euch die unterschiedlichen Sichtweisen nahebringen, damit euer Blick umfassender wird und ihr diese verschiedenen Sprachen ein bißchen verstehen lernt.

Otto Müller, auf Geschäftsreise in Tokio, spricht kein Wort Japanisch. Trotzdem gelingt es ihm, ein attraktives Mädchen, das kein Wort Deutsch spricht, auf sein Hotelzimmer einzuladen. Als sie miteinander schlafen, schreit die Orientalin fast die ganze Zeit mit höchster Intensität: »Machigai ana!«

Otto ist mächtig stolz, daß er das Mädchen zu solchen Ausbrüchen von »Machigai ana!« zu bringen vermag. Er denkt, es müsse so etwas bedeuten wie: »Phantastisch! Wahnsinn!«

Am nächsten Tag wird er von einem japanischen Industriemanager zum Golfspielen eingeladen. Als der Japaner mit einem einzigen Schlag ins Loch trifft, will Otto einen besonders guten Eindruck machen und ruft: »Machigai ana! Machigai ana!«

Da erwidert der Japaner: »Wie meinen Sie? Falsches Loch?«

Es ist gut, wenn man auch andere Sprachen ein bißchen beherrscht. Es wäre sehr hilfreich, wenn jeder einen kleinen Eindruck vom Koran, von der Bibel, der Gita, dem Dhammapada bekäme. Das würde euer Verständnis erweitern und euch toleranter und menschlicher machen. *(127)*

Ich fühle mehr und mehr, daß dieses Leben einen magischen Zauber hat. Siehst du das Leben auch so? Und meinst du das, wenn du von der Göttlichkeit sprichst, die uns umgibt?

Ja, das ist genau, was ich meine. Mit »Gott« meine ich keine Person. Mit »Gott« meine ich den magischen Zauber, der uns umgibt, das Mysterium, das Wunderbare. Mit »Gott« meine ich keinen Schöpfer, der die Welt erschaffen hat, sondern die Schöpfung selbst. Der Prozeß der Kreativität an sich ist Gott.

Darum kann man Gott nicht verehren, darum kann man zu Gott nicht beten. Alle Gebete sind falsch, denn sie sind an einen persönlichen Gott gerichtet – und den gibt es nicht. Man kann mit Gott keine Beziehung haben, man kann ihn nicht »Vater« oder »Mutter« nennen. Er ist keine Person; eine Beziehung ist nicht möglich. Wie willst du ihn da verehren, wie willst du zu ihm beten? Du wirst neue Wege der Andacht und des Gebetes finden müssen.

Schöpferisch zu sein ist Andacht. Schöpferisch zu sein bedeutet, an dem großartigen Schöpfungsprozeß teilzunehmen – und an der Schöpferkraft teilzuhaben bedeutet, an Gott teilzuhaben. Für einen Augenblick wirst du in eine andere Dimension versetzt.

Wenn du malst, bist du nicht mehr da; du bist zu einer schöpferischen Kraft geworden. Wenn du musizierst und nicht bloß ein Techniker bist, sondern ein wirklicher Musiker, der die Musik liebt, dann gehst du darin auf – und das Ego verschwindet. Zumindest für ein paar seltene, diamantene Augenblicke, die unendlich kostbar sind, öffnen sich ein paar Fenster. Du bist nicht mehr da, zumindest nicht als Ego.

Gott ist keine Person; er ist kein Ego. Und wenn du Gott begegnen willst, mußt du ihm ähnlich werden: ein Nicht-Ego, eine Nicht-Person. Gott ist eine Präsenz. Wenn du in Kommunion mit Gott sein willst, wirst du lernen müssen, keine Person, sondern reine Präsenz zu sein – bewußt, ganz und gar bewußt, aber ohne den Gedanken eines »Ich«. Und die beste Möglichkeit, dieses »Ich« verschwinden zu lassen, besteht nicht in asketischen Übungen, Yoga, Fasten und dergleichen – nein, sie besteht in Kreativität.

Ich lehre euch den Yoga der Kreativität, denn für mich ist das der einzige Yoga.

Das Wort *yoga* bedeutet »Vereinigung«. Wenn du schöpferisch bist, dann bist du in einem Zustand der Vereinigung, des Einsseins mit Gott. Auf dem Kopf zu stehen wird nicht viel bringen – ja, es bringt überhaupt nichts. Du kannst viele Leben auf dem Kopf stehen – es wird dich höchstens dumm machen! Und ich mache keinen Witz. Das ist eine wissenschaftlich erwiesene Tatsache! Ich meine das ganz ernst. Wenn du viel auf dem Kopf stehst, wirst du dumm, weil das Gehirn aus einem sehr feinen Nervengeflecht besteht. Diese Nerven sind so fein ... feiner als Haare. Dein Kopf enthält Millionen solcher Nerven. Du kannst sie mit bloßem Auge nicht sehen, so fein sind sie. Wenn du zu lange auf dem Kopf stehst, strömt zuviel Blut zum Kopf, und durch den starken Zustrom werden diese Nerven zerstört.

Tatsächlich sagt die Wissenschaft, daß der Mensch nur deshalb einen Verstand, ein Gehirn, entwickelt habe, weil er aufrecht auf zwei Beinen geht. Die Tiere haben noch keinen Verstand, weil sich ihr Körper parallel zur Erde befindet. Dadurch gelangt zuviel Blut in ihren Kopf, so daß sich keine so feinen Nerven bilden können. Nur der Mensch hat bisher ein derartig feines Nervengeflecht entwickelt, das ein höheres Bewußtsein, eine höhere Intelligenz unterstützt.

Mit »*Yoga*« meine ich die wörtliche Übersetzung: Vereinigung, Kommunion. Wenn du malst oder musizierst oder tanzt oder singst, bist du in einem Zustand von »*Yoga*«. Das ist die Art von Yoga, die in meiner Kommune praktiziert wird: Meine Leute müssen schöpferisch sein!

Je schöpferischer du bist, um so mehr kannst du hervorbringen. Je kreativer du bist, um so wacher wird deine Intelligenz. Je schöpferischer du bist, um so mehr öffnest du dich der unerschöpflichen Quelle der Schöpferkraft – das heißt Gott. Je schöpferischer du bist, um so mehr wirst du zu einem Kanal, durch den das Wunderbare hindurchfließen kann.

Ja, mit »Gott« meine ich den magischen Zauber, der dich umgibt. Kannst du nicht das Wunder fühlen, das dich in jedem Augenblick umgibt? In *diesem* Augenblick? Kannst du nicht das Wunder des Hier und Jetzt fühlen, seine Schönheit und seine Gnade?

Das ist Gott! Gott findet man nicht in Tempeln oder Moscheen, in Gurudwaras und Kirchen. Gott findet man nur in der Gesellschaft der Buddhas, denn nur in der Gegenwart eines Buddhas wird dir das Wunder dieser Existenz bewußt. *(128)*

Der Macher

Was ist der Unterschied zwischen einem »Workaholic« und einem Menschen, der total in seiner Arbeit aufgeht?

Es ist ein riesiger Unterschied. Ein Workaholic ist nicht total in seiner Arbeit, ein Workaholic ist süchtig nach Arbeit. Er kann nicht stillsitzen, er muß ständig etwas zu tun haben – egal, ob es nötig ist oder nicht.

In Japan versucht man heute immer mehr Roboter bei der Fabrikarbeit einzusetzen, weil Roboter vierundzwanzig Stunden am Tag arbeiten können – ohne Streiks, ohne Gewerkschaftskonflikte, ohne ständige Lohnforderungen, ohne Feiertage. Roboter haben nicht das Bedürfnis zu feiern! Doch die Arbeitnehmer wehren sich total dagegen. Dabei will die Regierung bloß, daß sie einen von sieben Tagen freinehmen, denn in Japan arbeitet man auch sonntags. Es gibt keinen freien Tag. Doch die Leute wehren sich dagegen und machen einen großen Aufstand. Sie sind nicht bereit, einen Tag in der Woche blau zu machen! Dabei würde man sie dafür bezahlen! Wo liegt das Problem?

Sie sind arbeitssüchtig. Sie sagen: »Was soll man daheim denn bloß anfangen? Nein, wir wollen keine Probleme! Daheim fangen wir nur Streit mit der Frau und den Kindern an! Wir müssen etwas zu tun haben! Wir würden sonst die Kühlerhaube unseres Autos aufmachen und versuchen, den Motor aufzufrisieren, obwohl alles gut funktioniert – und dabei würden wir nur das Auto kaputtmachen! Oder wir würden den Fernsehapparat zerlegen und nicht wieder zusammenkriegen! Das hatten wir schon mal! An einem Staatsfeiertag haben wir das mal gemacht. Und wir haben die alte Großvateruhr ruiniert, obwohl sie noch ganz gut lief ... Aber irgend etwas muß man ja zu tun haben!«

Das sind Workaholics – Menschen, die süchtig sind nach Arbeit, so wie andere nach Drogen süchtig sind. Ihre Droge ist die Arbeit. Die Arbeit hält sie beschäftigt und lenkt sie von ihren Sorgen ab, lenkt sie von ihren Spannungen ab.

Arbeit wirkt wie jede andere Droge: Sie ertränkt die Sorgen, Spannungen, Ängste, Leiden, die ganze christliche Moral, Gott, Sünde, die Hölle – alles wird ertränkt. Ein unglücklicher Mensch fängt plötzlich wieder an zu lachen und freut sich.

Geh mal in eine Kneipe und schau dich um! In jeder Kneipe geht es viel lustiger zu als in der Kirche. Alle lachen und haben ihren Spaß. Sie argumentieren und tragen Boxkämpfe aus, und spätabends torkeln sie nach Hause und fallen auf die Nase.

Ein Mann war auf dem Heimweg, und er war so betrunken, daß er vor lauter Zittern die Haustür nicht aufschließen konnte. Den Schlüssel in der einen Hand, den Türgriff in der anderen ... Aber er schaffte es nicht. Der Schlüssel traf nicht ins Schloß.

Schließlich kam ein Polizist auf ihn zu, der ihn beobachtet hatte, und er fragte den armen Kerl: »Kann ich was helfen?«

Der Betrunkene sagte: »O ja! Halten Sie doch mal das Haus fest! Es scheint heute ein besonders starkes Erdbeben zu geben!«

Sie vergessen alles – die Welt mit all ihren Problemen, den Dritten Weltkrieg. Aber man kann alles wie eine Droge nehmen; man kann nach allem möglichen süchtig werden.

Manche Leute kauen Kaugummi. Wenn man ihnen ihren Kaugummi wegnimmt, sind sie ganz verzweifelt und denken: »Das Leben ist sinnlos, es hat alles keinen Sinn! Wo ist mein Kaugummi?« Der Kaugummi lenkt sie ab. Und genauso lenkt man sich mit Zigaretten ab. Oder die Leute lenken sich durch Klatsch ab; das hält sie beschäftigt. Keinen interessiert es, ob der Klatsch wahr ist oder nicht. Das ist nicht der entscheidende Punkt.

Der Punkt ist: Wie kann man sich beschäftigt halten, um sich selbst aus dem Weg zu gehen?

Darum haben Workaholics etwas gegen Meditation. Jede Sucht hindert dich am Meditieren. Wer meditieren will, muß alle Süchte aufgeben.

Total zu sein bei der Arbeit ist etwas völlig anderes. Total in seiner Arbeit aufzugehen ist keine Sucht, sondern eine Form von Meditation. Wenn du total in deiner Arbeit aufgehst, wird es möglich, perfekte Arbeit zu leisten, und perfekte Arbeit macht Freude.

Wenn du bei der Arbeit perfekt und total sein kannst, kannst du auch im Nicht-Tun total sein – wenn du einfach still dasitzt, total still. Denn dann weißt du, was es heißt, total zu sein. Dann kannst du die Augen schließen und total nach innen gehen. Du kennst das Geheimnis der Totalität.

Total in seiner Arbeit aufzugehen ist hilfreich für die Meditation. Ein Workaholic kann nicht meditieren, weil er nicht mal ein paar Minuten stillsitzen kann. Er wird herumzappeln, ständig die Stellung wechseln und irgend etwas tun wollen ... Er wird zuerst in die eine, dann in die andere Rocktasche schauen, obwohl er genau weiß, daß nichts drin ist. Er wird seine Brille rausnehmen, putzen und wieder wegstecken, obwohl er weiß, daß sie sauber ist.

Ich war zwanzig Jahre lang ständig in Indien unterwegs – per Bahn, per Flugzeug –, und ich habe oft miterlebt, wie die Leute ihren Koffer aufmachen, hineinschauen und wieder zumachen, so als ob es darin etwas zu sehen gäbe. Sie wissen nichts Besseres zu tun. Sie öffnen das Abteilfenster und schließen es wieder, sie legen sich hin, schließen die Augen und öffnen sie wieder.

Immer wenn ich mit dem Zug fuhr, habe ich es den Leuten gesagt ... Und in Indien mit der Bahn unterwegs zu sein, zum Beispiel von Bombay nach Kalkutta, dauert achtundvierzig Stunden. Sobald ich mein klimatisiertes Abteil betreten hatte – und meistens war ich allein, aber gelegentlich gab es einen Mitreisenden, weil das Abteil Platz für zwei Personen bot –, dann sagte ich sofort am Anfang meinen Namen, den Namen meines Vaters und meines Großvaters und meinen Geburtsort, ohne daß der andere mich danach gefragt hatte. Das war ein Schock für die Leute. Und dann sagte ich: »Ich erzähle Ihnen gleich meine ganze Autobiographie, damit Sie mich nachher nichts mehr zu fragen brauchen!«

Und dann setzte ich mich still hin, und der andere wunderte sich. Meist fing er an zu fragen: »Was machen Sie denn sonst?«

Dann sagte ich sofort: »Seien Sie jetzt bitte still. Ich habe Ihnen meine ganze Lebensgeschichte erzählt. Mehr gibt es nicht zu sagen!« Und dann saß ich einfach da und schaute ihn an – achtundvierzig Stunden lang. Und sowie er den Mund aufmachte, sagte ich etwas in dieser Art. Dann fing mein Gegenüber an, alles mögliche anzustellen. Er las immer wieder die Zeitung, von Anfang bis Ende – den Namen der Zeitung, den Namen des Verlegers, der Redakteure. Und manchmal schaute er zu mir herüber.

Oft passierte es, daß mein Mitreisender den Schaffner rief und sagte: »Ich möchte in ein anderes Abteil.«

Der Schaffner sagte: »Aber warum denn? Sie haben doch einen guten Gefährten. Ich kenne ihn; er ist viel unterwegs. Das ist ein netter Mann. Bleiben Sie doch hier.«

Und er sagte: »Es geht nicht darum, ob das ein guter oder netter Mann ist. Er ist mir zu nett – bitte verlegen Sie mich in ein anderes Abteil, wo es Leute gibt, mit denen ich ein Gespräch führen kann! Dieser Mann ist ja gemeingefährlich! Er schaut mich immer nur an, ohne zu blinzeln, bis mir ganz angst und bange wird. Seit heute früh habe ich schon dreimal geduscht – völlig grundlos. Nur um von hier wegzukommen, gehe ich in den Waschraum, und dann sage ich mir: ›Jetzt nimmst du besser eine Dusche. Wenigstens vergehen wieder ein paar Minuten.‹«

Achtundvierzig Stunden ... Es gab ihm Gelegenheit, seinen eigenen Wahnsinn wahrzunehmen: wie er unnötig das Fenster auf- und wieder zumachte, wie er sich unnötig hinlegte und von einer Seite auf die andere wälzte ... Und die ganze Zeit beobachtete ich ihn dabei! Dann setzte er sich wieder auf, oder er kletterte auf das obere Bett. Ich streckte meine Hand nach oben, so daß er sie sehen konnte, denn ich wollte nicht sagen: »Ich bin noch da! Aber lassen Sie sich nicht stören bei all ihren Verrücktheiten!«

So sind Workaholics. Aber ein Mensch, der total in seiner Arbeit aufgeht, ist kein Workaholic. Er versteht es einfach, total zu sein. Er kann in allem total sein. Wenn er schläft, wird er total sein; wenn er spazierengeht, wird er total sein. Dann wird er einfach nur gehen und nichts anderes dabei tun – an nichts anderes denken, keine Träume, keine Phantasien. Wenn er schläft, wird er einfach nur schlafen. Wenn er ißt, wird er einfach nur essen.

Du tust das nicht. Wenn du ißt, ist dein Verstand mit hunderterlei Dingen beschäftigt.

Mir ist eines aufgefallen: In jedem Ehebett liegen nicht zwei, sondern eine ganze Menge Leute. Wenn der Ehemann mit seiner Frau schläft, ist er in Gedanken bei Sophia Loren, und die Frau schläft nicht mit ihrem Mann, sondern mit Muhammad Ali. In jedem Bett findet man eine ganze Horde!

Niemand ist total in seinen Handlungen – nicht einmal in der Liebe!

Darum sei total – bei allem, was du tust oder nicht tust. Sei total – dann wird dein ganzes Leben zur Meditation. *(129)*

Was soll man tun, wenn man nicht weiß, was man tun soll?

Es gibt Augenblicke im Leben, in denen man nicht weiß, was man tun soll. Aber trotzdem machst du weiter und tust etwas – so als ob sich alle Antworten durch irgendein Tun finden ließen, als ob du alle Fragen durch Tun beantworten könntest.

Der Osten nimmt darin einen ganz anderen Standpunkt ein. Er sagt: Alle Fragen, die nicht durch Tun gelöst werden können, lassen sich nur durch Nicht-Tun lösen. Dann hör auf, nach etwas zu suchen, was du tun kannst. Es gibt Fragen, die man durch kein wie auch immer geartetes Tun lösen kann. Im Gegenteil, jedes Tun würde sie nur noch mehr komplizieren.

Zum Beispiel, wenn du abends nicht einschlafen kannst ... Du willst aber unbedingt einschlafen und fragst: »Was kann ich machen?« und jemand empfiehlt dir: »Probiere doch mal dieses Mantra oder sage jenes Gebet auf, oder zähle von eins bis hundert und wieder zurück ...« All diese Bemühungen werden dich höchstens noch wacher machen, aber sie werden dir nicht helfen, einzuschlafen, weil zu ihrer Ausführung Bewußtheit nötig ist und kein Schlaf.

Ich würde sagen: Vergiß den Schlaf. Wenn du nicht schlafen kannst, genieße es! Was ist denn falsch daran? Wenn du im Bett liegst und gar nichts tust, kommt die Nacht, und der Schlaf stellt sich von allein ein.

Es gibt Dinge, die man nicht tun kann, sondern geschehen lassen muß.

Der Westen kennt nur die eine Kategorie: Alles muß getan werden. Wie soll denn etwas geschehen, wenn man nichts tut? Aber dabei wird völlig vergessen, daß es noch diese andere Kategorie von Dingen gibt, die sich dem Tun entziehen und nur in einem Zustand der Entspanntheit, des Nicht-Tuns, passieren können.

Ich habe ein amerikanisches Buch über Entspannung gesehen, und der Titel lautete: *Du mußt dich entspannen!* Allein das Wort »mußt« macht sogar noch aus der Entspannung eine enorme Anstrengung. Dieses Buch wurde millionenfach verkauft, denn Amerika ist eines der Länder, wo die Menschen am meisten unter Schlaflosigkeit leiden.

Arme Leute können sich Schlaflosigkeit gar nicht leisten. Es ist eine Krankheit der Reichen. Die Armen schnarchen durch, aber die Reichen leiden. Selbst der Schlaf – etwas so Natürliches für alle Tiere, alle Bäume – selbst das ist für den Menschen schwierig geworden!

Und das liegt daran, daß ihr den ganzen Tag ununterbrochen am Tun und Machen seid! Euer Tun ist so vorherrschend, daß der Verstand zur Schlafenszeit etwas Zeit braucht, um aus seiner Gewohnheit auszusteigen. Doch bevor er aus dem Denken aussteigen kann, fängst du schon wieder mit einem Tun an – mit Techniken, um einzuschlafen. Auf diese Weise setzt du dieselbe Routine des Tuns fort. Du kommst nie an eine tiefere Schicht deines Seins, wo alles entspannt ist, wo alles ruht, wo nichts sich rührt … wo nur ewige Stille herrscht.

Du fragst mich: »*Was soll man tun, wenn man nicht weiß, was man tun soll?*« Immer noch fragst du: »Was soll man *tun?*« Das ist die westliche Konditionierung des Verstandes. Du solltest lieber fragen: »Was soll man *nicht* tun, wenn man nicht weiß, was man tun soll?«

Mit dem Tun bist du gescheitert. Nun probier doch mal das Nicht-Tun aus! Und Nicht-Tun ist nur ein anderes Wort für Entspannung, ein anderer Name für Meditation.

Wenn es dich interessiert, wie der Osten darauf antworten würde … die östliche Antwort ist der folgende Spruch von Basho:

Still sitzen,
nichts tun,
der Frühling kommt,
und das Gras wächst
ganz von allein.

Basho hat absolut recht. Die Welt kennt viele große Dichter, aber vielleicht war keiner von ihnen ein so großer Meditierender wie Basho. Darum sind seine Gedichte nicht bloß Gedichte; sie sind die Essenz seiner Meditationen. Jedes Wort hat eine unendliche Bedeutungstiefe.

Wenn ich Bashos Spruch zitiere, darfst du nicht bloß die Worte hören. Versuche den Inhalt dieser Worte zu fühlen, nicht den Behälter … die Worte sind nur Behälter.

Still sitzen,
nichts tun,
der Frühling kommt,
und das Gras wächst
ganz von allein.

Das enthält alles über Meditation, alle wesentlichen Elemente. Sie ist nicht etwas, das du tun mußt; sie ist etwas, das geschieht. Du mußt nur warten – alles geschieht zur rechten Zeit. Wenn der Frühling kommt, wächst das Gras ganz von allein. Und bloß dazusitzen reicht allein nicht aus, denn man kann still dasitzen, während der Verstand auf der ganzen Welt herumspaziert. Darum hat er hinzugefügt: »Nichts tun ...« – weder mit dem Körper noch mit dem Verstand. Einfach nur dasitzen, wie eine steinerne Statue von Gautama Buddha, und auf den Frühling warten ... Ohne ungeduldig zu werden, denn er kommt immer. Und wenn er kommt, dann wächst das Gras.

Die Welt ist heute an einen Punkt gekommen ... und an diesen Punkt brachte sie die westliche Einstellung: Action, immer nur Action! – Machen, Machen – und das Nicht-Tun wird abgelehnt. Da könnte sich der Osten als eine große Hilfe erweisen.

Tun und Machen ist schön und gut, es ist notwendig – aber es ist nicht alles!

Dein Machen kann dir nur die weltlichen Dinge des Lebens geben. Wenn du aber nach den höheren Werten des Lebens strebst – sie liegen jenseits der Reichweite deines Tuns. Du wirst lernen müssen, still, empfänglich und offen zu sein, in andächtiger Stimmung, und zu vertrauen, daß die Existenz dir alles geben wird, wenn du dazu reif bist. Und wenn deine Stille vollkommen geworden ist, wird sie voller Segnungen sein, und Blumen werden auf dich herabregnen. Du mußt nur ein absoluter Nicht-Macher, ein Niemand, ein Nichts sein.

Alle großen Werte des Lebens – Liebe, Wahrheit, Mitgefühl, Dankbarkeit, Hingabe, Gott – sie alle geschehen nur im Nichts: in einem Herzen, das absolut still und empfänglich ist.

Doch der Westen ist viel zu stark im Tun verwurzelt. Und möglicherweise ist nicht mehr genug Zeit, daß er das Nicht-Tun noch lernt. Der Osten hat eine völlig andere Einstellung zu den Dingen. Wenn der Westen etwas vom Osten lernen kann, dann ist dies das wichtigste: Alles Wesentliche kommt aus dem Nicht-Tun, aus einer nicht-aggressiven Haltung –

denn jedes Tun ist potentiell aggressiv. Nur in einem Zustand des Nicht-Tuns bist du nicht aggressiv. Dann bist du empfänglich, und in dieser Empfänglichkeit gießt die Existenz all ihre Schätze über dir aus. *(130)*

Unsere ganze Gesellschaft ist auf Arbeit ausgerichtet. Diese Gesellschaft ist arbeitssüchtig. Sie hat kein Interesse, daß du lernst, dich zu entspannen. Deshalb impft sie dir von Kindheit an Ideen ein, die gegen Entspannung sind.

Ich sage ja nicht, daß du dich den ganzen lieben langen Tag entspannen sollst. Tu deine Arbeit, aber finde auch Zeit für dich selbst. Und das kannst du nur durch Entspannung. Du wirst dich wundern: Wenn du dich von den vierundzwanzig Stunden nur ein oder zwei Stunden lang entspannen kannst, wirst du tiefere Einsichten über dich selbst bekommen. Es wird dein äußeres Verhalten verändern – du wirst ruhiger und ausgeglichener werden. Die Qualität deiner Arbeit wird sich verändern: Sie wird künstlerischer, anmutiger werden. Du wirst weniger Fehler machen als früher, weil du gesammelter und zentrierter bist.

Entspannung setzt wunderbare Kräfte frei. Sie ist keine Faulheit. Ein fauler Mensch mag von außen so aussehen, als ob er nichts tut, aber sein Verstand rattert so schnell, wie er nur kann. Doch bei einem Menschen, der sich entspannt, ist der Körper entspannt, ist der Geist entspannt, ist das Herz entspannt. Die Entspannung herrscht auf allen drei Ebenen: Körper, Geist, Herz. Für zwei Stunden ist er beinahe nicht anwesend, und in diesen zwei Stunden regeneriert sich sein Körper, regeneriert sich sein Herz, regeneriert sich seine Intelligenz – und an seiner Arbeit lassen sich die Früchte dieser Regeneration ablesen.

Er wird dadurch nur gewinnen. Er wird nicht mehr so nervös sein, nicht mehr unnötig hierhin und dahin rennen, sondern direkt den Punkt ansteuern, zu dem er hinwill. Er wird das tun, was getan werden muß, und sich nicht mit unnötigen Nebensächlichkeiten aufhalten. Er wird nur das sagen, was nötig ist. Seine Sprache wird telegraphisch, seine Bewegungen werden anmutig, sein ganzes Leben wird zur Poesie.

Entspannung kann dich zu solch wunderbaren Gipfeln der Transformation führen – und die Technik ist so einfach! Es ist nicht viel daran. Höchstens ein paar Tage lang wirst du es schwierig finden, aus alter Gewohnheit, aber dann wird sich die Entspannung unweigerlich einstellen. Sie wird einen neuen Glanz in deine Augen bringen, eine neue Frische in dein Dasein. Und sie wird dir helfen, zu verstehen, was Meditation ist. Es sind die ersten Schritte vor dem Eingang zum Tempel der Meditation.

Durch immer tieferes Entspannen gelangst du zur Meditation. Meditation ist nur der Name für die tiefste Entspannung. *(131)*

Sämtliche Meditationstechniken sind nichts anderes als Methoden, die dir helfen sollen, dich wieder an die Kunst des Loslassens zu erinnern. Ich sage »erinnern«, weil du es schon einmal gewußt hast. Und du weißt es noch immer – aber dieses Wissen ist von der Gesellschaft unterdrückt worden.

Ein paar einfache Prinzipien sind zu beachten: Fang mit dem Körper an.

Wenn du im Bett liegst ... und das tust du ja jeden Tag; dazu ist nichts Besonderes nötig. Wenn du vor dem Einschlafen auf dem Bett liegst, schließ die Augen und fang an, deine Energie zu beobachten, von den Füßen aufwärts. Fang von unten an und beobachte einfach: Gibt es irgendwo eine Verspannung in dir? In den Beinen? In den Schenkeln? Im Bauch? Ist da irgendwo Anspannung, ein Festhalten? Und wenn du eine verspannte Stelle findest, versuche einfach, die Spannung dort loszulassen, und verlasse nicht eher diese Stelle, bis du fühlst, daß sie sich entspannt hat.

Geh dann zu den Händen über – und die Hände, das ist dein Verstand; sie stehen mit dem Gehirn in Verbindung. Wenn die rechte Hand verspannt ist, wird auch die linke Gehirnhälfte verspannt sein. Ist die linke Hand verspannt, dann wird die rechte Gehirnhälfte verspannt sein. Geh also zuerst mit der Aufmerksamkeit in die Hände – sie sind wie Verzweigungen deines Gehirns –, und erst dann komme schließlich zum Verstand.

Wenn der ganze Körper entspannt ist, hat auch dein Denkapparat bereits zu neunzig Prozent losgelassen. Der Körper ist nur eine Verlängerung des Verstandes. Die zehn Prozent Spannung, die noch in deinem Verstand herrschen ... beobachte sie einfach. Durch das bloße Beobachten lösen sich die Wolken auf. Es wird ein paar Tage dauern; es ist ein Kniff. Aber es wird in dir die Erfahrung deiner Kindheit wiederbeleben – die Zeit, als du vollkommen entspannt warst.

Fang also jede Nacht im Bett damit an, und nach einigen Tagen wirst du den Dreh heraus haben. Wenn du das Geheimnis erst einmal kennst – und niemand kann es dir beibringen, du mußt in deinem eigenen Körper danach forschen –, dann wirst du dich auch tagsüber jederzeit entspannen können.

Ein Meister der Entspannung zu sein ist eine der wunderbarsten Erfahrungen im Leben. *(132)*

Du sagst uns ständig, daß wir »bewußt werden« und »Zeuge sein« sollen. Aber kann denn ein beobachtendes Bewußtsein wirklich singen, tanzen und das Leben genießen? Ist dieser beobachtende »Zeuge« nicht bloß ein Zuschauer, der am Rande steht und nicht wirklich am Leben teilnimmt?

Der Verstand muß früher oder später diese Frage stellen, weil er große Angst davor hat, daß du zu diesem Zeugen werden könntest. Und warum hat der Verstand eine solche Angst vor deinem Zeugesein? Weil dein Zeugesein seinen Tod bedeutet.

Der Verstand ist ein Macher. Er will immer alles tun, aber das Zeugesein ist ein Zustand des Nicht-Tuns. Der Verstand hat Angst, wenn du zum Zeugen wirst, könnte er nicht mehr gebraucht werden. Und in gewisser Weise hat er recht …

Wenn der Zeuge in dir hervortritt, muß dein Verstand verschwinden – genauso wie die Dunkelheit verschwinden muß, wenn du Licht ins Zimmer bringst; es ist unvermeidlich. Der Verstand kann nur existieren, solange du schläfst, denn der Verstand ist ein Traumzustand, und Träume können nur im Schlaf existieren.

Wenn du zum Zeugen wirst, bist du nicht mehr im Dämmerzustand; dann bist du erwacht. Du wirst zum Gewahrsein – kristallklar, jung und frisch, vital und potent. Du wirst zu einer Flamme – so intensiv, daß du an beiden Enden zugleich brennst. Und in diesem Zustand der Intensität, in diesem Licht, diesem Bewußtsein, stirbt der Verstand – er begeht Selbstmord. Darum gerät er in Panik.

Der Verstand wird viele Probleme für dich kreieren; er wird unzählige Fragen aufwerfen. Er wird dich zögern lassen, den Sprung ins Unbekannte zu tun; er wird dich zurückhalten. Er wird versuchen, dich zu überzeugen: »Bei mir findest du Sicherheit und Schutz. Bei mir bist du geborgen und wohlbehütet. Ich schütze dich gut. Wenn du dich an mich hältst, bist du effizient und leistungsfähig. Aber wenn du mich verläßt, mußt du dein ganzes Wissen zurücklassen, und du wirst all deine Sicherheiten und Garantien zurücklassen müssen. Du wirst deinen Schutzpanzer ablegen und ins Unbekannte gehen müssen. Du nimmst völlig unnötig ein Risiko auf dich. Wozu das Ganze?« – So wird der Verstand versuchen, dir alle möglichen schönen Rationalisierungen zu liefern.

Dies ist eine der Rationalisierungen, die sich fast ausnahmslos jedem Meditierenden aufdrängen.

Nicht du stellst diese Frage, sondern dein Verstand. Er ist dein Feind, und er läßt dich diese Fragen stellen. Es ist der Verstand, der sagt: *»Du sagst uns ständig, daß wir ›bewußt werden‹ und ›Zeuge sein‹ sollen. Aber kann denn ein beobachtendes Bewußtsein wirklich singen, tanzen und das Leben genießen?«*

Ja – tatsächlich kann *nur* ein beobachtendes Bewußtsein wirklich singen, tanzen und das Leben genießen. Es sieht wie ein Paradox aus – und das ist es auch! Aber alles Wahre ist immer paradox, vergiß das nicht. Wenn die Wahrheit nicht paradox ist, dann ist es nicht die Wahrheit, sondern etwas anderes.

Das Paradox ist eine grundlegende, der Wahrheit innewohnende Eigenschaft. Laß das für alle Zeiten in dein Herz sinken! Die Wahrheit an sich ist paradox. Es sind zwar nicht alle Paradoxe die Wahrheit, aber alle Wahrheiten sind Paradoxe. Die Wahrheit muß paradox sein, weil sie beide Pole – den negativen wie den positiven – enthalten muß, aber gleichzeitig auch das Transzendente. Sie muß Leben und Tod zugleich sein, und noch ein Plus. Mit diesem »Plus« meine ich das Transzendieren von beidem, das Hinausgehen über beides. Es ist beides, und doch ist es beides nicht. Das ist das absolute Paradox.

Wie kannst du singen, wenn du im Verstand bist? Der Verstand erzeugt Leiden, und aus Leiden entsteht kein Lied. Wie kannst du tanzen, wenn du im Verstand bist? Nun ja, du kannst bestimmte leere Gesten machen und es Tanz nennen, aber das ist kein richtiger Tanz.

Der wahre Tanz geschieht erst, wenn du zum Zeugen geworden bist. Dann bist du so selig, daß deine Seligkeit anfängt, überzufließen – das ist Tanz. Diese Seligkeit fängt an zu singen, und das Lied entsteht ganz von allein. Und nur wenn du Zeuge bist, kannst du das Leben genießen.

Aber ich kann deine Frage verstehen. Du machst dir Sorgen, daß du, wenn du zum Zeugen wirst, im Leben nur noch Zuschauer sein wirst. Nein! – Ein Zuschauer zu sein ist das eine, aber Zeuge zu sein ist etwas völlig anderes, ein qualitativer Unterschied.

Ein Zuschauer ist jemand, der unbeteiligt und dumpf ist, in einer Art Schlaf. Er nimmt am Leben nicht teil. Er hat Angst; er ist ein Feigling. Er steht am Straßenrand und schaut den anderen zu, wie sie leben. Das machst du dein ganzes Leben lang. Jemand anderer spielt in einem Film, und du schaust zu.

Du bist nur ein Zuschauer! Die Leute kleben stundenlang

in ihren Fernsehsesseln und sehen zu. Jemand anderer singt, und du hörst zu. Jemand anderer tanzt, und du siehst zu. Jemand anderer liebt, und du siehst zu. Du nimmst nicht selber teil. Du läßt die Profis alles machen, was du selber machen solltest.

Der Zeuge ist etwas ganz anderes als ein Zuschauer. Was ist der Zeuge? Der Zeuge nimmt aktiv teil, bleibt dabei aber bewußt. Der Zeuge befindet sich im Zustand von *Wu-wei* – ein Wort, das Laotse geprägt hat; es bedeutet »Tun durch Nicht-Tun«. Der Zeuge läuft nicht vor dem Leben davon. Er steht mitten im Leben und lebt so total, so leidenschaftlich wie nur möglich, aber tief im Inneren bleibt er der Beobachter und erinnert sich ständig: »Ich bin dieses Bewußtsein.«

Versuche einmal, dich beim Gehen auf der Straße daran zu erinnern, daß du ein Bewußtsein bist. Das Gehen passiert, aber hinzu tritt etwas Neues, eine Bereicherung, eine neue Schönheit. Zu der äußeren Handlung kommt ein inneres Element hinzu. Du wirst zu einer Flamme der Bewußtheit, und das Gehen ist plötzlich um eine ganz neue Freude bereichert: Du gehst auf der Erde, aber deine Füße berühren nicht den Boden.

Buddha hat es einmal so ausgedrückt: »Durchquere einen Fluß, aber laß das Wasser deine Füße nicht berühren.«

Das ist die Bedeutung des Lotos, der ein Symbol des Ostens ist. Vielleicht hast du schon Statuen oder Bilder von Buddha gesehen, wo er auf einem Lotos sitzt. Es ist ein Gleichnis. Der Lotos ist eine Blume, die im Wasser lebt, aber sie wird durch das Wasser nicht berührt. Der Lotos flüchtet nicht zu den Höhlen des Himalaja. Er lebt im Wasser und bleibt dennoch distanziert.

Auf dem Marktplatz zu leben, aber nicht zuzulassen, daß der Marktplatz in dein innerstes Sein eindringt, in dieser Welt zu leben und doch nicht von dieser Welt zu sein – das bedeutet »beobachtendes Bewußtsein«.

Das meine ich, wenn ich immer wieder zu euch sage: »Seid bewußt!« Ich bin nicht gegen das Tun, aber dein Tun sollte von Bewußtheit erleuchtet sein. *(133)*

Der Verstand ist ein Macher. Beobachte deinen Verstand, dann wirst du das verstehen. Was ich sage, ist nicht bloß eine philosophische Aussage; es ist eine Tatsache. Ich stelle hier keine Theorien auf, die du entweder glauben oder anzweifeln kannst, sondern ich sage etwas, das du in deinem eigenen Leben beobachten kannst. Und du wirst es selbst feststellen. Sobald du allein bist, fängst du sofort an, nach etwas Ausschau zu halten, was du tun kannst, wo du hingehen kannst, wen du treffen kannst. Du kannst nicht allein sein. Es ist dir unmöglich, ein Nicht-Tuer zu sein.

Tun ist der Vorgang, der den Verstand erzeugt. Der Verstand ist kondensiertes Tun.

Darum bedeutet Meditation einen Zustand von Nicht-Tun. Wenn du das fertigbringst – still dazusitzen und gar nichts zu tun –, dann wirst du mit einem Mal nach Hause zurückkommen. Mit einem Mal siehst du dein ursprüngliches Gesicht, mit einem Mal siehst du die Quelle. Und diese Quelle ist *Sat-chit-anand* – Wahrheit, Bewußtsein, Seligkeit. Du kannst es »Gott« nennen oder »*Nirvana*« – oder was immer du willst. *(134)*

Der Politiker

Ich bin ein radikal-revolutionärer Politiker. Hast du mir etwas zu sagen?

Du bist schon viel zu weit gegangen. Du wirst nicht auf mich hören. Ein Politiker zu sein ist allein schon genug – aber du bist ein revolutionärer und noch dazu radikaler Politiker! Das ist zweifacher, dreifacher Krebs! Als ob die Politik allein nicht schon genug wäre! Mußt du auch noch radikal und revolutionär sein? Aber wir finden immer schöne Worte, um eine häßliche Wirklichkeit zu übertünchen.

Ein Politiker kann niemals revolutionär sein, weil die einzig mögliche Revolution spiritueller Natur ist. Und ein Politiker kann außerdem niemals radikal sein, denn das Wort »radikal« bedeutet »die Wurzeln betreffend«. Der Politiker stutzt aber immer nur die Blätter; an die Wurzeln kommt er nie. Nur Erleuchtung bringt dich an die Wurzeln; nur Meditation bringt dich an die Wurzeln aller Probleme.

Politik hat es schon immer gegeben, Politiker hat es schon immer gegeben – und was hat sich dadurch geändert? Die Welt bleibt immer das gleiche alte Unglückskarussell. Ja, das Unglück nimmt täglich sogar noch um ein Vielfaches zu. All diese Revolutionäre und radikalen Politiker haben sich nur als heimtückisch erwiesen – mit den besten Absichten, natürlich, doch die Absichten fallen überhaupt nicht ins Gewicht. Was ins Gewicht fällt, ist die Bewußtheit.

Der Politiker hat keine Bewußtheit. Im Gegenteil, er vermeidet nur seine eigenen inneren Probleme, er versucht, vor seinen eigenen Problemen davonzulaufen. Und der einfachste Weg, um vor sich selbst davonzulaufen, besteht darin, sich um die großen Weltprobleme zu kümmern: um die Wirtschaft, die Politik, die Geschichte, den Dienst an den Armen, die Transformation der gesellschaftlichen Bedingungen, die Reformpolitik. Das sind alles Strategien, um vor den eigenen Problemen davonzulaufen – subtile, gefährliche Strategien, weil man das Gefühl bekommt, etwas Großartiges zu tun, während man in Wirklichkeit nur ein Feigling ist.

Stelle dich zuerst deinen eigenen Problemen und konfrontiere dich mit ihnen! Versuche zuerst, dein eigenes Dasein zu transformieren. Nur ein transformierter Mensch kann Transformationsprozesse auch bei anderen auslösen.

Du fragst mich: *»Hast du mir etwas zu sagen?«*

Du solltest dir zwei Dinge merken: erstens die drei Regeln des Ruins. Es gibt drei Möglichkeiten, wie man sich auf dieser Welt ruinieren kann: erstens durch den Sex, zweitens durch das Glücksspiel und drittens durch die Politik. Mit Sex macht es am meisten Spaß, mit Glücksspiel hat man die meiste Aufregung, und mit Politik geht es am zuverlässigsten.

Zweitens merke dir das Grundgesetz aller Revolutionen: Wenn die Revolution kommt, wird alles anders! Nicht besser, nur anders.

Die Politiker steuern seit Jahrhunderten die ganze Welt. Aber wohin? Zu welchem Ziel? Ist es nicht endlich Zeit, daß wir den Unfug dieses ganzen Spiels durchschauen? Zumindest kennen wir – und kennen zur Genüge – die letzten fünftausend Jahre Politik! Davor muß es ähnlich zugegangen sein, aber nach fünftausend Jahren Politspiel – was hat sich verändert? Die Menschheit steckt immer noch in der gleichen Dunkelheit, im gleichen Elend, in der gleichen Hölle. Gewiß, die Politik gibt den Leuten ständig neue Hoffnung – die Hoffnung auf ein besseres Morgen, das niemals kommt. Das Morgen kommt nie.

Dies ist das Opium fürs Volk. Karl Marx sagte, die Religion sei das Opium fürs Volk. Das stimmt – zu 99,9 Prozent stimmt es, aber zu 0,1 Prozent stimmt es nicht. Ein Buddha, ein Jesus, ein Laotse, ein Zarathustra – diese wenigen Menschen kann man zu den 0,1 Prozent zählen; ansonsten hat Karl Marx zu 99,9 Prozent recht: Die Religion hat sich als Opium des Volkes erwiesen. Sie hat die Menschen in einem Betäubungszustand festgehalten, in einem solchen Dämmerschlaf, daß sie sogar dieses unerträgliche Dasein ausgehalten haben, daß sie alle möglichen Arten von Versklavung und Hunger ausgehalten haben, in der Hoffnung auf eine bessere Zukunft. Und die Religionen haben diese bessere Zukunft ins Jenseits verlegt, in ein Leben nach dem Tode.

Es kommen Leute zu mir, die fragen: »Was geschieht nach dem Tod?« Ich antworte ihnen nicht. Statt dessen stelle ich ihnen eine andere Frage. Ich sage: »Vergiß, was nach dem Tod kommt. Beantworte mir eine Frage: Was geschieht *vor* dem Tod?« Denn das gleiche, was vor dem Tod geschieht, wird auch nach dem Tod geschehen. Es ist ein Kontinuum: Dein Bewußtsein bleibt gleich – vorher und nachher macht keinen Unterschied. Der Körper bleibt nicht gleich, der Behälter ändert sich, aber der Inhalt bleibt. Alles, was geschieht, geschieht dem Inhalt, nicht dem Behälter.

Das Opium, das die Religion den Menschen früher verabreicht hat, hieß: »morgen«, »nach dem Tod«, und Millionen von Menschen verharrten in diesem Betäubungszustand wie unter Chloroform – religiöses Chloroform.

Heute erfüllt die Politik genau den gleichen Zweck. Selbst der Kommunismus hat sich als neues Opium für die Massen erwiesen, und nichts anderes. Der Kommunismus war eine neue Art von Religion, mit der gleichen Strategie: »Morgen kommt die Revolution, und dann wird alles gut!« Ihr müßt euer Heute für das Morgen opfern – doch das Morgen kommt nie.

Seit der Russischen Revolution sind 60 (inzwischen 80) Jahre vergangen, und das Morgen ist noch immer genauso weit entfernt wie eh und je. 30 (50) Jahre sind seit der indischen Gandhi-Revolution vergangen, und das Morgen ist noch genauso weit entfernt – ja, sogar noch weiter als je zuvor. Die Menschen, die sich geopfert haben, haben sich vergeblich geopfert; sie wären besser am Leben geblieben. Die Menschen, die getötet wurden, begingen im Grunde Selbstmord, in der Hoffnung, sie würden der Menschheit einen großen Dienst erweisen.

Also, bringe du nicht noch mehr Wahnsinn in diese Welt; sie ist schon wahnsinnig genug!

Ein Kollege von mir arbeitete einmal in einem Irrenhaus. Wenn er seine Runde machte, testete er seine Patienten, indem er fragte: »Warum bist du hier?« Die Antwort gab in der Regel Aufschluß über den Grad des Realitätsbezugs beim Patienten.

Eines Morgens erhielt der Psychologe eine Antwort, die ihn schockierte: »Ich bin«, sagte der Patient, »aus dem gleichen Grund hier wie Sie, Herr Doktor: Weil ich es draußen in der Welt nicht geschafft habe!«

Patienten und Ärzte, Volk und Politiker – sie sitzen alle im selben Boot! Das sind alles Ayatollah Khomaniacs! Alle Arten von Maniacs laufen in dieser Welt frei herum! Wenn du aus deiner radikal-revolutionären Politik aussteigst, wird es wenigstens einen solchen Khomanischen weniger geben, und das wird ein großer Segen sein! *(135)*

Unser ganzes Denken ist von Ökonomen und Politikern geprägt. Sie sagen: »Alles hat seinen Preis.« Opfere deine Jugend für deine Ausbildung, damit du als Erwachsener ein schönes Haus, eine Familie, Ansehen, einen ehrenwerten Beruf hast. Aber das bekommst du nicht umsonst. Du mußt deine Jugend opfern, damit du, wenn du groß bist, alle Annehmlichkeiten dieser Welt genießen kannst.

Wenn du dann ein junger Mann bist, sagt deine Frau: »Du mußt dich absichern, denn die Kinder werden einmal größer, und dann werden sie es nötig haben. Und wir werden ja auch älter, und im Alter ... was wirst du im Alter machen?« Du mußt deine jungen Jahre für das Alter opfern, damit du dir im Alter einen gesicherten Ruhestand leisten kannst.

So opferst du deine Jugend für das Alter. Und wenn du schließlich im Ruhestand bist, was machst du dann? Das ganze Leben ist an dir vorübergegangen, und du hast immer für irgend etwas vorgesorgt. Und je mehr du vorsorgst, desto geübter wirst du im Vorsorgen, das ist alles.

Auf diese Weise verpaßt du das ganze Leben.

Und im Alter sagt man dir dann: »Bereite dich auf das Jenseits vor! Was machst du denn da? Du mußt beten, meditieren, in die Kirche gehen! Es ist Zeit, religiös zu werden. Was machst du denn da? Der Tod rückt immer näher. Rüste dich für das Leben danach!«

Es ist eine so unsinnige Logik – die Kindheit für die Jugend zu opfern, die Jugend für das Alter zu opfern, das Alter für das Jenseits zu opfern. Das ganze Leben ein einziges Opfer. Wann kommt endlich die Zeit zum Genießen?

Ich sage dir: Wenn du genießen willst, hör auf, vorzusorgen! Wenn du genießen willst, genieße – und zwar jetzt! Eine andere Möglichkeit gibt es nicht.

Und wenn du groß bist im Vorsorgen, wenn du ein geübter und effizienter Experte im Vorsorgen geworden bist, wirst du dich immer nur vorbereiten, aber die Reise nie antreten. Du wirst so geübt sein in der Vorbereitung, im Ein- und Auspacken, daß du gar nicht mehr weißt, wie man verreist. Du wirst nur noch wissen, wie man die Koffer ein- und auspackt. Aber so machen es die Menschen mit ihrem Leben.

Das Leben ist gratis – ein Geschenk der Existenz, eine Gabe Gottes. Genieße es! Laß das so tief wie möglich in dein Herz sinken!

Laßt uns dieses Geheimnis lüften: Das Leben ist ein Geschenk! Laßt uns auf der Straße tanzen!

Vorsorge ist unnötig. Vorsorge ist immer ein Abklatsch von Leidenschaft. Aber natürlich, wer auf die Zukunft hofft, muß sich darauf vorbereiten. In der Gegenwart ist keine Vorbereitung nötig; die Gegenwart ist schon da. Die Bäume sind schon grün, die Rosen blühen, die Vögel rufen dir zu. Wozu sich vorbereiten?

Diesen ganzen Irrsinn des Vorbereitens gibt es nur beim Menschen, sonst nirgends. Oder hast du schon mal gesehen, daß ein Tier sich auf etwas vorbereitet? Oder ein Baum? Oder ein Stern? Bestimmt lachen sie darüber. Was für ein lächerliches

Tier dieser Mensch doch ist! Sie lachen mit Sicherheit. Was ist schiefgelaufen? Sie genießen es einfach, genießen es *jetzt*. Die Wirklichkeit scheint sich in den Tieren, in den Vögeln, in den Steinen klarer zu zeigen als im Menschen. *(136)*

Ich bin kein Gegner des politischen Handelns – ich bin kein Gegner von irgendwas! Ich bin nicht lebensfeindlich, sondern ganz und gar lebensbejahend eingestellt! Ich liebe das Leben absolut!

Da auf dieser Erde Millionen von Menschen leben, muß es natürlich irgendeine Form von Politik geben. Die Politik kann nicht einfach vom Erdboden verschwinden. Das wäre ja so, als würde man die Polizei, die Post, die Eisenbahn abschaffen. Das gäbe ein einziges Chaos!

Und ich bin auch kein Anarchist; ich habe nichts für das Chaos übrig. Ich möchte, daß die Welt schöner und harmonischer wird, mehr wie ein Kosmos als ein Chaos. Hier und da befürworte ich das Chaos, aber nur, um alles Morsche zu zerstören, und ich befürworte die Zerstörung, aber nur, um Platz für das Neue zu schaffen. Gewiß, manchmal kann ich sehr negativ sein, denn ich bin gegen jegliche Konvention, Konformität und Tradition – aber nur, um euch zu befreien, damit ihr eine neue Vision, eine neue Welt erschaffen könnt, damit ihr aus dem Gefängnis der Vergangenheit ausbrechen könnt, damit ihr eine Zukunft und eine Gegenwart haben könnt! Aber ich bin nicht destruktiv. Mein ganzes Bemühen geht dahin, euch zu helfen, kreativ zu sein.

Manche von meinen *Sannyasins* werden sich zum politischen Handeln hingezogen fühlen, aber ich kann das nur gutheißen, wenn ihr die Grundvoraussetzung erfüllt: Wenn ihr bewußter und wacher geworden seid, wenn euer inneres Sein von Licht erfüllt ist. Dann könnt ihr alles tun, was ihr wollt, denn dann werdet ihr der Welt nicht mehr schaden können. Dann werdet ihr etwas Gutes und Schönes hervorbringen und ein Segen für die Welt sein. Aber wenn euch diese

Bewußtheit fehlt, werdet ihr, selbst wenn ihr Gutes tut, letztlich damit Schaden anrichten.

Ich bin nicht gegen politisches Handeln, aber so, wie es bisher gelaufen ist, war es völlig sinnlos. Darum sieht es an der Oberfläche so aus, als wäre ich an keiner politischen Aktivität, an keiner weltlichen Aktivität beteiligt.

Ich lehre die Menschen, still dazusitzen, ihre Gedanken zu beobachten und aus dem Verstand herauszuschlüpfen. Irgend so ein dummer Revolutionär würde denken, ich sei ein Gegner des politischen Handelns; er wird mich für einen Reaktionär halten, aber genau das Gegenteil ist der Fall. Durch seine Dummheit wird sich sein Handeln – trotz all seines Geredes von Revolution – als reaktionär erweisen. Es wird für die Gesellschaft einen Rückschritt bedeuten.

Ich tue nichts, was man als politisch oder gesellschaftspolitisch relevant bezeichnen könnte. Ich bin weder für soziale Reformen noch für politische Aktionen. Zumindest oberflächlich betrachtet sehe ich aus, als wäre ich ein weltfremder Eskapist, der die Leute zum Aussteigen, zur Weltflucht, ermutigt. Ja, ich ermutige die Leute, aber ich ermutige sie zum Einsteigen – zur Flucht zu sich selbst.

Flüchtet euch vor allen unintelligenten Aktivitäten! Schärft zuerst eure Intelligenz und seht zu, daß ihr voller Freude seid. Werdet so bewußt, daß es in eurem Dasein keine dunklen Ecken und Winkel mehr gibt. Seht zu, daß ihr alles Unbewußte in Bewußtheit umwandelt. Dann könnt ihr alles tun, was ihr wollt. Und selbst wenn ihr zur Hölle gehen wollt, habt ihr dann meinen Segen, denn dann werdet ihr imstande sein, sogar die Hölle zu transformieren!

Es ist nicht so, daß Meditierende in den Himmel kommen. Nein – überall, wo sie hinkommen, ist der Himmel, und alles, was sie tun, ist göttlich. Aber diese Vorgehensweise ist so neu, daß es eine Zeit dauern wird, bis man sie verstehen wird. Ich benutze eine so völlig andere Sprache, daß es nur natürlich ist, wenn man mich mißversteht.

Beim Rasieren ruft Uwe eines Morgens aus dem Bad: »Weißt du, Liebling, ich komme mit meinen Kollegen im Büro überhaupt nicht klar.«

Keine Antwort.

»Hör mal, Schatz, die Jungs behandeln mich, als wäre ich nicht ganz normal.«

Noch immer keine Antwort.

Er legt den Rasierapparat beiseite und kämmt sich das Haar. »Weißt du, was ich glaube, Schnucki? Die denken bestimmt, ich bin schwul!«

Als er noch immer keine Antwort bekommt, schreit er: »Verdammt noch mal, hörst du mir überhaupt zu, Peter?«

Es gibt eben verschiedene Sprachen! Ich rede in einer ganz anderen Sprache, als es die Leute gewohnt sind.

Solange du nicht meditierst, kannst du unmöglich verstehen, was hier geschieht, was ich sage und was ich tue.

Drei Männer – ein Engländer, ein Araber und ein Amerikaner – stehen an einer Straßenecke in Casablanca, als eine atemberaubend schöne, stolze Orientalin vorübergeht.

»Beim Jupiter!« ruft der Engländer.

»Bei Allah!« seufzt der Araber.

»Bei mir im Zimmer!« sagt der Amerikaner. *(137)*

Du hast kürzlich gesagt, daß du gegen die Politiker bist. Kannst du mir bitte eine wirksame Methode verraten, wie man einen Politiker zu einer liebevolleren Einstellung bringen kann?

Ich habe nichts gegen Politiker, aber ich habe etwas gegen die Krankheit, an der sie leiden. Ihre Krankheit ist der Minderwertigkeitskomplex. Jeder Politiker, der über ein bißchen Intelligenz verfügt, könnte die ganze Szene verändern. Er darf sich aber nicht als Politiker verstehen, sondern nur als Mensch, der sich politisch betätigt. Seine Menschlichkeit darf nicht von der Politik überrollt werden. Die Politik sollte nur sein Beruf sein – wie zum Beispiel bei einem Installateur,. Er sollte ihn so professionell wie möglich ausüben, doch wenn er nach Hause kommt, sollte er ihn ablegen.

In Kalkutta wohnte ich oft im Hause des Höchsten Richters des Obersten Gerichtshofes. Seine Frau erzählte mir: »Mein Mann hört nur auf Sie. Sagen Sie ihm doch bitte, daß er wenigstens zu Hause nicht den Höchsten Richter des Obersten Gerichtshofes spielen soll. Selbst im Bett ist er der Höchste Richter des Obersten Gerichtshofes. Sobald er das Haus betritt, hören die Kinder auf zu spielen, und alle tun plötzlich sehr geschäftig. Und wenn er aus dem Haus geht, sind alle froh und erleichtert und lächeln. Das ist doch nicht in Ordnung; da stimmt doch etwas nicht! Aber er kommandiert nur herum und erwartet von allen Gehorsam.«

Am Abend sagte ich zu ihm: »Du hast ganz vergessen, daß du auch noch ein Mensch bist! Du hast vergessen, daß du eine Frau liebst. Ein Oberster Richter gibt sich nicht mit Ehefrauen und mit der Liebe ab! Und du hast ganz vergessen, daß du Kinder hast. Ein Oberster Richter gibt sich nicht mit Kindern ab!

Richter ist aber doch nur dein Beruf. Du hast ganz vergessen, wer du bist. Wenn du vom Gericht nach Hause kommst, laß alles hinter dir und komm als Mensch nach Hause! Du kannst dir nicht vorstellen, wie sehr deine Familie leidet! Sie sind froh, wenn du nicht zu Hause bist, und haben Angst, wenn du da bist. Das ist kein guter Leumund für dich.«

Er sagte: »So habe ich das noch nie gesehen. Das hat mir noch keiner gesagt. Vielleicht hast du recht.«

An diesem Abend entschuldigte er sich bei den Kindern, den Dienern, der Ehefrau. Er sagte zu ihnen: »Ab morgen will ich bei euch einfach nur Mensch sein. Wir sind ja hier nicht im Gericht! Ich hatte das ganz vergessen. Ich war so sehr mit meinem Beruf identifiziert, daß ich mich darin ganz verloren habe. Ich habe euch alle gequält, und mich selbst auch. Ich habe mich oft gefragt, warum mich meine Kinder nicht lieben, warum mich meine Frau nicht liebt und warum alle so ängstlich dreinschauen. Ich habe mich gefragt, was los ist, wenn alle plötzlich verstummen und die Diener, die vorher einfach dasaßen und Karten spielten, plötzlich anfangen, geschäftig zu tun. Jetzt weiß ich, daß es an mir lag!«

Als ich diese Leute später noch zweimal besuchte, war daraus eine völlig andere Familie geworden.

Es ist immer eine Frage des Verstehens. Wenn du mit Politikern zu tun hast und sie ändern willst ... vielleicht hast du einen Politiker in deiner Verwandtschaft oder in deinem Bekanntenkreis ... dann solltest du ihm eines immer wieder klarmachen: »Wieweit du es auch bringen magst, versprich mir eines ... nur dieses eine Versprechen will ich von dir: daß du ein Mensch bleibst und nicht bloß ein Politiker bist, daß die Politik nur dein Beruf ist und nicht deine Menschlichkeit beeinträchtigt.«

Nehmt den Politikern dieses Versprechen ab. Sagt ihnen: »Alles andere, was du versprichst, ist deine Sache. Wenn du an die Macht kommst, kannst du alles tun, um die Verhältnisse zu verbessern. Aber was uns betrifft, vergiß nicht: Wir wollen dich als Menschen sehen und nicht als Politiker oder als Präsidenten oder als Premierminister. Bleib einer von uns!«

Nehmt ihnen dieses Versprechen ab und erinnert sie immer wieder daran. Wo auch immer sie hinkommen ... wenn ihr sie seht, erinnert sie daran. Und wenn alle möglichen Leute überall auf der Welt sie immer wieder daran erinnern, werden die Politiker vielleicht aus ihrem Schlaf aufwachen, denn es tut ihnen ja selber nicht gut.

Den Politikern geht die Liebe verloren, ihnen geht die Achtung verloren. Wenn sie nicht mehr im Amt sind, kümmert sich niemand mehr um sie. Es läßt sich gar nicht leicht herausfinden, wo die früheren Präsidenten abgeblieben sind. Wer weiß denn schon, wo ein Jimmy Carter heute steckt und was der arme Knabe macht? Man erfährt es erst, wenn er gestorben ist. Dann erscheint eine kleine Schlagzeile in der Zeitung, daß der ehemalige US-Präsident Jimmy Carter tot sei.

Das müßte nicht so sein, wenn die Leute an der Macht, die Leute, die ein höheres Amt bekleiden, menschlich blieben. Wenn sie ihre Menschlichkeit behielten und alle sehen könnten, daß sie menschlich geblieben sind, würde man sie lieben, unabhängig davon, ob sie an der Macht sind oder nicht. Aber bestimmt würde man sie mehr lieben, wenn sie nicht an der Macht sind.

Ich weilte einmal als Gast beim indischen Premierminister Lalbahadur Shastri. Da kam ein Telefongespräch von einem Mann, der ganz dringend mit ihm sprechen wollte.

Lalbahadur Shastri sagte: »Ich habe zuviel zu tun! Diese Woche geht es nicht. Fragen Sie meine Sekretärin nach einem Termin in der nächsten Woche.«

Ich sagte zu ihm: »So viel hast du doch gar nicht zu tun! Wir sitzen hier ganz gemütlich herum und lachen und plaudern miteinander. So viel scheinst du doch gar nicht zu tun zu haben. Warum sagst du denn das?«

Er sagte: »Du verstehst nichts von Politik. Ein Politiker muß immer sehr beschäftigt sein. Und wenn er nichts zu tun hat, muß er zumindest so tun, als wäre er es; dann hält man ihn für bedeutend.«

Ich sagte: »Vielleicht kenne ich mich mit den politischen Gepflogenheiten nicht so gut aus, aber mir erscheint das unmenschlich. Du bist gar nicht so beschäftigt. Du hättest doch diesen Mann zurückrufen und mit ihm reden können. Du solltest ein bißchen menschlicher sein. Mußt du denn vierundzwanzig Stunden am Tag Premierminister spielen? Man hat dich doch nicht gewählt, damit du vierundzwanzig Stunden am Tag Premierminister bist! Solange du in deinem Büro bist, mußt du Premierminister spielen, aber hier bei dir zu Hause, an einem Sonntag ... Und du bist nicht bereit, jemanden zu treffen, der von so weither gekommen ist. Das ist nicht schön. Ruf ihn zurück!«

Er sagte: »Seltsam, was du immer für Sachen sagst! Ich soll ihn zurückrufen? Ich bin doch der Premierminister!«

Ich sagte: »Vergiß diesen Unsinn! Du bist für diese Leute

Premierminister geworden, um ihnen zu dienen. Zumindest hast du das behauptet. Und jetzt, wo einer von ihnen dich sehen will, sagst du, sein Diener, du hättest zuviel zu tun! ›Machen Sie nächste Woche einen Termin mit meiner Sekretärin!‹ Entweder rufst du ihn jetzt an, oder ich verlasse sofort dein Haus. Und ich werde dich in der Öffentlichkeit bloßstellen und erzählen, daß du überhaupt nichts zu tun hattest!«

Er sagte: »Warte, so warte doch! Ich werde ihn anrufen.«

Und er rief zurück. Und es stellte sich heraus, daß es sein alter Onkel war, der aus dem Dorf gekommen war, weil er schon so alt war und ihn noch ein letztes Mal sehen wollte, bevor er starb.

Lalbahadur Shastri entschuldigte sich bei mir. Ich sagte: »Nicht bei mir, bei deinem Onkel solltest du dich entschuldigen.«

Der arme alte Mann hatte noch nie ein Telefon benutzt, darum hatte er jemand anderen gebeten, für ihn anzurufen. Und er sagte: »Ich bin nur gekommen, um dich zu sehen. Ich will nicht deine Zeit verschwenden. Du bist ein so vielbeschäftigter Mann, aber bevor ich sterbe, wollte ich dich noch einmal sehen ...«

Das solltet ihr eure Politiker lehren, und ihr solltet ihnen klarmachen, daß sie menschlicher werden müssen.

Ich habe nichts gegen Politiker. Ich bin nur dagegen, daß ihr Beruf ihnen alle Menschlichkeit nimmt.

Es ist möglich, diese beiden Dinge voneinander zu trennen. Dann werden sie ihre Aufgabe besser erfüllen und besser dienen können. Und wenn in ihrer Brust weiterhin ein menschliches Herz schlägt, dann besteht Hoffnung, daß sie nicht zu Dienern des Todes, sondern zu Dienern des Lebens werden. *(138)*

Der Priester

Ein junger Teufel kommt zu seinem Chef gerannt. Er zittert am ganzen Leib und sagt: »Es muß sofort etwas geschehen! Auf der Erde hat jemand die Wahrheit entdeckt! Wenn die Menschen erst einmal die Wahrheit wissen, was wird dann aus unserem Beruf?«

Der alte Teufel lacht und sagt: »Jetzt setz dich erst mal hin und beruhige dich. Mach dir keine Gedanken. Wir haben alles fest im Griff! Unsere Leute sind schon längst da.«

»Aber ich komme doch gerade von dort!« sagt der junge Teufel. »Ich habe keinen einzigen Teufel da gesehen!«

Da sagt der Alte: »Die Priester sind meine Leute. Sie haben den Mann schon eingekreist. Jetzt werden sie Mittler spielen zwischen dem Mann der Wahrheit und den Massen. Sie werden Tempel errichten, sie werden Heilige Schriften verfassen, sie werden alles umdeuten und verzerren. Sie werden von den Leuten verlangen, sich hinzuknien und zu beten. Und bei diesem ganzen Zirkus wird die Wahrheit verlorengehen. Das ist meine altbewährte Methode; sie wirkt immer.«

Die Priester – die Stellvertreter der Religion – sind nicht ihre Freunde. Sie sind ihre größten Feinde.

Denn Religion braucht keine Vermittler; zwischen euch und der Existenz besteht eine direkte Verbindung. Ihr braucht nur eines zu lernen: die Sprache der Existenz zu verstehen. Ihr kennt die Sprachen der Menschen, aber das ist nicht die Sprache der Existenz. Die Existenz kennt nur eine Sprache – die Stille.

Wenn ihr ebenfalls still sein könnt, werdet ihr die Wahrheit verstehen können und den Sinn des Lebens und die Bedeutung von allem, was existiert. Es gibt niemanden, der es euch ausdeuten kann.

Jeder muß es für sich selber finden. Niemand kann euch diese Arbeit abnehmen. Aber genau das tun die Priester seit eh und je. Wie eine chinesische Mauer stehen sie zwischen euch und der Existenz.

Vor einiger Zeit hat der Vatikanpapst allen Katholiken kundgetan: »Ich höre immer wieder, daß viele Katholiken auf direktem Wege zu Gott beichten. Sie gehen nicht zum Beichtstuhl, zum Priester. Ich erkläre es hiermit zu einer Sünde, Gott direkt zu beichten. Ihr müßt dem Priester beichten; ihr könnt euch nicht mit Gott direkt in Verbindung setzen.«

Einen Grund gab er dafür nicht an, denn es gibt überhaupt keinen Grund, außer daß der Priester in seinem Beruf erhalten werden muß – und er selbst ist der Hohepriester.

Wenn die Menschen anfingen, sich der Wirklichkeit zu nähern, ohne daß jemand sie führt, ohne daß jemand ihnen sagt, was gut und was böse ist, ohne daß jemand ihnen eine Landkarte gibt, die ihnen alles vorzeichnet, dann würden Millionen von Menschen die Existenz verstehen können – denn unser Herzschlag ist auch der Herzschlag des Universums. Unser Leben ist Teil allen Lebens.

Wir sind nicht Fremde hier, wir kommen nicht woanders her. Wir entstammen dieser Existenz. Wir sind Teil von ihr, wesentlicher Teil von ihr, wir müssen nur still genug sein, um all das hören zu können, was nicht in Worten gesagt werden kann: die Musik der Existenz, die immense Freude der Existenz, das nicht endende Fest der Existenz.

Sobald das in unser Herz dringt, beginnt die Verwandlung. Und nur so wird man religiös – nicht indem man in die Kirchen geht, die von Menschen gemacht sind, nicht indem man die Schriften liest, die von Menschen gemacht sind.

Aber die Priester haben seit jeher so getan, als wären die Heiligen Schriften von Gott persönlich verfaßt worden. Schon die Vorstellung ist einfach idiotisch. Schaut doch nur in diese Schriften hinein: Ihr findet darin nicht die Signatur Gottes. Ihr werdet Dinge finden, die zu schreiben Gott nicht nötig hat.

Die Hindus glauben an die *Veden,* und sie glauben, daß sie von Gott selbst geschrieben sind und daß sie die ältesten Bücher der Welt sind, aber kein Hindu macht sich die Mühe, hineinzuschauen. Wenn Gott sie geschrieben hätte, müßte etwas ungemein Wertvolles darin stehen, aber achtundneunzig Prozent der Veden ist reiner Quatsch – ein solcher Quatsch, daß es beweist, daß sie nicht von Gott stammen.

Zum Beispiel folgendes Priestergebet … Warum sollte Gott so etwas schreiben? Das Gebet besagt, daß seine Kühe nicht genug Milch geben. »Erbarme dich, vermehre die Milch meiner Kühe!« Und nicht genug damit: »Laß die Milch der Kühe anderer Leute versiegen!« – Das soll Gott geschrieben haben? »Töte meine Feinde und hilf meinen Freunden!« Und selbst so dumme Sachen wie: »Die Regenzeit kommt; mach, daß alles Wasser auf meine Felder fällt und nicht auf das Nachbarfeld, denn das gehört meinem Feinde. Laß dein Wasser nur auf mein Feld regnen!«

Warum sollte Gott solche Sachen schreiben? Jede Heilige Schrift liefert von sich aus den Beweis, daß sie von Menschen geschrieben wurde, und zwar von sehr beschränkten Menschen, von primitiven Menschen. Die sogenannten Heiligen Schriften können noch nicht einmal zur guten Literatur gerechnet werden – sie sind kindisch, roh, häßlich. Aber da sie in Sprachen geschrieben wurden, die tot sind … und einige sind sogar in Sprachen, die nie vom einfachen Volk benutzt worden sind, wie zum Beispiel die *Veden.* Diese Sprache ist nie vom einfachen Volk benutzt worden. Sie war die Sprache der gelehrten *Brahmanen,* die Sprache der Priester.

Und sie waren sehr dagegen, daß sie übersetzt würde, weil sie wußten: Kaum wäre sie übersetzt, verlöre sie jegliche Heiligkeit. Die Leute würden erkennen, daß dieser Unsinn noch nicht einmal unheilig ist, geschweige denn heilig!

Es steckt so viel Obszönes, so viel Pornographisches in all den Heiligen Schriften eurer Religionen! Aber es ist in Sanskrit, was das einfache Volk nicht versteht, oder in Latein – was das einfache Volk nicht versteht, oder Hebräisch – was das einfache Volk nicht versteht, oder Pali oder Prakrit. Das sind alles tote Sprachen. Und alle Religionen wehrten sich dagegen, ihre Heiligen Schriften in moderne Sprachen übertragen zu lassen, die die Menschen verstehen. Aber die Schriften sind trotz ihres Widerstandes doch übersetzt worden.

Zuerst waren sie dagegen, daß sie gedruckt würden. Und dann waren sie dagegen, daß sie übersetzt würden. Ganz einfach, weil sie wußten, daß sie, wenn sie erst gedruckt waren, in aller Welt verkauft und von jedem erworben werden könnten. Und werden sie gar in moderne Sprachen übersetzt – wie lange könnt ihr die Wahrheit vertuschen? Und wie wollt ihr dann beweisen, daß sie von Gott geschrieben wurden?

Die Heiligen Schriften sind von Menschenhand, die Gottesbilder sind von Menschenhand, die Tempel und Kirchen sind von Menschenhand, aber durch die jahrtausendealte Konditionierung haben sie eine gewisse Heiligkeit und Weihe gewonnen. Es ist nichts Heiliges, nichts Weihevolles an ihnen.

Aber die Priester haben die Menschheit mehr betrogen als irgendwer sonst. Es ist das übelste Gewerbe auf der Welt – schlimmer noch als das Gewerbe der Prostituierten. Die Prostituierte gibt euch wenigstens etwas dafür – der Priester gibt euch nur leere Worte. Er hat nichts, was er euch geben könnte.

Aber damit ist es noch nicht genug. Jedesmal, wenn einer die Wahrheit erkannt hat, sind diese Priester gegen ihn. Kein Wunder, sie können nicht anders. Denn wenn seine Wahrheit unter die Leute kommt, werden Millionen von Priestern auf der Welt arbeitslos. Und ihre Arbeit ist absolut unproduktiv. Sie sind Parasiten. Sie saugen dem Menschen nur das Blut aus. Von dem Augenblick an, wo das Kind geboren wird, bis zu dem Augenblick, wo der Mensch ins Grab kommt, findet der Priester Mittel und Wege, ihn auszubeuten.

Solange die Menschheit nicht aus den Händen der Priester befreit wird, muß sich die Welt mit Pseudoreligionen begnügen, wird sie niemals religiös werden.

Und eine religiöse Welt könnte nicht so unglücklich sein. Eine religiöse Welt wäre ein ständiges Fest.

Ein religiöser Mensch ist nichts als reine Ekstase. Sein Herz ist voller Lieder. Sein ganzes Sein ist ständig bereit zu tanzen.

Aber der Priester hat euch um die Suche nach der Wahrheit betrogen. Er sagt: »Nicht nötig, daß ihr sucht. Die Wahrheit ist schon gefunden. Ihr müßt nur glauben!«

Er hat die Menschen ins Unglück gestürzt, denn er verdammt alle Freuden des Diesseits. Er verdammt die Freuden des Diesseits, um die Freuden des Jenseits preisen zu können.

Das Jenseits ist die Einbildung des Priesters. Und er möchte, daß die Menschheit ihre Realität für ein Hirngespinst opfert. Und die Menschen haben ihre Realität geopfert. *(139)*

Der Priester lebt ein Schmarotzerdasein. Er saugt den Menschen das Blut aus, und sein Branchengeheimnis besteht darin, Angst zu erzeugen. Sämtliche Religionen waren immer angstorientiert. Und wenn ich sage »sämtliche Religionen«, dann sind Gautama Buddha, Jesus Christus, Zarathustra, Mahavira oder Laotse nicht inbegriffen. Sie waren Einzelgestalten, die zu keiner Religion gehörten.

Die Religionen sind ein kollektives Phänomen, und sobald das Kollektiv, die Masse, sich um ein Dogma schart, setzt sofort die Ausbeutung ein.

Die Buddhas, die Erwachten, haben keine einzige Religion geschaffen. Auf der ganzen Welt herrscht die absolut irrige Vorstellung, Gautama Buddha habe den Buddhismus begründet und Jesus Christus das Christentum. Das ist absolut falsch; nichts könnte unrichtiger sein.

Das Christentum wurde von Leuten eines ganz anderen Schlages begründet: von unerleuchteten, aber überaus schlauen und gerissenen Leuten – den Priestern.

Die Priester sind die größten Schlitzohren der Welt. Nicht einmal die Politiker sind so raffiniert. Die Priester verstehen es sogar noch, die Politiker auszubeuten.

Der Priester ist der wahre Antichrist, Anti-Buddha, Anti-Mahavira – der Feind der Wahrheit.

Der Priester lebt von Lügen; er fabriziert Lügen. Er ist raffiniert genug, das Leiden der Menschen, ihre Angst, ihre Gier, ihr Besitzstreben, all ihre menschlichen Schwächen auszubeuten.

Wenn ein Mensch auf die Welt kommt, beginnt die Angst; das ist natürlich. Im Schoß der Mutter kennt das Kind absolut keine Angst; dort hat es nichts zu befürchten. Es ist total behütet von der Existenz selbst – ohne Sorgen, ohne Streß, ohne Furcht. Doch in dem Moment, da es den Mutterschoß verläßt, beim Durchgang durch den Geburtskanal, beginnt die Angst. Das Kind hat das Gefühl, zu ersticken. Der Kanal, durch den es hindurch muß, ist eng. Es fühlt sich eingezwängt und bedroht, als würde es ermordet, getötet.

Für das Kind ist die Geburt wie ein Tod – oder noch schlimmer. Denn wenn man stirbt, stirbt man einfach; es ist keine große Sache, man hört einfach auf zu atmen. Doch wenn das Kind geboren wird, beginnt es zu atmen. Es wird lebendig. Und es findet sich in einer ungewohnten Situation wieder: kopfüber, mit dem Kopf voraus, wird es aus seinem schönen Zuhause vertrieben. Im Bauch der Mutter war es schön warm und sehr behaglich. Die Psychologen sagen, daß der Mensch immer wieder nach diesem Wohlbehagen, diesem Luxus, dieser Wärme sucht.

Wir haben uns Häuser und Paläste geschaffen, weil uns diese Erinnerung an den Mutterschoß nie verläßt. Darin machen wir es uns so behaglich wie möglich, so angenehm wie möglich, aber nichts kommt dem Mutterschoß gleich. Bei allem was du tust, mußt du dir stets über tausend Dinge Gedanken machen; du mußt dich selbst um dich kümmern. Selbst der größte Herrscher kann nie so sorglos sein wie das kleinste, ärmste Kind im Mutterleib.

Angst gehört an sich zum Geburtsvorgang, und das erste, was das Kind macht, ist, daß es weint und schreit. Es wurde herausgerissen aus seiner warmen, liebevollen, behaglichen Umgebung und in eine kalte, fremde Welt geworfen. Damit ist die Angst in sein Leben getreten.

Und mit der Angst kommt die Gier. Gier ist die Kehrseite

derselben Sache. Gier bedeutet, daß du alles haben willst, was dir helfen kann, angstfrei zu leben. Wenn Geld hilft, wirst du Geld anhäufen; wenn Macht hilft, wirst du Macht haben wollen ... oder was auch immer es sei. Um dich vor der Angst zu bewahren, entwickelt sich die Gier. Und die Religionen haben sich diese beiden Instinkte zunutze gemacht. Die Angst wurde zur Hölle, die Gier zum Himmel. Es sind Projektionen.

Und das Kind ist ganz zart und schwach und verletzlich. Es kann zermalmt werden wie eine Rosenknospe; es kann ganz leicht kaputtgemacht werden. Es ist abhängig – von den Eltern, der Familie, der Gesellschaft. Es kann nicht unabhängig sein. Und diese Abhängigkeit wurde von den Priestern ausgebeutet.

Daher kommt auch die Vorstellung von Gott als dem Allmächtigen, dem Beschützer. Wenn du für ihn niederkniest und zu ihm betest, wenn du an ihn glaubst und ihn lobpreist, wird er dich beschützen. Wenn du ihn nicht preist, dann gnade dir Gott – dann bist du in Gefahr! Dann bist du ganz auf dich allein gestellt. Gott wird nicht bei dir sein.

Die Frommen, die in den Kirchen, Tempeln und Moscheen beten, sind nicht wirklich religiös. Ein wahrhaft religiöser Mensch hält nichts vom Beten – und wenn, dann hat sein Gebet eine völlig andere Bedeutung. Sein Gebet kommt nie aus der Gier, aus der Angst, soviel ist sicher. Sein Gebet ist nichts als reine Dankbarkeit, ohne jedes Begehren. Er bittet um nichts, er bittet nicht um mehr.

Sein Gebet ist überhaupt kein Bitten. Vielmehr ist es ein Dank, denn alles, was er erhalten hat, ist viel mehr, als er verdiente! Sein Herz ist voller Dankbarkeit, unendlicher Dankbarkeit. Und kein Wort ist nötig, um sie auszudrücken, denn schon sein Herzschlag drückt diese Dankbarkeit aus. So ist er vierundzwanzig Stunden am Tag im Gebet – im Gehen, Sitzen, Schlafen setzt sich das Gebet als ständige Unterströmung fort. Er braucht nicht in den Tempel zu gehen, um zu beten. Nur unreligiöse Menschen gehen dorthin.

Doch der überwiegende Teil der Menschheit ist voller Angst, voller Gier, voller Seelenqual und Angst vor dem bevorstehenden Tod, der jeden Augenblick hereinbrechen kann. Man braucht einen Beschützer, einen allmächtigen Beschützer.

Sieh nur das Wort »allmächtig« – denke einmal darüber nach! Weil der Mensch sich absolut ohnmächtig fühlt, deshalb wird ein allmächtiger Gott gebraucht. Weil der Mensch sich unwissend fühlt, deshalb wird ein allwissender Gott gebraucht. Weil der Mensch sich begrenzt fühlt, deshalb wird ein allgegenwärtiger Gott gebraucht. Das sind alles nur Projektionen, und die Priester haben auf jede erdenkliche Art und Weise ihren Nutzen daraus gezogen.

Eure sogenannten Religionen sind nichts anderes als religiöse Phantasien. Genauso wie es *Science Fiction* gibt, gibt es auch *»Religious Fiction«*. Das Christentum, der Hinduismus, der Buddhismus, der Dschainismus – das sind alles Phantasieprodukte der Priester, der Agenten des Teufels. *(140)*

Die Priester sind für jede Religion wie ein Krebsgeschwür. Die Priester machen jede Chance für Religiosität zunichte, sie untergraben jegliches Potential, sie sind Brunnenvergifter. Es ist grundlegend, das zu verstehen. Die Priester sind sehr geschäftstüchtig, sie sind Geschäftsleute. Sie verkaufen der Welt eine unsichtbare Ware, und weil sie unsichtbar ist, kann man sie leicht verkaufen. Weil sie unsichtbar ist, kommt man den Betrügern nicht so leicht auf die Schliche.

Ich habe von einem Laden in New York gehört, der Reklame dafür machte, daß eine Lieferung von unsichtbaren Haarnadeln eingetroffen sei. Die Frauen standen Schlange. Unsichtbare Haarnadeln? Wer konnte sich das entgehen lassen! Sie gingen weg wie die warmen Semmeln.

Eine Frau betrat den Laden und schaute in eine Schachtel, aber es war nichts zu sehen außer einer leeren Schachtel. Wo waren die Haarnadeln? Sie fragte: »Sind sie wirklich da drin?«

Der Verkäufer sagte: »Aber, gnädige Frau! Es sind doch

unsichtbare Haarnadeln! Eigentlich sind sie ja schon seit drei Wochen ausverkauft, aber wir verkaufen immer noch welche! Was macht das schon für einen Unterschied? Bei unsichtbaren Nadeln ist es egal, ob sie noch vorrätig sind oder nicht.«

Ob Gott existiert oder nicht, ob es den Himmel gibt oder nicht, ob es die Hölle gibt oder nicht, ist egal, denn das sind alles unsichtbare Waren, die uns die Priester verkauft haben.

Menschen wie Jesus oder Buddha sind sehr pragmatisch, sehr realistisch. Sie verkaufen keine unsichtbaren Waren. Sie unternehmen jede Anstrengung, um Gott auf Erden sichtbar zu machen, und sie selbst sind ein sichtbarer Ausdruck von Gott.

Aber das können die Priester nicht tolerieren, denn was passiert dann mit ihren unsichtbaren Waren? Und das Geschäft ist riesig! *(141)*

Können die Priester denn wirklich gar keine Hilfe für die Menschheit sein?

Doch, das können sie – wenn sie verschwinden! Wir brauchen sie nicht mehr. Der Mensch ist volljährig geworden. Er braucht keine Trostpflaster mehr. Was wir brauchen, sind rebellische Menschen – Rebellen, aber keine konventionellen Priester. Wir brauchen Buddhas, wir brauchen Erwachte, um die Menschen aufzuwecken.

Wir brauchen Buddhas, und nicht diese Priester, die euch ständig neues Spielzeug zum Spielen geben. Es sind sehr schöne Spielsachen, die sie da geschaffen haben; daran besteht kein Zweifel. Denn sie sind sehr schlau, sehr gewieft und haben eine jahrhundertelange Erfahrung, wie man die Menschheit ausbeutet, wie man die Schwächen der Menschen ausbeutet.

Aber man darf eines nicht vergessen: Was das Bewußtsein angeht, so unterscheiden sich die Priester überhaupt nicht von euch. Sie mögen mehr wissen als ihr, sie sind besser informiert als ihr, aber das ist nur ein quantitativer Unterschied. Es ist kein Unterschied, der ins Gewicht fällt. Ein qualitativer Unterschied ist nötig.

Und von blinden Leuten geführt zu werden ist gefährlich. Die Priester haben die ganze Schönheit des Menschen kaputtgemacht, sie haben die Freiheit des Menschen kaputtgemacht. Sie haben alles Wertvolle kaputtgemacht und euch völlig ausgehöhlt, leer und bedeutungslos zurückgelassen. Man kann es überall auf der Welt spüren. Warum fühlen die Menschen eine solche innerliche Leere und Sinnlosigkeit? Wer hat ihnen das angetan? Die Priesterschaft verschiedenster Religionen hat ihnen jahrhundertelang falschen Trost gespendet. Aber dieser ganze falsche Trost ist heute nicht mehr aktuell.

Der Mensch ist erwachsener geworden. Es ist gut, wenn man Kindern Spielsachen zum Spielen gibt, doch wenn jemand erwachsen geworden ist und man ihm weiter Spielzeug gibt, dann wird er das Gefühl haben, daß das Leben keinen Sinn hat. Er braucht mehr als das; er braucht etwas Reales. Hütet euch vor blinden Führern!

Eine junge Frau, fast noch ein Mädchen, kommt zum Rabbiner. »Sie kennen mich nicht«, beginnt sie mit belegter Stimme zu sprechen, »aber ich muß einfach mit jemandem reden. Wissen Sie, ich habe weder Mutter noch Vater, und ich weiß nicht viel von weltlichen Dingen.«

»Du brauchst kein Wort mehr zu sagen«, sagt der Rabbi. »Ich verstehe vollkommen. Es handelt sich um einen Mann, nicht wahr?«

»Ja, und er versucht immer nur, mich zu küssen. Küssen, küssen, küssen – das ist alles, woran er denkt.«

»Du mußt standhaft bleiben«, sagt der Rabbi streng. »Diese Sorte Mann hast du nicht nötig. Sag ihm einfach, daß du solche Dinge nicht dulden wirst.«

Als sie geht, sagt der Rabbi: »Komm in einer Woche wieder und erzähle mir, wie es dir damit geht.«

Tatsächlich kommt das Mädchen eine Woche später wieder,

aber diesmal ist sie noch verstörter als vorher. »Was ist denn passiert?« fragt der Rabbi.

»Ich habe ihn von all dieser Küsserei abgebracht«, sagt die unglückliche junge Dame, »aber jetzt – ach, ich weiß nicht, wie ich es sagen soll ...«

»Sag es, sag es!« drängt der Rabbi. »Du brauchst dich vor mir nicht zu schämen.«

»Er hat versucht, mich – äääh – mich mit den Händen zu berühren«, stottert sie vor Verlegenheit.

In gerechtem Zorn springt der Rabbi von seinem Stuhl hoch. »Sag diesem Nichtsnutz, er soll seine schmutzigen Pfoten von dir lassen!« bellt er. »Was ist das für eine Art, ein nettes jüdisches Mädchen zu behandeln? Sag ihm, er soll sofort damit aufhören, hörst du?«

Doch als sie das nächste Mal den Rabbi besucht, ist sie den Tränen nahe. »Ich habe alles getan, was Sie sagten«, seufzt das Mädchen, »aber jetzt verlangt er, daß ich mit ihm schlafe.«

»Was?!« schreit der empörte Rabbi. »So eine *Chuzpe* hab ich in meinem ganzen Leben noch nicht gesehen! Geh nach Hause, und das nächste Mal, wenn du ihn siehst, wirf den Kerl hinaus! Hast du verstanden? Ich befehle es dir! Schmeiß ihn raus!«

Ein paar Tage später besucht sie den Rabbi abermals. Ihre Augen sind vom Weinen gerötet, und das Gesicht bietet ein Bild des Jammers. »Hast du getan, was ich dir aufgetragen habe?« fragt der Rabbi.

Sie nickt, und immer noch schluchzend sagt sie unter Tränen: »Jetzt will er die Scheidung!«

Eure Priester sind genauso unbewußt wie ihr, ja sogar noch unbewußter. Sie haben keine Ahnung, in welch einer Situation sich die Menschen befinden. Sie teilen weiterhin ihre alten Rezepte aus, die schon lange keine Gültigkeit mehr haben. Sie geben euch ständig großartige Ratschläge, die irgendwann in der Vergangenheit nützlich gewesen sein mögen, aber in der heutigen Situation überhaupt keinen Sinn mehr haben.

Ihr braucht die Priester und ihre Hilfe nicht mehr. Was die Welt braucht, sind ein paar Erwachte. Ihr braucht Meditierende, keine Vermittler. Die Priester haben sich zu Vermittlern zwischen euch und Gott aufgespielt. Was ihr braucht, sind mehr meditierende Menschen, die tiefer in ihr Sein eintauchen, die in ihr Zentrum gehen und dort die innere Stille erfahren – diese jungfräuliche Stille in ihrer ungeheuren Schönheit. Sie werden eine Hilfe für die Menschheit sein, aber nicht direkt. Ihre bloße Anwesenheit wird eine neuartige Schwingung ausstrahlen, die transformierend wirkt.

Ein wahrer Mensch wird anderen immer nur indirekt eine Hilfe sein. Er ist nicht aggressiv; er befiehlt nie: »Tue dieses, unterlasse jenes.« Er wird deine Freiheit in keiner Weise antasten. Er lebt einfach sein Leben aus dem Licht heraus, das er in sich selbst gefunden hat, und wenn du mit ihm zusammen bist, überträgt sich etwas zwischen dir und ihm.

Ein wahrer Meister ist niemals ein Priester. Und ich habe noch nie von einem Priester gehört, der ein wahrer Meister gewesen wäre. Wenn du ein Meister bist, hörst du auf, ein Priester zu sein, und wenn du ein Priester bist, kannst du unmöglich ein Meister sein. Der Priester gehört einer bestimmten Ideologie an – Hinduismus, Christentum, Islam. Der Meister gehört keiner Ideologie an. Er besitzt größere Bewußtheit, nicht größeres Wissen. Er hat mehr Sein, nicht mehr Wissen. Er hat eine größere Seele, nicht ein umfangreicheres Gedächtnis. Möglicherweise wird er die Heiligen Schriften gar nicht kennen – er ist selbst die Heilige Schrift! Und man wird ihn auch nicht in Tempeln, Moscheen oder Kirchen antreffen.

Eure Kirchen, eure Tempel sind leer. Sie sind die Grabstätten der Religion. In ihnen kann die Religion nicht mehr erblühen. Ja, wenn ein Jesus am Leben ist, blüht die Religion, wenn ein Buddha am Leben ist, blüht die Religion – aber nicht in einem buddhistischen Tempel, nicht in einer christlichen Kirche.

Die Priester sind die Leute, die von den Erwachten profitieren. Sobald ein Erwachter gegangen ist, sobald er seinen Körper verlassen hat, stürzen sich die Priester auf seine Lehre und fangen an, ein großes Geschäft daraus zu machen und ihre eigenen Ausdeutungen zu verbreiten.

Wohlgemerkt, das Christentum hat nichts mit Christus zu

tun, der Buddhismus hat nichts mit Buddha zu tun, der Dschainismus hat nichts mit Mahavira zu tun. Es ist seltsam, aber so ist es immer gewesen. Keine Religion hat etwas mit ihrer ursprünglichen Quelle zu tun. Im Gegenteil, die Christen haben sich für die Botschaft Christi als schädlicher erwiesen als sonst irgend jemand, und die führenden Christen sind die Priester. Sie haben überhaupt keine Beziehung zu Christus und können sie auch nicht haben. Sie haben Angst vor Christus. In tiefster Seele müssen sie fürchten, einmal Christus zu begegnen und ihm Rede und Antwort stehen zu müssen: »Was hast du mit meiner Botschaft gemacht?« Wie sollen sie darauf antworten?

Ich habe gehört:

Das Telefon läutet im Zimmer des Papstes im Vatikan. Weil sonst keiner da ist, hebt der Papst selbst den Hörer ab. Der Anruf kommt aus New York, und mit zitternder Stimme meldet sich der New Yorker Erzbischof. Er sagt: »Stell dir vor! Hör zu! Du mußt mir glauben: Ein Mann ist in die Kirche gekommen, der genauso aussieht wie Jesus Christus! Was soll ich jetzt tun?«

Der Papst überlegt einen Moment und sagt dann: »Tu einfach so, als wärst du sehr beschäftigt!«

Was kann er sonst tun?

Die Priester haben die ganze Menschheit beherrscht. Sie sind die Politiker der Innenwelt, während die Politiker die Priester der Außenwelt sind. Zwischen Priestern und Politikern herrscht eine Verschwörung, ein stilles Einverständnis, eine Arbeitsteilung: »Herrscht ihr über den Menschen in seiner Subjektivität, und wir herrschen über ihn in der Außenwelt.« So haben sie die Menschen ausgebeutet und unterdrückt, und sie haben viel kaputtgemacht.

Und du fragst mich: *»Können die Priester denn wirklich gar keine Hilfe für die Menschheit sein?«*

Das einzige, was ich mir denken kann, ist, daß sie verschwinden, denn sie werden nicht mehr gebraucht. Das ist der größte Dienst, den sie der Menschheit erweisen können. *(142)*

Der Helfer

Es gibt so viele Probleme auf dieser Welt, und ich habe dich sagen hören, wir sollten nicht in die Falle gehen, anderen helfen zu wollen. Kannst du das bitte näher erläutern?

Probleme gibt es immer auf dieser Welt, und die Welt war schon immer da und wird immer da sein. Wenn du anfängst, etwas außen verändern zu wollen – die Umstände oder die Menschen – und eine Utopie zu verwirklichen, wenn du versuchst, die Regierungsform zu verändern, die Gesellschaftsstruktur, Wirtschaft, Politik, Erziehung – wenn du das versuchst, wirst du dich verlieren. Das ist die Falle, die man »Politik« nennt. Damit haben schon viele ihr Leben vergeudet.

Sei dir darüber ganz im klaren: Der einzige, dem du im Moment helfen kannst, bist du. Sonst kannst du im Moment niemandem helfen.

Vielleicht ist es nur ein Ablenkungsmanöver, ein Trick des Verstandes. Schau dir deine eigenen Probleme an, schau dir deine eigenen Ängste an, schau dir deinen eigenen Verstand an – und dann versuche, zuerst bei dir etwas zu verändern.

Aber so ergeht es vielen: Sobald sie sich für Religion, Meditation, Gebet zu interessieren beginnen, kommt sofort der Kopf und sagt: »Was machst du denn da? Sitzt einfach so still da? Die Welt braucht dich! Es gibt so viele arme Menschen, so viel Konflikt, Gewalt, Aggression! Was machst du hier – im Tempel beten? Geh und hilf anderen!«

Wie kannst du anderen helfen, wenn du in der gleichen Lage bist wie sie? Du wirst ihnen höchstens noch zusätzliche Probleme schaffen, aber helfen kannst du ihnen nicht.

So sind schon immer alle Revolutionen gescheitert. Bislang

war noch keine einzige Revolution erfolgreich – denn die Revolutionäre sitzen alle im gleichen Boot.

Religiös ist ein Mensch, wenn er begreift: »Ich bin winzig, ich bin sehr begrenzt. Wenn ich es mit meiner begrenzten Energie schaffe, mich selbst zu verändern, ist es ein Wunder!« Und wenn du dich selbst transformierst, wenn du zu einem völlig neuen Menschen wirst, in dessen Augen ein neuer Lebensfunke leuchtet, in dessen Herz eine neue Melodie erklingt, dann wirst du vielleicht auch anderen helfen können, denn dann hast du etwas zu geben.

Verstehe es richtig: Dein eigenes Licht brennt noch nicht, aber du fängst schon an, anderen helfen zu wollen. Dein eigenes inneres Sein ist noch völlig im Dunkeln, aber du fängst schon an, anderen zu helfen. Du selbst leidest, aber du willst anderen dienen. Du selbst bist durch keine innere Rebellion gegangen, aber du wirst zum Revolutionär. Das ist einfach absurd! Doch diese Idee spukt fast jedem durch den Kopf.

Es erscheint so einfach, anderen zu helfen. Doch in der Tat sind es immer gerade diejenigen, die sich selbst dringend ändern müßten, die Interesse daran finden, andere zu ändern. Es wird zu einer Beschäftigung, und auf diese Weise können sie sich selbst vergessen.

So habe ich das beobachtet. Ich habe viele Sozialarbeiter kennengelernt, aber ich habe noch keinen einzigen getroffen, der selbst ein inneres Licht gehabt hätte, um anderen helfen zu können. Aber sie bemühen sich sehr, anderen zu helfen. Sie sind wie verrückt darauf aus, die Gesellschaft, die Menschen, die Denkweise der Leute zu verändern, und dabei haben sie völlig vergessen, daß sie noch nicht mal bei sich selbst damit angefangen haben. Aber man kann eine Beschäftigung daraus machen.

Es wird zur fixen Idee. Und am besten sucht man sich eine fixe Idee, die unerreichbar ist. So kann man immer weitermachen und versuchen, die anderen zu ändern, viele Leben lang. Aber wer bist *du?* Auch das ist eine Form von Ego.

Khalil Gibran hat eine kleine Geschichte geschrieben:

Es war einmal ein Hund, ein großer Revolutionär, könnte man sagen, der in einem fort den anderen Hunden in der Stadt predigte: »Nur wegen eures unsinnigen Bellens können wir nicht wachsen. Ihr verschwendet eure ganze Energie durch unnötiges Bellen.« Ein Postbote kommt, und schon geht es los ... ein Polizist kommt, ein *Sannyasin* ... Hunde haben etwas gegen Uniformen, jede Art von Uniform. Sie sind Revolutionäre; sie fangen sofort zu bellen an.

Der Anführer sagte ihnen ständig: »Hört auf damit! Verschwendet nicht eure Energie. Die gleiche Energie könntet ihr auch in etwas Nützliches, Kreatives stecken. Wir Hunde könnten die Weltherrschaft erringen, aber ihr verschwendet nur sinnlos eure Energie! Ihr müßt diese Gewohnheit ablegen! Es ist die einzige Sünde, die Erbsünde.«

Die anderen Hunde hatten immer das Gefühl, daß er recht hatte; logisch gesehen hatte er recht. Was bringt dieses ständige Bellen? Und so viel Energie wird dabei verschwendet! Es macht nur müde. Doch schon am nächsten Morgen fängt man von neuem zu bellen an, und bis zum Abend ist man wieder müde. Was soll das Ganze?

Sie sahen ein, daß der Anführer recht hatte, aber sie wußten auch, daß sie nur Hunde waren, arme Hunde. Das Ideal war sehr edel, und der Anführer wirklich ein großer Mann, denn alles, was er predigte, das lebte er auch. Er bellte nie. Man sah, daß er Charakter hatte: Alles, was er predigte, praktizierte er auch.

Doch mit der Zeit wurden sie sein ständiges Predigen müde. Eines Tages – es war der Geburtstag des Anführers – beschlossen sie, ihm ein Geschenk zu machen und wenigstens in dieser Nacht der Versuchung zu widerstehen und nicht zu bellen. Zumindest eine Nacht lang wollten sie den Anführer ehren und ihm ein besonderes Geschenk machen. Und darüber würde er sich bestimmt am meisten freuen!

In dieser Nacht hörten alle Hunde auf zu bellen. Es war äußerst schwierig und anstrengend. Es war, wie wenn man meditiert – genauso schwierig, wie mit dem Denken aufzuhören. Es war das gleiche Problem. Sie hörten auf zu bellen –

und dabei hatten sie doch immerzu gebellt! Und sie waren keine großen Heiligen, sondern nur ganz gewöhnliche Hunde! Aber sie strengten sich sehr an; es war wirklich sehr, sehr schwierig. Sie verkrochen sich an ihren Plätzen, machten die Augen zu und bissen die Zähne zusammen, damit sie nichts sahen und hörten. Es war eine schwierige Disziplin.

Der Anführer spazierte in der Stadt umher. Er wunderte sich: Wo waren denn alle? Wem sollte er nun predigen? Wen sollte er unterweisen? Was war geschehen? – Völlige Stille! Nach Mitternacht wurde er plötzlich ganz wütend, denn er hatte nie wirklich geglaubt, daß die Hunde auf ihn hören würden. Er wußte nur zu gut, daß sie ihm nie folgen würden, weil es für Hunde einfach natürlich ist zu bellen. Seine Forderung war unnatürlich – und trotzdem, die Hunde hatten aufgehört! Seine ganze Führungsposition stand auf dem Spiel. Was sollte er von morgen an tun? Er wußte ja nichts anderes als Predigen. Seine ganze Berufung stand auf dem Spiel. Und da erkannte er zum ersten Mal, daß es an seinem ständigen Predigen von morgens bis abends gelegen hatte, daß er selbst nie das Bedürfnis zu bellen verspürt hatte. Es hatte seine ganze Energie in Anspruch genommen, und das war fast wie Bellen.

Doch in dieser Nacht fand er nirgendwo einen Schuldigen. Da verspürte der Predigerhund plötzlich einen ungeheuren Drang zu bellen. Ein Hund ist schließlich ein Hund. Er ging in eine dunkle Gasse und bellte los.

Als die anderen Hunde hörten, daß jemand die Abmachung gebrochen hatte, sagten sie sich: »Warum sollen wir unnötig leiden?« Und die ganze Stadt fing an zu bellen.

Da kam der Anführer zurück und sagte: »Ihr Narren! Wann werdet ihr endlich aufhören zu bellen? Nur weil ihr bellt, sind wir bloß Hunde – sonst hätten wir längst die Weltherrschaft errungen!«

Merke dir gut, daß der Sozialhelfer, der Revolutionär, das Unmögliche will – aber es hält ihn beschäftigt! Wenn man mit den Problemen anderer beschäftigt ist, kann man seine eigenen Probleme leichter vergessen.

Bringe zuerst deine eigenen Probleme in Ordnung, denn das ist deine erste, primäre Verantwortung.

Merke dir, daß du deine Nase nicht in die Angelegenheiten anderer Leute stecken sollst. Wenn sie etwas falsch machen, liegt es an ihnen, das zu erkennen. Niemand anderer kann sie zu dieser Erkenntnis bringen. Solange sie es nicht selbst erkennen wollen, gibt es keine Möglichkeit, und du verschwendest nur deine kostbare Zeit und Energie.

Deine erste Verantwortung ist gegenüber dir selbst – dein eigenes Sein zu transformieren.

Und wenn dein Sein transformiert ist, fangen die Dinge ganz von allein an zu passieren. Du wirst zu einem Licht, und andere werden anfangen, ihren Weg mit Hilfe deines Lichtes zu finden. Aber du gehst nicht hin und zwingst sie zu sehen. Dein hell leuchtendes Licht ist Einladung genug – andere werden kommen. Jeder, der nach Licht sucht, wird zu dir finden. Es ist unnötig, hinter irgend jemandem herzulaufen; es ist ein törichtes Unterfangen.

Kein Mensch hat je einen anderen gegen seinen Willen verändert. So läuft die Sache nicht. *(143)*

Ist es denn nicht richtig, anderen aus Pflichtgefühl zu dienen?

Nein, überhaupt nicht. Es ist häßlich. Wenn du etwas nur aus Pflichtgefühl und ohne Liebe tust, schadest du dir selbst und dem anderen auch. Denn wenn du es nicht aus Liebe tust, meinst du, der andere müsse dir dankbar sein. Du meinst, er stehe in deiner Schuld. Du erwartest eine Gegenleistung, du stellst tatsächlich eine Forderung, auf plumpe oder auf subtile Weise: »Jetzt kannst du auch etwas für mich tun; ich habe so viel für dich getan.«

Wenn du etwas aus Liebe tust, dann tust du es ohne die Erwartung, etwas zurückzubekommen. Es ist kein Kuhhandel – du tust es, weil es dir Spaß macht. Der andere schuldet dir nichts. Nicht etwa, daß deine Liebe nicht erwidert würde –

die Liebe kommt tausendfach zu dir zurück, aber nur Liebe kann erwidert werden, niemals Pflicht.

Vielmehr ist es so, daß der andere es dir niemals verzeihen wird, wenn du ihm gegenüber eine Pflicht erfüllst. Kinder sind ein gutes Beispiel: Sie können ihren Eltern niemals verzeihen. Die Eltern haben wahrscheinlich ihre Pflicht großartig erfüllt. Es ist aber nicht leicht, Menschen zu verzeihen, die ihre Pflicht getan haben. Man empfindet Achtung nur vor den Menschen, die einen geliebt haben, nicht aus Pflichtgefühl, sondern einfach aus reiner Freude.

Siehst du den Unterschied? Eine Mutter liebt dich einfach, weil sie Liebe für dich empfindet – ob du die Liebe erwiderst oder nicht, ist unwichtig. Es findet kein Kuhhandel statt; es ist kein Vertrag, es ist kein Geschäft. Wenn nichts von dir zurückkommt, wird sie es niemals erwähnen, wird sie keinen Gedanken daran verschwenden. Denn tatsächlich hat sie durch die Liebe zu dir so viel Freude erfahren – was will sie mehr?

Eine Mutter hat immer das Gefühl, daß sie nie so viel für ihr Kind tun konnte, wie sie eigentlich wollte. Aber wenn die Mutter nur aus Pflichtgefühl handelt, denkt sie, sie hätte zuviel getan und du hättest sie verraten – du würdest ihre Liebe nicht erwidern. Dann wird sie dir ständig um die Nase reiben, was sie alles für dich getan hat und daß sie dich neun Monate lang in ihrem Bauch hatte. Und sie wird immer wieder die ganze Geschichte aufwärmen. Das läßt keine Liebe entstehen; es führt eher zur Trennung. Die Kinder werden sehr, sehr böse.

Ich wohnte einmal bei einer Familie, in der es auch einen kleinen Jungen gab. Die Mutter führte mir den Jungen vor. Sie wollte, daß ich ihm eine Lehre erteilte, weil er so undankbar wäre. Ich kannte die Familie sehr gut, ich kannte den Vater und die Mutter; deshalb wußte ich auch, warum der Junge so undankbar war. Sie hatten alles getan, was sie konnten, aber immer nur aus reinem Pflichtgefühl.

Ich sagte ihnen: »Ihr seid selber schuld, ihr habt den Jungen nie geliebt. Er fühlt sich verletzt. Ihr habt ihm nie das Gefühl gegeben, daß er etwas wert ist. Eure Liebe ist keine Liebe; sie drückt wie ein Stein auf das Herz des Jungen. Jetzt wird er größer und kann sich schon gegen euch zur Wehr setzen, deshalb rebelliert er.«

Der Junge sah mich mit solcher Dankbarkeit an! Er fing an zu weinen. Er sagte: »Immer wenn jemand zu uns kommt, ein Gast, ein Freund, komme ich vor den Richter. Jeder soll mir eine Lektion erteilen. Du bist der erste ... Du hast es richtig gesehen. Sie haben mich so gequält, und meine Mutter sagt mir dauernd: ›Ich habe dich neun Monate unter dem Herzen getragen.‹ Und ich sage zu ihr: ›Aber ich habe dich nicht darum gebeten. Das hatte nichts mit mir zu tun, es war deine Sache. Es war deine Entscheidung. Warum hast du keine Abtreibung machen lassen? Ich hätte dich nicht daran gehindert. Warum bist du überhaupt schwanger geworden? Ich habe dich nicht darum gebeten!‹«

Und ich wußte, daß er wütend war, aber er hatte recht.

Nun fragst du: *»Ist es denn nicht richtig, anderen aus Pflichtgefühl zu dienen?«* Nein, denn wenn du anderen aus Pflichtgefühl dienst, wirst du zu ihrem Folterknecht; du wirst sie beherrschen. Es ist ein Mittel, andere zu beherrschen, es ist Politik.

Erst fangt ihr damit an, ihnen die Füße zu massieren, aus Pflichtgefühl, und in null Komma nichts geht ihr ihnen an die Gurgel. Und als nächstes bringt ihr sie um. Und natürlich, wenn ihr anfangt, ihnen die Füße zu massieren, fühlen sie sich wohl und machen die Beine breit. Sie sagen: »Wunderbar«, und sie ahnen nicht, was ihnen blüht.

Alle, die »der Allgemeinheit dienen«, werden früher oder später Politiker. Das ist der richtige Weg, deine politische Karriere zu beginnen. Werde ein Diener der Allgemeinheit! Dient den Menschen aus Pflichtgefühl, dann könnt ihr früher oder später über sie herfallen, dann könnt ihr sie ausbeuten. Dann könnt ihr sie zerschmettern, und sie können nicht einmal protestieren, denn ihr dient ja der Allgemeinheit.

Will man Herrscher über die Menschen werden, muß man als Diener der Allgemeinheit anfangen.

Mein ganzes Bestreben hier ist, euch auf diese Fallen aufmerksam zu machen. Es sind Trips, Ego-Trips. Im Namen von Bescheidenheit, Demut, Pflichterfüllung fährt man auf einem Ego-Trip ab.

Tue etwas, aber tue es nur aus Liebe – sonst tue lieber gar nichts. Bitte, laß es sein. Es ist besser, du tust gar nichts.

Du wirst schon etwas tun können, denn keiner kann dauernd tatenlos bleiben. Energie entsteht, und man muß sie weitergeben – aber gib sie aus Liebe weiter.

Wenn du aus Liebe gibst, bist du dem anderen dafür dankbar, daß er deine Liebe akzeptiert hat, daß er deine Energie akzeptiert hat, daß er mit dir geteilt hat, daß er dich entlastet hat.

Tue nur etwas, wenn du dem Menschen, für den du etwas tust, dankbar sein kannst, sonst gar nicht. *(144)*

Der einzige Weg, die Welt zu verändern, besteht darin, das Bewußtseinsniveau zu verändern – und das kannst du nur bei dir selbst. Man kann es nicht von außen bei jemand anderem machen. Doch wenn du dein Bewußtseinsniveau veränderst, erzeugst du Schwingungen, die bei anderen Menschen Veränderungen bewirken. Andere werden sich ändern, ohne es zu merken.

Wir brauchen auf dieser Welt ein anderes Bewußtseinsklima – keine andere Gesellschaft, nur ein anderes Klima. Eine andere Schwingung, eine spirituelle Schwingung ist nötig. Darum bin ich nicht an direkten Veränderungen interessiert. Ich will euch nicht zu Sozialhelfern, Missionaren und ähnlichem machen. Ich will, daß ihr absolut selbstsüchtig seid.

Zuerst versuche zu erkennen, wer du bist – das ist das erste Prinzip der Selbstsucht. Zuerst versuche zu lieben – das zweite Prinzip der Selbstsucht. Liebe dich selbst, dann kannst du auch andere lieben. Und das dritte Prinzip der Selbstsucht:

Lebe freudig jeden Augenblick, als wäre er ein Fest – dann wird etwas durch dich geschehen. Du wirst zum Auslöser für einen Prozeß, der sich auf die ganze Welt auswirkt. Immer wenn ein Buddha erwacht, beginnt ein Prozeß, der sich auf die ganze Welt auswirkt.

Darum werde zuerst zu einem Buddha, zu einem Erwachten. Das ist alles, was du tun kannst. *(145)*

Der Philosoph

Im Westen bin ich Student der Philosophie. Gibt es denn überhaupt Liebe oder Weisheit in der Philosophie? Ich habe sie noch nicht gefunden.

Wolfgang, es ist gut, daß du sie noch nicht gefunden hast, und ich hoffe, du wirst sie auch nicht finden. Den Deutschen ist das nämlich zuzutrauen! Man sagt von der Philosophie, sie sei wie ein Blinder, der in dunkler Nacht in einem dunklen Zimmer nach einer schwarzen Katze sucht, die gar nicht da ist. Aber die Deutschen finden sie! Sie haben der Welt die größten Philosophen gegeben: Immanuel Kant, Hegel, Fichte, Marx, Feuerbach und so weiter und so fort.

Es ist gut, daß du sagst: »*Im Westen bin ich Student der Philosophie. Gibt es denn überhaupt Liebe oder Weisheit in der Philosophie? Ich habe sie noch nicht gefunden.*«

Liebe ist nicht möglich, denn Philosophie bedeutet Logik, und Logik kann nicht lieben. Logik ist die Grundlage der Wissenschaft, aber nicht die Grundlage des Lebens. Logik läßt sich nur auf leblose Gegenstände, auf Objekte, anwenden, denn die grundlegende Methode der Logik ist das Zerteilen. Doch sobald man etwas zerteilt, sobald man es seziert, tötet man es. Wenn du also mit Hilfe der Logik das Leben finden willst, wirst du es niemals finden. Die Methode selbst verhindert es.

Du kannst eine Rose abschneiden, kannst sie zerteilen, kannst ihre sämtlichen Bestandteile getrennt in verschiedene Flaschen tun und systematisch beschriften, aber es wird etwas fehlen: Die Schönheit wird fehlen, das Leben wird fehlen, die Freude wird fehlen, der Tanz der Rosenblüte in Sonne, Wind und Regen – das alles wirst du nicht finden können; es wird nicht mehr da sein. Nur ein paar chemische Substanzen, aber diese chemischen Substanzen sind nicht die Rose. Sie stellten nur die Situation her, in der die Rose in Erscheinung treten konnte. Die chemischen Substanzen sind nicht die Rose selbst; sie lieferten nur die geeigneten Voraussetzungen für das Sichtbarwerden der Rose. Wenn man sie wegnimmt, verschwindet die Rose ins Unsichtbare.

Es ist, als würde man einen Tänzer sezieren. Glaubst du, man kann auf diese Weise den Tanz in ihm finden? Man wird Knochen finden, man wird alle möglichen unersprießlichen Dinge in ihm finden, aber keinen Tanz. Man kann die Kehle eines Sängers aufschneiden, aber man wird kein Lied darin finden – und dabei dachte man doch immer, das Lied käme aus der Kehle! Die Kehle ist nur der Kanal; das Lied kommt aus dem Jenseits. Die Kehle kann ein guter oder ein schlechter Kanal sein, aber das steht auf einem anderen Blatt. Sie ist nur der Kanal. Dadurch, daß man den Kanal seziert, kann man nicht das finden, was aus dem Jenseits durch ihn hindurchkam.

Liebe und Logik begegnen sich nie, können sich niemals begegnen. Logik ist die Reise in die Außenwelt, Liebe die Reise in die Innenwelt. Logik bedeutet Sezieren, und Liebe bedeutet, die organische Einheit zu finden.

Logik denkt in Begriffen des Vielen, der Vielheit. Eigentlich sollten die Wissenschaftler aufhören, vom »Universum« zu reden; sie sollten es »Multiversum« nennen. »Universum« ist ein poetischer Name, wie Liebende ihn finden. Universum bedeutet »eins«, *uni*. Aber laut Wissenschaft ist es gar kein Universum, sondern ein Multiversum – eine Vielheit.

Nur Liebende erfahren die Einheit; Denker können die Einheit nicht erfahren. Doch in der Einheit des Ganzen findet man Liebe, findet man Weisheit.

Weisheit ist der Schatten der Liebe. Dort, wo es Liebe gibt, ist Weisheit. Dort, wo die Liebe lebendig ist, gibt es Tanz, gibt es Gesang, gibt es Schönheit – das alles sind Eigenschaften der Weisheit.

Wenn du denkst, die Logik könne dir Weisheit geben, dann

mußt du eine ganz klare Entscheidung treffen: Du mußt Weisheit als Wissen definieren. Logik kann dir nur dann Weisheit geben, wenn Wissen gleichbedeutend ist mit Weisheit, synonym mit Weisheit. Wissen ist aber nicht gleichbedeutend mit Weisheit! Wissen ist etwas durch und durch Geborgtes; es ist Müll, den du von anderen gesammelt hast.

Weisheit ist eine Explosion in deinem eigenen Bewußtsein. Weisheit ist etwas, das dir innewohnt. Sie kommt nicht von außen, sondern explodiert in deinem Inneren und strahlt von dort nach außen. Sie ist wie ein strahlendes Licht, das du mit anderen teilen, aber nicht horten kannst.

Um Wissen muß man betteln; Weisheit muß man austeilen. Das sind zwei völlig verschiedene Dimensionen.

Die Philosophie kann dir weder Liebe noch Weisheit geben; sie kann dir nur ständig Hoffnungen machen. Wenn Philosophie eine Antwort gibt, muß die Frage dumm gewesen sein. Vergiß nicht: Wenn die Philosophie dir irgendeine Antwort liefern kann, beweist das nur, daß deine Frage dumm war. Auf alle wirklich bedeutsamen Fragen weiß die Philosophie keine Antwort. Man muß in einer ganz anderen Richtung suchen.

Diese Richtung nenne ich Zen, diese Richtung nenne ich »das Erwachen« – kein Theoretisieren und Philosophieren, sondern ein Stillwerden; kein Anhäufen von Wissen, sondern ein Loslassen und Über-Bord-Werfen von allem Wissen, so daß man leer wird, vollkommen leer. In dieser Leere ist Klarheit, Reinheit, Lauterkeit, Unschuld, ein kindliches Staunen und Wundern. Das sind die Augenblicke, in denen Liebe und Weisheit sich in dir entfalten. Und sie entfalten sich immer gemeinsam. So wie Wissen und Logik gemeinsam wachsen, so wachsen auch Weisheit und Liebe gemeinsam.

Ein berühmter Zoologieprofessor an der Sorbonne pflegte seinen Studenten eine mündliche Prüfung am Semesterende abzuverlangen und stellt dabei immer die gleiche Frage: »Erzählen Sie mir alles über Würmer.«

Natürlich ließen es sich seine Studenten das ganze Semester hindurch gut gehen, und kurz vor der Prüfung studierten sie dann eifrigst alles über Würmer. Und alle bekamen immer sehr gute Noten.

Schließlich machte sich der Professor Gedanken, warum seine Schüler immer so gut abschnitten. Und als die Zeit für die nächste Prüfung näherrückte, lernten die Studenten wieder wie verrückt alles über Würmer.

Als der erste Kandidat zur Prüfung antrat, fragte ihn der Professor: »Erzählen Sie mir alles, was Sie über Elefanten wissen.«

Der Student war einen Moment zutiefst verunsichert, doch dann antwortete er: »Elefanten haben wurmähnliche Schwänze. Würmer klassifiziert man in ...« Und dann legte er los.

Wissen ist immer unintelligent. Wenn eine Frage gestellt wird, für die du eine Antwort vorbereitet hast, ist es gut, aber wenn eine Frage gestellt wird, auf die du keine fertige Antwort hast, bist du in der Klemme. Du verhältst dich mechanisch. Wissen ist mechanisch, und wie kann etwas Mechanisches dir helfen, weise zu sein? Wissen ist nichts anderes als Kategorisierung.

Die Philosophen sind gut darin, die Dinge zu kategorisieren; die Wissenschaftler sind gut darin, die Dinge zu kategorisieren. Ihre ganze Aufgabe besteht darin, alles zu kategorisieren, alles in bestimmte Kategorien einzuordnen – A ist A, und B ist B –, und so machen sie immer weiter. Sie suchen nicht nach der organischen Einheit des Lebens. Sie suchen nicht nach dem höchsten, absoluten Prinzip des Lebens, das in allem anzutreffen ist – in den Bäumen, in den Bergen, in den Sternen, in den Tieren, in den Vögeln, in den Männern und in den Frauen. Sie suchen nicht nach diesem einigenden Faktor. Dieser einigende Faktor ist das, was die Religionen »die Wahrheit« genannt haben, was Buddha »Nirvana« genannt hat, was Jesus »das Königreich Gottes« genannt hat.

Du wirst keine Weisheit und keine Liebe in der Philosophie finden.

Du wirst zwar alle möglichen schönen Antworten finden, alle möglichen Informationen und Fakten, die du wie ein Papagei nachplappern kannst, und du wirst sehr geübt darin werden, sie zu zitieren, sie zu wiederholen, aber das wird dich nur zu einem Computer machen. Jeder Computer kann das viel besser als du.

Finde etwas in dir, das kein Computer tun kann – dann bist du auf der richtigen Spur zu deinem innersten Sein, zu deiner Freiheit. Das ist das ganze Anliegen des Zen – und das versuchen wir hier. Ein Computer kann nicht lieben; er kann bloß sagen: »Ich liebe dich«, aber du weißt, es ist ein Computer. Er kann alle Gesten der Liebe machen, doch wenn plötzlich der Strom ausfällt ... »Grrr, grrr, grrr ...«, oder wenn die Batterie leer ist, dann mußt du sie erst auswechseln, damit er wieder sagen kann: »Ich liebe dich.«

Doch die Leute sind so töricht, und sie tun alles mögliche, um den Menschen immer mehr zum Roboter zu machen. *(146)*

Die Philosophie ist nicht das Wahre, und Philosoph zu werden ist ein Irrweg. Die Philosophie denkt über alles nach, aber sie gelangt nie zur Erfahrung selbst. Und es gibt Dinge, über die man nicht nachdenken kann – entweder erlebt man sie, oder man erlebt sie nicht. Wie kannst du über die Wahrheit nachdenken, wenn du sie nicht erfahren hast? Wie kann ein Blinder über Licht und Farben, über Regenbogen und Blumen und Schmetterlinge nachdenken?

Alles, was er von ihnen denken kann, wird falsch sein. Um die Farben zu kennen, um das Licht zu kennen, um die Sterne zu kennen, sind Augen nötig, nicht Nachdenken. Etwas mit eigenen Augen zu sehen ist etwas völlig anderes, als darüber nachzudenken. Nur Blinde werden darüber nachdenken. Wer Augen hat, der sieht und erlebt es selbst.

Die Philosophie ist eine nicht-existentielle Herangehensweise an die Existenz; darum kommt sie nie zu einem Schluß. Sie geht nur immer und immer im Kreis und bleibt in derselben Rille stecken.

Einer der ältesten menschlichen Berufe ist der des Philosophen, und man hat ihn immer sehr hoch gepriesen. Doch der

Grund für diese Ehre war, daß der Philosoph über die höchsten Werte nachdenkt, während die ganze Welt sich nur mit profanen Dingen beschäftigt. Es ist eine Welt voller blinder Leute, und wenn ein Blinder sich Gedanken macht über das Licht, fangen die anderen Blinden an, ihn zu verehren. Aber es ist aussichtslos, über das Licht nachzudenken.

Es ist aussichtslos, über die Wahrheit nachzudenken.

Es ist aussichtslos, über die Liebe nachzudenken.

Es ist aussichtslos, über die Schönheit nachzudenken.

Sobald man anfängt, einen der höheren Werte mit dem Denken einzukreisen, fühlt man sich sofort unbehaglich. Wenn zum Beispiel jemand auf einen schönen Sonnenuntergang zeigt und dich fragt: »Wie denkst du darüber?« – oder auf einen schönen Regenbogen: »Was hältst du davon?«, wirst du natürlich sagen: »Das ist schön!« Aber du hast noch nie darüber nachgedacht, ob du überhaupt weißt, was Schönheit ist.

Du hast einfach die Meinungen anderer Leute akzeptiert, und diese Sammlung fremder Meinungen ist alles, was du hast – nichts Eigenes, alles geborgt. Würde man nachfragen: »Was meinst du damit, wenn du sagst, daß der Sonnenuntergang schön ist? Was ist denn Schönheit?«, dann wärest du sofort in Verlegenheit.

Es gibt keine Möglichkeit, Schönheit zu definieren. Es gibt keine Möglichkeit, das Gute zu definieren. Es gibt keine Möglichkeit, Liebe zu definieren.

Du kannst lieben, aber du kannst es nicht definieren.

Du kannst dich von der Liebe überwältigen lassen, du kannst dich von ihr transformieren lassen, aber du wirst niemals imstande sein, über sie nachzudenken. Denken ist eine viel niedrigere Kategorie, in der Tat die niedrigste; tiefer kannst du nicht gehen.

Ein Philosoph zu sein ist überhaupt nichts Großartiges. Ich hasse allein schon das Wort, denn es hilft den Leuten nur, ihre Unwissenheit zu kaschieren. Es ermöglicht ihnen nie den Durchbruch zum Licht, zum Leben, zur Liebe, zum Dasein. Es versperrt ihnen nur den Weg und wird zu einem unüberwindlichen Hindernis.

Gedanken können eine solche Barriere sein, daß du, selbst wenn du vor einer schönen Blume stehst, diese nicht wahrnimmst. Deine Augen sind bedeckt mit Schichten von Gedankenstaub. Um die Schönheit der Blume zu erfahren, mußt du in einem meditativen Zustand und nicht in einem mentalen Zustand sein. Du mußt still werden, völlig still – ohne jede gedankliche Regung –, dann wird die Schönheit förmlich explodieren, dann wird sie von allen Richtungen auf dich einströmen. Du wirst überflutet von der Schönheit eines Sonnenaufgangs, einer sternenübersäten Nacht, eines wunderbaren Baumes.

Letzte Nacht hat es wieder sehr stark geregnet. Es war ganz still – alle müssen tief geschlafen haben. Es war schon nach Mitternacht, doch in der Dunkelheit der Nacht, in dieser ruhigen Heiterkeit der Nacht, war der Tanz des Regens von einer atemberaubenden Schönheit. Doch dafür muß man empfänglich sein.

Die Philosophie ist aggressiv, und mit einer aggressiven Einstellung kann man zwar Wissenschaftler werden, aber man wird nie über die Materie hinausblicken können. Man kann die Materie sezieren, man kann über ihre einzelnen Bestandteile nachdenken und sie wieder zusammensetzen, man kann sie sogar herstellen, aber immer bleibt die Materie etwas Äußeres.

Schönheit ist etwas Inneres. Um die Schönheit einer Rose zu sehen, brauchst du ein schönes Herz.

Licht ist nicht nur etwas Äußeres. Um Licht zu sehen, brauchst du empfängliche Augen. Vielleicht hast du dir noch nie Gedanken gemacht, wie es wäre, wenn die ganze Welt plötzlich erblindete: Würde die Sonne mit ihrem Licht dann immer noch scheinen? Die normale Logik sagt ja. Es spielt keine Rolle, ob du blind bist oder sehende Augen hast – die Sonne geht so oder so auf. Doch diejenigen, die sich tiefer mit solchen Fragen beschäftigt haben, sind zu ganz anderen Schlußfolgerungen gekommen. Wenn alle Menschen auf der Erde blind würden, gäbe es überhaupt kein Licht mehr. Die Sonne macht nur das halbe Phänomen aus. Wenn keine empfänglichen Augen da sind, kann es weder Licht geben noch Dunkelheit.

In dem Augenblick, in dem du dein Zimmer verläßt und hinter dir zuschließt, vollbringst du ein Wunder, dessen du dir nicht einmal bewußt bist: Alle Fotos in dem Zimmer, alle Kleidungsstücke, alle Gemälde – alle Dinge verschwinden. Es gibt keine Farben ohne ein Auge, das sie sieht. Farben sind die Reaktion des Auges, darum wird das Zimmer in dem Moment, in dem du die Tür hinter dir zumachst, farblos – alles wird farblos. Das Grün ist nicht mehr grün, das Rot nicht mehr rot. Doch wenn du durchs Schlüsselloch schaust, springen die Farben sofort zurück an ihren Platz. Sobald das Auge da ist, wird das fehlende Glied wieder ergänzt.

Über nichts, was von wahrem Wert ist, kann man nachdenken.

Das ist der grundlegende Unterschied zwischen der ganzen philosophischen Tradition und meinem Ansatz. In aller Bescheidenheit möchte ich sagen: Alle großen Philosophen sind große Blinde, und es besteht kein Zweifel, daß sie groß sind, weil sie es zuwege bringen, über etwas, das sie nicht sehen können, nachzudenken und etwas, das sie nicht berühren können, zum Gegenstand ihrer Überlegungen zu machen.

In einer von Äsops Fabeln gibt es eine berühmte Geschichte, die du vielleicht kennst:

Fünf Blinde gingen sich einen Elefanten anschauen. Alle fünf waren Philosophen, und natürlich fingen sie an, den Elefanten zu berühren. Der eine berührte die Beine des Elefanten und sagte: »Mein Gott, der Elefant ist wie die Säulen eines Tempels.«

Jener Blinde, der die Ohren berührte, sagte: »Du Idiot! Hör auf mit dem Quatsch über Säulen in einem Tempel! Der Elefant ist wie ein großer Fächer.« – In den Zeiten, bevor es in Indien elektrischen Strom gab, hatten die Reichen riesige Fächer, und zwei Diener standen an der Seite und bewegten andauernd diese Fächer. Die Fächer waren ähnlich wie die großen Ohren eines Elefanten.

Und so ging es weiter ... Die fünf blinden Philosophen argumentierten und argumentierten. Ein Mann beobachtete das Ganze. Er war ein einfacher, ganz gewöhnlicher Mann und kein Philosoph, aber er hatte Augen. Und er konnte es nicht fassen, was für Schlußfolgerungen diese Leute trafen! Sie stritten und zankten sich und hörten nicht auf zu argumentieren. Er sagte zu ihnen: »Ihr alle habt eine riesengroße Schwierigkeit. Eure Argumente helfen euch gar nichts. Ihr braucht Augen und nicht Argumente. Wenn ihr den Elefanten sehen könntet, würde euer Nachdenken sich erübrigen.«

Das Wort »Philosophie« kommt von zwei Wörtern: *philo* und *sophia. Philo* bedeutet »Liebe« und *sophia* bedeutet »Weisheit« oder »Wissen« – »Liebe zum Wissen«.

Der Osten hat keine Parallele zur Philosophie. Im Osten haben wir einen völlig anderen Ansatz. Es ist nicht der Ansatz der Philosophen – es ist der Ansatz der Mystiker.

Der Osten hat kein System, das eine Parallele zur Philosophie wäre. Was der Osten hat, ist etwas völlig anderes. Deswegen gibt es ein ständiges Mißverständnis zwischen den westlichen und den östlichen Gelehrten. Sie haben alle angefangen, von »östlicher Philosophie« zu sprechen, doch diese existiert überhaupt nicht.

Im Osten haben wir das Wort *Darshan;* das bedeutet »Sehen«, nicht Denken. Es bedeutet einfach Sehen. *Darshan* kann nicht mit »Philosophie« übersetzt werden. Ich habe ein neues Wort dafür erfunden. Ich kümmere mich nicht um die Sprachen, kümmere mich nicht um Grammatik, kümmere mich nicht um Wörterbücher und Enzyklopädien. Mein Anliegen ist ein existentielles und kein linguistisches. Ich habe mein eigenes Wort geprägt, und das ist: *»Philosia«* – »Liebe zum Sehen«, und nicht »Liebe zum Wissen«.

Wenn du also etwas werden willst, dann werde zu einem, der »das Sehen der Wahrheit liebt«, sei ein Liebhaber der Wahrheitserfahrung. Werde Teil der grenzenlosen Erfahrung, die ich *»Philosia«* nenne.

Vertraue deinen Augen mehr als deinem Verstand.

Vertraue deinem Herzen mehr als deinen Gedanken.

Vertraue mehr deinem Sein, denn das Sein ist es, das die Erfahrung vom Zentrum des Kosmos machen wird.

Meide die Philosophie! Sie ist eine Krankheit der Seele. Wenn du erst einmal den Unterschied zwischen Philosophie und *Philosia* erkannt hast, wirst du dich wundern, wie dieser geringfügige Unterschied zwischen zwei Wörtern dich auf einen völlig anderen Weg bringt. Die Philosophie führt dich tiefer in den Verstand, sie vervollkommnet deinen Verstand. Sie gibt dir ein System für die Argumentation. Sie kann dir helfen, ein perfektes Gedankengebäude zu errichten, aber es werden nur leere Worte sein; es entspricht nicht der Wirklichkeit.

Philosia führt dich auf einen anderen Pfad, den Pfad des Mystikers, dessen ganze Suche darin besteht, eine neue Sichtweise für alle Dinge zu finden. Seine Suche ist ein Suchen nach Augen, seine Suche ist ein Suchen nach einem offenen Herzen, um empfänglicher zu werden. Seine Suche ist letztendlich die Suche nach der Harmonie mit dem Sein, mit dem Herzschlag der Existenz. Wenn das Herz in Synchronizität mit dem universellen Herzen schlägt, weiß man ohne Wissen, ist man weise ohne Weisheit; dann erfährt man unmittelbar, ohne Erklärungen dafür zu haben.

Wenn du mich verstehen willst, mußt du den Unterschied zwischen diesen beiden Begriffen verstehen.

Die Philosophie führt dich tiefer in den Verstand hinein, und das bedeutet, tiefer in die Konfusion. *Philosia* führt dich jenseits des Verstandes in einen Zustand des Nicht-Denkens. *Philosia* ist im Grunde Meditation. Sie ist die Öffnung eines Dritten Auges in dir. Dieses Dritte Auge ist nur eine andere Art, empfänglich für die Geschenke der Existenz zu werden. Ich benutze dieses Bild nur als Gleichnis; du darfst es nicht wörtlich nehmen.

Die Philosophie wird unweigerlich aggressiv sein. Ein Buch von Bertrand Russell, einem der größten Philosophen der modernen Zeit, trägt den Titel *Conquest of Nature* – »Die Eroberung der Natur«. Das deutet auf die verborgene Aggressivität der Philosophie hin.

Philosia ist keine Eroberung der Natur, sondern im Gegenteil die Bereitschaft, sich von der Natur erobern zu lassen. Sie ist tiefes Vertrauen, Offenheit, Empfänglichkeit. Der Philosoph kann nicht umhin, ernst zu sein. Je tiefer er sich auf den Pfaden der Philosophie bewegt, um so ernsthafter wird er, denn je weiter er sich vom Leben und von der Liebe entfernt, um so weiter entfernt er sich von allem Schönen, vom Feiern, von der Lebensfreude, vom Lachen.

Genau das Gegenteil widerfährt dem Mystiker. Er nähert sich immer mehr der kindhaften Unschuld. Er steckt voller Lachen und bricht in Gelächter aus angesichts des allgegenwärtigen Wunders der Existenz. Wir sind nur so blind, daß wir dieses Wunder nie wahrnehmen. Du säst ein Samenkorn, es regnet darauf, der Same verschwindet und stirbt im Boden, und plötzlich sprießen daraus zwei grüne Blätter – und du siehst darin kein Wunder? Du siehst darin nicht die Magie? Aus diesem kleinen Samen wächst ein riesiger Baum mit Tausenden von Blüten, Tausenden von Früchten. Aus diesem einen Samen kommt ein Baum hervor, der jedes Jahr Millionen von Samen geben wird! Ein Wissenschaftler hat einmal gesagt, ein einziger Same könne die ganze Erde grün machen. Ein solches Wunder aus einem kleinen Samenkorn!

Doch wir leben mit einer Einstellung, die alles für selbstverständlich nimmt. Darin besteht unsere Blindheit.

Nimm nichts für selbstverständlich, dann wirst du bei jedem Schritt, in jedem Augenblick auf Wunder stoßen.

Der Mystiker ist so überwältigt von der Herrlichkeit und dem Wunder dieser Existenz, daß er wissend wird, aber er reduziert seine Erfahrung nicht zu Wissen. Er wird nie zum Philosophen. Er bleibt immer ein Seher. *(147)*

Der Wissenschaftler

Was ist der moderne Mensch? Haben Wissenschaft und Technik den modernen Menschen verdorben?

Der moderne Mensch existiert noch gar nicht. Die Menschen auf dieser Welt sind alle ziemlich altertümlich und antiquiert. Man findet nur selten einen zeitgenössischen Menschen. Der eine gehört zu einer Religion, die schon vor zehntausend Jahren gegründet wurde, der andere gehört zu einer zweitausend Jahre alten Religion ... Das sind doch keine Zeitgenossen! Diese Leute leben zwar in der modernen Zeit, aber sie sind alles andere als modern!

Daraus ist ein ungeheures Problem entstanden. Technik und wissenschaftlicher Fortschritt sind auf den modernen Menschen angewiesen, doch den modernen Menschen gibt es noch nicht. Die Technik steht zur Verfügung, die Wissenschaft steht zur Verfügung, aber die Menschen, die kreativ damit umgehen können, existieren noch nicht.

Das Ergebnis ist katastrophal, denn die Wissenschaft hat diesen Menschen, die noch gar keine Zeitgenossen sind, technische Geräte und Vorrichtungen an die Hand gegeben, die äußerst gefährlich sind. Es ist, als würde man einem Kind ein Schwert in die Hand drücken. Es wird entweder jemand anderen verletzen oder sich selbst. Es ist kein Schwertkämpfer; darin ist es nicht geschult.

Die Menschen hinken einer Technik hinterher, die ihnen weit voraus ist. Sie wissen gar nicht, was sie damit anstellen sollen, und alles, was sie damit anstellen, erweist sich als verkehrt.

Die Atomenergie könnte ein großer Segen für die Menschheit sein; sie könnte alle Armut beseitigen. Aber statt die

Armut zu beseitigen und der Menschheit ein Leben im Wohlstand zu ermöglichen, haben wir in Hiroshima und Nagasaki viele unschuldige Menschen vernichtet, die niemandem etwas zu Leide getan haben.

Es ist nicht so, daß die moderne Technik und Wissenschaft den Menschen verdorben hätten. Der Mensch ist bloß unfähig, die moderne Wissenschaft und Technik auf die richtige Weise einzusetzen. Der moderne Mensch ist noch nicht geboren.

Das erinnert mich an H. G. Wells, der eines der besten Bücher über die Weltgeschichte geschrieben hat. Als sein Buch erschien, wurde er in einem Interview gefragt: »Was halten Sie von der Zivilisation?« H. G. Wells sagte: »Was ich davon halte? Ich halte die Zivilisation für eine gute Idee, aber sie muß erst verwirklicht werden. Bisher ist es nur eine Idee. Jemand muß sie in die Realität umsetzen.«

Nicht Technik und Wissenschaft sind das Problem. Das Problem ist der zurückgebliebene Mensch. Aber wir Menschen sind sonderbar. Wir haben immer so sonderbare Vorstellungen.

Mahatma Gandhi dachte, man könne alle Probleme lösen, wenn man die ganze Wissenschaft und Technik, die seit der Erfindung des Spinnrades von der menschlichen Intelligenz entwickelt wurde, ins Meer versenkt. Und man glaubte ihm! Und nicht nur in Indien, sondern Millionen von Menschen auf der ganzen Erde glaubten ihm, daß das Spinnrad die Lösung aller Probleme sei.

Gandhi ritt ständig darauf herum, daß die Technik den Menschen verdirbt. Das ist mein Hauptstreitpunkt mit ihm: Es liegt an den zurückgebliebenen Menschen, daß sie die Technik nicht richtig nutzen können. Die Technik kann niemanden verderben. Die Technik ist nur ein Mittel in eurer Hand, und ihr könnt damit machen, was immer ihr machen wollt.

Die Medizin ist der Auffassung, daß die Menschen dreihundert Jahre alt werden können. Das Altern ließe sich verhindern, Krankheiten könnten verschwinden, und der Mensch könnte jung und gesund bleiben und dabei dreihundert Jahre alt werden.

Aber daran ist niemand interessiert. Kein Politiker interessiert sich dafür. Ihr Interesse geht dahin, wie man Todesstrahlen produzieren kann. Doch wenn man Todesstrahlen produzieren kann, wäre es dann nicht auch denkbar, Lebensstrahlen zu produzieren? Dasselbe Genie, derselbe Wissenschaftler, der Todesstrahlen erzeugen kann, wäre auch imstande, Lebensstrahlen zu erzeugen.

Doch für Lebensstrahlen besteht kein Bedarf. Gefragt sind Todesstrahlen, und wahrscheinlich gibt es sie auch schon, in der Sowjetunion und in Amerika. Dann braucht man keine Raketen mit Nuklearsprengköpfen mehr loszuschicken. Man könnte einfach Todesstrahlen auf einen bestimmten Ort richten, und sie würden die Menschen treffen und auf eine solche Weise töten, daß nichts anderes zerstört wird. Eure Möbel, eure Häuser, eure Autos würden unversehrt bleiben ... Nur alles Leben würde zerstört.

Eine sonderbare Welt! Wenn Todesstrahlen eingesetzt würden, blieben die Häuser, die Autos, die Züge intakt. Aber Leben würde man nirgendwo mehr finden können.

Verdirbt die Technik den Menschen? Nein, ich kann Gandhi nicht beipflichten.

Ich hoffe, daß es uns gelingen wird, Lebensstrahlen zu produzieren. Solche Lebensstrahlen könnten, wenn sie auf eine Stadt gerichtet werden, die ganze Stadt verjüngen und neue Lebenskraft verbreiten. Doch den Religionen wird meine Idee gar nicht gefallen, denn sogar die alten Leute würden sich dann wieder verlieben. Lebensstrahlen? – Keine Religion ist dazu bereit. Todesstrahlen sind völlig in Ordnung. Aber Lebensstrahlen ... stellt euch vor, sie treffen den Vatikan, und der Papst verliebt sich und fängt an, in der Disco zu tanzen und sich eine Freundin zu suchen! Also, was mich betrifft, würde ich es liebend gern sehen, wenn das passiert!

Der zeitgenössische Mensch muß erst auf die Welt kommen. Darin besteht meine Arbeit. Darum sind alle gegen mich – weil sie keine Zeitgenossen sind. Ich kämpfe einen Kampf gegen alle – gegen all diese alten, toten Skelette, diese uralten Fossilien.

Wenn der zeitgenössische Mensch ins Leben kommt, wird die ganze Technik ihm zu Diensten stehen. Dann wird es unnötig, daß irgendein Mensch noch harte Arbeit tut; das kann alles die Technik übernehmen. Die Zwangsarbeit des Menschen geht ihrem Ende entgegen. Die Maschinen können alles übernehmen, und sie können es viel effizienter als jeder Mensch. Und wenn die ganze Arbeit von der Technik, von Maschinen getan werden kann, wird der Mensch frei, um sein Bewußtsein zu entwickeln. Dann hat er genügend Zeit für Meditation, für das Transzendieren des Weltlichen, dann hat er Zeit, um sich dem Transzendentalen, dem Ewigen zuzuwenden.

Und Maschinen können wahre Wunder wirken! Nehmt den Herzinfarkt ... so viele Menschen sterben an Herzversagen, und heute ist es praktisch möglich geworden, das Herz durch ein Kunststoffherz zu ersetzen. Das bedeutet nicht, daß eure Liebe dann aus Kunststoff sein wird, aber man kann ein so starkes Herz haben, daß es nicht mehr versagt. Man kann den menschlichen Körper auf jede mögliche Weise verbessern. Die plastische Chirurgie kann die Menschen so schön machen, wie man es sich nie erträumt hätte!

Aber diesen idiotischen Politikern liegt nur etwas am Zerstören. Ihnen liegt nichts daran, das Menschenleben zu verschönern und zu verlängern und den Menschen zu helfen, daß sie jung, jugendlich und verspielt bleiben können. Ihnen liegt nichts daran, daß diese Erde zu einem Ort des Feierns wird, einem Ort der Lebensfreude, an dem gesungen und getanzt wird. Sie haben kein Interesse daran, den Menschen mehr Zeit zu geben, damit sie sich zu höheren Dimensionen des Seins weiterentwickeln können. Ihnen wäre es am liebsten, wenn diese alte, überholte Menschheit genauso weiterbestehen würde.

Darum sage ich es immer wieder: Der neue Mensch, der zeitgenössische Mensch, ist noch nicht auf der Szene erschienen. Wir müssen sein Kommen vorbereiten. *(148)*

Warum vergiften die Menschen ihre Flüsse, ihre Luft, ihre eigene Nahrung?

Weil sie von der Gewalt vergiftet sind. Deshalb wird alles vergiftet, was sie tun. Sie sind selbstmörderisch, weil sie nicht wissen, was Leben ist, und weil sie nicht wissen, wie man lebt. Sie kennen keine Lebensfreude und keinen Jubel. Sie wissen nicht, was für ein Geschenk das Leben ist, was für ein großartiges Geschenk! Sie kennen keine Dankbarkeit. Darum können sie nur destruktiv sein und alles zerstören.

Die westliche Einstellung steuert immer mehr auf den Tod zu, jeden Tag bringt sie unseren Planeten dem Tode näher. Jeden Tag kann diese Erde in die totale Vernichtung hinein explodieren. Die gesamte Intelligenz – Technik, Wissenschaft, Politik, alle diese Bereiche – richtet sich nur auf eines: den globalen Selbstmord.

Aber es ist der gleiche Mensch.

Ich möchte, daß aus euch das genaue Gegenteil wird: ein Mensch, der liebt, ein Mensch, der nicht kämpft, ein Mensch, der sich selbst liebt. Darum ist meine Religion die Liebe zu sich selbst.

Ein Mensch, der sich selbst liebt, liebt auch andere. Dann wird eine völlig andere Art von Politik möglich, und sie wird auf Liebe beruhen. Der Mensch, der sich selbst liebt und andere liebt, wird auch die Natur lieben – denn Bäume sind auch Wesen, Vögel sind auch Wesen, Tiere sind auch Wesen. Dann wird es eine völlig neue Art von Wissenschaft auf der Welt geben. Aber diese Wissenschaft muß aus der Religion kommen, denn Religion ist der tiefste Kern.

Weil ihr euch selbst haßt, darum haßt ihr auch andere und darum haßt ihr auch die Natur. Das sind alles Auswirkungen des ursprünglichen Hasses, den ihr in euch tragt.

Doch die Frage geht noch weiter: »*Und warum rechtfertigen sie das alles mit Vernunft, Psychologie und Gesetz?*«

Was sollen sie sonst tun? Man muß alles rechtfertigen. Ja, gerade wenn man etwas Falsches tut, muß man es sofort rechtfertigen, denn sonst müßte man sich ja selbst eingestehen, daß man etwas falsch gemacht hat, und dann wäre man in den eigenen Augen ein Verbrecher. Um das zu vermeiden, findet man Rationalisierungen.

Einmal hatte ich einen Wissenschaftler bei mir wohnen. Ich liebe es, wenn mein Garten ein Dschungel ist, und so hatte ich einen herrlichen Dschungel rund um mein Haus. Der Wissenschaftler sagte zu mir: »Ist dir klar, was du da machst? Wenn du diese Bäume so nahe an dein Haus heranwachsen läßt, werden sie es völlig überwuchern. Das ist gefährlich. Es herrscht ein ständiger Kampf zwischen den Menschen und den Bäumen. Wenn du sie nicht auf Distanz hältst, werden in ein paar Jahren die Wurzeln durch deine Wände hindurch wachsen und dein ganzes Haus zerstören.« Und dann sagte er noch: »Ich hasse Bäume.«

Das war bisher die Einstellung des Menschen: zerstören. Wenn man diese Einstellung hat, wird alles zum Feind, sogar die armen Bäume, die unschuldigen Bäume. Und weil es einen gewissen Wahrheitsgehalt hat, kann man seine Vernunftgründe darauf aufbauen. Gewiß, es stimmt schon, wenn man Bäume völlig frei wachsen läßt, werden sie über eure Städte und eure Häuser hinwegwachsen. Das ist wahr, das ist eine Tatsache. Aber sein ganzes Leben auf so einer kleinen Tatsache aufzubauen und daraus eine Lebensphilosophie zu machen, ist nicht richtig.

Etwas anderes ist nämlich genauso wahr: Wir existieren nur durch die Bäume. Wenn ihr alle Bäume zerstört, werdet ihr sterben. Ihr atmet Sauerstoff ein, die Bäume atmen Sauerstoff aus. Ihr atmet Kohlendioxid aus, die Bäume atmen Kohlendioxid ein. Wenn ihr von Bäumen umgeben seid, habt ihr mehr Leben in euch. Das ist nicht bloß Poesie. Wenn ihr in einen natürlichen Wald geht, steigt eine große Freude in eurem Herzen auf; plötzlich fühlt ihr euch viel lebendiger, als würde das viele Grün euch ebenfalls grün machen. Es ist nicht nur Poesie, es ist total wissenschaftlich. Es liegt daran, daß mehr Sauerstoff, mehr Leben um euch herum pulsiert, mehr

Vitalität. Und wenn ihr mehr Sauerstoff einatmet, wird euer Blut gereinigt, ihr könnt die Giftstoffe besser ausscheiden und lebt maximal.

Mit den Bäumen besteht eine enge Partnerschaft: Sie nehmen euer Gift auf und reinigen es, und sie produzieren Sauerstoff für euch; ihr nehmt den Sauerstoff auf, verwertet ihn und scheidet das Kohlendioxid aus. Die Bäume verwerten das Kohlendioxid als Nahrung. Die Partnerschaft ist absolut. Ohne Bäume kann der Mensch nicht leben, und ohne den Menschen können die Bäume nicht leben.

Die Bäume benötigen die Tiere, und die Tiere benötigen die Bäume. Sie existieren nicht getrennt; sie sind Teil eines rhythmischen Ganzen. Auch das ist eine Tatsache, und alles Lebendige kommt nicht darum herum. Man muß das in seiner Ganzheit verstehen und so leben, daß nicht ein einzelnes Detail zum Ganzen wird oder so tut, als würde es zum Ganzen.

Man braucht nichts zu zerstören. Man braucht nicht zu kämpfen.

Es gibt eine berühmte Zen-Geschichte …

Ein König sagte zu seinem alten Schreiner, daß er gern einen bestimmten Tisch hätte. Der alte Mann sagte: »Ich bin schon sehr alt und mein Sohn ist noch nicht so weit, er lernt es erst. Aber ich will es versuchen, ich werde mein Bestes geben. Gib mir etwas Zeit.«

Und der alte Mann verschwand für drei Tage in den Wäldern. Nach drei Tagen kam er zurück.

Der König fragte: »Drei Tage hat es gedauert, um das bißchen Holz für einen Tisch zu holen?«

Der alte Schreiner sagte: »Manchmal dauert es drei Tage, manchmal drei Monate. Und manchmal findet man sogar drei Jahre lang kein Holz. Es ist eine schwierige Kunst.«

Der König war verwirrt. Er sagte: »Erkläre mir das. Wie meinst du das? Erkläre es mir genau.«

Und der Mann sagte: »Zuerst muß ich fasten, denn nur wenn ich faste, beruhigt sich allmählich mein Denken. Und wenn mein Denken sich beruhigt, verschwinden alle Gedanken, verschwindet alle Gewalt. Dann bin ich nicht mehr aggressiv; dann ist nur noch reines Mitgefühl und Liebe da, eine andere Schwingung. Erst wenn ich diese Schwingung des Nicht-Denkens fühle, gehe ich in den Wald, denn nur mit dieser Schwingung kann ich den richtigen Baum finden. Wie könnte man den richtigen Baum finden, wenn man aggressiv ist?

Ich muß die Bäume selber fragen, ob einer von ihnen bereit ist, ein Tisch zu werden. Ich gehe und schaue mich um, und wenn ich das Gefühl habe, daß ein Baum bereit ist ... Diese Bereitschaft kann ich nur fühlen, wenn ich ohne Denken bin. Deshalb muß ich fasten und meditieren ... und wenn ich absolut leer geworden bin, streife ich einfach unter den Bäumen umher und spüre sie. Wenn ich fühle, daß ein Baum passen würde, setze ich mich neben ihn und frage ihn um Erlaubnis: ›Ich möchte dir einen Ast abschneiden. Bist du dazu bereit?‹ Nur wenn der Baum von ganzem Herzen ja sagt, schneide ich, sonst nicht. Wer bin ich denn, daß ich ihm einen Ast abschneiden darf?«

Das ist eine völlig andere Vorgehensweise. Da ist kein Kampf zwischen dem Mann und dem Baum, da ist Freundschaft. Der Mann versucht, sich auf die Bäume einzustimmen, und er fragt sie um Erlaubnis. Für den westlichen Verstand klingt das absurd. Der westliche Verstand sagt: »Was redest du für einen Quatsch? Einen Baum um Erlaubnis fragen? Bist du verrückt geworden? Und wie kann der Baum ja oder nein sagen?«

Aber sogar die westliche Wissenschaft nimmt allmählich zur Kenntnis, daß Bäume ja und nein sagen können. Es gibt heute hochentwickelte Instrumente, mit denen man feststellen kann, in welcher Stimmung ein Baum ist – ob er wohlgesonnen ist oder unfreundlich, ob er glücklich oder unglücklich ist. Man hat feinfühlige Geräte entwickelt, die eine Art Kardiogramm liefern. Man kann das Kardiogramm eines Baumes abnehmen. Mit elektronischen Meßgeräten läßt sich die Stimmung des Baumes feststellen.

Nähert sich ein Holzfäller dem Baum, dann zittert der Baum vor Angst, er ist traurig und furchtsam und klammert sich ans Leben. Den Baum in diesem Zustand zu fällen, entspräche nicht dem Vorgehen des Zen-Schreiners, ganz und gar nicht. Wenn der Baum nicht will – wer bist du, ihn umzusägen? Nur wenn der Baum von sich aus dazu bereit ist, darfst du ihn fällen.

Ein solcher Tisch wird aus einem völlig anderen Holz geschnitzt sein. Er ist wie ein Geschenk des Baumes; er wurde ihm nicht entrissen. Der Baum wurde nicht beraubt, wurde nicht erobert. Man kann sich unschwer vorstellen, daß ein solcher Tisch eine andere Schwingung haben wird. Er wird etwas Heiliges an sich haben. Wenn du diesen Tisch in dein Zimmer stellst, wirst du durch ihn eine bestimmte Atmosphäre herstellen, die mit einem anderen Tisch nicht möglich wäre. Der Tisch wird sich mit dir anfreunden, weil auch du dich mit ihm angefreundet hast. Er wird als Mitglied deiner Familie da sein, nicht als abgehacktes Glied eines Feindes.

Der westliche Verstand hat sich zu aggressiv gegen sich selbst und gegen die Natur verhalten. Das hat zu einer schizophrenen Einstellung gegenüber den Menschen geführt, hat die Politik und den Krieg hervorgebracht, hat die globale Umweltkrise hervorgebracht.

Nun ist die Situation ins Extrem geraten. Der Mensch muß entweder umkehren und seine aggressive westliche Einstellung aufgeben, oder er muß darauf gefaßt sein, sich von diesem Planeten zu verabschieden. Die Erde kann den Menschen nicht länger ertragen; sie hat ihn schon viel zu lange ertragen. *(149)*

Die heutigen Wissenschaftler – Karl Pribram, David Bohm und andere – stoßen immer wieder auf das Religiöse. Sie haben nahegelegt, daß unser Gehirn ein Hologramm sein könnte, das unser holographisches Universum interpretiert; daß gewisse Schaltkreise im Gehirn das inhaltlose Bewußtsein in Gang setzen; daß der analytische, denkende Teil des Gehirns für die Trennung und Fragmentierung verantwortlich sei, während der intuitive

Teil die Wirklichkeit in holistischer Weise erlebt; daß der Begriff der Energie zu begrenzt sei und durch einen Wellenbegriff ersetzt werden sollte. Sie haben »Resonanz« und »Synchronizität« als geeignetere Begriffe vorgeschlagen.
Wenn du vom Verstand (mind) *redest, meinst du damit überwiegend den denkenden Teil, also jenen Teil, der unsere Glaubenssysteme und unsere Persönlichkeit hervorbringt? Genügt es, die Identifikation mit dem Denken aufzugeben, oder muß man den Verstand als Ganzes, also auch Unter- und Überbewußtsein, transzendieren? Besteht das Universum, diese ganze Existenz, aus dem gleichen »Stoff« wie der Verstand?*
Können diese Wissenschaftler etwas zur Wissenschaft der Erleuchtung beitragen? Und kann man das überhaupt, ohne selbst erleuchtet zu sein?

Nein, das ist unmöglich. Niemand kann eine Wissenschaft der Erleuchtung ins Leben rufen, ohne selbst erleuchtet zu sein. Das wäre gerade so, als würden Blinde eine Wissenschaft vom Licht ins Leben rufen – oder Menschen, die noch nie geliebt haben, eine Wissenschaft von der Liebe.

Erleuchtung ist absolut notwendig, um zu verstehen, was sie ist. Schau dir deine Frage an ... diese Wissenschaftler versuchen etwas, was über ihr Gebiet hinausgeht.

Erleuchtung gehört nicht zum Verstand. Erleuchtung bedeutet Freiheit vom Verstand; sie bedeutet, den Verstand zu transzendieren, sie bedeutet, über den Verstand hinauszugehen. Und all diese Wissenschaftler, die du erwähnst, bewegen sich innerhalb des Verstandes.

Erleuchtung hat nichts mit dem Verstand zu tun; sie hat etwas mit dem Bewußtsein vom Verstand zu tun. Sie befaßt sich nicht mit den Inhalten des Verstandes – woraus er besteht und wie der ganze Mechanismus funktioniert.

Bewußtsein bedeutet Desidentifizierung vom Verstand. Der ganze Mechanismus des Verstandes, der Denkapparat, wird zurückgelassen. Sobald alles Denken zurückgelassen wird und nur noch ein Zustand reiner Bewußtheit vorhanden ist, geschieht Erleuchtung.

Und die Existenz besteht nicht aus dem Stoff, aus dem der Verstand besteht. Nein, die Existenz besteht aus dem Stoff, der »Gott« genannt wird, oder genauer: »Göttlichkeit« – und das geht sogar noch über die Erleuchtung hinaus.

Erleuchtung ist jenseits des Verstandes, jenseits des Geistes. Der Geist ist jenseits von Materie. Göttlichkeit ist jenseits von Erleuchtung, und Göttlichkeit ist einfach Jenseitigkeit. Und diese Jenseitigkeit geht immer weiter und weiter ohne Ende.

Jeder Wissenschaftler, der versucht, die Erleuchtung zu verstehen, ohne selbst erleuchtet zu sein, macht sich nur lächerlich. Die Erleuchtung ist kein Objekt, das man von außen studieren könnte. Eine Rose kann man von außen untersuchen, ohne selbst zur Rose zu werden. Natürlich, das ist einfach. Wenn du selbst zur Rose würdest – wer könnte sie dann untersuchen?

Die Wissenschaftler untersuchen Objekte, aber die Erleuchtung ist kein Objekt. Sie ist eure Subjektivität; sie ist die Seele des Wissenschaftlers selbst. Er kann sie nicht auf den Tisch legen und sezieren, um herauszufinden, woraus sie besteht – wer würde das denn tun?

Da ist die Grenze der Wissenschaft. Die Grenze besteht darin, daß ihre Welt die objektive Welt ist. Doch was darüber hinausgeht ... Jeder Wissenschaftler, der versucht, die subjektive Welt zu ergründen, erweist sich als Don Quichotte. Bei ihm ist eine Schraube locker – oder zu fest angezogen.

Für die Wissenschaft gibt es keinen Weg, über die Objekte hinauszugehen. Jenseits der Objekte ist die Welt der Religion – oder genauer gesagt, die Welt der Religiosität. *(150)*

Ich habe dich einmal sagen hören, die Wissenschaft sei der Kopf und die Religion das Herz. Darf ich das so verstehen, daß diese Qualitäten eine Polarität bilden und sich gegenseitig bedingen? Das eine kann ohne das andere nicht existieren, so wie ein Mensch nicht existieren kann, wenn er nicht beides hat – Kopf und Herz. Würde das nicht bedeuten, daß wir neben der globalen Wissenschaftsgemeinde auch eine globale religiöse Gemeinde brauchen?

Vereinigt sich nicht die Vision einer globalen Wissenschaft und einer globalen Religion in deiner Vision vom neuen Menschen zu einer Synthese?

Der Mensch ist nicht bloß Kopf und Herz. In ihm ist noch etwas, das mehr ist als diese beiden Dinge: das Sein. Du mußt also drei Dinge verstehen: Kopf, Herz und Sein.

Ich habe gesagt, die Religion gehört zum Herzen, weil die Religion die Brücke zwischen Kopf und Sein ist. Der Kopf kann nicht direkt den Sprung ins Sein machen; er braucht dazu das Herz als Brücke.

Die Wissenschaft ist beschränkt auf Kopf, Vernunft, Logik. Das Herz ist beschränkt auf Gefühle, Emotionen, Empfindungen. Doch das Sein geht über beides hinaus. Es ist reine Stille – ohne Denken, ohne Fühlen. Und nur wer auch das Sein kennt, ist wirklich ein religiöser Mensch. Das Herz ist nur eine Zwischenstation.

Aber ihr müßt auch meine Schwierigkeit verstehen: Ihr lebt im Kopf. Ich kann nicht über das Sein reden, weil der Kopf nicht in der Lage ist, mit dem Sein zu kommunizieren. Für den Kopf gibt es das Sein gar nicht. Deshalb leugnen die Wissenschaftler stets die Seele. Darum muß ich zu euch über das Herz reden, das auf halbem Wege liegt.

Dem Kopf ist es möglich, ein bißchen vom Herzen zu verstehen, denn selbst der größte Wissenschaftler verliebt sich schon mal. Sein Kopf kann zwar nicht verstehen, wie das passiert – verlieben? Er kann es nicht rational beweisen. Er kann nicht sagen, warum es bei einer bestimmten Frau, einem bestimmten Mann passiert und welche Chemie dafür verantwortlich ist, welche Physik. Es scheint aus heiterem Himmel zu kommen. Aber er kann es auch nicht leugnen. Es ist da, und es übernimmt die Kontrolle über sein ganzes Leben.

Das ist der Grund, warum ich sage, daß die Religion zum Herzen gehört. Das ist aber nur eine vorläufige Aussage. Wenn ich euch erst einmal vom Denken zum Fühlen überredet habe, dann kann ich auch sagen, daß die Religion zum Sein gehört.

Religion ist weder Denken noch Fühlen, weder Logik noch

Emotion. Sie ist reine Stille. In gewissem Sinne ist sie völlig leer, weil kein Fühlen, kein Denken da ist, und in einem anderen Sinne ist sie überfließend vor Glückseligkeit, vor Ekstase.

Meditation ist der Weg vom Kopf zum Herzen und vom Herzen zum Sein.

Ich wünsche mir, daß die Wissenschaftler auf das Herz hören lernen. Das würde den ganzen Charakter der Wissenschaft verändern. Dann stünde sie nicht mehr im Dienste des Todes; sie würde nicht immer mehr Vernichtungswaffen erzeugen. Sie würde sich in den Dienst des Lebens stellen, würde schönere Rosen, besser duftende Rosen hervorbringen. Sie würde bessere Pflanzen, bessere Tiere, bessere Vögel, bessere Menschen hervorbringen.

Doch das Ziel ist letztlich die Verlagerung vom Fühlen zum Sein. Und wenn der Wissenschaftler lernt, den Kopf für die objektive Welt einzusetzen, das Herz für die zwischenmenschliche Welt und das Sein für den Austausch mit der Existenz, dann wird er zum vollkommenen Menschen.

Meine Vision des neuen Menschen ist die eines vollkommenen Menschen – vollkommen in dem Sinne, daß alle drei Dimensionen funktionieren, ohne sich gegenseitig in die Quere zu kommen; im Gegenteil, sie ergänzen sich gegenseitig.

Der vollkommene Mensch kann eine vollkommene Welt hervorbringen. Der vollkommene Mensch kann eine Welt der Wissenschaftler, eine Welt der Poeten, eine Welt der Meditierenden hervorbringen.

Mein Ansatz ist, daß diese drei Zentren in jedem Menschen funktionieren müssen, denn jedes Individuum ist seine eigene Welt. Diese drei Zentren sind individuell, sie sind nicht gesellschaftlich bedingt.

Deshalb liegt mein Schwerpunkt beim Individuum. Wenn ich das Individuum transformieren kann, folgt die Welt früher oder später nach. Sie wird gar nicht anders können, wenn sie die Schönheit des neuen Menschen sieht.

Der neue Mensch wird nicht nur Mathematik beherrschen,

er wird auch Musik genießen und Musik komponieren können. Er wird auch tanzen und Gitarre spielen können – was eine ungeheure Entspannung für das Gehirn bedeutet, wenn der Kopf mal Pause machen kann.

Der neue Mensch wird aber genausowenig nur im Herzen sein, sondern er wird auch Augenblicke kennen, in denen er noch tiefer geht und einfach in seinem Sein ruht – in denen er einfach *ist*.

Diese Quelle deines Seins ist das Kernzentrum deines Lebens. Wenn du es berührst und dort verweilst, wirst du verjüngt. Alle Energien deines Herzens und deines Kopfes werden enorm gesteigert, denn jeden Tag, jeden Augenblick fließt immer mehr frische Energie hinzu.

Bislang haben selbst große Wissenschaftler wie Albert Einstein nur fünfzehn Prozent ihres Potentials genutzt – ganz zu schweigen von gewöhnlichen Leuten. Sie erreichen nie mehr als fünf bis sieben Prozent.

Wenn alle drei Zentren harmonisch arbeiten, wird der Mensch fähig, total zu funktionieren, mit hundert Prozent. Dann können wir tatsächlich ein Paradies hier auf dieser Erde erschaffen. Es liegt in unserer Hand. Nur etwas Bemühen, etwas Mut – mehr ist nicht nötig.

Die Welt muß wissenschaftlich sein, was die ganze Technik und alle ihre Errungenschaften betrifft. Die Welt muß aber auch poetisch sein, denn sonst wird der Mensch zu einem Roboter. Der Kopf ist ein Computer. Abgesehen von Poesie, Musik, Tanz und Gesang kann alles, was euer Kopf macht, jeder Computer weitaus effizienter und völlig unfehlbar leisten. Was die Päpste immer von sich behauptet haben, nämlich daß sie unfehlbar seien, das stimmt nicht. Aber wenn sie unfehlbar werden wollen, sollten sie sich ihr Gehirn durch einen Computer ersetzen lassen; dann wären sie tatsächlich unfehlbar.

Das Herz ist eine völlig andere Dimension – notwendig, um die Erfahrung von Schönheit und Liebe zu machen und sie zum Ausdruck zu bringen. Aber auch das ist noch nicht alles.

Solange du nicht zu deinem tiefsten Lebenszentrum gelangt bist, wirst du immer unbefriedigt sein. Aber ein unbefriedigter Mensch ist eine Gefahr, denn er wird alles tun, um seine Unzufriedenheit loszuwerden.

Am reichsten ist derjenige, der sich selbst und sein Zentrum, seinen innersten Wesenskern, kennt. In der Tat, dort ist das Königreich Gottes. Es ist dein Königreich; dort bist du ein Gott. In deiner tiefsten Tiefe, zentriert in deinem Sein, wirst du zu einem König. *(151)*

Der Geschäftsmann

Ich bin Geschäftsmann. Kann ich ebenfalls meditieren und ein Sannyasin werden?

Irgend etwas muß man im Leben ja tun. Der eine ist Schreiner und der andere König, der eine ist Geschäftsmann und der andere Krieger. Es gibt die verschiedensten Möglichkeiten, um sich seinen Lebensunterhalt, sein Butterbrot und ein Dach über dem Kopf zu verdienen. Das ändert aber nichts an deinem inneren Wesen. Ob du Krieger oder Geschäftsmann bist, macht überhaupt keinen Unterschied. Der eine verdient sich seinen Lebensunterhalt auf die eine Weise, ein anderer auf eine andere.

Meditation bedeutet Leben, nicht Lebensunterhalt.

Es hat nichts damit zu tun, was man *macht*. Es hat nur etwas damit zu tun, was man *ist*. Allerdings sollte das Geschäft dein Wesen nicht beeinträchtigen. Wenn das Geschäft dein ganzes Sein durchdringt, wird es schwierig zu meditieren, wird es unmöglich, ein *Sannyasin* zu sein. Denn wenn dein ganzes Wesen zu einem Geschäftsmann geworden ist, dann bist du berechnend geworden. Und ein berechnender Mensch ist feige: Er überlegt zuviel, er kann keinen Sprung wagen.

Doch Meditation ist ein Sprung: vom Kopf ins Herz, und schließlich vom Herzen ins Sein.

Du wirst immer tiefer gehen – in eine Tiefe, wo du alle Berechnung zurücklassen mußt, wo alle Logik irrelevant ist. Mit Cleverness kannst du dort nichts anfangen.

Cleverness ist eigentlich keine richtige Intelligenz. Cleverness ist nur ein schwacher Abglanz von Intelligenz. Leute, die nicht genug Intelligenz besitzen, lernen schlau zu sein. Wirklich intelligente Leute brauchen nicht schlau zu sein; sie sind unschuldig; sie brauchen nicht gerissen zu sein. Sie funktionieren aus einem Zustand des Nicht-Wissens.

Es ist völlig in Ordnung, daß du ein Geschäftsmann bist. Wenn Jesus zu einem Meditierenden und *Sannyasin* werden konnte, und schließlich zu einem Christus, einem Erwachten, einem Buddha ... Er war ein Zimmermannssohn, der seinem Vater half, der Holz schleppte, der Bäume fällte. Wenn ein Zimmermannssohn zu einem Buddha werden kann – warum solltest du es nicht können?

Kabir war ein Weber, und er setzte sein ganzes Leben lang seine Arbeit fort. Sogar nach seiner Erleuchtung webte er weiter. Er liebte es! Oft fragten ihn seine Schüler, baten ihn mit Tränen in den Augen: »Du brauchst nicht mehr zu arbeiten! Wir werden für dich sorgen! Du hast so viele Schüler – warum solltest du in deinem hohen Alter immer noch spinnen und weben?«

Und Kabir sagte dann: »Aber wißt ihr denn, für wen ich webe, für wen ich spinne? Für Gott! Denn jeder ist nun ein Gott für mich. Das ist meine Art zu beten.«

Wenn Kabir ein Buddha werden konnte und dabei ein Weber blieb, warum solltest du es nicht können?

Aber das Geschäft darf nicht in dein inneres Wesen eindringen. Das Geschäft sollte nur eine äußere Sache sein – eine von vielen Möglichkeiten, seinen Lebensunterhalt zu verdienen. Wenn du dein Geschäft zumachst, vergiß den ganzen Laden. Wenn du nach Hause kommst, bring nicht die Firma im Kopf mit.

Daheim bei deiner Frau, bei deinen Kindern, sei kein Geschäftsmann, das ist häßlich. Das würde bedeuten, daß dein Sein von deinem Tun gefärbt wird. Tun ist etwas Oberflächliches. Das Sein sollte über deinem Tun stehen, und du solltest immer fähig sein, das Tun beiseite zu lassen und dich in die Welt des Seins zu begeben.

Darum geht es überhaupt bei der ganzen Meditation.

Sei also weiterhin ein Geschäftsmann, aber vergiß das Ganze für ein paar Stunden jeden Tag. Ich bin nicht hier, um dir zu sagen, daß du deinem gewöhnlichen Alltagsleben entfliehen sollst.

Ich bin hier, um dir Mittel und Wege – die ganze Alchimie – zu zeigen, wie du das Gewöhnliche ins Außergewöhnliche umwandeln kannst.

Sei ein Geschäftsmann, wenn du in deinem Geschäft bist, aber sei kein Geschäftsmann, wenn du bei dir zu Hause bist. Und manchmal vergiß sogar für ein paar Stunden das Zuhause, die Familie, die Frau, die Kinder, und sei für ein paar Stunden ganz allein mit dir selbst. Sinke tiefer und tiefer in dein inneres Sein. Genieße es und liebe dich selbst.

Dann wirst du allmählich bewußt werden, und eine große Freude wird in dir emporquellen, ohne jeglichen äußeren Anlaß, ohne jegliche Ursache in der Außenwelt. Es ist dein eigenes Aroma, dein eigenes Erblühen. Das ist Meditation.

Still sitzen,
nichts tun,
der Frühling kommt,
und das Gras wächst
ganz von allein.

Sitze still, tue gar nichts und warte auf den Frühling. Er kommt, er ist noch immer gekommen. Und wenn er kommt, dann wächst das Gras ganz von allein. Dann wirst du erleben, wie eine große Freude in dir hochsteigt, ganz ohne jeden Grund. Dann teile sie mit anderen, gib sie weiter! Dann wird deine Nächstenliebe eine innere Qualität sein. Dann wird sie kein Mittel zum Zweck sein, sondern sie wird einen Wert an sich haben.

Meine Art von *Sannyas* bedeutet nichts anderes, als in der gewöhnlichen Welt zu leben, aber auf eine solche Art und Weise, daß du nicht davon in Besitz genommen wirst; daß du darüber stehst, daß du in dieser Welt lebst, aber doch ein bißchen außerhalb. Das ist die Bedeutung von meinem *Sannyas*.

Es ist nicht wie das alte *Sannyas* (die alte indische Tradition der Weltentsagung). Es bedeutete, daß man sich von seiner Ehefrau, seinen Kindern, seinem Geschäft davonmachte und in den Himalaja ging. Das hat überhaupt nicht funktioniert. Viele zogen sich in den Himalaja zurück, aber sie nahmen ihren dummen Verstand mit. Der Himalaja half ihnen überhaupt nicht weiter, im Gegenteil. Und sie machten die Schönheit des Himalajas kaputt, sonst gar nichts. Wie könnte der Himalaja dir helfen? Du kannst die Welt zurücklassen, aber deinen Verstand wirst du nicht zurücklassen können. Der Verstand wird immer mitgehen, denn er ist in dir. Und wo auch immer du hingehst, wird dein Verstand wieder die gleiche Art von Welt um dich herum erschaffen.

Du kannst dich aus der Welt zurückziehen, aber das wird dich nicht verändern. Du wirst dir wieder die gleiche Welt kreieren, weil du die Blaupause davon in deinem Verstand trägst.

Es geht nicht darum, der Welt zu entsagen; es geht darum, den Verstand zu verändern, dem Verstand zu entsagen. Das bedeutet Meditation, und das bedeutet *Sannyas*. *(152)*

Wie kann man im geschäftlichen Konkurrenzkampf stehen und gleichzeitig ein Meditierender auf dem Weg zur Erleuchtung sein?

Wenn du den Konkurrenzkampf als Spiel nehmen kannst, ist es kein Problem. Nimm es nicht ernst. Ernsthaftigkeit ist das Problem, nicht die Konkurrenz! Dann wird es zum Spiel. Hab Spaß damit, aber vergiß nie, daß es nur ein Spiel ist. Und ob du Erfolg oder Mißerfolg hast, macht dann keinen großen Unterschied; es spielt keine Rolle, es ist unwesentlich. Worauf es ankommt, ist nur, daß du das Spiel genießt und daß es dir Spaß macht. Dann haben Verlierer und Gewinner gleichermaßen ihren Spaß gehabt. Dazu braucht man die Einstellung eines Sportsmannes, sonst nichts.

Wenn du Karten spielst, ist das Gewinnen nicht das Eigentliche; die eigentliche Sache ist der Zeitvertreib. Die eigentliche Sache ist der Spaß am Spiel, an den Feinheiten des Spiels, an den Strategien des Spiels – das ist die wahre Sache. Einer muß verlieren und einer muß gewinnen, doch darum geht es überhaupt nicht. Das ist nicht das Ziel.

Wenn du in dieser Welt leben und sie wie ein Spiel nehmen kannst, wenn du alle möglichen Beziehungen leben und dich dabei stets erinnern kannst, daß die Welt ein großes Drama ist ... die Bühne ist riesig, und du kannst nicht sehen, wo sie anfängt und wo sie aufhört, aber es ist ein Theater, eine äußerst dramatische Welt ... Wenn du dich daran erinnern kannst, daß es ein Drama ist, dann gibt es kein Problem. Dann spielst du ganz einfach deine Rolle, aber es wird dir keine Sorgen machen, es wird keine Spannungen und keinen Streß in dir erzeugen. Du wirst das Spiel spielen, und am Abend, wenn du nach Hause gehst, wirst du das Ganze vergessen.

Nur wenn du ernsthaft dabei wirst, gibt es Probleme. Wenn du ein ernsthafter Mensch bist, kannst du der Welt entsagen, du kannst den Konkurrenzspielen entsagen und in den Himalaja gehen ... und dann wirst du in deiner Höhle sitzen und alles ganz ernst nehmen. Dann wird deine Meditation von Ernsthaftigkeit durchdrungen sein – es wird ein einziger Streß sein!

Worin besteht dann der Unterschied, ob du an der Wall Street um Kopf und Kragen kämpfst und an diesem mörderischen, halsabschneiderischen Wettbewerb teilnimmst und alles ganz ernst nimmst und dir Tag und Nacht Sorgen machst, ob du Erfolg haben wirst, ob du es schaffen wirst oder nicht! – Oder ob du in einer Höhle im Himalaja sitzt und *ernsthaft* meditierst, als ginge es um Kopf und Kragen und als herrschte eine halsabschneiderische Konkurrenz – obwohl du keinen anderen Hals mehr zum Abschneiden hast als deinen eigenen! Dann wirst du nur noch in Konkurrenz mit dir selber stehen – mit deinem Körper, mit deinem Verstand, und du wirst kämpfen und kämpfen. Du wirst dich aufspalten, und dann kann der Kampf losgehen! Und du wirst dir Sorgen machen, ob du es schaffen wirst oder nicht: »Wann kommt denn endlich diese verdammte Erleuchtung?« Du wirst dir Sorgen machen, ob du Erfolg haben wirst oder nicht.

Und ich sage dir: Es wird ein größerer Streß sein als an der

Wall Street – denn dort weiß man immerhin von vielen, die es geschafft haben, aber in den Höhlen des Himalaja ... nur sehr wenige, hier und da mal einer! Du wirst größere Probleme haben.

Mein Vorschlag ist: Gib den Ernst auf! Nimm das Leben als Spaß, nimm es als Spiel. Genieße es! Das Leben ist es wirklich wert, genossen zu werden. Es ist ein wunderbares Spiel, eine große Gelegenheit – zu lernen, zu sehen, zu verstehen. Sei nur nicht ernst damit.

Das Leben ist zweck-los. Es geht nirgendwohin; es hat kein Ziel. Der Weg selbst ist das Ziel! Gehe ihn ohne Ernsthaftigkeit, spielerisch, dann wird alles, was du tust, zur Meditation. Jedes spielerische Tun wird meditativ.

Meditation ist die Qualität, die auf natürliche Weise entsteht, wenn man Spaß hat und nicht ernst ist. Sogar Kartenspielen kann meditativ sein, das Glücksspiel kann meditativ sein – und auch die Geschäfte können meditativ sein. Man kann alles zu einer Meditation machen. Das einzige, was hinzukommen muß, ist eine unernste Verspieltheit. Dann erzeugt es keine Spannung und keinen Streß in dir. Dann kannst du entspannt bleiben.

Lerne, wie man entspannt bleibt – und dafür ist die Wall Street genauso gut wie eine Höhle im Himalaja. *(153)*

Kannst du über Geld sprechen? Was sind diese ganzen Gefühle ums Geld? Was macht eigentlich die Macht des Geldes aus, daß die Menschen sogar bereit sind, ihr Leben dafür zu opfern?

Das ist eine ganz wichtige Frage.

Alle Religionen haben den Reichtum abgelehnt, weil Reichtum dir alles geben kann, was sich im Leben erkaufen läßt. Und fast alles läßt sich erkaufen – außer den spirituellen Werten: Liebe, Mitgefühl, Erleuchtung, Freiheit. Aber diese paar Dinge sind Ausnahmen, und Ausnahmen bestätigen immer die Regel. Alles andere kann man mit Geld kaufen. Und weil alle Religionen gegen das Leben waren, mußten sie auch gegen das Geld sein. Das ist eine natürliche Konsequenz.

Für das Leben braucht man Geld, weil man für das Leben gewisse Annehmlichkeiten braucht – gutes Essen, gute Kleidung, ein schönes Zuhause. Für das Leben braucht man schöne Literatur, Musik, Kunst, Dichtung. Das Leben ist riesig!

Ein Mensch, der keine klassische Musik versteht, ist arm. Er ist taub, selbst wenn er hören kann – seine Augen, seine Ohren, seine Nase, alle seine Sinne können medizinisch völlig in Ordnung sein, aber metaphysisch gesehen ...

Um klassische Musik zu verstehen, muß man etwas über sie lernen – ein langes Lernen. Doch dafür muß man frei sein von Hunger, frei von Armut, frei von allen möglichen Vorurteilen ...

Ein armer Mensch kann Mozart nicht verstehen. Ein hungriger Mensch kann Michelangelo nicht verstehen. Ein Bettler wird die Gemälde von Vincent van Gogh nicht eines Blickes würdigen.

Doch sämtliche Religionen haben den Reichtum schlechtgemacht. Und das wichtigste Dogma war, daß man dem Geld entsagen muß.

Die Logik ist offensichtlich: Wer kein Geld hat, kann auch nichts anderes haben. Statt die Äste zu beschneiden, haben sie die Wurzeln beschnitten. Ein Mensch, der kein Geld hat, ist hungrig, er ist ein Bettler, er hat keine Kleider. Man kann von ihm nicht erwarten, daß er Dostojewski versteht oder Nijinski oder Bertrand Russell oder Albert Einstein – unmöglich!

Alle Religionen zusammen haben die Menschen so arm gemacht wie nur möglich. Sie haben das Geld so sehr verdammt und die Armut so sehr gepriesen, daß sie – zumindest in meinen Augen – die größten Verbrecher sind, die es auf der Welt gibt.

Seht, was Jesus sagt: »Leichter geht ein Kamel durch ein Nadelöhr, als ein reicher Mann in das Reich Gottes.« Haltet ihr diesen Mann für normal? Lieber läßt er ein Kamel durch ein Nadelöhr gehen – was absolut unmöglich ist, aber er akzeptiert sogar diese Unmöglichkeit –, als daß ein Reicher ins Paradies kommt! Das ist eine noch viel größere Unmöglichkeit – da gibt es absolut keine Chance.

Wohlstand wird verurteilt, Reichtum wird verurteilt, Geld wird verurteilt. Die Welt wird in zwei Lager gespalten.

Achtundneunzig Prozent der Menschheit leben in Armut – doch die Armen haben den großartigen Trost, daß sie dort, wo die Reichen nicht hinkommen, von den Engeln mit der Harfe höchstpersönlich in Empfang genommen werden: »Halleluja! Sei willkommen!«

Und die zwei Prozent der Reichen, sie leben mit immensen Schuldgefühlen dafür, daß sie reich sind. Vor lauter Gewissensbissen können sie ihren Reichtum nicht genießen. Und im tiefsten Inneren haben sie Angst, daß man sie vielleicht nicht ins Paradies hineinlassen wird. Sie sind in einem Dilemma: Der Reichtum macht ihnen ein schlechtes Gewissen, aber es gibt keinen Trost für sie – sie werden nicht ins Paradies Einlaß finden, weil sie auf der Erde zuviel besitzen. Sie kommen in die Hölle.

Durch diese Situation lebt der Reiche in einem sehr angstvollen Zustand. Selbst wenn er Spaß hat oder zumindest versucht, sein Leben zu genießen, ist er von Schuldgefühlen vergiftet. Wenn er mit einer schönen Frau schläft, ist nur sein Körper beteiligt. Im Kopf denkt er ans Paradies, wo die Kamele hineindürfen, aber er selbst muß draußen bleiben und findet keinen Einlaß! Wie kann dieser Mann die Liebe genießen? Vielleicht hat er das beste Essen, das man sich denken kann, aber er kann es nicht genießen, weil er weiß, daß seine Tage gezählt sind, und danach gibt es nur Dunkelheit und Höllenfeuer. Er lebt in einer Paranoia.

Der Arme lebt jetzt schon in der Hölle, aber er hat zumindest einen Trost. Es ist erstaunlich, aber die Menschen in den armen Ländern sind viel zufriedener als in den reichen Ländern. Ich habe die Ärmsten Indiens gesehen, und sie waren überhaupt nicht unzufrieden. Doch die Amerikaner fahren um die ganze Welt, um spirituelle Führung zu finden – denn sie wollen natürlich nicht von den Kamelen überrundet werden; auch sie wollen durch die Tore des Himmelreiches gehen! Sie versuchen, einen Weg zu finden, irgendeinen Yoga-Weg, irgendeine Disziplin, als Kompensation.

Man hat die ganze Welt gegen sich selbst aufgehetzt.

Vielleicht bin ich der erste Mensch überhaupt, der respektvoll über Geld und über Vermögen redet, weil es euch einen multidimensionalen Reichtum geben kann.

Geld ist eine phantastische Erfindung! Es macht die Menschen reicher, und es gibt ihnen die Möglichkeit, Dinge zu bekommen, die sie bisher nicht hatten.

Aber alle Religionen waren immer dagegen. Sie haben nie gewollt, daß die Menschen intelligent sind, sie haben nie gewollt, daß die Menschen reich sind, und sie haben nie gewollt, daß die Menschen sich freuen – denn nur wenn die Menschen leiden, wenn sie arm und unintelligent sind, bleiben sie den Kirchen, Synagogen, Tempeln und Moscheen als Kundschaft erhalten.

Laß alle Ideen fallen, die man dir über das Geld beigebracht hat. Achte das Geld, sei respektvoll und kreiere Reichtum – denn nur wenn du Reichtum geschaffen hast, können sich dir viele andere, höhere Dimensionen eröffnen. *(154)*

Der Deutsche

Ich kann an mir eine gewisse Konditionierung wahrnehmen, die mich oft angespannt und frustriert sein läßt, und sie äußert sich in Perfektionismus, Eile, Anstrengung etc. Ist das eine speziell deutsche Konditionierung? Ich bin Deutscher.

Jede Konditionierung hat etwas Deutsches an sich – mal mehr, mal weniger.

Konditionierung ist der Wunsch deiner Eltern, der Gesellschaft, des Staates, der ganzen Vergangenheit, daß du perfekt sein sollst. Und wenn dir erst einmal dieser Same des Ehrgeizes, perfekt zu sein, eingepflanzt wurde, kannst du nicht normal bleiben.

Perfektionismus ist eine Neurose, und selbstverständlich übertreffen die Deutschen auch darin alle anderen; sie sind der Inbegriff von Perfektion.

Aber im Grunde hat jeder diesen Wunsch. *Alle* Eltern sind gescheitert, und darum belasten sie ihre Kinder mit dem Wunsch, perfekt zu sein. Sie selbst haben es nicht geschafft, perfekt zu sein; nun wollen sie ein Ersatzleben durch ihre Kinder leben. Sie lieben ihre Kinder nicht, denn wenn sie sie liebten, würden sie sie nicht konditionieren. Das wäre das einzige Zeichen für ihre Liebe. Wenn du jemanden liebst, kannst du ihn nicht konditionieren.

Wenn deine Eltern dich liebten, wäre das letzte, was sie je tun würden, dir ihre eigenen Ambitionen aufzubürden. Aber sie selbst sind von ihren Eltern damit belastet worden und haben versucht, nach deren Wünschen zu leben, auch wenn die Eltern vielleicht längst tot sind – und sie sind gescheitert. Nun denken sie, es sei vielleicht nicht genug Zeit gewesen oder die Umstände hätten es verhindert: »Vielleicht wird das, was mir in meinem Leben versagt blieb, im Leben meiner Kinder möglich.« So versuchen sie, durch ihre Kinder zu leben.

Konditionierung bedeutet: Man weiß, daß man sterben muß, doch man versucht auf subtile Weise, in seinen Kindern weiterzuleben. Es ist der Wunsch nach Unsterblichkeit. Man weiß, daß der Körper sterben wird – daher diese Besessenheit, Kinder in die Welt zu setzen. »Und es muß *mein* Kind sein. Es darf von keinem anderem sein, damit ein Teil von mir, eine Zelle von mir, ein Same von mir, weiterbesteht. Ich selbst werde nicht mehr da sein, aber wenigstens ein Teil von mir wird weiterleben.«

Darum haben alle Kulturen so viel Wert auf die Jungfräulichkeit der Frau gelegt – um sicherzugehen, daß das Kind von dir ist und von keinem anderen. Wozu diese Besessenheit? In einer besseren Welt, in einer verständnisvolleren, menschlicheren Welt, wird der Vater für seine Kinder nur das Beste wollen, und wenn er das Gefühl hat, der Same eines anderen Mannes könnte besser sein, dann wird er sich dafür entscheiden. Wenn er selbst körperbehindert ist oder irgendeine vererbbare Krankheit hat, wäre es ein Zeichen seiner Liebe, diese Krankheit nicht an sein Kind weiterzugeben. Dann ist es besser, jemanden zu finden, der dem Kind einen besseren, gesünderen Körper, ein längeres Leben, eine höhere Intelligenz zu geben vermag.

Und das ist möglich; es ist jetzt leicht möglich geworden. So wie man Blut spendet, kann jedes sterbende Genie seinen Samen spenden; man kann ihn konservieren. Heute kann man Albert Einstein konservieren. Er spendete sein Gehirn, aber das ist unsinnig. Er hätte sein Sperma spenden sollen, dann könnten Millionen Kinder die gleichen Fähigkeiten wie Einstein haben. Ein liebender Mensch will das Beste. Und das gleiche gilt für die Mutter: Es ist nicht mehr nötig, daß eine Mutter ihr Kind in der eigenen Gebärmutter austrägt; heute gibt es wissenschaftliche Alternativen.

Wir können eine völlig neue Art von Mensch hervorbringen, wenn wir diese alte, idiotische Besessenheit aufgeben. Das sind alles fixe Ideen des Egos.

Aber nicht nur unseren Körper geben wir an die Kinder weiter, wir wollen ihnen auch noch unser Denken, unseren Verstand mitgeben. Und darum geht es bei der ganzen Konditionierung; sie ist der Versuch, den Kindern das eigene Denken mitzugeben.

Gib deinen Kindern niemals dein Denken! Du lebst schon so lange damit, und du weißt, daß es dich nur unglücklich gemacht hat, aber trotzdem bestehst du darauf, es deinen Kindern zu vermachen. Du bist Katholik, Protestant, Hindu, Moslem – und was hat es dir gebracht? Was hast du davon? Welchen Sinn, welche Bedeutung hast du dadurch erlangt? Welche Poesie hat es in dein Dasein gebracht? Und trotzdem bestehst du darauf, dasselbe verkorkste Denkmuster deinem Kind zu vermachen. Du bist kein Liebender, sondern ein Feind deines Kindes! Du liebst es nicht. Würdest du es lieben, dann könntest du nicht deine Vorstellungen dem Kind aufzwingen! Dann würdest du ihm eines klarmachen: »Merke dir eines: Vermeide die Ideen, nach denen ich gelebt habe! Tu alles andere, tu was du willst – aber sei kein Christ oder Hindu oder Kommunist. Ich war einer, und darum weiß ich, daß diese Art zu leben absolut sinnlos ist. Laß die Finger davon!«

Jede Mutter und jeder Vater sollten ihre Kinder darauf hinweisen, daß sie ein bestimmtes Lebensprogramm ausprobiert haben und damit gescheitert sind. »Macht nicht die gleichen Fehler wie wir! Probiert eine andere Tür, probiert einen anderen Weg. Findet es selbst heraus!« Aber das ist noch nicht vorgekommen, und darum lebt die Menschheit in solchem Unglück, in einer solchen Hölle.

Perfektion bringt zwangsläufig Eile mit sich, denn das Leben ist kurz. Perfektionismus bedeutet, daß du tausend Dinge schnell erledigen mußt, denn wer weiß? Du wirst sonst vielleicht nicht perfekt, bevor der Tod dich ereilt. Und vor allem in der westlichen Gesellschaft, wo die Religionen nur ein einziges Leben propagieren, gibt es viel mehr Eile. Im Osten haben es die Menschen schon allein deshalb nicht so eilig, weil sie an viele Leben glauben. Wozu sich beeilen? Das ist unnötig; man kann sich Zeit lassen.

Darum ist der Osten so faul. Er hat eine psychologische Begründung für seine Faulheit. Und der Westen hat es immer eilig: »Mach schnell, denn du hast nur dieses eine Leben, und wenn du es in diesem Leben nicht schaffst, perfekt zu werden, hast du deine Chance verpaßt! Du hast keine weitere Chance, keine andere Wahlmöglichkeit – nur dieses eine Leben.« Natürlich erzeugt das Eile und Anstrengung. Man muß sich enorm anstrengen, um perfekt zu werden.

Aber in diesem ganzen Wettlauf um Perfektion kannst du nicht gewinnen; du wirst der Verlierer sein. Du hast keine Zeit zum Nachdenken, keine Zeit zum Stillsein, keine Zeit zum Fühlen, keine Zeit zum Lieben. Alles wird einem einzigen Ziel untergeordnet: Wie wird man ein perfekter Mensch, ein Übermensch?

Es ist kein Zufall, daß Friedrich Nietzsche in Deutschland geboren wurde. Er sprach vom Übermenschen, und Adolf Hitler hielt sich für den Übermenschen, von dem Friedrich Nietzsche redete. Dabei war Adolf Hitler noch nicht einmal ein Mensch – er war ein Untermensch, unterhalb der Menschlichkeit, aber er hielt sich für den Übermenschen. Und er versuchte, eine Rasse von Übermenschen zu schaffen. Er trieb diese ganze deutsche Ideologie des Perfektionismus bis zur letzten logischen Konsequenz. Und du bist – ob du es weißt oder nicht – von dieser faschistischen Nazi-Idee konditioniert.

Hier bei mir mußt du dich entspannen. Bei mir mußt du aufhören, ein Deutscher oder ein Inder oder ein Italiener zu sein. Was auch immer du sein magst, mußt du fallenlassen. Du mußt einfach nur still und glücklich sein; du mußt einfach nur menschlich sein. Es ist nicht nötig, ein Übermensch zu sein.

Ein Engländer denkt im Sitzen, ein Franzose im Stehen, ein Amerikaner im Hin- und Herlaufen und ein Deutscher im nachhinein.

Er hat keine Zeit, darum denkt er immer im nachhinein.

Es war ein heißes Gefecht. Die Kugeln flogen von allen Seiten. Der stramme deutsche Feldwebel war fest entschlossen, mit seinen Leuten die Stellung zu halten. »Ihr bleibt hier!« brüllte er. »Und ihr schießt weiter, auch wenn euch die Munition ausgeht!«

Wolfgang, der Schmied, kommt mit einer schweren Fußverletzung zum Arzt. Den Doktor wundert das, denn Wolfgang ist eigentlich ein sehr vorsichtiger Mensch. »Wie ist denn das passiert, Wolfgang?« fragt er.

»Also, ich war als junger Mann vor dreiunddreißig Jahren bei einem alten Schmied in der Lehre.«

»Aber ich habe Sie nach Ihrem Fuß gefragt!«

»Ja, ja, mein Fuß! Der alte Mann hatte eine Tochter, an der konnte man sich gar nicht satt sehen. In der ersten Nacht kommt sie in meine Kammer, als ich schon in den Federn bin. Sie fragt mich, ob es mir gut geht und ob ich einen Wunsch habe, und ich sage, ich brauche nichts. In der zweiten Nacht kommt sie wieder rein, als ich schon im Bett liege, und sie ist im Nachthemd und fragt mich, ob sie mir was bringen soll oder ob ich sonst irgendwas will, und ich sage ihr, daß ich mich fühle wie die Made im Speck. In der nächsten Nacht kommt sie wieder, und diesmal hat sie keinen Faden am Leib und fragt mich, ob sie was für mich tun kann, und weil sie so splitterfasernackt in der Kälte rumstand, hab ich sie ganz schnell weggeschickt.«

»Aber was hat denn das alles mit Ihrem Fuß zu tun, Wolfgang?« fragt der Arzt ungeduldig.

»Also, mir ist heute morgen aufgegangen, was sie damit gemeint haben könnte, und da hab ich so 'ne Wut gekriegt, daß ich den Schmiedehammer an die Wand warf, und er ist zurückgeprallt und hat mir den Knöchel gebrochen!«

Jetzt, wo du *Sannyasin* bist, mußt du aufhören, so deutsch zu sein. Es reicht! Du hast lange genug gelitten, so wie deine Eltern gelitten haben und deren Eltern. Es ist Zeit, die Leidenskette abzubrechen. Entspanne dich ein bißchen! Es ist nicht nötig, perfekt zu sein. Hätte Gott dich perfekt gewollt, dann hätte er dich perfekt erschaffen!

Aber er hat dich so herrlich unperfekt erschaffen. Es ist klar – er erschafft nie perfekte Menschen, er erschafft immer nur unperfekte Menschen, denn nur wer unperfekt ist, kann wachsen. Ein perfekter Mensch wäre ja schon von Geburt an tot – es gäbe nichts mehr zu tun. Es gäbe keine Möglichkeit zu wachsen.

Wachstum ist nur möglich, weil es Imperfektion gibt, und Wachstum ist die ganze Freude im Leben, die einzige Ekstase. Gott erschafft ständig weiter unperfekte Kinder, aber wir ignorieren das; wir wollen nicht wahrhaben, daß Gott unperfekte Menschen liebt. Und daß das Wachstum nie ein Ende nimmt, weil es Perfektion nicht gibt.

Ich nenne Buddha nicht perfekt, Jesus nicht perfekt, Krishna nicht perfekt. Ich nenne sie *ganze* Menschen, aber nicht perfekt. Sie waren total, aber nicht perfekt – und den Unterschied zwischen diesen beiden Wörtern muß man beachten.

Meine *Sannyasins* müssen lernen, total zu sein – total in jeder Handlung, leidenschaftlich, intensiv, ganz und gar beteiligt, ohne etwas zurückzuhalten. Das bedeutet Totalität. Wenn du tanzt, tanzt du, und dann verschwindet die ganze Welt. Selbst du bist nicht mehr da, nur noch der Tanz. Das ist Totalität. Der Tanz kann perfekt sein oder nicht, das ist unwesentlich. Er läßt sich immer verbessern, also kann er nicht perfekt sein. Alles läßt sich verbessern, also kann es nicht perfekt sein.

Es gibt da eine Zen-Geschichte:

Ein König lernte Gartenbau von einem Zen-Meister. Der Meister unterwies ihn und trug ihm auf, in seinem Palast einen Garten anzulegen. In drei Jahren würde er wiederkommen, um den Garten zu sehen, und wenn er total wäre, hätte der König die Prüfung bestanden.

Doch der König mißverstand das Wort »total«, wie wir alle es mißverstehen. Er dachte, »total« hieße »perfekt«, und er machte den Garten perfekt. Er hatte Tausende von Gärtnern, die für ihn arbeiteten, und es war wirklich das Perfekteste, was man in Japan je gesehen hatte.

Drei Jahre später kam der Meister, und der König war sehr glücklich und zufrieden mit seinem Garten. Aber der Meister sah ganz ernst und traurig drein – obwohl er alles andere als ein ernsthafter Mann war! Der König wurde nervös; würde er die Prüfung nicht bestehen? Drei Jahre Mühe, und der Garten war so perfekt, daß man es nicht hätte besser machen können! Doch das Schweigen des Meisters bereitete ihm Sorgen.

Schließlich fragte er ihn: »Was ist? Warum sagst du kein einziges Wort? Gefällt dir mein Garten nicht?«

Der Meister sagte: »Er ist zu perfekt. Er wirkt künstlich. In der Natur ist nichts so perfekt. Er ist so perfekt, daß man nichts mehr verbessern kann, darum schaue ich so traurig. Und ich hatte dir gesagt: ›Mach ihn total!‹, aber du hast mich mißverstanden. Ich sehe in dem ganzen Garten kein einziges dürres Blatt, kein einziges abgestorbenes Blatt! Wie ist das möglich?«

Der König sagte: »Wir haben alle toten Blätter entfernt – und es waren viele. Für deinen Empfang haben wir sie alle entfernt.«

Der Meister sagte: »Gib mir einen Eimer!«

Man gab ihm einen Eimer. Er ging außerhalb des Gartens, dorthin, wo man das Laub geworfen hatte. Er sammelte einen Eimer voll trockener Blätter, kam zurück in den Garten und verstreute sie auf den Wegen. Da fing der Wind an, mit den Blättern zu spielen, und es machte ein Geräusch, eine Musik! Da lächelte er und sagte: »Jetzt ist es vollendet! Es ist nicht mehr perfekt, darum ist es vollendet! Jetzt sieht es natürlicher aus. Ohne diese Blätter gab es keine Musik; es war tot!«

Sei total und kümmere dich nicht darum, ob es perfekt ist. Aber dieses Mißverständnis ist uralt.

Ein deutscher Missionar predigte zu einem afrikanischen Stamm: »Und ich sage euch: Liebet eure Mitmenschen!«

»Mulagumbi!« kreischten die Eingeborenen.

»Der weiße und der schwarze Mann müssen lernen, zusammenzuarbeiten.«

»Mulagumbi!« tönte die Menge.

Der Missionar war darüber sehr angetan und sagte dem Häuptling, wie erfreut er über den Empfang war.

»Ich bin froh, o Mann von Deutschland«, sagte der Häuptling. »Doch paß auf, wenn wir an meinen Rindern vorbeigehen, daß du nicht hineinsteigst in Mulagumbi!«

Dieser ganze Perfektionismus ist nichts als Mulagumbi! *(155)*

Warum sind die Deutschen solche Workaholics?

Immer noch besser als Alkoholiker! Die Deutschen sind ein gesundes Volk, sie lieben die Arbeit. Und Arbeit macht Freude, wenn man gesund und kreativ ist. Dann macht sie einen nicht müde, im Gegenteil, sie nährt einen.

Arbeit macht nur müde, wenn man sie nicht tun will, wenn man faul ist. Aber dann wären die Deutschen nicht solche Arbeitstiere.

Eigentlich sollte die ganze Welt von den Deutschen lernen, wie man zu einem Workaholic wird, denn nur Arbeit kann die Lage der Dinge verändern, nicht Faulheit.

Nein, ich habe überhaupt keine Probleme mit Workaholics. Sie bringen etwas zustande, sie machen die Welt schöner. Und der Mensch ist dazu beschaffen, mindestens acht Stunden täglich zu arbeiten. Nur dann kann er acht Stunden friedlich schlafen, dann ist er im Gleichgewicht. Wenn man nichts gearbeitet hat, kann man auch nicht schlafen. Dann wacht man morgens müder auf als beim Zubettgehen.

Jemand, der acht Stunden total und intensiv arbeitet, braucht sich über Schlaf, Ruhe und Entspannung keine Gedanken zu machen. Er braucht sich über tausenderlei Dinge, die auf dieser Welt passieren, keine Gedanken zu machen. Er braucht in keine Kneipe zu gehen, um seine Sorgen zu ertränken, weil er keine hat. Wenn du total arbeitest, erneuert sich deine ganze Energie.

Arbeit ist ein Reinigungsprozeß, und sie schenkt dir einen

tiefen, traumlosen Schlaf. Am Morgen bist du verjüngt und wieder bereit, etwas Neues zu erschaffen.

Ich würde es begrüßen, wenn die ganze Welt aus Workaholics bestünde. *(156)*

Ich habe dich sagen hören, daß man durch ständige Bemühung den höchsten Gipfel auf dem spirituellen Weg erreichen kann. Obwohl ich Deutscher bin, ist mir klargeworden, daß ich ein fauler Mensch bin. Hier und da strenge ich mich ein bißchen an, bekomme einen kurzen Lichtblick und schlafe dann wieder ein. Mir scheint, ich hab's noch nicht richtig kapiert. Muß ich mich mehr anstrengen?

Keiner muß sich anstrengen. Im Gegenteil – man muß sich mehr entspannen! Damit hast du Probleme, weil du Deutscher bist. Darum sieht Entspannung für dich wie Faulheit aus. Aber du brauchst dich überhaupt nicht anzustrengen. Du brauchst nur die Augen aufzumachen und dich umzuschauen: Du sitzt schon auf dem Gipfel des Berges, den du erreichen willst!

Jeder ist schon dort, wo er hin will. Es braucht Zeit – manchmal Jahre, manchmal ganze Leben –, um auf dieser Welt immer wieder im Kreis zu gehen, bis man schließlich an eine Stelle kommt, wo man verwundert feststellt: Das ist die gleiche Stelle, wo man schon am Anfang gesessen hat!

Man braucht überhaupt keine Anstrengungen zu unternehmen. Mach nur gelegentlich deine Augen auf und wirf einen kurzen Blick auf die Stelle, an der du dich befindest ... und sieh, wer du bist.

Niemand ist Deutscher, und niemand ist Inder. Niemand ist Italiener ...

Es ist also völlig in Ordnung, faul zu sein, zumindest was mich betrifft. Aber gelegentlich mach mal die Augen auf und schau, wo du bist. Und genieße diesen Augenblick! Denke an kein Ziel; sei nicht zielorientiert.

Sannyas ist nicht zielorientiert. *Sannyas* ist ein Erkennen im

Augenblick, hier und jetzt. Keine Anstrengung ist nötig – denn du bist schon hier, du bist schon jetzt. Und selbst der Faulste kann gelegentlich sehen, wo er ist und wer er ist. Ja, der Faulste kann sogar vor den sogenannten aktiven Leuten ankommen.

Und ein aktiver Deutscher ist gefährlich! Ein fauler Deutscher ist eine harmlose Sache. Wenn die ganze Welt faul wäre, hätten wir eine herrliche Welt: ohne Kriege, ohne Atombomben, ohne Nuklearwaffen, ohne Verbrechen, ohne Gefängnisse, ohne Richter, ohne Polizisten, ohne Präsidenten, ohne Kanzler! Die Leute wären so faul, daß sie all den Quatsch, der erst durch unsere ganze Aktivität notwendig wird, nicht brauchen würden. Überleg doch mal: Hat irgendein Faulpelz auf der Welt je etwas Schlimmes angestellt? Aber die Faulen werden verurteilt.

Zwei Faule lagen unter einem Baum, einem wunderschönen Mangobaum, und ruhten sich aus. Die Mangos waren gerade reif, und eine Mangofrucht fiel vom Baum und landete direkt neben dem einen, doch er rührte sich nicht. Er hätte bloß eine Hand auszustrecken brauchen, um die Mango zu erreichen.

In diesem Moment sagte der andere: »Du bist mir ein schöner Freund! Gerade hat mir ein Hund ins Ohr gepißt, aber du tust überhaupt nichts!«

Der andere sagte: »Warum sollte ich? Da liegt eine schöne, saftige Mango neben mir, und du sagst immer, du bist mein Freund, aber du rührst dich überhaupt nicht! Du hast doch gehört und gesehen, daß sie runtergefallen ist!«

Die Faulen haben noch niemandem geschadet – das bringen sie gar nicht zuwege! Sie übernehmen sich nie. Es sind immer die Aktiven, die den größten Schlamassel anrichten.

Darum mach dir keine Gedanken wegen deiner Faulheit. Sie ist völlig akzeptabel, zumindest für mich. Ich wollte, die Welt wäre viel weniger aktiv und die Leute würden das Faulsein mehr genießen – sich am Strand erholen, ein Sonnenbad nehmen, auf der Gitarre spielen ... alles das tun, was man den Faulen zugesteht, und alles das vermeiden, was nur die Aktiven bisher geschafft haben. Nur aus den Reihen der Aktiven gingen Leute wie Nadir, Dschingis Khan und Tamerlan hervor, Adolf Hitler, Josef Stalin, Mussolini, Ronald Reagan. Es täte der Welt gut, wenn sie diese aktiven Leute loswerden könnte. Und niemand berichtet über die Faulen – über sie gibt es keine Geschichtsschreibung. Es muß doch auch Faule auf dieser Welt gegeben haben, aber in den Annalen steht nichts über sie geschrieben. *(157)*

Wie kann ich mehr Sinn für Humor entwickeln?

Jeder wird damit geboren. Es ist kein Talent, sondern der menschlichen Natur angeboren. Aber die Gesellschaft unternimmt alles, um den Sinn für Humor zu zerstören – selbst davor hat sie Angst! Wir bringen unseren Kindern den Ernst des Lebens bei. Ernsthaftigkeit wird gefördert und belohnt. Dabei ist Ernsthaftigkeit eine Krankheit, die zu verurteilen ist.

Jedes Kind bringt einen Sinn für Humor mit auf die Welt, aber wir machen ihn systematisch kaputt, oder zumindest unterdrücken wir ihn. Wir erlauben dem Kind nicht, seinen Spaß damit zu haben; wir ermutigen es nicht, seinen Humor mit uns zu teilen. Wir unterstützen den Humor des Kindes nicht, weil wir Angst haben. Wenn das Kind gar nichts ernst nimmt, wird es dieser griesgrämigen Gesellschaft zu gefährlich. Dann fängt es an, gegen vieles zu rebellieren, denn der Sinn für Humor ist ein wesentliches Merkmal der menschlichen Intelligenz.

Man wird keinen einzigen Esel und keinen Büffel lachen und sich über einen Witz freuen sehen. Nur der Mensch kann Witze genießen, nur der Mensch ist des Lachens fähig. Eure Heiligen sind wie Büffel und Esel. Sie sind unter das menschliche Niveau gesunken und haben etwas ungeheuer Wertvolles eingebüßt. Ohne Lachen ist der Mensch wie ein Baum ohne Blüten.

Doch die Gesellschaft ist auf ernsthafte Leute angewiesen: auf die Präsidenten, Kanzler, Rektoren, Professoren, Päpste,

Shankaracharyas, Ayatollahs, Imams und alle Sorten von Priestern, Lehrern, Kommissaren, Inspektoren, Gouverneuren ... Sie alle vertreten den Ernst des Lebens. Würden sie Sinn für Humor zeigen, dann müßte die Gesellschaft befürchten, ihre Effizienz zu verlieren. Würden sie Sinn für Humor zeigen, dann wären sie ja direkt menschlich! Doch man erwartet von ihnen, daß sie wie Maschinen funktionieren.

Adolf Hitler ging wie ein Roboter. Wenn man sich Fotos von ihm anschaut ... wie er stand, wie er ging, wie er den Salut abnahm, wie er salutierte! Er wirkte so mechanisch, als wäre er kein Mensch, sondern eine Maschine. Seine Mimik, seine Gesten – alles wirkt roboterhaft, und er machte ganz Deutschland zu Robotern. Er hat Deutschland mehr geschadet als allen anderen. Aber er schuf eine äußerst effiziente Armee. Eine solche Wehrmacht ist nur möglich, wenn die Menschen ihre ganze Intelligenz verlieren, und alles, was Intelligenz ausmacht. Der Sinn für Humor ist eines der Hauptmerkmale von Intelligenz.

Sobald du deinen Humor verlierst, verlierst du auch deine Intelligenz. Je mehr Humor du hast, um so intelligenter bist du auch.

Die Frage ist nicht, wie du mehr Sinn für Humor entwickeln kannst. Du mußt nur die Hindernisse beiseite räumen. Der Humor ist schon da, er ist schon vorhanden. Schaffe nur ein paar Felsbrocken aus dem Weg, mit denen deine Eltern und die Gesellschaft dir dein Lachen blockiert haben.

Die Gesellschaft lehrt dich Selbstkontrolle, und Humor bedeutet Loslassen.

Du darfst nicht lachen in Gegenwart der älteren Generation, in Gegenwart deiner Lehrer, in Gegenwart deiner Priester und schon gar nicht in der Kirche.

Die Christen sagen sogar, Jesus habe nie gelacht. Ich kann das nicht glauben – er war doch kein Büffel! Er war einer der großartigsten, intelligentesten Menschen, die je auf Erden gewandelt sind. Er muß auch gelacht haben, und er wird es genossen haben! Er war viel weltlicher als Buddha. Er lebte leidenschaftlicher und intensiver als alle anderen, die je erleuchtet wurden, und er liebte die Gesellschaft von Frauen.

Er hatte sehr schöne weibliche Jünger, darunter sogar eine der berühmtesten Prostituierten jener Tage, Maria Magdalena. Er liebte es, zu essen und zu trinken. Er ist der einzige Erleuchtete, der den Wein liebte. Ein authentischer Mensch! Und er verstand es, Feste zu feiern! Jede Nacht gab es ein Gelage, und es währte Stunden.

Jesus war ein Mensch dieser Erde. Er wiederholte es immer wieder. Viel öfter als: »Ich bin der Gottessohn«, sagte er: »Ich bin der Menschensohn.« Er ist der Erde viel näher als dem Himmel, er ist ein sehr erdverbundener Mensch. Er muß viel gelacht und jeden Spaß geliebt haben.

Aber die Priester und die Päpste und die Kirchen, sie alle sind todernst. In eine Kirche zu gehen ist, wie wenn man auf eine Beerdigung geht. Man darf dabei keine Miene verziehen.

Das alles mußt du hier fallenlassen. Und wenn du es hier nicht fallenlassen kannst – wo sonst? Entweder hier in Poona oder in Italien! Fahr mal nach Italien – dort wirst du Situationen erleben ...!

Brambilla gibt seinem Sohn Aldo zweihundert Dollar als Hochzeitsgeschenk. Zwei Wochen später fragt er ihn: »Was hast gemacht du mit die Dollar?«

»Ich hab mir 'ne Armbanduhr gekauft, Papa«, sagt der Sohn.

»Stupido!« ruft der Vater aus. »Du hättest sollen kaufen Pistole!«

»Eine Pistole? Aber wozu denn?«

»Angenommen, du kommst nach Haus, findest Mann in Bett schlafen mit deine Frau«, sagt der Vater. »Was du wirst tun? Ihn wecken auf und sagen, wieviel Uhr es ist?« *(158)*

Das Gehirn ist gefährlich – es ist deutsch –, aber das Herz ist menschlich. Das Hirn verfälscht ständig alles. Darum solltest du nicht alles deinem Gehirn überlassen, weil es seit Jahrmillionen, seit vielen Leben und durch viele verschiedene

Entwicklungsstufen konditioniert worden ist. Nichts, was über dein Hirn geht, bleibt unverfälscht. Aber man kann es auch umgehen; es besteht keine Notwendigkeit, daß alles übers Gehirn laufen muß.

Wir werden so erzogen, daß alles über das Denken läuft. Das ist eine Strategie, die den Machthabern dieser Welt dient. Doch Wahrheit, Liebe, Schönheit – alle großen Werte – sind nicht mehr das gleiche, wenn sie über das Gehirn laufen. Bis sie endlich im Herzen ankommen, ist alles auf den Kopf gestellt. Das Hirn verzerrt alles; die ganze Unschuld wird getrübt. Du mußt lernen, den Kopf zu umgehen – das nenne ich Meditation.

Laß den Kopf aus dem Spiel. Laß mein Herz zu deinem Herzen sprechen. Das ist eine völlig andere Erfahrung. Dann wird dein Herz anfangen, im selben Rhythmus zu pulsieren, und eine Synchronizität wird sich einstellen – und mit ihr Verständnis, Erfahrung, Vision, Erkenntnis.

Der Kopf kann dir überhaupt nichts geben; er ist nur ein Denkapparat. Laß nicht etwas so Wichtiges wie die Liebe, die Wahrheit und die Schönheit über eine Maschine laufen, die alles nur verfälscht, verkrüppelt und kaputtmacht – und bis es schließlich das Herz erreicht, ist es tot und atmet nicht mehr.

Aber man hat uns beigebracht, daß alles über den Verstand, über die Vernunft, über den Kopf laufen muß. Sie stehen an der Türschwelle zu deinem Herzen. Sie bewachen dein Herz und lassen nichts durch, was sie nicht zufriedenstellt. Aber es ist unmöglich, daß diese wahren Werte deinen Kopf zufriedenstellen. Eine theologische Doktrin kann ihn gewiß zufriedenstellen; sie wird ihm alle nötigen Argumente liefern, die er braucht. Aber welches Argument könnte die Schönheit liefern? Welches Argument könnte man liefern, daß ein Sonnenuntergang schön ist? Wenn dich irgend so ein Idiot fragt: »Bitte gib mir eine vernünftige Erklärung, warum du den Sonnenuntergang als schön bezeichnest«, dann wirst du absolut unfähig sein, das zu tun.

Aber so macht es der Kopf pausenlos. Er läßt keine Schönheit, keine Wahrheit, keine Liebe hindurch, ohne sie vorher genau zu durchleuchten und alle möglichen Fragen zu stellen – Fragen, auf die es keine Antworten gibt, weil es nicht der Natur dieser Dinge entspricht.

Darum tu den Kopf beiseite. Laß das Herz auf seine Weise funktionieren. Dann wirst du dich in neue Seinsdimensionen hinein entwickeln, die dir vorher nicht zugänglich waren. Und dann wirst du wissen, daß der Verstand ein guter Diener ist, aber kein guter Herr. Als Maschine muß er immer der Diener bleiben und darf nicht der Herr sein. Sobald die Maschine sich zum Herrn aufspielt, macht sie alles kaputt, was einen tieferen Wert hat. Und diese Werte sind sehr subtil, sehr zerbrechlich.

Versuche, direkt in Kontakt zu treten – von Herz zu Herz –, und sieh, was für eine ungeheure Transformation es dir bringt! *(159)*

Wenn ich den Verstand beobachte, erscheint er mir wie ein endloses Meer von Gedanken. Die Meditation bringt mir mehr Frieden und Zentriertheit, doch wenn ich dich über Erleuchtung reden höre, erscheint mir das alles sehr, sehr weit entfernt! Kannst du mir einen Rat geben?

Die Erleuchtung ist genauso weit entfernt, wie du von dir selbst entfernt bist. Deshalb ist auch die Entfernung von Individuum zu Individuum verschieden.

Du befindest dich zweifellos in einer schwierigen Lage: Erstens bist du Deutscher – und wer hätte je gehört, daß ein Deutscher erleuchtet wurde! Und zweitens bist du in einem großen Dilemma, weil du Jurist bist.

Erstens ein Deutscher, und noch dazu Jurist! Das macht die Sache wirklich kompliziert. Ansonsten ist Erleuchtung die einfachste Sache von der Welt! Alles andere erfordert Mühe, aber nicht die Erleuchtung. Alles andere erfordert, daß du dich auf die Hinterfüße stellst und die Sprossen der Leiter erklimmst – alles außer der Erleuchtung.

Erleuchtung ist die leichteste Sache, weil sie keine Leistung ist. Mache sie nicht zu einem Ziel! Nur deshalb erscheint sie dir schwierig.

Wenn du dich beim Meditieren friedlich und zentriert fühlst, gehst du in der richtigen Richtung. Laß das Meer deiner Gedanken sich beruhigen. Sieh zu, daß es zu einem See wird, auf dem sich keine Welle mehr kräuselt. Und gib den Gedanken an Erleuchtung auf – es ist nicht deine Sache!

Wenn die Meditation gut läuft, heißt das, der Baum wächst, und die Blüten werden zu ihrer Zeit kommen, wenn die richtige Jahreszeit da ist. Kein Baum macht sich Sorgen, kein Baum macht sich je Gedanken, warum die Blüten noch nicht da sind; sie kommen immer zur rechten Zeit.

Alles, worum du dich kümmern mußt, ist, daß der Baum nicht stirbt, daß er genug Nahrung bekommt, daß er einen guten Boden vorfindet, daß er genug Wasser bekommt, daß er deine Liebe und deine Freundschaft bekommt. Alles, was du tun kannst, ist, deine Meditation zu nähren und immer mehr geerdet und zentriert zu werden. Dann wird sich eines Tages plötzlich aus dem Nichts die Explosion ereignen.

Du mußt zur Erleuchtung nicht hingehen; sie kommt zu dir. Ja, nicht einmal das stimmt so. Sie kommt auch nicht, sie passiert einfach – und sie passiert aus deinem innersten Kern heraus. Sie ist eine Explosion, genau wie die Atomexplosion. Die Atomexplosion kommt aus dem innersten Kern des Atoms.

Erleuchtung ist die Explosion deines innersten Lebenskerns. Plötzlich verschwindet alle Dunkelheit! Von allen Seiten senkt sich ein Licht auf dich herab – ein Licht, das keinen Brennstoff benötigt, ein Licht, das bleibt und nicht wieder weggeht.

Man kann nicht wieder »unerleuchtet« werden. Das ist ein Ding der Unmöglichkeit, ein so unmögliches Unterfangen, daß nicht einmal ein Deutscher es zuwege bringt.

Doch die Erleuchtung wird zu einem Problem, weil du mich ständig davon reden hörst. *Ich* bin das Problem. Ich kann nicht aufhören, über Erleuchtung zu reden, und das erzeugt in dir diesen Wunsch und die Sehnsucht danach.

Am besten, du hörst mir einfach nicht zu! Sobald ich das Wort »Erleuchtung« in den Mund nehme, sag dir einfach: »Das geht mich nichts an!« und hör weg ...

Du kannst mich nicht dafür verantwortlich machen; ich bin absolut hilflos. Ich muß immer weiter darüber reden; ich kann von nichts anderem reden. Bei allem, was ich sage, stellt sich plötzlich heraus, daß es etwas mit Erleuchtung zu tun hat. Paß nur auf ...

Ein Priester kommt auf eine Ranch, um ein Pferd zu kaufen. Er sieht ein schönes Pferd, das ihm gefällt, und fragt, ob er es mal reiten kann.

»Na klar«, sagt der Rancher, »aber Sie müssen eines wissen: Dieses Pferd hat mal einem Bischof gehört, und wenn Sie wollen, daß es sich in Bewegung setzt, müssen Sie sagen: ›Guter Gott!‹, und wenn Sie's zum Stehen bringen wollen, müssen Sie sagen: ›Amen.‹«

»Alles klar!« sagt der Priester, schwingt sich auf das Pferd und ruft: »Guter Gott!« Das Pferd macht gleich einen Satz nach vorne und galoppiert in Richtung Berge. Der Priester ruft: »Guter Gott, Guter Gott!« und das Pferd fegt nur so dahin.

Plötzlich tut sich vor ihnen ein Abgrund auf, der Priester gerät in Panik und schreit: »Halt! Halt!«, aber das Pferd reagiert nicht. In letzter Sekunde erinnert er sich: »Amen!« und das Pferd kommt knapp vor der Felskante zum Stehen. Da wischt sich der Priester erleichtert den Schweiß von der Stirn und sagt: »Guter Gott!«

Kannst du dir vorstellen, Buddha hätte diese Geschichte irgendwie mit der Erleuchtung in Verbindung gebracht? Aber ich bin unverbesserlich. Ich sehe in allem den Zusammenhang mit der Erleuchtung. Also, was dir jetzt noch fehlt, ist dieses letzte: »Guter Gott!« – finito!

Doch es besteht keine Eile. Du kommst langsam voran, und allmählich wirst du geerdet und zentriert. Nur wenn du mich reden hörst, entzündet sich dein Begehren, und du denkst:

»Wenn Meditation schon so schön ist und so still, wie schön muß dann erst die Erleuchtung sein?« Und dann wird daraus eine ständige Sorge und Streß. Das bringt gar nichts; es stört höchstens deine Meditation.

Aber du mußt auch meine Schwierigkeit sehen. Wenn ich nicht von Erleuchtung rede, kommt ihr nicht auf die Idee zu meditieren. Und wenn ich von Erleuchtung rede, dann stört es euch beim Meditieren! Sag du mir, was ich machen soll . . .!

Also bleib auf dem Teppich! Die Erleuchtung wird kommen – ich garantiere dir, daß sie kommt. Es ist nicht so, als wäre sie eine Sache, die nicht vielen passiert. Du hast das Potential, aber du mußt den Prozeß ganz verstehen.

Am Anfang wird dir der Meister ständig von all den schönen Dingen erzählen, von der Glückseligkeit und Ekstase der Erleuchtung. Er muß es tun, denn wer würde sich sonst die Zeit zum Meditieren nehmen? Da gibt es das Fernsehen, und dauernd stehen Fußballspiele auf dem Programm . . . Die Welt um uns herum ist voll von albernen Leuten, die alle möglichen Turnübungen machen . . . Boxer boxen, Schauspieler agieren . . . Wer hat schon Zeit für Meditation – und wozu überhaupt?

Wenn ich nicht über Erleuchtung rede, wirst du mich fragen: »Wozu soll ich meditieren?« Aber sobald ich das Wort »Erleuchtung« erwähne, fängt das Problem an. Dein Verstand hat die alte Gewohnheit, aus allem ein Ziel zu machen, weit entfernt. Der Verstand liebt die Herausforderung – aber die Erleuchtung ist keine Herausforderung.

Viele Leute wollen unbedingt den Everest bezwingen. Als Edmund Hillary, der erste Mensch, der den Gipfel des Everest erreichte, von den Nachrichtenmedien gefragt wurde: »Warum haben Sie ein solches Risiko auf sich genommen, den höchsten Gipfel des Himalaja zu besteigen?«, da gab er eine Antwort, die von großer Einsicht zeugt. Was er sagte, war wirklich schön: »Es war gar keine Frage, ob ich ihn besteigen wollte. Tatsache war, daß es den Everest gab, und er war noch unbezwungen. Das konnte ich nicht dulden. Es war kein Problem für mich persönlich, es hatte nichts mit mir zu tun.

Die bloße Tatsache, daß er noch nicht bestiegen worden war ... Hunderte waren schon bei dem Versuch, ihn zu besteigen, ums Leben gekommen, und es war eine Herausforderung. Dafür war ich bereit, mein Leben zu riskieren.« Aber man gewinnt gar nichts daraus ...

Er erreichte den Gipfel und sah sich um. Ihm war etwas seltsam zumute, denn es war keiner da, der zu ihm gesagt hätte: »Hallo! Da bist du ja endlich, Edmund Hillary! Wie geht es dir?« Kein einziger Baum, kein einziger Vogel, kein einziges Tier – gar nichts. Nur ewiger Schnee, meilenweit, der noch nie geschmolzen war ... Er verweilte nicht länger als zwei Minuten auf dem Gipfel. Wozu auch?

Der Mensch kann zum Mond fliegen, der Mensch kann zum Mars fliegen, und eines Tages kann er sogar zu irgendeinem Stern fliegen. Das sind alles Herausforderungen für den Verstand. Der Verstand interessiert sich für jede Herausforderung, und wenn man ihn provoziert, marschiert er drauflos.

Aber die Erleuchtung ist kein Ziel. Sie ist weder der Everest noch der Mond. Sie ist *du*. Du brauchst dafür nirgendwo hinzugehen, nicht mal aus deinem Zimmer. Du brauchst keinen einzigen Schritt zu tun. Du mußt nur still werden und bewegungslos, dann ist sie da. Sie ist schon immer da gewesen.

Du mußt also verstehen: Das Problem des Meisters besteht darin, daß er zuerst über Erleuchtung reden muß, um ein bißchen Interesse, ein bißchen Sehnsucht in dir zu erwecken. Und als nächstes muß er dir sofort klarmachen, daß du aus dieser Sehnsucht kein Ziel machen darfst. Du mußt es einfach in dir selbst finden. Ohne Mühe, ohne Tun, ohne Aktivität – nichts dergleichen ist nötig.

Wenn du weitermachst mit dem Meditieren und einfach die Stille und den Frieden genießt, tust du bereits alles, was von deiner Seite her nötig ist. Dann überlasse die Erleuchtung der Existenz. Sie ist nicht geizig; sie hat sich nicht erschöpft, nur weil bereits ein paar Leute erleuchtet wurden. Es gibt keine Quote, wonach nur so und so viele Menschen erleuchtet werden können.

Die ganze Welt kann erleuchtet werden. Jeder hat das ihm innewohnende Potential mitgebracht. Du mußt nur deine Meditation von jeglicher Zielorientiertheit befreien, von jeglicher Motivation. Das ist nicht schwer, wenn du es richtig verstehst. Es erfordert nur ein bißchen Intelligenz.

Doch wir leben in einer Welt, wo Intelligenz nicht geschätzt wird, wo das Mittelmaß regiert, wo die Mittelmäßigen die Führer sind und die Intelligenten sich aus der Masse zurückziehen, weil sie nicht unnötig von der Meute gehetzt und behelligt werden wollen. Sie stehen am Straßenrand und lassen die ganze Meute vorüberziehen. Wenn dir erst einmal bewußt geworden wird, wie verrückt die Menschen um dich herum sind, wirst du dich wundern: Wie konntest du das bisher übersehen?

Du lebst in einer äußerst unvernünftigen, geradezu geistesgestörten Welt. Wenn du es lediglich schaffst, zu meditieren, hast du schon mehr getan, als man vom heutigen Menschen erwarten kann.

Und deine Meditation läuft gut! Sag dir nur immer wieder: »Guter Gott!« Beim Meditieren kommst du an keinen Abgrund. Darum brauchst du dir »Amen« nicht zu merken; es ist unnötig.

Meditation verwandelt sich nach und nach in Erleuchtung. Eines Tages wirst du dich plötzlich fragen: »Wo ist denn die Dunkelheit geblieben? Wo ist der ständige Ansturm von Gedanken? Wohin ist der Verstand verschwunden?« Plötzlich bist du wie ein hohler Bambus, aber dieses Hohlsein ist nicht leer – es ist voller Freude, voller Jubel.

Dann wirst du ohne Grund tanzen, wirst du ohne Grund singen – Lieder, die du nicht komponiert, und Tänze, die du nie gelernt hast. Sie werden ganz spontan aus deinem Bewußtsein hervorquellen.

Das ist Erleuchtung – aber mache daraus kein Ziel. Meditation ist genug. Alles andere folgt von selbst. *(160)*

Der Buddha

Der Mensch ist ein Same mit einem großen Potential: Der Mensch ist der Same der Buddhaschaft. Jeder Mensch ist dazu geboren, ein Buddha zu sein. Der Mensch ist nicht dazu geboren, ein Sklave zu sein, sondern Herr seiner selbst zu sein. Doch es gibt sehr wenige, die ihr Potential verwirklichen. Und der Grund, warum Millionen das Potential nicht verwirklichen, liegt darin, daß sie annehmen, es bereits zu sein.

Das Leben ist nur eine Gelegenheit, um zu wachsen, um zu sein, um zum Blühen zu kommen. Das Leben an sich ist leer, und nur wenn du schöpferisch bist, kannst du darin zur Erfüllung kommen. Du trägst ein Lied in deinem Herzen, das gesungen werden will, du hast einen Tanz in dir, der getanzt werden will, aber dieser Tanz ist unsichtbar, und das Lied hast du noch nicht einmal selbst vernommen. Es verbirgt sich in der Tiefe deines innersten Wesenskerns und muß erst an die Oberfläche geholt und zum Ausdruck gebracht werden. Das bedeutet »Selbstverwirklichung«.

Nur selten geschieht es, daß ein Mensch sein Leben in einen Wachstumsprozeß umwandelt, daß er sein Leben in eine lange Reise der Selbstverwirklichung umwandelt und zu dem wird, wozu er bestimmt ist.

Im Osten nennen wir einen solchen Menschen »Buddha«, im Westen nennen wir ihn »Christus«. Das Wort »Christus« bezeichnet genau das gleiche wie das Wort »Buddha« – einen, der heimgekehrt ist.

Wir alle sind Wanderer auf der Suche nach unserer Heimat, aber unsere Suche ist völlig unbewußt; wir tappen im Dunkeln, ohne eine genauere Vorstellung zu haben, wonach wir eigentlich suchen, wer wir sind und wohin wir gehen. Wir bewegen uns nur immer weiter, wie Treibholz, und alles bleibt dem Zufall überlassen.

Und das ist nur möglich, weil Millionen von Menschen um uns herum im selben Boot sitzen. Und weil wir sehen, daß Millionen dieselben Dinge tun wie wir, fühlen wir uns im Recht, denn Millionen können ja nicht unrecht haben! Das sagt die Logik, aber diese Logik ist grundsätzlich falsch. Millionen können unmöglich recht haben.

Nur sehr selten gibt es jemanden, der recht hat, denn sehr selten erkennt ein Mensch die Wahrheit. Millionen leben in Lügen, ein Leben der Heuchelei, eine oberflächliche Existenz. Sie leben nur an der Peripherie und haben keine Ahnung von ihrem Zentrum. Doch das Zentrum enthält alles, das Zentrum ist das »Königreich Gottes«.

Der erste Schritt in Richtung Buddhaschaft, in Richtung Verwirklichung deines unendlichen Potentials, besteht in der Erkenntnis, daß du dein Leben bisher vergeudet hast, daß du bisher völlig unbewußt gelebt hast.

Fange an, bewußter zu werden; das ist der einzige Weg, um nach Hause zu kommen. Es ist nicht einfach; es ist schwierig. Unbewußt zu bleiben ist leichter; es bedarf dazu keiner Intelligenz, darum ist es leicht. Jeder Idiot kann das – alle Idioten tun es bereits. Es ist leichter, unbewußt zu bleiben, weil man sich dann nie für irgend etwas, das geschieht, verantwortlich zu fühlen braucht. Man kann immer die Verantwortung auf etwas anderes schieben – auf das Schicksal, auf Gott, die Gesellschaft, das Wirtschaftssystem, den Staat, die Kirche, Mutter, Vater, die Eltern ... Man kann immer die Verantwortung jemand anderem in die Schuhe schieben. Darum ist es leicht.

Bewußt zu sein bedeutet, die ganze Verantwortung auf die eigenen Schultern zu nehmen. Verantwortung zu übernehmen ist der Anfang der Buddhaschaft.

Wenn ich das Wort »Verantwortung« gebrauche, verwende ich es nicht in der üblichen Bedeutung von Pflichtgefühl. Ich verwende es in seiner wahren, grundlegenden Bedeutung, als »Fähigkeit zu antworten« – das ist die wahre Bedeutung.

Und die Fähigkeit zu antworten ist nur möglich, wenn du bewußt bist. Wenn du fest schläfst, wie kannst du da antworten? Wenn du schläfst, werden die Vögel weitersingen, aber du wirst sie nicht hören, und die Blumen werden weiterblühen, aber du wirst ihre Schönheit, ihren Duft und die Freude, die sie an die ganze Schöpfung verströmen, nie wahrnehmen können.

Verantwortlich zu sein bedeutet, wach und bewußt zu sein. Verantwortlich zu sein bedeutet, achtsam zu sein. Handle mit so viel Bewußtheit, wie du nur kannst. Selbst kleine Tätigkeiten – auf der Straße gehen, deine Mahlzeit essen, dein Bad nehmen – sollten nicht mechanisch getan werden. Tue alles mit voller Aufmerksamkeit.

Dann werden allmählich alle kleinen Handlungen transparent und beginnen zu leuchten, und mit der Zeit sammeln sich diese leuchtenden Augenblicke in dir an, und schließlich kommt es zur Explosion. Der Same ist explodiert, das Potential ist Wirklichkeit geworden. Du bist kein Same mehr, sondern eine Lotosblüte, ein goldener Lotos, ein tausendblättriger Lotos.

Das ist ein Augenblick großen Segens. Buddha nennt es »Nirvana«. Man ist heimgekommen. Jetzt gibt es nichts mehr zu erreichen, nirgendwo mehr hinzugehen. Man kann sich ausruhen, kann sich entspannen – die Reise ist zu Ende. Dieser Augenblick ist die Entstehung einer unermeßlichen Freude, die Geburt einer großen Ekstase.

Aber dazu muß man beim Anfang beginnen. *(161)*

Der Westen hat Menschen wie Aristoteles, Nietzsche, Heidegger, Camus, Marcel und Sartre hervorgebracht. Wird der Westen von sich aus auch Buddhas hervorbringen oder muß er dazu mit dem östlichen Bewußtsein verschmelzen?

Das Buddhabewußtsein ist weder östlich noch westlich. Es hat weder etwas mit Geographie und Geschichte zu tun, noch hat es etwas mit dem Denken an sich zu tun. Das Denken, der

Verstand, kann östlich oder westlich, indisch, chinesisch, japanisch oder deutsch sein, aber das reine Bewußtsein im Innersten ist wie der klare Himmel. Man kann es mit keinem Etikett versehen, weil es nicht konditioniert ist.

Was ist Ost, was ist West? – Konditionierungen, verschiedene Arten von Konditionierung. Was ist ein Hindu und was ist ein Jude? – Verschiedene Arten von Konditionierung. Es sind Namen für verschiedene Krankheiten. Doch Gesundheit ist weder östlich noch westlich.

Mit der Geburt eines Kindes beginnt sofort der Konditionierungsprozeß; es wird auf subtile Weise konditioniert. Direkt oder indirekt wird das Kind in eine bestimmte Form gepreßt. Es lernt, eine bestimmte Sprache zu sprechen, und jede Sprache hat ihre eigene Denkungsart, jede Sprache hat ihre eigenen Schwerpunkte, ihre eigenen Betrachtungsweisen. Darum ist es manchmal unmöglich, eine Sprache in eine andere zu übersetzen. In der anderen Sprache gibt es vielleicht nicht einmal die entsprechenden Begriffe, und sie betrachtet die Wirklichkeit und das Leben auf völlig andere Weise. Das Leben ist unendlich, und deine Betrachtungsweise ist endlich, aber es gibt unendlich viele Betrachtungsweisen.

Und so wird das Kind langsam geprägt – durch die Familie, die Schule, die Kirche, die Priester, die Eltern –, und das geschieht ganz heimlich, still und leise. Allmählich zieht sich der ganze Himmel des Bewußtseins zu, und nur ein kleines Fenster, eine kleine Öffnung, bleibt. Dieses Fenster ist indisch, englisch, amerikanisch. Dieses Fenster ist hinduistisch, dschainistisch, buddhistisch. Dieses Fenster ist östlich oder westlich.

Buddhaschaft bedeutet, jenes reine Bewußtsein wiederzuerlangen, das man bei der Geburt hatte, diese unvoreingenommene, unverfälschte Reinheit, dieses ursprüngliche Gesicht ohne jegliche Maske, diese Unschuld – das ist Buddhaschaft. Darum kann Buddhaschaft weder östlich noch westlich sein; sie ist transzendental.

Buddhaschaft bedeutet, seine ganze Konditionierung abzulegen. Ein Buddha ist jemand, der als Ganzheit, als ein organisches Ganzes lebt.

Für das Buddhabewußtsein sind Ost und West irrelevant. Wenn Buddhaschaft im Osten ohne westliche Unterstützung geschehen konnte, warum sollte sie nicht auch im Westen ohne östliche Unterstützung geschehen können? Und wer sagt dir, daß es nicht auch im Westen schon Buddhas gegeben hat? Dort heißen sie nur anders. Man sagt nicht Buddhabewußtsein dazu, sondern Christusbewußtsein, aber es ist das gleiche. Meister Eckhart, Jakob Böhme, Gurdjieff – das sind Buddhas. Es hat sie im Westen genauso gegeben wie im Osten, nur unter einer anderen Bezeichnung.

Eine Unterstützung des Ostens ist nicht nötig, eine Verschmelzung ist nicht nötig. Ein Buddha ist keine Verschmelzung von Ost und West; ein Buddha ist die Transzendenz all dessen, was Ost und West ausmacht, ein Überschreiten jeglicher Dualität. Es ist kein Verschmelzen und keine Begegnung, sondern Transzendenz; keine Synthese von Gegensätzen, sondern ein Hinausgehen über alle Gegensätze. Ein Buddha ist wie der klare Himmel, grenzenlos, und er kann an jedem Ort vorkommen und zu jeder Zeit.

Buddhas ereignen sich immer jetzt, denn es gibt keine andere Zeit. Und Buddhas ereignen sich immer hier. Das »Hier« enthält alles, den ganzen Raum, und das »Jetzt« enthält die ganze Zeit. Doch Buddhas ereignen sich nur, wenn ein Mensch beschließt, über alle Begrenzungen hinauszugehen, wenn er das Risiko auf sich nimmt, aus der Herde und der Herdenpsychologie auszusteigen, wenn er beschließt, nicht mehr zur Masse zu gehören.

Und solange du ein Hindu bist, gehörst du zur Masse; solange du ein Dschaina bist, gehörst du zur Masse; solange du ein Christ bist, gehörst du zur Masse.

Wenn du aus der Herde aussteigst und frei wirst und anfängst, dein Leben zu leben, so wie *du* es leben willst, und wenn du dich selbst total akzeptierst und es keine Selbstverurteilung mehr gibt, wenn du dich mit niemand anderem und mit keinem Ideal mehr vergleichst und dich selbst nicht ständig herabsetzt, sondern anfängst, dein Leben so freudig zu leben, wie Gott es von dir erwartet ... Gott hat dir nicht das Leben geschenkt, damit du das Leben eines anderen lebst. Wenn er einen Krishna gewollt hätte, dann hätte er einen Krishna erschaffen; wenn er einen Christus gewollt hätte, dann hätte er einen Christus erschaffen!

Du mußt du selbst sein, ganz und gar du selbst. Folge niemandem. Imitiere nicht die Vergangenheit. Folge nicht irgendwelchen Idealen, denn sie gehören alle zur Herdenpsychologie. Lasse sie hinter dir! Werde zum Löwen und verlasse die Herde. Und fang an, dein Leben so wahrhaftig wie möglich zu leben, denn wenn du dir selbst nicht treu sein kannst, wie könntest du da anderen treu sein? Und wenn du dir selbst treu bist, wirst du alle Begrenzungen von Land, Religion, politischem Dogma, Ost und West hinter dir lassen; du wirst alle Begrenzungen transzendieren.

Wenn du ganz du selbst bist, meinst du, daß du dann noch ein Deutscher sein wirst? Oder ein Japaner? Oder ein Burmese? Wenn du ganz du selbst bist, was wirst du dann sein? Ein Christ? Ein Hindu? Ein Moslem? – Du wirst nichts von all dem sein. Du wirst dich in keiner dieser Definitionen wiederfinden. Du wirst über alle Definitionen hinauswachsen.

Buddhabewußtsein ist transzendentales Bewußtsein. Es hat nichts mit Ost und West zu tun. *(162)*

Ein Buddha ist ein Erwachter. Es hat nichts mit Heiligkeit oder Unheiligkeit zu tun. Heiligkeit und Unheiligkeit sind beides Träume, und um zu träumen, muß man schlafen.

Ein Buddha ist wach. Alle seine Träume sind verschwunden. Ein Buddha ist kein Heiliger, und er ist auch kein Sünder. Ein Buddha ist kein Gott, und er ist auch kein Teufel. Sämtliche dualen Gegensätze sind für einen Buddha irrelevant. Ein Buddha ist einfach Zeuge des ganzen Mysteriums, das uns innen und außen umgibt.

Ich bin kein Heiliger. Ich bin ein Mensch genau wie du – mit einem kleinen Unterschied, aber dieser Unterschied macht mich in keiner Weise dir überlegen, vergiß das nicht!

Und er macht dich mir nicht unterlegen, vergiß das nicht! Das darfst du keinen einzigen Augenblick lang vergessen: Du magst vielleicht noch schlafen, und ich mag erwacht sein, aber ich selbst habe mal genauso geschlafen wie du, und eines Tages kannst du genauso erwachen wie ich.

Schlafen und Wachen gehören ebenso zu deinem Potential wie zu meinem. Schlafen und Wachen sind bloß die beiden Seiten derselben Münze, und wie könnte eine Seite etwas Besseres sein als die andere? Beide Seiten gehören zur selben Münze.

Du schläfst, ich bin wach – aber das macht mich in keiner Weise dir überlegen. *(163)*

Ein Schlafender kann sich im Traum an jeden beliebigen Punkt im Universum versetzen. Von diesem Punkt aus erscheint ihm das Aufwachen, als wäre es Tausende von Leben entfernt. Aber es ist nur ein Traum. Was den echten Schlaf angeht, ist das Erwachen ganz nah. Du kannst jeden Augenblick aufwachen, irgendeine Situation kann dich zum Aufwachen bringen.

Die Arbeit des Meisters besteht darin, Situationen zu kreieren, in denen du aufwachen kannst. Manchmal sind es ganz kleine Dinge – ein bißchen kaltes Wasser in die Augen spritzen, und schon wachst du auf. Im Schlaf warst du ganz weit weg, aber erst wenn du wach wirst, siehst du, daß die Entfernung durch den Traum kam. Das Träumen schafft die Entfernung. Um zu träumen, muß man schlafen, doch sobald du aufwachst, verschwindet der Schlaf – und mit ihm die ganze Traumwelt.

Die Wahrheit ist, daß das Erwachen eine Realität ist, die dir ganz nahe ist, direkt neben dir. Sie ist nicht weit entfernt; darum kannst du sie nicht zu einem Ziel machen. Alle Ziele sind Träume, alles Erreichenwollen ist Träumen. Das Erwachen kann kein Ziel sein, denn der Mensch, der schläft, kann sich nicht einmal vorstellen, wie das Erwachen sein wird. Er kann in seinem Schlaf aus der Erleuchtung kein Ziel machen, unmöglich. Oder was immer er damit macht, wird völlig anders sein als die Realität der Erleuchtung. Die Erleuchtung gehört zum Wachbewußtsein.

Im Osten kennen wir vier Schichten des Bewußtseins. Die erste ist die, die wir kennen, das *sogenannte* Wachbewußtsein. Es ist kein wirkliches Wachsein, weil knapp unter der Oberfläche ein Strom von Träumen fließt. Wenn du die Augen schließt, wirst du einen Tagtraum erleben. Wenn du die Augen schließt, dann wirst du es gleich sehen: Die Phantasie übernimmt das Ruder, und sogleich entfernst du dich von diesem Augenblick, vom Hier. In Wirklichkeit gehst du nirgendwohin, aber in deiner Vorstellung kannst du überall hingehen.

Der erste Zustand ist also der sogenannte »Wachzustand«. Der zweite Zustand heißt »Schlaf«. Diese beiden kennen wir. Der dritte heißt »Traumzustand«, und dann gibt es auch noch den »traumlosen Schlaf«, der eine völlig andere Qualität hat; er ist sehr friedlich, sehr still, dunkel und tief, sehr verjüngend.

Der zweite Zustand, unterhalb des sogenannten Wachzustands, ist also der Schlaf, und dann kommt der dritte Zustand, das Träumen. Die meiste Zeit in deinem Schlaf träumst du. Von acht Stunden, die du schläfst, träumst du sechs Stunden. Nur hier und da, wie kleine Inseln, schläfst du wirklich; ansonsten ist es ein kontinuierliches Träumen. Das sind die Zustände, die wir kennen.

Der vierte Zustand hat im Osten keinen Namen, sondern heißt einfach »der Vierte«, *Turiya. Turiya* bedeutet einfach eine Zahl; es ist kein Name. Man hat diesem Zustand keinen Namen gegeben, damit er nicht interpretiert werden kann, damit dein Verstand nicht damit spielen und dir etwas vormachen kann.

Dieser vierte Zustand ist das richtige Erwachen. Der sogenannte »Wachzustand« ist nur eine sehr dünne Schicht, fast nicht vorhanden, aber er hat etwas von dieser Qualität des Wachseins. Der vierte Zustand besteht ganz aus dieser Qualität; er ist reines Erwachen. Du bist ganz und gar wach. *(164)*

Was sind die Eigenschaften eines Erleuchteten?

Erleuchtung bedeutet einfach, daß man keine offenen Fragen in seinem Leben mehr hat; alles ist gelöst. Erleuchtung bedeutet, daß man ständig in dem gleichen Zustand der Stille, des Friedens und der Gelassenheit lebt – egal, was außen geschieht, ob Erfolg oder Mißerfolg, Schmerz oder Freude, Leben oder Tod.

Als Erleuchteten bezeichnet man einen Menschen, der zu einer Erfahrung gelangt ist, zu der auch du fähig bist, du hast es nur noch nicht versucht: Er ist voller Licht, voller Freude, voller Ekstase – vierundzwanzig Stunden am Tag. Er ist wie ein Betrunkener – trunken vom Göttlichen. Sein Leben ist ein Lied, sein Leben ist ein Tanz, sein Leben ist ein Freudenfest. Seine Gegenwart ist ein einziger Segen.

Und wenn du ihn kennenlernen willst, mußt du ihm nahekommen. Du kannst ihn nicht bloß von außen beobachten; du mußt ihm ganz nahekommen. Du mußt in einen Zustand der Intimität mit ihm kommen. Du mußt dich seiner Karawane anschließen, mußt seine Hand halten. Du mußt dich von ihm nähren lassen, und du mußt zulassen, daß er in dein Herz hineinkommt. Aber bitte versuche nicht, von außen irgendwelche Eigenschaften zu finden. Das sind alles innere Erfahrungen.

Aber ein paar Hinweise kann ich dir schon geben. In der Nähe eines Erleuchteten wirst du eine gewisse magnetische Anziehungskraft spüren, eine ungeheure Faszination, ein charismatisches Zentrum. Vielleicht läßt deine Angst dich nicht näher an ihn herankommen. Es ist gefährlich, sich einem Erleuchteten zu nähern, denn wenn du ihm nahekommst, wirst du vielleicht nicht wieder wegkommen. Sich ihm zu nähern ist riskant. Es ist nur etwas für Abenteurer und nichts für Geschäftsleute. *(165)*

Funktionales Bewußtsein ist etwas, das jeder hat. Doch du mußt das tieferliegende, ursprüngliche, beobachtende Bewußtsein finden – jenen inneren Zeugen, der deinen Körper, deinen Verstand, deine Gedanken und Handlungen beobachtet und trotzdem distanziert ist von jeglicher Identifikation oder Bewertung.

Die Entdeckung des Zeugen ist die größte Entdeckung in der Geschichte des menschlichen Bewußtseins. Keine einzige wissenschaftliche Entdeckung, keine Entdeckung auf irgendeinem Gebiet, sei es Mathematik, Logik oder Philosophie, könnte von größerer Bedeutung und größerer Tragweite sein und einen so absolut wichtigen, grundlegenden Stellenwert einnehmen wie die Entdeckung des inneren Zeugen.

Der innere Zeuge macht dich zu einem Buddha.

Selbst ein kurzer Augenblick dieses ursprünglichen Bewußtseins, eine einfache, einmalige Begegnung mit dir selbst, wird dich völlig verwandeln. Du wirst ein völlig neuer Mensch sein – der neue Mensch, von dem ich tagtäglich rede, um euch daran zu erinnern, daß dieser neue Mensch bereit ist, in euch geboren zu werden. Es bedarf nur noch ein wenig des Zeugeseins.

Das Zeugesein ist die Nahrung für den schwangeren Buddha in dir. Und wenn diese Nahrung jeden Tag tiefer und tiefer geht, wirst du eines Tages plötzlich sehen: Du brauchst gar nicht mehr ins Zentrum hineinzugehen. Der Buddha kommt dir entgegen, um dich an der Peripherie zu treffen.

Plötzlich wirst du vielleicht eines Tages als Buddha aufwachen, und mit diesem Erwachen verändert die ganze Welt ihre Farbe. Alle Dinge bekommen eine neue Schönheit, eine neue Heiligkeit, eine neue Anmut. Alle Geräusche werden süßer und harmonischer. Kleine, wild wachsende Blumen werden genauso wertvoll wie Lotosblüten oder Rosen.

Ein Buddha zu sein ist nicht nur eine Revolution in deinem Innern; es ist eine Revolution in deiner ganzen Wahrnehmung der Welt, eine Revolution deiner Beziehungen, deiner Liebe, deiner Freundschaft. Diese Revolution ist so total, daß sie deine ganze Wahrnehmung, deine ganze Begriffswelt über den Haufen wirft und alle deine alten, mechanischen Gewohnheiten verändert. Dann bist du zum ersten Mal nicht mehr ein Roboter. *(166)*

Buddha ist nichts anderes als Adam, der zurückgekehrt ist, um den Garten Eden wieder zu betreten. Doch nun kommt er mit vollem Bewußtsein wieder. Nun hat sich der Kreis geschlossen.

Er kommt tanzend, er kommt in absoluter Seligkeit. Er ist so glückselig wie die Bäume, aber er ist nicht unbewußt. Er hat Bewußtsein erlangt, er ist zum Bewußtsein aufgestiegen. Jetzt ist er nicht nur glückselig, sondern ist sich auch dessen bewußt, daß er selig ist. Eine neue Qualität ist hinzugekommen. *(167)*

Der neue Mensch wird ein Herrscher sein, in dem Sinne, daß er Herr seiner selbst sein wird. Er wird keinen anderen Herrn dulden. Er wird keine Sklaverei mehr dulden. Er wird keine Nationen mehr dulden, er wird keine Rassen dulden, er wird keine Kastensysteme dulden. Er wird keine der Religionen mit ihrem ganzen Aberglauben mehr dulden.

Der neue Mensch wird absolut rein und frisch und unschuldig wie ein Kind sein. Und aus dieser Unschuld leuchtet sein göttliches Wesen hervor – der Buddha.

Der Buddha ist der neue Mensch. *(168)*

4. TEIL

Der neue Mann

Dancing comes the new man,
And so I sing.

Liedtext von Swami Anand Milarepa

Der neue Mensch

Der neue Mensch beinhaltet meine ganze Lebensphilosophie: Wie kann man das Leben mit solcher Totalität, Intensität und Ganzheit leben, daß es nicht bloß ein Sich-Dahinschleppen von der Wiege bis zur Bahre ist, sondern jeder Augenblick von Freude erfüllt ist – ein Lied, ein Tanz, ein Fest?

Der alte Mensch, wie er bisher existiert hat, liegt im Sterben. Er hat viel gelitten und braucht all unser Mitgefühl. Er wurde für ein Leben in Unglück, Leiden und Selbstkasteiung konditioniert. Man hat ihm viele Versprechen gegeben, hat ihm großartige Belohnungen verheißen, die nach seinem Tode eintreten würden. Je mehr er litt, je mehr er sich selbst quälte, je masochistischer er war, je mehr er seine Menschenwürde erniedrigte, um so mehr würde er dafür belohnt werden.

Dieses Konzept war den Machthabern äußerst genehm, denn einen Mensch, der bereit ist zu leiden, kann man leichter versklaven. Wer bereit ist, das Heute für ein unbekanntes Morgen zu opfern, erklärt damit seine Bereitschaft, sich zum Sklaven machen zu lassen. Die Zukunft wird zu seiner Sklaverei. Jahrtausendelang haben die Menschen nur in ihren Hoffnungen gelebt, in ihren Phantasien, ihren Träumen, ihren Utopien – aber nicht in der Wirklichkeit. Dabei gibt es nur diese eine Leben – das Leben in der Wirklichkeit, das Leben in diesem Augenblick.

Der neue Mensch ist eine Rebellion, eine Revolte, eine Revolution gegen alle Konditionierungen, die ihn zum Sklaven machen, unterdrücken und ausbeuten, indem sie ihm entweder Hoffnung machen auf einen illusorischen Himmel oder ihn einschüchtern und erpressen durch eine weitere Illusion, die Hölle. In einem Punkt stimmten alle alten Lebensentwürfe seltsamerweise völlig überein: Der Mensch ist ein Opfertier zu Füßen eines imaginären Gottes.

Es gab Zeiten, in denen die Menschen tatsächlich lebendig geopfert und vor steinernen Standbildern hingeschlachtet wurden. Heute würde zwar niemand mehr so etwas wagen, doch psychologisch hat sich die Situation überhaupt nicht verändert. Immer noch werden Menschen geopfert – im Namen des Kommunismus, im Namen des Kapitalismus, im Namen der arischen Rasse, im Namen des Islam, im Namen des Christentums, im Namen des Hinduismus. An die Stelle steinerner Götter sind scheinheilige, bedeutungslose Wörter getreten. Aber die Menschen akzeptieren es, so zu leben, weil jedes Kind in die bereits konditionierte Herde hineingeboren wird: Die Lehrer sind konditioniert, die Eltern sind konditioniert, die Nachbarn sind konditioniert, und das kleine Kind ist dem Ganzen hilflos ausgeliefert. Es kann sich keine andere Alternative vorstellen, als zu dieser Herde zu gehören.

Der alte Mensch war Teil einer Herde, ein Rädchen im Getriebe. Der alte Mensch besaß keine Individualität. Die Machthaber scheuten keine Mühe, um ihm seine Selbstachtung und Würde zu rauben, seine Freude und Dankbarkeit, ein Mensch zu sein – das höchstentwickelte Geschöpf auf dem langen, langen Pfad der Evolution, dessen glorreiche Krönung er ist. Solche Ideen waren gefährlich!

Wenn ein Mensch auch nur ein Fünkchen Selbstachtung und eine gewisse Menschenwürde hat, kann man ihn nicht zum Sklaven degradieren; man kann nicht seine Seele zerstören und ihn zum Roboter machen. Bisher haben die Menschen nur vorgegeben zu leben; ihr Leben war rein hypothetisch.

Der neue Mensch ist eine Revolte gegen die ganze Vergangenheit.

Er ist eine Deklaration unserer Absicht, eine neue Lebensweise, neue Werte zu schaffen, unsere Bestimmung in neuen Zielen zu suchen und uns nach weit entfernten Sternen zu orientieren. Wir werden es nicht mehr zulassen, daß wir für schöne Worte geopfert werden. Wir werden unser eigenes Leben leben – nicht nach irgendwelchen fremden Idealen, sondern nach unseren eigenen Sehnsüchten, unseren eigenen leidenschaftlichen, intuitiven Träumen.

Wir werden von Augenblick zu Augenblick leben und uns nicht mehr von der Zukunft zum Narren halten lassen, von irgendwelchen Verheißungen für das Morgen.

Der neue Mensch beinhaltet die ganze Zukunft der Menschheit. Der alte Mensch wird sterben müssen. Er schaufelt sich bereits sein eigenes Grab, in jedem Augenblick gräbt er es, tiefer und tiefer. Oder was denkt ihr, tut Ronald Reagan? – Er schaufelt ein Grab für die Menschheit, so tief, wie er nur kann. Leute wie er scheinen selbst noch vor Toten Angst zu haben – daß sie auferstehen könnten, wenn das Grab nicht tief genug ist, daß sie wieder lebendig werden könnten.

All die Nuklearwaffen und der ganze Vernichtungsapparat sind eine Vorbereitung auf den globalen Selbstmord. Der alte Mensch scheint fest entschlossen zu sterben. Nun liegt es an den intelligenten Leuten dieser Welt, sich von diesem alten Menschen loszusagen, bevor er alles vernichtet, sich loszusagen von allen alten Traditionen, alten Religionen, alten Nationen, alten Ideologien. Zum ersten Mal hat das Alte seinen goldenen Glanz verloren. Der alte Mensch ist der modrige Leichnam einer häßlichen Vergangenheit.

Die neue Generation, die jungen Leute, tragen eine große Verantwortung: Sie müssen eine radikale Abkehr von der Vergangenheit vollziehen.

In der Vergangenheit predigten die Religionen die Abkehr von der Welt. Ich hingegen lehre euch, die Welt so sehr zu lieben, daß sie gerettet werden kann. Ich lehre euch die vollkommene und unwiderrufliche Abkehr von der Vergangenheit, den totalen Bruch mit der Vergangenheit.

Der neue Mensch ist keine verbesserte Version des alten; er ist keine kontinuierliche Fortsetzung, keine Perfektionierung des alten. Der neue Mensch ist eine Todeserklärung an den alten Menschen und die Geburt eines absolut neuen, unverdorbenen Menschen – ohne Konditionierung, ohne Nation, ohne Religion, ohne Diskriminierung zwischen Mann und Frau, Schwarz und Weiß, Ost und West, Nord und Süd.

Der neue Mensch ist das Manifest einer ungeteilten Menschheit. Er ist die größte Revolution, die es je auf Erden gegeben hat.

Man hat euch erzählt von dem Wunder, daß Moses das Meer in zwei Teile teilte. Aber das ist gar nichts im Vergleich zu dem, was ich vorhabe: Ich teile die Menschheit, das ganze Meer der Menschheit, in zwei Teile – in den alten und den neuen Menschen.

Der neue Mensch liebt dieses Leben, liebt diese Welt. Der neue Mensch lernt die Kunst zu leben, die Kunst zu lieben und die Kunst zu sterben.

Der neue Mensch kümmert sich um keinen Himmel und keine Hölle, weder um Sünde noch Tugend. Ihm geht es darum, die Freuden und Genüsse des Lebens zu vermehren – durch mehr Blumen, mehr Schönheit, mehr Menschlichkeit, mehr Mitgefühl. Wir haben die Fähigkeit und das Potential, aus diesem Planeten ein Paradies zu machen und diesen jetzigen Augenblick in höchster Seligkeit zu erleben.

Überlaßt den alten Menschen seinem Sterben, überlaßt ihn solchen Führern wie Ronald Reagan, überlaßt die Blinden den Blindenführern.

Aber diejenigen, die jung im Geiste sind – und wenn ich sage, »jung im Geiste«, dann schließe ich auch jene älteren Menschen mit ein, die noch nicht alt im Geiste sind, und ich schließe jene jungen Leute aus, die im Geiste alt sind. Die spirituell Jungen, das werden die neuen Menschen sein.

Der neue Mensch ist nicht bloß eine Hoffnung; ihr geht bereits mit ihm schwanger.

Meine Arbeit besteht darin, euch bewußt zu machen, daß der neue Mensch schon da ist. Meine Arbeit besteht darin, euch zu helfen, ihn zu erkennen und zu achten. Erkennt eure Verantwortung. Noch nie zuvor haben die Menschen eine so große Verantwortung gehabt: Es ist die Verantwortung, die ganze Vergangenheit hinter euch zu lassen, sie aus eurem Leben zu verbannen.

Werdet wieder zu Adam und Eva und macht aus dieser Erde den Garten Eden. Doch diesmal werden wir sehen, welcher Gott es wagen würde, die Menschen aus dem Garten Eden zu vertreiben! Es wird *unser* Garten sein, und wenn Gott in unseren Garten will, muß er bei uns anklopfen!

Diese Erde könnte eine einzige Pracht, ein Zauber, ein Wunder sein. Unsere Hände besitzen diese Gabe – wir haben sie nur noch nie genutzt. Der Mensch hat nur noch nie die Chance ergriffen, sein Potential zu verwirklichen – zu wachsen und zu erblühen, Erfüllung und Zufriedenheit zu erlangen und mit diesem Duft und diesem Blühen die ganze Erde zu erfüllen. Für mich ist das der Duft der Göttlichkeit.

Der neue Mensch wird keinen Gott als Schöpfer dieser Welt anbeten. Er wird Gott als ein Klima der Schönheit, der Liebe und der Wahrheit erschaffen. Bisher war Gott der Schöpfer. Für den neuen Menschen ist der Mensch selbst der Schöpfer, und Gott ist sein Geschöpf. Wir selbst können Göttlichkeit erschaffen – es liegt in unserer Hand.

Darum sage ich: Der neue Mensch ist die größte Revolution, die sich jemals auf dieser Welt ereignet hat. Und sie ist unumgänglich geworden, denn der alte Mensch scheint entschlossen zu sterben, fest entschlossen, absolut darauf versessen, Selbstmord zu begehen. Laßt ihn in Frieden sterben.

Alle diejenigen, die einen rebellischen Geist haben, sollten sich davon lossagen. Sie werden unsere Retter sein, unsere Arche Noah. Sie sind der Beginn einer neuen Welt.

Und da wir die alte Welt mit ihrem ganzen Elend kennen, können wir dieses Elend vermeiden – all die Eifersüchteleien, all die Aggression, all die Kriege, all die zerstörerischen Tendenzen.

Wir können eine totale Transformation erleben, wir können unschuldige, liebevolle Menschen hervorbringen – Menschen, die in Freiheit atmen und sich gegenseitig darin unterstützen, frei zu sein. Wir können jedem Unterstützung geben, daß er gewürdigt und respektiert wird – nicht für irgendwelche aufgesetzten Ideale und Werte, sondern für das, was er ist.

Der neue Mensch wird das Salz dieser Erde sein. *(169)*

Wenn ich »der neue Mensch« sage, meine ich den bewußten Menschen. Die Menschheit ist nicht mehr zu retten – es sei denn, der bewußte Mensch tritt auf den Plan.

In der Vergangenheit war Bewußtheit nicht so notwendig, aber jetzt ist sie absolut notwendig geworden, ein absolutes Muß. Das Schicksal dieser Erde ist besiegelt – es sei denn, es entsteht ein neuer Mensch, es sei denn, immer mehr Menschen werden bewußt, werden wach, werden zu Erwachten. Das Schicksal der Erde liegt in den Händen idiotischer Politiker, die eine ungeheure, nie gekannte Macht zur Zerstörung haben.

Die kommenden zwanzig Jahre bringen die größte Gefahr in der ganzen Geschichte der Menschheit. Die Gefahr war noch nie so groß – wir sitzen auf einem Pulverfaß.

Lediglich mehr Bewußtsein, mehr Wachheit kann diese Welt noch retten; eine andere Möglichkeit gibt es nicht. Wir müssen die Menschen ent-automatisieren. Diese Gesellschaft macht euch zu Automaten. Sie erzeugt leistungsfähige Maschinen, aber keine Menschen. Meine ganze Arbeit besteht darin, euch zu entautomatisieren. Ich tue etwas, das absolut gegen die Gesellschaft geht. Die Gesellschaft macht euch zu Maschinen, und ich versuche es wieder rückgängig zu machen.

Und ich möchte dieses Feuer bis in den letzten Winkel dieser Erde tragen, um so vielen Menschen wie möglich zu helfen, bewußt zu werden. Nur wenn sich Bewußtheit in großem Maßstab über die ganze Erde ausbreitet, haben wir noch eine Chance, eine Hoffnung, die Menschheit zu retten. Noch ist nicht alles verloren, aber die Zeit wird knapp.

Politiker und Computer steuern alles, und beide sind gefährlich. Die Politiker sind irrsinnig, denn man kann unmöglich Politiker werden, ohne ein gewisses Maß an Irrsinn in sich zu haben. Man muß absolut wahnsinnig sein, denn nur Wahnsinnige sind in einem Machtrausch.

Ein gesunder Mensch lebt ein freudiges Leben; er ist nicht machtbesessen. Er interessiert sich für Musik, er singt und tanzt, aber er hat kein Interesse, irgend jemanden zu beherrschen. Sein Interesse besteht darin, Herr seiner selbst zu werden, aber er hat kein Interesse daran, Herr über andere zu werden.

Politiker sind Wahnsinnige. Das beweist die Geschichte zur Genüge. Und heute herrschen die Computer.

Ihr kennt diesen Ausspruch: »Irren ist menschlich …« Das ist zutreffend, aber wenn man ein wirklich großes Chaos anrichten will, reichen Menschen nicht aus, dazu braucht man Computer! Heute beherrschen Maschinen und Verrückte die ganze Welt. Wir müssen diese Situation an der Basis verändern. Das meine ich mit dem »neuen Menschen«. Der neue Mensch ist der bewußte, liebevolle, schöpferische Mensch.

Dieser Umwandlungsprozeß wird durch Meditation möglich. Darum werde meditativer, ruhiger, stiller. Erfahre dich selbst in deiner Tiefe. Durch diese Erfahrung wirst du eine neue Schwingung freisetzen, und wenn viele Menschen zu Meditierenden werden, kann auf der ganzen Welt ein völlig neues Klima entstehen. *(170)*

Der Sucher

Das Leben ist eine Suche, eine ständige, verzweifelte, hoffnungslose Suche – ein Suchen nach etwas, von dem man nicht einmal genau weiß, was es ist. Da ist nur dieser tiefe Drang, nach etwas zu suchen, ohne daß man eigentlich weiß, wonach. Dahinter steht eine bestimmte Geistesverfassung, die durch nichts, was man findet, was immer es auch sei, zufriedenzustellen ist. Frustration scheint des Menschen Bestimmung zu sein, denn was immer er bekommt, ist schon im selben Augenblick, da er es bekommt, bedeutungslos geworden, und die Suche beginnt wieder von neuem.

Die Suche geht immer weiter – egal, ob man bekommt, was man will oder nicht. Es scheint unwesentlich zu sein, was man hat und was man nicht hat. Die Suche geht auf jeden Fall weiter. Die Armen suchen, die Reichen suchen, die Kranken suchen, die Gesunden suchen, die Mächtigen suchen, die Machtlosen suchen, die Dummen suchen, die Weisen suchen – und keiner weiß genau, wonach er sucht.

Dieses Suchen muß man verstehen – was es ist und warum es da ist. Es scheint, als hätte der Mensch, der menschliche Verstand, ein Loch. Das menschliche Bewußtsein scheint so strukturiert zu sein, daß darin ein Loch, ein schwarzes Loch, ist. Man füttert es ständig mit Dingen, aber alles verschwindet darin. Nichts scheint dieses Loch füllen zu können, nichts scheint je die Erfüllung zu bringen.

Es ist ein fieberhaftes Suchen. Man sucht in der diesseitigen Welt, man sucht in der jenseitigen Welt. Mal sucht man Geld, Macht, Ansehen, mal sucht man Gott, Glückseligkeit, Liebe, Meditation, Gebet – aber die Suche geht immer weiter. Es scheint, daß der Mensch krank ist vor Suchen.

Dieses Suchen erlaubt dir nie, hier und jetzt zu sein, weil es dich immer von dem wegführt, was ist.

Die Suche ist eine Projektion. Die Suche ist das Verlangen, daß es irgendwo anders genau das geben müßte, was du brauchst. Es existiert, aber irgendwo anders, nicht da, wo du jetzt bist. Es existiert mit Sicherheit, aber nicht in diesem gegenwärtigen Augenblick, nicht jetzt, sondern irgendwo anders. Es existiert dann und dort, aber nie hier und jetzt. Dieses Verlangen nagt ständig an dir, es zieht und schiebt dich ständig und treibt dich langsam zum Wahnsinn. Es macht dich verrückt, aber es erfüllt sich nie.

Ich habe von einer sehr bedeutenden Sufi-Mystikerin, Rabiya al-Adabiya, gehört:

Eines Abends sah man sie auf der Straße sitzen und nach etwas suchen. Sie war eine alte Frau, ihre Augen waren schon schwach; sie konnte kaum noch sehen. Die Nachbarn kamen herbei, um ihr zu helfen. Sie fragten: »Was suchst du denn?«

Rabiya sagte: »Eure Frage ist belanglos. Ich suche. Wenn ihr mir helfen könnt, helft mir einfach.«

Da lachten sie und sagten: »Rabiya, bist du verrückt geworden? Du sagst, unsere Frage sei belanglos, aber wie sollen wir dir helfen, wenn wir nicht wissen, was du suchst?«

Rabiya sagte: »Nun gut, um euch zufriedenzustellen: Ich suche meine Nadel. Ich habe meine Nadel verloren.«

Sie machten sich daran, ihr zu helfen, aber sie erkannten gleich: Die Straße war breit, und eine Nadel ist so winzig!

Also fragten sie Rabiya: »Bitte sag uns ganz genau, wo du sie verloren hast, die präzise Stelle, sonst ist es zu schwierig. Die Straße ist breit, und man kann hier ewig suchen. Wo genau hast du sie verloren?«

Rabiya sagte: »Wieder stellt ihr eine belanglose Frage. Was hat das mit meinem Suchen zu tun?«

Da hörten sie auf und sagten: »Du bist zweifellos verrückt geworden!«

Rabiya sagte: »Nun gut, um euch zufriedenzustellen: Ich habe sie im Haus verloren.«

Die Leute fragten: »Aber warum suchst du sie dann hier draußen?«

Und Rabiya soll darauf geantwortet haben: »Weil es hier noch hell ist, und im Haus ist kein Licht.«

Die Sonne ging gerade unter, und auf der Straße war noch ein bißchen Licht.

Dieses Gleichnis ist sehr bedeutsam. Hast du dich selbst je gefragt, wonach du eigentlich suchst? Hast du es je zu einem Gegenstand tiefer Meditation gemacht, herauszufinden, was du suchst? Nein. Selbst wenn du in verschwommenen Augenblicken, in verträumten Augenblicken, eine vage Ahnung hast, wonach du suchst, ist es doch nie genau, nie präzise. Du hast es nie definiert.

Versuche es zu definieren, und je genauer du es definierst, um so deutlicher wirst du fühlen, daß es unnötig ist, danach zu suchen. Die Suche kann nur in einem Zustand der Verschwommenheit, in einem Zustand des Träumens weitergehen. Wenn die Dinge unklar sind, suchst du immer weiter, getrieben von diesem inneren Drang, dieser inneren Dringlichkeit. Du weißt nur eines: Du mußt suchen. Es ist wie ein innerer Zwang. Aber du hast keine Ahnung, wonach du suchst.

Und solange du nicht weißt, wonach du suchst, wie kannst du es finden? Es ist verschwommen ... du denkst, es sei Geld, Macht, Ansehen, Ruhm. Aber dann siehst du angesehene Leute, mächtige Leute – und auch sie suchen. Dann siehst du ungeheuer reiche Leute – und auch sie suchen. Sie suchen bis an ihr Lebensende. Reichtum scheint nichts zu helfen, Macht scheint nicht zu helfen. Die Suche scheint weiterzugehen, gleichgültig, wieviel man hat.

Die Suche muß also etwas anderem gelten. Diese Begriffe, diese Bezeichnungen – Geld, Macht, Ruhm – stellen nur den Verstand zufrieden und geben dir das Gefühl, daß du nach etwas suchst. Dieses Etwas ist noch undefiniert, nur ein vages Gefühl.

Das erste, was der wahre Sucher tun muß, der Sucher, der

schon ein bißchen wacher und bewußter geworden ist: Er muß sein Suchen definieren, muß sich einen klaren Begriff davon machen, was es ist, muß es aus dem Traumbewußtsein herausholen und ihm mit intensiver Wachheit begegnen, muß ihm direkt ins Auge schauen und sich damit konfrontieren. Dadurch wird unmittelbar ein Transformationsprozeß in Gang gesetzt.

Sobald du anfängst, deine Suche zu definieren, verlierst du das Interesse am Suchen. Je genauer du es definierst, um so weniger ist es da. Sobald du ganz klar erkennst, was es ist, verschwindet es plötzlich. Es kann nur existieren, wenn du nicht aufmerksam bist.

Laß es mich wiederholen: Die Suche existiert nur, wenn du schläfst, die Suche existiert nur, wenn du nicht bewußt bist. Die Suche existiert nur in deiner Unbewußtheit. Deine Unbewußtheit setzt das Suchen in Gang.

Ja, Rabiya hat recht. Im Innern ist kein Licht. Und weil im Innern kein Licht und keine Bewußtheit ist, suchst du natürlich außen weiter – weil außen mehr Klarheit zu sein scheint.

Alle unsere Sinne sind nach außen gerichtet. Die Augen öffnen sich nach außen, die Hände bewegen sich und greifen nach außen, die Beine bewegen sich außen, die Ohren lauschen den Geräuschen, den Tönen außen. Alles, was dir zur Verfügung steht, öffnet sich nach außen; alle fünf Sinne sind extravertiert. Darum fängst du dort zu suchen an, wo dein Sehen, Fühlen, Berühren hingeht, denn das Licht der Sinne fällt nach außen. Aber der Sucher ist innen.

Diese Dichotomie muß man verstehen: Der Sucher ist innen, aber weil das Licht außen ist, fängt der Sucher in seinem Ehrgeiz an, in der Außenwelt etwas finden zu wollen, was ihn befriedigen wird.

Aber das wird nie geschehen. Es ist nie geschehen. Es kann dem Wesen der Dinge nach nicht geschehen. Denn solange du nicht den Sucher selbst suchst, ist deine ganze Suche sinnlos. Solange du nicht herausfindest, wer du bist, ist alles, was du suchst, vergeblich, weil du den Sucher nicht kennst. Ohne den Sucher zu kennen – wie kannst du in die richtige

Dimension, in die richtige Richtung gehen? Es ist unmöglich. Diese Voraussetzungen müssen beachtet werden.

Diese beiden Dinge sind also ganz wichtig: Zuerst werde dir absolut darüber klar, was das Ziel deiner Suche ist. Tappe nicht ständig weiter im Dunkeln! Lenke deine Aufmerksamkeit auf das Ziel – auf das, wonach du wirklich suchst. Denn manchmal willst du etwas, suchst aber ständig etwas anderes, und das kann nur unbefriedigend sein, selbst wenn du Erfolg hättest.

Hast du die Leute beobachtet, die Erfolg haben? Kannst du dir größere Versager vorstellen als sie? Vielleicht kennst du den Ausspruch: »Nichts hat mehr Erfolg als der Erfolg.« Das ist absolut falsch. Ich sage dir: »Nichts scheitert mehr als der Erfolg.« Dieses Sprichwort müssen dumme Leute erfunden haben. Nichts scheitert mehr als der Erfolg.

Man sagt von Alexander dem Großen, er habe sich an dem Tag, als er die Welt erobert hatte, in seinem Zimmer eingeschlossen und zu weinen angefangen. Ich weiß nicht, ob das stimmt, aber wenn er ein bißchen intelligent war, muß es so gewesen sein.

Seine Generäle waren äußerst beunruhigt. Was war geschehen? Sie hatten Alexander noch nie weinen sehen. Er war keiner von dieser Sorte, er war ein großer Krieger. Sie hatten ihn in den größten Schwierigkeiten erlebt, in Situationen, da sein Leben in höchster Gefahr war und der Tod drohte, aber nie hatten sie eine Träne in seinem Auge gesehen. Noch nie hatten sie ihn in einem verzweifelten, hoffnungslosen Moment erlebt. Was war mit ihm geschehen – jetzt, da er erfolgreich war und zum Eroberer der ganzen Welt geworden war?

Sie klopften an seine Tür, traten ein und fragten ihn: »Was ist los mit dir? Warum weinst du wie ein Kind?« Er sagte: »Jetzt, wo ich den Sieg errungen habe, weiß ich, daß ich verloren habe. Jetzt weiß ich, daß ich noch genau an dem gleichen Punkt stehe, wo ich vorher war, bevor dieser ganze Unsinn mit der Welteroberung losging. Das ist mir jetzt klargeworden – weil es jetzt nichts mehr zu erobern gibt. Sonst hätte ich meine Reise fortsetzen können und hätte angefangen, die nächste Welt zu erobern. Aber jetzt gibt es keine andere Welt mehr zu erobern; es gibt nichts mehr zu tun. Jetzt bin ich plötzlich mit mir selbst konfrontiert.«

Ein erfolgreicher Mensch ist am Ende immer mit sich selbst konfrontiert, und dann leidet er Höllenqualen, weil er sein ganzes Leben vergeudet hat. Er hat gesucht und gesucht, und er hat alles, was er hatte, aufs Spiel gesetzt und Erfolg gehabt – aber sein Herz ist leer, seine Seele fühlt die Sinnlosigkeit, und sein Leben enthält keinen Duft, keinen Segen.

Das erste ist also, genau festzustellen, wonach du suchst. Ich lege deshalb so viel Wert darauf, weil du, je mehr du deine Augen auf das Objekt deiner Suche richtest, erleben wirst, wie das Objekt sich auflöst. Wenn deine Augen absolut fokussiert sind, gibt es plötzlich nichts mehr zu suchen. Dann werden sich deine Augen unmittelbar auf dich selbst richten. Wenn es kein Objekt der Suche mehr gibt, wenn alle Objekte verschwunden sind, tritt Leere ein. In dieser Leere geschieht die Wende, die Umkehr, die Nachinnenwendung. Mit einem Mal siehst du dich selbst. Nun gibt es nichts mehr zu suchen. Nun taucht ein neuer Wunsch auf: Du willst den Sucher kennen.

Solange es etwas zu suchen gibt, bist du ein weltlicher Mensch. Wenn es nichts mehr zu suchen gibt und nur noch die Frage für dich zählt: »Wer ist der Sucher?«, dann bist du ein religiöser Mensch. Das ist meine Definition von weltlich und religiös.

Solange du immer noch etwas suchst – und sei es im jenseitigen Leben, am anderen Ufer, im Himmel, im Paradies, in *Moksha* –, hat sich nichts verändert: Du bist nach wie vor ein weltlicher Mensch. Erst wenn alles Suchen aufgehört hat und dir plötzlich bewußt geworden ist, daß du nur noch eines wissen willst: »Wer ist dieser Sucher in mir? Was ist diese Energie, die mich zum Suchen drängt? Wer bin ich?« – dann geschieht eine Transformation. Plötzlich verschieben sich alle Werte. Du beginnst, nach innen zu gehen.

Dann sitzt Rabiya nicht mehr auf der Straße und sucht nach einer Nadel, die irgendwo im Dunkel der inneren Seele verlorengegangen ist. Sobald du anfängst, nach innen zu gehen ... und Rabiya hat recht, anfangs ist es ganz dunkel. Es ist sehr, sehr dunkel, weil du schon viele Leben lang nicht mehr innen gewesen bist. Deine Augen waren immer auf die Außenwelt gerichtet.

Hast du folgendes bemerkt? Hast du schon mal beobachtet, an einem sonnigen Tag, wenn die Sonne ganz heiß und das Licht sehr hell ist ... Wenn du von der Straße hereinkommst und plötzlich dein Haus oder dein Zimmer betrittst, ist es drinnen ganz dunkel, weil sich die Augen an das Außenlicht, an die Helligkeit, angepaßt hatten. Im grellen Licht ziehen sich die Pupillen der Augen zusammen, doch im Dunkeln müssen sie sich entspannen. In der Dunkelheit ist eine größere Öffnung nötig, im Licht genügt eine kleinere Öffnung. Genau wie das Auge funktioniert eine Kamera, sie wurde dem menschlichen Auge nachgebaut.

Wenn du plötzlich von draußen hereinkommst, ist es in deinem Haus ganz dunkel. Aber wenn du eine Weile drinnen gewesen bist, weicht allmählich die Dunkelheit, und es wird heller, weil deine Augen sich daran gewöhnen.

Seit vielen Leben hast du dich draußen in der Welt, in der grellen Sonne, aufgehalten. Wenn du nun nach innen gehen willst, hast du ganz vergessen, wie man hineinkommt und wie du deine Augen anpassen kannst.

Meditation ist nichts anderes als eine Neuanpassung deiner Augen, eine Neuanpassung deiner Sehfähigkeit, deiner Vision. In Indien sprechen wir vom »dritten Auge«. Dieses Auge existiert nicht wirklich; es ist nur eine Neuanpassung, eine totale Neuanpassung deines Sehens. Allmählich erhellt sich das Dunkel, und ein mildes, diffuses Licht macht sich bemerkbar.

Wenn du weiter nach innen schaust – und das braucht etwas Zeit –, wirst du allmählich ein wunderbares Licht im Innern wahrzunehmen beginnen. Es ist nicht aggressiv, nicht wie die Sonne, eher wie das Mondlicht. Es ist nicht strahlend, nicht blendend, es ist ganz kühl, nicht heiß; es ist barmherzig und lindernd – wie Balsam.

Und wenn du dich an dieses innere Licht gewöhnt hast, wirst du allmählich sehen, daß du selbst seine Quelle bist: Der Sucher ist das Gesuchte. Dann erkennst du, daß der Schatz in dir ist und das ganze Problem nur darin bestand, daß du immer außen danach gesucht hast. Immer hast du irgendwo außerhalb von dir gesucht, doch der Schatz war schon immer in dir. Er war schon immer hier in dir. Du hast nur in der falschen Richtung gesucht, das ist alles. Nur weil du in der verkehrten Richtung gesucht hast, hast du ihn ständig verfehlt.

Das bedeutet aber nicht, daß du im Leben keinen Erfolg haben kannst. Du kannst Erfolg haben – aber trotzdem wirst du ein Versager sein. Nichts wird dich je zufriedenstellen, weil es in der Außenwelt nichts zu erreichen gibt, was diesem inneren Schatz, diesem inneren Licht, dieser Glückseligkeit im Innern gleichkommt. *(171)*

Ich beantworte ständig eure Fragen, doch keine meiner Antworten liefert eine Antwort. Sie sind nur eine Methode, um euch zu einem Quantensprung hinzuführen: vom Verstand zum Nicht-Verstand, vom Denken zum Nicht-Denken, vom Fragen zum Leben. Wenn ihr anfangt, das Mysterium zu leben, nenne ich es »die Suche«, *quest*. Das ist ein völlig anderes Phänomen.

Dann stehst du nicht mehr außerhalb. Wenn du eine Frage stellst, stehst du außerhalb. Du gehst an die Frage heran, betrachtest sie von allen Seiten, erforschst ihre sämtlichen Aspekte und Möglichkeiten, sezierst und durchleuchtest sie, um irgendeinen Hinweis zu bekommen; du stellst eine Hypothese auf und experimentierst damit. Die Frage ist immer etwas, das außerhalb von dir bleibt, vor dir auf dem Tisch, aber du wirst nie ein Teil von ihr.

Bei der Suche *wirst* du zur Frage; es gibt keine Trennung

mehr zwischen dir und der Frage. Zu suchen bedeutet, daß du tief in dich selbst eintauchst. Bei der wahren Suche gibt es nur noch eine einzige Frage: »Wer bin ich?« Alles andere tritt dahinter zurück, und schließlich verschwindet sogar dieses »Wer bin ich?« Dann senkt sich ein großes Mysterium auf dich herab, und du bist eingehüllt in das Wunderbare. Das ganze Leben wird transformiert; es wird leuchtend. Es wird zu einem Lied, einem Tanz, einem einzigen Jubel. *(172)*

Der Meditierende

Was ist Meditation?

Meditation ist ein Zustand der Bewußtheit, des Gewahrseins, des Zeugeseins. Normalerweise leben wir wie Roboter: Wir machen alle Gesten des Lebendigseins, aber es sind nur Gesten – dahinter steht keine Bewußtheit. Wir funktionieren wie Maschinen. Doch genau das erwartet die Gesellschaft von uns. Die Gesellschaft braucht Maschinen und keine Menschen.

Maschinen haben ein Gutes an sich: Sie sind total gehorsam. Niemand hat je davon gehört, daß eine Maschine rebellierte, daß eine Maschine nein sagte. Sie sind immer funktionsbereit: Man drückt einen Knopf, und schon fangen sie an zu arbeiten – und zwar jederzeit, wann immer man will. Sie brauchen nicht einmal eine Kaffeepause. Tagein, tagaus sind sie stets zur Arbeit bereit.

So hat die Gesellschaft versucht, die Menschen nach und nach zu Maschinen umzufunktionieren, und es ist ihr beinahe gelungen. Glücklicherweise nur beinahe. Bei einigen wenigen Menschen ist sie damit gescheitert – und diese wenigen sind das Salz der Erde.

Meditation bedeutet, all das, was die Gesellschaft in dir angerichtet hat, wieder rückgängig zu machen. Sie hat dich zur Maschine reduziert. Nun mußt du dich ent-automatisieren, du mußt wieder zum Menschen werden. Du mußt aus diesem Zustand der Unbewußtheit, aus dieser Roboterhaftigkeit herauskommen. Du mußt aus diesem Schlaf herauskommen.

Das geht nur durch Meditation. Eine andere Möglichkeit gibt es nicht, hat es nie gegeben und wird es nie geben.

Die einzige Methode, Menschen zu Maschinen zu machen, besteht darin, ihnen ihre Bewußtheit zu nehmen und sie zu zwingen, unbewußt zu funktionieren. Genau das Gegenteil ist der Weg der Meditation: Sie gibt dem Menschen seine Bewußtheit wieder.

Darin besteht meine Arbeit hier: euch zu helfen, wieder bewußt zu werden, damit ihr all die künstlichen Strukturen wieder loswerden könnt, die euch auferlegt wurden und die euch in Versklavung, in geistiger Sklaverei gefangen halten. Diese Sklaverei ist so subtil, daß die Menschen sich ihrer in der Regel nicht einmal bewußt werden. Die Leute nehmen es für selbstverständlich, daß sie Christen, Hindus, Mohammedaner, Inder, Japaner, Franzosen sind ... Sie stellen es nie auch nur für eine Sekunde in Frage und kommen gar nicht auf den Gedanken, daß jedes Kind ohne Religion, ohne Nation, ohne Rassenzugehörigkeit geboren wird.

Jedes Kind wird einfach als bewußtes Wesen geboren. Doch wir nehmen ihm seine Bewußtheit und geben ihm statt dessen einen armseligen Ersatz. Wir nehmen ihm seine wahre Identität und geben ihm falsche Ideale: »Du bist dies, du bist jenes ...« Und dann versucht es, nach diesen Idealen zu leben. Dann wird das ganze Leben verfälscht. Aus diesem Schlaf muß man aufwachen. *(173)*

Meditation ist ein Prozeß, der deine Roboterhaftigkeit in Bewußtheit umwandelt, der dein mechanisches Verhalten in Achtsamkeit transformiert.

Meditation läßt sich definieren als eine wissenschaftliche Methode zur Ent-Automatisierung. Wir sind alle automatisch geworden; wir funktionieren wie Maschinen. Man drückt ein Knöpfchen hier, ein Knöpfchen da, und schon läuft das Ganze. Manchmal geht der Treibstoff aus oder die Knöpfe kommen durcheinander oder ein Draht wird lose – dann sagen wir, jemand sei verrückt geworden, und wir bringen ihn in die Werkstatt, die wir »Krankenhaus« oder »Nervenklinik« nennen. Dort geben wir ihm Elektroschocks, um ihn durchzuschütteln, und hoffen, daß ein bißchen Durchschütteln die Drähte wieder an ihren richtigen Platz bringt. Das heißt, man hofft auf das Beste und erwartet das Schlimmste, denn es ist reiner Zufall. Und manchmal klappt es auch. Ein guter Schock kann die Dinge wieder in Ordnung bringen. Aber manchmal klappt es auch nicht.

Es beruht alles auf dem Ansatz der modernen Psychologie. Neunzig Prozent davon basiert auf der Vorstellung, daß der Mensch wie eine Maschine funktioniert. Selbst Darwin wäre schockiert darüber. Er dachte zumindest noch, daß der Mensch von den Affen abstammt. Selbst er wäre schockiert, denn nach Skinner und Pawlow ist der Mensch nicht einmal das – er ist nur eine Art Maschine! Und der Affe auch.

Meditation ist die einzige Methode, um dir eine Erfahrung davon zu geben, daß du keine Maschine bist, einen Vorgeschmack davon, daß du mehr bist, sehr viel mehr.

Und in dem Augenblick, in dem du diesen ersten Vorgeschmack bekommst, öffnet sich das erste Fenster. Zum ersten Mal kommt ein frischer Wind herein, dein Leben wird ekstatisch. Zum ersten Mal fühlst du, daß du wirklich geboren bist. *(174)*

Meditation bedeutet ganz einfach Stille – eine absolute, bedingungslose Ruhe des Herzens, des Verstandes, des Seins ... Nichts regt sich mehr. Es ist ein alter Trugschluß, daß Meditation ein Objekt benötige, über das meditiert wird. Das Wort »Meditation« an sich ist falsch, weil es die Vorstellung vermittelt, als würde man *über* etwas meditieren.

Meditation bedeutet einfach, daß nichts mehr da ist, worüber du meditieren kannst. Alles ist leer geworden – kein Objekt, kein Singen, kein Mantra, kein Sutra ... nur reine Leere. Dann kehrt plötzlich die ganze Bewußtseinsenergie zu dir zurück, völlig mühelos.

Diese Rückwendung der Bewußtseinsenergie auf dich

selbst ist die höchste Erfahrung von Leben und Licht – von dem, was wirklich zählt im Leben, von dem, was man nicht kaufen kann, was man aber erreichen kann, von dem, was keine Ware ist, die du von jemandem bekommen kannst, sondern etwas, was bereits in dir ist – du hast nur nie nach innen geschaut.

Meditation ist Innenschau – ein reines Nach-innen-Schauen, eine Kehrtwendung deines Blickes um hundertachtzig Grad nach innen, ein Nach-Hause-Kommen. Und du brauchst keinen einzigen Schritt dafür zu tun; du gehst nirgendwohin. Du gehst nur von hier nach hier. Du bist bereits da, wo du hingehörst. Du bist dir dessen nur nicht bewußt.

Man kann Meditation auch Bewußtheit, Beobachten, Gewahrsein, Zeugesein nennen – nur nicht Denken.

Kontemplation ist Denken; sie führt dich nirgendwohin. Kein Philosoph ist je zu irgendeinem schlüssigen Ergebnis, zu einer Lösung der letzten Lebensfrage: »Wer bin ich?« gelangt. Man kann nicht darüber nachdenken. Was kann man darüber schon denken?

Viele sind Ramana Maharshi gefolgt. Seine ganze Lehre bestand in diesem: »Wer bin ich?« Er war ein einfacher, ungebildeter Mensch, kein Gelehrter. Er war mit siebzehn von zu Hause weggelaufen, als sein Vater starb. Während die ganze Familie weinte und trauerte und die Nachbarn alle Vorbereitungen trafen, um den Leichnam zu verbrennen, fiel es niemandem auf, daß Ramana verschwunden war. Die Erfahrung von seines Vaters Tod wurde für Ramana zu einer totalen Bewußtseinsrevolution. Er war erst siebzehn, der einzige Sohn einer armen Familie, als er sich in die Berge zurückzog. Er blieb sein ganzes Leben auf dem Berg Arunachal, und er tat dort nichts anderes, als einfach dazusitzen und nach innen zu schauen. Er stellte nie irgendeine Frage an irgend jemanden. Er hatte keinen Meister, keinen, der ihm Anleitungen gab. Allein durch Stillsitzen und Beobachten seines Geistes transzendierte er den Geist und gelangte zur Selbsterkenntnis. Und als er sich selbst erkannte, machte er die Erfahrung der höchsten Glückseligkeit – die gleiche Ekstase, die Gautama Buddha erfuhr, die gleiche Erleuchtung, die gleiche Freude, den Tanz aller Erwachten. Wenn Ramana gefragt wurde: »Was sollen wir tun?« gab er sein ganzes Leben lang immer nur die eine Antwort: »Meditiere über ›Wer bin ich?‹«

Aber er wurde mißverstanden, so einfach sein Hinweis auch war. Er hat nicht gesagt: »Kontempliere.« Er sagte nicht: »Denke nach über ›Wer bin ich?‹« Was könnte man darüber schon denken? Entweder weiß man es, oder man weiß es nicht. Darüber nachzudenken ist nicht möglich. Was willst du denn denken? Am Anfang vielleicht: »Ich? – das ist mein Name, mein Land, meine Familie, meine Rasse, meine Kaste, mein Beruf ...« Aber was bringt dir das, wenn du das tust? So wirst du nicht herausfinden, wer du bist. All diese Dinge sind nur an der Peripherie.

Doch Ramana war kein Meister in dem Sinne, daß er hätte erläutern können, wie man seinen Verstand, den ganzen Gedankenprozeß, die ganze Bewegung der Gedanken beobachten kann.

»Wer bin ich?« ist auch nur ein Gedanke. Bleibe nicht dabei stehen. Beobachte auch ihn, dann wird irgendwann der Augenblick kommen, in dem alles Denken verschwindet – durch bloßes Beobachten. Genauso wie du Licht in ein dunkles Zimmer bringst und dadurch das Dunkel verschwindet, genauso verschwindet das Denken, wenn man es bewußt beobachtet. Und das Verschwinden des Denkens ist der Anfang der Selbsterkenntnis.

Dies ist der höchste Gipfel des Bewußtseins. Solange der Mensch ihn nicht erreicht, vergeudet er sein Leben nur mit Trivialitäten. Dann lebt er nur dem Namen nach, dann vegetiert er nur dahin.

Wenn du wahrhaftig leben und nicht bloß dahinvegetieren willst, ist Meditation der einzige Weg. Und Meditation bedeutet Nicht-Denken – reine Stille. *(175)*

Aber vergiß eines nicht: Meditation muß Spaß machen; sie darf keine Arbeit sein. Du darfst sie nicht wie ein Heiliger praktizieren, du mußt sie wie ein Spieler betreiben. Spiele mit ihr und hab deinen Spaß dabei – mehr wie ein Sportler, nicht wie ein Geschäftsmann! Es muß dir Freude machen, denn dann stehen dir deine sämtlichen Begabungen zur Verfügung, und dann kommt die Meditation von selbst zum Blühen. Du bist gar nicht nötig dabei; keine Anstrengung ist nötig. Du mußt nur dein ganzes Wesen einbringen, du mußt deine ganze Energie einbringen. Dann geschieht das Erblühen von allein. *(176)*

Meditation ist ein Zustand des Nicht-Denkens. Es ist ein Zustand des reinen, inhaltslosen Gewahrseins. Normalerweise ist dein Bewußtsein mit Müll vollgestopft; es gleicht einem staubbedeckten Spiegel. In deinem Geist ist ständig Bewegung: Gedanken ziehen vorüber, Wünsche ziehen vorüber, Erinnerungen ziehen vorüber, Ambitionen ziehen vorüber – ein ständiger Verkehr, tagein, tagaus. Sogar im Schlaf ist der Geist noch in Aktion – er träumt. Selbst dann denkt er weiter, ist immer noch beschäftigt mit allen Sorgen und Nöten und bereitet sich auf den nächsten Tag vor; es ist eine unterschwellige Vorbereitung.

Dieser Zustand ist der Meditation genau entgegengesetzt, das genaue Gegenteil. Wenn dieser ganze Verkehr zur Ruhe kommt und das Denken aufhört, wenn sich kein einziger Gedanke, kein einziger Wunsch mehr regt und du vollkommen still geworden bist – diese Stille ist Meditation.

In dieser Stille wird die Wahrheit erkannt – niemals anders. Meditation ist ein Zustand des Nicht-Denkens, der Gedankenstille.

Meditation läßt sich nicht mit dem Verstand finden, weil der Verstand sich nur selbst fortsetzen würde. Meditation kannst du nur finden, wenn du den Verstand beiseite tust, wenn du unbeteiligt, kühl, unidentifiziert bist mit dem Denken, wenn du die Gedanken einfach vorüberziehen läßt, ohne dich damit zu identifizieren und ohne zu denken: »Das bin ich.«

Meditation ist das Bewußtsein von: »Ich bin nicht das Denken.« Wenn dieses Bewußtsein dich tiefer und tiefer durchdringt, werden einzelne Momente auftauchen – Momente der Stille, ein reiner, transparenter Raum, Momente, in denen sich nichts mehr in dir regt und alles still geworden ist. In diesen stillen Momenten wirst du wissen, wer du bist. Dann wirst du wissen, was das Mysterium dieser Existenz ist.

Und wenn du erst einmal ein paar Tautropfen von diesem Nektar gekostet hast, entsteht in dir eine große Sehnsucht, immer tiefer in diesen Zustand einzutauchen – ein unwiderstehliches Sehnen, ein großer Durst, eine verzehrende Flamme.

Darum geht es bei *Sannyas*. Wenn du ein paar Augenblicke von dieser Stille, dieser Freude, diesem meditativen Bewußtsein gekostet hast, willst du diesen Zustand ausdehnen, ihn ständig erleben, ihn zu einer kontinuierlichen Erfahrung machen. Die Sehnsucht, Meditation zum gesamten Lebensstil zu machen – das ist *Sannyas*.

Und wenn einzelne Augenblicke möglich sind, dann ist es kein Problem; allmählich wirst du mehr und mehr solcher Augenblicke erleben. Wenn du Erfahrungen sammelst und den Kniff lernst, dich nicht mehr in den Verstand verwickeln zu lassen, wenn du die Kunst lernst, distanziert zu bleiben und den Verstand als etwas von dir Getrenntes zu sehen, wenn du die Kunst lernst, eine Distanz zwischen dich und deine Gedanken zu bringen, dann wird sich Meditation immer öfter wie ein Regen über dich ergießen. Und je mehr sie sich ergießt, um so mehr wirst du dadurch transformiert werden.

Und es wird der Tag kommen, der segensreiche Tag, an dem Meditation zu deinem natürlichen Seinszustand wird.

Der Verstand ist etwas Unnatürliches, er kann nie zu deinem natürlichen Zustand werden. Doch Meditation ist dein natürlicher Zustand – du hast ihn nur verloren. Dies ist das verlorene Paradies, aber es läßt sich wiedererlangen.

Schau einem Kind in die Augen und sieh darin die immense Stille und Unschuld! Jedes Kind kommt in einem meditativen Zustand zur Welt, aber zuerst muß es in die Wege der Gesellschaft eingeführt werden; es muß lernen, zu denken, zu rechnen, zu schlußfolgern, zu argumentieren. Es muß lernen, Worte, Sprache, Begriffe zu gebrauchen. So verliert es nach und nach den Kontakt zu seiner eigenen Unschuld, es wird verdorben, vergiftet durch die Gesellschaft. Es wird zu einem effizienten Leistungsroboter – es ist kein Mensch mehr.

Nur eines ist nötig: diesen Zustand wiederzuerlangen. Du hast ihn schon einmal gekannt, und darum wirst du erstaunt sein, wenn du Meditation zum ersten Mal erlebst: Es ist ein Gefühl, als ob du es früher schon gekannt hast, und dieses Gefühl trügt nicht. Tatsächlich kennst du diesen Zustand bereits, du hast ihn nur vergessen. Der Diamant ist unter Bergen von Müll verlorengegangen, aber du kannst ihn wieder freilegen, du kannst den Diamanten wiederfinden – er gehört dir. Er kann nicht wirklich verlorengehen; er kann höchstens vergessen werden.

Wir sind von Geburt Meditierende, aber dann lernen wir die Wege des Verstandes. Doch unsere wahre Natur bleibt tief in uns verborgen, wie eine Unterströmung. Wenn du ein bißchen gräbst, wirst du eines Tages die immer noch strömende Quelle wiederfinden – die Quelle, aus der frisches Wasser fließt. Und diese Quelle zu finden ist die größte Freude im Leben. *(177)*

Der Krieger

Wie kann ich als Geschäftsmann, der mitten im Berufsleben steht, gleichzeitig auch ein Krieger sein? Ist das nötig, um die Erleuchtung zu erlangen?

Ein Krieger zu sein ist nicht dasselbe, wie ein Soldat zu sein. Krieger zu sein ist eine geistige Einstellung. Man kann Geschäftsmann und gleichzeitig Krieger sein, man kann Krieger und gleichzeitig Geschäftsmann sein.

Geschäftsmann zu sein ist ein geistiger Zustand, in dem man ständig Handel treibt und immer versucht, mehr herauszubekommen, als man hineingibt. Das meine ich mit »Geschäftsmann«: Es ist die Einstellung, bei allem weniger zu geben, als man zurückbekommt, und stets an den eigenen Gewinn zu denken – ein ständiges Profitdenken. Der »Krieger« ist ebenfalls ein geistiger Zustand: die Einstellung eines Spielers und Abenteurers, und nicht die eines Geschäftemachers. Es ist eine Einstellung, bei der man kompromißlos aufs Ganze geht: Alles oder nichts!

Wenn ein Geschäftsmann an Erleuchtung denkt, sieht er in ihr eine Ware wie viele andere Waren. Er hat eine Liste gemacht: Er muß einen großen Palast bauen, er muß dieses und jenes einkaufen, und am Ende muß er auch die Erleuchtung kaufen, aber die Erleuchtung kommt ganz zum Schluß – wenn alles andere erledigt ist ... dann! Wenn nichts mehr zu tun übrig ist ... dann! Und diese Erleuchtung muß man sich ebenfalls erkaufen. Der Geschäftsmann sieht in allem nur das Geld.

Einst geschah es, daß ein reicher Mann zu Mahavira kam. Er war wirklich sehr reich; er konnte sich alles kaufen, selbst

Königreiche. Sogar Könige liehen sich Geld von ihm. Er kam zu Mahavira und sagte: »Ich habe so viel von Meditation, *dhyan,* gehört, und in der Zeit, seit du hier bist, hast du bei den Leuten geradezu eine Mode hervorgerufen: Alle reden nur von *dhyan*. Was ist *dhyan?* Wieviel kostet es, und wo kann ich es kaufen?«

Als Mahavira zögerte, sagte der Mann: »Mach dir keine Gedanken über die Kosten. Nenne einfach den Preis, und ich werde ihn bezahlen. Das ist kein Problem.«

Was sagt man zu so jemandem? Mahavira wußte nicht, was er sagen sollte. Schließlich sagte er: »Geh hin – in deiner Stadt gibt es einen Mann, einen sehr armen Mann. Kann sein, daß er bereit ist, dir sein *dhyan* zu verkaufen. Er hat es erreicht, und er ist so arm, daß er es dir vielleicht verkaufen wird.«

Der Mann dankte Mahavira, eilte zu dem Armen, klopfte an seine Tür und sagte: »Wieviel willst du für dein *dhyan?* Ich will deine Meditation kaufen.«

Der Mann lachte. Er sagte: »Du kannst mich kaufen, das ist okay. Aber wie könnte ich dir mein *dhyan* geben? Es ist eine Qualität meines Seins; es ist keine Ware.«

Aber so haben Geschäftsleute immer darüber gedacht. Sie spenden, um sich etwas zu erkaufen; sie errichten Tempel, um sich etwas zu erkaufen. Sie geben etwas, aber ihr Geben ist nie wirkliches Geben; es ist immer eine Investition – um etwas zurückzubekommen.

Wenn ich sage, daß ihr Krieger sein sollt, dann meine ich damit, daß ihr Spieler sein sollt, die alles auf eine Karte setzen. Dann wird die Erleuchtung keine Ware sein, sondern eine Frage auf Leben und Tod, und du wirst bereit sein, alles dafür zu opfern. Und du wirst dabei nicht an einen Profit denken.

Die Leute kommen zu mir und fragen: »Was haben wir davon, wenn wir meditieren? Was hat das für einen Zweck? Wie werden wir davon profitieren? Wenn wir eine Stunde der Meditation widmen, was bringt uns das?« Ihr ganzes Leben ist Ökonomie.

Ein Krieger ist nicht auf Nutzen aus. Ein Krieger ist auf Gipfel aus, auf Gipfelerfahrungen. Welchen Nutzen hätte ein Krieger, wenn er in den Krieg zieht? Unsere heutigen Soldaten sind keine Krieger mehr, sie sind nur noch Kriegsdiener. Es gibt keine Krieger mehr auf dieser Welt, weil die Technik alles beherrscht. Man wirft einfach eine Bombe auf Hiroshima. Derjenige, der sie abwirft, ist kein Krieger. Jedes Kind kann das, jeder Verrückte kann das – und eigentlich kann es nur ein Verrückter. Eine Bombe auf Hiroshima abzuwerfen hat nichts damit zu tun, ein Kämpfer oder ein Krieger zu sein.

Der Krieg ist heute nicht mehr das, was er früher einmal war. Heute kann jeder Krieg spielen, und früher oder später wird das Ganze nur noch von mechanischen Vorrichtungen ausgetragen werden. Ein Flugzeug ohne Pilot kann es tun, und das Flugzeug ist kein Krieger. Diese Qualität ist verlorengegangen.

Der Krieger trat dem Feind noch von Angesicht zu Angesicht gegenüber. Stell dir vor, wie sich zwei Leute mit gezückten Schwertern gegenüberstehen. Können sie überlegen? Sobald sie anfangen zu überlegen, werden sie verlieren. Das Denken hört auf, mit gezücktem Schwert hört alles Denken auf. Sie können nichts planen, denn in dem Moment, wo einer etwas plant, schlägt der andere zu. Ihre Bewegungen kommen spontan, aus dem Nicht-Denken. Die Gefahr ist so groß, der Tod so nah, daß das Denken gar nicht erst in Aktion treten kann. Denken braucht Zeit. In Notfällen hat das Denken keinen Platz. Daheim im Sessel kannst du denken, aber wenn du dem Feind gegenüberstehst, kannst du nicht mehr denken.

Wenn du auf einer Straße, einer dunklen Straße gehst und plötzlich vor dir eine Schlange siehst, eine gefährliche Schlange auf deinem Weg – was wirst du tun? Wirst du lange überlegen? Nein, du wirst springen! Und dieser Sprung kommt nicht aus dem Denken, denn das Denken benötigt Zeit, doch Schlangen kennen keine Zeit, denn sie haben keinen Verstand. Die Schlange wird zubeißen ... darum ist kein Platz für deinen Verstand. Wenn du dich einer Schlange gegenübersiehst, wirst du springen, und dieser Sprung kommt aus deinem Sein – er geht dem Gedanken voraus. Zuerst springst du, und dann denkst du.

Diese Haltung meine ich, wenn ich vom »Krieger« rede: Das Handeln ist ohne Denken, das Handeln kommt nicht aus dem Verstand, das Handeln kommt aus der Totalität. Man kann auch ein Krieger sein, ohne in einem Krieg zu kämpfen; man braucht dafür nicht in den Krieg zu ziehen.

Das ganze Leben ist ein einziger Notfall, und überall lauern Feinde und Schlangen und wilde Tiere, die bereit sind, über dich herzufallen. Das ganze Leben ist ein Krieg. Wenn du wach bist, siehst du, daß das ganze Leben ein Krieg ist und daß du jeden Augenblick sterben kannst. Es ist ein permanenter Notfall.

Sei wach, sei wie ein Krieger, der sich mitten im Feind bewegt. In jedem Moment, von überallher kann der Tod sich auf dich stürzen. Gib dem Verstand keinen Raum. Und sei ein Spieler – denn nur Spieler können diesen Sprung tun. Der Sprung ist so riesig, daß nur diejenigen, die nicht an Gewinn denken, ihn tun können. Er ist riskant – das größte Risiko überhaupt. Du kannst dabei draufgehen, ohne etwas zu gewinnen.

Wenn du zu mir kommst, kannst du alles verlieren und wirst vielleicht nichts gewinnen.

Ich möchte einen Ausspruch von Jesus wiederholen: »Wer das Leben festhält, wer es zu behalten trachtet, wird es verlieren; und wer bereit ist, es zu verlieren, wird es behalten.« Das ist die Sprache des Spielers! Verliere es – das ist der Weg, um es zu behalten! Stirb – das ist der Weg, um das ewige Leben, das unsterbliche Leben, zu gewinnen!

Wenn ich »Geschäftsmann« sage, meine ich immer den kalkulierenden, berechnenden Verstand. Sei nicht berechnend! Kein kleines Kind ist ein Geschäftsmann, aber es ist schwierig, einen alten Menschen zu finden, der kein Geschäftsmann ist.

Jedes Kind ist ein Krieger und jeder alte Mensch ein Geschäftsmann. Wie aus dem Krieger ein Geschäftsmann wird, ist eine lange Geschichte: Die ganze Gesellschaft, Erziehung, Kultur, Konditionierung läßt euch immer furchtsamer und ängstlicher werden. Dann könnt ihr kein Risiko mehr eingehen – doch alles Schöne im Leben ist ein Risiko.

Die Liebe ist ein Risiko. Das Leben ist ein Risiko. Gott ist ein Risiko.

Gott ist das größte Risiko überhaupt, und durch Berechnung wirst du ihn nicht erreichen – nur wenn du das größte Risiko auf dich nimmst und alles einsetzt, was du hast. Du kennst das Unbekannte nicht. Du riskierst das Bekannte, und das Unbekannte kennst du nicht.

Der Geschäftssinn wird sagen: »Was tust du da? Gibst alles auf, was du hast, für etwas, von dem keiner weiß, ob es überhaupt existiert? Bewahre dir das, was du in Händen hast, und strebe nicht nach dem Unbekannten.«

Der Kriegersinn sagt: »Das Bekannte kenne ich schon; es enthält nichts Neues mehr. Es ist zu einem Ballast geworden, und es hat keinen Sinn, ihn weiter zu tragen. Jetzt gilt es, das Unbekannte zu erfahren, und für das Unbekannte muß ich das Bekannte riskieren.«

Und wenn du es riskierst, wenn du es total riskieren kannst, ohne irgend etwas zu bewahren, ohne dich selber auszutricksen und etwas zurückzuhalten, dann wird das Unbekannte dich plötzlich ergreifen. Und wenn es kommt, wirst du dir bewußt, daß es nicht bloß das Unbekannte ist, sondern das Unkennbare. Es steht nicht im Gegensatz zum Bekannten; es ist jenseits davon. Um in diese Dunkelheit hineinzugehen, in dieses unerforschte Gebiet ohne Landkarte und ausgetretene Pfade, um sich allein in dieses Absolute hineinzuwagen – dazu braucht man die Qualität eines Kriegers.

Viele von euch haben sich noch ein bißchen davon bewahrt, weil ihr alle einmal Kinder wart. Ihr wart alle Krieger und habt vom Unbekannten geträumt. Eure Kindheit ist verschüttet, aber sie ist unzerstörbar, sie ist immer noch da, sie hat immer noch ihren Platz in einem Winkel eures Seins.

Erlaube dem Krieger, wieder zu funktionieren. Werde wieder wie ein Kind, dann bist du wieder wie ein Krieger. So ist das zu verstehen. Und sei nicht deprimiert, daß du im Geschäftsleben stehst und ein Geschäftsmann bist. Laß dich nicht davon deprimieren. Man kann überall ein Krieger sein.

Risiken auf sich zu nehmen ist eine geistige Qualität, eine Qualität des Kindes – zu vertrauen und alle Sicherheiten hinter sich zu lassen. *(178)*

Ein großer Krieger zu sein hat nichts mit Krieg zu tun. Es hat nichts mit Kampf gegen andere zu tun; es hat nur etwas mit dem eigenen Inneren zu tun. Es ist kein Kampf, obwohl es einen Sieg bringt; es ist kein Krieg, kein Konflikt. Aber man muß ein Krieger sein; man muß genauso wachsam sein wie ein Krieger.

Man muß sehr aufmerksam, sehr meditativ sein, wenn man sich auf dem dunkelsten Kontinent, den es gibt, bewegen will ... Am Ende wartet das Licht, das unendliche Licht, aber vorher muß man durch eine große, dunkle Nacht der Seele hindurchgehen. Darin gibt es alle möglichen Fallen und Irrwege, alle möglichen inneren Feinde. Sie dürfen nicht einfach beseitigt oder abgetötet werden, sie müssen transformiert und in Freunde verwandelt werden. Wut muß in Mitgefühl, Lust in Liebe umgewandelt werden und so weiter. Es ist kein Krieg, doch zweifellos muß man ein Krieger sein.

So entstand in Japan die ganze Welt des Samurai, des Kriegers, aus der Meditation. Die verschiedensten Kriegskünste wurden Wege zum inneren Frieden. Die japanische Schwertkunst wurde zu einer der meditativsten Erfahrungen. Man muß dabei äußerst wachsam sein; ein einziger Augenblick der Unbewußtheit, und du bist erledigt.

Der wahre Schwertkämpfer ist so wachsam, daß er es schon spürt, bevor der andere ihn angreift. Noch ehe der Gedanke anzugreifen im Kopf des anderen auftaucht, ist er schon darauf vorbereitet. Er ist bereit. So tief wird seine Achtsamkeit, daß er in den Gedanken des anderen zu lesen vermag.

Man sagt, wenn zwei echte Samurai miteinander kämpfen, könne keiner gewinnen. Der Kampf kann lange dauern, aber keiner kann gewinnen, weil jeder die Gedanken des anderen liest. Und bevor einer angreift, ist der andere schon verteidigungsbereit.

Der Schwertkampf wurde zu einer der wichtigsten Quellen für die Erleuchtung. Das erscheint uns eigenartig, doch Japan hat viele wirklich eigenartige Dinge hervorgebracht. Vom Teetrinken bis zum Schwertkampf hat man alles in Meditation umgewandelt.

Und tatsächlich läßt sich das ganze Leben in Meditation umwandeln, denn Meditation bedeutet ganz einfach, daß man bewußter wird.

Gehe also nach innen und werde bewußter. Und eines Tages wirst du den Sieg davontragen – das ist absolut sicher. Du mußt nur die eine Voraussetzung erfüllen: Du mußt total bewußt sein. *(179)*

Einmal geschah es, daß ein Zen-Samurai, ein Zen-Krieger, aus dem Krieg früher nach Hause kam und den Diener mit seiner Frau im Bett fand. Als Mann des Zen sagte er zu seinem Diener: »Kein Problem! Mach erst fertig. Ich warte draußen. Du wirst mit dem Schwert gegen mich kämpfen müssen. Es ist völlig in Ordnung, was passiert, aber ich warte draußen.«

Der arme Diener fing an zu zittern. Er hatte keinen blassen Schimmer, wie man ein Schwert hält, und sein Herr war ein berühmter Krieger. Er konnte ihm mit einem einzigen Hieb den Kopf abschlagen.

Durch die Hintertür rannte er zu seinem Zen-Meister, der auch der Meister des Samurai war. Er sagte zu dem Meister: »Ich sitze in der Klemme! Es ist alles meine Schuld, aber es ist nun mal passiert!«

Der Meister hörte sich die Geschichte an und sagte: »Mach dir keine Sorgen. Ich werde dir beibringen, wie man das Schwert hält, und ich sage dir: Es spielt keine Rolle, ob dein Herr ein großer Krieger ist. Alles, was zählt, ist Spontaneität.

Und an Spontaneität bist du ihm überlegen, denn er scheint sich sehr sicher zu sein, daß sein Diener keine Chance hat zu überleben! Er fühlt sich wie eine Katze, die mit einer Ratte spielt!

Du brauchst dir also keine Sorgen zu machen! Sei total und schlag zu! Das ist deine einzige Chance, zu überleben! Sei nicht halbherzig, halte nichts zurück, sei bedingungslos – und glaube ja nicht, er würde es dir verzeihen. Er wird es dir nie verzeihen. Du kommst um diesen Kampf nicht herum. Du hast ihn provoziert, hast ihn herausgefordert. Aber es ist kein Problem. Soweit ich sehen kann, wirst du als Sieger daraus hervorgehen!«

Der Diener konnte es nicht glauben, und der Meister sagte: »Du mußt verstehen, ich bin auch *sein* Meister, und ich weiß, er wird sich genauso verhalten, wie er es gelernt hat. Mit dieser Siegesgewißheit kann er nicht bedingungslos sein – und du hast gar keine andere Wahl, als bedingungslos zu sein. Sei einfach total. Du weißt nicht, wie du schlagen und wo du hinschlagen sollst, drum schlag zu, wo du kannst. Werde zum Berserker!«

Der Diener sagte: »Wenn du es sagst, werde ich es tun. Da ich ohnehin keine Chance habe, zu überleben, werde ich total reingehen!«

Weil es an der Zeit war, ließ er sich zeigen, wie man das Schwert hält, und dann ging er zurück und forderte seinen Herrn auf: »Komm, los jetzt!«

Der Samurai traute seinen Augen nicht. Er hatte erwartet, der Diener würde sich ihm vor die Füße werfen und weinen und flehen: »Verzeih mir!«, doch statt dessen brüllte er wie ein Löwe, und er hatte sogar vom Zen-Meister ein Schwert bekommen! Er erkannte das Schwert, aber er sagte: »Woher hast du dieses Schwert?«

Der Diener sagte: »Von deinem Meister. Jetzt komm, laß es uns ein für allemal erledigen! Entweder ich überlebe oder du, aber beide können wir nicht überleben!« Der Samurai fühlte sein Herz ein wenig erschauern, aber er dachte noch immer: »Wie will er das anstellen? Es braucht jahrelanges Training ...!

Seit Jahren kämpfe ich im Krieg, und dieser arme Diener ...« Doch er mußte sein Schwert herausholen.

Und der Diener tobte wie ein Wilder. Weil er nicht wußte, wohin er schlagen sollte, schlug er einfach wild drauflos ... Der Samurai kam in arge Bedrängnis, denn er konnte nur mit einem Krieger kämpfen, der wußte, wie der Kampf läuft. Doch dieser Mann hatte keine Ahnung, und er tat die unmöglichsten Dinge! Schließlich drängte der Diener ihn an die Wand, und der Herr mußte ihn anflehen: »Bitte verzeih mir. Du bringst mich ja noch um! Dabei weißt du doch gar nicht, wie man kämpft. Wie machst du das nur?«

Der Diener sagte: »Es ist keine Frage von Machen. Dies ist mein letzter Augenblick. Jetzt geht es aufs Ganze!«

Der Diener siegte, und der Krieger ging zu seinem Meister und sagte: »Was für ein Wunder hast du vollbracht? In fünf Minuten wurde er zu einem unglaublichen Krieger, und er machte Schläge, die waren so idiotisch, daß sie mich hätten töten können! Er weiß überhaupt nicht, wie man kämpft, aber er hätte mich fast umgebracht. Er drängte mich gegen die Wand meines Hauses und setzte mir das Schwert an die Brust. Ich mußte ihn um Verzeihung bitten und ihm sagen, daß er weiter mit meiner Frau schlafen kann.«

Der Meister sagte: »Diese Lektion mußt du noch lernen: daß es letztlich um Totalität geht, um absolute Bedingungslosigkeit. Sieg oder Niederlage spielt keine Rolle. Was zählt, ist: Dieser Mann war total, und ein Mensch, der total ist, ist unbesiegbar. Seine Totalität brachte ihm den Sieg.« *(180)*

Was ist Mut?

Mut bedeutet, trotz aller Ängste ins Unbekannte zu gehen. Mut bedeutet nicht Furchtlosigkeit. Furchtlosigkeit stellt sich ein, wenn man immer wieder seinen Mut unter Beweis stellt und dadurch immer mutiger wird; sie ist die Krönung des Mutes. Furchtlosigkeit ist das Aroma eines absolut mutig gewordenen Menschen. Doch am Anfang besteht kein großer

Unterschied zwischen einem Feigling und einem mutigen Menschen. Der einzige Unterschied ist, daß der Feigling auf seine Ängste hört und ihnen folgt, während der Mutige seine Ängste beiseite schiebt und weitergeht.

Der Mutige geht trotz aller Ängste weiter ins Unbekannte. Aber er kennt seine Ängste; die Furcht ist vorhanden.

Wenn man den unerschlossenen Ozean befährt, wie Kolumbus, ist Angst da, ungeheure Angst, weil man nie weiß, was geschehen wird, wenn man die sicheren Gestade verläßt. Es ging einem eigentlich ganz gut, nur eines fehlte: das Abenteuer.

Dich ins Unbekannte zu wagen bringt Aufregung in dein Leben. Dein Herz fängt an, stärker zu klopfen; du wirst wieder lebendig, total lebendig. Jede Faser deines Seins wird lebendig, wenn du der Herausforderung des Unbekannten folgst.

Die Herausforderung des Unbekannten trotz aller Ängste anzunehmen – das ist Mut. Die Ängste sind da, doch wenn du dich dieser Herausforderung immer wieder stellst, verschwindet allmählich die Angst. Die Erfahrung der Freude, die das Unbekannte mit sich bringt, die große Ekstase, die es in sich birgt, macht dich stark, gibt dir eine gewisse Integrität, schärft deine Intelligenz. Zum ersten Mal findest du das Leben nicht bloß langweilig, sondern ein Abenteuer. Dann verschwindet nach und nach alle Angst; dann bist du ständig hinter irgendeinem Abenteuer her.

Doch grundsätzlich bedeutet Mut, das Bekannte für das Unbekannte aufs Spiel zu setzen, das Vertraute für das Neue, die Bequemlichkeit für die unbequeme, schwierige Pilgerreise zu einem unbekannten Ziel. Man weiß nie, ob man es schaffen wird oder nicht. Es ist ein Glücksspiel, aber nur Spieler wissen, was Leben ist.

Eine afrikanische Delegation in Moskau wurde in sämtliche Aspekte der russischen Lebensart eingeführt. Ein Mann vom Geheimdienst erklärte einem der Afrikaner, wie man russisches Roulette spielt: »Du nimmst eine Pistole für sechs

Schüsse, aber es ist nur eine Kugel im Magazin. Dann hältst du sie dir an den Kopf und drückst ab«, sagte der Russe.

Der Afrikaner zeigte sich davon überhaupt nicht beeindruckt. »Afrikanisches Roulette macht viel, viel mehr angst!« sagte er.

»Unmöglich!« sagte der Russe. »Wie soll das gehen?«

»Da sind sechs nackte Frauen«, sagte der Afrikaner, »und alle wollen dir einen blasen, aber du mußt dir eine aussuchen.«

»Dazu brauche ich doch keinen Mut!« sagte der Russe spöttisch.

»Oho!« sagte der Afrikaner. »Aber eine davon ist eine Kannibalin!« *(181)*

Der Spieler

Was heißt es, gefährlich zu leben?

Gefährlich zu leben heißt, wirklich zu leben. Wenn man nicht gefährlich lebt, lebt man überhaupt nicht. Das Leben erblüht nur in der Gefahr. Das Leben erblüht nie in der Sicherheit; es erblüht nur in der Unsicherheit.

Sobald man anfängt, sich abzusichern, wird man zu einem stagnierenden Tümpel. Dann ist die Energie nicht mehr im Fluß. Man hat Angst – denn man weiß nie, wie man auf das Unbekannte zugehen soll. Wozu sollte man dieses Risiko überhaupt auf sich nehmen? Das Bekannte ist sicherer.

Aber dann ist man auf das Vertraute fixiert. Man wird es zwar bald leid und langweilt sich und ist unglücklich damit, aber es ist eben vertraut und bequem. Wenigstens weiß man, woran man ist. Das Unbekannte läßt einen erzittern. Beim bloßen Gedanken an das Unbekannte fühlt man sich unsicher.

Es gibt nur zwei Arten von Menschen auf der Welt: jene, die ein bequemes Leben haben wollen – sie steuern auf den Tod zu; sie wollen ein bequemes Grab. Und jene, die leben wollen – sie entscheiden sich dafür, gefährlich zu leben, denn das Leben gedeiht nur, wo es Risiko gibt.

Warst du schon mal Klettern? Je höher du kletterst, um so frischer und jünger fühlst du dich. Je größer das Risiko des Absturzes, je tiefer der Abgrund neben dir, um so lebendiger wirst du – dort zwischen Leben und Tod, wenn du an einem Seil hängst zwischen Leben und Tod ... Dort ist keine Langeweile, denn dort ist kein Staub der Vergangenheit, kein Begehren für die Zukunft. Dort ist nur der gegenwärtige Augenblick, ganz prägnant, wie eine Flamme. Er genügt sich selbst. Du lebst im Hier und Jetzt. Oder beim Surfen, beim Skifahren, beim Fallschirmspringen ... Überall dort, wo Gefahr besteht, sein Leben zu verlieren, herrscht große Freude. Darum fühlen die Leute sich zu gefährlichen Sportarten hingezogen.

Viele gehen Bergsteigen. Worin besteht die Anziehung? Je höher man steigt, je weiter man sich vom abgesicherten Routineleben entfernt, um so mehr wird man wieder zu einem Wilden. Man kommt den Tieren wieder näher und erlebt sich wie ein Tiger oder ein Löwe oder wie ein Fluß. Man steigt empor wie ein Vogel in den Himmel, immer höher und höher. Und in jedem Augenblick läßt man immer mehr los – alle Sicherheiten, Bankkonten, Ehefrau, Ehemann, Familie, Gesellschaft, Kirche, Ansehen ... das alles läßt man Stück für Stück hinter sich, entfernt sich weiter und weiter davon. Man ist allein.

Deswegen sind die Menschen so sehr am Sport interessiert. Aber auch da läßt die Gefahr allmählich nach, weil man Übung bekommt; man kann es lernen, kann es trainieren. Es ist ein kalkuliertes Risiko – wenn mir dieser Ausdruck gestattet sei: ein kalkuliertes Risiko. Man kann das Bergsteigen trainieren und alle nötigen Vorsichtsmaßnahmen treffen.

Oder nimm das Autofahren, den Rennsport. Man kann mit zweihundert Stundenkilometern dahinbrausen; es ist gefährlich und aufregend. Aber man kann darin so geübt werden, daß es nur noch für den Neuling wirklich gefährlich ist, für den Geübten nicht. Doch alle diese Gefahren betreffen ohnehin nur die physische Ebene; nur der Körper ist davon betroffen.

Wenn ich sage: »Lebe gefährlich!« dann meine ich nicht nur das körperliche Risiko, sondern ich meine auch das psychische Risiko und letztendlich das spirituelle Risiko.

Religion ist ein spirituelles Risiko. Man erklimmt Gipfel, von denen man vielleicht nie wieder zurückkommt.

Wenn ich sage: »Lebe gefährlich!« dann meine ich, daß du nicht das normale, respektable, bürgerliche Leben leben sollst – als Bürgermeister einer Stadt, als Mitglied der Stadtverwaltung oder als Minister. Das ist nicht das Leben. Oder einen guten Beruf zu haben und einen Haufen Geld zu verdienen, damit das Bankkonto immer dicker wird und alles bestens läuft.

Wenn alles bestens läuft, dann gib acht: Du näherst dich nur noch dem Tod, und es passiert nichts mehr. Die Leute erweisen dir Respekt, und nach deinem Tode wird eine lange Prozession hinter deiner Leiche hergehen, aber das ist auch schon alles. In der Presse wird man dein Foto veröffentlichen, es wird ein paar Nachrufe geben, aber dann wird man dich vergessen. Und dafür hast du dein ganzes Leben geopfert!

Beobachte es nur! Wegen solcher gewöhnlichen, profanen Dinge kann man sein ganzes Leben verpassen. Spirituell zu sein bedeutet, den trivialen Dingen nicht allzuviel Bedeutung zu schenken. Ich sage nicht, daß sie bedeutungslos seien. Sie *sind* wichtig, aber nicht so wichtig, wie du denkst.

Geld ist notwendig. Es ist eine Notwendigkeit. Aber Geld ist nicht das Ziel, kann nicht das Ziel sein. Ein Dach über dem Kopf ist zweifellos notwendig. Es ist ein Grundbedürfnis. Ich bin kein Asket und halte gar nichts davon, daß du dein Haus aufgibst und in den Himalaja abhaust. Eine Behausung ist notwendig – aber nur, weil *du* sie nötig hast. Verstehe das richtig!

Wie ich die Menschen sehe, ist alles durcheinandergeraten. Sie leben, als wären sie für das Haus nötig, sie arbeiten für ihr Haus; und sie horten immer mehr Geld, als wären sie für ihr Bankkonto nötig, und schließlich sterben sie. Dabei haben sie nie gelebt! Sie haben nicht einen einzigen Augenblick pulsierenden, strömenden Lebens erlebt und waren immer nur eingesperrt in einem Gefängnis aus Sicherheit, Behaglichkeit und Prestige.

Kein Wunder, daß man sich langweilt! Die Leute kommen zu mir und beklagen sich über Langeweile. Sie haben von allem die Nase voll, fühlen sich in der Sackgasse. Was sollen sie tun? Und dann denken sie, sie könnten einfach durch das Absingen von Mantras wieder lebendig werden. Aber so einfach geht das nicht! Sie werden ihr ganzes Lebensmuster verändern müssen.

Liebe – aber glaube ja nicht, daß die Frau dir auch morgen

noch zur Verfügung stehen wird. Erwarte gar nichts. Reduziere nicht die Frau zu einer Ehefrau. Dann lebst du gefährlich. Reduziere nicht den Mann zu einem Ehemann, denn ein Ehemann ist etwas Häßliches. Achte darauf, daß dein Mann ein Mann bleibt und deine Frau eine Frau. Mache dein Morgen nicht zu etwas Vorhersehbarem.

Erwarte nichts und sei für alles offen. Das meine ich, wenn ich sage: »Lebe gefährlich!«

Aber was tun wir? Kaum verlieben wir uns in eine Frau, gehen wir schon aufs Standesamt oder in die Kirche, um zu heiraten. Ich sage nicht, daß ihr nicht heiraten sollt, aber es ist eine Formalität. Es ist in Ordnung, der Gesellschaft Genüge zu tun, aber in deinen innersten Gedanken solltest du niemals von der Frau Besitz ergreifen. Sage nie auch nur für einen einzigen Augenblick: »Du gehörst mir.« Wie könnte ein Mensch dir gehören? Und wenn du anfängst, die Frau zu besitzen, wird auch sie von dir Besitz ergreifen. Dann ist keine Liebe mehr zwischen euch. Dann erdrückt ihr euch gegenseitig; ihr tötet euch, lähmt euch gegenseitig.

Liebe – aber laß deine Liebe nicht zur Ehe herabsinken.

Arbeite, denn Arbeit ist nötig, aber laß deine Arbeit nicht zum ganzen Lebensinhalt werden. Dein Lebensinhalt, dein Lebenszentrum sollte das Spiel sein. Arbeit sollte nur ein Mittel zum Spiel sein. Arbeite im Büro, arbeite in der Fabrik, arbeite im Geschäft – doch nur, um auch Zeit und Gelegenheit zum Spielen zu haben. Laß dein Leben nicht zur reinen Arbeitsroutine werden, denn das Ziel des Lebens ist Spiel. Spiel bedeutet, etwas als Selbstzweck zu tun.

Ihr kommt zu mir, um zu meditieren, und ihr schafft es, sogar aus der Meditation Arbeit zu machen. Ihr glaubt, man müsse etwas tun, um zu Gott zu gelangen. Das ist Unsinn. Meditation läßt sich so nicht betreiben. Ihr müßt damit spielen, müßt es als Spaß nehmen. Ihr dürft es nicht so ernst nehmen. Ihr müßt es genießen.

Wenn ihr Spaß am Meditieren habt, wird es wachsen. Wenn ihr aber anfangt, es wie eine Arbeit aus Pflichterfüllung zu tun, weil ihr unbedingt *Moksha* oder *Nirvana,* die Befreiung, erreichen müßt, dann habt ihr schon wieder eine eurer törichten Kategorien in die Welt des Spiels hineingetragen.

Meditation ist Spiel; sie ist *Leela*. Man muß sie um ihrer selbst willen genießen.

Wenn du viele Dinge um ihrer selbst willen genießt, wirst du lebendiger. Natürlich wird dein Leben immer ein Risiko, eine Gefahr bleiben. Aber so muß das auch sein: Risiko gehört zum Leben. Tatsächlich, der bessere Teil des Lebens besteht im Risiko, ja das Beste im Leben, das Schönste im Leben ist immer riskant. In jedem Augenblick ist das Leben ein Risiko – ob du dir dessen bewußt bist oder nicht. Einatmen, Ausatmen … es ist ein Risiko. Du atmest aus – wer weiß, ob der Atem zurückkommt? Es ist nicht sicher, dafür gibt es keine Garantie.

Aber manche Leute machen aus ihrer Religion eine Versicherung. Selbst wenn sie von Gott reden, reden sie so, als wäre er die beste Garantie. Wenn sie an Gott denken, dann nur, weil sie Angst haben. Wenn sie beten und meditieren, dann nur, um bei Gott, auf Gottes Tugendkonto, gut angeschrieben zu sein. »Wenn es einen Gott gibt, dann wird er wissen, daß ich regelmäßig zur Kirche gegangen bin, daß ich regelmäßig gebetet habe. Das habe ich bewiesen.« Selbst ihre Gebete sind nur Mittel zum Zweck.

Gefährlich zu leben bedeutet, das Leben so zu leben, als wäre jeder Augenblick das Ziel. Jeder Augenblick hat seinen eigenen ihm innewohnenden Wert.

Wenn du so lebst, hast du keine Angst. Du weißt, der Tod existiert, und du akzeptierst diese Tatsache und versteckst dich nicht davor. Im Gegenteil, du suchst sogar die Konfrontation mit dem Tod. Du genießt jene Augenblicke, in denen du dem Tod ins Auge siehst – physisch, psychisch, spirituell.

Diese Augenblicke zu genießen, in denen du mit dem Tod unmittelbar in Kontakt kommst, in denen der Tod fast zur Realität wird – das meine ich, wenn ich sage: »Lebe gefährlich!«

Die Liebe bringt dich in Konfrontation mit dem Tod. Meditation bringt dich in Konfrontation mit dem Tod. Zu einem

Meister zu kommen bedeutet, deinen eigenen Tod zu konfrontieren. Jemandem gegenüberzutreten, der als »Ich« nicht mehr da ist, bedeutet, einen Abgrund zu konfrontieren, in dem du verlorengehen kannst. Du kannst zum *Anagamin* werden – zu einem, der nie wiederkehrt.

Doch die Mutigen gehen Kopf voran. Sie suchen jede Gelegenheit für die Gefahr. Sie leben nicht nach der Lebensphilosophie der Versicherungsgesellschaften. Sie leben nach der Lebensphilosophie der Bergsteiger, Fallschirmspringer, Surfer. Und sie surfen nicht nur auf den äußeren Meeren; sie surfen auf ihrem innersten Ozean. Und sie bezwingen nicht nur die äußeren Gipfel der Alpen und des Himalajas; sie streben nach den inneren Gipfeln.

Eines solltest du dir merken: Verlerne nie die Kunst, Risiken auf dich zu nehmen – niemals. Bleibe immer fähig, etwas zu riskieren. Und sooft sich dir eine Gelegenheit bietet, etwas zu riskieren, laß sie dir nicht entgehen, dann wirst du kein Verlierer sein.

Die Gefahr ist die einzige Garantie für wahre Lebendigkeit. *(182)*

Es gibt solche und solche Abenteuer, aber kein Abenteuer läßt sich mit dem Abenteuer der Meditation vergleichen. Es ist das größte Abenteuer überhaupt, denn du machst dich nicht auf den Weg zum Everest oder zum Mond oder zum Mars – du machst dich auf den Weg zu deinem innersten Sein. *(183)*

Der Kreative

Alle berühmten Künstler der Vergangenheit waren dafür bekannt, daß sie ein Bohemienleben führten. Kannst du bitte etwas über Kreativität und Disziplin sagen?

Das Bohemienleben ist das einzige Leben, das sich zu leben lohnt! Jede andere Art zu leben ist lauwarm – eher wie ein langsamer Selbstmord als ein leidenschaftlich gelebtes, intensives Leben.

Die Künstler der Vergangenheit konnten gar nicht anders, als ein rebellisches Leben zu leben, denn Kreativität ist die größte Rebellion im Leben. Wer schöpferisch sein will, muß alle Konditionierungen ablegen, weil seine Kreativität sonst nur Imitation ist; er kann höchstens kopieren. Man kann nur wirklich schöpferisch sein, wenn man ein Individuum ist. Man kann nicht schöpferisch sein, wenn man in der Massenpsychologie festhängt. Die Massenpsyche ist unkreativ. Die Masse lebt ein Leben in Langeweile; sie kennt kein Tanzen, kein Singen, keine Freude – sie lebt mechanisch.

Gewiß, es gibt ein paar Dinge, die man von der Gesellschaft nur dann bekommt, wenn man mechanisch ist: Ruhm bekommt man, Ehre bekommt man. Universitäten verleihen einem Ehrendoktorate, Staaten verleihen goldene Ehrenzeichen, und schließlich kann man sogar Nobelpreisträger werden – aber das Ganze ist ein häßliches Spiel.

Ein wirklich genialer Mensch wird all diesen Quatsch ablehnen, denn es ist Bestechung. Wenn jemand den Nobelpreis verliehen bekommt, bedeutet das nur, daß seine Verdienste für das Establishment geehrt werden und man ihn auszeichnet, weil er ein braver, folgsamer Sklave war, der nie vom Weg abgewichen ist und den ausgetretenen Pfaden folgte.

Ein schöpferischer Mensch kann keinen ausgetretenen Pfaden folgen. Er muß sich seinen eigenen Weg bahnen, er muß in den Dschungeln des Lebens forschen, er muß allein gehen, er muß aussteigen aus dem Massenbewußtsein, aus der Psychologie des Kollektivs. Die Kollektivpsyche ist auf der Welt die niedrigste Stufe. Selbst die sogenannten Idioten stehen noch etwas höher als die kollektive Idiotie. Doch das Kollektiv hat seine eigenen Bestechungsmethoden: Es zollt jenen Respekt und Ehre, die unter Beweis stellen, daß der Weg der Kollektivpsyche der einzig richtige ist.

In der Vergangenheit war es eine absolute Notwendigkeit für die schöpferischen Menschen aller Richtungen – für die Maler, Tänzer, Musiker, Dichter, Bildhauer –, auf Ansehen zu verzichten. Sie mußten als Bohemiens leben, als Vagabunden – nur so konnten sie schöpferisch sein. In der Zukunft muß das aber nicht mehr so sein. Wenn ihr mich richtig versteht und die Wahrheit von dem, was ich sage, erkennt, dann kann in Zukunft jeder Mensch als Individuum leben, und ein Bohemienleben wird dann nicht mehr nötig sein. Das Bohemienleben ist eine Begleiterscheinung, eine Reaktion auf das starre, orthodoxe, konventionelle, respektable Leben.

Mein ganzes Bemühen geht dahin, die Kollektivpsyche in euch zu zerstören und jedem Menschen die Freiheit zu geben, als Individuum er selbst zu sein. Dann wird es kein Problem sein. Dann kann jeder so leben, wie er will.

Die wahre Geburt des Menschen wird erst mit dem Tage beginnen, an dem das Individuum in seiner Rebellion respektiert wird. Der Mensch ist noch nicht wirklich geboren. Das Menschsein befindet sich noch im Embryonalstadium. Was ihr als Menschheit wahrnehmt, ist nur ein Scheinphänomen. Solange wir nicht jedem einzelnen Menschen seine individuelle Freiheit zugestehen, die absolute Freiheit, er selbst zu sein und nach seiner Eigenart zu leben ... Und natürlich darf er sich auch bei niemand anderem einmischen – das gehört zu dieser Freiheit dazu. Keiner sollte sich in das Leben anderer einmischen.

Aber in der Vergangenheit haben alle ihre Nase in die

Angelegenheiten von allen anderen gesteckt – sogar in Dinge, die absolut privat sind und die Gesellschaft überhaupt nichts angehen. Was geht es denn zum Beispiel die Gesellschaft an, wenn du dich in eine Frau verliebst? Es ist deine ganz persönliche Sache; das gehört nicht auf den Marktplatz. Wenn zwei Menschen sich einig sind, in Liebe zusammenzusein, sollte die Gesellschaft sich da heraushalten. Aber sie mischt sich ein mit all ihrem Klimbim – auf direkte Weise, auf indirekte Weise. Der Polizist stellt sich zwischen die Liebenden, der Standesbeamte stellt sich zwischen die Liebenden. Und für den Fall, daß das nicht ausreicht, hat die Gesellschaft einen Superpolizisten geschaffen, der euch unter seine Fittiche nimmt – Gott.

Diese Vorstellung von Gott als einem Voyeur, der dir nicht mal im Badezimmer ein Privatleben gönnt, sondern durchs Schlüsselloch schaut und ständig beobachtet, was du machst – wie häßlich das ist! Sämtliche Religionen der Welt behaupten, daß Gott dich ständig im Auge habe – wie unschön! Was ist das nur für ein Gott? Hat er nichts Besseres zu tun, als jeden zu überwachen und zu bespitzeln? Scheint ja der oberste Chef aller Detektive zu sein!

Die Menschheit braucht einen neuen Nährboden – den Nährboden der Freiheit. Die Boheme war eine Reaktion, eine notwendige Reaktion, doch wenn meine Vision sich durchsetzt, braucht es keine Boheme mehr zu geben, weil die Menschen nicht mehr dem Kollektivzwang unterliegen werden. Dann kann jeder sich so geben, wie es ihm gut tut. Natürlich darf man dabei das Leben anderer nicht beeinträchtigen, aber das eigene Leben muß man völlig nach eigenen Regeln leben. Nur dann ist Kreativität möglich. Kreativität ist der Duft der individuellen Freiheit.

Du fragst mich: »*Kannst du bitte etwas über Kreativität und Disziplin sagen?*«

»Disziplin« ist ein schönes Wort, aber es ist, wie alle anderen schönen Wörter, in der Vergangenheit mißbraucht worden. Das Wort »Disziplin« stammt aus der gleichen Wurzel wie das (englische) Wort *»disciple«* (Jünger, Schüler), und die Grundbedeutung dieser Wurzel ist »ein Prozeß des Lernens«. Jemand, der bereit ist, etwas zu lernen, ist ein *disciple,* und der Prozeß, etwas lernen zu wollen, bedeutet »Disziplin«.

Ein Mensch, der viel Wissen angehäuft hat, ist nie lernwillig, weil er denkt, er wüßte bereits alles. Er beruft sich auf sein sogenanntes Wissen. Sein Wissen ist nichts anderes als Nahrung für sein Ego. Er kann kein *disciple* sein, er kann keine wahre Disziplin auf sich nehmen.

Sokrates sagt: »Ich weiß nur eines: daß ich nichts weiß.« Das ist der Anfang von Disziplin. Wenn man nichts weiß, entsteht naturgemäß ein großer Drang, zu forschen, zu suchen, etwas herauszufinden. Und sobald man anfängt zu lernen, folgt als unausweichliche Konsequenz, daß man alles, was man lernt, ständig wieder fallenlassen muß, weil es sonst zu Wissen wird, das weiteres Lernen verhindert.

Ein Mensch von wahrer Disziplin häuft nie etwas an; in jedem Moment stirbt er für alles, was er erfahren hat, und wird wieder unwissend. Diese Unwissenheit ist von einer leuchtenden Transparenz. Es ist eine der wunderbarsten Erfahrungen im Leben, in einem Zustand des transparenten Nicht-Wissens zu sein. In einem Zustand des Nicht-Wissens ist man offen. Dann hat man keine Barrieren, man ist aufnahmebereit, bereit zu forschen.

Die Hindus können das nicht – sie wissen zu viel. Die Moslems können das nicht, die Christen können das nicht. Aber meine *Sannyasins* können das, aus dem einfachen Grund, weil ich ihnen kein Wissen vermittle. Im Gegenteil, ich zerstöre ihr ganzes Wissen. Bei mir hier werden Illusionen zerstört. Ich bin dazu da, alle Illusionen zu zerstören. Gewiß, das wird euch irritieren, das wird euch wütend machen, aber das ist meine Methode, das ist, wie ich funktioniere, wie ich arbeite. Ich sabotiere euch, ich gehe euch an eure tiefsten Wurzeln! Solange nicht euer Verstand am Boden zerstört ist, gibt es keine Hoffnung für euch.

Das Wort »Disziplin« ist falsch interpretiert worden. Man hat euch gesagt, daß ihr euer Leben disziplinieren müßt, daß ihr die eine Sache tun und eine andere lassen müßt. Tausende von Geboten und Verboten sind dem Menschen auferlegt worden, und wenn ein Mensch nach Tausenden von Geboten und Verboten lebt, kann er unmöglich schöpferisch sein. Dann ist er ein Gefangener; überall stößt er gegen Wände.

Der schöpferische Mensch muß alle Gebote und Verbote von sich weisen. Er braucht Freiheit und einen Raum, einen riesigen Raum, so groß wie der ganze Himmel mit all seinen Sternen – nur dann kann seine innerste Spontaneität anfangen, sich zu entfalten.

Darum merke dir, daß meine Bedeutung von »Disziplin« nicht diejenige der Zehn Gebote ist. Ich gebe euch keine Disziplin. Ich gebe euch nur ein Verständnis, wie ihr in Lernbereitschaft bleiben und Wissen vermeiden könnt.

Eure Disziplin muß aus eurem eigenen Herzen kommen, sie muß eure *eigene* sein – und das ist ein riesiger Unterschied! Wenn jemand anderer euch eine Disziplin gibt, wird sie niemals zu euch passen. Es ist, als würdet ihr fremde Kleider tragen – sie sind entweder zu weit oder zu eng, und ihr kommt euch immer etwas albern darin vor.

Mohammed gab den Mohammedanern eine Disziplin. Sie mag für ihn selbst passend gewesen sein, aber sie kann für niemand anderen passend sein. Buddha hat Millionen von Buddhisten eine Disziplin gegeben. Sie mag für ihn selbst gut gewesen sein, aber sie kann für niemand anderen gut sein.

Eine Disziplin ist ein individuelles Phänomen. Wenn man sie von anderen übernimmt, fängt man an, nach vorgegebenen, toten Prinzipien zu leben. Doch das Leben ist nie tot; das Leben ändert sich unaufhörlich, in jedem Augenblick. Das Leben ist ein Fluß.

Heraklit hat recht: Man kann nicht zweimal in denselben Fluß steigen. In der Tat, ich selbst würde sogar sagen: Man kann auch nicht einmal in denselben Fluß steigen, denn der Fluß bewegt sich so schnell! Man muß wach und aufmerksam für jede Situation und all ihre Feinheiten sein, und man muß auf die Situation entsprechend dem jeweiligen Augenblick reagieren, und nicht nach vorgefertigten Antworten, die man von anderen bekommen hat.

Seht ihr, wie dumm die Menschen sind? Vor fünftausend Jahren hat Manu den Hindus eine Disziplin gegeben, und sie befolgen sie immer noch! Vor dreitausend Jahren hat Moses den Juden eine Disziplin gegeben, und sie befolgen sie immer noch! Vor fünftausend Jahren hat Adinatha den Dschainas seine Disziplin gegeben, und sie befolgen sie immer noch! All diese Disziplinen haben die ganze Welt in den Wahnsinn getrieben! Sie sind veraltet; man hätte sie längst begraben sollen. Ihr tragt all diese Leichen mit euch herum, und die Leichen stinken! Und was für eine Art von Leben könnt ihr leben, wenn ihr von Leichen umgeben seid?

Ich lehre euch den gegenwärtigen Augenblick und die Freiheit dieses Augenblicks, die Verantwortung dieses Augenblicks. Etwas, das in diesem Augenblick richtig ist, kann schon im nächsten falsch sein. Versucht nicht, konsequent zu sein, sonst seid ihr tot! Nur tote Leute sind konsequent.

Versucht, lebendig zu sein, mit allen Widersprüchlichkeiten, und lebt jeden Augenblick ohne Bezug zur Vergangenheit, aber auch ohne jeden Bezug zur Zukunft. Lebt den Augenblick im Kontext dieses Augenblicks, dann wird eure Antwort darauf total sein. Und diese Totalität hat ihre besondere Schönheit, diese Totalität ist schöpferisch. Dann wird alles, was ihr tut, seine eigene Schönheit haben. *(184)*

Lebst du für irgendeinen Sinn? Lebst du für irgendeine Kreativität? Lebst du, um das Leben schöner zu gestalten? Trägst du irgend etwas zur Existenz bei?

Kreativität ist vielleicht die einzige existentielle Religion. Augenblicke der Kreativität sind Augenblicke, in denen du eins wirst mit dem Universum. Einerseits bist du verlorengegangen – du bist nicht mehr das alte Ego –, andererseits hast du dich zum ersten Mal gefunden.

Nur der Schaffende kennt die Tiefen des Lebens und die Höhen der Liebe. Wer die Dimension der Kreativität nicht kennt, bleibt in Unwissenheit darüber, was wahre Religion ist.

Wahre Religion ist nicht Gottesdienst; wahre Religion steht nicht in den Schriften. Wahre Religion besteht nur in einer Sache: an der Schöpfung teilzuhaben. Wie gering dein Beitrag auch immer sein mag, so ist er doch bedeutsam, denn nur du kannst ihn leisten, niemand anderer.

Gott ist keine Person, die irgendwo existiert. Gott ist nur ein kollektiver Begriff für die gesamte schöpferische Energie des Universums. Sobald du schöpferisch bist, nimmst du daran teil, und Menschen, die nicht schöpferisch sind, bleiben vom Strom des Lebens abgeschnitten. Und die zerstörerischen Menschen sind nicht nur vom Leben abgeschnitten, sondern lebensfeindlich. Das sind die wahren Sünder.

Die einzige Tugend, die den Namen Tugend verdient, ist die Kreativität.

Was man erschafft, spielt keine Rolle – solange es das Leben besser und das Dasein schöner macht, solange es den Alltag freudiger, den Gesang lebendiger, die Liebe herrlicher macht. Dadurch geht das Leben des Schaffenden in die Ewigkeit, in die Unsterblichkeit ein.

Millionen von Menschen leben, ohne irgend etwas zu erschaffen. Aber es ist eines der Grundprinzipien des Lebens, daß man nicht glücklich sein kann, wenn man nicht irgend etwas erschafft – ein Bild, ein Lied, einen Tanz oder was auch immer. Man bleibt unglücklich. Nur die Kreativität verhilft dem Menschen zu seiner Würde. Sie trägt dazu bei, daß du in deiner Fülle erblühen kannst.

Der schöpferische Mensch kann nicht zur Herde gehören. Der schöpferische Mensch muß lernen, allein zu sein, aus der Reihe zu tanzen, die Schönheit des Alleinseins zu lernen, denn nur in diesem Zustand kann sich sein Potential verwirklichen.

Der Weg des Schaffenden führt dich letztlich zu dir selbst. Du entfernst dich von der Herde, von den Massen, und begibst dich in die Einsamkeit.

Ein Maler ist absolut allein mit seiner Vision. Ein Tänzer ist absolut allein mit seinem Tanz.

Nijinski, der ein großartiger Tänzer war, wurde einmal gefragt: »Sie tanzen vor so vielen Leuten – sind Sie nicht nervös?« Er sagte: »Was meine Person betrifft, so bin ich nervös, aber nur bis zu dem Augenblick, in dem der Tanz anfängt. Sobald mein Tanz beginnt, bin ich absolut allein. Dann ist niemand anderer mehr da. Aber nicht nur die anderen verschwinden ... manchmal passiert es sogar – und das sind die größten Augenblicke –, daß auch ich selbst nicht mehr da bin und nur noch der Tanz da ist.«

Bei Nijinski konnte man sehen – und Wissenschaftler hatten das beobachtet –, daß es Momente gab, in denen er so hohe Sprünge machte, wie es physikalisch aufgrund der Schwerkraft gar nicht möglich wäre. Und noch erstaunlicher war es, wenn er wieder herunterkam: Er landete so langsam, wie ein Blatt zur Erde sinkt, ganz ohne Eile. Auch das wäre nach den Regeln der Schwerkraft eigentlich gar nicht möglich; sie zieht die Dinge mit Macht nach unten.

Darüber befragt, sagte er einmal: »Es ist mir selbst ein Rätsel. Wenn ich es versuche, passiert es nie, weil ich dann noch da bin. Vielleicht ist mein Ich das Gewicht, das die Schwerkraft nach unten zieht. Wenn ich mich aber selbst völlig vergesse, geschieht es plötzlich. Dann bin ich nur ein Zuschauer, so wie Sie, und ich staune. Ich habe keine Ahnung, wie es passiert.«

Vielleicht ist das Ego das Schwerste an uns. In solchen Momenten, wenn Nijinski das Gefühl hatte, er selbst sei verschwunden – nur noch der Tanz existiert, aber nicht mehr der Tänzer –, da rührte er an die gleiche Erfahrung wie Zarathustra oder Gautama Buddha oder Laotse – nur in einer ganz anderen Dimension. Sein Tanz wurde zur mystischen Erfahrung. *(185)*

Wenn du wirklich tanzt, kannst du nicht denken. Wenn du wirklich tanzt, ist dein Körper so intensiv daran beteiligt, daß die ganze Energie in Fluß kommt. Ein Tänzer verliert seine feste Form, seine Definiertheit. Ein Tänzer wird zu einem Fließen, zu einem Prozeß. Ein Tänzer ist keine separate Einheit mehr; er ist Bewegung, ist Energie. Er löst sich auf. Große Tänzer schmelzen nach und nach dahin. Der Tänzer kann sein Ego nicht beibehalten, denn wenn er in seinem Ego bleibt, behindert es den Tanz.

Ein wahrer Tänzer verliert im Tanz sein Ego. Er vergißt sich selbst. Der Tänzer verschwindet, und nur der Tanz bleibt übrig. Dann öffnet sich eine Tür, und du erlebst dich als Einheit. Nun ist die Seele nicht mehr getrennt vom Verstand und vom Körper. Sie haben sich vereinigt, sind zu einer Einheit geworden, sind miteinander verschmolzen und eins geworden.

Wenn du tanzt und zu einem Wirbelwind wirst, wenn du allmählich völlig im Tanz aufgehst, dann passiert es: Etwas in dir zerbricht. Alle Barrieren verschwinden, und du wirst zu einer Einheit. Ein großer Orgasmus ergreift dein ganzes Sein. In solchen Augenblicken bist du in Harmonie mit der ganzen Existenz. *(186)*

Wenn der Tanz total ist, dann existiert der Tänzer nicht mehr, nur noch der Tanz. Ihr könnt die großen Tänzer fragen – Nijinski, Gopi Krishna –, und sie werden zustimmen: Wenn der Tanz an seinen Höhepunkt kommt, verschwindet der Tänzer. Da ist nur noch der Tanz, aber niemand, der tanzt. Es sind nicht mehr zwei, der Tänzer und der Tanz.

Wenn der Maler völlig mit seinem Gemälde verschmilzt, wenn er darin völlig absorbiert ist, dann ist nicht mehr ein Gemälde und ein Maler da; dann gibt es nur noch das Malen selbst. Der Maler ist nicht mehr da; für ein paar Augenblicke verschwindet der Maler. Und nur wenn der Maler verschwindet, erreicht das Malen die höchste Schönheit.

Der Tänzer, der Maler, der Sänger, der Musiker, der Dichter – sie alle kennen diese Augenblicke, aber es sind nur flüchtige Augenblicke in ihrem Leben.

Im Leben der Buddhas sind es nicht bloß flüchtige Augenblicke; es ist zu ihrer ständigen Wirklichkeit geworden. Der Tänzer ist für immer verschwunden.

Ich bin kein Individuum mehr – nur noch Klarheit. Nicht mehr der Tänzer – nur noch der Tanz. Wenn ihr das versteht, nur dann werdet ihr fähig sein, mit diesem Niemand, mit diesem Nichts, mit diesem Zustand von *Nirvana* in Kommunion zu sein. *(187)*

Darum tanze total! – und du wirst staunen! Etwas Neues wird spürbar werden. Wenn dein Tanz total wird und der Tänzer sich im Tanzen fast auflöst, steigt eine neuartige Bewußtheit in dir auf. Du wirst völlig im Tanzen aufgehen – der Tänzer ist verschwunden, nur noch der Tanz ist übrig. Aber dennoch bist du nicht bewußtlos – im Gegenteil! Du wirst sehr bewußt sein, bewußter als je zuvor. *(188)*

Ich fühle den starken Drang, in meinem Leben etwas zu erschaffen. Ich schreibe Lieder und möchte sie gern singen. Sie drücken meine Gefühle aus, und weil ich dich in mir fühle, drücken sie vielleicht auch etwas über dich aus. Kannst du bitte etwas sagen über die Trennungslinie zwischen neurotischem Ausdruck und dem Erschaffen von etwas Schönem? Ist es gut für mich, auf diesen Trip zu gehen?

Der Drang, etwas zu erschaffen, ist der erste Lichtstrahl in der dunklen Nacht deiner Seele. Der Drang, etwas zu erschaffen, ist der Drang, am Werk Gottes teilzuhaben.

Gott als Person gibt es nicht, aber es gibt diese unermeßliche, allgegenwärtige Kreativität. In meinen Augen ist Gott nicht der Schöpfer; Gott ist die Gesamtheit dieser Kreativität – und jedesmal, wenn du den Drang verspürst, etwas zu erschaffen, rührt sich in dir die Sehnsucht, Gott zu begegnen. Es ist die Sehnsucht, selbst ein kleines bißchen wie Gott zu sein. Nur wenn du etwas erschaffst, kannst du Erfüllung finden.

Du schreibst Lieder – das ist großartig. Du willst singen.

Auf wessen Erlaubnis wartest du eigentlich? Singe! Singe wie verrückt! Aber merke dir eines: Es gibt zwei Möglichkeiten der Kreativität. Das eine ist die Kreativität, die aus deiner Stille, deiner Liebe, deiner Erkenntnis, deiner klaren Vision, deiner intimen Freundschaft mit der Existenz kommt – diese Kreativität ist gesund.

Wenn aber die Kreativität nicht aus der Meditation, aus Stille, Frieden, Erkenntnis und Liebe kommt, dann besteht die Gefahr, daß sie nur aus deiner Geistesverwirrung kommt, aus deinem Wahnsinn.

Was auch immer dein geplagter Verstand hervorbringt, wird in jedem Fall gut für dich selbst sein. Es wird dir Erleichterung bringen. Du bist etwas losgeworden, was in deinem Innern gekreist ist – aber nun wird es andere plagen, vielleicht sogar viele, denn das Lied, das in dir eingesperrt war, hatte eine persönliche Geschichte, doch nun hast du es publik gemacht. Und wenn das Lied aus einer Art Wahnsinn und Geistesverwirrung kam, wirst du dich zweifellos besser fühlen, aber der Preis ist viel zu hoch: Es kann Millionen von Menschen jahrtausendelang beeinflussen. Du hast dir Erleichterung verschafft, aber du hast nicht verantwortungsbewußt gehandelt. Du hast nicht vernünftig gehandelt, du hast nicht menschlich gehandelt.

Eure Lieder, eure Bilder, euer Tanz – sie weisen sämtliche Eigenschaften des Geistes auf, aus dem sie entsprungen sind.

Sieh dir nur die Bilder von Picasso an! Dieser arme Typ braucht keine weltweite Anerkennung als Maler und Kreativer, er braucht psychiatrische Behandlung! Seine Bilder sind wie Erbrochenes; er ist krank. Ein Genie, ein großer Könner im Umgang mit Farben, aber kein harmonischer Mensch! Er trägt keine Freude in sich. Er fühlt das Leben nicht als Geschenk. Seine Gemälde zeigen, daß er das Leben ablehnt. Seine Gemälde zeigen seine totale Frustration, seine Verzweiflung, seine Seelenqual, seine Verwirrtheit: Man kann überhaupt nicht erkennen, was das Bild darstellt! Aber er ist ein Genie, und obwohl seine Kreativität sich nicht mit der Qualität eines Gautama Buddha messen kann, besitzt er eine hohe künstlerische und ästhetische Empfindsamkeit. Darin fehlt ihm nichts – außer ein bißchen Meditation. Statt ein bißchen Meditation hat er ein bißchen Irrsinn.

Fast alle großen Maler der Gegenwart waren mindestens ein- bis zweimal in der Psychiatrie; sie haben fast alle einige Jahre im Irrenhaus verbracht. Viele große Dichter waren im Irrenhaus, große Tänzer, wie Nijinski, waren im Irrenhaus.

Es ist doch merkwürdig, daß der Westen noch nicht einmal gemerkt hat, daß da etwas nicht stimmt!

Warum fallen eure Wissenschaftler und Künstler, eure Maler, Sänger, Dichter, Tänzer – all die schöpferischen Genies – so leicht dem Wahnsinn zum Opfer? Im Osten kennt man das nicht. Nicht, daß der Osten nichts hervorgebracht hätte – im Gegenteil, er hat sogar mehr kreative Leistungen hervorgebracht als alle andere Gegenden der Welt. Aber es gibt im Osten kein einziges Beispiel, daß ein großer Künstler, ein großer Schriftsteller, ein großer Dichter, ein großer Mystiker jemals verrückt geworden wäre. Dieses Phänomen ist dem Osten absolut fremd.

Es wird euch wundern, daß im Fernen Osten, speziell in Japan, Verrückte im Zen-Kloster behandelt werden. Sie bekommen dort einen schönen Platz, eine kleine Hütte an einem Teich mit Schwänen, Vögeln, Blumen, Bäumen, Felsen, Steingärten – was eine japanische Spezialität ist. Nirgendwo sonst kam man je auf die Idee, aus Steinen einen Garten zu machen. Man wirft sonst die Steine raus, wenn man einen Garten gestaltet, aber in Japan sammelt man die Steine und gestaltet daraus einen Garten. Was wäre das für ein Künstler, wenn er nicht sogar aus Steinen einen Garten gestalten kann!

Ein Verrückter wird also an den schönsten Platz gebracht. Ist es ein Maler, dann bekommt er seine Malsachen, aber er darf mit niemandem sprechen und darf seine Bilder niemandem zeigen. Da ist eine Feuerstelle, und wenn er ein Bild gemalt hat, muß er es ins Feuer werfen. Drei Wochen lang muß er im Schweigen verharren, und der Meister des Zen-Klosters kommt jeden Tag vorbei und schaut sich seine Bilder an – ob sich darin etwas verändert, ob die Bilder einen Heilungsfortschritt erkennen lassen. An dem Tag, da sich an dem Bild ablesen läßt, daß dieser Mensch wieder gesund ist, entläßt man ihn. Die Bilder dienten dazu, seinen Wahnsinn freizusetzen, aber sie sind alle im Feuer gelandet. Sie gelangen nicht an die Öffentlichkeit – denn dieser Mensch war krank, und man würde sonst nur seine Krankheit verbreiten.

Bevor du also anfängst, deine Lieder zu schreiben, zu singen und zu tanzen, stelle die richtige geistige Einstellung, das rechte Bewußtsein her, damit alles, was aus dir herausfließt, zu einem Segen und nicht zu einem Fluch für die Menschheit wird. Das ist das Kriterium. Solange es kein Segen ist, wirf es ins Feuer. Du hast dich davon befreit, aber verschone die anderen damit.

Wenn du singen willst, schau in dich hinein, warum du das willst. Wenn du tanzen willst, beobachte dein Inneres: Woher kommt dieser Drang, und warum ist er da?

Ich will dich nicht daran hindern. Du kannst tanzen, du kannst singen, du kannst tun, was immer du willst, aber achte darauf, daß du dich anderen nicht aufdrängst – nicht einmal mit einem Lied, nicht einmal mit einem Tanz. Das Leben ist etwas sehr Subtiles, sehr Verletzliches. Eine Kleinigkeit kann großen Schaden anrichten.

Mein Hinweis ist also: Dieser Drang in dir ist etwas Schönes. Aber was du jetzt brauchst, ist ein bißchen mehr Stille, ein bißchen mehr Frieden, ein bißchen mehr Entspannung, ein bißchen mehr Nicht-Denken – damit du ein hohler Bambus werden kannst. Damit das Lied, das aus dir kommen will, kommen kann, damit der Tanz kommen kann – aber nicht als *deine* Schöpfung. Nicht dein eigener Verstand wird es hervorbringen, sondern es wird aus dem Jenseits kommen. Deinen eigenen Verstand hast du beiseite getan.

Meditation bedeutet einfach, den Verstand beiseite zu tun und die Tür zum Bewußtsein zu öffnen – zu einer direkten Verbindung mit der Existenz.

In diesem Zustand kannst du deine Lieder aus dir herausfließen lassen, kannst du deine Tänze geschehen lassen. Sie werden sich als Segen für dich selbst erweisen, als Segen für die ganze Welt. Teile es!

Aber teile nur das, was aus deiner Stille kommt, aus deiner Gesundheit, aus deinem integrierten Wesen. *(189)*

Der Alte

Kannst du etwas über das Altwerden sagen?

Jeder Mensch hat zwei Möglichkeiten: Er kann alt werden oder er kann erwachsen werden. Diejenigen, die nur alt, aber nicht erwachsen werden, haben überhaupt nicht gelebt. Sie haben bloß ihre Zeit vertan, aber sie haben nicht gelebt. Sie haben ihr ganzes Leben unterdrückt.

Ich bringe euch bei, wie man nicht alt wird. Das heißt aber nicht, daß du nicht altern wirst. Es heißt nur, daß ich dir eine zusätzliche Dimension gebe: erwachsen zu werden. Natürlich wirst du alt werden, aber nur dein Körper. Dein Bewußtsein – du selbst – wird nicht alt werden, nur erwachsener. Du wirst ständig an Reife gewinnen.

Doch sämtliche Religionen dieser Welt haben solch unverzeihliche Verbrechen begangen: Sie haben euch nicht beigebracht, wie man lebt. Sie haben euch nur beigebracht, wie man *nicht* lebt – wie man dem Leben entsagt, wie man der Welt entsagt. Nach Auffassung der Religionen ist diese Welt eine Strafe. Ihr seid in einer Strafanstalt, und das einzige, was ihr tun könnt, ist zu versuchen, so schnell wie möglich daraus zu entkommen.

Aber das ist nicht wahr. Das Leben ist keine Strafe. Das Leben ist so kostbar, daß es unmöglich eine Strafe sein kann. Es ist eine Belohnung! Und du solltest der Existenz dankbar sein, daß sie dich erwählt hat – durch dich zu atmen, durch dich zu lieben, durch dich zu singen, durch dich zu tanzen.

Wenn man an Reife und Verständnis immer weiter wächst, wird man niemals alt. Man bleibt immer jung, weil man immer hinzulernt. Lernen hält jung. Man bleibt immer jung, weil man nicht den Ballast eines unterdrückten Lebens mit sich herumträgt. Und weil man gewichtslos ist, fühlt man sich wie ein Kind, wie ein Neuankömmling auf dieser wunderschönen Erde.

Ich habe gehört:

Drei Priester wollten nach Pittsburgh fahren. Am Fahrkartenschalter saß eine atemberaubende Blondine in einem tief ausgeschnittenen Kleid, das ihren enormen Busen zur Schau stellte. Der jüngste Priester kam ans Schalterfenster ... und hatte das Reiseziel vergessen. Er sah nur noch diese herrlichen Brüste.

Die Blondine fragte ihn: »Was kann ich für Sie tun?«

Er sagte: »Drei Tickets nach Titsburgh.«

Da flippte die junge Frau aus und sagte: »Also hören Sie mal, Sie sind doch Priester!«

Da drängte der zweite ihn zur Seite und sagte zu der Frau: »Seien Sie ihm nicht böse. Er ist noch so jung und unerfahren. Geben Sie uns einfach drei Karten nach Titsburgh.«

Die Frau starrte ihn an ... Waren diese Männer verrückt oder was?

Nun kam der älteste Priester hinzu und sagte: »Meine Tochter, sei nicht empört! Diese Männer leben im Kloster. Sie kommen selten heraus; sie haben noch nichts von dieser Welt gesehen. Hab doch ein bißchen Verständnis. Sie leben im Zölibat! Setz dich und gib mir drei Karten nach Titsburgh.«

Sie war fassungslos. Was waren das für Idioten!

Und dann sagte der alte Priester: »Aber eines mußt du dir merken; ich muß dich ermahnen: Bedecke deinen schönen Körper mit züchtiger Kleidung, sonst wird am Jüngsten Tag der Heilige Finger mit seinem Petrus auf dich zeigen!«

Das ist die Situation des zwanghaft besessenen Menschen. Je mehr er das Leben unterdrückt, um so größer wird seine Besessenheit. Aber wir haben es den Menschen bisher nicht gestattet, ihr Leben ohne Unterdrückung und Besessenheit zu leben.

Sämtliche Religionen und Regierungen sind auf mich wütend, weil ich mich für euch stark mache, für eure Freiheit, für ein Leben ohne Besessenheit – für ein unschuldiges, natürliches Fließen und für die Lebensfreude, die das ganze Leben zu einem Paradies machen kann.

Wir erstreben nicht das Paradies in den Wolken. Falls es sich dort befindet, werden wir hinfinden, aber zuallererst müssen wir das Paradies hier auf Erden erschaffen. Das ist unsere Vorbereitung darauf. Wer hier auf dieser Erde wie im Paradies lebt, wird auch später ins Paradies finden – wo immer es auch sei. Niemand sonst hat Anspruch darauf – besonders nicht diese Priester und Mönche und Nonnen! Alle diese Leute sind auf dem besten Weg in die Hölle, weil sie an der Oberfläche das eine zeigen, aber im Innern sind sie das genaue Gegenteil!

Versuche einfach nur, natürlich zu sein. Riskiere alles, um natürlich zu sein, dann wirst du nichts zu verlieren haben. *(190)*

Warum gibt es diesen Ausdruck »alter Schmutzfink«? Ich werde langsam alt und fürchte, daß die Leute anfangen werden, auch von mir so zu denken.

Der »alte Schmutzfink« geht auf das Konto der langdauernden kulturellen Unterdrückung; er geht auf das Konto eurer Heiligen, Priester und Puritaner.

Wenn dem Menschen erlaubt wird, sein Sexualleben freudig auszuleben, kommt er um das zweiundvierzigste Lebensjahr – und beachte, ich sage zweiundvierzigste, nicht vierundachtzigste! – also um die zweiundvierzig, kommt er an den Punkt, da die Sexualität allmählich ihre Macht über ihn verliert. So wie sie mit etwa vierzehn aufgetaucht war und sehr mächtig wurde, so verschwindet sie langsam wieder, noch bevor man zweiundvierzig wird. Das ist der natürliche Lauf der Dinge.

Wenn der sexuelle Drang wegfällt, gelangt der ältere Mann zu einer völlig anderen Qualität von Liebe und Mitgefühl. Seine Liebe wird frei von aller Geilheit und Begehrlichkeit, und er versucht keinen Nutzen mehr aus ihr zu ziehen. Seine

Liebe wird rein und unschuldig. Sie wird zu einem Ausdruck von Freude.

Sex verschafft dir Lust, doch dazu mußt du dich auf ihn einlassen. Lust ist das Endziel. Wenn Sex unwichtig wird – nicht weil du ihn unterdrückst, sondern weil du so tief in diese Erfahrung hineingegangen bist, daß sie ihren Stellenwert verliert – du kennst das alles ... und Erfahrung bringt immer Freiheit. Du hast es total kennengelernt, und weil du es kennst, hat es nichts Geheimnisvolles mehr; es gibt nichts mehr zu erforschen. Durch deine Erfahrung hat sich die ganze Energie, die sexuelle Energie, in Liebe und Mitgefühl umgewandelt. Dann gibst du nur noch aus reiner Freude. Solch ein alter Mann wird zum schönsten und unschuldigsten Menschen, den man sich vorstellen kann.

In keiner Sprache gibt es den Ausdruck »alter Saubermann«; zumindest habe ich es noch nie gehört. Aber der Begriff des »alten Schmutzfinken« existiert in fast allen Sprachen. Der Grund liegt darin, daß der Körper alt und müde wird und eigentlich genug hat von diesem ganzen sexuellen Getriebe, doch der Verstand lechzt immer noch danach, weil er so viel Begierde unterdrückt hat. Wenn der Körper es nicht mehr bringt und der Kopf ständig nach etwas verlangt, was der Körper nicht mehr zuwege bringt, dann ist so ein alter Mann in arger Bedrängnis. Sein Blick wird lüstern, voller Geilheit, aber sonst ist da tote Hose. Aber der Verstand läßt ihm keine Ruhe. Das gibt ihm einen unanständigen Blick, einen schmutzigen Gesichtsausdruck; etwas Häßliches klebt an ihm.

Das erinnert mich an die Geschichte von dem Mann, der zufällig mitbekam, wie seine Frau mit ihrer Schwester über die häufigen Geschäftsreisen ihres Ehegatten redete. Die Schwester warf mehrmals ein, die Frau habe allen Grund, sich Sorgen zu machen, daß ihr Mann sich so häufig allein in diesen eleganten Seminarhotels aufhielt, wo so viele attraktive, ungebundene Karrierefrauen herumschwirrten!

»Wozu soll ich mir Sorgen machen?« sagte die Frau. »Er

würde mich nie betrügen! Dazu ist er viel zu treu, viel zu anständig ... und viel zu alt.«

Früher oder später wird der Körper alt; das ist unvermeidlich. Aber wenn du deine Begierden nicht gelebt hast, hängen sie dir nach und machen dich häßlich.

Ein alter Mann gewinnt also entweder eine große Schönheit, weil er wieder die Unschuld eines Kindes erlangt, ja eine noch viel tiefere Unschuld – er wird zu einem Weisen. Oder aber, wenn er noch unterschwellige Begierden hat, wird er in einem inneren Tumult gefangen sein.

Ein alter Knacker wurde wegen sexueller Belästigung einer jungen Frau vor Gericht gestellt. Als der Vierundachtzigjährige vor dem Richter stand, änderte dieser die Anklage von »Vergewaltigung« in »Überfall mit ungeladener Waffe«.

Wenn du älter wirst, erinnere dich daran: Das Alter ist der Höhepunkt des Lebens! Denke daran, daß das Alter zu einer wunderbaren Erfahrung werden kann. Als Kind hofft man noch auf die Zukunft; man lebt in der Zukunft und hat große Träume, was man einmal werden will. Jedes Kind glaubt, daß es etwas ganz Besonderes werden wird: Alexander der Große, Josef Stalin, Mao Tse-tung. Das Kind lebt in seinen Wünschen, in der Zukunft.

Als junger Mann ist man zu stark von den Trieben besessen; es ist förmlich eine Explosion. Sex ist die treibende Kraft, und der Jüngling ist von so starken Naturkräften beherrscht, daß er nicht frei ist. Sein Ehrgeiz treibt ihn an, und die Zeit läuft. Er muß etwas leisten, er muß etwas werden. All die Hoffnungen, Wünsche und Träume seiner Kindheit müssen verwirklicht werden. Er ist in großer Eile, er hat es furchtbar eilig.

Als alter Mann weiß man, daß alle diese kindlichen Wünsche im Grunde kindisch waren. Als alter Mann weiß man, daß die Tage der Jugend, die Tage des Chaos vorüber sind, und man fühlt sich wie in der Ruhe nach dem Sturm. Diese

Ruhe, diese Stille kann von ungeheurer Schönheit, Tiefe und Fülle sein.

Wenn ein alter Mensch wirklich reif geworden ist – was sehr selten der Fall ist –, wird er sehr schön. Aber die meisten Leute werden bloß alt, aber nie erwachsen. Darin besteht das Problem.

Darum werde erwachsen, werde reifer, werde wacher und bewußter. Das Alter ist die letzte Chance, die du hast, um dich vorzubereiten, ehe der Tod kommt. Aber wie bereitet man sich auf den Tod vor? Indem man meditativer wird.

Und wenn sich noch Begierden in dir regen, aber dein Körper schon zu alt ist, um dir diese Wünsche noch zu erfüllen, dann mach dir keine Sorgen. Meditiere einfach über deine Begierden, beobachte sie und sei aufmerksam. Wenn du aufmerksam, achtsam und bewußt damit umgehst, kannst du die Begierden und die darin enthaltene Energie umwandeln. Dann wirst du, wenn der Tod kommt, frei sein von allen Begierden.

Und wenn ich sage, »frei von allen Begierden«, dann meine ich, »frei von allen Objekten der Begierde.« Dann bleibt nur noch ein reines Sehnen, und dieses reine Sehnen ist göttlich. Dieses reine Sehnen *ist* Gott. Es ist reine Kreativität, ohne Objekt, ohne Zielgerichtetsein, ohne Richtung, ohne Zweck – reine Energie, ein See von Energie, die in sich ruht. Das ist Buddhaschaft. *(191)*

Ich mache mir Sorgen über das Altwerden und den Tod.

Der Tod bedeutet nicht das Ende. In der Existenz gibt es weder Anfang noch Ende. Sieh dich nur um ... Weder ist der Abend das Ende, noch ist der Morgen der Anfang. Der Morgen bewegt sich auf den Abend zu, und der Abend bewegt sich auf den Morgen zu. Alles ist ständig in Bewegung, von einer Form in die andere. Es gibt keinen Anfang und kein Ende.

Warum sollte es dann beim Menschen anders sein? Der Mensch bildet keine Ausnahme. Durch die Vorstellung, etwas Außergewöhnliches, etwas ganz Besonderes im Vergleich zu den Tieren, den Bäumen, den Vögeln zu sein, haben die Menschen sich ihre eigene Hölle geschaffen, ihre eigene Paranoia. Die Vorstellung, daß wir etwas Außergewöhnliches seien, nur weil wir Menschen sind, hat eine Kluft zwischen uns und der Existenz geschaffen. Diese Kluft verursacht all unsere Ängste und unser Leiden, sie verursacht unnötige Verzweiflung und Lebensangst.

Und all diese sogenannten Führer – religiöse, politische, gesellschaftliche – haben die Kluft noch verstärkt, haben sie noch vergrößert. In der ganzen Menschheitsgeschichte hat es nicht einen einzigen Versuch gegeben, diese Kluft zu überbrücken und die Menschen wieder zurück zur Erde zu bringen, sie wieder den Tieren, den Vögeln, den Bäumen näherzubringen und auf die absolute Einheit des Menschen mit der Existenz hinzuweisen.

Das ist die Wahrheit deines Daseins. Sobald du das einmal verstanden hast, machst du dir keine Sorgen mehr über das Alter oder über den Tod. Wenn du dich umsiehst, kannst du absolut sicher sein, daß nichts jemals einen Anfang hat – es ist schon immer dagewesen; und nichts hat jemals ein Ende – es wird immer dasein.

Der Gedanke des Altwerdens erfüllt dich mit Sorge. Es bedeutet, daß deine Tage des Lebens, der Liebe, der Freude gezählt sind; daß du bald nur noch dem Namen nach existierst. Es wird keine Freude mehr bedeuten, nur noch ein langsames Dahinschleppen bis zum Grab. Natürlich kannst du die Vorstellung nicht genießen, daß du für die Existenz nur noch eine Belastung sein wirst und daß du dich in die Schlange derjenigen einreihst, die jeden Moment dem Friedhof näher rücken.

Es ist eine der größten Fehlleistungen sämtlicher Kulturen und Gesellschaften dieser Welt, daß sie es nicht geschafft haben, ihren alten Menschen ein sinnvolles Leben, ein schöpferisches Leben zu ermöglichen, daß sie es nicht geschafft haben, dem Alter ebenso wie dem Sterben eine gewisse Schönheit und Würde zu geben.

Und das Problem wird noch komplizierter, denn je mehr Angst du vor dem Tod hast, um so mehr Angst wirst du auch vor dem Leben haben. Mit jedem gelebten Augenblick rückt der Tod näher ...

Ein Mensch, der vor dem Tod Angst hat, kann das Leben nicht lieben, weil das Leben ihn letztlich an die Schwelle des Todes führt. Wie kann er da in das Leben verliebt sein? Das ist auch der Grund, warum sich alle Religionen vom Leben abgewandt haben. Das Leben zu vermeiden ist die einzige Möglichkeit, den Tod zu vermeiden. Wenn man das Leben nicht lebt, wenn man schon aufgehört hat, zu leben, zu lieben, zu tanzen, zu singen, dann braucht man natürlich vor dem Tod keine Angst mehr zu haben, denn man ist bereits gestorben! ...

Mein Anliegen hier ist es, eure Herzen mit Lachen zu füllen. Mit jeder Faser eures Seins sollt ihr das Tanzen lieben. In jeder Situation, in jeder Lebenslage, ob Tag oder Nacht, oben oder unten, sollte eine Unterströmung von Heiterkeit euch begleiten. Das bedeutet für mich echte Religiosität.

Hier ein paar Sutren für dich zur Unterstützung:

... Ein alter Mann ist jemand, der im Bett seine Brille trägt, damit er die Mädchen, von denen er träumt, besser sehen kann.

... Ein alter Mann ist jemand, der auf einer Party mit den jungen Mädchen flirtet, damit ihn seine Frau möglichst bald nach Hause fährt.

... Das ist die Schönheit des Alters: Wenn man zu alt geworden ist, um ein schlechtes Beispiel zu geben, kann man anfangen, gute Ratschläge zu geben.

... Frauen mögen die einfachen Dinge im Leben – zum Beispiel alte Männer. Wenn die Frauen anfangen, dich zu mögen, bedeutet das, daß du am Ende bist. Sie haben keine Angst mehr vor dir; du bist völlig akzeptabel geworden.

... Wenn du älter wirst, dann fang an, deine Feinde zu lieben – es macht sie rasend.

... Der beste Freund eines alten Ehemannes ist der Ehemann seiner Frau.

Kapiert? ... Nein? Dann muß ich es näher erläutern:

Ein Mann saß mit seinem besten Freund beisammen und sagte zu ihm: »Meine Frau ist mit meinem besten Freund abgehauen.«

Der Freund sagte: »Was redest du denn da? *Ich* bin doch dein bester Freund!«

Da sagte der Mann: »Nein, jetzt nicht mehr.«

... Für ältere Herren gibt es jetzt einen neuen Fitneßtrend: »Punk-Yoga«. Punk-Yoga ist, wenn man auf dem Kopf von jemand anderem steht.

... In jedem alten Menschen steckt ein junger Mensch, der sich fragt, wie das nur passieren konnte.

Mach dir also keine Sorgen darüber, daß du alt wirst.

Zumindest was die Erleuchtung angeht, ist es ihr egal, wie du sie erlangst. Ob jung, ob alt, ob uralt, ob Mann, ob Frau – alle werden akzeptiert, ohne Ausnahme, denn die höchste Erfahrung heißt jeden willkommen, von wo er auch kommt. *(192)*

Wer das Leben kennt, der weiß, daß es keinen Tod gibt, nie gegeben hat. Niemand ist je gestorben, hört ihr, und niemand wird je sterben.

Der Tod ist dem Wesen der Dinge nach nicht möglich – nur das Leben. Gewiß, das Leben ändert ständig seine Formen; heute bist du dies, morgen bist du etwas anderes.

Wo ist das Kind, das du einmal warst? Ist es gestorben? Kannst du sagen, daß dieses Kind tot ist? Das Kind ist nicht tot, aber wo ist es dann? Es hat nur die Form verändert. Das

Kind ist immer noch da in seiner Wesenhaftigkeit, aber aus ihm wurde ein junger Mann, eine junge Frau. Das Kind bleibt erhalten, in all seiner Schönheit, aber es wird von neuen, reichen Erfahrungen überlagert.

Und eines Tages wirst du älter. Wo bleibt dann deine Jugend? Stirbt sie? Nein, es ist nur wieder etwas Neues hinzugetreten. Das Alter bereichert dich durch seine eigenen Früchte, seine eigene Weisheit, seine eigene Schönheit.

Das Kind ist Unschuld – das ist sein Kern. Der junge Mensch ist überfließende Energie – das ist sein Kern. Und der alte Mensch, der alles gesehen, alles gelebt, alles erfahren hat, ist weise geworden – das ist sein Kern. Aber seine Weisheit hat auch etwas von der Jugend – sie ist auch überfließend, strahlend, vibrierend, pulsierend, lebendig. Und sie hat auch etwas vom Kind – sie ist unschuldig.

Wenn der alte Mensch nicht auch jung ist, dann ist er nur betagt, aber nicht gereift. Dann hat er wohl an Alter, an Jahren zugenommen, aber er ist nicht erwachsen geworden. Er hat etwas verpaßt.

Wenn ein alter Mensch nicht wieder unschuldig wird wie ein Kind, wenn seine Augen nicht diese kristallklare Unschuld ausstrahlen, dann hat er sein Leben nicht wirklich gelebt.

Wenn man total lebt, verschwindet alle Berechnung und Schlauheit, und es entsteht Vertrauen. Das sind die Kriterien, nach denen man beurteilen kann, ob jemand wirklich gelebt hat. *(193)*

Ich möchte euch lehren, wie man so intensiv und total lebt, wie man so intensiv und total liebt, wie man mit einer solchen Intensität und Totalität sein Essen genießt und all die kleinen Dinge des Lebens so ekstatisch erlebt, daß nichts ungelebt bleibt.

Wenn du lachst, dann laß das Lachen dich bis in die Wurzeln erschüttern. Wenn du weinst, werde zu den Tränen; laß dein Herz durch die Tränen herausströmen. Wenn du jemanden umarmst, werde zur Umarmung. Wenn du jemanden küßt, dann werde zu den Lippen, werde zum Kuß! Du wirst dich wundern, wenn du erkennst, wieviel du schon verpaßt hast, ja, wieviel du die ganze Zeit verpaßt und wie halbherzig du bisher gelebt hast!

Ich kann euch die Kunst zu leben lehren. Das beinhaltet auch die Kunst zu sterben – ihr braucht sie nicht eigens zu lernen.

Ein Mensch, der weiß, wie man lebt, weiß auch, wie man stirbt. Ein Mensch, der weiß, wie man sich verliebt, weiß auch, wann der Augenblick gekommen ist, um sich zu ent-lieben. Er ent-liebt sich voller Würde und Dankbarkeit, mit einem Lebewohl – aber das kann nur jemand, der weiß, wie man liebt.

Die Menschen wissen nicht, wie man liebt, und darum wissen sie auch nicht, wie man sich verabschiedet, wenn die Zeit dafür gekommen ist. Wenn man liebt, dann weiß man, daß alles einmal anfängt und auch wieder endet, und daß es einen Zeitpunkt für den Anfang gibt und einen Zeitpunkt für das Ende, und dann reißt es keine Wunden. Man ist nicht verletzt, man weiß einfach, daß die Jahreszeit gewechselt hat. Man ist nicht verzweifelt, sondern hat Verständnis und dankt dem anderen: »Du hast mir so viele schöne Geschenke gegeben. Du hast mir neue Lebensvisionen gegeben, du hast mir ein paar Fenster geöffnet, die ich allein vielleicht nie geöffnet hätte. Jetzt ist die Zeit gekommen, uns zu trennen und verschiedene Wege zu gehen.« Ohne Wut, ohne Zorn, ohne Groll, ohne Klage, aber in großer Liebe und mit tiefer Dankbarkeit im Herzen.

Wenn du weißt, wie man liebt, dann weißt du auch, wie man sich trennt. Dann werden auch deine Trennungen eine große Schönheit und Würde besitzen.

Und genauso ist es mit dem Leben: Wenn du weißt, wie man lebt, weißt du auch, wie man stirbt. Dann wird auch dein Tod etwas ungeheuer Schönes sein. *(194)*

Der Meister

Für die westliche Welt schließen sich die Begriffe »Freiheit« und »Meister« gegenseitig aus, aber wer dich kennt, der weiß, wie absurd und unzutreffend das ist. Kannst du bitte »Freiheit« und »Meister« für das westliche Verständnis neu definieren?

Die westliche Welt hat keine Erfahrung von der erstaunlichen Wirklichkeit, die sich in der Begegnung zwischen Meister und Jünger ereignet. Natürlich ist es etwas Unsichtbares, so etwas wie Liebe – aber noch viel größer, viel tiefer, viel rätselhafter.

Der Westen kennt nur Heilige und deren Anhänger. Ein Heiliger verlangt deine Hingabe, er verlangt deinen Glauben. Doch sobald du zu einem Gläubigen wirst, gibst du dich auf; deine ganze Individualität ist ausgelöscht. Dann bist du ein Christ oder ein Jude, aber nicht mehr du selbst.

Das Phänomen von Meister und Jünger reicht zurück in die goldene Blütezeit des Ostens, als es solche Leute wie Laotse, Zarathustra und Gautama Buddha gab. Sie brachten eine völlig neue Art von Beziehung ins Spiel.

Nicht jeder kann malen wie Picasso, nicht jeder kann ein Michelangelo sein. Dem Westen geht die Erfahrung mit einem Gautama Buddha völlig ab. Jesus ist überhaupt nicht mit ihm vergleichbar. Jesus war einfach ein Jude, der an die jüdischen Dogmen glaubte; er war ein Gläubiger – und eigentlich glaubte er ein bißchen zu sehr. Gautama Buddha hingegen war ein Rebell, und er folgte niemandem. Auch Laotse folgte niemandem. Sie hatten keine Schriften, keine Glaubenssysteme. Sie suchten ganz allein, auf eigene Faust, und sie riskierten viel, denn sie entfernten sich von der Herde und beschritten einen einsamen Pfad, ohne zu wissen, wo die Reise sie hinführen würde. Doch sie vertrauten ihrem Herzen und erhielten kleine Hinweise – ihr Friede nahm zu, ihre Liebe blühte auf, ein neuer Duft erfüllte ihr Dasein, ihre Augen waren nicht mehr vom Staub der Vergangenheit bedeckt. Eine große, transparente Klarheit bestätigte ihnen, daß sie auf dem richtigen Weg waren.

Es gibt keinen Führer. Auf diesem Pfad triffst du keinen, der dir sagt, wie weit es noch ist bis zum Ziel. Es ist ein Flug vom Alleinsein zum Alleinsein.

Doch wenn ein Mensch die Wahrheit von sich aus findet, wird ihm klar, daß eine organisierte Religion nicht nötig ist – im Gegenteil, sie ist ein Hindernis. Er erkennt, daß kein Priester, keine Vermittler nötig sind: Sie erlauben dir nicht, zur Wahrheit zu gelangen. Und solch ein Mensch, der die Wahrheit gefunden hat, wird zu einem Meister. Das ist ein sehr subtiler Unterschied, den man verstehen muß. Ein Jünger ist kein Anhänger; der Jünger ist einfach jemand, der sich verliebt hat. Und einen Liebenden kann man nicht als Anhänger bezeichnen. In der Gegenwart eines bestimmten Menschen hat etwas in seinem Innern »klick« gemacht.

Es geht nicht darum, daß er von Ideen überzeugt wurde. Es geht weder um Überzeugung noch um Bekehrung – es geht um Transformation. In dem Moment, da der Sucher mit jemandem in Berührung kommt, der die Wahrheit gefunden hat, passiert eine Synchronizität. Sie schauen einander in die Augen, ohne ein Wort zu sagen, und plötzlich wird etwas, von dem sie sich nichts hätten träumen lassen, zur absoluten Wirklichkeit.

Es hat nichts mit Glauben zu tun, denn der Glaube beruht immer auf philosophischen Systemen und Ideologien. Es geht nicht um Gläubigkeit, denn Gläubigkeit beruht auf fiktiven Annahmen, für die es keine Argumente und keine Beweise gibt.

Es geht um Vertrauen. Das Verhältnis zwischen Meister und Jünger beruht auf Vertrauen.

Vertrauen ist die höchste Blüte der Liebe. Und wie könnte die Liebe jemanden zum Sklaven machen? Der bloße Umstand, daß es Liebe ist, die Meister und Jünger miteinander verbindet, ist Hinweis genug, daß der Meister jede Möglichkeit wahrnehmen wird, um dem Schüler zur Freiheit zu verhelfen – sonst würde er die Liebe verraten, und das kann kein Meister tun.

Liebe ist die höchste Wirklichkeit. Der Meister muß sie manifestieren – in seinen Handlungen, seinen Worten, seinen Beziehungen, seiner Stille. Bei allem, was er tut, stellt er nur eines unter Beweis: seine Liebe. Und die Situation, daß ein Suchender, der im dunkeln tappt, zu ihm kommt ... diese Situation kann nur ein Priester oder ein Politiker ausbeuten, denn beide, der Priester ebenso wie der Politiker, suchen Anhänger.

In diesem Punkt gleichen sich Politiker und Priester: Sie brauchen Anhänger. Das macht sie erst zu dem, was sie sind. Sie haben sich das Terrain aufgeteilt: Der Politiker hat sich die profane Welt unter den Nagel gerissen, der Priester die spirituelle. Die beiden haben die ganze Menschheit zu Sklaven gemacht, sie haben jedermanns Freiheit zunichte gemacht.

Einen unschätzbaren Beitrag leisteten die wenigen Meister, denen es gelang, sich nicht nur ihre eigene Freiheit zu bewahren, sondern auch die Freiheit derjenigen, die Liebe zu ihnen hegten.

Es wäre einfach unvorstellbar ... Da ihr mich liebt, wie könnte ich euch zu Sklaven machen? Da ihr mich liebt, kann ich mich nur freuen über eure Freiheit. Mitzuerleben, wie ihr eure Flügel öffnet und euch aufschwingt in den Himmel, in das Unbekannte, das weit Entfernte, das Mysterium ... das ist meine größte Freude.

Aber nicht, daß ihr an ein bestimmtes Dogma, an einen Glauben, einen Kult, eine Religion, eine Philosophie gefesselt seid. Das sind alles nur verschiedene Namen für die Fesseln, die von allen möglichen Leuten bereitgestellt werden. Aber sie haben alle den gleichen Zweck.

Weil der Westen keine Meister kannte, gab es nur Päpste, gab es nur Propheten, Erlöser und Heilige.

Der Westen hat überhaupt keine Ahnung, daß es da noch eine ganz andere Dimension gibt, die ihm abgeht. Doch diese

Dimension ist die wertvollste überhaupt. Und weil dem Westen diese Dimension vollkommen fehlt, ist ein riesiges Mißverständnis entstanden.

Das Wort »Meister« schafft große Verwirrung. Es legt den Gedanken nahe, daß man zu einem Sklaven wird und ein anderer zum Herrn und Gebieter. Doch im Osten wird das Wort »Meister« in dem Sinne verwendet, daß man zu einem »Meister seiner selbst« wird, daß man aufhört, ein Sklave zu sein, daß man zur Freiheit gelangt.

Solche Mißverständnisse werden zwangsläufig hervorgerufen, weil die verschiedenen Sprachen unter ganz verschiedenen Lebensumständen bei verschiedenen Menschen mit verschiedenen Erfahrungen entstanden sind.

Meister seiner selbst zu werden ist für das westliche Bewußtsein niemals ein erstrebenswertes Ziel gewesen. Das Ziel war immer, über andere zu herrschen und Meister über andere zu werden. Darum ist es oft problematisch, östliche Begriffe in westliche Sprachen zu übersetzen. Auf ähnliche Schwierigkeiten stößt man, wenn man versucht, die Quantenphysik in eine Sprache des Ostens zu übersetzen. Man findet nicht die richtigen Begriffe, weil der Sprache eine entsprechende Erfahrung vorausgehen muß. Erfahrung bringt Sprache hervor. Und wenn man es trotzdem versucht, passieren zwangsläufig sehr komische Dinge.

Das östliche Wort für Meister ist *»acharya«*. Das bedeutet »einer, der sein Leben authentisch lebt«, nach seinem eigenen Bewußtsein und mit Bewußtheit.

Was kann es dir bringen, einem solchen Menschen nahezukommen? Im Zusammensein mit einem solchen Menschen wirst du eines lernen: wie du dein Leben in Freiheit, Bewußtheit, tiefer Integrität und Würde leben kannst. Wir verwenden hier das Wort »Meister« für *Acharya*.

Das (englische) Wort *»disciple«* (Jünger, Schüler) ist glücklicher gewählt, weil das östliche Wort *»shishya«* und das Wort *»disciple«* exakt die gleiche Bedeutung haben; ihre Bedeutung ist die gleiche, wenn auch aus verschiedenen Gründen. Ein *disciple* ist jemand, der etwas zu lernen versucht. Die Wurzel des Wortes *»disciple«* ist die gleiche wie die von »Disziplin« – »sich darauf vorbereiten, etwas zu lernen, etwas zu verstehen«. Dieses Wort eignet sich hervorragend, man kann es nehmen.

Was nun den Begriff »Meister« angeht ... Der Jünger hat sich einfach in diesen Menschen verliebt und will von ihm lernen – die gleiche Freiheit, die gleiche Aufrichtigkeit, die gleiche Integrität, die gleiche Höhe des Bewußtseins. Die Frage der Hingabe stellt sich nicht, die Frage des Glaubens stellt sich nicht. In Gegenwart des Meisters, in der Atmosphäre des Meisters, beginnen die Jünger, sich in neue Dimensionen hinein zu entwickeln, von denen sie keine Ahnung hatten, daß sie diese als Potential in sich tragen.

Der Meister gibt ihnen nichts als seine Liebe – und es ist nicht einmal richtig, zu sagen, daß er etwas gäbe. Die Liebe ergießt sich einfach, so wie die Sonnenstrahlen sich über alle Blumen ergießen, über alle Vögel, alle Tiere. Über jeden, der dem Meister nahekommt, ergießt sich diese Liebe.

Wenn du ein Suchender bist, der bereit ist zu lernen, und kein Gelehrter, wenn du nicht voreingenommen und kein Gläubiger bist, der seine Seele schon einem theologischen System, einer Religion, einer Ideologie verkauft hat, dann wird in der Nähe des Meisters etwas auf dich überspringen.

Es ist das, was im Osten »die Weitergabe der Lampe« genannt wird – die Übertragung des Lichts von einem Herzen, dessen Feuer entzündet ist, an ein anderes Herz, das noch im Dunkeln herumtastet. Und das geschieht durch die bloße Nähe ... Stell dir zwei Kerzen vor – die eine brennt, die andere nicht –, die immer näher zusammenkommen ... Irgendwann kommt der Augenblick, da du plötzlich staunend erkennst, daß beide Kerzen entflammt sind. Die Flamme ist auf die zweite Kerze übergesprungen. Das passiert bei einer gewissen Nähe ...

Liebe schafft diese Nähe, und dann springt die Flamme von einem Herzen zum anderen über. Sich jemandem zu unterwerfen oder an jemanden zu glauben, ist dabei überhaupt kein Thema.

Doch deine Frage ist sehr bedeutsam, denn normalerweise wirst du nicht einmal im Osten einen solchen Meister finden, wie ich ihn definiere. Der Osten ist in tiefe Dunkelheit zurückgefallen. Die Tage von Gautama Buddha sind nicht mehr Wirklichkeit, sondern nur noch schöne Erinnerung – ein Traum, der vielleicht einmal wahr gewesen ist, oder vielleicht hat ihn auch nur jemand geträumt!

Heute einen Meister zu finden ist selten, und es gibt zahllose Schwindler. Aber eines kann man von ihnen sagen: Man erkennt sie sofort. Sobald sie verlangen, daß man etwas glauben soll, sobald sie verlangen, daß man bestimmte Regeln und Vorschriften befolgt, sobald sie verlangen, daß man an sie glaubt ... wenn man niemals zweifeln und nie etwas hinterfragen darf, wenn man einen unverrückbaren Glauben haben muß – das alles sind Hinweise, daß man es mit einem Schwindler zu tun hat.

Wenn du auf so etwas stößt, sieh zu, daß du so schnell wie möglich wieder wegkommst. Solche Leute gibt es auf der ganzen Welt, nicht nur im Westen, auch im Osten.

Es ist äußerst selten, einem Meister zu begegnen, der dir Würde, der dir Liebe, der dir Freiheit gibt, der keinerlei Abhängigkeit in dir erzeugt, der keinen Handel mit dir abschließt und dich nicht zu seinem Schatten machen will, sondern nur will, daß du ganz du selbst bist. Der Augenblick, in dem du auf einen solchen Menschen triffst, ist der wichtigste Augenblick in deinem Leben. Geh nicht an ihm vorüber!

Schwindler gibt es viele, doch authentische Meister sind äußerst selten.

Es ist ein Unglück unserer Zeit, unseres ganzen Zeitalters, daß wir eine bestimmte Dimension völlig vergessen haben – nicht nur im Westen. Der Westen hatte diese Dimension noch nie für sich entdeckt, aber der Osten hat sie entdeckt und wieder verloren. Und wenn keine Meister da sind, die ihr höchstes Potential verwirklicht haben, die das Göttliche in sich selbst verwirklicht haben, dann wird es sehr schwierig für Suchende, die in der Dunkelheit, in ihrer Blindheit, in allen möglichen Ablenkungen umherirren, zu ihrer eigenen Würde und zu ihrem eigenen Selbst zu finden.

Meine Bemühung ist nicht, Jünger hervorzubringen – das ist nur das Vorspiel. Meine Bemühung ist es, Meister hervorzubringen – und zwar so viele Meister wie nur möglich!

Was die Welt heute ganz, ganz dringend benötigt, ist eine möglichst große Zahl von Menschen, die in Bewußtheit und Liebe, Freiheit und Aufrichtigkeit leben. Nur solche Menschen können eine gewisse spirituelle Atmosphäre schaffen und verhindern, daß die Welt von selbstmörderischen Kräften zerstört wird, die sehr mächtig sind – aber nicht so mächtig wie die Liebe. *(195)*

Einmal, so geht die Geschichte, als eine Löwin von einem Hügel zum anderen sprang, brachte sie mitten im Sprung ein Junges zur Welt. Das Junge fiel auf die Straße, mitten in eine große Schafherde. So gelangte ein Löwenjunges unter die Schafe; es lebte mit den Schafen und lernte, sich wie ein Schaf zu benehmen. Es hatte keine Ahnung, ja es dachte nicht einmal im Traum daran, daß es ein Löwe sein könnte.

Wie konnte es auch? Rundherum waren ja Schafe, nichts als Schafe. Noch nie hatte es wie ein Löwe gebrüllt – denn ein Schaf brüllt nicht! Noch nie war es allein gewesen wie ein Löwe – denn ein Schaf ist nie allein! Es ist immer in der Herde – und die Herde ist kuschelig, sicher und geborgen. Wenn ihr eine Schafherde rennen seht, könnt ihr sehen, wie eng die Tiere nebeneinander herrennen, so daß sie fast übereinander stolpern. So groß ist ihre Angst, allein zu sein.

Doch der Löwe wuchs heran. Er bot einen sonderbaren Anblick. Er war im Geiste mit den Schafen identifiziert, doch die Biologie richtet sich nicht nach euren Identifikationen; die Natur richtet sich nicht nach euch.

Er wurde zu einem schönen jungen Löwen, doch weil alles so langsam geschah, gewöhnten sich die Schafe an den Löwen, und auch der Löwe gewöhnte sich an die Schafe. Natürlich dachten die Schafe, er sei ein bißchen verrückt. Er benahm sich nie richtig, er war ein Spinner. Und er wurde immer größer! Das war nicht vorgesehen. Sein ganzes Gehabe war das eines Löwen... dabei war er doch gar kein Löwe! Sie kannten ihn seit seiner Geburt, hatten ihn aufgezogen, hatten ihm ihre Milch gegeben! Und obwohl er von Natur ein Fleischfresser war, denn kein Löwe ist Vegetarier, war dieser Löwe Vegetarier, weil alle Schafe Vegetarier sind. Er fraß mit großem Genuß das Gras.

Sie hatten sich mit diesem kleinen Unterschied abgefunden, daß er ein bißchen größer war und wie ein Löwe aussah. Ein sehr weises Schaf sagte: »Er ist nur ein bißchen aus der Art geschlagen. Gelegentlich bringt die Natur so etwas hervor.« Und er selbst akzeptierte das als die Wahrheit. Er hatte eine andere Farbe, einen anderen Körper – er mußte einfach etwas aus der Art geschlagen sein. Doch auf die Idee, daß er ein Löwe sein könnte, kam er überhaupt nicht. Er war von all diesen Schafen umgeben, und auch die Psychoanalytikerschafe gaben ihm ihre Erklärung: »Du bist nur etwas unnormal. Aber mach dir keine Gedanken, wir werden uns schon um dich kümmern! Dazu sind wir ja da.«

Eines Tages kam ein alter Löwe vorbei und sah den jungen Löwen, der die Schafherde weit überragte. Er traute seinen Augen kaum! So etwas hatte er noch nie gesehen, noch hatte er in der ganzen Geschichte der Vergangenheit je davon gehört, daß sich ein Löwe inmitten einer Schafherde aufgehalten hätte, ohne daß die Schafe Angst vor ihm gehabt hätten. Und der Löwe hatte einen Gang wie ein Schaf und fraß Gras.

Der alte Löwe konnte es nicht fassen! Er vergaß, daß er sich zum Frühstück ein Schaf hatte holen wollen. Er vergaß völlig das Frühstück. Das Ganze war so seltsam, daß er versuchte, den jungen Löwen zu fangen. Aber er war schon alt, und der junge Löwe war noch jung; er lief ihm davon. Wenn er sich auch selbst für ein Schaf hielt, so vergaß er doch in Augenblicken der Gefahr seine Identifizierung. Er rannte wie ein Löwe, und der alte Löwe hatte große Schwierigkeiten, ihn zu fangen. Aber schließlich erwischte ihn der alte Löwe, und der junge weinte und schrie und sagte: »Verzeih mir! Ich bin ein armes Schaf.« Der alte Löwe sagte: »Du Dummkopf! Bleib endlich stehen und komm mit mir an den Teich!«

In der Nähe war ein Teich, und dorthin führte er den jungen Löwen. Dieser kam nur widerstrebend mit. Er wehrte sich – aber was kann man als Schaf gegen einen Löwen ausrichten? Er kann einen töten, wenn man ihm nicht folgt – darum ging er mit. Der Teich war still, keine Welle kräuselte sich, er war spiegelglatt. Und der alte Löwe sagte zu dem jungen: »Sieh nur! Sieh hier mein Gesicht und sieh dein Gesicht! Sieh meinen Körper und sieh deinen Körper im Wasser!«

Innerhalb von einer Sekunde war ein großes Gebrüll, das von allen Bergen widerhallte. Das Schaf verschwand, und ein völlig neues Wesen tauchte auf: Er erkannte sich selbst. Die Identifikation mit dem Schaf war keine Wirklichkeit gewesen; sie war nur ein Gedanke gewesen. Jetzt hatte er die Wirklichkeit erkannt. Und der alte Löwe sagte: »Jetzt brauche ich dir nichts mehr zu sagen. Du hast es verstanden.«

Der junge Löwe fühlte eine neuartige Energie, die er noch nie gefühlt hatte ... so als hätte sie in ihm nur geschlummert. Er konnte plötzlich ungeheure Kräfte in sich spüren – und er war doch immer ein schwaches, bescheidenes Schaf gewesen! All die Bescheidenheit, all die Schwäche verschwand mit einem Mal.

Das ist ein altes Gleichnis über den Meister und den Jünger. Die einzige Funktion des Meisters besteht darin, den Jünger dahin zu bringen, daß er erkennt, wer er ist, und daß das, was er immer geglaubt hat, nicht wahr ist. *(196)*

Meditation bedeutet nichts anderes, als das Unbewußte mit dem Bewußten zu verbinden, damit dein eigenes Wesen dir Hinweise geben kann, in welche Richtung du dich bewegen mußt, um voranzukommen, ohne einen Führer zu brauchen – damit du dein eigener Führer wirst, damit du zu deinem eigenen Licht wirst. *(197)*

Was siehst du, wenn du so vor uns sitzt? Fallen dir all diese Witze ein, während du uns anschaust?

Du hast recht. Ich muß gestehen: Wenn ich euch so anschaue – was könnte mir da anderes einfallen? Ihr seid alle euer eigener Witz.

Gautama Buddhas letzte Botschaft war: »Seid euer eigenes Licht.« An dem Tag, an dem ich meinen Körper verlasse, erinnert mich bitte daran, daß ich euch meine letzte Botschaft gebe: »Seid euer eigener Witz.« Das ist viel lustiger, als sein eigenes Licht zu sein. Was wollt ihr mit einem Licht anfangen? Euch eine Zigarre anzünden? Oder jemandem das Haus anzünden?

Wenn ihr aber euer eigener Witz seid, werdet ihr für alle ein Segen sein.

Ja, du hast recht ... genauso fallen mir die Witze ein – wenn ich euch so anschaue. Also nimm dich in acht, wenn ich dich anschaue: Ich suche nach einem Witz!

Ein alter Indianer sitzt in einer Bar im amerikanischen Westen, als ein schmuddeliger Hippie reinkommt und anfängt, einen Drink nach dem anderen zu kippen und die Leute anzustänkern. Bald haben alle Gäste angewidert die Bar verlassen, außer dem alten Indianer, der den Hippie interessiert anschaut.

Da geht der Hippie zu ihm an den Tisch und sagt: »He, was glotzt du so, Rothaut?«

Da sagt der Indianer: »Vor vielen Jahren haben sie mich mal in den Knast gesteckt, weil ich's mit 'nem Büffel getrieben hatte, und jetzt hab' ich plötzlich so 'ne Ahnung, daß du mein Sohn sein könntest.«

Ich sehe eure Probleme und – wirklich, ich nehme sie sehr ernst, aber innerlich kichere ich. Nur um euch nicht zu beleidigen, rede ich über eure Probleme, die reiner Quatsch sind. Aber bitte, sag es nicht weiter!

Es war einmal ein Mann, der hatte alles, was ein Mann sich nur wünschen kann: einen wunderbaren Beruf, den er gern ausübte, eine wunderbare Frau und wunderbare Kinder. Doch eines Tages fing er an, Punkte vor den Augen zu sehen. Zuerst versuchte er es zu ignorieren, aber es wurde immer schlimmer. Schließlich ging er damit zum Arzt.

Der Doktor untersuchte ihn, konnte aber nichts feststellen und schickte ihn zum Spezialisten, einem Neurochirurgen, der eine ganze Testserie bei ihm durchführte. Aber auch er konnte nichts finden.

Er sagte zu dem Mann: »Ich kann zwar nichts Spezifisches finden, aber ich habe schon öfter solche Fälle erlebt. Es scheint sich um eine starke Zunahme des Schädeldrucks zu handeln, was in der Regel innerhalb von sechs bis zwölf Monaten zum Tode führt.«

Der Mann war völlig aufgelöst. Doch dann beschloß er, da er nur noch so kurze Zeit zu leben hatte, das Leben zu genießen und alles zu tun, was er immer schon tun wollte. Er liebte schöne Sachen zum Anziehen, und so ging er zum besten Herrenschneider vor Ort und sagte zu dem Verkäufer: »Bringen Sie mir die besten Sachen, die Sie auf Lager haben: importierte englische Anzüge, italienische Lederschuhe, handgestickte Seidenkrawatten. Und ein Dutzend von den besten taillierten Seidenhemden, Kragenweite fünfunddreißig.«

Der Verkäufer, der genau Maß genommen hatte, fragte: »Kragenweite fünfunddreißig? Aber Sie haben doch achtunddreißig!«

»Das werde ich doch wohl selbst am besten wissen!« sagte der Mann. »Schließlich trage ich schon mein ganzes Leben lang Hemden mit Kragenweite fünfunddreißig!«

»Wie Sie meinen«, sagte der Schneider, »aber dann würde es mich nicht wundern, wenn Sie Punkte vor den Augen sehen.«

Wenn ich euch so anschaue, lache ich mich krumm. So viele Witze sitzen hier vor mir! Das ist hier vielleicht der erste Platz auf der Welt, wo Witze für spirituelles Wachstum benutzt werden.

Aber solange ihr nicht erleuchtet seid, könnt ihr gar nicht anders. Erst wenn jemand erleuchtet ist, gibt es nichts mehr in seinem Leben, woraus man einen Witz machen könnte. Doch alles, was ihr in eurer Unwissenheit und Unbewußtheit tut, ist immer irgendwie zum Lachen – eure Konflikte, eure Liebesaffären, eure Ehen, eure Scheidungen. Wenn ihr anfangt, euer Verhalten zu beobachten, werdet ihr selbst erkennen: »Mein Gott! Mein ganzes Leben ist ein einziger Witz!«

Das wird eine große Offenbarung sein – eine viel größere Offenbarung als die Offenbarung Gottes, denn auch das ist nur ein Witz und nichts anderes. *(198)*

Der Rebell

Was verstehst du unter »Rebellion« und »Rebell«?

Was ich unter »Rebell« und »Rebellion« verstehe, ist ganz einfach: Ein Rebell ist ein Mensch, der nicht wie ein von der Vergangenheit konditionierter Roboter lebt. Religion, Gesellschaft, Kultur – alles Gestrige ist in keiner Weise maßgeblich für seine Lebensweise, seinen Lebensstil.

Er lebt ein individuelles Leben – nicht als Rädchen im Getriebe, sondern als organische Einheit. Sein Leben wird von nichts und niemand anderem bestimmt als von seiner eigenen Intelligenz.

Der wahre Duft seines Lebens ist die Freiheit. Und er lebt nicht nur selbst in Freiheit, sondern gesteht auch allen anderen Menschen ein Leben in Freiheit zu. Er läßt nicht zu, daß sich irgend jemand in sein Leben einmischt, noch mischt er selbst sich in das Leben von irgend jemandem ein. Für ihn ist das Leben etwas so Heiliges – und Freiheit der allerhöchste Wert – daß er bereit ist, alles dafür zu opfern – Ansehen, Status, ja sogar das Leben selbst.

Für ihn ist Freiheit das, was für die sogenannten religiösen Leute der Vergangenheit Gott war. Freiheit ist sein Gott.

Seit Menschengedenken haben die Menschen wie Schafe gelebt – als Teil einer Herde, deren Traditionen und Konventionen sie befolgen, deren alte Schriften und Vorschriften sie befolgen. Aber diese Art zu leben ist gegen das Individuum. Wenn man ein Christ ist, kann man kein Individuum sein. Wenn man ein Hindu ist, kann man kein Individuum sein.

Ein Rebell ist jemand, der nur nach seinem eigenen Licht lebt und für seinen höchsten Wert, die Freiheit, alles andere riskiert.

Der Rebell ist der zeitgenössische Mensch. Die Massen sind keine Zeitgenossen.

Die Hindus glauben an Schriften, die fünf- bis zehntausend Jahre alt sind, und dasselbe gilt für alle anderen Religionen. Die Toten beherrschen die Lebenden.

Der Rebell rebelliert gegen alles Tote und nimmt sein Leben in die eigene Hand. Er hat keine Angst, allein dazustehen. Im Gegenteil, er genießt sein Alleinsein als einen seiner kostbarsten Schätze.

Die Herde gibt dir Sicherheit und Geborgenheit – zum Preis deiner Seele. Sie versklavt dich. Sie gibt dir Richtlinien, nach denen du leben sollst; sie sagt dir, was du tun und lassen sollst.

Jede Religion auf der Welt hat dem Menschen etwas wie die Zehn Gebote gegeben, und die Leute, die sie verkündeten, hatten keine Ahnung, wie die Zukunft aussehen und wie sich das menschliche Bewußtsein in der Zukunft entwickeln würde. Das ist, als würde ein kleines Kind versuchen, deine ganze Lebensgeschichte zu schreiben, ohne die geringste Ahnung davon zu haben, was Jugend bedeutet, was Alter bedeutet, was der Tod bedeutet.

Sämtliche Religionen sind primitiv und brutal – doch sie haben euer Leben geformt. Kein Wunder, daß die ganze Welt im Unglück ist! Keiner darf er selbst sein.

Jede Kultur will euch als Imitation, aber nicht mit eurem ursprünglichen Gesicht.

Der Rebell ist jemand, der nach seinem eigenen Licht lebt und sich von seiner eigenen Intelligenz leiten läßt. Er bahnt sich seinen Weg, indem er ihn geht; er folgt nicht den Massen auf der Autobahn.

Sein Leben ist gefährlich – aber ein Leben, das nicht gefährlich ist, ist überhaupt kein Leben. Er akzeptiert die Herausforderung des Unbekannten. Er stellt sich dem Unbekannten, das die Zukunft mit sich bringt, ohne Vorbereitung aus der Vergangenheit. Daraus entsteht das ganze Unglück der Menschheit: daß die Menschen geprägt sind von der Vergangenheit – doch die Zukunft hält sich nie an die Vergangenheit. Euer Morgen wird nie so sein, wie euer Gestern war.

Aber so haben die Menschen bisher gelebt: Das Gestern war eine Vorbereitung auf das Morgen, doch diese Vorbereitung wird zum Hindernis. Dann könnt ihr nicht mehr frei atmen, könnt ihr nicht mehr frei lieben, könnt ihr nicht mehr frei tanzen. Die Vergangenheit verkrüppelt euch auf jede mögliche Weise. Und der ganze Ballast der Vergangenheit lastet so schwer auf allen, daß sie jeden förmlich erdrückt.

Der Rebell sagt sich von der ganzen Vergangenheit los.

Das ist ein ständiger Prozeß, und darum bedeutet Rebell zu sein, ständig in Rebellion zu sein – denn jeder einzelne Augenblick wird zur Vergangenheit, jeder einzelne Tag wird zur Vergangenheit. Es ist nicht so, daß die Vergangenheit vorüber und begraben ist; ihr laßt sie jeden Augenblick hinter euch. Deshalb muß der Rebell eine neue Kunst lernen – die Kunst, jeden Augenblick, den er hinter sich gebracht hat, sterben zu lassen, damit er frei wird für das Leben im nächsten, frischen Augenblick.

Ein Rebell zu sein ist ein fortwährender Prozeß der Rebellion. Er ist nie statisch. Und an diesem Punkt mache ich einen Unterschied zwischen einem Revolutionär und einem Rebellen.

Auch der Revolutionär ist von der Vergangenheit geprägt – vielleicht nicht von Jesus Christus oder Gautama Buddha, dafür aber von Karl Marx oder Mao Tse-tung oder Josef Stalin oder Adolf Hitler oder Benito Mussolini. Es spielt keine Rolle, wer ihn geprägt hat. Der Revolutionär hat seine eigene Heilige Bibel – »*Das Kapital*« –, sein Heiliges Land – die Sowjetunion – und sein Mekka – den Kreml. Und wie jeder andere religiöse Anhänger lebt er nicht nach seinem eigenen Bewußtsein. Er lebt nach einem Gewissen, das von anderen geformt wird.

Deswegen ist ein Revolutionär im Grunde nur ein Reaktionär. Er mag gegen eine bestimmte Gesellschaftsform sein, aber statt dessen ist er für eine andere. Er mag gegen eine bestimmte kulturelle Prägung sein, aber er ist sofort bereit, eine andere zu übernehmen. Er bewegt sich lediglich aus einem Gefängnis in ein anderes – vom Christentum zum Kommunismus –, von einer Religion zu einer anderen – vom Hinduismus zum Christentum. Er wechselt nur das Gefängnis.

Der Rebell steigt aus der ganzen Vergangenheit einfach aus und läßt sich nicht mehr von ihr beherrschen. Aber es ist ein fortwährender, kontinuierlicher Prozeß. Das ganze Leben des Rebellen wird zu einem Feuer, das ständig brennt. Bis zu seinem letzten Atemzug bleibt er frisch, bleibt er jung. Er reagiert auf jede Situation nicht aus den Erfahrungen der Vergangenheit heraus, sondern handelt immer aus seinem gegenwärtigen Bewußtsein heraus.

Ein Rebell zu sein ist in meinen Augen die einzige Möglichkeit, religiös zu sein – und die sogenannten Religionen sind überhaupt nicht religiös. Sie haben die Menschen völlig kaputtgemacht, haben sie versklavt und ihre Seelen in Ketten gelegt. An der Oberfläche sieht es so aus, als wäret ihr freie Menschen, aber tief im Innern haben die Religionen ein Gewissen in euch erzeugt, das seine Herrschaft über euch ausübt.

Ein Rebell ist jemand, der die ganze Vergangenheit über Bord geworfen hat, weil er sein Leben nach seinen eigenen Sehnsüchten und seinem eigenen Wesen entsprechend leben will – und nicht nach einem Gautama Buddha, Jesus Christus oder Moses.

Der Rebell ist die einzige Hoffnung für die Zukunft der Menschheit.

Der Rebell wird alle Religionen, alle Nationen, alle Rassen beseitigen, weil sie morsch und überholt sind und den Prozeß der menschlichen Evolution verhindern. Sie erlauben niemandem, zu seiner vollen Blüte zu gelangen. Sie wollen keine Menschen auf dieser Erde, sondern Schafe.

Jesus sagt ständig: »Ich bin euer Hirte, und ihr seid meine Schafe ...« Ich habe mich immer gefragt, wieso kein einziger aufstand und sagte: »Was redest du für dummes Zeug? Wenn wir Schafe sind, dann bist auch du ein Schaf, und wenn du ein Hirte bist, dann sind auch wir Hirten.« Und nicht nur seine Zeitgenossen ... nein, kein einziger Christ in zweitausend Jahren hat dagegen protestiert, was für eine Beleidigung, was für eine Erniedrigung es für die Menschheit bedeutet, daß er die Menschen als Schafe bezeichnet und sich selbst als den

Hirten, den »Erlöser«. »Ich bin gekommen, um euch zu erlösen ...«, dabei konnte er sich noch nicht einmal selbst erlösen!

Und immer noch hofft fast die halbe Menschheit, daß er wiederkommen wird, um sie zu erlösen. Ihr könnt euch nicht selbst erlösen, das kann nur der eingeborene Sohn Gottes, Jesus Christus! Und er hatte seinen Leuten versprochen: »Ich werde bald kommen, noch zu euren Lebenszeiten ...« Und seither sind zweitausend Jahre vergangen, viele Generationen, und noch immer gibt es kein Zeichen, keinen Hinweis ... Aber so haben es alle Religionen gemacht, auf die eine oder andere Weise.

Diese Leute – so schön ihre Worte auch sein mögen – sind mit der Menschheit überhaupt nicht respektvoll umgegangen. Ein Rebell respektiert jeden, er respektiert das Leben; er hat eine tiefe Ehrfurcht vor allem, was wächst und gedeiht und atmet. Er stellt sich selbst nicht über andere, er ist nicht heiliger als sie, höher als sie. Er ist einer von ihnen. Nur eines kann er für sich in Anspruch nehmen: Er ist mutiger. Er kann euch nicht retten – nur euer eigener Mut kann euch retten. Er kann euch nicht führen – nur eure eigene Kraft kann euch zur Erfüllung eures Lebens bringen.

Rebellion ist ein Lebensstil. Für mich ist das die einzige authentische Religion. Denn wenn ihr nach eurem eigenen Licht lebt, werdet ihr vielleicht viele Male in die Irre gehen und viele Male stolpern, doch jedes Stolpern, jeder Irrtum wird euch weiser machen – intelligenter, verständnisvoller und menschlicher. Es gibt keine andere Möglichkeit zu lernen, als Fehler zu machen; man sollte nur nicht den gleichen Fehler wiederholen.

Es gibt keinen Gott – außer dein eigenes Bewußtsein.

Es besteht keine Notwendigkeit für einen Papst, einen Ayatollah Khomeini oder einen *Shankaracharya* als Vermittler zwischen euch und Gott. Sie sind die größten Verbrecher dieser Welt, weil sie eure Hilflosigkeit ausbeuten.

Vor einiger Zeit hat der Papst eine neue Sünde deklariert: Man darf nicht direkt zu Gott beichten, man muß dem Priester beichten. Direkt zu Gott zu beichten, direkt mit Gott in Kommunikation zu treten, ist eine neue Sünde. Komisch ... man kann deutlich sehen, daß es dabei gar nicht um Religion geht: Es geht ums Geschäft! Wenn die Leute anfangen, direkt zu Gott zu beichten, wer geht dann noch zum Priester und beichtet ihm und bezahlt sein Bußgeld? Der Priester wird nutzlos, der Papst wird nutzlos.

Alle Priester geben vor, Vermittler zwischen euch und der höchsten Lebensquelle zu sein. Sie haben keine Ahnung von der höchsten Lebensquelle! Nur ihr selbst seid fähig, eure Lebensquelle zu erkennen. Doch eure Lebensquelle ist gleichzeitig die höchste Lebensquelle – denn wir sind nicht getrennt. Kein Mensch ist eine Insel. Uns verbindet ein riesiger Kontinent. An der Oberfläche mag es so aussehen, als wärest du eine Insel unter vielen, doch in der Tiefe des Ozeans sind wir alle miteinander verbunden. Ihr seid alle Teil dieser einen Erde, eines einzigen Kontinents. Und so ist es auch mit dem Bewußtsein.

Man muß sich freimachen von den Kirchen, von den Tempeln, von den Moscheen, von den Synagogen. Du mußt einfach nur du selbst sein und die Herausforderung des Lebens annehmen, wo immer es dich auch hinführt. Du selbst bist dein einziger Führer. Du bist dein eigener Meister. *(199)*

Ich war immer stolz darauf, ein Nonkonformist zu sein. Jetzt erkenne ich, daß der rebellische Geist, von dem du sprichst, etwas ganz anderes ist, und fühle mich verunsichert.

Es ist eine alte Gedankenassoziation und ein uraltes Mißverständnis, daß ein Nonkonformist das gleiche sei wie ein Rebell. Doch der Nonkonformist ist ein Reaktionär; er handelt aus Zorn, Wut, Feindseligkeit und Ego. Sein Handeln beruht nicht auf Bewußtheit. Er stellt sich zwar gegen die Gesellschaft, aber gegen die Gesellschaft zu sein bedeutet nicht unbedingt, daß man im Recht ist. Vielmehr bedeutet es, wenn man von einem Extrem ins andere geht, zumeist nichts anderes, als von einem Unrecht ins andere zu fallen.

Rebell zu sein bedeutet ein großes Gleichgewicht, und das ist nicht möglich ohne Bewußtheit, Wachheit und immenses Mitgefühl. Es ist keine Reaktion, es ist Aktion – nicht gegen das Alte, sondern für das Neue.

Der Nonkonformist ist nur gegen das Alte, Etablierte, aber er hat kein schöpferisches Konzept, weswegen er dagegen ist. Er hat keine Vision für die Zukunft. Was wird er tun, wenn er Erfolg hat? Er wird nichts wissen; er wird nur verwirrt sein. Er hat nie darüber nachgedacht. Er hat diese Verwirrung nie gespürt, solange er nicht erfolgreich war. Sein Mißerfolg hat ihn davor bewahrt.

Wenn ich von »Reaktion« spreche, dann deshalb, weil der Reaktionär in seiner Grundorientierung von anderen abhängig ist. Er handelt nicht aus Freiheit und Unabhängigkeit. Das hat sehr tiefgreifende Auswirkungen. Es bedeutet, daß die Aktion, das Handeln, nur ein Nebeneffekt ist, und es bedeutet auch, daß das Handeln leicht von außen gesteuert werden kann.

Es gibt da eine kleine Geschichte von Mulla Nasruddin ... Er war ein Nonkonformist, ein reaktionärer Fundamentalist, ein absolut verneinender Geist.

Wenn sein Vater zu ihm sagte: »Du sollst rechts gehen«, konnte man sicher sein, daß er links gehen würde. Der Vater kam bald dahinter, und danach hatte er damit kein Problem mehr. Wenn er wollte, daß der Sohn rechts gehen sollte, sagte der Vater: »Bitte geh links«, und der Sohn ging rechts. Er war ein Nonkonformist, er hielt sich an keine Gebote, aber er war sich überhaupt nicht bewußt, daß man ihm alles diktieren und befehlen konnte, daß er total fremdbestimmt war und letztlich immer genau das tat, was der Vater von ihm wollte.

Doch nach und nach dämmerte es auch ihm: »Was ist denn los? Früher war mein Vater immer böse, wenn er wollte, daß ich rechts gehen sollte, und ich ging links. Ich bin doch immer noch genauso unfolgsam, aber jetzt beklagt er sich nie!« So kam er ihm bald auf die Schliche.

Eines Tages überquerten Nasruddin und sein alter Vater mit

ihrem Esel den Fluß. Der Esel war mit einem großen Sack Zucker beladen. Der Sack hing zu sehr nach der rechten Seite, und es bestand die Gefahr, daß er abrutschen und in den Fluß fallen könnte.

Der Vater, der hinterher ging, dachte: »Wenn ich sage: ›Schieb den Sack mehr nach links‹ ... mein Sohn ist so eigenartig. Er wird den Sack gleich nach rechts schieben, und dann fällt er in den Fluß und der Zucker ist verloren!« Deshalb rief er: »Nasruddin, schieb den Sack mehr nach rechts!«, in der Hoffnung, daß der Sohn ihn dann erfahrungsgemäß nach links schieben würde.

Aber diesmal war Nasruddin gewappnet. Er sagte: »Mach ich!«, und er schob den Sack nach rechts, und der Sack fiel in den Fluß!

Der Vater sagte: »Was ist denn los? Seit wann folgst du mir?«

Nasruddin sagte: »Ich habe beschlossen, jedesmal genau zu schauen, ob ich dir folgen will oder nicht. Ich habe keine starre Philosophie. Ab jetzt entscheide ich nach der jeweiligen Situation, denn du hast mich manipuliert! Du hast mich angeschwindelt! Ich bin dein Sohn, aber du hast mich angeschwindelt! Du hast mir die Dinge so befohlen, daß ich ungehorsam sein sollte. Von heute an sei auf der Hut! Vielleicht gehorche ich, vielleicht auch nicht! Von heute an bin ich unberechenbar, du kannst mich nicht mehr manipulieren. Ich stehe nicht mehr unter deiner Fuchtel!«

Der Nonkonformist steht immer unter der Fuchtel der Gesellschaft und des Establishments. Das Establishment muß nur ein kleines bißchen schlauer, ein bißchen raffinierter sein, dann kann es den Nonkonformisten ganz leicht und problemlos manipulieren.

Aber den Rebellen kann das Establishment niemals manipulieren, weil er nicht auf das Establishment reagiert. Er hat eine Vision für die Zukunft, für einen neuen Menschen, eine neue Menschheit. Er arbeitet dafür, seinen Traum zu verwirklichen, seine Vision in die Wirklichkeit umzusetzen. Wenn er sich gegen die Gesellschaft stellt, dann nur deshalb, weil die

Gesellschaft seinem Traum Hindernisse in den Weg legt. Sein Schwerpunkt liegt nicht beim Establishment; sein Schwerpunkt liegt in der unbekannten Zukunft, im zukünftigen Potential.

Er handelt aus seiner Freiheit heraus, aus seiner Vision, aus seinem Traum. Sein Bewußtsein legt die Richtung fest.

Darin besteht der Unterschied zwischen Reaktion und Aktion: Reaktion wird immer vom Gegner bestimmt. Vielleicht hast du noch nie darüber nachgedacht: Wenn du reagierst, ist dein Gegner in der beherrschenden Position; er entscheidet über dein Handeln. Der Gegner wird letztlich darüber entscheiden, was du tust.

Der Rebell geht über das Vorstellungsvermögen des alten Establishments, der morschen, toten Gesellschaft hinaus. Sie hat nicht den blassesten Schimmer von dem großen Traum, der in der Seele des Rebellen ruht. Alle seine Handlungen kommen aus diesem Traum. Wenn seine Aktionen gegen die Gesellschaft gerichtet sind, dann ist das nur ein Zufall. Er ist nicht gegen die Gesellschaft, er ist für einen neuen Menschen.

Seine Vorgehensweise ist positiv, nicht negativ. Er ist nicht wütend auf die alte Gesellschaft; er ist voller Mitleid und Mitgefühl. Er weiß, wie sehr der alte Mensch gelitten hat, wie sehr und wie lange er schon im Elend lebt. Wie kann er da wütend sein? Er kann sich nicht einmal beklagen.

Der Rebell erschafft eine neue Welt, damit all das Leid und Elend und die ganze Häßlichkeit auf der Welt verschwinden und die Menschen auf natürlichere, schönere, liebevollere, friedlichere Weise leben und die ganze Fülle dieses Daseins und all die kostbaren Gaben des Lebens genießen können.

Freiheit, Liebe, Stille, Wahrheit, Erleuchtung, das höchste Erblühen deines Wesens – all das ist euch zugänglich. Es müssen nur die Hindernisse weggeräumt werden.

Alle alten Strukturen haben eurem Wachstum nur immer mehr Hindernisse und Barrikaden in den Weg gelegt. Wenn der Rebell gegen diese Barrikaden angeht, dann deshalb, um es für den neuen Menschen möglich zu machen, ohne Ketten, ohne Gefangenschaft zu leben, aus allen Konzentrationslagern herauszukommen und ein Leben zu leben, das so frei ist wie der Vogel im Flug ... so frei wie der Rosenstrauch, der im Regen und in der Sonne tanzt ... so frei wie der Mond, der sich am Himmel jenseits der Wolken in vollkommener Schönheit, in Glückseligkeit und Frieden dahinbewegt.

Der Rebell unterscheidet sich grundlegend vom Nonkonformisten.

Es ist gut, daß du erkannt hast, daß es nicht dasselbe ist, ob man ein Nonkonformist oder ein Rebell ist. Vergiß es nie, denn es ist sehr einfach, ein Nonkonformist zu sein, aber ein Rebell zu sein setzt eine ungeheure Transformation in deinem Sein voraus.

Ein Nonkonformist zu sein ist billig.

Seht euch bloß die Punks an – das sind Nonkonformisten. Sie scheren sich die Haare an den Seiten und lassen nur einen dünnen Haarschopf in der Mitte stehen, und den färben sie dann in Schockfarben. Junge Männer und junge Frauen ... Es gibt junge Leute, die sich den halben Schnurrbart abrasieren und die stehengebliebene Hälfte bunt färben. Oder sie färben sich den Bart in allen Regenbogenfarben – das sind Nonkonformisten! Das ist simpel. Du kannst dir deine Hose mit dem Schlitz nach hinten anziehen – dann bist du ein Nonkonformist. Es ist ein bißchen umständlich und erfordert gewisse Umstellungen, aber es ist billig – und außerdem ist es sehr dumm.

In Italien hat sich eine Frau, die Schauspielerin und Model ist, mitten in Rom nackt auf die Straßenkreuzung gesetzt und so um Mitglieder für ihre politische Partei geworben. Alle jene, die Mitglieder ihrer Partei werden wollten, durften mit ihren Brüsten spielen und sie küssen. Es gab einen Menschenauflauf, und die Leute standen Schlange, um sich als Parteimitglieder eintragen zu lassen. An einem einzigen Tag warb sie zehntausend Leute! Jetzt hat sie angekündigt, daß sie auch an den Parlamentswahlen teilnehmen will. Und ihre Wahlkampagne besteht darin, daß sie nackt in einem Wagen mit offenem Verdeck herumfährt und für jeden stehenbleibt, der sie wählen will, und ihn umarmt und küßt.

Das nennt man Nonkonformismus! So wird man Parlamentsabgeordnete! Und vielleicht schafft sie es sogar bis zur italienischen Ministerpräsidentin, wenn sie allen Abgeordneten verspricht: »Mit jedem, der mich zur Ministerpräsidentin wählt, werde ich hier im Parlament Liebe machen.«

Nonkonformistisch zu sein ist sehr einfach – aber was hat diese Frau der Menschheit zu geben? Ihre Küsse werden nichts verändern, und ebensowenig ihre Titten. Das Ganze ist ein netter Scherz, aber es wird für ihr Land und für die Welt kein glücklicheres Leben bringen.

Die Nonkonformisten haben seit jeher alle möglichen und unmöglichen Dummheiten angestellt. Das ärgert die Leute, es irritiert die Leute, aber zur Transformation der Welt trägt es nichts bei. *(200)*

Bevor du zum Rebellen werden kannst, mußt du ein paar Bedingungen erfüllen: Nur wenn du genügend Mitgefühl, genügend Liebe und Stille des Herzens in dir hast und in tiefer innerer Meditation zu mehr Licht und Bewußtheit gelangt bist – nur dann erfüllst du meine Bedingungen. Nur unter diesen Bedingungen würde ich wünschen, daß du zu einem Rebellen wirst. Dann kannst du nichts mehr falsch machen. Dann wird alles, was du tust, richtig sein. Wer aus Liebe handelt, macht alles richtig. Liebe ist die Magie, die alles ins Richtige verwandelt.

Ich will erleuchtete Rebellen.

Es *ist* möglich – denn es hat Erleuchtete gegeben, und es hat auch Rebellen gegeben. Alles, was wir brauchen, ist eine Synthese, die beides in sich vereinigt: Rebellion und Erleuchtung. Ein Gautama Buddha mit dem rebellischen Geist eines Lenin – das wäre die richtige Kombination.

Ein Freund aus Japan hat mir eine Statue von Gautama Buddha geschickt. Es ist eine ungewöhnliche Statue; ich hatte so etwas noch nie gesehen. In der einen Hand hatte die Statue eine kleine irdene Lampe mit einer Flamme. Man mußte *Ghee,* gereinigte Butter, als Brennstoff in das Lämpchen tun, um die Flamme ständig am Leben zu erhalten. Der Freund sagte: »Die Bedingung ist, daß die Flamme vierundzwanzig Stunden ohne Unterbrechung brennt.« Und in der anderen Hand hielt sie ein blankes Schwert. – Das gibt es nur in Japan, denn dort hat man sogar aus der Schwertkunst und dem Bogenschießen eine meditative Kunst gemacht! Meditation ist dort etwas Grundlegendes. In Indien wäre es undenkbar, daß Gautama Buddha ein Schwert in der Hand hält! – Und die Schönheit dieser Statue bestand darin, daß die eine Hälfte des Gesichtes ganz friedlich war – die Seite, auf die das Licht der Flamme fiel – so still und friedlich, tiefste Gelassenheit. Und die andere Hälfte des Gesichtes war wie ein Schwert – so scharf geschnitten, wie nur ein großer Krieger es haben kann. Der Künstler, der das schuf, hat großartige Arbeit geleistet. In ein und demselben Gesicht hat er eine große Synthese dargestellt: ein Schwert in den Händen des Friedens.

Das ist meine Idee von Rebellion, meine Idee vom Rebellen. Er sollte aus eurer Liebe für den Menschen entspringen. Nicht aus der Wut über die Vergangenheit, sondern aus schöpferischem Mitgefühl für die Zukunft. Ihr sollt nicht bloß das Alte zerstören wollen; euer Ideal, euer Ziel, sei die Erschaffung des Neuen. Und nur weil das Neue nicht geschaffen werden kann, ohne daß man das Alte zerstört, nur darum zerstört ihr es. Aber darin ist keine Wut. Es ist ein einfaches Vorgehen, so wie man ein altes Gebäude abbricht – Wut steht außer Frage. Man macht den Platz frei, um ein neues Bauwerk an seiner Stelle zu errichten.

Der neue Mensch muß beides sein: Frieden, Stille, Licht, all die Qualitäten seines innersten Seins – und ein Rebell gegen jede Ungerechtigkeit, gegen jede Unmenschlichkeit. Aber nur zu einem schöpferischen Zweck: um den Traum einer wahrhaft menschlichen Gesellschaft zu verwirklichen, in der jeder gleiche Chancen und gleiche Freiheit erhält, eine gewaltlose Erziehung, die nicht nur informiert, sondern transformiert, eine Erziehung, die aus jedem Menschen ein Individuum macht und das Beste in ihm zum Erblühen bringt.

Es gibt niemanden, der nicht schon von einer schöneren Zukunft geträumt hätte, der nicht schon als Kind den Zustand der Unschuld kennengelernt und einen Vorgeschmack von Frieden, Liebe und Schönheit bekommen hätte. Aber all das wurde kaputtgemacht, verbogen, verdorben, vergiftet von einer häßlichen Kultur, deren einzige Macht in ihrer Altehrwürdigkeit bestand. Doch jetzt wird sich gerade diese Macht, diese Greisenhaftigkeit, als ihre größte Schwäche erweisen. Es genügt, ihr einen kleinen Stoß zu geben; diese Kultur ist bereits tot. Sie hat sich mit eigenen Händen ihr Grab geschaufelt und steht jetzt am Rand daneben. Ihr braucht ihr nur einen kleinen Schubs zu geben, dann werdet ihr Leute wie Ronald Reagan und die Welt, die sie vertreten, im Grab liegen sehen.

Wir müssen noch einmal ganz von vorne anfangen. Bei Adam und Eva, im Garten Eden ... wieder ganz am Anfang. *(201)*

Zorbas der Buddha

Welcher Zusammenhang besteht zwischen deinem Rebellen und »Zorbas dem Buddha«?

Mein Rebell, mein neuer Mensch, *ist* Zorbas der Buddha.

Die Menschheit hat bisher entweder in dem Glauben an die Wirklichkeit der Seele und die Unwirklichkeit der Materie gelebt, oder in dem Glauben an die Wirklichkeit der Materie und die Unwirklichkeit der Seele.

Man kann die Menschen der Vergangenheit in zwei Kategorien teilen: die Spiritualisten und die Materialisten. Doch bisher hat sich niemand die Mühe gemacht, den Menschen in seiner Wirklichkeit zu sehen. Er ist beides zugleich; weder ist er nur Spiritualität – denn er ist nicht nur Bewußtsein –, noch ist er nur Materie. Er ist eine wunderbare Harmonie zwischen Materie und Bewußtsein.

Vielleicht sind Materie und Bewußtsein gar nicht zwei verschiedene Dinge, sondern nur zwei Aspekte ein und derselben Wirklichkeit: Materie ist die Äußerlichkeit des Bewußtseins und Bewußtsein die Innerlichkeit der Materie. Aber nicht ein einziger Philosoph, Weiser oder religiöser Mystiker der Vergangenheit hat auf diese Einheit hingewiesen. Alle propagierten sie eine Spaltung des Menschen, indem sie die eine Seite für wirklich und die andere Seite für unwirklich erklärten. Das hat ein Klima der Schizophrenie auf der ganzen Welt geschaffen.

Man kann nicht nur als Körper leben. Das meint Jesus mit: »Der Mensch lebt nicht vom Brot allein.« Aber das ist nur die halbe Wahrheit. Man kann auch nicht nur als Bewußtsein leben, man kann auch nicht ohne Brot leben. Euer Dasein hat beide Dimensionen, und beide Dimensionen müssen befriedigt werden, sie müssen gleiche Entwicklungschancen erhalten. Doch die Vergangenheit war entweder für das erstere und gegen das letztere oder für das letztere und gegen das erstere.

Der Mensch ist nie in seiner Ganzheit akzeptiert worden. Das war die Ursache für großes Leid, Elend und eine immense Dunkelheit – eine finstere Nacht, die schon seit Jahrtausenden andauert und noch immer kein Ende zu nehmen scheint.

Wenn der Mensch auf seinen Körper hört, muß er sich selbst verurteilen, und wenn er nicht auf den Körper hört, muß er leiden – an Hunger, Durst, Armut. Wenn er nur auf sein Bewußtsein hört, wird sein Wachstum einseitig sein: Das Bewußtsein wird wachsen, aber der Körper wird verkümmern, und so geht das Gleichgewicht verloren. Doch im Gleichgewicht liegt eure Gesundheit, im Gleichgewicht liegt eure Ganzheit, im Gleichgewicht liegt eure Freude, euer Lied, euer Tanz.

Der Westen hat sich dafür entschieden, auf den Körper zu hören, und er hat sich gegenüber der Wirklichkeit des Bewußtseins völlig taub gestellt. Der Erfolg davon ist eine hochentwickelte Wissenschaft, eine hochentwickelte Technik, eine wohlhabende Gesellschaft, ein Reichtum an allen weltlichen, profanen Dingen. Und mitten in dieser Fülle steht der arme Mensch – ohne Seele, völlig verloren, und weiß nicht, wer er ist. Er weiß nicht, wozu er da ist, und fühlt sich fast wie ein Zufallsprodukt, eine Laune der Natur.

Wenn nicht parallel zum materiellen Reichtum auch das Bewußtsein wächst, wird die materielle Seite, der Körper, zu einseitig betont und die Seele geschwächt. Dem Menschen werden seine eigenen Erfindungen, seine eigenen Entdeckungen zu einer übermäßigen Belastung. Statt dem Menschen ein schöneres Leben zu ermöglichen, führen diese Dinge zu einer Situation, die von der Intelligentsia des Westens als nicht mehr lebenswert empfunden wird.

Der Osten hat sich für das Bewußtsein entschieden, und er hat die Materie und alles Materielle, den Körper inbegriffen, als *Maya,* als trügerischen Schein, als Fata Morgana in der Wüste, als Illusion ohne Wirklichkeit verurteilt. Der Osten hat Gautama Buddha, Mahavira, Patanjali, Kabir, Farid, Raidas –

eine lange Reihe von Menschen mit hohem Bewußtsein, mit einem hohen Maß an Bewußtheit, hervorgebracht. Aber er hat auch Millionen von Armen hervorgebracht, die hungern und des Hungers sterben wie Hunde – wegen unzureichender Nahrung, Mangel an sauberem Trinkwasser, unzureichender Kleidung, unzureichender Behausung.

Es ist eine perverse Situation ... Der Westen muß alle sechs Monate Milchprodukte und andere Lebensmittel im Werte von Milliarden von Dollar ins Meer kippen, weil ein so großer Überschuß besteht. Man will die Lagerhäuser nicht überlasten, will die Preise nicht senken, um die Wirtschaftsstruktur nicht kaputt zu machen. Auf der einen Seite starben in Äthiopien täglich tausend Menschen, und zur selben Zeit vernichtete der Gemeinsame Markt in Europa so viele Lebensmittel, daß allein die Unkosten für deren Vernichtung Millionen von Dollar ausmachten. Und das waren nicht die Kosten für die Lebensmittel, sondern die Kosten für deren Transport und Entsorgung ins Meer.

Wer ist für diese Situation verantwortlich?

Im Westen sind die Reichsten auf der Suche nach ihrer Seele und entdecken ihre innere Leere; sie haben keine Liebe – nur Lust; sie haben keine Andacht – nur papageienhafte Worte, die man ihnen im Religionsunterricht beigebracht hat. Sie haben keine Religiosität, kein Mitgefühl für andere, keine Ehrfurcht vor dem Leben – vor den Vögeln, den Bäumen, den Tieren. Es ist so einfach, etwas zu zerstören!

Hiroshima und Nagasaki wären niemals passiert, wenn der Mensch nicht bloß als Materie angesehen würde. Und es wären niemals so viele Nuklearwaffen angehäuft worden, wenn man den Menschen als verborgenen Gott, als verborgene Göttlichkeit, ansehen würde – nicht als etwas, das zerstört, sondern als etwas, das entdeckt werden muß. Nicht als etwas, das vernichtet, sondern als etwas, das ans Licht gebracht werden muß – als Tempel Gottes. Doch wenn der Mensch bloß als Materie, als reine Chemie und Physik, als ein von Haut überzogenes Knochenskelett angesehen wird, dann stirbt alles mit seinem Tod, und nichts bleibt übrig.

Nur so war es möglich, daß ein Adolf Hitler, ohne auch nur mit der Wimper zu zucken, sechs Millionen Menschen ermordete. Wenn alle Menschen bloß Materie sind, dann braucht man kein zweites Mal darüber nachzudenken!

Der Westen hat seine Seele, seine Innerlichkeit verloren. In einem Umfeld von Sinnlosigkeit, Langeweile und Seelenqual kann er nicht zu sich selbst finden. Die ganzen Erfolge der Wissenschaft erweisen sich als nutzlos. Das Haus ist randvoll mit allem – aber der Herr des Hauses ist abwesend.

Im Osten ist der Herr anwesend, aber das Haus ist leer. Mit leerem Magen, einem kranken Körper und vom Tod umgeben, kann man schwer Lebensfreude empfinden. Unter diesen Umständen kann man unmöglich meditieren.

So sind wir alle unnötig auf der Verliererseite gewesen. Und alle unsere Heiligen, alle unsere Philosophen – die Spiritualisten ebenso wie die Materialisten – sind für dieses ungeheure Verbrechen am Menschen verantwortlich!

Zorbas der Buddha ist die Lösung. Er ist die Synthese von Materie und Seele. Er ist ein Manifest dafür, daß es zwischen Materie und Bewußtsein keinen Konflikt zu geben braucht, daß wir in beiden Welten reich sein können.

Wir können alles haben, was die äußere Welt zu bieten hat, was Wissenschaft und Technik hervorgebracht haben – und gleichzeitig können wir alles haben, was ein Buddha, Kabir, Nanak in ihrem innersten Sein gefunden haben: die Blumen der Ekstase, den Duft der Göttlichkeit, die Schwingen der absoluten Freiheit.

Zorbas der Buddha ist der neue Mensch, der Rebell.

Seine Rebellion besteht darin, daß er die Schizophrenie des Menschen beseitigt, daß er diese Spaltung, diese Kluft, die gegenseitige Feindschaft zwischen Spiritualität und Materialismus, aufhebt.

Er ist ein Manifest dafür, daß Körper und Seele eine Einheit bilden, daß diese ganze Schöpfung erfüllt ist von Spiritualität: daß auch die Berge lebendig sind, daß auch die Bäume empfindsam sind und daß diese ganze Existenz beides ist. Oder vielleicht ist sie ein und dieselbe Energie, die sich nur auf zwei Arten manifestiert: als Materie und als Bewußtsein. Diese Energie drückt sich in geläuterter Form als Bewußtsein aus, und in roher, ungeläuterter, grobstofflicher Form erscheint sie uns als Materie. Doch die ganze Existenz ist nichts als ein Energiefeld.

Das ist nicht meine Philosophie, das ist meine eigene Erfahrung.

Und es wird bestätigt von der modernen Physik und ihren Forschungsergebnissen: Diese Existenz ist Energie.

Wir können dem Menschen zugestehen, beide Welten gleichzeitig zu haben. Er braucht nicht mehr auf die diesseitige Welt zu verzichten, um in die jenseitige Welt zu gelangen, noch braucht er die jenseitige Welt zu leugnen, um die diesseitige Welt genießen zu können. Sich auf eine der beiden Welten zu beschränken, wenn man beide haben kann, bedeutet bloß, sich unnötig ärmer zu machen.

Zorbas der Buddha stellt die reichste aller Möglichkeiten dar.

Er kann seine Natur voll ausleben und die Lieder dieser Erde singen. Er wird diese Erde nicht verraten, und er wird auch nicht den Himmel verraten. Er wird alles für sich beanspruchen, was die Erde zu bieten hat – all ihre Blumen, all ihre Genüsse –, und er wird auch alle Sterne des Himmels für sich beanspruchen. Er wird die gesamte Schöpfung als sein Zuhause für sich beanspruchen.

Der Mensch der Vergangenheit war arm, weil er die Existenz aufspaltete. Der neue Mensch, mein Rebell, mein Zorbas der Buddha, erhebt Anspruch auf die ganze Welt als sein Zuhause.

Alles, was diese Welt zu bieten hat, steht uns zur Verfügung, und wir sollten es auf jede erdenkliche Weise nutzen – ohne Schuld, ohne innere Konflikte und ohne irgend etwas zu bevorzugen.

Erfreue dich an allem, was die Materie zu bieten hat, erfreue dich an allem, was das Bewußtsein zu bieten hat, ohne einer Sache den Vorzug zu geben.

Sei ein Zorbas – doch bleibe nicht dabei stehen: Gehe weiter und trachte danach, auch ein Buddha zu werden! Zorbas ist nur halb, Buddha ist nur halb.

Es gibt eine alte Geschichte:

In einem Wald in der Nähe einer Stadt lebten zwei Bettler. Natürlich waren sie einander spinnefeind, wie alle Freiberufler, seien sie Ärzte, Professoren oder Heilige. Der eine war blind und der andere lahm, und darin wetteiferten sie miteinander. Den ganzen Tag über machten sie sich in der Stadt gegenseitig Konkurrenz.

Doch eines Nachts fingen ihre Hütten Feuer, denn der ganze Wald stand in Flammen. Der Blinde hätte weglaufen können, aber er konnte nicht sehen, wohin; er konnte nicht sehen, wo sich das Feuer noch nicht ausgebreitet hatte. Der Lahme konnte sehen, daß es noch möglich war, sich aus dem Feuer zu retten, aber er konnte nicht davonlaufen. Das Feuer kam so rasend schnell näher, daß der Lahme nur noch seinen nahenden Tod sah.

Da erkannten beide, daß sie aufeinander angewiesen waren. Der Lahme hatte die plötzliche Erkenntnis: »Der andere, der Blinde, kann ja laufen, und ich kann sehen!« Sie vergaßen ihren ganzen Konkurrenzkampf. In solch einem kritischen Augenblick, als sie beide mit dem Tod konfrontiert waren, vergaß jeder die ganze dumme Feindseligkeit.

Sie schufen eine großartige Synthese. Sie einigten sich, daß der Blinde den Lahmen auf die Schultern nehmen sollte; so konnten sie als Einheit funktionieren: Der Lahme konnte sehen, und der Blinde konnte laufen. Das rettete ihnen das Leben. Und weil sie sich gegenseitig das Leben verdankten, wurden sie zu Freunden. Zum ersten Mal gaben sie ihre Feindschaft auf.

Zorbas ist blind – er kann nicht sehen, aber er kann tanzen, er kann singen, er kann genießen. Buddha kann sehen, aber nur sehen; er ist ganz Auge, ganz Klarheit und Durchblick – aber er kann nicht tanzen; er ist verkrüppelt, er kann nicht singen, er kann nicht genießen.

Es ist höchste Zeit. Die Welt steht in Flammen – unser aller Leben ist in Gefahr. Nur die Verbindung von Zorbas und Buddha kann die Menschheit retten. Ihr Zusammenkommen ist unsere einzige Hoffnung.

Der Buddha kann seine Bewußtheit einbringen, seine Klarheit, seinen auf das Jenseitige gerichteten Blick, seine Augen, die das nahezu Unsichtbare wahrzunehmen vermögen. Und der Zorbas kann zur Vision des Buddha sein ganzes lebendiges Wesen beisteuern und darauf achten, daß es nicht bloß eine trockene Vision ist, sondern zu einem Tanz wird, voller Lebensfreude, zu einem ekstatischen Leben.

Ich gebe dem Buddha Energie zum Tanzen und dem Zorbas Augen, um über den Horizont ins Jenseits hinauszublicken zu weit entfernten Zielen der Existenz und der Evolution.

Mein Rebell ist also niemand anderer als Zorbas der Buddha. *(202)*

Eines Tages saßen im Paradies, in einem der *»Zorba the Buddha«*-Restaurants, an einem Tisch Gautama Buddha, Konfuzius und Laotse beisammen und plauderten miteinander. Da trat ein wunderschönes nacktes Mädchen – denn natürlich handelte es sich um ein Restaurant meiner Leute! – an ihren Tisch, einen großen Krug in der Hand, und fragte die drei: »Wollt ihr ein bißchen Lebenssaft?«

Buddha machte sofort die Augen zu. Er sagte: »Du solltest dich schämen! Du versuchst, uns herunterzuziehen. Mit großer Anstrengung und harter Disziplin ist es uns gelungen, hierher zu kommen, und dann kommst du mit diesem Lebenssaft daher! Geh weg!« Und das alles sagte er mit geschlossenen Augen.

Konfuzius hingegen hatte die Augen halb offen, halb zu. Das entsprach seiner ganzen Lebensphilosophie: der goldene Mittelweg – weder das eine noch das andere Extrem. Er sagte: »Ich hätte gern eine kleine Kostprobe, denn ohne es probiert zu haben, kann ich nichts darüber sagen.« Also goß sie ihm etwas Lebenssaft in ein Glas. Konfuzius nippte daran und gab es ihr zurück. Und er sagte: »Er schmeckt sehr bitter!«

Laotse sagte: »Her mit dem ganzen Krug!« Das Mädchen sagte: »Dem ganzen Krug? Hast du etwa vor, aus dem Krug zu trinken?« Er sagte: »Ja, so ist meine ganze Einstellung zum Leben: Solange man etwas nicht mit Totalität ausgekostet hat, kann man gar nichts sagen. Es könnte ja sein, daß es am Anfang bitter und am Ende süß schmeckt, wer weiß?«

Und ehe die junge Frau etwas sagen konnte, nahm er ihr den Krug aus der Hand und trank den ganzen Lebenssaft in einem einzigen Zug aus. Dann sagte er: »Konfuzius, du hast unrecht. Man braucht zu allem ein bißchen Geschmacksschulung. Es kam dir bitter vor, weil du es nicht kennst; es war bitter, weil du voreingenommen warst. Dein ganzes Reden über den goldenen Mittelweg ist leere Philosophiererei. Ich kann sagen: Je mehr ich davon getrunken habe, um so süßer wurde es. Zuerst war es nur angenehm, aber am Ende wurde es zur reinsten Ekstase.«

Buddha konnte dieses Loblied auf das Leben nicht aushalten. Er stand schnurstracks auf und verließ das Lokal.

Laotse sagte: »Was ist denn mit ihm los? Warum hat er denn die Augen zugemacht? Man braucht doch die Augen nicht gleich zuzumachen – dieses Mädchen ist doch sehr schön! Wenn sie häßlich wäre, könnte ich es verstehen, wenn er die Augen zumacht, aber so! Die Augen vor einer so hinreißenden Frau zu verschließen, zeugt von einem Mangel an Feingefühl. Es ist eine Beleidigung, eine Demütigung und beweist höchstens eine tiefsitzende Angst. Vielleicht hat dieser Typ zu vieles unterdrückt und hat nur Angst, daß seine unterdrückten Gelüste ans Licht kommen.«

Konfuzius war nicht bereit, Laotse weiter zuzuhören, weil dieser schon viel zu weit vom goldenen Mittelweg abgewichen war. Darum ging auch er.

Da fing Laotse zu tanzen an.

Ich habe gehört, er tanzt noch immer ... *(203)*

Anhang

Meditationen für den neuen Mann

Es folgen einige der Meditationen, die Osho während der letzten zwanzig Jahre seines Lebens entwickelt hat. Die meisten Techniken werden im laufenden Meditationsprogramm in der Osho Commune International in Poona und den Osho Meditationszentren in aller Welt angeboten. Sie werden regelmäßig von Sannyasins individuell oder in Gruppen praktiziert. Viele Techniken werden als Teil bestimmter Therapiegruppen verwendet, während die drei meditativen Therapien – *»Mystic Rose«*, *»No-Mind«* und *»Born Again«* – regelmäßig in ihrer vollständigen Form von geschulten Therapeuten angeboten werden.

Fast alle Meditationstechniken werden zu einer bestimmten Musik durchgeführt. Die Kassetten oder CDs mit dieser Musik werden vom Osho Verlag, Köln, angeboten; ebenso Kassetten mit einer Auswahl von Zitaten sowie Meditationen mit Anleitungen, wie *»Mystic Rose«*, *»No-Mind«* und *»Vipassana«*. Die meisten der Meditationen können allein gemacht werden, aber im allgemeinen sind die Meditationen wirksamer, wenn man sie mit anderen macht.

Die von Osho geschaffenen Meditationstechniken sind alle aktiv und dynamisch. Sie beginnen mit Aktivität, mit Tun, um den Meditierenden zu einem Zustand totalen Nicht-Tuns zu führen.

Manche Meditationstechniken sind mehr für körperorientierte Menschen geeignet, andere für herzorientierte Menschen und wieder andere für Verstandesmenschen. Oshos Techniken sind für alle drei Typen geeignet. Sie beginnen mit dem Körper, wirken durch das Herz und führen dich in das

Schweigen und die Stille eines Bewußtseins jenseits des Verstandes.

Es ist empfehlenswert, die Technik, die dir am meisten zusagt, einundzwanzig Tage lang auszuprobieren, um ihre Wirkung am besten fühlen zu können. Wenn die Technik zu dir paßt, dann versuche, sie drei Monate lang täglich zur gleichen Zeit zu praktizieren – damit zu spielen. Nach drei Monaten wird ihre Wirkung auf dich offensichtlich sein. Dann ist es nicht länger nötig, dir Disziplin aufzuerlegen. Die Meditation wird entweder von selbst wegfallen, oder sie wird ein Teil deines Lebens, ein Teil von dir.

Osho empfiehlt aktive Meditationen für morgens und stille Meditationen für abends. Wie du vom Tag zur Nacht hinüberwechselst, so wechselst du vom Außen zum Innen, vom Aktiven zum Passiven.

Begib dich mit voller Hingabe, mit deinem ganzen Wesen in diese Meditationstechniken, aber nicht mit verbissenem Ernst. Es gibt nichts zu erwarten, nichts zu erreichen; du kannst einfach damit spielen – und es genießen. *(204)*

Dynamische Meditation (oder »Chaotische« Meditation)

Die Dynamische Meditation ist Oshos Haupttechnik und die Technik, auf der viele seiner anderen Techniken beruhen. Diese Technik kann individuell oder in einer Gruppe praktiziert werden. Wenn Gruppenmeditation möglich ist, gewinnt die Energie an Intensität, und die Wirkung wird dadurch verstärkt. Die Dynamische Meditation sollte mit nüchternem Magen und geschlossenen Augen oder mit Augenbinde gemacht werden. Je weniger Kleidung, desto besser.

Erste Phase: *Atme zehn Minuten tief und schnell durch die Nase. Laß den Körper so entspannt sein wie möglich und beginne tief, schnell und chaotisch zu atmen – so tief und so schnell wie möglich. Atme so zehn Minuten lang, intensiv, ohne Pause, verausgabe dich total! Wenn sich der Körper bewegen will, während du atmest, erlaube es; geh völlig mit.*

Zweite Phase: *Zehn Minuten Katharsis; du läßt jede Art von Ener-*

gie geschehen, die durch das Atmen erzeugt wurde. Wichtig ist die Katharsis – daß du ausdrückst, herauswirfst, was in dir hochkommt. Laß dich total gehen. Laß einfach passieren, was passiert. Unterdrücke nichts! Wenn dir nach Weinen ist, weine; wenn dir nach Tanzen ist, tanze. Lache, schreie, heule, springe und schüttle dich – egal, was du tun willst, tu es! Sei einfach Zeuge dessen, was mit dir passiert.

Dritte Phase: *Rufe zehn Minuten lang: »HUH! – HUH! – HUH!« Strecke die Arme in die Höhe und springe zehn Minuten lang auf und nieder, während du »HUH – HUH!« rufst. Lande dabei hart auf deinen Fußsohlen, damit das »HUH!« tief in dein Sexzentrum gestoßen wird. Springe und rufe bis zur völligen Erschöpfung.*

Vierte Phase: *STOP! Verharre fünfzehn Minuten lang völlig regungslos, in der Position, in der du gerade bist. Erstarre! In welcher Stellung du auch gerade bist, bleibe völlig bewegungslos. Die Energie wurde durch Atmen wachgerufen, durch Katharsis gereinigt und durch das Sufi-Mantra »HUH« nach innen gelenkt. Laß sie jetzt tief in dir arbeiten. Energie bedeutet Bewegung. Wenn du sie nicht länger nach außen richtest, fängt sie an, im Innern zu arbeiten.*

Fünfte Phase: *Tanze und feiere fünfzehn Minuten lang und bringe deinen Dank zum Ausdruck für die tiefe Freude, die du erfahren hast.*

Osho hat eine abgewandelte Form der Dynamischen Meditation entwickelt für den Fall, daß die äußeren Umstände keinen Lärm erlauben. Dabei wird jedes Geräusch im Innern gehalten und nicht nach außen gebracht. Wer sich voll darauf einläßt, kann eine sehr tiefe Form der Meditation erfahren, da die Energie im Innern bewahrt wird.

Die einzelnen Phasen sind dieselben wie oben. Erlaube deinem Körper in der zweiten Phase, in einer Katharsis *(griech. Drama: Reinigung, Sichbefreien)* zu explodieren, aber ohne einen Laut von dir zu geben. Die Entladung, die Reinigung, geschieht einzig und allein durch Körperbewegung. Unterdrücke nichts. Wenn du schreien willst, erlaube dem Schrei, sich durch den Körper auszudrücken. In der dritten Phase hämmere dann den Laut »HUH« tief nach innen. Behalte den Laut im Innern, aber sei total dabei; laß deine ganze Energie zum Einsatz kommen. *(205)*

Kundalini-Meditation

Sie ist eine der beliebtesten und wirksamsten Techniken, die von Osho entwickelt wurden. Viel *Kundalini**-Energie wird dadurch in dir wachgerufen, die du als sprudelnde Lebendigkeit, als ein Vibrieren im ganzen Körper fühlst. Nachdem die Energie wachgerufen ist, wird sie durch Tanzen wieder zerstreut, um sie ans Universum, an die Existenz zurückzugeben. Dann folgt Schweigen, folgt Stille. Diese Technik ist in vier fünfzehnminütige Phasen aufgeteilt. Die ersten drei Stadien werden von einer bestimmten Musik begleitet, und die letzte Phase geschieht in völliger Stille.

Erste Phase: *Laß deinen ganzen Körper sich fünfzehn Minuten lang schütteln. Laß das Schütteln bei den Händen und Füßen beginnen, denn dort befinden sich alle Nervenenden. Halte die Augen und die Gesichtsmuskeln entspannt. Laß alles sich schütteln, laß alles vibrieren. Am Anfang mußt du es tun, aber nach ein paar Minuten wird das Schütteln von selbst geschehen. Wenn du den ganzen Körper locker hältst, greift das Schütteln, von Händen, Füßen und Kopf ausgehend, immer mehr auf dich über, bis du nur noch das Schütteln bist.*

Zweite Phase: *Erlaube jetzt fünfzehn Minuten lang, daß sich die gerade wachgerufene Energie durch Tanz ausdrückt. Du wirst »vor Energie sprühen«; laß diese Energie durch Tanzen in alle Winde zerstreut werden. Das Tanzen ist wichtig. Es ist mehr Energie in dir erwacht, als dein Körper gewöhnt ist. Ohne das Tanzen würdest du eine gewisse Unruhe, eine gewisse Rastlosigkeit, eine gewisse Verwirrung fühlen. Gehe deshalb restlos im Tanzen auf. Drücke all die Energie, die jetzt wachgerufen ist, durch Tanz, durch Feiern aus. Freue dich daran!*

Dritte Phase: *Stehe oder sitze, bleibe fünfzehn Minuten lang vollkommen ruhig. Laß dich mit der Musik verschmelzen.*

Vierte Phase: *Lege dich fünfzehn Minuten lang auf den Boden und* sei. *Es gibt nichts außer Stille, innen und außen.*

---

* »Schlangenkraft« des indischen Yoga: Energie, die an der Basis der Wirbelsäule schlummert und durch Meditation geweckt wird

Anmerkung: Die Augen sind in den ersten zwei Phasen offen oder geschlossen, in den beiden letzten Phasen sind sie geschlossen. *(206)*

Nataraj-Meditation

Osho hat oft über Tanz als Meditationstechnik gesprochen. Von vielen ist Tanz so verwendet worden. Wenn Tanz geschieht, ist kein Tänzer mehr da, nur noch der Tanz. In vielen von Oshos Techniken wird Tanz verwendet. Die *Nataraj**-Meditation ist nur Tanz; sie ist Tanz als totale Meditation. Es gibt drei Phasen, die insgesamt fünfundsechzig Minuten dauern.

Erste Phase: *Tanze vierzig Minuten lang. Überlaß dich völlig deinem Unbewußten; tanze wie besessen. Plane und kontrolliere nicht. Vergiß Beobachten, Zeuge sein, Bewußtheit! Geh völlig im Tanz auf. Der Tanz beginnt im Sexzentrum und steigt dann nach oben. Laß es geschehen.*

Zweite Phase: *Höre sofort auf zu tanzen, sobald die Musik aufhört, lege dich hin und sei zwanzig Minuten lang völlig ruhig und völlig still. Die Schwingungen des Tanzes, der Musik werden in deinem Innern weiterschwingen. Erlaube ihnen, bis zu deinen feinsten Schichten durchzudringen.*

Dritte Phase: *Stehe auf, feiere und tanze fünf Minuten lang voller Freude.* *(207)*

Nadabrahma-Meditation

*Nadabrahma*** ist eine alte tibetische Technik. Sie wurde ursprünglich früh am Morgen praktiziert. Die Mönche wurden zwischen zwei und vier Uhr morgens geweckt, machten diese Meditation und legten sich wieder schlafen.

---

* Indischer Gott des Tanzes

** Urklang der Schöpfung; der tonlose Ton, der in tiefer Meditation vernommen wird

Osho empfiehlt, diese Meditation entweder abends vor dem Schlafengehen oder morgens zu machen. Wenn man sie nicht abends macht, sollte man danach mindestens fünfzehn Minuten lang ruhen. Nadabrahma kann als Gruppenmeditation oder allein durchgeführt werden. Es ist gut, sie auf nüchternen Magen zu machen, weil der innere Ton sonst nicht so tief gehen kann. Wenn du Nadabrahma allein machst, hilft es, Ohrenstöpsel zu verwenden.

Erste Phase: *Sitze mindestens dreißig Minuten lang mit geschlossenen Augen in einer entspannten Position. Fange an, mit geschlossenen Lippen zu summen – laut genug, um eine Vibration durch deinen ganzen Körper zu schicken. Das Summen sollte laut genug sein, um von den Leuten um dich herum gehört zu werden.*

Du kannst die Tonhöhe beliebig verändern und in deinem eigenen Tempo summen und einatmen. Wenn sich der Körper bewegen will, laß es zu, aber die Bewegung sollte sehr langsam und graziös sein. Stelle dir deinen Körper als hohles Rohr vor, als leeres Gefäß, das nur von den Schwingungen des Summens erfüllt ist. Nach einer Weile kommt ein Punkt, an dem du nur noch Zuhörer bist: Das Summen geht von allein weiter. Es regt das Gehirn an, reinigt jede Faser des Gehirns. Es ist ausgesprochen hilfreich bei Heilungsprozessen.

Zweite Phase: *Die Augen bleiben geschlossen. Bewege die Hände im Kreis nach außen, mit den Handflächen nach oben – die rechte Hand bewegt sich nach rechts, die linke Hand bewegt sich nach links. Ziehe große Kreise und möglichst langsam – je langsamer, desto besser. Es mag dir sogar zeitweise so vorkommen, als ob sich die Hände überhaupt nicht bewegen. Stelle dir Energie vor, die aus dir ausströmt, während deine Hände sich nach außen bewegen, vom Körper weg. Wenn sich dein Körper bewegen will, erlaube es, aber halte die Bewegung wieder langsam, sanft und graziös.*

Bewege die Hände nach siebeneinhalb Minuten in die entgegengesetzte Richtung: Mit den Handflächen nach unten bewegen sich die Hände im Kreis nach innen, auf den Körper zu. Bewege die Hände siebeneinhalb Minuten in dieser Richtung. Stelle dir vor, daß du Energie aufnimmst, wenn sich die Hände nach innen bewegen.

Dritte Phase: *Beende die Handbewegungen und sitze fünfzehn Minuten lang still, ohne dich zu bewegen.*

Osho hat eine leichte Abwandlung dieser Technik für Paare empfohlen:

Setzt euch einander gegenüber, faßt euch kreuzweise an den Händen. Bedeckt euch mit einem Bettlaken, so daß beide Körper völlig bedeckt sind. Es ist am besten, überhaupt keine Kleidung zu tragen. Der Raum sollte ziemlich dunkel sein, nur vier kleine Kerzen geben Licht. Benutzt Räucherstäbchen, benutzt jedesmal dieselben, wenn ihr diese Meditation macht, und benutzt sie nur für diese Meditation. Während ihr euch gegenüber sitzt und euch kreuzweise an den Händen faßt, haltet die Augen geschlossen und summt mindestens dreißig Minuten lang. Summt zusammen, beide gleichzeitig. Nach ein, zwei Minuten wird euer Atem im gleichen Rhythmus sein und das Summen im Einklang. Fühlt, wie mit dem Summen eure Energien verschmelzen und eins werden. *(208)*

Mandala-Meditation

Mandala bedeutet »Kreis«. Jeder Kreis enthält ein Zentrum. Das Ziel dieser Technik ist, einen Energiekreis herzustellen, so daß sich Zentrierung auf natürliche Weise ergibt und es zu einer inneren Sammlung kommt. Die Technik ist in vier Phasen von je fünfzehn Minuten eingeteilt. Sie beginnt mit intensiver Aktivität und wird mit jeder Phase fortschreitend ruhiger, so daß in der vierten Phase absolute Ruhe eintritt, vollkommenes Schweigen, und Meditation geschieht.

Erste Phase: *Laufe fünfzehn Minuten lang auf der Stelle. Fange an, langsam zu laufen, dann allmählich immer schneller. Es hilft, wenn man Musik dazu spielt, die ihre Intensität kontinuierlich steigert. Der Atem sollte gleichmäßig, tief und entspannt sein.*

Es ist wichtig, in dieser Phase durchzuhalten, Körper und Geist zu vergessen und sich ganz auf das Laufen zu konzentrieren. Vom untersten Chakra aus kommt es zu einem Aufwallen der Energie, die im ganzen Körper zirkuliert. Wer das Joggen zu anstrengend findet, der kann zwischen Laufen und »Fahrradfahren« abwechseln oder während der ganzen ersten Phase »Radfahren«. Beim Radfahren liegt man auf dem Rücken, Hüften auf dem Boden, Beine in der Luft, und strampelt kreisförmig, wie beim Fahrradfahren. Ob beim Laufen oder Radfahren, die Beine müssen sich kreisförmig bewegen.

Zweite Phase: *Sitze fünfzehn Minuten mit geschlossenen Augen und schwinge den Körper kreisförmig von einer Seite zur anderen. Stelle dir vor, du seist ein Schilfrohr, das vom Wind bewegt wird. Gib dich dem Wind hin. Laß dich von ihm hin und her, vor und zurück und im Kreis herum bewegen. Die Bewegung sollte langsam, sanft, entspannt und natürlich sein. Energie bewegt sich im Körper nach oben. Du wirst ihren Schwerpunkt jetzt am Nabel fühlen.*

Dritte Phase: *Lege dich auf den Rücken, öffne die Augen und lasse sie fünfzehn Minuten lang im Uhrzeigersinn kreisen; der Kreis ist so groß wie möglich. Fange langsam an und bewege die Augen dann immer schneller. Viele Spannungen sammeln sich in der Augenmuskulatur hinter den Augen an. In dieser Phase entspannen sich diese Muskeln. Die Energie, die durch den Körper aufgestiegen ist, wird jetzt zum Dritten Auge hingezogen, dem Zwischenraum zwischen den Augen. Du wirst im Dritten Auge, dem »inneren Auge«, zentriert.*

Vierte Phase: *Schließe jetzt die Augen, liege völlig still und entspanne dich vollkommen. Alle Spannungen sind vom Körper gewichen. Die Energie, die jetzt nicht mehr von Spannungen blockiert ist, arbeitet in dir, sie reinigt dich, sie badet dich.*

Anmerkung: Es ist wichtig, während der ganzen Meditation den Mund leicht offen und den Unterkiefer locker zu halten, besonders in der zweiten und dritten Phase. Viele Spannungen haben sich im Kiefer angesammelt. Wenn du den Unterkiefer bei dieser Technik entspannt halten kannst, können diese Spannungen leicht aufgelöst werden. *(209)*

Lachmeditation

Wir hängen so sehr an unseren Leiden, daß wir im allgemeinen nur lachen, um uns von Spannungen zu befreien. Nur selten, sehr selten, lachen wir ohne Grund. Wir können nicht lachen, wir können uns unseres Lebens nicht freuen; sogar in unserem Lachen ist Schmerz. Aber Lachen ist so schön, eine so tiefe Reinigung, eine tiefe Läuterung.

Osho hat eine »Lachtechnik« entwickelt. Er sagt, wenn du sie jeden Morgen beim Aufwachen anwendest, wird sie deinen ganzen Tag verändern. Wenn du lachend aufwachst, wirst du bald fühlen, wie absurd das Leben ist. Nichts ist ernsthaft: Sogar deine Enttäuschungen sind zum Lachen, sogar dein Schmerz ist zum Lachen, sogar du bist zum Lachen.

Wenn du am Morgen aufwachst, bevor du die Augen öffnest, strecke dich wie eine Katze. Recke und strecke jeden Teil deines Körpers. Genieße es; genieße das Gefühl, wie dein Körper aufwacht, lebendig wird. Nach drei, vier Minuten Strecken mit noch geschlossenen Augen fang an zu lachen. Lache fünf Minuten lang. Zuerst wird es künstlich sein, du mußt es produzieren, aber bald werden dich deine eigenen künstlichen Töne zum Lachen bringen. Verliere dich im echten Lachen. Es kann einige Tage dauern, bevor diese Technik Früchte trägt. Wir sind nicht an Lachen gewöhnt, wir haben vergessen, wie man lacht. Aber bald wird es spontan geschehen Und dann genieße es jeden Morgen. (210)

Brabbel-Meditation (»Gibberish«)

Wie die Dynamische Meditation ist Brabbeln, unwillkürliches Reden, eine ausgesprochen kathartische Technik. Es heißt, daß diese Technik zuerst vor Hunderten von Jahren von einem Sufi-Mystiker namens Gibbere (daher das englische Wort *»gibberish«)* angewandt wurde. Osho hat sie für den modernen Gebrauch auf den neuesten Stand gebracht. Die Meditation kann entweder allein oder in einer Gruppe gemacht werden.

Schließe die Augen und fange an, unsinnige Laute (Gibberish) von dir zu geben. Überlaß dich für fünfzehn Minuten völlig diesem unsinnigen Plappern. Laß alle möglichen und unmöglichen Laute sich ausdrücken; alles, was sich Luft machen will – wirf es heraus! Der Verstand denkt immer in Worten. Brabbeln hilft, dieses eingefleischte Muster ständigen Verbalisierens aufzubrechen. Du kannst deine Gedanken hinauswerfen, ohne sie zu unterdrücken – in diesem unsinnigen Gebrabbel. Laß deinen Körper entsprechende Bewegungen dazu machen.

Liege dann fünfzehn Minuten auf dem Bauch und stelle dir vor, du würdest mit Mutter Erde verschmelzen. Fühle bei jedem Ausatmen, wie du mit dem Boden unter dir verschmilzt. Wenn die Meditation draußen gemacht wird, ist folgende Variante möglich: Laß die Augen offen, statt sie zu schließen, und wirf dein Gebrabbel in den Himmel über dir. Richte deinen Blick auf nichts Bestimmtes. Schau einfach tief in den Himmel und wirf alles hinauf, was in dir ist. Fange sitzend an, aber wenn du aufstehen möchtest oder dich hinlegen oder dich auf eine andere Art bewegen möchtest, erlaube deinem Körper, es zu tun.

In der zweiten Phase, die fünfzehn Minuten dauert, sitzt du oder liegst auf dem Rücken und schaust tief in den Himmel. Fühle dich mit dem Himmel verschmelzen. *(211)*

Laufen als Meditation

Osho hat Laufen speziell als Meditation zur Transformation von Wut empfohlen, doch diese Meditation kann auch ganz allgemein verwendet werden:

»Du kannst laufen – das wird dir sehr helfen. Wenn es möglich ist, fang an zu laufen. Es gibt nichts Besseres als Laufen – vier, fünf Kilometer. Steigere es nach und nach auf vier, fünf Kilometer, aber mach es tatsächlich wie eine Meditation.

Laufe allein und frühmorgens, dann wirst du dich freier und den Elementen näher fühlen – der Luft, der Sonne, der ganzen Atmosphäre, den Bäumen, den Vögeln. Und mache es nicht wie einen Wettlauf. Wenn du mit jemand anderem läufst, wirst du ihn besiegen wollen – unbewußt wirst du den Ehrgeiz haben, erster zu sein. Dieses Gift steckt uns in den Knochen, doch wenn du das Laufen zu einem Wettkampf machst, ist es nicht mehr meditativ. Dann ist es ein Sport und keine Meditation. Du mußt also alles Konkurrenzdenken beiseite lassen – das ist das eine.

Das zweite: Du mußt laufen, ohne dich selbst zu beurteilen: daß du besser sein solltest, daß du mehr laufen solltest, daß du dich noch steigern könntest. Das ist alles Unsinn! Du läufst mit niemandem um die Wette; genieße einfach die Erregung des Laufens. Du mußt laufen, ohne dir dafür Noten zu geben – einfach aus Spaß!

Wenn du irgendeine Sache täglich mindestens eine Stunde lang tun kannst, ohne dich selbst dafür zu beurteilen, ist es Meditation. Einfach aus reiner Freude! Aber wir sind so sehr gegen die Freude konditioniert worden – alles muß einen Nutzen haben. Die Leute werden fragen: ›Wozu läufst du? Du bist doch nicht dick, du hast es doch nicht nötig! Du brauchst doch nicht abzunehmen – also wozu? Du willst doch nicht an einem Wettrennen teilnehmen – wozu dann?‹

Wir sind darauf trainiert worden, immer irgendeinen Nutzen zu suchen. Aber alles Schöne passiert nur, wenn wir den Nutzen beiseite lassen – wenn wir etwas tun aus Freude am Tun, aus reiner Freude. Und Laufen kann sehr tief gehen, darum empfehle ich es dir. Da ist Angst, und unter der Angst ist Wut, und unter der Wut ist Liebe, und unter all diesen Dingen ist noch etwas anderes, das du finden mußt – darum fang an, mit diesen tieferen Schichten zu arbeiten.

Laufen berührt eine der tiefsten Schichten des Menschseins, weil der Mensch jahrtausendelang ein Läufer gewesen ist. Erst seit ein paar Jahrhunderten hat der Mensch aufgehört zu laufen. Er war Jäger, und Laufen war eines der wichtigsten Dinge, die man können mußte. In Afrika gibt es heute noch Jäger; dort gibt es noch Stämme, die reine Jäger sind. Sie haben so schöne Körper, so lange Hälse, daß selbst die Tiere neidisch sein müssen. Dort gibt es Läufer, die können zwanzig, dreißig, vierzig Kilometer ohne Unterbrechung laufen. Sie laufen wie die Tiere. Manchmal jagen sie Tiere, und manchmal jagen die Tiere sie, aber alles geschieht im Laufen, und sie laufen schnell, denn es geht um Leben und Tod.

Die tiefste Schicht des Menschseins ist die des Jägers. Unsere Gehirnzellen sind so beschaffen, daß sie uns die Fähigkeit zum Laufen geben. Schwimmen sitzt nicht so tief, es ist etwas Angelerntes, aber Laufen sitzt wirklich tief. Und manchmal kommt es vor, daß ein Läufer mehr meditative Energie erzeugt als ein Meditierender. Wenn das Meditieren zehn Prozent meditativer Energie erzeugt, dann sind es beim Laufen vielleicht achtzig Prozent.

In einer besseren Welt wird das Laufen zu einer der wichtigsten Meditationen werden. Wenn du schnell läufst und tief atmest, wird allmählich, etwa nach der ersten Meile, die Trennung zwischen dir und dem Körper aufgehoben. Die Trennung zwischen Psyche und Körper verschwindet, und du wirst zu einer psychosomatischen Einheit – du wirst eins.

Nach der ersten Meile, wenn du läufst und der Atem wirklich tief geht und von dir Besitz ergreift – und er muß wirklich tief gehen, Ausatmen und Einatmen so tief wie möglich –, dann wird dein ganzes Blut aufgefrischt und mit Sauerstoff angereichert, die Sonnenstrahlen durchströmen dich ... Dann wirst du wieder zu einem Teil der Natur, wirst du wieder zum Tier und hörst auf, ein zivilisierter Mensch zu sein – was etwas Totes ist ... Wenn du wieder zum Tier wirst, verschwinden plötzlich alle Sorgen. Man kann nicht laufen und sich gleichzeitig Sorgen machen – das geht nicht, obwohl mancher es versucht ...

Ich selbst bin fast zehn Jahre lang täglich fünfzehn Meilen gelaufen. Nach der ersten Meile bist du high. Das kann dir kein LSD geben! Dann gehörst du nicht mehr zur Menschheit, du gehörst zum Universum. Und dieses Gefühl stellt sich mit solcher Sicherheit ein, daß du dich nach zwei, drei Monaten darauf verlassen kannst, daß es jeden Tag passiert. Es braucht nur etwa drei Monate dazu.

Wenn das Laufen bis in deinen tiefsten Kern reicht und der Jäger in dir – den du immer noch in deinen Gehirnzellen trägst und der nur wieder aktiviert und zum Leben erweckt werden muß –, wenn dieser Jäger wieder lebendig wird, dann wirst du eine ungeheure Freude erleben. Und in dieser Freude verschwindet die Angst; in dieser Freude verschwindet die Wut, und die Liebe fängt an zu fließen. Das ist das eine – wenn du kannst, ist es die beste Meditation, die ich dir verschreiben kann.

Wenn es nicht möglich ist, dann kannst du auf der Stelle laufen – einfach in deinem Zimmer, als Ersatz. Wenn das erste nicht möglich ist, dann das zweite. Und wenn dir auch das nicht möglich ist, dann nimm ein Kissen und laß deine Wut daran aus. Aber wenn du laufen kannst, genügt das allein schon. Eine Stunde laufen ...« *(212)*

Hecheln wie ein Hund

»Direkt mit der Wut zu arbeiten ist schwierig, weil sie so tief unterdrückt sein kann. Durch Laufen kann viel Wut und Angst frei werden und sich ›in Dunst auflösen‹. Wenn du längere Zeit läufst und dabei tief atmest, hört der Verstand auf zu funktionieren, und der Körper übernimmt die Steuerung. Außerdem kann die folgende kleine Übung sehr hilfreich sein.

Wenn deine Energie nicht richtig nach unten in den Bauch, unterhalb des Bauchnabels, fließt, sondern mehr im oberen Teil des Körpers bleibt, dann solltest du mal versuchen, auf allen vieren zu laufen und dabei wie ein Hund zu hecheln.

Du kannst dabei die Zunge heraushängen lassen und dich ganz wie ein hechelnder Hund benehmen. Dadurch öffnet sich der ganze Kanal, und die Blockaden lösen sich. Eine halbe Stunde Hecheln kann dir sehr viel bringen: Du kommst dabei an deine Wut, und der ganze Körper ist beteiligt.

Probiere es gelegentlich in deinem Zimmer. Du kannst auch einen Spiegel benutzen und ihn anbellen und anknurren. Wenn du das drei Wochen lang machst, wirst du fühlen, daß es sehr, sehr tief geht. Und wenn die ganze Wut sich gelöst hat und verschwunden ist, wirst du dich sehr befreit fühlen.« *(213)*

Zu einer Wand reden

Osho hat diese Meditation jemandem gegeben, der ihn gefragt hatte: *»Ich rede zu viel. Was soll ich tun?«*

»Sei spielerisch damit. Mach daraus keine ernste Sache. Sei beim Reden spielerischer, und wenn dir keiner zuhört, nimm auch das spielerisch; es besteht keine Notwendigkeit, daß dir jemand zuhört. Sei nicht beleidigt deswegen. Wenn das Reden aus dir heraus will, dann rede. Wenn andere nicht in der Stimmung sind, dir zuzuhören, ist das ihr Problem. Aber fühle dich nicht verletzt. Bleibe aufmerksam für das, was bei dir innerlich passiert, was dich reden läßt.

Und dann setz dich mal vor eine Wand und rede zu ihr. Am Anfang wird es dir ein bißchen verrückt vorkommen, aber je öfter du es machst, um so schöner wirst du es finden, um so mehr wirst du es genießen. Es ist weniger aggressiv und nimmt niemandem die Zeit weg, aber es funktioniert und hat die gleiche Wirkung: Es erleichtert dich. Und nach einem intensiven Gespräch mit der Wand wirst du dich sehr, sehr entspannt fühlen. Eigentlich hätte jeder das nötig. Die Welt wäre viel besser dran, und es gäbe mehr Stille, wenn die Leute anfangen würden, zu den Wänden zu reden.

Versuch es mal. Es wird zu einer tiefen Meditation werden – gerade weil du weißt, daß die Wand nicht zuhört. Aber das ist nicht der Punkt.

Du brauchst dich nicht auf eine Freudsche Couch zu legen, dein Schlafzimmer tut es auch. Und es braucht auch keiner daneben zu sitzen; du kannst einfach reden und dir selbst zuhören. Zu reden und dir selbst dabei zuzuhören wird dich in deine Tiefe führen und dir viel über deinen eigenen Verstand zeigen.

Darum ist es gut, zu einer Wand zu reden und dir dabei zuzuhören. Sei beides, der Sprecher und der Zuhörer. Analysiere es nicht, beurteile es nicht, denke nicht: ›Das ist gut‹ und: ›Das ist schlecht.‹ Denke nicht: ›Das sollte ich lieber nicht sagen‹ oder: ›Das sollte ich sagen‹ – nein. Und mach keine

Korrekturen, keine Verbesserungen. Sprudle einfach alles so heraus, wie es dir in den Sinn kommt – und sei es noch so häßlich, absurd und unwichtig! Laß dem Verstand die Zügel schießen und sei du einfach der Beobachter. Das wird eine großartige Meditation sein.

Aber eines ist wichtig: Du darfst das Reden nicht unterdrücken. Alles, was man unterdrückt, wirkt vergiftend. Und Reden ist etwas so Unschuldiges! Die Wand reicht völlig! Oder geh zu den Bäumen – sie werden sich freuen. Sie warten immer darauf, aber keiner redet mit ihnen. Sie werden dir dankbar sein! Oder geh zum Fluß oder zu den Felsen, aber unterdrücke es nicht. Allmählich wird dein Denken sich klären, und das Reden wird weniger werden. Es ist nur der Anfang. Später wirst du die tieferen Schichten deines Seins berühren. Reden ist die oberflächlichste Schicht in deinem Leben, ganz an der Oberfläche. Wenn die Energie tiefer geht, bringt sie diese Schicht in Bewegung, und das erzeugt Wellen, die durch das Reden hervorsprudeln. Laß es zu. Das Reden wird sich bald erschöpft haben, und wenn du den ganzen Schrott losgeworden bist, den du dein Leben lang mit dir herumgetragen hast, wird sich Stille ereignen, und diese Stille wird völlig unberührt und jungfräulich sein.

Man kann das Reden auch zurückhalten und krampfhaft unterdrücken, aber die Stille, die man dann nach außen zeigt, ist keine wirkliche Stille. Darunter brodelt es in der Tiefe weiter, und man kann jeden Augenblick explodieren. Man sitzt auf einem Vulkan.

Manche wirken still, doch diese Stille täuscht. Ich möchte, daß du wirklich still wirst, und der Weg dorthin führt durch eine tiefe Katharsis.« *(214)*

Werde zum Tier

»Fange mit einer Meditation vor dem Schlafengehen an, am besten gleich heute abend. Fühle dich, als wärest du gar kein Mensch. Suche dir irgendein Tier aus, das du gern magst.

Vielleicht magst du Katzen oder Hunde ... oder Tiger, männlich oder weiblich – ganz wie du magst. Wähle ein Tier, und dann bleibe dabei.

Und dann werde zu diesem Tier. Beweg dich auf allen vieren durchs Zimmer und sei dieses Tier. Geh in diese Phantasievorstellung und genieße sie fünfzehn Minuten lang so intensiv, wie du nur kannst. Wenn du ein Hund bist, dann belle und tu alles, was man von einem Hund erwartet. Und mach es total! Genieße es! Kontrolliere dich nicht, denn ein Hund kann nichts kontrollieren. Ein Hund genießt absolute Freiheit. Was auch immer im Moment passieren will – tu es! Laß das menschliche Element der Kontrolle völlig weg. Sei wirklich total hündisch wie ein Hund. Streune fünfzehn Minuten lang durchs Zimmer, belle und spring herum.

Wenn du diese Meditation sieben Tage lang machst, wird es dir enorm helfen. Speziell wenn du jemand bist, der sehr zivilisiert, sehr kultiviert ist, wird es dir helfen, ein bißchen mehr von deiner Wildheit zurückzugewinnen. Allzuviel Zivilisation verkrüppelt; sie wirkt lähmend. In kleinen Portionen ist es in Ordnung, aber zuviel davon ist gefährlich. Man sollte sich immer etwas vom Tier bewahren. Soviel ich sehe, muß dein inneres Tier befreit werden; das ist dein Problem.

Lerne, ein bißchen wilder zu werden, dann wirst du dich viel lebendiger fühlen, und deine Probleme werden verschwinden. Fang gleich heute abend damit an – und sieh zu, daß es dir Spaß macht!« *(215)*

Brülle wie ein Löwe

»Es gibt eine alte tibetische Technik, die ›das Löwengebrüll‹ genannt wird. Wenn du Wut, Lüsternheit, Haß oder Eifersucht in dir verspürst, wird ein tibetischer Meister dir diese Technik geben: Brülle wie ein Löwe!

Setz dich vor einen Spiegel und stell dir vor, du bist gar kein Mensch, sondern ein Löwe. Mach ein Gesicht wie ein Löwe, streck die Zunge raus und brülle los. Und du mußt es so intensiv machen, daß es ganz real für dich wird und du völlig vergißt, daß du ein Mensch bist, der nur so tut, als wäre er ein Löwe.

Und wenn du an den Punkt kommst, daß du deiner eigenen Phantasie auf den Leim gehst und ein wirkliches Gebrüll aus dir hervorbricht, wird es dich plötzlich transformieren. In diesem Brüllen wird der ganze Haß, die Wut, die Geilheit verschwinden, und du fällst in eine tiefe, nie gekannte Stille.

In alten tibetischen Klöstern gab es einen besonderen Raum mit vielen Spiegeln. Wenn ein Schüler mit seiner Wut, seinem Haß oder seiner Eifersucht nicht klar kam, wurde er in dieses Zimmer geschickt und mußte so lange dort bleiben, bis es in ihm explodierte. Und wenn er den Höhepunkt erreichte, wußte es das ganze Kloster, denn es klang wie echtes Löwengebrüll. Wir würden eher meinen, er sei verrückt geworden, aber das ganze Kloster versammelte sich, um den Mann willkommen zu heißen, der da als Neugeborener wieder herauskam. Es konnte drei Tage dauern, es konnte sieben Tage dauern. Er wurde mit Essen versorgt, aber er durfte nicht herauskommen und mußte immer weitermachen mit der Vorstellung, ein Löwe zu sein, bis aus der Tiefe seines Unterbewußtseins das Löwengebrüll aus ihm hervorbrach.

Der ganze Körper ist daran beteiligt, mit jeder Faser. Jede einzelne Zelle wird zum Brüllen, und in diesem Brüllen wird alles hinausgeworfen. Es ist die tiefste Katharsis, die man sich vorstellen kann. Man wird diesen Menschen nie wieder wütend sehen, weil er das ganze Gift auf einmal ausgespuckt hat. Zum ersten Mal sieht sein Gesicht richtig menschlich aus.

Dein Gesicht kann gar nicht richtig menschlich aussehen, weil du so vieles unterdrückt hast. Die Eifersucht, der Haß, die Wut – alles, was du unterdrückt hast, ist da, Schicht um Schicht, dicht unter der Haut. Daraus besteht dein Gesicht. Aber man kann es hervorholen – einfach durch eine Phantasie, durch einen bewußt herbeigeführten Tagtraum.

Im Westen gibt es eine ähnliche Technik namens ›Psychodrama‹. Auch sie ist eigentlich eine uralte buddhistische Methode: Du nimmst an einem Drama teil und spielst deine Rolle so total, daß du völlig vergißt, daß es nur Theater ist. Das Theaterspiel wird zur realen Handlung, und dann bist du nicht mehr der Schauspieler, sondern ein real Handelnder. Das verändert dich.

Tantra sagt: Wenn man seine Träume und Phantasien verändert, wenn man den Verstand und dessen Gedankenmuster verändert, dann verändert sich auch die dahinterliegende Wirklichkeit. Weil unser Verstand so tief in der Realität verwurzelt ist, kann man ihn auf diese Weise benutzen. Diese Techniken haben den Sinn, die Muster und Strukturen zu verändern, nach denen dein Verstand bisher funktionierte.« *(216)*

Oshos meditative Therapien

»Mystic Rose«

Ende der achtziger Jahre führte Osho drei neue Gruppenmeditationen ein, die über einen Zeitraum von ein bis drei Wochen laufen. Die wichtigste davon ist die *»Mystic Rose«*. Osho nannte sie den größten Durchbruch in der Meditation, seit Buddha vor fünfundzwanzig Jahrhunderten Vipassana entwickelte.

Die Gesellschaft hat die Fähigkeit des Menschen unterdrückt, spontan zu lachen und zu weinen. Über viele Generationen hinweg wurde uns beigebracht, daß wir im Grunde nicht lachen dürfen, denn das Leben sei eine ernste Sache. Über viele Generationen hinweg wurde uns beigebracht, daß es unreif sei zu weinen, und so wurden Leid, Trauer und Tränen tief in unserem Sein vergraben. Diese Meditationstechnik befreit unterdrücktes Lachen und zurückgehaltene Tränen, bis am Ende nichts bleibt außer dem offenen Himmel des unbeteiligten Beobachters.

Die *»Mystic Rose«* dauert drei Wochen und wird drei Stunden täglich praktiziert. Es gibt eine Kassette zur Unterstützung und Führung dieser Meditation. Es wird empfohlen, die »*Mystic Rose*« mit einem ausgebildeten Osho-Therapeuten zu machen, bevor man versucht, sie allein durchzuführen.

***Erste Phase:** Lachen.*
Während der ersten sieben Tage der Meditation wird gelacht – ohne bestimmten Grund. Das Ziel dieser Phase ist es, den Platz in deinem Bauch zu finden, aus dem das Lachen einfach von selbst emporsprudelt. Immer wenn das Lachen verebbt, brabble und bewege deinen Körper, um die blockierte Energie zu befreien. Manchmal, vor allem gegen Ende der Woche, ist dir vielleicht zum Heulen zumute, aber nein! Drehe die Energie wieder in Richtung Lachen. In den letzten zehn Minuten jeder Sitzung sitze ruhig und beobachte.

***Zweite Phase:** Weinen.*
Während der nächsten sieben Tage läßt du deine Tränen fließen. Während der Lachphase ist ein gewisser Aufwand nötig, um weiterzumachen; beim Weinen brauchst du nichts zu tun, als wach zu bleiben, weiter hineinzugehen und zuzulassen. Das Lachen hat den inneren Weg zu zurückgehaltenen Tränen, Leid und Qual freigemacht – und sie sind da, wir halten sie nur zurück. Erlaube dir, wirklich tief und laut zu weinen und mit deinen Tränen dein Herz reinzuwaschen und zu erleichtern. Wenn du meinst, nicht mehr weitermachen zu können, gilt hier dasselbe wie in der ersten Phase: Brabble, um die Blockaden zu lösen, und geh weiter hinein. Zwischendurch kann sanfte, traurige Musik gespielt werden, um das Weinen zu unterstützen. Beende jede Sitzung mit zehn Minuten stillem Sitzen.

***Dritte Phase:** Beobachter auf dem Hügel.*
In der letzten Woche sitze still, entspannt und bequem, die Augen geschlossen, und betrachte, was auch immer in dir drin passiert. Vielleicht hilft es dir, zu deinem inneren Zeugen zurückzufinden, wenn du deinen Atem beobachtest, wie er durch die Nase oder durch den Bauch ein- und wieder ausströmt. Oder du achtest auf die natürlichen Geräusche um dich her, die dich wieder ins Hier und Jetzt zurückbringen. Nach etwa fünfundvierzig Minuten stehe auf

und tanze fünfzehn Minuten lang zu sanfter Musik – achte in dieser Zeit mehr auf die Bewegungen des Körpers, als daß du dich im Tanz verlierst.

Osho sagt über die »*Mystic Rose*«:

»Dies ist absolut meine Meditation. Ihr werdet überrascht sein, daß keine Meditation euch so viel geben kann wie diese kleine Strategie. Dies ist meine Erfahrung aus vielen Meditationen: Ihr müßt zwei Schichten durchbrechen – Lachen und Tränen.

Und es ist gesund zu schreien, zu weinen, zu lachen. Wissenschaftler entdecken jetzt, daß Schreien, Weinen und Lachen extrem gesundheitsfördernd sind, und zwar nicht nur physisch, sondern auch psychisch. Sie sind in hohem Maße fähig, euch gesund zu halten. Die ganze Menschheit wird langsam verrückt, aus dem einfachen Grund, weil niemand aus vollem Herzen lacht.

Alles, was diese Welt braucht, ist eine Reinigung des Herzens von all den Lasten der Vergangenheit. Und Lachen und Tränen können beides. Tränen werden alle Qual herausholen, die in euch versteckt ist, und Lachen wird euch von allem befreien, was euch an der Ekstase hindert. Wenn du die Kunst einmal gelernt hast, wirst du überaus erstaunt sein: Warum hat dir das nie einer gesagt? Es gibt einen Grund dafür: Niemand gönnte der Menschheit die Frische einer Rosenblüte und ihren Duft und ihre Schönheit.« *(217)*

»*No-Mind*«

Kurz nach der Einführung der »*Mystic Rose*« führte Osho »*Gibberish*« als Teil einer Meditation ein, durch die er seine Leute am Ende jedes Diskurses führte. Etwa zur selben Zeit schuf er eine neue Gruppenmeditation, die auf der *Gibberish*-Technik basiert. Er nannte sie »*No-Mind*«.

Die Gruppe dauert sieben Tage, jeweils zwei Stunden am Tag, und besteht aus einer Stunde *Gibberish* und einer Stunde stillem Beobachten; den Abschluß bildet die »*Let-Go*«-Technik. Wenn man die Meditation allein macht, sollte sie ebenfalls sieben Tage dauern; in diesem Fall sollten die beiden Phasen jedoch jeweils nur dreißig bis vierzig Minuten dauern. Es gibt eine Kassette, die dich in der Meditation unterstützt und führt.

Erste Phase: *Mache Gibberish und werde bewußt verrückt. Werde mit absoluter Bewußtheit verrückt, so daß du zum Zentrum des Zyklons wirst. Erlaube allem – was auch immer es sein mag – hochzukommen, ohne dich darum zu kümmern, ob es bedeutsam oder vernünftig ist. Wirf den ganzen Gedankenschrott einfach hinaus und schaffe Platz, damit der Buddha erscheinen kann.*

Zweite Phase: *Sitze absolut still, ruhig und entspannt, führe deine Energie nach innen, laß deine Gedanken sich weiter und weiter von dir entfernen und erlaube dir, in die tiefe Stille und den Frieden zu fallen, die dein Zentrum sind.*

Dritte Phase: *Erlaube deinem Körper, auf den Boden zu fallen, ohne jede Anstrengung oder Kontrolle.*

Von Osho geführte *Let-Go*-Meditationen sind mit auf der *No-Mind*-Kassette enthalten. *(218)*

»Born Again«

Dies ist die dritte meditative Therapie. Es handelt sich um eine siebentägige Gruppe, jeweils zwei Stunden am Tag. Osho sagt über diese Gruppe:

»Während der ersten Stunde verhältst du dich wie ein Kind. Geh einfach in deine Kindheit zurück. Was immer du in diesem Zustand tun möchtest, tu es – tanzen, singen, springen, schreien, weinen – alles ist erlaubt, in jeder Stellung. Nichts ist verboten, außer andere Leute zu berühren. Du sollst niemanden in der Gruppe berühren oder verletzen. In der zweiten Stunde sitze einfach still. Du wirst frischer sein, unschuldiger, und Meditation wird einfacher werden.«

Diese wunderbare und kraftvolle Meditation gibt uns die Möglichkeit, wieder in einen lebendigen Kontakt mit den nicht ausgedrückten Energien des Kindes in uns zu kommen. *(219)*

»Gehe jeden Abend eine Stunde lang zurück in die Vergangenheit und versuche dich an alles zu erinnern, was in deiner Kindheit geschah. Je tiefer du gehen kannst, um so besser – denn viele Dinge, die passiert sind, vergraben wir und lassen sie nicht ins Bewußtsein hochkommen. Laß zu, daß sie wieder an die Oberfläche kommen. Wenn du das jeden Tag machst, wirst du immer tiefer gehen können. Zuerst wird deine Erinnerung nicht weiter zurückreichen als bis zum Alter von etwa vier oder fünf Jahren. Dann stößt du plötzlich an eine Art von Chinesischer Mauer. Doch wenn du weitermachst, wirst du allmählich noch weiter zurückgehen können: bis drei Jahre, zwei Jahre. Manche Menschen konnten sich sogar wieder an ihre Geburt oder an die Zeit im Mutterleib erinnern, und es hat Leute gegeben, die sogar noch weiter zurückgehen konnten, bis in das davorliegende Leben, bevor sie starben.

Wenn du den Zeitpunkt deiner Geburt wieder erleben kannst, wirst du einen tiefen Schmerz, eine tiefe Qual erleben. Du wirst das Gefühl haben, als würdest du noch einmal geboren. Es kann sein, daß du schreist, so wie das Kind zum ersten Mal geschrien hat. Du wirst das Gefühl haben, als würdest du ersticken, so wie das Kind zu ersticken drohte, als es zum ersten Mal aus dem Bauch der Mutter heraus war – denn für ein paar Sekunden konnte es nicht atmen. Es drohte zu ersticken. Dann kam der erste Schrei, und damit der erste Atemzug, die Atemwege öffneten sich, und die Lunge übernahm ihre Funktion. Vielleicht mußt du bis an diesen Punkt zurückgehen. Und von dort kommst du wieder zurück. Geh immer wieder dorthin und kehre wieder zurück, jeden Abend. Es kann drei bis neun Monate dauern, aber von Tag zu Tag wirst du dich immer mehr erleichtert, immer befreiter fühlen, und gleichzeitig wird dein Vertrauen wachsen, ganz nebenbei.

Wenn dir die ganze Vergangenheit sichtbar geworden ist und du alles erfahren hast, was geschah, wirst du davon befreit sein.« *(220)*

Techniken für den Alltag

Sei kein Automat

»Wenn wir all unser Tun ent-automatisieren können, dann wird unser ganzes Leben zur Meditation. Dann wird jede kleine Handlung – duschen, essen, mit einem Freund reden – zu einer Meditation.

Meditation ist eine Qualität, und diese Qualität läßt sich in alles einbringen. Meditation ist kein bestimmtes Tun – etwa nach Osten gewendet dazusitzen, Mantras zu rezitieren, Räucherstäbchen abzubrennen oder eine bestimmte Sache zu einer bestimmten Zeit auf eine ganz bestimmte Art und Weise mit bestimmten Bewegungen und Gebärden zu tun. Meditation hat mit alledem nicht das geringste zu tun. Das sind alles nur Versuche, Meditation in einen automatischen Ritus zu verwandeln – aber Meditation ist genau das Gegenteil von Automatik.

Wenn du ständig hellwach bist, ist alles, was du tust, eine Meditation, und jede Bewegung kann dir zur Meditation verhelfen.« *(221)*

Stop!

»Fange mit folgender ganz einfacher Methode an, mindestens sechsmal am Tag. Sie dauert jeweils nur eine halbe Minute, also drei Minuten am Tag. Es ist die kürzeste Meditation der Welt! Aber du mußt es urplötzlich machen – das ist der Clou.

Wenn du auf der Straße gehst – plötzlich fällt's dir ein: ›Stop!‹ Bleib stehen, komm völlig zum Stillstand – keine Bewegung! Sei für eine halbe Minute total gegenwärtig. Was auch immer die Situation sein mag, halte mit allem inne und sei einfach präsent für das, was gerade geschieht. Dann bewege dich weiter. Sechsmal am Tag. Du kannst es auch öfter machen, aber nicht weniger. Es wird eine große Öffnung bewirken. Aber es muß urplötzlich passieren.

Wenn du so unvermittelt in die Gegenwart geworfen wirst,

ändert sich deine ganze Energie. Der Film, der gerade im Gehirn lief, reißt. Und es ist so plötzlich, daß das Hirn so auf die Schnelle keinen neuen Gedanken liefern kann. Dazu braucht es Zeit; der Verstand ist dumm.

Wo auch immer du bist – im gleichen Moment, wo es dir einfällt, gibst du dir, deinem ganzen Wesen, einen Ruck und hältst inne. Dieses *Stop!* wird dich nicht nur bewußter machen, du wirst bald merken, daß es anderen auffällt – daß sich etwas in deiner Energie verändert hat. Etwas Unbekanntes ist hinzugetreten.« *(222)*

Raucher-Meditation

»Eines Tages kam ein Mann zu mir. Er hatte dreißig Jahre lang darunter gelitten, daß er Kettenraucher war. Er war krank, und die Ärzte hatten ihm gesagt: ›Sie werden nie gesund werden, wenn Sie nicht mit dem Rauchen aufhören.‹ Aber er war ein chronischer Raucher; er konnte nichts dagegen tun. Er hatte alles versucht; es war nicht so, daß er es nicht versucht hätte. Er hatte nichts unversucht gelassen und viel darunter gelitten; aber er schaffte es immer nur einen oder zwei Tage lang, dann packte ihn die Sucht wieder, so überwältigend stark, daß sie ihn einfach mitriß. Und schon verfiel er wieder in die alte Abhängigkeit.

Wegen dieser Abhängigkeit vom Rauchen hatte er sein ganzes Selbstvertrauen verloren: Er wußte, daß er eine solche Kleinigkeit, wie das Rauchen aufzugeben, nicht fertigbrachte. Er war in seinen eigenen Augen wertlos geworden, hielt sich für den wertlosesten Menschen der Welt und hatte alle Selbstachtung verloren. Da kam er zu mir.

Er fragte mich: ›Was kann ich nur tun? Wie kann ich mit dem Rauchen aufhören?‹ Ich sagte: ›Niemand kann das. Das ist es, was du verstehen mußt. Dein Rauchen ist jetzt keine Sache der Entscheidung mehr. Es gehört jetzt zu deinen festen Gewohnheiten; es hat Wurzeln in dir geschlagen. Dreißig Jahre sind eine lange Zeit. Die Gewohnheit ist dir in Fleisch und Blut übergegangen; sie hat deine ganze Körperchemie verändert, hat deinen ganzen Körper erfaßt. Jetzt kannst du nicht einfach mit dem Kopf an das Problem herangehen. Dein Kopf kann gar nichts ausrichten. Der Kopf ist impotent; er kann zwar einen Prozeß in Gang setzen, aber ihn dann nicht so leicht wieder stoppen. Wenn du erst einmal mit dem Rauchen angefangen hast und es nun schon so lange tust, dann bist du ein großer Yogi! Dreißig Jahre Disziplin im Rauchen! Es hat sich verselbständigt. Du mußt es ent-automatisieren.‹ Der Mann sagte: ›Was meinst du mit ent-automatisieren?‹

Genau darum geht es beim Meditieren – sich zu ent-automatisieren.

Ich sagte zu ihm: ›Tu jetzt eins: Schlag dir aus dem Kopf, aufhören zu wollen. Es ist außerdem gar nicht notwendig. Du hast jetzt dreißig Jahre lang geraucht und hast es überlebt. Natürlich hast du gelitten, aber auch daran hast du dich gewöhnt. Und was macht es schon, ob du wegen des Rauchens ein paar Stunden früher stirbst? Was willst du mit dieser Zeit denn hier anfangen? Was hast du bisher mit deiner Zeit angefangen? Was soll's also – ob du nun am Montag stirbst oder am Dienstag oder Sonntag, ob dieses Jahr oder nächstes Jahr – was macht das schon für einen Unterschied?‹

Er sagte: ›Ja, das ist wahr; es ist gleichgültig.‹ Darauf sagte ich: ›Denke einfach nicht mehr daran. Wir wollen nicht damit aufhören. Was wir aber tun können: Wir können versuchen, es zu verstehen. Wenn du also das nächste Mal rauchst, dann machst du eine Meditation daraus.‹

Er sagte: ›Eine Meditation aus dem Rauchen?‹ Ich sagte: ›Ja. Wenn die Zen-Leute aus dem Teetrinken eine Meditation machen können, wenn sie daraus eine Zeremonie machen können – warum nicht auch aus dem Rauchen? Rauchen kann eine genauso schöne Meditation sein.‹

Er war wie elektrisiert. Er sagte: ›Was sagst du da?‹ Er wurde ganz lebendig! Er sagte: ›Meditation? Sag mir, wie. Ich kann's gar nicht erwarten!‹

Ich erklärte ihm die Meditation. Ich sagte: ›Tu eins: Wenn

du die Zigarettenschachtel aus der Tasche holst, mach es ganz langsam. Genieße es, es hat keine Eile. Sei bewußt, wach, aufmerksam. Hole sie langsam heraus, mit voller Bewußtheit. Dann nimm die Zigarette aus der Schachtel, ganz bewußt und langsam – nicht so wie bisher, überstürzt, unbewußt und mechanisch. Dann klopfe mit der Zigarette leicht auf die Schachtel – aber sehr achtsam. Höre auf das Geräusch, so wie die Zen-Leute aufmerksam lauschen, wenn der Teekessel zu singen anfängt und das Wasser langsam anfängt zu kochen ... Und das Aroma! Rieche an der Zigarette ... wie gut sie riecht!‹

Er sagte: ›Was sagst du da? Wie gut ...?‹

›Natürlich, sie riecht gut. Tabak ist so göttlich wie alles andere. Rieche ihn – so riecht Gott!‹

Er sah etwas verdutzt drein. Er sagte: ›Was? Machst du Witze?‹ – ›Nein, ich mache keine Witze.‹ Selbst wenn ich Witze mache, mache ich überhaupt keine Witze. Ich bin ein ganz ernsthafter Mensch.

›Und dann steck dir die Zigarette in den Mund, ganz bewußt, und zünde sie ganz aufmerksam an. Genieße jeden Schritt, jede kleine Bewegung, und mache so viele kleine Schritte daraus wie möglich, bis hin zum Inhalieren, so daß es jedesmal bewußter wird.

Dann machst du den ersten Zug: Gott als Zigarettenrauch! Die Hindus sagen: *Annam brahm* – Nahrung ist Gott. Warum nicht auch Rauch? Alles ist Gott. Fülle deine Lunge ganz tief – das ist *Pranayama,* Atemmeditation. Ich gebe dir den neuen Yoga – für das New Age! – Und dann bläst du den Rauch aus und entspannst dich ... dann der nächste Zug. Und alles ganz, ganz langsam.

Wenn du das schaffst, wirst du staunen: Du wirst die ganze Dummheit daran erkennen – nicht, weil andere es sagen, nicht, weil andere sagen, daß es schlecht sei, sondern weil du es selber siehst. Und das wird nicht bloß intellektuell sein, du wirst es mit deinem ganzen Sein erkennen. Es wird ein totales Sehen sein. – Und wenn dann das Rauchen aufhört, hört es auf. Wenn nicht, dann nicht. Du brauchst dir darüber keine Gedanken zu machen.‹

Nach drei Monaten kam er wieder zu mir und sagte: ›Aber es hat aufgehört.‹

›So‹, sage ich, ›dann versuche es jetzt auch mit anderen Dingen.‹

Dies ist das Geheimnis, das ganze Geheimnis: Ent-automatisiere dich! Wenn du gehst, dann geh langsam, aufmerksam. Wenn du schaust, dann schau aufmerksam, und du wirst sehen, die Bäume sind grüner denn je, die Rosen sind rosiger denn je. Höre hin! Wenn jemand redet und den letzten Klatsch erzählt: Höre hin, höre ganze aufmerksam zu. Und wenn du selber redest, rede bewußt.

Laß alles, was du im Wachzustand tust, sich ent-automatisieren.« *(223)*

Milchfläschchen-Meditation

»Jeden Abend vor dem Schlafengehen nimm dir ein Fläschchen, eine Babymilchflasche, und stecke sie dir in den Mund. Rolle dich zusammen wie ein kleines Baby, das an der Mutterbrust saugt. Das wird dir eine tiefe innere Befriedigung geben. Die Psychologen sagen, daß das Rauchen ein Ersatz für die Mutterbrust ist. Der Rauch strömt wie die warme Milch ein, und die Zigarette dient als Ersatz für die Brust, die Brustwarze. Ein gefährlicher Ersatz! Darum sage ich: Ein Milchfläschchen ist viel besser!« *(224)*

Arbeit als Meditation

»Immer wenn du das Gefühl hast, daß du nicht in guter Stimmung bist und dich bei der Arbeit nicht wohl fühlst, atme, bevor du mit der Arbeit beginnst, fünf Minuten lang immer wieder ganz tief aus. Fühle, wie du mit jedem Ausatmen deine trübe Stimmung hinauswirfst, und du wirst dich wundern – innerhalb von fünf Minuten wirst du dich wieder ausgeglichen fühlen, das Tief ist überwunden, das Dunkel hat sich gelichtet.

Wenn du aus deiner Arbeit eine Meditation machen kannst, ist es das allerbeste. Dann kommt die Meditation nie in Konflikt mit deinem Leben. Was auch immer du tust, kann zur Meditation werden. Meditation ist nichts Getrenntes; sie ist Teil des Lebens. Sie ist wie Atmen: So wie du ein- und ausatmest, so meditierst du.

Und es ist nichts weiter als eine Verlagerung deines Schwerpunkts; es muß nichts Besonderes getan werden. Fange an, Dinge, die du bisher achtlos getan hast, mit Achtsamkeit zu tun. Und füge den Dingen, die du zu einem bestimmten Zweck gemacht hast, noch etwas hinzu ... Du hast zum Beispiel für Geld gearbeitet ... das ist in Ordnung, aber du kannst mehr daraus machen. Geld ist notwendig, aber es ist nicht alles. Und wenn du ganz nebenbei noch andere Freuden damit ernten kannst – warum solltest du dir das entgehen lassen? Du bekommst es gratis.

Du mußt ja deine Arbeit so oder so tun, ob du sie liebst oder nicht; wenn du also mit Liebe an sie herangehst, wird dir das vieles mehr bringen, was dir sonst entgehen würde.« *(225)*

Eine Technik, um sich zu zentrieren

Osho antwortete einmal folgendermaßen auf die Frage: »*Wie kann ich mehr integriert, mehr ganz werden?*«

»Du *bist* bereits integriert. Nicht an der Peripherie – an der Peripherie herrscht ein großes Durcheinander. An der Peripherie bist du Stückwerk. Doch wenn du nach innen gehst, wirst du sehen: Je tiefer du gehst, um so mehr erkennst du, daß du bereits integriert bist. Schließlich kommst du an einen Punkt in deinem innersten Sein, wo du plötzlich entdeckst, daß du eine Einheit bist, eine absolute Einheit. Es geht also nur darum, es zu entdecken.

Doch wie entdeckt man es? Ich möchte dir eine Technik

geben. Es ist eine ganz einfache Technik, sie sieht nur am Anfang schwierig aus. Wenn du es ausprobierst, wirst du feststellen, daß es ganz einfach ist. Wenn du es nicht probierst und nur darüber nachdenkst, wird es dir sehr schwer vorkommen.

Diese Technik geht so:

›Tue nur, was dir Freude macht. Wenn dir etwas keine Freude macht, dann tue es nicht.‹

Probiere es aus – denn Freude kommt immer nur aus deinem Zentrum. Wenn du etwas tust und Freude dabei empfindest, verbindest du dich wieder mit deinem Zentrum. Wenn du etwas tust, was dir keine Freude macht, schneidest du dich von deinem Zentrum ab. Freude entsteht in deinem Zentrum, und sonst nirgends. Nimm das als Kriterium – und halte dich fanatisch daran!

Du gehst auf der Straße spazieren, und plötzlich merkst du, wie das Gehen dir gar keinen Spaß macht. Bleib stehen! Laß es bleiben! Hör auf damit!

Freude ist die Schwingung des Zentriertseins. Immer wenn du etwas ohne Freude tust, wirft es dich aus deinem Zentrum. Dann solltest du es nicht erzwingen; das ist auch gar nicht nötig.

Laß die Leute ruhig denken, du seist verrückt geworden! Innerhalb weniger Tage wirst du selbst die Erfahrung machen, wie sehr du an dir vorbeigelebt hast. Du hast tausenderlei Dinge getan, die dir nie Spaß gemacht haben, und trotzdem hast du sie getan, einfach weil man es dir so beigebracht hat. Du hast nur eine Pflicht erfüllt.

Auf diese Weise haben die Menschen sogar etwas so Schönes wie die Liebe kaputtgemacht. Du kommst nach Hause und küßt deine Frau, weil man es eben so macht, weil es so üblich ist. Damit ist etwas so Schönes und Blütenzartes wie ein Kuß zerstört worden. Mit der Zeit wirst du deine Frau automatisch küssen, ohne es zu genießen, und du wirst ganz vergessen, was für eine Freude es sein kann, jemanden zu küssen.

Jedem, den du triffst, schüttelst du die Hand – sie ist kalt, ohne Bedeutung, ohne Botschaft, ohne Wärme. Es ist, als würden sich zwei tote Hände berühren und dabei ›Hallo!‹ sagen. Du hast gelernt, diese bedeutungslose, tote Geste zu benutzen, diese kalte Geste. Du frierst ein, wirst zu einem Eisblock. Und dann fragst du: ›Wie geht man in sein Zentrum?‹

Das Zentrum ist offen zugänglich, wenn du warm bist, wenn du im Fluß bist, wenn du schmilzt vor Liebe, Freude, Tanz und Wonne. Du hast es in der Hand – wenn du weiterhin nur diejenigen Dinge tust, die du wirklich gern tust, die dir Freude machen. Wenn du keine Freude spürst, hör auf damit. Finde etwas anderes, das dir Freude macht. Bestimmt gibt es irgend etwas, das dir Freude macht. Mir ist noch nie jemand begegnet, der sich über gar nichts freuen konnte. Es gibt Leute, die mögen dies nicht, die mögen das nicht, aber das Leben ist so riesig! Hake nirgendwo ein; bleib im Fluß! Laß mehr Energie strömen. Laß es fließen und laß deine Energie sich mit den anderen Energien, die dich umgeben, treffen. Dann wirst du entdecken, daß das Problem nicht darin bestand, wie du mehr integriert sein kannst; das Problem bestand darin, daß du vergessen hattest, wie man fließt. Wenn die Energie im Fluß ist, bist du plötzlich integriert. Manchmal passiert es auch ganz zufällig, aber aus dem gleichen Grund.

Manchmal verliebst du dich in eine Frau, in einen Mann, und dann fühlst du dich plötzlich integriert; plötzlich fühlst du zum ersten Mal, daß du eins bist. Deine Augen leuchten, deine Miene strahlt, dein Intellekt ist hellwach. In deinem Wesen brennt es lichterloh, ein Lied bricht aus dir hervor, und dein Gang bekommt etwas Tänzerisches. Du bist ein völlig anderer Mensch.

Aber das sind seltene Augenblicke – weil wir das Geheimnis nicht kennen. Das Geheimnis ist: Es muß etwas da sein, was dir Freude schenkt – darin besteht das ganze Geheimnis. Ein Maler kann hungrig sein und mit leerem Magen malen, aber seinem Gesicht wird man ansehen, daß er total befriedigt ist. Ein Dichter kann arm sein, aber wenn er sein Lied singt, ist er der reichste Mensch auf der Welt; niemand könnte reicher sein als er. Worin besteht das Geheimnis? Das Geheimnis ist: Er genießt die Freude dieses Augenblicks. Jedesmal, wenn du an einer Sache Freude hast, bist du im Einklang mit dir selbst und dem Universum, denn dein Zentrum ist auch das Zentrum des Ganzen.

Laß diese kleine Erkenntnis zu deinem inneren Klima werden: Tue nur das, was dir Freude bringt – ansonsten laß es sein. Du liest die Zeitung, und mittendrin merkst du plötzlich, daß es dir keinen Spaß mehr macht. Dann ist es unnötig, weiterzumachen. Wozu weiterlesen? Hör damit auf – hier und jetzt. Wenn du mit jemandem redest, und du merkst mitten im Gespräch, daß es dir keinen Spaß mehr macht, dann unterbrich es – und wenn es mitten im Satz ist. Wenn es dir keinen Spaß macht, bist du nicht verpflichtet, es fortzusetzen.

Am Anfang wirst du dir ein bißchen seltsam vorkommen, aber meine Sannyasins *sind* nun mal seltsame Vögel. Ich denke, es ist kein Problem. Probiere es aus.« *(226)*

Guillotine-Meditation

»Sei kopflos. Versuche, eine Meditation daraus zu machen; es ist eine der schönsten Tantra-Meditationen. Wenn du gehst, stell dir vor, dein Kopf wäre nicht mehr da – nur der Körper. Wenn du sitzt, stell dir vor, dein Kopf wäre nicht mehr da – nur der Körper. Erinnere dich ständig daran, daß der Kopf nicht mehr da ist. Visualisiere dich selbst ohne Kopf. Laß dir ein Foto von dir vergrößern, auf dem du ohne Kopf zu sehen bist; schau es dir an. Hänge den Spiegel im Badezimmer tiefer, so daß du dich nur noch ohne Kopf sehen kannst – nur als Körper.

Wenn du das ein paar Tage lang machst, wirst du eine solche Schwerelosigkeit fühlen, eine so große Stille! Denn es ist der Kopf, der die Probleme erzeugt. Wenn du dir vorstellen kannst, du hättest keinen Kopf – und man kann sich das vorstellen, das ist nicht schwierig –, dann rückt dein Herz mehr und mehr in den Mittelpunkt.

Jetzt, in diesem Moment, kann es geschehen: Du siehst dich ohne Kopf. Dann wirst du auf der Stelle verstehen, was ich sage. Zwischen dem, was ich sage, und dem, was du verstehst, wird kein Abstand sein. Nur der Kopf erzeugt den ganzen Unsinn, der dazwischenliegt.

Aber bitte schlag den Kopf nicht gegen die Wand, denn die Wand wird das vielleicht nicht mögen. Die Wand ist vielleicht noch nicht dazu bereit, erleuchtet zu werden. Schlag den Kopf gegen die Leere, aber nicht gegen die Wand. Dann wird er fallen.

Kopflos zu sein bedeutet, meditativ zu sein. Völlig kopflos zu sein bedeutet, das Unerreichbare zu erreichen.

Dein Kopf – das ist dein Wahnsinn. Wenn du dir vorstellen kannst, du hättest keinen Kopf, dann wird der ganze Wahnsinn verschwinden. Versuche es mal. Es ist eine der stärksten Techniken.« *(227)*

Entspanne den Atem

»Sooft du Zeit hast, entspanne für ein paar Minuten deinen Atem, einfach nur das. Es ist nicht nötig, den ganzen Körper zu entspannen. Wenn du im Zug, im Flugzeug oder im Auto sitzt, braucht niemand zu merken, daß du irgend etwas machst. Entspanne einfach die Atemfunktion und überlasse sie ihrem natürlichen Gang. Schließe die Augen und beobachte, wie der Atem einströmt, ausströmt, einströmt ...

Es ist keine Konzentration. Wenn du dich konzentrierst, machst du es schwieriger, denn dann wird alles andere zu einer Störung. Wenn du versuchst, dich zu konzentrieren, während du im Auto sitzt, wird dich das Geräusch des Wagens stören, wird dich die Person, die neben dir sitzt, stören.

Meditation ist nicht Konzentration; sie ist bloßes Gewahrsein. Entspanne dich und beobachte einfach den Atem. Doch dieses Beobachten schließt alles mit ein. Der Wagen brummt – völlig in Ordnung, akzeptiere es. Der Verkehr fließt vorbei – in Ordnung, das gehört zum Leben. Dein Beifahrer schnarcht neben dir – akzeptiere auch das. Nichts wird abgelehnt. Du darfst dein Bewußtsein nicht verengen.

Konzentration ist eine Verengung des Bewußtseins: Man richtet seine Aufmerksamkeit auf einen einzigen Punkt, und alles andere konkurriert damit. Dann muß man alles andere abwehren, weil man befürchtet, diesen einen Punkt zu verlieren; man könnte abgelenkt werden, und das würde eine Störung bedeuten. Dann braucht man Abgeschiedenheit, den Himalaja, man braucht Indien oder ein Zimmer, in dem man ungestört still sitzen kann.

Aber das ist nicht richtig – so kann es nicht zu einem festen Bestandteil deines Lebens werden. Dann isoliert es dich. Es wird dir einige gute Ergebnisse bringen – du wirst dich ruhiger und gelassener fühlen –, aber das wird nur ein vorübergehender Fortschritt sein. Dann wirst du immer wieder das Gefühl haben, daß du nicht die richtige Einstimmung hast. Wenn du nicht die richtigen Voraussetzungen hast, unter denen es passiert, geht es verloren.

Eine Meditation, für die du bestimmte Voraussetzungen brauchst, für die bestimmte Bedingungen erfüllt werden müssen, ist überhaupt keine Meditation – denn du wirst nicht in der Lage sein, sie zu machen, wenn du stirbst. Der Tod wird eine solche Störung sein! Wenn das Leben dich schon so sehr ablenkt ... und dann erst der Tod! Du wirst nicht imstande sein, meditativ zu sterben, und dann war das Ganze vergeblich, verlorene Liebesmühe. Du wirst wieder voller Spannung sterben, in Angst, Elend und Leiden, und dadurch wirst du sofort deine nächste Geburt von derselben Art herbeiführen.

Der Tod sollte das Kriterium sein: Alles, was du sogar im Sterben tun kannst, ist real – du kannst es überall tun ... an jedem Ort, unter allen Bedingungen. Wenn du gute Bedingungen vorfindest, wunderbar – dann genießt du das. Wenn nicht, macht es aber auch keinen Unterschied. Sogar auf dem Marktplatz kannst du es tun.«

Sollte man sich bemühen, den Atem zu regulieren?
»Nein, bemühe dich nicht, ihn zu regulieren, denn alle Kon-

trolle kommt vom Verstand. Meditation kann niemals eine kontrollierte Sache sein.

Der Verstand kann nicht meditieren. Meditation ist etwas, das jenseits des Verstandes liegt, oder unterhalb des Verstandes, aber niemals innerhalb des Verstandes. Wenn also der Verstand weiterhin der kontrollierende Beobachter bleibt, ist es keine Meditation, dann ist es Konzentration. Konzentration ist eine Verstandesleistung. Sie bringt die Fähigkeiten des Verstandes zu ihrem Höhepunkt. Ein Wissenschaftler konzentriert sich, ein Soldat konzentriert sich, ein Jäger, ein Forscher, ein Mathematiker – sie alle konzentrieren sich. Das sind alles Aktivitäten des Verstandes.«

Wie häufig am Tag sollte man es machen?

»Sooft du willst. Man braucht dafür keine spezielle Zeit festzulegen. Nutze alle Zeit, die dir zur Verfügung steht. Im Badezimmer, wenn du zehn Minuten Zeit hast, setze dich unter die Dusche und meditiere. Am Morgen, am Nachmittag, vier oder fünf Mal, für kurze Augenblicke – nur für fünf Minuten – meditiere, dann wirst du sehen, wie es zu einer ständigen Nahrung für dich wird. Man muß es nicht vierundzwanzig Stunden am Tag tun.

Ein Täßchen Meditation genügt völlig. Unnötig, den ganzen Fluß auszutrinken. Eine Tasse Tee genügt. Und mach es dir so leicht wie möglich. Leicht ist richtig! Mach es dir so natürlich wie möglich. Und sei nicht gierig danach. Mach es einfach, sooft du Zeit dafür findest. Mach keine Gewohnheit daraus, denn alle Gewohnheiten gehören zum Verstand, und der wahre Mensch hat keine Gewohnheiten.« *(228)*

Meditation für den Jet-set

»Nirgendwo kann man besser meditieren als in einem Flugzeug, das in großer Höhe fliegt. Je höher, desto leichter fällt das Meditieren. Genau deswegen sind die Meditierenden seit Menschengedenken in den Himalaja gezogen; sie wollten so hoch wie möglich hinaus.

Sobald die Erdanziehung abnimmt, die Erde weit weg ist, erreichen dich auch viele irdische Anziehungskräfte nicht mehr. Und du bist weit weg von der korrupten Gesellschaft, die der Mensch geschaffen hat. Um dich her nur Wolken und Sterne, Mond und Sonne, und das ganze All ... Fühle dich eins mit der Weite des Alls.

Geh in drei Stufen vor.

Der erste Schritt: Stell dir einige Minuten lang vor, daß du immer größer wirst ... du füllst das ganze Flugzeug aus.

Der zweite Schritt: Fühle dich noch größer werden, größer als das Flugzeug, so daß das Flugzeug jetzt in dir ist.

Der dritte Schritt: Fühle, daß du dich über den ganzen Himmel hin ausgebreitet hast. Jetzt bewegen sich diese Wolken, dieser Mond und all diese Sterne in dir: Du bist riesig, du bist grenzenlos. Dieses Gefühl wird zu deiner Meditation, und du wirst dich total entspannt, ganz und gar gelöst fühlen.« *(229)*

Vipassana-Meditation

»Es gibt Hunderte von Meditationsmethoden, doch *Vipassana* nimmt unter ihnen eine ganz besondere Stellung ein – so wie es Tausende von Mystikern gegeben hat und Gautama Buddha unter ihnen eine ganz besondere Stellung einnimmt. Er ist in vielfacher Hinsicht einzigartig, unvergleichlich – er hat in vielfacher Hinsicht mehr für die ganze Menschheit getan als alle anderen. Seine Suche nach der Wahrheit war aufrichtiger und authentischer als die Suche irgendeines anderen.

Vipassana ist die Meditationstechnik, durch die Gautama Buddha erleuchtet wurde.

Das Wort *›vipassana‹* stammt aus dem Pali – der Sprache, die Gautama Buddha verwendete. Es bedeutet wörtlich ›schauen‹, und im übertragenen Sinne ›beobachten, betrachten‹.

Gautama Buddha wählte eine Meditationstechnik, die man als die Essenz von Meditation bezeichnen kann. Sämtliche Meditationen sind unterschiedliche Formen des Beobachtens,

Gewahrseins, Zeugeseins. Das bewußte Beobachten ist der wesentliche Faktor bei sämtlichen Spielarten von Meditation; es ist essentiell und unumgänglich. Buddha hat alles andere weggelassen und sich auf das Essentielle beschränkt – das Beobachten.

Es gibt drei Stufen des Gewahrseins. Buddha ist ein sehr wissenschaftlich vorgehender Pragmatiker, darum beginnt er beim Körper, weil dieser am leichtesten zu beobachten ist. Es ist einfach, die Bewegung meiner Hand zu beobachten und ganz bewußt wahrzunehmen, wie meine Hand sich hebt. So kann ich mich selbst beobachten, während ich auf der Straße gehe – ich kann beim Gehen jeden Schritt beobachten. Und ich kann auch beobachten, während ich mein Essen zu mir nehme.

Der erste Schritt bei *Vipassana* ist also, die Aktionen des Körpers zu beobachten, und das ist der einfachste Schritt. Eine wissenschaftliche Methode beginnt immer mit dem Einfachsten.

Wenn du anfängst, den Körper zu beobachten, wirst du dich wundern über die neuen Erfahrungen, die du machst. Wenn du deine Hand mit voller Achtsamkeit, Aufmerksamkeit, Wachheit, Bewußtheit bewegst, wirst du dabei eine gewisse Anmut und Stille wahrnehmen. Zum Vergleich kannst du die Bewegung ohne dieses Gewahrsein machen, und sie wird schneller sein, aber nicht mehr so anmutig.

Buddha ging immer so langsam, daß man ihn oft gefragt hat, warum er so langsam gehe. Er sagte: ›Es gehört zu meiner Meditation – immer so zu gehen, als ob man im Winter einen kalten Fluß durchquerte: langsam und wach, weil der Fluß sehr kalt ist; achtsam, weil die Strömung sehr stark ist; aufmerksam auf jeden einzelnen Schritt, weil man auf den Steinen im Fluß leicht ausrutschen kann.‹

Die grundlegende Methode des Beobachtens bleibt gleich, nur das Objekt der Aufmerksamkeit verlagert sich mit jeder Stufe.

Die zweite Stufe besteht darin, das Denken zu beobachten. Nun geht es um feinere Wahrnehmungen – das Beobachten der Gedanken. Wenn es dir gelungen ist, deinen Körper zu beobachten, wird es dir auch nicht schwerfallen, die Gedanken zu beobachten. Es sind subtile Schwingungen – wie elektronische Schwingungen oder Radiowellen –, aber genauso ›materiell‹ wie der Körper. Sie sind unsichtbar wie die Luft, die auch nicht sichtbar ist, aber so ›materiell‹ wie die Steine. Ebenso ist es mit den Gedanken: sie sind materiell, aber unsichtbar.

Dies ist die zweite, die mittlere Stufe. Du bewegst dich in Richtung Unsichtbarkeit, aber immer noch im materiellen Bereich. Beim Beobachten der Gedanken ist die einzige Bedingung, daß du nichts beurteilst, nichts bewertest. Urteile nicht, denn sobald du urteilst, vergißt du zu beobachten.

Dies ist keine ablehnende Haltung gegenüber dem Urteilen; der einzige Grund, warum du nicht urteilen sollst, besteht darin, daß du, sobald du urteilst: ›Das ist ein guter Gedanke‹, schon nicht mehr beobachtest. Du fängst an zu denken, hast dich hineinziehen lassen. Du bist nicht mehr distanziert und stehst nicht einfach am Straßenrand und schaust dem Verkehr zu.

Laß dich nicht hineinziehen – weder durch Lob und Zustimmung noch durch Ablehnung. Du solltest überhaupt keine Stellung beziehen gegenüber dem, was in deinem Kopf passiert. Beobachte deine Gedanken, so als wären sie Wolken, die am Himmel vorüberziehen. Über sie urteilst du doch auch nicht: ›Diese schwarze Wolke ist sehr böse, und diese weiße Wolke sieht aus wie ein Heiliger!‹ Wolken sind Wolken, und sie sind weder gut noch böse.

Das gleiche gilt für die Gedanken: nur eine kleine Schwingung, die durch dein Gehirn zieht. Beobachte sie ohne jedes Urteil, dann wirst du wiederum eine große Überraschung erleben. Wenn dein Beobachten beständiger wird, werden die Gedanken abnehmen, sie werden immer weniger. Der Anteil ist genau proportional: Wenn du zu fünfzig Prozent im Beobachter bist, werden deine Gedanken zu fünfzig Prozent verschwinden; wenn du zu sechzig Prozent im Beobachter bist, werden nur noch vierzig Prozent Gedanken da sein.

Wenn du zu neunundneunzig Prozent ein reiner Beobachter bist, wird nur noch hier und da ein vereinzelter Gedanke aufkreuzen – nur noch ein Prozent Verkehr auf der Straße, ansonsten ist der ganze Verkehr verschwunden. Der Stoßverkehr ist vorbei.

Wenn du zu hundert Prozent zum nicht urteilenden Zeugen geworden bist, bedeutet es, daß du zu einem klaren Spiegel geworden bist. Ein Spiegel fällt niemals Urteile. Wenn eine häßliche Frau hineinschaut, urteilt der Spiegel nicht. Wenn eine schöne Frau hineinschaut, macht es keinen Unterschied. Und wenn gar niemand hineinschaut, ist der Spiegel genauso klar, wie wenn jemand sich darin widerspiegelt. Ihn berührt es weder, wenn sich etwas spiegelt, noch wenn sich gar nichts spiegelt. Das Beobachten wird zum reinen Spiegel.

Das ist eine große Errungenschaft in der Meditation. Wenn du das erreicht hast, dann hast du bereits den halben Weg zurückgelegt, und zwar die schwierigste Strecke. Nun kennst du das Geheimnis, und dieses Geheimnis mußt du nun auf verschiedene Objekte anwenden.

Von den Gedanken mußt du zu noch subtileren Erfahrungen übergehen – Emotionen, Gefühlen, Stimmungen ... vom Kopf zum Herzen, mit der gleichen Bedingung: kein Urteilen, bloßes Beobachten. Und das überraschende ist, die meisten der Emotionen, Gefühle und Stimmungen, die dich beherrschen ... Wenn du zum Beispiel traurig bist, wenn du richtig traurig wirst, ergreift Traurigkeit von dir Besitz. Wenn du wütend wirst, ist es nicht nur ein Teil von dir, sondern du bist voller Wut, jede Faser deines Seins bebt vor Wut.

Wenn du deine Beobachtung auf das Herz ausdehnst, wirst du die Erfahrung machen, daß du von nichts mehr überwältigt wirst. Traurigkeit wird zu etwas, das kommt und geht, aber *du* bist nicht mehr traurig. Fröhlichsein kommt und geht, aber *du* bist nicht mehr fröhlich. Was auch immer in den tieferen Schichten deines Herzens abläuft, berührt dich nicht mehr. Dann bekommst du zum ersten Mal einen Vorgeschmack von wahrer Meisterschaft. Jetzt bist du nicht mehr ein Sklave, der mal hierhin, mal dorthin gezogen wird und den jede Emotion, jedes Gefühl, jede Kleinigkeit aus dem Häuschen bringt …

Die Leute regen sich über absolute Kleinigkeiten auf, über belanglose Trivialitäten. Jemand geht an dir vorüber und zwinkert mit dem Auge. Er hat dir nichts getan, nur sein Auge hat gezwinkert, und er hat jedes Recht dazu, es ist sein verfassungsmäßig verbrieftes Recht. Niemand kann es ihm verwehren, mit dem Auge zu zwinkern. Warum regt dich das auf? Und wenn er daraus eine Gewohnheit entstehen läßt und jedesmal, wenn er dich sieht, mit dem Auge zwinkert, wird es dich wütend machen. Unsere Bewußtheit ist so gering; sie wird so leicht von einer Sache überwältigt und läßt sich von jeder Stimmung, jedem Gefühl, jeder Emotion überrollen.

Wenn du zum Beobachter auf der dritten Stufe wirst, bist du zum ersten Mal Herr deiner selbst – dann kann dich nichts mehr stören, nichts mehr überrollen. Alles bleibt weit entfernt – irgendwo tief da unten, und du sitzt oben auf dem Berg.

Dies sind die drei Stufen von *Vipassana*. Es gibt viele verschiedene Arten, wie man *Vipassana* ausführen kann – dies ist nur eine bestimmte Methode.

Der Buddhismus breitete sich über ganz Ostasien aus, und die fernöstliche Variante von *Vipassana* hat eine etwas andere Ausprägung. In Japan beobachtet man den Bauch, während man ein- und ausatmet. Darum haben die japanischen Buddha-Statuen einen dicken Bauch. In Indien findet man keine Buddha-Statuen mit dicken Bäuchen; das gilt als unathletisch, es sieht nicht schön aus. Doch in Japan muß der Buddha einen dicken Bauch haben, weil dort die Methode von *Vipassana* darin besteht, den Bauch zu beobachten, wie er sich bewegt, und nicht den Brustkorb. Der Brustkorb bleibt ruhig und unbeweglich. Bei jedem Ein- und Ausatmen hebt und senkt sich nur der Bauch. Das ist die eine Art, wie man *Vipassana* machen kann, in einem einzigen Schritt, und diese Methode herrscht in Japan vor.

In Sri Lanka macht man es in zwei Schritten: Zunächst beobachtet man genauso das Atmen, aber nicht im Bauch, sondern an der Nase. Wenn die Luft beim Einatmen die

Nasenlöcher berührt, ist man sich dessen bewußt, und wenn die warme Luft ausströmt, ist man dessen ebenfalls gewahr. Das ist der erste Schritt.

Und der zweite Schritt: Nach dem Einatmen gibt es eine Pause, bevor der Atem sich umkehrt, eine kurze Ruhepause von ein paar Sekunden. Man kann diese Pause beobachten, wenn der Atem sich nicht bewegt. Wenn du diese wenigen Augenblicke beobachten kannst, wirst du sie auch nach dem Ausatmen, bevor der nächste Atemzug beginnt, wahrnehmen können – dieses kurze Intervall, das mal innen, mal außen stattfindet. Die Aufmerksamkeit liegt auf diesen Pausen.

In Tibet gibt es eine andere Methode, in Korea noch eine andere, in China wieder eine andere – aber der wesentliche Punkt ist immer das Beobachten, das Zeugesein. Mein Gefühl ist, daß die drei Stufen, die ich beschrieben habe, den einfachsten, leichtesten Weg darstellen – jeder kann es tun. Es bedarf dazu keiner Gelehrsamkeit, keiner Disziplinierung, keiner großen Verstandeskraft.

Und nach diesen drei Stufen kommt die eigentliche Erfahrung; diese drei Stufen führen dich bis an die Tür des Tempels, und sie ist geöffnet.

Wenn du das Beobachten deines Körpers, deines Verstandes und deines Herzens gemeistert hast, kannst du nichts anderes mehr tun; dann mußt du warten. Wenn die Meditation in diesen drei Stufen zur Vollendung gelangt ist, geschieht die vierte Stufe von selbst, als Lohn. Es ist ein Quantensprung vom Herzen ins Sein, zum eigentlichen Zentrum deiner Existenz. Du kannst es nicht tun; es geschieht von selbst – das mußt du im Gedächtnis behalten!

Versuche es nicht zu tun, denn wenn du das versuchst, wirst du unweigerlich scheitern. Es ist ein Geschehenlassen. Du mußt die ersten drei Stufen vorbereiten, aber die vierte Stufe ist ein Geschenk, eine Belohnung von der Existenz, ein Quantensprung, der sich urplötzlich vollzieht: Deine Lebensenergie, dein beobachtendes Bewußtsein erreicht dein innerstes Zentrum des Seins. Dann kommst du nach Hause.

Du kannst es Selbstverwirklichung nennen, du kannst es

Erleuchtung nennen, du kannst es absolute Befreiung nennen – doch mehr als das gibt es nicht. Du bist ans Ziel deiner Suche gekommen, du hast die innerste Wahrheit der Existenz gefunden. Und die große Ekstase, die damit einhergeht ...

Meditation ist keine Arbeit. Meditation ist reinste Seligkeit.

Und wenn du tiefer gehst, betrittst du immer mehr wunderbare Räume, immer leuchtendere Zustände. Sie sind dein Schatz – eine immer tiefere Stille, die nicht bloß ohne Lärm ist, sondern in der du die Präsenz eines tonlosen Klangs wahrnimmst – voller Musik, Lebendigkeit und Tanz.

Und indem du den innersten Kern deines Seins, das Zentrum des Zyklons findest, findest du Gott – nicht als Person, sondern als Licht, als Bewußtsein, als Wahrheit, als Schönheit ... alles das, wovon die Menschen seit Jahrhunderten träumen. Und all diese ersehnten Schätze liegen in unserem Innern vergraben!

Es ist keine mühsame, qualvolle, asketische Disziplin – es ist eine überaus angenehme, harmonische, poetische Reise, und sie wird immer mehr zur reinsten Freude. Es ist keine Arbeit, es ist Gebet – das einzige Gebet, das ich kenne. Für mich bedeutet Gebet: Wenn du dein Sein verwirklicht hast, fühlst du eine unendliche Dankbarkeit gegenüber der Existenz. Diese Dankbarkeit ist das einzig wahrhaftige, authentische Gebet; alle anderen Gebete sind unecht, pseudo, künstlich. Und diese Dankbarkeit entsteht in dir genau wie der Duft, der in den Rosen entsteht.

Es ist gut, daß du nach Meditation gefragt hast. Sie wird nicht nur dir selbst eine tiefgehende Transformation bringen, sondern auch deine Beziehungen transformieren. Sie wird dir ein echtes Überfließen von Liebe bringen, und erst dann wirst du sehen können, daß alles, was du bis dahin als Liebe bezeichnet hattest, gar keine Liebe war – es war nur Lust, biologische Lust, die von deinen Hormonen herrührte.

Nur ein Meditierender kennt diese Liebe, die nicht biologisch ist, die aus einem großen spirituellen Reichtum kommt und danach drängt, mit anderen geteilt zu werden – denn je mehr du sie austeilst, um so mehr hast du sie.« *(230)*

Anleitung für die Vipassana-Meditation:

Suche dir einen Platz, an dem du bequem fünfundvierzig bis sechzig Minuten lang sitzen kannst. Es ist sehr vorteilhaft, jeden Tag zur selben Zeit am selben Platz zu sitzen; es muß nicht unbedingt ein ruhiger Ort sein. Experimentiere so lange, bis du einen Ort und eine Zeit gefunden hast, wo du dich am besten fühlst. Du kannst eine oder zwei Sitzungen am Tag machen, solltest aber mindestens eine Stunde nach dem Essen warten und nicht später als eine Stunde vor dem Schlafengehen sitzen.

Es ist wichtig, daß Kopf und Rücken eine gerade Linie bilden. Schließe die Augen und halte den Körper so ruhig wie möglich. Du kannst auf einem Meditationsbänkchen sitzen, auf einem Stuhl mit hoher Lehne oder auf ein paar Kissen.

Es gibt keine bestimmte Atemtechnik, die man beachten muß; atme einfach ganz normal und natürlich.

Vipassana beruht auf Atemwahrnehmung; das Auf- und Abgehen des Atems soll also beobachtet werden, und zwar an der Stelle, wo du die Bewegungen am deutlichsten spürst – entweder an den Nasenflügeln, in der Magengegend oder am Solarplexus. Vipassana ist nicht Konzentration; so gibt es auch keine Regel, die dir vorschreibt, eine ganze Stunde lang den Atem zu beobachten. Wenn Gedanken, Gefühle oder körperliche Empfindungen aufkommen oder wenn du auf irgendwelche Laute, Gerüche oder Geräuschfetzen von draußen aufmerksam wirst, ignoriere sie nicht, nimm sie einfach wahr. Was auch immer gerade geschieht, kannst du beobachten – wie die Wolken am Himmel. Du läßt sie vorüberziehen, greifst weder danach, noch weist du sie ab. Wenn nichts deine Aufmerksamkeit anzieht, kehre zum Atem zurück. Und denke daran, es gibt nichts Bestimmtes, das passieren soll oder muß.

Es gibt hier weder Erfolg noch Mißerfolg – noch gibt es etwas zu verbessern. Es gibt nichts, was du herausfinden oder analysieren sollst, aber du kannst überraschende Einsichten gewinnen. (231)

Meditation kann dir die größten Einblicke, die größten Lichtblicke schenken, denn sie ist das Nutzloseste von der Welt. Du tust einfach gar nichts, du gehst einfach ins Schweigen hinein. Das ist mehr als nur Schlaf, denn im Schlaf bist du unbewußt, und alles, was geschieht, geschieht ohne Bewußtsein. Du magst im Paradies sein, aber du weißt es nicht. In Meditation bleibst du bewußt und erkennst den Weg: Er führt heraus aus der nutzbringenden Welt der äußeren Dinge, hinein in die nutzlose Welt des Innern.

Und wenn du erst einmal den Weg kennst, dann kannst du jederzeit einfach nach innen gehen. Wenn du im Bus fährst, brauchst du nichts zu tun, du sitzt einfach. Wenn du im Auto, im Zug oder im Flugzeug unterwegs bist, tust du gar nichts, alles wird von anderen getan; du kannst deine Augen schließen und ins Nutzlose, in dein Inneres gehen. Und auf einmal wird alles still, und auf einmal ist alles gelassen, und du bist plötzlich die Quelle allen Lebens. Aber diese Quelle hat keinen Marktwert. Du kannst nicht hingehen und sie verkaufen, du kannst nicht sagen: ›Ich habe eine tolle Meditation zu bieten. Will sie jemand kaufen?‹ Niemand wird sie kaufen wollen. Sie ist keine Ware. Sie ist nutzlos. *(232)*

Lege deine Rüstung ab

»Wenn du nachts vor dem Schlafengehen deine Kleider ausziehst, stelle dir vor, daß du nicht nur deine Kleider ausziehst, sondern auch deine Rüstung ablegst. Mache es wirklich. Lege die Rüstung ab und atme erst einmal ganz tief durch – und dann lege dich schlafen ohne Rüstung, nackt, uneingeschränkt.« *(233)*

Meditation vor der Liebe

»Bevor ihr euch liebt, setzt euch fünfzehn Minuten ruhig zusammen hin und haltet euch überkreuz bei den Händen, am besten im Dunkeln oder bei schwacher Beleuchtung. Fühlt einander, stimmt euch aufeinander ein, und das könnt ihr am besten dadurch, daß ihr zusammen atmet. Wenn du ausatmest, atmet sie auch aus; wenn du einatmest, atmet sie ebenfalls ein. Ihr könnt in zwei bis drei Minuten da hineinkommen. Atmet, als wäret ihr ein Organismus – nicht zwei Körper, sondern einer. Und schaut euch dabei in die Augen, nicht mit aggressivem Blick, sondern ganz weich. Nehmt euch Zeit, einander zu genießen. Spielt mit euren Körpern.

Geht nur in die Liebe hinein, wenn es sich so ergibt. Also nicht, daß ihr Liebe *macht*, sondern auf einmal ist es soweit. Wartet ab. Wenn es nicht kommt, solltet ihr es nicht erzwingen; dann legt euch schlafen. Es muß nicht heute sein. Dann wartet ein paar Tage, bis sich der rechte Augenblick von selbst ergibt.

Wenn ihr euch daran haltet, wird die Liebe sehr tief gehen, und sie wird nicht die Verrücktheit haben, die sie bisher hatte. Es wird ein sehr, sehr ruhiges, ozeanisches Gefühl sein. Aber wartet auf diesen Augenblick; erzwingt ihn nicht.

Liebe sollte zu einer Meditation werden. Sie sollte dir wertvoll sein, du solltest sie sehr geruhsam auskosten, damit sie sich ganz tief in dein Wesen ergießen kann. Dann kann sie zu einer Erfahrung werden, die von dir Besitz ergreift und in der du dich völlig auflöst. Dann macht ihr nicht Liebe – ihr seid Liebe. Liebe wird zu einer größeren Energie, die euch einhüllt. Sie ist größer als ihr beide ... ihr geht beide in ihr verloren. Aber ihr müßt Geduld haben.

Wartet auf diesen Augenblick, und bald werdet ihr wissen, was gemeint ist. Die Energien sammeln sich, und dann geschieht es von selbst. Nach und nach werdet ihr wissen, wann der Augenblick da ist. Ihr werdet nach und nach die Symptome, die Vorzeichen erkennen, und es wird keine Schwierigkeiten geben.

Liebe ist wie Gott – man kann sie nicht manipulieren. Sie passiert, wenn sie passiert. Wenn sie nicht passiert, braucht man sich deswegen keine Gedanken zu machen.

Mach keinen Ego-Trip daraus und denke nicht, daß du es irgendwie bringen müßtest. Das ist auch so eine Eigenart des westlichen Verstandes: Der Mann denkt immer, er müßte es bringen, und wenn er es nicht bringt, dann ist er kein richtiger Mann. Das ist alles Unsinn!

Die Liebe ist etwas Transzendentes. Man kann sie nicht manipulieren. Keiner hat das je geschafft, und diejenigen, die es versucht haben, verpassen auf diese Weise die ganze Schönheit der Liebe. Dann ist es höchstens eine sexuelle Erleichterung, aber die feineren, tieferen Schichten bleiben davon unberührt.« *(234)*

Von der Angst zur Liebe

»Du kannst auf einem Stuhl sitzen oder in jeder anderen Stellung, in der du bequem sitzt. Und dann halte deine Hände so *(Osho macht es vor):* Die rechte Hand liegt unter der linken Hand – denn die rechte Hand ist mit der linken Gehirnhälfte verbunden, und Angst kommt immer aus der linken Gehirnhälfte. Die linke Hand ist mit der rechten Gehirnhälfte verbunden, und Mut kommt immer aus der rechten Seite.

Die linke Gehirnhälfte ist der Sitz der Vernunft, und die Vernunft ist ein Feigling. Darum findet man nie einen Menschen, der mutig und intellektuell zugleich ist. Und wenn man einen mutigen Menschen findet, ist er bestimmt kein Intellektueller. Er wird sich irrational verhalten; das kann gar nicht anders sein, denn die rechte Gehirnhälfte ist intuitiv.

Diese Handhaltung ist also symbolisch, aber nicht nur symbolisch; sie bringt die Energien in eine bestimmte Position, in eine bestimmte Beziehung zueinander. Die rechte Hand sollte also unter der linken liegen, und die beiden Daumen berühren einander.

Dann entspanne dich, schließe die Augen und laß den Unterkiefer ein wenig hängen – ohne Anstrengung, ganz entspannt, so daß du durch den Mund zu atmen beginnst. Atme nicht durch die Nase, sondern laß den Atem durch den Mund strömen; das ist sehr entspannend.

Erstens, wenn du nicht durch die Nase atmest, kann das alte Denkmuster nicht mehr funktionieren. Eine neue Situation wird hergestellt, und das neue Atemmuster unterstützt die Entstehung einer neuen Gewohnheit. Und zweitens, wenn du nicht durch die Nase atmest, wird dein Gehirn nicht stimuliert. Die Atemenergie geht dann nicht ins Gehirn, sondern direkt in den Brustkorb. Ansonsten findet eine ständige Stimulierung und Massage des Gehirns statt. Das ist auch der Grund, warum der Atem ständig wechselt: Wenn er durch das eine Nasenloch strömt, wird die eine Gehirnhälfte stimuliert, und wenn er zum anderen Nasenloch überwechselt, die andere. Dieser Wechsel findet alle vierzig Minuten statt.

Sitze also einfach in dieser Stellung und atme durch den Mund. Die Nase ist zweigeteilt, aber der Mund ist eine Einheit. Darum findet kein Wechsel statt, wenn du durch den Mund atmest. Wenn du eine Stunde lang sitzt, wirst du immer auf die gleiche Art atmen. Es wird sich nicht ändern; du bleibst in demselben Zustand. Hingegen wird dein Zustand nicht gleich bleiben, wenn du durch die Nase atmest; er ändert sich automatisch, ohne daß du es merkst.

Diese Art zu atmen wird einen neuen, sehr stillen, nichtdualistischen Zustand von Entspannung in dir hervorrufen, und deine Energie wird anders fließen als sonst. Sitz einfach still, ohne etwas zu tun, mindestens vierzig Minuten lang. Du kannst es allmählich auf eine Stunde steigern, aber mach es jeden Tag.« *(235)*

Über den Autor

Osho ist ein zeitgenössischer Mystiker, dessen Leben und Lehren Millionen von Menschen aller Altersgruppen und Lebensbereiche beeinflußt haben. Die Londoner *Sunday Times* zählte Osho zu den »1000 Gestaltern des 20. Jahrhunderts« und die indische Zeitung *Sunday Mid-Day* reihte ihn ein unter die zehn Menschen, die das Schicksal Indiens in neue Bahnen gelenkt haben – zusammen mit Gandhi, Nehru und Buddha.

Osho hat einmal über sich und sein Wirken gesagt, daß er dazu beitrage, die Voraussetzungen für die Geburt eines neuen Menschen zu schaffen. Er hat ihn oft als »Zorba the Buddha« charakterisiert – ein Mensch, der die irdischen Freuden eines Alexis Sorbas ebenso wie die heitere Stille eines Gautama Buddha genießen kann. Durch alle Aspekte von Oshos Werk zieht sich wie ein roter Faden eine Vision, die die zeitlose Weisheit des Ostens und das höchste Potential westlicher Wissenschaft und Technologie vereint.

Bekannt ist Osho auch für seinen revolutionären Beitrag zur Wissenschaft der inneren Transformation. Seine Sicht von Meditation bezieht das beschleunigte Tempo unseres modernen Lebens mit ein. Daher sind seine einzigartigen »Aktiven Meditationen« so gestaltet, daß zuerst der im Körper und im Geist angesammelte Streß freigesetzt wird, was es viel leichter macht, einen gedankenfreien und entspannten Zustand von Meditation zu erfahren.

Die Webseite www.osho.com bietet in mehreren Sprachen einen detaillierten Überblick über Oshos Werk und seine Meditationen.

Von Osho sind zwei autobiografische Werke erhältlich:

Autobiografie eines spirituellen Provokateurs. Econ, München 2001
Goldene Augenblicke. Osho Verlag, Köln 1995

OSHO MEDITATION RESORT

Um Menschen die unmittelbare Erfahrung einer neuen Lebensweise zu vermitteln, die mehr Achtsamkeit, Entspannung und Freude zum Ziel hat, wurde ein Meditation Resort ins Leben gerufen. Es liegt in Pune, Indien, etwa einhundertfünfzig Kilometer südöstlich von Bombay. Pune, einst Zufluchtsort vor der Sommerhitze, ist heute eine aufstrebende moderne Großstadt, die mehrere Universitäten und diverse High-Tech-Industrien beherbergt.

Das Resort umfaßt rund fünfzehn Hektar Land im üppig grünen Wohnviertel Koregaon Park und bietet zeitgenössische und traditionelle Meditationsprogramme für Tausende von Besuchern aus über hundert Ländern an. Unterkunftsmöglichkeiten gibt es in zahlreichen nahe gelegenen Hotels und Privatwohnungen sowie in einem neu erstellten luxuriösen Gästehaus im Resort selbst.

Alle Meditationsprogramme wurden speziell für Menschen von heute konzipiert. Die verwendeten Methoden sind eine Hilfe zur Selbsttransformation und tragen dazu bei, eine Qualität von Entspannung, Bewußtheit und Stille ins eigene Leben zu bringen.

Das Meditationsprogramm beginnt jeden Tag um sechs Uhr früh und endet um zehn Uhr abends. Es zieht sich durch das ganze Jahr, ebenso wie das umfangreiche Angebot an Einzelsitzungen, Gruppenworkshops und Kursen, die größtenteils in modernen, klimatisierten Räumlichkeiten stattfinden. Das »Club Med«-Programm – »Med« für Meditation – bietet die Möglichkeit, auf einem liebevoll gestalteten Gelände auf »Zen«-Weise mit verschiedenen Sportarten zu experimentieren und Erholung zu finden.

Im Resort wird in Cafés und Restaurants im Freien traditionelle indische Küche sowie eine Vielfalt internationaler Gerichte mit biologisch angebautem Gemüse von der eigenen Farm serviert. Das Resort verfügt zudem über eine betriebseigene Filtrieranlage für sicheres, sauberes Trinkwasser.

Informationen über Anreise und Programme bei:

www.osho.com/resort
17, Koregaon Park
Pune 411 011 (MS) India

Oder besuchen Sie die Webseite www.osho.com

Diese Webseite bietet in verschiedenen Sprachen eine Führung durch das Gelände, Informationen über Bücher und CDs, die Adressen von Osho-Informationszentren weltweit sowie Auszüge aus Oshos Vorträgen.

Für weitere Informationen:

Osho International
New York
www.osho.com/oshointernational

Quellennachweis

Die Quellenangaben beziehen sich auf die Titel der Originalvortragserien, die fast alle in Englisch als Bücher erschienen sind. Soweit eine deutsche Ausgabe vorliegt, sind Titel und Verlag in Deutsch angegeben.

Ein Verzeichnis der lieferbaren deutschen und englischen Bücher sowie der Originalmusik auf MC und CD zu den Meditationen von Osho ist erhältlich bei:

Osho Verlag, Venloer Str. 5–7
D-50692 Köln, Tel. 02 21-5 74 07 43

1. TEIL: Adam

Adam

1 Come Follow To You, 4. Band, 2. Kapitel; Komm und folge – zu dir (Osho Verlag)
2 The Discipline of Transcendence, 2. Band, 7. Kapitel
3 From Darkness to Light, 16. Kapitel
4 Come, Come, Yet Again Come, 3. Kapitel

Das Opfer

5 Unio Mystica, 1. Band, 3. Kapitel
6 Beyond Enlightenment, 19. Kapitel
7 And the Flowers Showered, 9. Kapitel
8 Tantric Transformation, 8. Kapitel; Tantrische Transformation (Osho Verlag)
9 Be Still and Know, 7. Kapitel
10 The Fish in the Sea is Not Thirsty, 3. Kapitel
11 Ebd.

Der Sklave

12 The Rebel, 32. Kapitel
13 From Darkness to Light, 16. Kapitel
14 From Death to Deathlessness, 8. Kapitel

Der Sohn

15 Come, Come, Yet Again Come, 3. Kapitel
16 Philosophia Ultima, 11. Kapitel
17 Be Realistic: Plan for a Miracle, 3. Kapitel
18 Nirvana: The Last Nightmare, 8. Kapitel; Nirvana – die letzte Hürde auf dem Weg (Osho Verlag)
19 The Rebel, 31. Kapitel

Der Roboter

20 Unio Mystica, 1. Band, 4. Kapitel
21 Philosophia Ultima, 13. Kapitel
22 Isan: No Footprints in the Blue Sky, 6. Kapitel
23 The Guest, 4. Kapitel
24 Philosophia Ultima, 13. Kapitel
25 Sufis: The People of the Path, 1. Band, 1. Kapitel
26 The Old Pond … Plop! 22. Kapitel
27 Ebd.
28 The Dhammapada: The Way of the Buddha, 7. Band, 4. Kapitel
29 The Razor's Edge, 22. Kapitel
30 The Book of Wisdom, 14. Kapitel

Das Tier

31 Tantric Transformation, 2. Kapitel; Tantrische Transformation (Osho Verlag)
32 Sprich uns von der Liebe, 18. Kapitel (Osho Verlag)
33 The First Principle, 4. Kapitel
34 Tantric Transformation, 2. Kapitel; Tantrische Transformation (Osho Verlag)
35 The Great Pilgrimage: From Here to Here, 10. Kapitel
36 The Rebellious Spirit, 5. Kapitel

Der Sexbesessene

37 The Great Pilgrimage: From Here to Here, 2. Kapitel
38 The Beloved, 1. Band, 4. Kapitel
39 Walk Without Feet, Fly Without Wings and Think Without Mind, 6. Kapitel
40 The Great Pilgrimage: From Here to Here, 9. Kapitel
41 The Guest, 5. Kapitel
42 The Great Pilgrimage: From Here to Here, 12. Kapitel
43 The Invitation, 17. Kapitel
44 The Dhammapada: The Way of the Buddha, 10. Band, 12. Kapitel

Der Mönch

45 From Bondage to Freedom, 11. Kapitel
46 Ebd.
47 From Death to Deathlessness, 10. Kapitel
48 The Dhammapada: The Way of the Buddha, 2. Band, 1. Kapitel
49 The Secret of Secrets, 2. Band, 15. Kapitel

Der Homosexuelle

50 The Dhammapada: The Way of the Buddha, 10. Band, 12. Kapitel
51 Hallelujah! 27. Kapitel
52 Das Buch der Geheimnisse, 2. Band, 28. Kapitel (Osho Verlag)
53 Yaa-Hoo! The Mystic Rose, 2. Kapitel
54 From Death to Deathlessness, 9. Kapitel; Sexualität & Aids (Osho Verlag)
55 Be Still and Know, 10. Kapitel

Der Zorbas

56 Only Losers Can Win in This Game, 5. Kapitel
57 Beyond Enlightenment, 7. Kapitel
58 From Death to Deathlessness, 25. Kapitel
59 Ebd.
60 Come, Come, Yet Again Come, 6. Kapitel
61 From Darkness to Light, 30. Kapitel
62 Das Buch der Geheimnisse, 2. Band, 31. Kapitel (Osho Verlag)
63 Das Buch der Geheimnisse, 1. Band, 14. Kapitel (Osho Verlag)
64 The Sword and the Lotus, 19. Kapitel

2. Teil: Eva et cetera

Das Zitat auf S. 179 stammt aus dem Buch *Songs of the Bards of Bengal,* D. Bhattacharya, 1969, New York

Eva

65 The Secret of Secrets, 1. Band, 12. Kapitel
66 Sermons in Stones, 20. Kapitel
67 Tantric Transformation, 1. Kapitel; Tantrische Transformation (Osho Verlag)
68 Sermons in Stones, 20. Kapitel
69 I Am That, 8. Kapitel
70 The Discipline of Transcendence, 4. Band, 4. Kapitel
71 The Divine Melody, 8. Kapitel
72 Sermons in Stones, 17. Kapitel
73 Yoga: The Alpha and the Omega, 10. Band, 4. Kapitel
74 The Sword and the Lotus, 22. Kapitel
75 The Dhammapada: The Way of the Buddha, 9. Band, 6. Kapitel

Der Macho

76 Beyond Enlightenment, 17. Kapitel
77 The Dhammapada: The Way of the Buddha, 3. Band, 4. Kapitel
78 Sat Chit Anand, 25. Kapitel
79 Sat Chit Anand, 26. Kapitel
80 Ebd.
81 The Madman's Guide to Enlightenment, 27. Kapitel
82 Dance Your Way to God, 14. Kapitel
83 The Dhammapada: The Way of the Buddha, 7. Band, 4. Kapitel
84 The Book of Wisdom, 8. Kapitel

Der Bettler

85 The Great Pilgrimage: From Here to Here, 1. Kapitel
86 The Mustard Seed: My Most Loved Gospel on Jesus, 17. Kapitel; Die verbotene Wahrheit (Osho Verlag)
87 Ebd.
88 Socrates Poisoned Again After Twenty-Five Centuries, 28. Kapitel
89 The Path of the Mystic, 19. Kapitel

Der Träumer

90 Take It Easy, 1. Band, 14. Kapitel
91 Socrates Poisoned Again After Twenty-Five Centuries, 17. Kapitel

Der Playboy

92 The Book of Wisdom, 15. Kapitel
93 The Dhammapada: The Way of the Buddha, 8. Band, 13. Kapitel
94 Ebd.
95 The Beloved, 1. Band, 2. Kapitel
96 Hari Om Tat Sat, 24. Kapitel
97 Don't Look Before You Leap, 24. Kapitel

Der Boyfriend

98 Hari Om Tat Sat, 2. Kapitel
99 The Rebel, 27. Kapitel
100 Sufis: The People of the Path, 1. Band, 16. Kapitel

Der Ehemann

101 Zen: The Special Transmission, 4. Kapitel
102 Philosophia Perennis, 2. Band, 2. Kapitel
103 The Secret, 16. Kapitel
104 The Dhammapada: The Way of the Buddha, 10. Band, 6. Kapitel
105 The Great Pilgrimage: From Here to Here, 3. Kapitel
106 The Dhammapada: The Way of the Buddha, 4. Band, 8. Kapitel
107 The Great Pilgrimage: From Here to Here, 16. Kapitel
108 The Last Testament, 1. Band, 3. Kapitel

Der Vater

109 Philosophia Ultima, 11. Kapitel
110 Das Buch der Geheimnisse, 2. Band, 27. Kapitel (Osho Verlag)
111 Christianity: The Deadliest Poison, and Zen: The Antidote to All Poisons, 8. Kapitel
112 The Sword and the Lotus, 22. Kapitel
113 Christianity: The Deadliest Poison, and Zen: The Antidote to All Poisons, 8. Kapitel

Der Freund

114 The White Lotus, 10. Kapitel
115 Sufis: The People of the Path, 1. Band, 12. Kapitel
116 The Inner Journey, 2. Kapitel
117 Beyond Enlightenment, 16. Kapitel

Der Tantriker

118 Don't Look Before You Leap, 22. Kapitel
119 This Very Body the Buddha, 8. Kapitel
120 Tantric Transformation, 4. Kapitel; Tantrische Transformation (Osho Verlag)
121 The Book of Secrets, 34. Kapitel; Tantra, Spiritualität und Sex (Osho Verlag)
122 The Dhammapada: The Way of the Buddha, 4. Band, 2. Kapitel
123 The Rebellious Spirit, 29. Kapitel

3. Teil: Gott und die Welt

Gott und die Welt

124 The Dhammapada: The Way of the Buddha, 11. Band, 2. Kapitel
125 Ecstasy – The Forgotten Language, 2. Kapitel; Ekstase – die vergessene Sprache (Osho Verlag)
126 Hari Om Tat Sat, 30. Kapitel
127 The Dhammapada: The Way of the Buddha, 3. Band, 8. Kapitel
128 The Dhammapada: The Way of the Buddha, 4. Band, 6. Kapitel

Der Macher

129 Christianity: The Deadliest Poison and Zen: The Antidote to All Poisons, 5. Kapitel
130 The Hidden Splendor, 13. Kapitel
131 The Transmission of the Lamp, 33. Kapitel
132 Satyam, Shivam, Sundram, 5. Kapitel; Aus purer Lust am Leben (Osho Verlag)
133 The Dhammapada: The Way of the Buddha, 4. Band, 10. Kapitel
134 Unio Mystica, 3. Band, 3. Kapitel

Der Politiker

135 The Goose Is Out, 2. Kapitel; Die Gans ist raus (Osho Verlag)
136 The Discipline of Transcendence, 2. Band, 7. Kapitel
137 The Dhammapada: The Way of the Buddha, 5. Band, 4. Kapitel
138 Socrates Poisoned Again After Twenty-Five Centuries, 14. Kapitel

Der Priester

139 Zarathustra – A God that Can Dance, 22. Kapitel; Zarathustra – ein Gott, der tanzen kann (Osho Verlag)
140 The Wild Geese and the Water, 5. Kapitel
141 Come, Come, Yet Again Come, 14. Kapitel
142 The Dhammapada: The Way of the Buddha, 10. Band, 2. Kapitel

Der Helfer

143 The Beloved, 2. Band, 8. Kapitel
144 Tantric Transformation, 8. Kapitel; Tantrische Transformation (Osho Verlag)
145 The Path of Love, 2. Kapitel

Der Philosoph

146 The Goose Is Out, 1. Kapitel; Die Gans ist raus (Osho Verlag)
147 The Great Pilgrimage: From Here to Here, 21. Kapitel

Der Wissenschaftler

148 The Osho Upanishad, 44. Kapitel
149 Sufis: The People of the Path, 2. Band, 4. Kapitel
150 Sermons in Stones, 1. Kapitel
151 From Death to Deathlessness, 15. Kapitel

Der Geschäftsmann

152 The Dhammapada: The Way of the Buddha, 6. Band, 4. Kapitel
153 The Wisdom of the Sands, 1. Band, 3. Kapitel
154 From Death to Deathlessness, 22. Kapitel

Der Deutsche

155 Philosophia Ultima, 6. Kapitel
156 Socrates Poisoned Again After Twenty-Five Centuries, 8. Kapitel
157 The Osho Upanishad, 4. Kapitel
158 Guida Spirituale, 3. Kapitel
159 From Bondage to Freedom, 26. Kapitel
160 The Great Pilgrimage: From Here to Here, 9. Kapitel

Der Buddha

161 The Dhammapada: The Way of the Buddha, 3. Band, 7. Kapitel
162 The Sun Rises in the Evening, 10. Kapitel
163 Be Still and Know, 4. Kapitel
164 Beyond Psychology, 36. Kapitel
165 The Sword and the Lotus, 3. Kapitel
166 Isan: No Footprints in the Blue Sky, 6. Kapitel
167 The Discipline of Transcendence, 2. Band, 7. Kapitel
168 I Celebrate Myself: God is No Where, Life is Now Here, 1. Kapitel

4. Teil: Der neue Mann

Der neue Mensch

169 The Golden Future, 32. Kapitel
170 The Dhammapada: The Way of the Buddha, 10. Band, 11. Kapitel

Der Sucher

171 The Art of Dying, 7. Kapitel
172 Come, Come, Yet Again Come, 4. Kapitel

Der Meditierende

173 The Imprisoned Splendor, 24. Kapitel
174 No Man is an Island, 18. Kapitel
175 The Great Pilgrimage: From Here to Here, 5. Kapitel
176 The Empty Boat, 6. Kapitel
177 Philosophia Perennis, 2. Band, 5. Kapitel

Der Krieger

178 A Bird on the Wing, 7. Kapitel
179 Fingers Pointing to the Moon, 4. Kapitel
180 Rinzai: Master of the Irrational, 7. Kapitel
181 Come, Come, Yet Again Come, 4. Kapitel

Der Spieler

182 The Discipline of Transcendence, 2. Band, 4. Kapitel
183 Quelle unbekannt

Der Kreative

184 The Goose Is Out, 9. Kapitel; Die Gans ist raus (Osho Verlag)
185 Zarathustra: A God That Can Dance, 14. Kapitel; Zarathustra – Ein Gott, der tanzen kann (Osho Verlag)
186 The Beloved, 1. Band, 1. Kapitel
187 The Dhammapada: The Way of the Buddha, 8. Band, 4. Kapitel
188 The Dhammapada: The Way of the Buddha, 2. Band, 4. Kapitel
189 Sermons in Stones, 24. Kapitel

Der Alte

190 Sermons in Stones, 13. Kapitel
191 The Book of Wisdom, 26. Kapitel
192 The Great Pilgrimage: From Here to Here, 20. Kapitel
193 The Book of Wisdom, 14. Kapitel
194 Ebd.

Der Meister

195 Hari Om Tat Sat, 16. Kapitel
196 The Path of the Mystic, 40. Kapitel
197 The Book of Wisdom, 24. Kapitel
198 The Great Pilgrimage: From Here to Here, 2. Kapitel

Der Rebell

199 The Rebellious Spirit, 11. Kapitel
200 The Rebel, 16. Kapitel
201 The Rebel, 31. Kapitel

Zorbas der Buddha

202 The Rebel, 8. Kapitel
203 The Messiah, Reflections on Khalil Gibran's The Prophet, 2. Band, 13. Kapitel

Anhang: Meditationen für den neuen Mann

204 Meditation: The Art of Ecstasy; Meditation – die Kunst der Ekstase (Osho Verlag)
205 Ebd.
206 Ebd.
207 Ebd.
208 Ebd.
209 Ebd.
210 Ebd.
211 Ebd.
212 This Is It, 15. Kapitel
213 Beloved of My Heart, 25. Kapitel
214 The Beloved, 2. Band, 6. Kapitel
215 The Passion for the Impossible, 10. Kapitel
216 The Book of the Secrets, 2. Band, 27. Kapitel; Das Buch der Geheimnisse, 2. Band (Osho Verlag)
217 Meditation: The Art of Ecstasy; Meditation – Die Kunst der Ekstase (Osho Verlag)
218 Ebd.
219 Ebd.
220 The Beloved, 2. Band, 4. Kapitel
221 The Open Secret, 7. Kapitel; Das Orangene Buch (Osho Verlag)
222 God Is Not For Sale, 14. Kapitel; Das Orangene Buch (Osho Verlag)
223 The Secret, 4. Kapitel; Meditation – die erste und letzte Freiheit (Osho Verlag)
224 Get Out of Your Own Way, 9. Kapitel
225 Don't Bite My Finger, Look Where I'm Pointing, 25. Kapitel; Das Orangene Buch (Osho Verlag)
226 The Discipline of Transcendence, 4. Band, 4. Kapitel
227 Come Follow To You, 2. Band, 10. Kapitel
228 Nothing to Lose But Your Head, 5. Kapitel

229 This Is It, 19. Kapitel; Meditation – Die erste und letzte Freiheit (Osho Verlag)
230 The Rebel, 17. Kapitel
231 Das Orangene Buch (Osho Verlag)
232 Ebd.
233 Ebd.
234 The Cypress in the Courtyard, 3. Kapitel; Das Orangene Buch (Osho Verlag)
235 The Further Shore, 6. Kapitel